Das maligne
Melanom der Haut

C.E. Orfanos
C. Garbe
(Hrsg.)

Das maligne Melanom der Haut

Neue Ergebnisse zur Epidemiologie, Diagnostik, experimentellen Forschung, Therapie und Nachsorge

167 Abbildungen und 99 Tabellen

W. Zuckschwerdt Verlag München · Bern · Wien · San Francisco

Die Herausgeber:

Prof. Dr. Prof. h. c. C. E. Orfanos
Priv.-Doz. Dr. C. Garbe
Hautklinik und Poliklinik
Universitätsklinikum Steglitz
Freie Universität Berlin
Hindenburgdamm 30
D-1000 Berlin 45

CIP-Titelaufnahme der Deutschen Bibliothek

Das maligne Melanom der Haut : neue Ergebnisse zur Epidemiologie, Diagnostik, experimentellen Forschung, Therapie und Nachsorge / C. E. Orfanos ; C. Garbe (Hrsg.). –
München ; Bern ; Wien ; San Francisco : Zuckschwerdt, 1990

ISBN 3-88603-375-9

NE: Orfanos, Constantin E. [Hrsg.]

Printed in Germany by Stelzl-Druck München.

ISBN 3-88603-375-9

Inhalt

III. Experimentelle Befunde

IV. Therapie des malignen Melanoms

V. Nachsorge in Klinik und Praxis

Addendum

Autoren

Dr. med. R. Alber, Dermatologische Klinik des Universitätsspitals Zürich, Schweiz
Prof. Dr. med. P. Altmeyer, Direktor der Dermatologischen Klinik der Ruhr-Universität, Bochum
Dr. med. M. Azim Rezazada, Hautklinik der Städtischen Kliniken Kassel
Dr. med. U. Bauer, Medizinische Klinik des Bundeswehrkrankenhauses Ulm
J. Bertz, Institut für Sozialmedizin und Epidemiologie des Bundesgesundheitsamtes, Berlin
Dr. med. B. Bieß, Fachklinik Hornheide, Münster-Handorf
Dr. med. M. Binder, I. Universitäts-Hautklinik Wien, Österreich
Dr. med. Th. Binder, Medizinische Klinik der Universität Ulm
Dr. med. E. Bohnert, Hautklinik der Fakultät für Klinische Medizin Mannheim, Universität Heidelberg
Prof. Dr. med. Dr. h.c. mult. O. Braun-Falco, Direktor der Dermatologischen Klinik und Poliklinik der Ludwig-Maximilians-Universität, München
Prof. Dr. med. E. W. Breitbart, Universitäts-Hautklinik und Poliklinik, Hamburg-Eppendorf
Prof. Dr. med. E. B. Bröcker, Hautklinik der Westfälischen-Wilhelms-Universität Münster
Dr. med. J. Budde, Hautklinik der Städtischen Kliniken Dortmund
P. Büttner, Institut für Medizinische Statistik und Informationsverarbeitung, Klinikum Steglitz der Freien Universität Berlin
Prof. Dr. med. G. Burg, Direktor der Universitätsklinik und Poliklinik für Hautkrankheiten Würzburg
Dr. med. L. Cerroni, Universitätsklinik für Dermatologie und Venerologie, Graz, Österreich
Dr. med. B. d'Hoedt, Universitäts-Hautklinik, Tübingen
Dr. med. Dr. med. dent. H. Drepper, Fachklinik Hornheide, Münster-Handorf
Dr. med. J. Dues, Universitätsklinik und Poliklinik für Hautkrankheiten Würzburg
Dr. med. R. Dummer, Universitätsklinik und Poliklinik für Hautkrankheiten Würzburg
Dr. rer. nat. H. von Eick, Dr. Rentschler Arzneimittel GmbH & Co., Laupheim
Priv.-Dozent Dr. med. C. Garbe, Universitäts-Hautklinik und Poliklinik, Klinikum Steglitz der Freien Universität Berlin
Dr. med. G. Gassenmaier, Dermatologische Universitätsklinik Erlangen
Dr. med. M. Georgi, Institut für Klinische Radiologie Mannheim
Prof. Dr. med. Dr. rer. nat. I. Guggenmoos-Holzmann, Leiterin des Instituts für Medizinische Statistik und Informationsverarbeitung, Klinikum Steglitz der Freien Universität Berlin
Dr. med. C. Helige, Universitätsklinik für Dermatologie und Venerologie, Graz, Österreich
D. Henke, Institut für Medizinische Informationsverarbeitung Tübingen
Univ.-Dozent Dr. med. S. Hödl, Universitätsklinik für Dermatologie und Venerologie, Graz, Österreich
Dr. rer. nat. D. Hölzel, Institut für medizinische Informationsverarbeitung, Biometrie und Epidemiologie der Ludwig-Maximilians-Universität, München

Prof. Dr. rer. nat. H. Hoffmeister, Leiter des Instituts für Sozialmedizin und Epidemiologie des Bundesgesundheitsamtes Berlin

Prof. Dr. rer. nat. M. Hündgen, Dr. Rentschler Arzneimittel GmbH & Co., Laupheim

Prof. Dr. med. M. Hundeiker, Fachklinik Hornheide, Münster-Handorf

Dr. med. Ch. Karg, Universitäts-Hautklinik und Poliklinik, Klinikum Steglitz der Freien Universität Berlin

Dr. med. R. Kaufmann, Dermatologische Klinik der Universität Ulm

Prof. Dr. med. H. Kerl, Universitätsklinik für Dermatologie und Venerologie, Graz, Österreich

Dr. med. F. Kiesewetter, Dermatologische Universitätsklinik Erlangen

Dr. med. C. E. Klein, Dermatologische Klinik der Universität Ulm

Dr. med. H. M. Klein, Hautklinik der Westfälischen-Wilhelms-Universität Münster

Dr. med. B. Konz, Dermatologische Klinik und Poliklinik der Ludwig-Maximilians-Universität, München

Dr. med. L. Kowalzick, Universitäts-Hautklinik und Poliklinik Hamburg-Eppendorf

K. Krasagakis, Universitäts-Hautklinik und Poliklinik, Klinikum Steglitz der Freien Universität Berlin

Dr. med. J. Kreusch, Universitäts-Hautklinik, Tübingen

S. Krüger, Universitäts-Hautklinik und Poliklinik, Klinikum Steglitz der Freien Universität Berlin

H. M. Krüse-Wolters, Abteilung für Klinische Onkologie, Universitätskrankenhaus Leiden, Niederlande

Prof. Dr. med. M. Landthaler, Dermatologische Klinik und Poliklinik der Ludwig-Maximilians-Universität, München

Prof. Dr. med. W. Lechner, Universitätsklinik und Poliklinik für Hautkrankheiten Würzburg

A. Lippold, Fachklinik Hornheide, Münster-Handorf

Dr. med. I. Lohrisch, Hautklinik der Städtischen Kliniken Kassel

Dr. med. R. Loose, Institut für Klinische Radiologie, Mannheim

Dr. med. H. Luther, Dermatologische Klinik der Ruhr-Universität, Bochum

Prof. Dr. med. E. Macher, Direktor der Hautklinik der Westfälischen-Wilhelms-Universität, Münster

Dr. med. S. Matzku, Institut für Radiologie und Pathophysiologie des Deutschen Krebsforschungszentrum Heidelberg

Dr. med. W. Müller, Universitätsklinik und Poliklinik für Hautkrankheiten, Würzburg

Dr. med. P. Neeser, Dermatologische Klinik des Kantonspitals Basel

Dr. med. H. Neuber, Fachklinik Hornheide, Münster-Handorf

Prof. Dr. med. Prof. h.c. C. E. Orfanos, Leiter der Universitäts-Hautklinik und Poliklinik, Klinikum Steglitz der Freien Universität Berlin

Dr. med. G. Padberg, Fachklinik Hornheide, Münster-Handorf

Priv.-Dozent Dr. med. R. Panizzon, Dermatologische Klinik des Universitätsspitals Zürich, Schweiz

Prof. Dr. med. E. Paul, Ltd. Arzt der Hautklinik des Städt. Klinikum Nürnberg

Univ.-Dozent Dr. med. H. Pehamberger, I. Universitäts-Hautklinik Wien, Österreich

[illegible]. T. C. Peltenburg, Abteilung für Klinische Onkologie, Universitätskrankenhaus Leiden, Niederlande

Dr. med. A. Peters, Fachklinik Hornheide, Münster-Handorf

Prof. Dr. med. J. Petres, Chefarzt der Hautklinik der Städtischen Kliniken Kassel

B. Pietsch-Breitfeld, Institut für Medizinische Informationsverarbeitung, Tübingen

A. C. Plomp, Abteilung für Klinische Onkologie, Universitäts-Hautklinik Leiden, Niederlande

Dr. med. J. A. von Preyss, Hamburg

Dr. med. F. J. Prott, Hautklinik der Städtischen Kliniken Dortmund

Prof. Dr. med. G. Rassner, Ärztlicher Direktor der Universitäts-Hautklinik, Tübingen

Dr. med. M. Rauh, Hautklinik des Städt. Klinikum Nürnberg

Dr. med. E. Richtig, Universitätsklinik für Dermatologie und Venerologie, Graz, Österreich
Prof. Dr. med. T. Rufli, Dermatologische Klinik des Kantonsspitals Basel, Schweiz
Dr. med. P. Ruppert, Hautklinik der Städtischen Kliniken Dortmund
Prof. Dr. med. H. Schell, Dermatologische Universitätsklinik Erlangen
Prof. Dr. med. H.J. Schmoll, Abteilung für Hämatologie-Onkologie der medizinischen Hochschule Hannover
Dr. med. A. Schoengen, Medizinische Klinik des Bundeswehr-Krankenhauses Ulm
Prof. Dr. med. Dr. h.c. U.W. Schnyder, Direktor der Dermatologischen Klinik des Universitätsspitals Zürich, Schweiz
Dr. rer. nat. P.I. Schrier, Abteilung für Klinische Onkologie, Universitätskrankenhaus Leiden, Niederlande
K. Schröder, Universitäts-Hautklinik und Poliklinik, Klinikum Steglitz der Freien Universität Berlin
Dr. rer. nat. G. Schubert-Fritschle, Institut für medizinische Informationsverarbeitung, Biometrie und Epidemiologie der Ludwig-Maximilians-Universität, München
Dr. med. M. Schwermann, Dermatologische Klinik, Dr.-Horst-Schmidt-Kliniken, Klinikum der Landeshauptstadt Wiesbaden
Prof. Dr. med. H.K. Selbmann, Institut für Medizinische Informationsverarbeitung, Tübingen
Dr. med. Ch. Sigg, Dermatologische Klinik des Universitätsspitals Zürich, Schweiz
Univ.-Dozent Dr. med. J. Smolle, Universitätsklinik für Dermatologie und Venerologie, Graz, Österreich
Dr. med. H.P. Soyer, Universitätsklinik für Dermatologie und Venerologie, Graz, Österreich
Prof. Dr. med. R. Stadler, Universitäts-Hautklinik und Poliklinik, Klinikum Steglitz der Freien Universität Berlin
Prof. Dr. med. Dr. h.c. G.K. Steigleder, Direktor der Universitäts-Hautklinik Köln
Dr. med. A. Steiner, I. Universitäts-Hautklinik Wien, Österreich
Dr. med. W. Stroebel, Universitäts-Hautklinik, Tübingen
Dr. med. H. Stutte, Universitäts-Hautklinik, Tübingen
Dr. med. W. Taud, Universitäts-Hautklinik und Poliklinik im Klinikum Steglitz der Freien Universität Berlin
Dr. med. J. Teubner, Institut für Klinische Radiologie Mannheim
Priv.-Dozent Dr. med. W. Tilgen, Universitäts-Hautklinik, Heidelberg
Prof. Dr. med. J. Torhorst, Krebsregister Basel, Schweiz
Prof. Dr. med. H. Tronnier, Leiter der Hautklinik der Städtischen Kliniken Dortmund
Dr. rer. nat. L.J. van't Veer, Abteilung für Klinische Onkologie, Universitätskrankenhaus Leiden, Niederlande
Dr. rer. nat. R. Versteeg, Abteilung für Klinische Onkologie, Universitätskrankenhaus Leiden, Niederlande
Dr. med. A. Weber, Radiologische Universitätsklinik der Ruhr-Universität, Bochum
Prof. Dr. med. L. Weber, Dermatologische Klinik der Universität Ulm
Dr. med. J. Weiß, Hautklinik der Fakultät für Klinische Medizin Mannheim, Universität Heidelberg
Dr. med. K.U. Wentz, Institut für Klinische Radiologie Mannheim
Dr. med. U. Weyer, Universitäts-Hautklinik und Poliklinik, Hamburg-Eppendorf
Dr. rer. nat. H. Wiebelt, Deutsches Krebsforschungszentrum, Heidelberg
Dr. med. I. Wildfang, Abteilung Strahlentherapie der Medizinischen Hochschule Hannover
Prof. Dr. med. K. Wolff, Direktor der I. Universität-Hautklinik Wien, Österreich
Dr. med. U. Zeelen, Medizinische Klinik des Bundeswehrkrankenhauses Ulm
Dr. med. M. Zinner, Dermatologische Universitätsklinik Erlangen
Dr. med. Ch. Zouboulis, Universitäts-Hautklinik und Poliklinik, Klinikum Steglitz der Freien Universität Berlin

Vorwort

Die 80er Jahre werden vermutlich im historischen Rückblick der Dermatologie des deutschsprachigen Raumes als das Jahrzehnt des malignen Melanoms eingehen. Zunehmender Wohlstand, zunehmende Freizeit für eine wachsende Zahl von Bürgern und das Streben nach gebräunter Haut mögen hier eine Rolle spielen. Die Inzidenz dieses hochmalignen Tumors, der zu über 95% die Haut betrifft, hat sich in den letzten Jahrzehnten in der Bundesrepublik Deutschland vervielfacht (von 2 bis 3 je 100000 Einwohner und Jahr in den 50er Jahren auf 8 bis 10 je 100000 Einwohner in den 80er Jahren), und auch die Sterberate an malignem Melanom hat weltweit deutlich zugenommen.
Jährlich erkranken ca. 4000 bis 6000 Menschen in der Bundesrepublik Deutschland am malignen Melanom. Davon kommen über 10% bereits in metastasierten Stadien zum Arzt, d.h. in einer Phase ihrer Tumorkrankheit, wo praktisch jede Hilfe zu spät kommt. Ein prominenter amerikanischer Dermatologe beteuerte im Jahre 1985 anläßlich des 2. Weltkongresses über Hautkrebs in New York, daß die klinischen und histologischen Kriterien zur frühen Erkennung des malignen Melanoms inzwischen etabliert sind und »keiner mehr an diesem Tumor sterben müsse«. Das ist allerdings nur die halbe Wahrheit, denn diese Forderung stimmt weder bei uns in Deutschland, noch in den USA mit den Tatsachen überein. Für einen großen Teil der Melanompatienten ist dieses Ziel zwar erreicht, doch ein anderer, nennenswerter Teil kommt durch die Ausbreitung des Tumors trotz aller ärztlichen Bemühungen ad exitum. Eine wichtige Aufgabe der Dermatologen und der gesamten Ärzteschaft ist daher die Früherkennung des Tumors. Von großer Bedeutung ist hier die Abgrenzung von Risikokollektiven, die regelmäßig kontrolliert werden sollen, damit viele neue Tumoren möglichst früh erfaßt werden können.
Die durchschnittliche 10-Jahres-Überlebensrate von Patienten mit primären MM im klinischen Stadium I variiert außerordentlich stark und reicht nach einer kürzlich im Rahmen des Berliner Zentralregisters »Malignes Melanom« der Deutschen Dermatologischen Gesellschaft durchgeführten Studie je nach den jeweiligen prognostischen Faktoren von > 95% bis zu 15%. Immer noch setzt sich ein nicht kleiner Teil dieses Kollektivs aus Patienten mit dicken Melanomen (Tumordicke > 3–4 mm) zusammen, d.h. aus Kranken mit hohem Sterberisiko, deren Überlebensrate über zehn Jahre nicht größer als ca. 50% ist. Bei metastasierten malignen Melanomen der Stadien II bis IV sind nach wie vor die Überlebenschancen mit 10-Jahres-Überlebensraten mit weniger als 20% noch sehr niedrig. Bei der Behandlung des Tumors ist seine frühe, radikale operative Entfernung der wichtigste Schritt. Ein großer Teil insbesondere der dünnen Primärtumoren im klinischen Stadium I ist nach großzügiger Exzision heilbar, denn die Operation hat hier ohne weitere Behandlungsmaßnahmen eine kurative Wirkung. Chemotherapeutische Schemata werden beim malignen Melanom ganz überwiegend in den metastasierten Stadien II bis IV eingesetzt. Eine adjuvante Chemotherapie im Stadium I ist kaum erfolgversprechend, wenn auch das letzte Wort darüber vielleicht noch nicht gesprochen ist.

Inzwischen arbeiten in dem Zentralregister »Malignes Melanom« der Deutschen Dermatologischen Gesellschaft, das in Verbindung mit dem Bundesgesundheitsamt (Institut für Sozialmedizin und Epidemiologie, Direktor: *Prof. Dr. H. Hoffmeister*) im Jahr 1983 etabliert wurde und das im Juni 1984 mit der Registrierung von MM aus dem gesamten Bundesgebiet begonnen hat, 30 Hautkliniken aus dem deutschsprachigen Raum aktiv mit. Im Juni 1989 wurde aus Anlaß des 5jährigen Bestehens dieses Registers das Symposium »Malignes Melanom« der Deutschen Dermatologischen Gesellschaft in der Universitäts-Hautklinik im Klinikum Steglitz in Berlin veranstaltet. Damit war das Ziel verbunden, über die angesprochenen Themen, die neuesten experimentellen Forschungsergebnisse und über ein adäquates Vorsorge-, Behandlungs- und Nachsorgeprogramm für diesen hochmalignen Tumor die neuesten wissenschaftlichen Erkenntnisse zu diskutieren und der Öffentlichkeit mitzuteilen.

Die Mehrzahl der wissenschaftlichen Beiträge des Berliner Symposiums sind in dem vorliegenden Band zusammengefaßt. Mehr als 250 Kollegen aus der Bundesrepublik Deutschland sowie der Schweiz, Österreich, Holland, Ungarn und der DDR haben aktiv daran mitgewirkt und mehr als 100 Kollegen waren an der Ausarbeitung wissenschaftlicher Beiträge beteiligt. Allen diesen Kollegen sei an dieser Stelle herzlich gedankt, gleichzeitig wird damit der hohe Stellenwert dokumentiert, den das maligne Melanom in der deutschen Dermatologie inzwischen einnimmt.

An der Planung und Vorbereitung des Symposiums waren alle Mitglieder der Kommission »Malignes Melanom« der Deutschen Dermatologischen Gesellschaft, *Prof. E. Jung* (Mannheim), *Prof. G. Rassner* (Tübingen) und *Prof. H. H. Wolff* (Lübeck), sowie die assoziierten Mitglieder, *Dr. A. J. von Preyss* (Hamburg), *Prof. E. Macher* (Münster) und *Prof. U. Schnyder* (Zürich), beteiligt, denen wir an dieser Stelle für ihre vielfältige Unterstützung besonders danken möchten.

Mit der Zusammenstellung und der Ausarbeitung des vorliegenden Bandes hoffen wir, daß der gegenwärtige wissenschaftliche Kenntnisstand zum malignen Melanom weitere Verbreitung findet und daß die Vielzahl der dargestellten Ergebnisse und Fragestellungen Ansporn und Anregung für künftige Forschungen auf diesem Gebiet sein werden.

Berlin, Januar 1990
Prof. Dr. Prof. h.c. C. E. Orfanos
Priv.-Doz. Dr. C. Garbe

Das maligne Melanom heute und morgen

Eine Einführung

G. K. Steigleder
Universitäts-Hautklinik Köln

Meine Damen und Herren, es ist mir eine besondere Ehre, dieses Symposium einleiten zu dürfen, ich danke Herrn *Orfanos*, dem Sprecher der Kommission »Malignes Melanom« der Deutschen Dermatologischen Gesellschaft (DDG), herzlich für diese Einladung. Sie verzeihen mir, wenn ich die an solcher Stelle üblichen Ausführungen gänzlich außer acht lasse und sogleich die Punkte hervorhebe, die mir nach fast 40 Jahren Beschäftigung mit diesem Tumor besonders am Herzen liegen. Die Arbeit an meinem einleitenden Referat zu dem späteren Tagungsabschnitt, klinische und histologische Diagnostik, hat mir erneut gezeigt, welche Widersprüche die Literatur zum Melanom aufweist und daß es verständlich ist, wenn *Cascinelli* (1), ein anerkannter italienischer Forscher, zu dem Schluß kommt, daß dank dieser Widersprüche nicht einmal angenommen werden dürfe, daß Sonnenstrahlen bei der Pathogenese des malignen Melanoms bedeutend seien. Fragen wir uns nun, was ist überhaupt beim Melanom gesichert, so ist die Antwort sehr einfach: durch rechtzeitige Entfernung des Tumors wird das Leben der Betroffenen gerettet.

Geschieht dies nicht, so ist der weitere Verlauf ein Glücksspiel, das mit größerer Dicke und Eindringtiefe des Melanoms immer riskanter wird. Anzunehmen ist eine genetische Disposition zu Melanomen der Haut, wie sie etwa im Nävusdysplasie-Syndrom, sporadisch nichtfamiliär oder familiär, zum Ausdruck kommt.
Wir haben uns in Köln im Laufe der letzten 24 Jahre intensiv mit dem Melanom befaßt, ich nenne nur die Namen *Gartmann, Groth* und *Tritsch*. Ich bin nach wie vor der Ansicht, daß die Melanome in drei Hauptgruppen unterteilt werden müssen, was ich später in meinem folgenden Referat begründen werde. Ich halte auch daran fest, daß Tumordicke und auch Eindringtiefe entscheidende Faktoren sind, im besonderen bei Melanomen geringer Dicke, aber schon tieferem Level (III–IV). Neue Erkenntnisse bei den Lymphomen von *Nickoloff* et al. (4) erscheinen mir auch für das Melanom wegweisend; die Lymphozyten beeinflussen die Keratinozyten dahingehend, daß sie die Lymphozyten sozusagen an und in der Oberhaut festhalten; mit zunehmender Entartung geht diese Eigenschaft verloren. Ich bin sicher, daß wir ähnliche Faktoren auch bei den Melanozyten, Nävomelanozyten und Melanomzellen entdecken werden.

Ich verweise auf den Tagungsabschnitt »Neue experimentelle Befunde«.

Wir haben heute viel bessere Methoden, um Melanozyten und ihre pathologischen Varianten zu typisieren, dennoch ist im Gegensatz zu früheren Jahrzehnten der Nachweis von Melanomzellen im Blutstrom vernachlässigt. Die alte Erkenntnis, daß von malignen Tumoren bereits frühzeitig Zellen abgeschwemmt, aber vom Organismus zerstört oder in Schach gehalten werden, wird zu wenig beachtet.
Wir sollten uns nicht zu sehr fragen, was die minimale Exzisionsweite bei einem malignen Melanom sein darf, sondern wie die optimale Exzisionsgröße sein sollte; ich glaube nicht, daß früher ein Operateur ein wichtiges Organ, wie etwa das Auge, geopfert hat, um einen Zentimeter mehr Abstand zu gewinnen.

Wir müssen uns in der DDG auf ein Behandlungsschema einigen; ich verweise z.B. auf das von *Groth* und mir vorgeschlagene Kölner Vorgehen (6). Die Chemotherapie des malignen Melanoms in der bisherigen Form wird immer fragwürdiger. Schon 1981 hatten *Pullmann* und *Muth* (5) über unsere negativen Erfahrungen mit der adjuvanten Chemoimmuntherapie mit DTIC und BCG beim malignen Melanom auf der 4. Jahrestagung der Vereinigung für operative Dermatologie in Köln berichtet, kürzlich wurde von der Prudente Foundation Melanoma Study Group das BOLD-Schema verworfen (8). Im einfachen HE-Schnitt erkennt man oft schon deutlich, daß die Zellen des Melanoms nicht monoklonal sind. Beobachtungen von *Groth* und anderen Mitarbeitern an unserer Klinik lehren, daß dies im besonderen für Metastasen gilt und die Rückbildung einiger oder sogar fast aller Metastasen nicht darüber hinweg täuschen darf, daß einige auf die Chemotherapie nicht ansprechen und somit der Patient nicht geheilt wird. Andererseits ist selbst die völlige spontane Abheilung trotz Metastasierung in seltensten Fällen beobachtet worden, und so sehe ich trotz aller Fehlschläge in der Zukunft Möglichkeiten für eine Immuntherapie und auch für eine Chemotherapie; wir sollten also hier nicht zu früh aufgeben. Ich verweise auf den Beitrag »Chemotherapie des malignen Melanoms« von *Orfanos* und Mitarbeitern. Auf die zusammen mit den Chirurgen in Köln durchgeführte Perfusionstherapie möchte ich hier nicht eingehen.

Die große Variabilität der Melanome und ihrer Verhaltensweisen macht es notwendig, möglichst große Zahlen von Melanompatienten einheitlich zu erfassen. Hier unternimmt die DDG mit der Melanomkommission unter Herrn *Orfanos*, wie man heute neudeutsch sagt, »den richtigen Schritt in die richtige Richtung«. Wegweisend war und ist die von *Heite* betreute erste große Melanomstudie der Deutschen Forschungsgemeinschaft.

Der Dermatologe ist derjenige, der auf der Haut lesen kann – und der Wert der Übung und der Erfahrung bei der Beurteilung von Hautveränderungen darf nicht unterschätzt werden. *B. Ackerman* betont, wie viele Forscher vor ihm, daß das histologische Bild nur eine Momentaufnahme darstellte und jeder der Täuschung anheimfällt, der aus dieser »statischen« Aufnahme auf Abläufe und Bewegungsvorgänge schließt. Dies trifft aber nur dann zu, wenn der Beobachter nur das histologische Präparat sieht und bewertet. Wir Dermatologen aber erheben die Anamnese, sehen das klinische Bild und setzen es in Beziehung zur Feinstruktur, wir kommen daher zu einer anderen besseren Beurteilung des Verlaufs. Für uns wird so das histologische Bild nicht zur Momentaufnahme, sondern in einen Ablauf richtig eingeordnet.

Wir werden im Verlauf des Symposiums über verbesserte diagnostische Methoden unterrichtet. Bei der Vielzahl pigmentierter Veränderungen der Haut, oft bei einem Patienten, bleibt aber nach wie vor die Untersuchung der einzelnen Effloreszenzen mit bloßem Auge und mit der Lupe das Vorgehen der Wahl. Erst ausgewählte Effloreszenzen können zeitaufwendigen Verfahren unterworfen werden; es handelt sich also bereits um eine Auswahl, die einfache klinische Untersuchung bleibt die entscheidende diagnostische Maßnahme.

Endlich wendet sich auch die DDG an alle diejenigen Berufe, die sich außerhalb der Dermatologie mit der Haut befassen, wie etwa Masseure, Krankengymnasten, Friseure, ein Weg, der in Deutschland von *Illig* seit vielen Jahren beschritten wurde. Allen Anfeindungen gegen dieses Vorgehen steht die erhebliche Zahl geretteter Melanomträger gegenüber. Auch Ärzte sind immer noch nicht genügend über das Melanom informiert; ich habe in den letzten Jahren erlebt, daß Melanomträger mit Diäten behandelt wurden und Ärzte Patienten von einer Exzision eines Melanoms abrieten. Immer wieder fragen mich nicht nur Patienten, sondern auch Kollegen, ob denn nicht durch die Exzision von Pigmentzellnävi oder melanomverdächtigen Tumoren eine Melanomentstehung provoziert würde. Beim Melanom aber ist zuwarten tödlich.

Ich halte es für nötig, daß wir uns unabhängig von jeder Wortklauberei innerhalb der DDG Kriterien geben, nach denen wir melanozytäre Veränderungen beurteilen. Wir sollten diese Kriterien zwar immer wieder erneut überprüfen, aber nicht leichtsinnig über Bord werfen. Oft führen sehr einfache, aber gut durchdachte Studien zu überraschenden Ergebnissen. Ich erinnere hier an eine 1988 erschienene Untersuchung zu den konnatalen Nävomelanozyten-Nävi, in der gezeigt werden konnte, daß die von international anerkannten Experten gerade aufgestellten Kriterien falsch waren (7, 2). Sicher bei der Geburt nicht vorhandene, in den ersten Lebensjahren aufgetretene Nävomelanozyten-Nävi wiesen eben die Verhaltensmuster auf, die für die konnatalen Formen angenommen worden waren (2).

Ich habe bereits öfter ausgeführt, daß die Medizin der Zukunft eine auf molekularer Basis aufgebaute Medizin sein wird. Wir müssen uns zwar hüten, vor lauter Bäumen den Wald nicht zu sehen. Was wir heute bei der Rettung Melanomkranker erreichen können, muß unter allen Umständen erreicht werden und ist jeder Mühe wert. Wir dürfen aber den Weg in die Zukunft nicht verpassen. Im Bereich der DDG erzielte Leistungen finden oft nicht die Anerkennung und den Bekanntheitsgrad, den wir uns wünschen würden. Wir sollten zwar, wo immer möglich, den Schulterschluß mit anderen, vor allen Dingen auch unseren europäischen Kollegen, halten, aber auch uns nicht von unseren eigenen Wegen abbringen und zu Trittbrettfahrern degradieren lassen.
Auf dem Melanomgebiet kann sich die DDG mit ihren Forschern durchaus sehen lassen. Das Programm dieser Tagung macht mich zuversichtlich, daß es auch in Zukunft so bleiben wird.

Literatur

1 Cascinelli N (1988) Raggi ultravioletti e melanoma cutaneo. Giorn It Derm Vener 123: 449–455
2 Clemmensen OJ, Kroon S (1988) The histology of ›congenital features‹ in early acquired melanocytic nevi. J Am Acad Dermatol 19: 742–746
3 Groth W (1987) Gesetzmäßigkeiten des metastasierenden malignen Melanoms der Haut. Zbl Haut 153: 725–726
4 Nickoloff BJ, Griffiths ChEM, Baadsgaard O, Voorhees JJ, Hanson CA, Cooper KD (1989) Markedly diminished epidermal keratinocyte expression of intercellular adhesion molecule-1 (ICAM-1) in Sézary syndrome. JAMA 261: 2217–2221
5 Pullmann H, Muth M (1982) Erfahrungen mit der adjuvanten Chemoimmuntherapie mit DTIC und BCG beim malignen Melanom. Z Hautkr 57: 294–297
6 Steigleder GK, Groth W (1987) Maligne Melanome – Richtlinien für eine operative Therapie. Z Hautkr 62: 915–916
7 Steigleder GK (1988) Der kongenitale Naevomelanozyten-Naevus. Z Hautkr 63: 787–788
8 The Prudente Foundation Melanoma Study Group (1989) Chemotherapy of disseminated melanoma with bleomycin, vincristine, CCNU, and DTIC (BOLD Regimen). Cancer 63: 1676–1680

Anschrift des Verfassers:
Prof. Dr. Dr. h.c. G. K. Steigleder
Altpräsident der Deutschen Dermatologischen Gesellschaft
Universitäts-Hautklinik
Josef-Stelzmann-Straße 9
D-5000 Köln 41

I. Epidemiologie und Früherkennung

Mortalität und Inzidenz des malignen Melanoms in der Bundesrepublik Deutschland 1970–1986

H. Hoffmeister, J. Bertz und C. Garbe[a]
Institut für Sozialmedizin und Epidemiologie des Bundesgesundheitsamtes, und
[a]Universitäts-Hautklinik und Poliklinik, Klinikum Steglitz der Freien Universität Berlin

Zusammenfassung

Aufgrund einer Auswertung der Sterbe- und Bevölkerungsdaten für die Bundesrepublik Deutschland sowie der Erkrankungsdaten des saarländischen Krebsregisters wird der zeitliche Verlauf von Mortalität und Inzidenz an malignem Melanom der Haut (MM) im Zeitraum 1970–1986 beschrieben. Die altersstandardisierten Sterberaten (Europastandard) der Männer in der Bundesrepublik Deutschland stiegen seit 1970 um ca. 30% (von 1,9 auf 2,5 pro 100000 Einwohner und Jahr), die der Frauen um ca. 20% (von 1,4 auf 1,7) an. In den jüngeren Altersgruppen der unter 50jährigen Frauen und der unter 40jährigen Männer nahmen die altersspezifischen Sterberaten bereits seit 1970 nicht mehr zu. Die altersstandardisierten Inzidenzraten im Krebsregister des Saarlands verdoppelten sich innerhalb von 15 Jahren. Während noch Anfang der 80er Jahre für Frauen im saarländischen Krebsregister höhere Erkrankungsraten an MM als für Männer ermittelt wurden, waren die altersstandardisierten Inzidenzraten 1984–1986 von nahezu gleicher Höhe (6,5 für Männer und 6,6 für Frauen). Der Inzidenzanstieg war in jüngeren Altersgruppen größer als in höheren Altersklassen.

Summary

Population based mortality data of the Federal Republic of Germany and of the Saarland Cancer Registry (a region with 1 Mio inhabitants) are analyzed and the development of mortality and incidence of malignant melanoma of the skin (MM) is described. Age standardized mortality rates (European standard) increased for males by about 30% (from 1.9 to 2.5 per 100,000 inhabitants and year) and for females by about 20% (from 1.4 to 1.7) in the time period analyzed. The age specific mortality rates did not increase for younger age groups, namely for females under 50 years and for males under 40 years of age. The standardized incidence rates registered in Saarland doubled in the time period 1970–1985. While at the beginning of the 1980ies still higher incidence rates were registered for females, the magnitude of incidence rates equalized for both sexes in the years 1984–1986 (6.5 MM per 100,000 inhabitants and year for males and 6.6 for females). The increase of incidence was more marked in younger age compared to older age groups.

Einleitung

Dem MM wurde in letzter Zeit auch in der Bundesrepublik Deutschland zunehmend mehr Beachtung geschenkt. Die Deutsche Dermatologische Gesellschaft setzte in Kooperation mit dem Institut für Sozialmedizin und Epidemiologie des BGA mit der Gründung des Zentralregisters Malignes Melanom 1983 ein Zeichen, das die außerordentliche Bedeutung des MM in der klinischen Dermatologie unterstreicht. Inzwischen nehmen mehr als 30 dermatologische Kliniken aus dem deutschsprachigen Raum an der Dokumentation von Erkrankungsfällen und -verläufen teil. Bis Ende 1988 lagen von mehr

als 5000 Patienten der beteiligten Kliniken detaillierte Informationen zu den MM-Erkrankungen vor.
Im Unterschied zu den Datensätzen des Zentralregisters Malignes Melanom liegen in den regionalen epidemiologischen Krebsregistern der Bundesrepublik zu jedem einzelnen Erkrankungsfall nur einige wenige Basisdaten vor. Ihr großer Vorteil besteht jedoch in einem gesicherten Bevölkerungsbezug. Dieser Vorteil soll in Verbindung mit einer Auswertung der nationalen Todesursachenstatistik genutzt werden, um einen Rahmen für die Interpretation der ausführlicheren Informationen des klinikbezogenen Zentralregisters zu erstellen.

Daten und Methoden

Die zeitliche Entwicklung der Sterblichkeit an MM wurde mit Daten der amtlichen Todesursachenstatistik und Bevölkerungsfortschreibung der Bundesrepublik Deutschland einschließlich Berlin (West) bezogen auf die Volkszählung von 1970 untersucht. Vor 1968 wurde die nationale Todesursachenstatistik auf der Grundlage der deutschen ausführlichen Systematik (DAS) geführt, die sich auf die 2stellige Liste der internationalen Klassifikation der Krankheiten und Todesursachen (ICD) bezog. Im Rahmen dieser Klassifikation wurde nicht zwischen MM der Haut und anderen Formen des Hautkrebses unterschieden, so daß genaue Daten zur Sterblichkeit an MM erst seit 1968 vorliegen.

Ein nationales Krebsregister wie in den skandinavischen Ländern oder der DDR fehlt in der BR Deutschland. Bevölkerungsbezogene Erkrankungsdaten liegen jedoch in den regionalen epidemiologischen Krebsregistern in Hamburg seit 1956 und im Saarland seit 1967 vor. Ein Vergleich der Daten bevölkerungsbezogener Krebsregister der BR Deutschland ergab, daß nur im saarländischen Krebsregister glaubwürdige Erkrankungszahlen in ausreichender Vollständigkeit zum MM vorhanden sind (1). Deshalb wurden zur Abschätzung der Entwicklung der MM-Inzidenz in der BR Deutschland ausschließlich Daten des Saarländischen Krebsregisters herangezogen.
Zur Darstellung des zeitlichen Verlaufs von Inzidenz und Mortalität an MM bzw. übrigen Formen des Hautkrebses wurden altersstandardisierte Raten nach dem Europastandard für alle Altersgruppen sowie ergänzend für 35- bis 64jährige nach dem sogenannten Rumpfstandard gebildet. Zusätzlich wurden altersspezifische Sterberaten in 10-Jahres-Altersklassen untersucht. Alle Raten beziehen sich auf jeweils 100000 Einwohner in einem Jahr.

Für internationale Vergleiche wurden die von der IARC veröffentlichten, nach dem Weltstandard altersstandardisierten Inzidenzraten epidemiologischer Krebsregister (12) und das als Reliabilitätsindex genutzte Verhältnis von Mortalität zu Inzidenz (M/I, jährliche Sterbefälle im Verhältnis zu der Zahl der Erkrankungsfälle in Prozent) herangezogen. Durch den Bezug auf die Weltstandardbevölkerung wurden Sterbe- und Erkrankungsfälle in höherem Lebensalter weniger berücksichtigt als bei Altersstandardisierung nach dem Europastandard. Weitere Informationen zur Mortalität und zum Geschlechtsverhältnis der Erkrankungs- und Sterberaten wurden einem Supplement zu »Cancer Incidence in 5 Continents, Vol. V« entnommen (12). Diese Angaben beziehen sich in der Regel auf den Zeitraum von 1978 bis 1982.

Ergebnisse

Zwischen 1970 und 1986 ist die *Zahl jährlicher Sterbefälle an MM* laut amtlicher Todesursachenstatistik von ca. 450 auf 750 für Männer und von ca. 500 auf wenig mehr als 700 für Frauen angestiegen. Der Zunahme der Sterbefälle entsprach weitgehend der Anstieg der rohen Sterberaten, da die Bevölkerungszahl der Bundesrepublik Deutschland über den gesamten Zeitraum nahezu unverändert blieb. Allerdings veränderte sich die Altersstruktur der Bevölkerung in diesem Zeitraum erheblich, so daß die Zunahme der Sterberaten nach Altersstandardisierung etwas geringer ausfällt.

Seit Mitte der 70er Jahre nahmen die *altersstandardisierten Sterberaten an MM* (Europastandard) für beide Geschlechter zu, der Anstieg für Männer fiel mit ca. 30% von 1,9 auf 2,5 pro 100000 Einwohner und Jahr etwas größer aus als bei den Frauen (ca. 20%: von 1,4 auf 1,7 pro 100000). Im Verlauf der 80er Jahre verblieben die altersstandardisierten Raten auf dem zuvor erreichten Niveau. Umgekehrt zeigte sich für die übrigen Formen des Hautkrebses eine Abnahme der altersstandardisierten Sterberaten. Auch hier fanden sich für Männer höhere Sterberaten als für Frauen (Abbildung 1).

Eine getrennte Betrachtung der *Mortalität von jüngeren Personen* im Alter von 35 bis 64 Jahren zeigte für Männer einen Anstieg der Sterblichkeit an MM von 2,5 auf 3,1 pro 100000 und die Sterberaten der Frauen stiegen nur mäßig von 2,0 auf 2,3 pro 100000 bis Anfang der 80er Jahre, um dann wieder bis 1985 auf 2,1 pro 100000 zurückzugehen. Die Sterberate an übrigen Formen des Hautkrebses blieb im gesamten Zeitraum unverändert gering (Abbildung 2).

Weiterhin ergab eine gesonderte Untersuchung der *Sterblichkeit in den einzelnen Altersgruppen* deutlich ansteigende Sterberaten für Männer an MM in Altersklassen über 60jähriger, im Altersbereich zwischen 40 und 59 Jahren war allenfalls ein geringfügiger Anstieg, in der Altersgruppe der 30- bis 39jährigen kein Anstieg der Sterblichkeit festzustellen. Auch für Frauen ergaben sich deutlich zunehmende Sterberaten nur bei über 60jährigen, eine geringfügige Zunahme zeigte sich bei den 50- bis 59jährigen und gleichbleibende bis abnehmende Sterberaten wurden bei den 30- bis 49jährigen gefunden (Abbildungen 3 und 4).

Die *altersstandardisierten Inzidenzraten* an MM im Europastandard (alle Altersgruppen) und mehr noch die im Rumpfstandard (35- bis

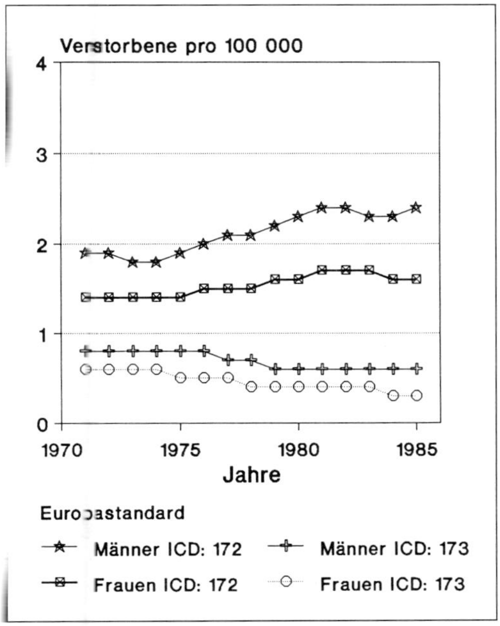

Abbildung 1. Altersstandardisierte Sterberaten für das maligne Melanom (ICD: 172) und für den übrigen Hautkrebs (ICD: 173) in der Bundesrepublik Deutschland (1970–1986).

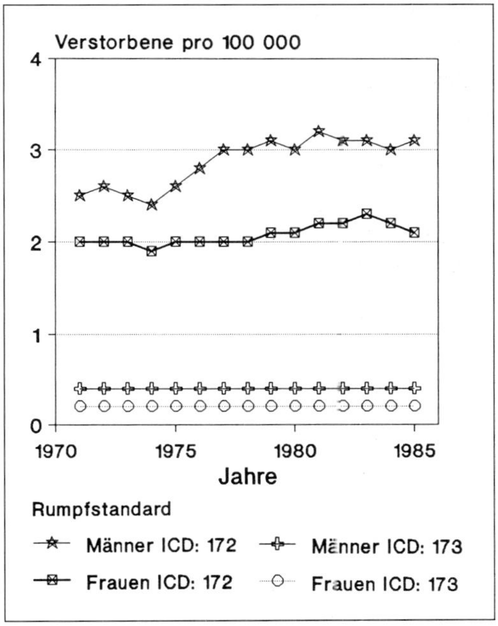

Abbildung 2. Sterberaten 35- bis 64jähriger für das maligne Melanom (ICD: 172) und für den übrigen Hautkrebs (ICD: 173) in der Bundesrepublik Deutschland (1970–1986).

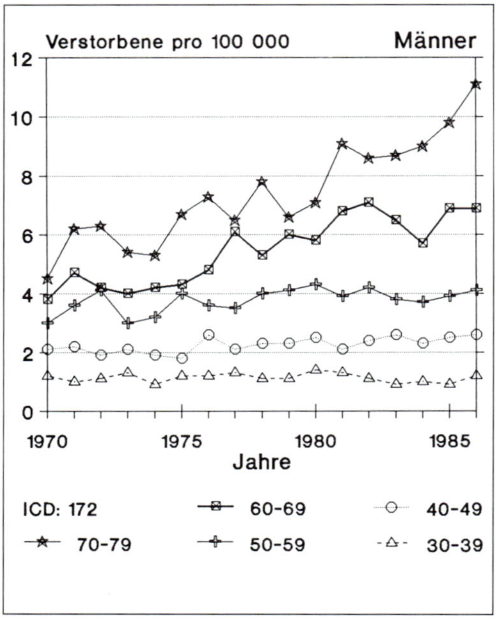

Abbildung 3. Altersspezifische Sterberaten an MM bei Männern im zeitlichen Verlauf (1970–1986).

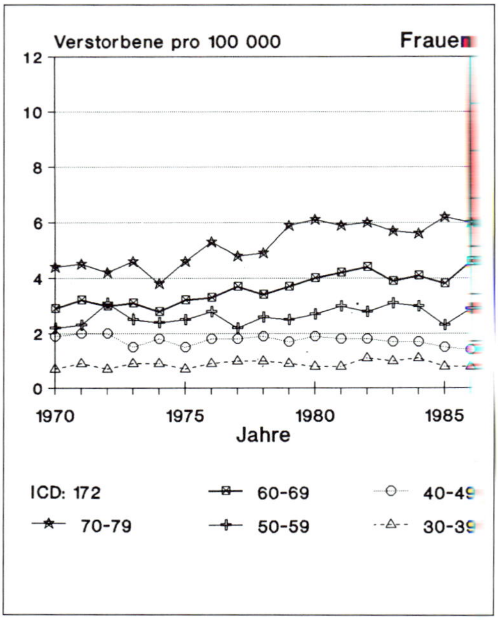

Abbildung 4. Altersspezifische Sterberaten an MM bei Frauen im zeitlichen Verlauf (1970–1986).

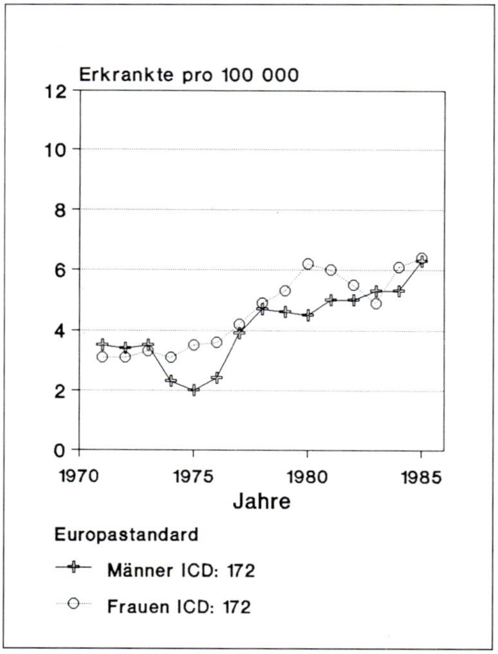

Abbildung 5. Altersstandardisierte Inzidenzraten für das MM im Krebsregister des Saarlandes.

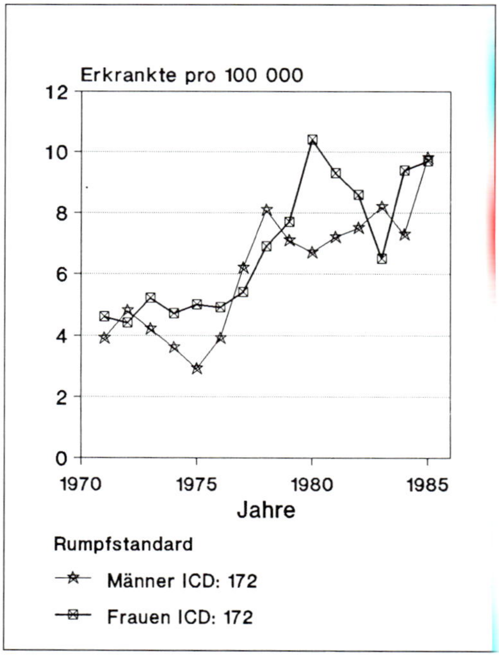

Abbildung 6. Inzidenzraten für das MM bei 35- bis 64jährigen Personen im Krebsregister des Saarlandes.

64jährigen stiegen bei Männern und Frauen zwischen 1970 und 1986 auf das Doppelte der Ausgangswerte an. 1984–1986 ergaben sich folgende altersstandardisierte Inzidenzraten: Männer 6,5 und Frauen 6,6 pro 100000 Einwohner und Jahr nach dem Europastandard (für 35- bis 64jährige Personen beider Geschlechter 9,8 pro 100000 und Jahr). In der Regel wurden für Frauen im untersuchten Zeitraum höhere Erkrankungsraten als für Männer ermittelt. In den letzten Jahren ließ sich kein Unterschied in der Höhe der Raten mehr feststellen (Abbildungen 5 und 6).

Die über den gesamten Zeitraum gemittelten *altersspezifischen Mortalitätsraten* nahmen mit steigendem Alter deutlicher zu als die *altersspezifischen Inzidenzraten* (Abbildungen 7 und 8). Mit zunehmendem Alter nahm auch der Unterschied in der Höhe der Sterblichkeit zwischen Männern und Frauen zu. Dagegen fiel der Vergleich der altersspezifischen Erkrankungsraten von Männern und Frauen im Saarland in zwei verschiedenen Altersbereichen unterschiedlich aus. Frauen wiesen deutlich höhere Erkrankungsraten auf als Männer im Altersbereich unter 55 Jahren, während in den Altersgruppen über 55 Jahren die Erkrankungsraten der Männer höher waren.

Das *Verhältnis von Mortalität zu Inzidenz an MM* (Anteil der Sterbefälle an der Zahl der Erkrankten in %) fiel in Ländern bzw. Regionen mit hoher Melanominzidenz deutlich geringer aus als in Ländern mit niedrigeren Erkrankungsraten. International wurden im australischen Bundesstaat Queensland (Männer: 16% Frauen: 8%) und für Weiße im amerikanischen Bundesstaat Hawaii (Männer: 16%, Frauen: 12%) die niedrigsten Prozentanteile von Sterbefällen ermittelt. Auch innerhalb Europas nahm das Verhältnis von Mortalität zu Inzidenz in den Schweizer Kantonen Genf (Männer: 23%, Frauen 18%) und Zürich (Männer: 33%, Frauen: 21%) mit höheren Inzidenzraten niedrigere Werte an als im Saarland (Männer: 38%, Frauen: 22%) und be-

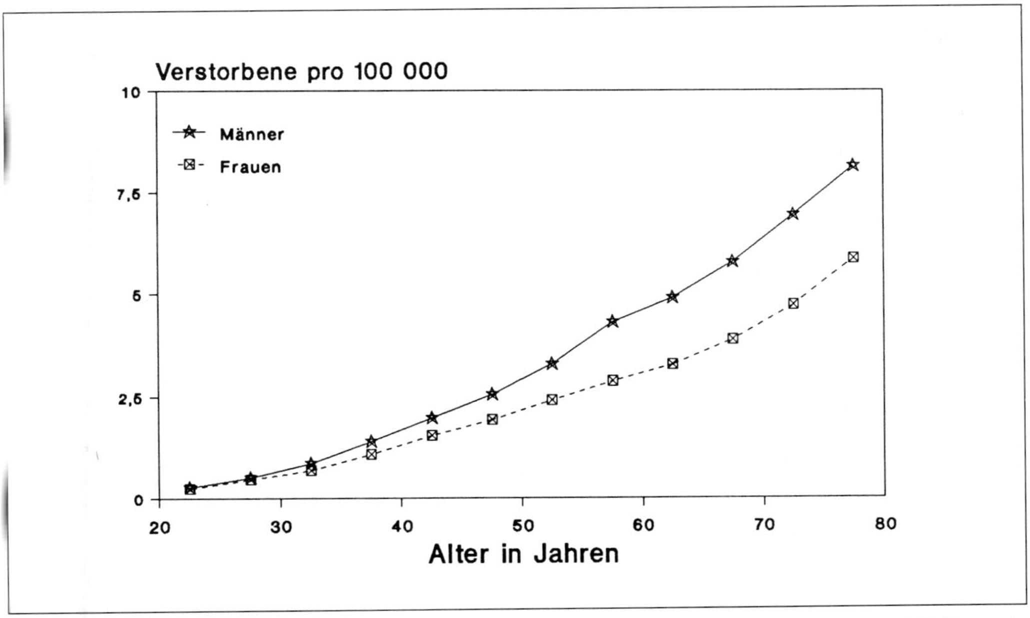

Abbildung 7. Altersverteilung der Sterberaten (1970–1986, gemittelt) an MM in der Bundesrepublik Deutschland.

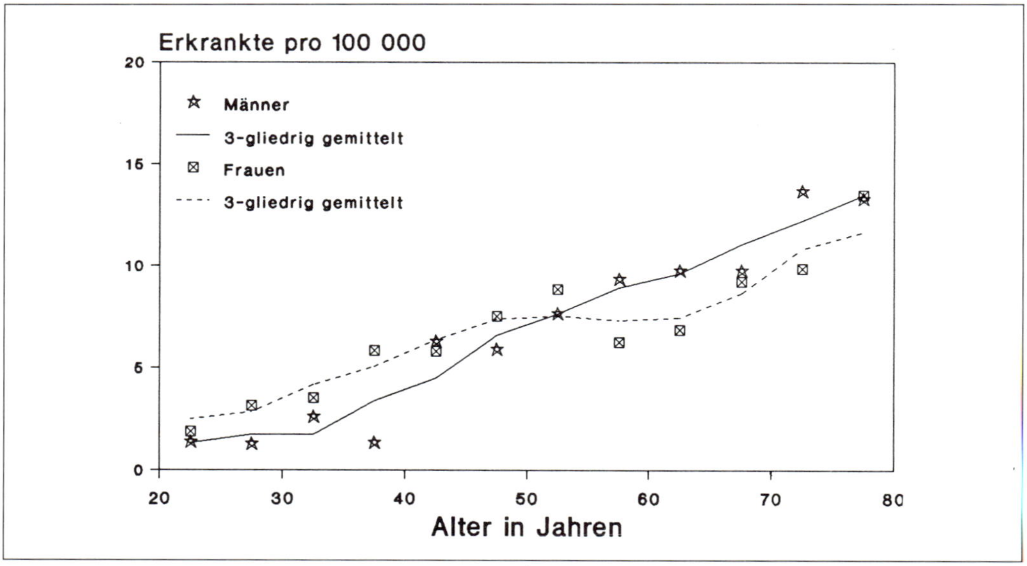

Abbildung 8. Altersverteilung der Inzidenzraten (1970–1986, gemittelt) an MM im Krebsregister des Saarlandes.

sonders in der DDR (Männer: 47%, Frauen: 34%) (Abbildungen 9 und 10).
Für Frauen ergab sich in nahezu allen Ländern bzw. Regionen ein niedrigeres Verhältnis von Sterbefällen zu Neuerkrankungen an MM, also eine im Verhältnis zur Erkrankungsrate niedrigere Mortalität als für Männer.

Diskussion

Im innereuropäischen Vergleich nahmen die altersstandardisierten Sterberaten an Hautkrebs (ICD'9: 172, 173) in der Bundesrepublik Deutschland einen Mittelplatz ein. Eine ähnliche Größenordnung wiesen die Sterberaten in den Niederlanden, Großbritannien, Polen und der DDR auf. Höhere Sterberaten lagen in sämtlichen Skandinavischen Ländern, der Schweiz, Ungarn, der Tschechoslowakei, der Republik Irland und in Österreich vor. Niedriger dagegen waren die Sterberaten in den Ländern Süd- und Südosteuropas. Insgesamt reichte das Spektrum unterschiedlicher altersstandardisierter Sterberaten (Weltstandard) in Europa für Männer von 1,0 (Griechenland) bis 3,3 (Norwegen) und für Frauen von 0,8 (Griechenland) bis 2,2 (Irland) je 100000 Einwohner und Jahr (9).
In 23 von 26 untersuchten Staaten Europas wurden für Männer höhere Sterberaten als für Frauen ermittelt. Auch in bezug auf das Geschlechtsverhältnis (Sterberate der Männer zur Sterberate der Frauen) nimmt die Bundesrepublik mit 1,4 einen Mittelplatz in Europa ein. Eine sehr viel höhere Übersterblichkeit der Männer wurde in den Hochinzidenzländern Norwegen und Schweiz, aber auch in Spanien, Finnland und Belgien gefunden. Nahe bei 1 lag das Geschlechtsverhältnis der Sterberaten auf den britischen Inseln (Nordirland: 0,8; Republik Irland: 1,0; Schottland, England und Wales 1,2) (9).
Zunehmende Sterbe- und Erkrankungsraten am MM wurden in weißen Bevölkerungen in nahezu allen entwickelten Gesellschaften gefunden. Der Anstieg der altersstandardisierten Sterberaten aller Altersgruppen konnte in Australien bis Anfang der 30er Jahre (4), in Dänemark (13), Norwegen (10), England und Wales, Kanada und den USA (8) zumindest bis Anfang der 50er Jahre zurückverfolgt werden. Für die

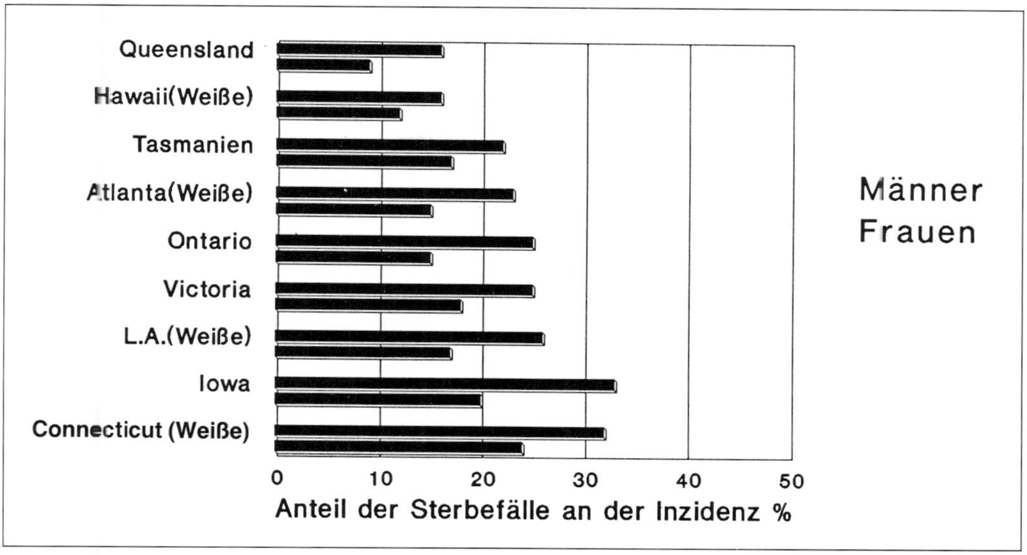

Abbildung 9. Verhältnis von Sterbefällen zu Neuerkrankungen an MM in Nordamerika und Australien (in %).

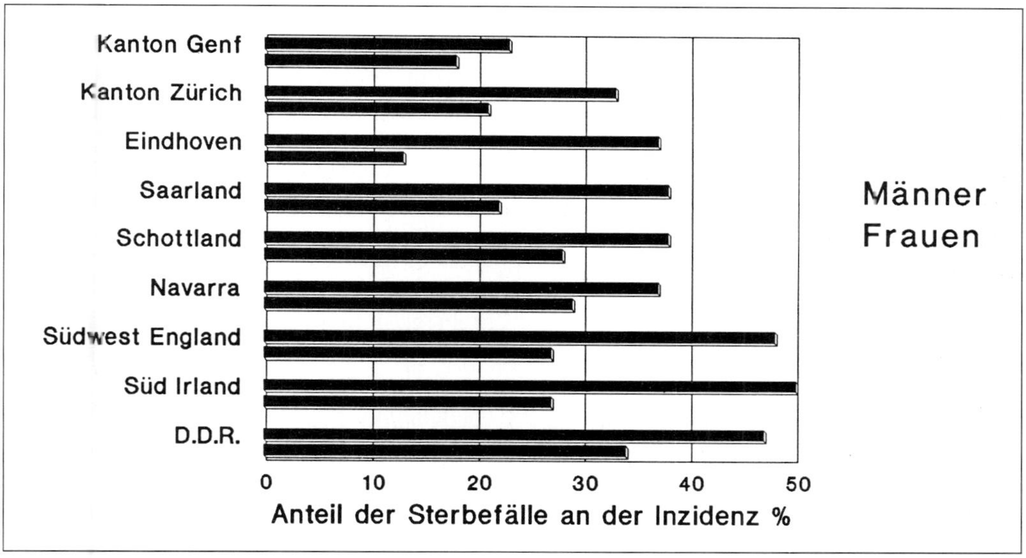

Abbildung 10. Verhältnis von Sterbefällen zu Neuerkrankungen an MM in Europa (in %).

angelsächsischen Länder wurde daraus ein jährlicher Sterblichkeitsanstieg zwischen 1,9% und 3,5% abgeleitet. Die altersstandardisierten Sterberaten 30- bis 69jähriger an allen Formen des Hautkrebses stiegen in der BR Deutschland zwischen 1955 und 1980 um jährlich 3% bis 4% (2), die Sterblichkeit wurde in dieser Altersgruppe ganz überwiegend durch das MM verursacht. Der überwiegende Teil des Anstiegs der Sterberaten erfolgte im Verlauf der 60er Jahre, also vor dem jetzigen Beobachtungszeitraum und bevor MM-Sterbefälle von anderen Sterbefällen an Hautkrebs getrennt in der Todesursachenstatistik dokumentiert wurden. Im selben Zeitraum blieben im Kontrast dazu und zur Entwicklung der Sterberaten in benachbarten skandinavischen Ländern die schwedischen Sterberaten stabil (11).

Neben den Sterberaten 70- bis 79jähriger Männer und Frauen zeigten seit Anfang der 70er Jahre nur die MM-Sterberaten 60- bis 69jähriger Männer deutliche, die der Frauen eine geringfügige Zunahme. Die Sterberaten jüngerer Altersgruppen wiesen im dargestellten Zeitraum keine Zunahme mehr auf. Vor 1968 ließ sich für alle Altersgruppen ab dem 35. Lebensjahr ein mit zunehmendem Alter deutlicher werdender Anstieg der Sterberaten bei Männern und Frauen in der BR Deutschland feststellen (2). Auswertungen von Sterbedaten aus England und Wales, Kanada und den USA ergaben eine stetige Zunahme der Sterberaten einander folgender Geburtsjahrgänge, beginnend mit den zwischen 1890 und 1905 geborenen Jahrgängen (8). Australische Sterbedaten lassen vermuten, daß der Anstieg der MM-Sterblichkeit bereits mit den 1865–1885 geborenen Jahrgängen begann (4). Ein Ende dieses Trends deutete sich bei den Geburtsjahrgängen zwischen 1925 und 1935 an. Für England und Wales, Kanada und die USA wird ein Ende des Anstiegs der Sterblichkeit an MM nur für die zwischen 1931 und 1936 geborenen Frauen beschrieben. Auch der Anstieg der Inzidenzraten in Norwegen ließ sich zum Großteil mit steigender MM-Häufigkeit einander folgender Geburtsjahrgänge zwischen 1901–1905 und 1931–1935 erklären (10). Dieser Anstieg war noch nicht abgeschlossen. Die altersspezifische Analyse der Mortalitätsraten aus der Bundesrepublik Deutschland ließ im untersuchten Zeitraum keinen Anstieg der Sterblichkeit an MM für Frauen unter 50 und für Männer unter 40 Jahren mehr erkennen. Das würde bedeuten, daß eine weitere Mortalitätszunahme für nach 1925 geborene Frauen und nach 1935 geborene Männer nicht mehr erwartet werden muß.

Die Inzidenzraten für MM im saarländischen Krebsregister nahmen unter den vergleichbaren Daten aus Europa eine Mittelstellung ein. Die mit Abstand höchsten altersstandardisierten Inzidenzraten pro 100000 Personen und Jahr (Weltstandard) für Männer in Europa wurden um 1980 in den Kantonen Genf (8,9) und Zürich (7,6) sowie in Norwegen (8,9) und Schweden (7,2) gemessen. Niedrigere Raten als im Saarland (3,7) ergaben sich auf den britischen Inseln (1,5–3,2), in Frankreich (2,3 – 3,[illegible]) Spanien (1,7–2,2) und den Ländern Ost- und Süd-Ost-Europas. Die niedrigsten Inzidenzraten für Männer in Europa wurden aus Polen und Rumänien (1,2) berichtet (9).

Die Rangordnung der Inzidenzraten der Frauen entsprach weitgehend der der Männer. Die höchsten Erkrankungsraten lagen aus Norwegen (10,5), Genf (9,6), Zürich (8,9) und Dänemark (8,4) vor. Niedrigere Inzidenzraten als im Saarland (4,2) wurden in Süd-, Südost- und Osteuropa ermittelt (mit der niedrigsten Rate in Zaragoza, Spanien: 1,4) (9).

Im Gegensatz zum Geschlechtsverhältnis bei der Mortalität wiesen unter 44 europäischen Krebsregistern 39 für Frauen höhere Erkrankungsraten auf als für Männer. Auf den britischen Inseln, wo die Sterberaten in allen Formen des Hautkrebses bei Männern und Frauen in nahezu gleicher Höhe gemessen wurden, überwog die Inzidenz an MM bei Frauen die bei Männern bei weitem. In fünf von 13 britischen Krebsregistern wurden für Frauen mindestens doppelt so hohe altersstandardisierte Inzidenzraten wie für Männer ermittelt. In den Regionen mit höherer Inzidenz wie in der Schweiz, Schweden und Norwegen dagegen zeigte sich eine weitgehende Angleichung der Inzidenzen beider Geschlechter. Dieser Trend der Angleichung konnte auch mit steigender Inzidenz im saarländischen Krebsregister beobachtet werden. Gleich hohe Inzidenzraten für Männer und Frauen werden allerdings auch in Südeuropa gemessen.

Eine starke Zunahme der altersstandardisierten Inzidenzraten an MM konnte in vielen Industrieländern mit weißen Bevölkerungen nachgewiesen werden: In den USA von 1,0 auf 6,0 pro 100000 Einwohner und Jahr im Zeitraum

1930–1980 (7). In Dänemark stieg die mittlere Erkrankungsrate von 1,1 auf 5,7 pro 100000 Einwohner und Jahr im Zeitraum 1943–1972 (13), in Schweden von 2,8 auf 5,2 pro 100000 Einwohner und Jahr im Zeitraum 1959–1968 (11). Auch in Norwegen verdoppelten sich die altersstandardisierten Inzidenzraten zwischen 1959 und 1968 (10). Der im Saarland zwischen 1970 und 1986 gefundene mittlere Anstieg von ca. 3,4 auf 6,2 Neuerkrankungen an MM pro 100000 Einwohner und Jahr entsprach dieser Entwicklung.
Im Vergleich zur Zunahme der Sterberaten um 2 bis 5% pro Jahr fiel der Anstieg der Erkrankungsraten erheblich steiler aus und eine Verdoppelung in zehn Jahren (Norwegen und Schweden) sowie ein Anstieg auf das 5- bis 6fache in 40 Jahren (Dänemark und Connecticut, USA) wurden beschrieben. Der stärkere Anstieg der Inzidenz im Vergleich zur Mortalität zeigt eine Abnahme der Letalität an. Das Verhältnis von Mortalität zu Inzidenz fällt in europäischen Krebsregistern deutlich höher aus als in nordamerikanischen und australischen Krebsregisterregionen. Die Letalität an MM ging offenbar in nahezu allen Regionen mit steigender Inzidenz zurück. Allerdings wurde nur in den Schweizer Kantonen Genf und Zürich inzwischen eine fast ebenso niedrige Letalität erreicht wie in den amerikanischen Bundesstaaten Iowa und Connecticut.

Die Abnahme der Letalität an MM mit steigender Inzidenz wurde wahrscheinlich in erster Linie durch eine verbesserte Früherkennung erreicht. In Australien und den USA wurden dazu großangelegte Kampagnen durchgeführt und in Europa wurde in der Schweiz (siehe Beitrag *Neeser* in diesem Band) ebenfalls eine gut geplante Aufklärungsaktion gestartet. Die Einbeziehung der Öffentlichkeit für eine Verbesserung der Früherkennung liegt gerade für diesen Hauttumor besonders nahe. Eine Untersuchung an der chirurgischen Klinik Aachen ergab, daß mehr als 80% der Patienten, bei denen ein MM diagnostiziert wurde, wegen selbst beobachteter Größenzunahme oder Farbveränderung eines bestehenden Muttermales den Arzt aufgesucht hatten (19). Die gezielte Aufklärungsarbeit an der Hautklinik der Universität Gießen in den 80er Jahren führte innerhalb weniger Jahre zu einer Erhöhung der rohen Inzidenzrate für Frauen von 5,8 (1976–1980) auf 15,0 (1984) und für Männer von 3,8 auf 6,9 pro 100000 Einwohner und Jahr (14). Es ist anzunehmen, daß eine solche Kampagne im Saarland zu Inzidenzraten von gleicher Höhe führen würden, da die Ausgangssituation, die Inzidenz 1976–1980, vergleichbar war. Das Ziel bevölkerungsbezogener Aufklärung ist eine frühere Diagnose dünnerer MM, deren weite Exzision die Mortalitätsrate an MM effektiv senken kann.

Eine Untersuchung der histologischen Präparate von MM der Jahre 1968–1981 im saarländischen Krebsregister ergab einen Trend zu dünneren Tumoren seit 1978. Während im Saarland jedoch im gesamten Zeitraum 71,2% der MM von Männern und 70,9% der MM von Frauen dicker als 1,5 mm waren, wiesen in den Hochinzidenzregionen Westaustralien bzw. Neumexiko nur 45,2% bzw. 38,5% der MM von Männern und 39,0% bzw. 29,2% der MM von Frauen eine Tumordicke von mehr als 1,5 mm auf (16).

Damit bleiben im wesentlichen zwei mögliche Erklärungen für die erfreuliche Entwicklung der MM-Sterberaten jüngerer Männer und Frauen in der BR Deutschland. Die Stabilität bzw. der leichte Rückgang der Sterberaten der unter 40jährigen Männer und der unter 50jährigen Frauen könnte Ausdruck eines mit den Geburtsjahrgängen 1925 bzw. 1935 abgeschlossenen Risikoanstiegs aufeinander folgender Geburtsjahrgänge sein. Die beschriebene Entwicklung der MM-Sterberaten jüngerer Altersgruppen könnte aber auch Folge einer früheren Erkennung von MM insbesondere bei Frauen sein, die sich in einer Zunahme der Inzidenz dünnerer Tumoren und in einem rückläufigen Anteil dickerer Tumoren mit schlechterer Prognose ausdrückt. Breit angelegte Aufklärungsaktionen zur Früherkennung des MM werden schon bald zeigen, ob und in welchem Ausmaß die Sterblichkeit an dieser Erkrankung in der Bundesrepublik Deutschland gesenkt werden kann.

Literatur

1 Bertz J, Schön D (1987) Regionale Unterschiede und zeitliche Trends von Inzidenz und Mortalität für ausgewählte Krebskrankheiten. In: Hoffmeister H (ed) Bevölkerungsbezogene Krebsregister in der Bundesrepublik Deutschland. MMV Medizin Verlag München, bga Schriften 2/87: 136–143

2 Garbe C, Bertz J, Orfanos CE (1986) Malignes Melanom: Zunahme von Inzidenz und Mortalität in der Bundesrepublik Deutschland. Z Hautkr 61: 1751–1764

3 Gordon LG (1986) The incidence and pathogenesis of invasive cutaneous malignant melanoma in Northern Ireland. Br J Cancer 53: 75–80

4 Holman CDJ, James IR, Gattey PH, Armstrong BK (1980) An analysis of trends in mortality from malignant melanoma of the skin in Australia. Int J Cancer 26: 703–709

5 Houghton A, Flannery J, Viola MV (1980) Malignant melanoma in Connecticut and Denmark. Int J Cancer 25: 95–104

6 Jung H-D (1988) Mortalität und Inzidenz an malignem Melanom der Haut in der Bundesrepublik Deutschland, der Deutschen Demokratischen Republik und der Schweiz. Akt Dermatol 14: 12–14

7 Kopf AW, Kripke ML, Stern RS (1984) Sun and malignant melanoma. J Am Acad Dermatol 11: 674–684

8 Lee JAH, Petersen GR, Stevens RG, Vesanen K (1979) The influence of age, year of birth, and date on mortality from malignant melanoma in the populations of England and Wales, Canada, and the white population of the United States. Am J Epidemiol 110: 734–739

9 Levi F, Maisonneuve P, Filiberti R, Vecchia la C, Boyle P (1989) Cancer incidence and mortality in Europe. Soz Präventiv Med (suppl 2)

10 Magnus K (1973) Incidence of malignant melanoma of the skin in Norway 1955–1970. Cancer 32: 1275–1286

11 Malec E, Eklund G (1978) The changing incidence of malignant melanoma of the skin in Sweden, 1959–1968. Scand J Plast Reconstr Surg 12: 19–27

12 Muir C, Waterhouse J, Mack T, Powell J, Whelan S (1987) Cancer Incidence in Five Continents, vol V. IARC, Lyon

13 Osterlind A, Møller Jensen O (1986) Trends in incidence of malignant melanoma of the skin in Denmark. Rec Res Cancer Res 102: 8–17

14 Rauh M, Paul E, Illig L (1987) Incidence of malignant melanoma in central Hesse, Germany. Anticancer Res 7: 447–448

15 Schön D, Bertz J (1989) Prüfung der Aussagekraft der Daten der bevölkerungsbezogenen Krebsregister der Bundesrepublik Deutschland. In: Schön D, Bertz J, Hoffmeister H (eds) Bevölkerungsbezogene Krebsregister in der Bundesrepublik Deutschland, Band 2. MMV Medizin Verlag München, bga Schriften 4/89: 139–157

16 Seebach v HB, Tille MM, Bahmer F (1985) Das maligne Melanom der Haut im Krebsregister des Saarlandes 1968–1981. Pathologe 6: 231–24?

17 Statistisches Amt des Saarlands (1973, 1975, 1982, 1984) Saarländische Krebsdokumentation, Einzelschriften zur Statistik des Saarlandes 38, 51, 60, 66

18 Statistisches Amt des Saarlands (1985, 1987, 1988) Morbidität und Mortalität an bösartigen Neubildungen im Saarland (1982–1986). Jahresberichte des Saarländischen Krebsregisters

19 Treutner KH, Winkeltau G, Tittel A, Schumpelick V (1989) Malignes Melanom. Ätiopathogenetische Aspekte und chirurgisches Vorgehen. Münch Med Wschr 131: 377–380

Für die Verfasser:
Prof. Dr. H. Hoffmeister
Institut für Sozialmedizin und Epidemiologie
des Bundesgesundheitsamtes
General-Pape-Straße 62–65
D-1000 Berlin 42

Klinisch-epidemiologische Daten des Zentralregisters Malignes Melanom der Deutschen Dermatologischen Gesellschaft

W. Stroebel, C. Garbe[a], B. d'Hoedt, J. Bertz[b], G. Rassner und C. E. Orfanos[a]
Unter Mitarbeit von: F. Bahmer, K. Beck, H. Biltz, G. Bischof, E. W. Breitbart, E. B. Bröcker, R. Eichhorn, U. Elsässer-Beile, W. Gudat, H. Hoffmeister, H. Holzmann, J. Kronitz, M. Landthaler, W. Lechner, I. Lohrisch, D. Neukamm, M. Roser, U. Runne, H. Schell, M. Schwermann, I. Sigl, Ch. Sigg, H. P. Soyer, H. Sponagel, F. Toppe, W. Tilgen, H. Tourbier, W. Völckers, A. Wagner, L. Walther, J. Weiß, U. Weyer, M. Winzer

Abteilung Dermatologie I, Hautklinik der Universität Tübingen, [a]Universitäts-Hautklinik und Poliklinik, Klinikum Steglitz der Freien Universität Berlin, und [b]Institut für Sozialmedizin und Epidemiologie des Bundesgesundheitsamtes Berlin

Zusammenfassung

4963 Melanompatienten aus 29 deutschsprachigen Hautkliniken wurden 1983–1988 dem Zentralregister Malignes Melanom der Deutschen Dermatologischen Gesellschaft gemeldet. Im Vergleich zu der multizentrischen Studie der Arbeitsgemeinschaft Malignes Melanom der Deutschen Forschungsgemeinschaft (1962–1972) wurden folgende Tendenzen in der Epidemiologie des malignen Melanoms in den letzten 27 Jahren erkennbar:
Der Anteil der männlichen Melanompatienten ist deutlich gestiegen (von 35 auf 41%). Sowohl bei Männern als auch bei Frauen hat der Anteil der Melanome mit Lokalisation am Rumpf deutlich zugenommen. Erfreulicherweise zeigt sich bei der Tumordicke eine Trendwende: Die »high risk«-Melanome haben in den 80er Jahren abgenommen, die »low risk«-Melanome sind dagegen stark angestiegen (bei Männern von 13 auf 32%, bei Frauen von 16 auf 39%).
Leider kommen immer noch nahezu 10% der Patienten bereits in einem metastasierenden Stadium zur ersten Diagnose. Innerhalb des Zentralregisters Malignes Melanom der Deutschen Dermatologischen Gesellschaft haben in den letzten Jahren die Melanome vom SSM-Typ zugenommen, dagegen haben die nodulären und Lentigo-maligna-Melanome abgenommen. Die Therapie bei Melanompatienten sowohl im Stadium I als auch in den Stadien II bis IV beschränkt sich mehr und mehr auf eine operative Behandlung, d.h. adjuvante Behandlungsformen werden seltener angewandt.

Summary

During the years 1983 to 1988, 4963 melanoma patients from 29 departments of dermatology in the German speaking countries were reported to the »Central Malignant Melanoma Registry« (CMMR) of the German Dermatological Society. A comparison with the data of the »Malignant Melanoma Cooperative Group« funded by the German Research Council (1962–72) revealed the following changes in the epidemiology of malignant melanoma during the past 27 years:
The percentage of male patients with malignant melanoma clearly increased from 35% (1962–72) to 41% (1983–88). In both sexes the proportion of melanomas localized on the trunk

markedly increased. Fortunately, there was a reverse trend regarding the thickness of tumors: High risk melanomas (with a tumor thickness of > 3 mm) decreased during the '80ies, whereas a significantly higher percentage of low risk melanomas (tumor thickness ≤ 0,75 mm) was diagnosed (in males: 32% in the 80ies vs 13% in the 60ies, in females: 39% in the 80ies vs 16% in the 60ies).
Regrettably, still 10% of the patients came with metastasized malignant melanoma to the first diagnosis. In the CMMR data there was an increase of the percentage of superficial spreading melanomas in the last years and, on the contrary, a decrease of nodular and lentigo maligna melanomas was seen. Therapy for stage I as well as for stages II to IV has focused on surgical procedures, whereas less frequently systemic adjuvant treatments were administered.

Einleitung

In den letzten Jahren haben weltweit trotz großer Aufklärungskampagnen Inzidenz und Mortalität des malignen Melanoms zugenommen (3, 5, 8, 11). In der Bundesrepublik Deutschland existiert bisher mit Ausnahme einiger regionaler Krebsregister (z.B. im Saarland) (5, 14, 16) keine überregionale flächendeckende Registrierung der Patienten mit malignen Melanomen. Dringend gefordert werden deshalb klinisch-epidemiologische multizentrische Studien zur Erfassung von Risikofaktoren, prognostischen Parametern und Therapieansätzen (8, 14).
In der Bundesrepublik Deutschland wurden bisher zwei multizentrische Studien erstellt:

Zum einen beteiligten sich von 1962 bis 1972 elf Hautkliniken in Deutschland an einer Melanomstudie der Arbeitsgemeinschaft Malignes Melanom der Deutschen Forschungsgemeinschaft (DFG). In dieser Studie wurden 2233 Melanompatienten erfaßt (9, 10).
Zum anderen wurde 1983 von der Deutschen Dermatologischen Gesellschaft (DDG) in der Universitäts-Hautklinik und Poliklinik im Klinikum Steglitz der Freien Universität Berlin das Zentralregister Malignes Melanom in Verbindung mit dem Institut für Sozialmedizin und Epidemiologie des Bundesgesundheitsamtes (6, 7, 8) eingerichtet.

Seither hat die Zahl der daran beteiligten Hautkliniken und der eingebrachten Patienten ständig zugenommen, so daß bis Juni 1989 5260 Melanompatienten aus 30 deutschsprachigen Hautkliniken erfaßt und an die Registerstelle der Universitäts-Hautklinik und Poliklinik Steglitz der Freien Universität Berlin gemeldet wurden. Es ist nun möglich, die Entwicklung des malignen Melanoms anhand der prospektiven multizentrischen Studien der Arbeitsgemeinschaft der DFG und des Zentralregisters Malignes Melanom der DDG vergleichend darzustellen. Des weiteren können innerhalb des Zentralregisters in den letzten Jahren neue Tendenzen verfolgt werden (8).

Methoden

1962–1972 wurden in der Studie der Arbeitsgemeinschaft Malignes Melanom der Deutschen Forschungsgemeinschaft 2233 Patienten von elf deutschsprachigen Hautkliniken (Berlin (2 Abteilungen), Düsseldorf, Erlangen, Freiburg, Göttingen, Hamburg, Heidelberg, Köln, Mainz und München) erfaßt.

1983 gründete die Deutsche Dermatologische Gesellschaft das Zentralregister Malignes Melanom. Von 1983 bis Ende 1988 wurden von 29 deutschsprachigen Hautkliniken 4963 Fälle registriert (Berlin (4 Abteilungen), Bochum, Bonn, Darmstadt, Dortmund, Erlangen, Frankfurt, Freiburg, Graz, Hamburg (2 Abteilungen), Hannover, Heidelberg, Homburg, Kassel, Lübeck, Mainz, Mannheim, München (2 Abteilungen), Münster, Nürnberg, Tübingen, Wiesbaden, Würzburg, Zürich).
Ausgenommen wurden In-situ-Melanome (superfiziell spreitende Melanome mit Invasionslevel I sowie Lentigines malignae).
Die Daten wurden nach Verschlüsselung an der Universitäts-Hautklinik und Poliklinik im Klinikum Steglitz EDV-mäßig erfaßt. Ein anonymisierter Datensatz wurde zur Aufnahme in eine

Datenbank und zur Auswertung an das Institut für Sozialmedizin und Epidemiologie des Bundesgesundheitsamtes weitergeleitet.

Ergebnisse

In den 60er Jahren (DFG-Studie) waren 35% der Patienten männlichen und 65% weiblichen Geschlechts, d.h., das Verhältnis Männer zu Frauen war 1:1,88. Auffällig ist, daß in den 80er Jahren (DDG-Studie) der Anteil der Männer deutlich zunahm. Von 1983 bis 1988 waren 41% der Patienten männlichen und nur noch 59% weiblichen Geschlechts, d.h., das Verhältnis Männer zu Frauen ist auf 1:1,42 abgefallen.
Beim Vergleich der Altersverteilung der Melanompatienten in beiden Studien zeigt sich, daß nach wie vor bei Männern und bei Frauen das maligne Melanom am häufigsten im Alter von 40 bis 60 Jahren diagnostiziert wurde (Abbildung 1).
Bei Betrachtung der Lokalisation des Tumors wird deutlich, daß das Melanom sowohl in den 60er Jahren als auch in den 80er Jahren bei den Männern vor allem am Stamm, bei den Frauen vor allem an der unteren Extremität lokalisiert war. In der Studie des Zentralregisters Malignes Melanom ist sowohl bei den Frauen als auch bei den Männern eine signifikante Zunahme der Lokalisation des Tumors am Stamm zu ungunsten der anderen Lokalisationen festzustellen. Bei männlichen Patienten stieg der Anteil der Melanome am Stamm von 39% auf 57%, bei Frauen von 15% auf 24% (Abbildung 2).
Untersucht man die Daten bezüglich der Tumordicke nach *Breslow*, so ergibt sich folgendes Bild: Während in den 60er Jahren bei 72% der Männer und 60% der Frauen Melanome diagnostiziert wurden, die dicker waren als 1,5 mm, fiel dieser Prozentsatz in den 80er Jahren deutlich ab und zwar auf 41% bei den Männern und auf 34% bei den Frauen. Gleichzeitig stieg der Anteil an »low risk«-Melanomen (d.h. Tumordicken unter 0,75 mm) bei beiden Geschlechtern an (bei Männern von 13 auf 32% und bei Frauen von 16 auf 39%) (Abbildung 3).

Vergleicht man in beiden Zeiträumen das klinische Stadium der Melanompatienten bei der ersten Diagnose, so zeigt sich, daß nach wie vor leider nahezu 10% der Männer und Frauen in einem metastasierenden Stadium zur ersten Diagnose kommen.

Durch Bildung zweier Kollektive (1983–1985 und 1986–1988) innerhalb des Zentralregisters Malignes Melanom konnten auch Entwicklungen in den letzten Jahren bezüglich progno-

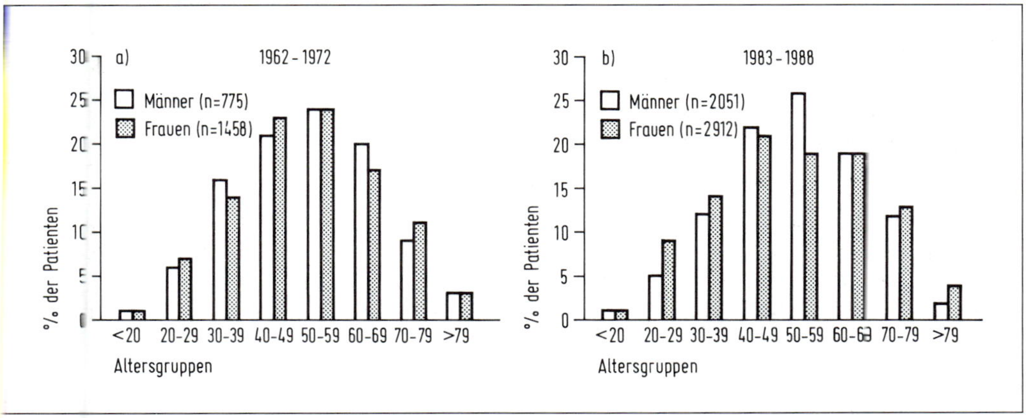

Abbildung 1. Altersverteilung der Patienten mit malignen Melanomen bei Erstdiagnose. a) Studie der Arbeitsgemeinschaft Malignes Melanom der DFG (1962–1972); b) Studie des Zentralregisters Malignes Melanom der DDG (1983–1988).

stischer Faktoren und therapeutischer Verfahren erfaßt werden. In beiden Zeiträumen (bis 1985 und ab 1986) ergab die histologische Untersuchung am häufigsten ein malignes Melanom vom superfiziell spreitenden Typ. Es zeigte sich besonders bei den männlichen Patienten eine weitere Zunahme des Prozentsatzes an diagnostizierten superfiziell spreitenden Melanomen: und zwar von 43 auf 54% (bei Frauen von 49 auf 51%). Dagegen hat der Anteil der nodulären Melanome abgenommen: Bei Männern von 28 auf 21%, bei Frauen von 26 auf 21%. Auch die Lentigo-maligna-Melanome wurden seltener diagnostiziert: 1983–1985 bei 11% der männlichen und 12% der weiblichen Patienten, ab 1986 bei 6% der Männer bzw. 9% der Frauen. Der Anteil der akrolentiginösen Melanome blieb in beiden verglichenen Zeiträumen konstant.

Adjuvante Therapieformen bei Patienten mit malignem Melanom im Stadium I kommen nicht mehr so häufig zur Anwendung: Während sich in den Jahren 1983–1985 die Therapie bei 65% der Patienten auf die Operation beschränkte,

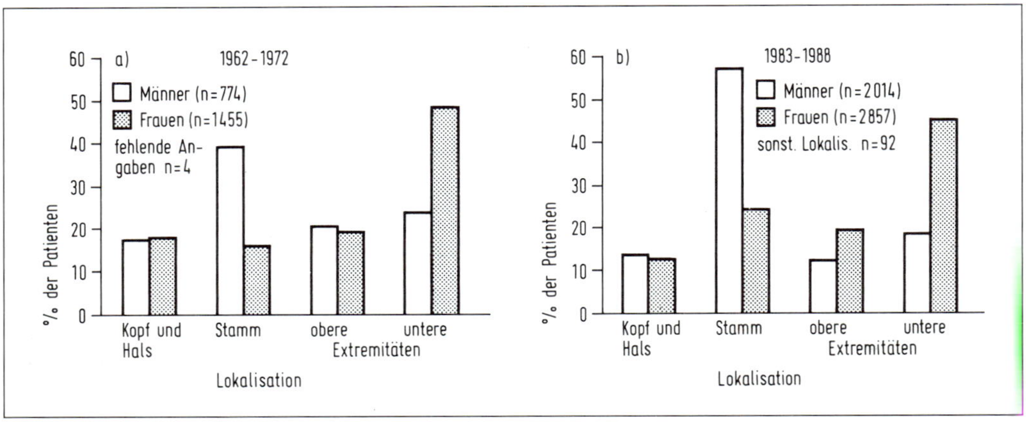

Abbildung 2. Verteilung der Lokalisation der malignen Melanome bei Erstdiagnose. a) Studie der Arbeitsgemeinschaft Malignes Melanom der DFG (1962–1972); b) Studie des Zentralregisters Malignes Melanom der DDG (1983–1988).

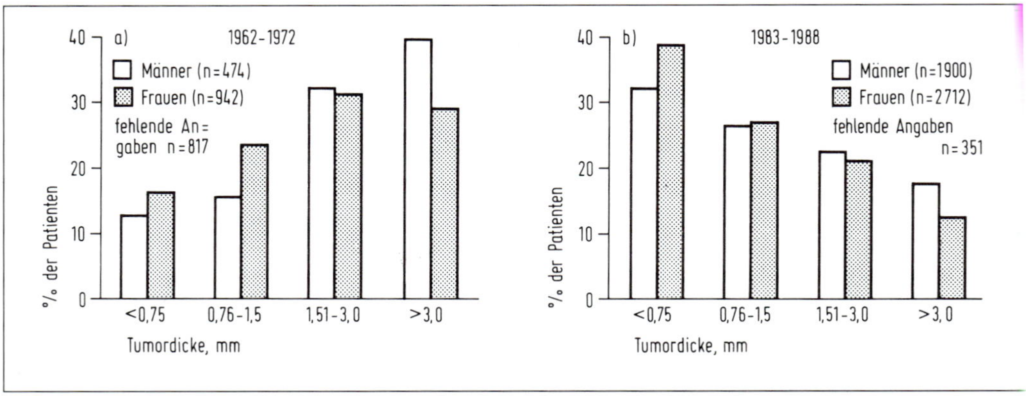

Abbildung 3. Tumordicke der malignen Melanome bei Erstdiagnose. a) Studie der Arbeitsgemeinschaft Malignes Melanom der DFG (1962–1972); b) Studie des Zentralregisters Malignes Melanom der DDG (1983–1988).

stieg dieser Prozentsatz in den Jahren 1986–1988 auf 84% an. Die Immuntherapie nahm von 27 auf 11%, die Chemotherapie von 8 auf 5% ab
Auch bei Patienten mit metastasierendem malignen Melanom wurde bezüglich weiterer Therapiemaßnahmen eine rückläufige Tendenz beobachtet: während in den Jahren 1983 –1985 22% der Patienten eine Immun- und 31% eine Chemotherapie erhielten, ging dieser Prozentsatz auf 15% bzw. 8% zurück.

Diskussion

Die Ergebnisse der multizentrischen Studien der Arbeitsgemeinschaft Malignes Melanom der Deutschen Forschungsgemeinschaft (1962–1972) und des Zentralregisters Malignes Melanom der DDG (1983–1988) wurden gegenübergestellt. Dabei ergaben sich folgende interessante Aspekte:

Der Anteil der Männer ist in den letzten Jahren deutlich gestiegen (von 35 auf 41%). Diese Tendenz wird auch in der Queensland-Studie in Australien bestätigt: während in den 60er Jahren der Anteil der weiblichen Patienten sehr hoch war, läßt sich in den letzten Jahren kein statistisch signifikanter Unterschied in der Melanominzidenz im Hinblick auf das Geschlecht finden (13). Allerdings überwiegt weiterhin der Anteil der weiblichen Patienten in Schottland, Dänemark und Italien, nicht jedoch in Schweden (3, 12, 15).

Die Altersverteilung hat sich in den Studien der DFG und der DDG nicht wesentlich geändert. Es ist also keine Vorverlagerung des Erkrankungsalters eingetreten.

Nach wie vor ist die häufigste Lokalisation des malignen Melanoms bei Männern der Stamm, bei Frauen die untere Extremität (1, 2). In den letzten Jahren wurde sowohl bei Frauen wie auch bei Männern eine Zunahme der Lokalisation des Melanoms am Stamm beobachtet (bei den Männern von 39% in den 60er Jahren auf 57% in den 80er Jahren; bei den Frauen von 15 auf 24%). Diese Tendenz wurde auch in anderen Studien festgestellt (Australien, Amerika, Dänemark) (4, 15). Man vermutet, daß geändertes Freizeitverhalten und Bekleidungsgewohnheiten dabei eine Rolle spielen (11).

Erfreulicherweise zeigte sich bei Betrachtung des vertikalen Tumordurchmessers nach *Breslow*, dem wichtigsten prognostischen Einzelkriterium im Stadium I (2, 3, 13), eine deutliche Trendwende: Während in den 60er Jahren bei 72% der Männer und 60% der Frauen Melanome mit einer Tumordicke > 1,5 mm diagnostiziert wurden, fiel dieser Anteil bei Männern auf 41% ab, bei Frauen auf 34%. »Low risk«-Melanome (d.h. Tumordicke < 0,75 mm) haben in den 80er Jahren bei beiden Geschlechtern deutlich zugenommen: Bei Männern von 13 auf 32%, bei Frauen von 16 auf 39%. Beim Vergleich der weltweit erhobenen Melanomdaten (3) geben Zentren, denen neueste Zahlen vorliegen, eine Häufigkeit von dünnen Tumoren mit 24 bis 33% an. Diese Tendenz ist sicher auf eine verbesserte Früherkennung und Aufklärungsarbeit zurückzuführen (3, 4, 13).
Leider kommen immer noch 10% der Patienten in einem metastasierenden Stadium zur ersten Diagnose, wie auch Umfragen z.B. in den USA und Australien ergaben (1, 2, 3).

Innerhalb des Zentralregisters Malignes Melanom werden in den letzten Jahren deutliche Tendenzen erkennbar: zunehmend werden Melanome vom superfiziell spreitenden Typ diagnostiziert, weniger häufig dagegen noduläre Melanome und Lentigo-maligna-Melanome. Sowohl im Stadium I als auch in den Stadien II bis IV werden Therapieformen wie Immun-, Chemotherapie u.a. nicht mehr so häufig durchgeführt (3).

Zukünftig wird es möglich sein, den Verlauf der Melanomerkrankung in Korrelation zu prognostischen Faktoren wie Tumordicke, Lokalisation, histologische Klassifikation etc. zu verfolgen.

Weitere Kliniken sollten motiviert werden, sich am Zentralregister Malignes Melanom der Deutschen Dermatologischen Gesellschaft zu beteiligen.

Literatur

1 Balch CM, Mettlin C (1988) Das maligne Melanom in den Vereinigten Staaten: eine nationale Umfrage über 4800 Patienten. In: Balch CM, Milton GW, Shaw HM, Seng-jaw Soong (eds) Hautmelanome. Springer, Berlin Heidelberg New York London Paris Tokyo, pp 358–363

2 Balch CM, Seng-jaw Soong, Shaw HM, Milton GW (1988) Analyse der Prognosefaktoren bei 4000 Patienten mit malignem Melanom der Haut. In: Balch CM, Milton GW, Shaw HM, Seng-jaw Soong (eds) Hautmelanome. Springer, Berlin Heidelberg New York London Paris Tokyo, pp 306–327

3 Balch CM, Seng-jaw Soong, Shaw HM (1988) Vergleich der weltweit erhobenen Melanomdaten. In: Balch CM, Milton GW, Shaw HM, Seng-jaw Soong (eds) Hautmelanome. Springer, Berlin Heidelberg New York London Paris Tokyo, pp 455–464

4 Balch CM, Shaw HM, Seng-jaw Soong, Milton GW (1988) Veränderungen der klinischen und pathologischen Merkmale des Melanoms in den letzten 30 Jahren. In: Balch CM, Milton GW, Shaw HM, Seng-jaw Soong (eds) Hautmelanome. Springer, Berlin Heidelberg New York London Paris Tokyo, pp 301–305

5 Garbe C, Bertz J, Orfanos CE (1986) Malignes Melanom: Zunahme von Inzidenz und Mortalität in der Bundesrepublik Deutschland. Z Hautkr 61: 1751–1764

6 Garbe C, Bertz J, Orfanos CE, Bahmer F, Beck K, Biltz H, Bischof G, Boonen H, Breitbart EW, Bröcker B, d'Hoedt B, Eichhorn R, Ernst TM, Mauer G, Neukam D, Runne U, Schwermann M, Soyer P, Sponagel H, Stroebel W, Tilgen W, Tourbier H, Völckers W, Wagner A (1987) Das maligne Melanom im deutschsprachigen Raum in den 80er Jahren. Hautarzt 38: 639–644

7 Garbe C, Bertz J, Orfanos CE, Hoffmeister H, Bahmer F, Beck K, Biltz H, Bischof G, Boonen H, Breitbart EW, Bröcker B, d'Hoedt B, Eichhorn R, Ernst TM, Mauer G, Neukam D, Runne U, Schwermann S, Soyer P, Sponagel H, Stroebel W, Tilgen W, Tourbier H, Völkers W, Wagner A (1987) Zentralregister Malignes Melanom. Dt Dermatol 35: 1314–1323

8 Garbe C, Wiebelt H, Orfanos CE (1989) Change of epidemiological characteristics of malignant melanoma during the years 1962–1972 and 1983–1986 in the Federal Republic of Germany. Dermatologica 178: 131–135

9 Heite HJ (1981) Epidemiologie und Prognose. In: Weidner F, Tonak J (eds) Das maligne Melanom der Haut. Perimed, Erlangen, pp 11–26

10 Heite HJ (1981) Ergebnisse der Arbeitsgemeinschaft Malignes Melanom der Deutschen Forschungsgemeinschaft. Hautarzt (Suppl V) 31: 11–19

11 Lee JAH (1988) Die Entstehung des Melanoms. In: Balch CM, Milton GW, Shaw HM, Seng-jaw Soong (eds) Hautmelanome. Springer, Berlin Heidelberg New York London Paris Tokyo, pp 293–300

12 MacKie RM, Clark DH, Cochran AJ (1988) Das Melanom in Westschottland zwischen 1939 und 1981. In: Balch CM, Milton CW, Shaw HM, Seng-jaw Soong (eds) Hautmelanome. Springer, Berlin Heidelberg New York London Paris Tokyo, pp 428–433

13 McLeod GR, Davis NC, Little JH, Green A, Chant D (1988) Das maligne Melanom in Queensland. Australien: Erfahrungen des Queensland Melanoma Project. In: Balch CM, Milton GW, Shaw HM, Seng-jaw Soong (eds) Hautmelanome. Springer, Berlin Heidelberg New York London Paris Tokyo, pp 350–357

14 Orfanos CE, Garbe C, Bertz J (1985) Epidemiologie des malignen Melanoms der Haut im internationalen Vergleich. Hautarzt (Suppl VII): 81–84

15 Osterlind A, Moller Jensen O (1986) Trends in incidence of malignant melanoma of the skin in Denmark 1943–1982. Rec Res Cancer Res 102: 8–17

16 Seebach von HB, Tille MM, Bahmer F (1985) Das maligne Melanom der Haut im Krebsregister des Saarlandes 1968–1981. Pathologe 6: 231–241

Für die Verfasser:
Dr. Waltraud Stroebel
Universitäts-Hautklinik
Calwerstraße 7
D-7400 Tübingen

Klinische Epidemiologie des malignen Melanoms im Einzugsbereich der Dermatologischen Klinik der Ludwig-Maximilians-Universität München

M. Landthaler, O. Braun-Falco, D. Hölzel[a], B. Konz und G. Schubert-Fritschle[a]
Dermatologische Klinik und Poliklinik, und [a]Institut für medizinische Informationsverarbeitung, Biometrie und Epidemiologie der Universität München

Zusammenfassung

Analysiert wurden 3683 Patienten mit malignem Melanom der Haut, die in der Dermatologischen Klinik der Ludwig-Maximilians-Universität München behandelt wurden. Es handelte sich um 2121 Frauen und 1562 Männer.

Der Median des Alters betrug bei den Männern 52,4 Jahre, bei den Frauen 53,2 Jahre.
Häufigste Lokalisation bei den Männern war der Stamm, bei den Frauen die unteren Extremitäten.
Mehr als 80% der Patienten kamen im Stadium I zur Behandlung.

Am häufigsten waren oberflächlich spreitende maligne Melanome (43,6%) und knotige maligne Melanome (34,6%). Frauen hatten dünnere maligne Melanome als Männer, der Anteil dicker Melanome (> 3 mm) war bei beiden Geschlechtern mit etwa 15% relativ hoch.
Bei einer Tumordicke von > 3 mm betrug die 5-Jahres-Überlebensrate der Männer 40%, die der Frauen 50%. Eine multivariate Analyse zeigte, daß die Tumordicke der wichtigste prognostische Parameter ist.

Summary

3,683 patients of the Department of Dermatology of the University of Munich were analyzed. 2,121 were females and 1,562 males.
The median of age was 52.4 years in male patients and 53.2 years in female patients.
In male patients malignant melanomas were most often located on the trunk, in females on the lower extremities.
More than 80% of patients were in stage I at the first consultation.

Superficial spreading malignant melanomas were found in 43.6% and nodular malignant melanomas in 34.6% of patients.
Females had thinner malignant melanomas than males, and the percentage of thick melanomas (> 3 mm) was relatively high in males and females (15%).
In male patients with a tumor thickness of > 3 mm the 5-year-survival rate was 40%, and in females 50%.
A multivariate analysis (Cox model) revealed, that tumor thickness is the most important prognostic parameter in patients with malignant melanoma.

Bis April 1989 wurden an der Dermatologischen Klinik und Poliklinik der Ludwig-Maximilians-Universität 3683 Patienten mit malignem Melanom der Haut behandelt und dokumentiert. Davon waren 2121 Frauen und 1562 Männer. Das Verhältnis Frauen zu Männer beträgt demnach 1,35:1.

Altersverteilung

Nur 28 Patienten waren jünger als 20 Jahre. Ab dem 30. Lebensjahr zeigte sich ein relativ steiler Anstieg und es ergab sich für die Altersverteilung eine relativ symmetrische Glockenkurve

(Abbildung 1). Der Median des Alters lag bei den Männern bei 52,4 Jahren, bei den Frauen bei 53,2.

Lokalisation

Bevorzugte Lokalisation des Primärtumors war bei den Männern der Stamm, bei den Frauen die unteren Extremitäten (Tabelle I).

Klinisches Stadium

Mehr als 80% der Männer und Frauen waren bei der ersten Behandlung im Stadium I, d.h. die Erkrankung war auf den Primärtumor beschränkt. Bei etwa 7% der Patienten lag bereits ein fortgeschrittenes Stadium vor, wobei das bei den männlichen Patienten häufiger war als bei den weiblichen (Tabelle II).

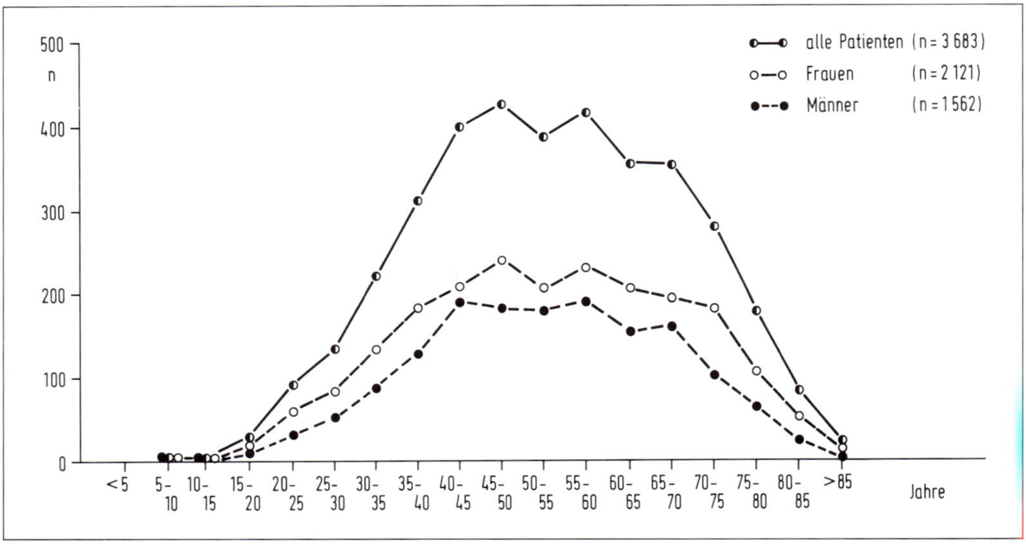

Abbildung 1. Altersverteilung von 3683 Melanompatienten.

Tabelle I. Lokalisation der Primärtumoren.

	m + w		m		w	
Lokalisation	n	%	n	%	n	%
Kopf/Hals	548	14,9	226	14,5	322	15,2
Stamm	1272	34,5	828	*53,0*	444	20,9
Obere Extrem.	526	14,3	148	9,5	378	17,8
Untere Extrem.	1001	27,2	238	15,2	763	*36,0*
Füße	222	6,0	70	4,5	152	7,2
Sonstige	114	3,1	52	3,3	62	2,9
Gesamt	3683	100,0	1562	100,0	2121	100,0

Level

Die histologisch gemessene Eindringtiefe nach *Clark* et al. lag bei 2629 Patienten vor. Weitaus am häufigsten fanden sich Level III und IV (Tabelle III).

Tumordicke

Bei der Messung der Tumordicke zeigte sich, daß Frauen dünnere Tumoren hatten als Männer. Insgesamt war der Anteil dicker Melanome (Tumordicke > 3 mm) mit 15% relativ hoch (Tabelle IV).

Tabelle II. Klinisches Stadium der Erkrankung bei Erstdiagnose.

	m + w		m		w	
Stadium	n	%	n	%	n	%
Stadium I (nur Primärtumor)	3071	83,4	1271	81,4	1800	84,9
Stadium II (reg. LK-Metast.)	149	4,0	87	5,6	62	2,9
Stadium III (Fernmetastasen)	106	2,9	64	4,1	42	2,0
Keine Angaben	357	9,7	140	9,0	217	10,2
Gesamt	3683	100,0	1562	100,0	2121	100,0

Tabelle III. Eindringtiefe nach *Clark*.

	m + w		m		w	
	n	%	n	%	n	%
Keine Angabe	757	20,6	332	21,3	425	20,0
Level I	124	3,4	48	3,1	76	3,6
Level II	458	12,4	170	10,9	288	13,6
Level III	1180	32,0	502	32,1	678	32,0
Level IV	1154	28,6	469	30,0	585	27,6
Level V	110	3,0	41	2,6	69	3,3
Gesamt	3683	100,0	1562	100,0	2121	100,0

Tabelle IV. Postoperativ gemessene Tumordicke nach *Breslow*.

	m + w		m		w	
Tumordicke	n	%	n	%	n	%
Keine Angabe	467	12,7	206	13,2	261	12,4
≤ 0,75 mm	984	26,7	366	23,4	618	29,1
0,76–1,5 mm	828	22,5	325	20,8	503	23,6
1,51–3,0 mm	852	23,1	392	25,1	460	21,7
≥ 3,0 mm	552	15,0	273	17,5	279	13,2
	3683	100,0	1562	100,0	2121	100,0

Im zeitlichen Verlauf zeigte sich von 1978–1987 zwar eine relative Zunahme der dünnen Melanome (Tumordicke < 0,75 mm), der relative Anteil der dicken Melanome (Tumordicke > 3 mm) blieb aber fast konstant (Abbildung 2).

Histologischer Typ

Am häufigsten wurden oberflächlich spreitende maligne Melanome beobachtet (43,6%), gefolgt von knotigen malignen Melanomen (34,6%), Lentigo-maligna-Melanomen (5,2%) und akrolentiginösen Melanomen (2,3%). Bei 529 Patienten (14,4%) war der Typ nicht bestimmt worden (Tabelle V).

Bei den nodulären malignen Melanomen fanden sich relativ die meisten mit einer TD von > 3 mm, bei den Lentigo-maligna-Melanomen und den oberflächlich spreitenden Melanomen die wenigsten. Bei diesen Melanomtypen hatten mehr als 50% eine TD bis zu 0,75 mm (Abbildung 3).

Überlebenskurven

Für die Berechnung der Überlebenskurven wurden nur die Patienten herangezogen, die seit 1978 einheitlich dokumentiert wurden und für die eine ausreichende Nachbeobachtungszeit vorliegt.

Tabelle V. Histologischer Melanomtyp.

	m + w		m		w	
Typ	n	%	n	%	n	%
NMM	1275	34,6	565	36,2	710	33,5
SMM	1606	43,6	680	43,5	926	43,7
LMM	190	5,2	36	2,3	154	7,3
ALM	83	2,3	36	2,3	47	2,2
Sonstige	529	14,4	245	15,7	284	13,4
	3683	100,0	1562	100,0	2121	100,0

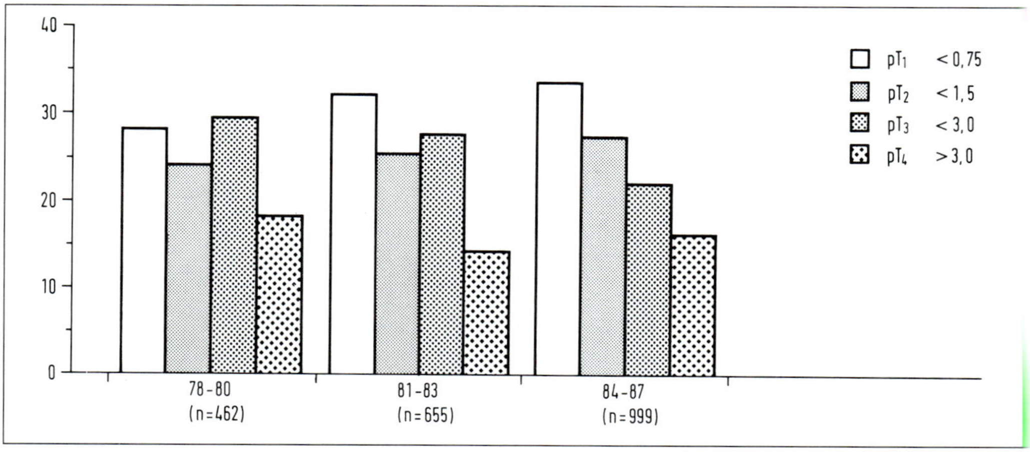

Abbildung 2.

Die 10-Jahres-Überlebensraten für Männer und Frauen unterscheiden sich signifikant zugunsten der Frauen (Abbildung 4).
Die Tumordicke beeinflußt die Überlebenschance von Männern und Frauen ebenfalls signifikant. Bei einer Tumordicke von < 0,75 mm betrug die 5-Jahres-Überlebensrate für beide Geschlechter über 90%, während sie bei einer Tumordicke > 3 mm bei den Männern auf knapp 40% sank, bei den Frauen auf 50% (Abbildungen 5 und 6).

Multivariate Analyse von prognostischen Faktoren (Cox-Modell)

In diese Analyse wurden 1944 Patienten einbezogen, bei denen folgende Voraussetzungen erfüllt waren:
Es lagen knotige maligne Melanome oder oberflächlich spreitende maligne Melanome vor, die Behandlung erfolgte 1978 oder später, es lagen keine multiplen Tumoren vor, der Sicherheitsabstand der Exzision sowie der Primärtumor waren bekannt.

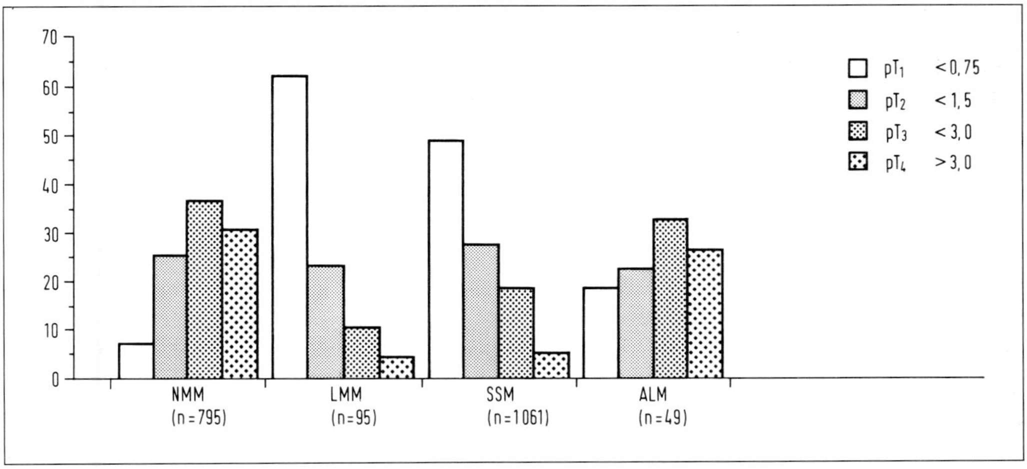

Abbildung 3. Histologie und Tumorstadium.

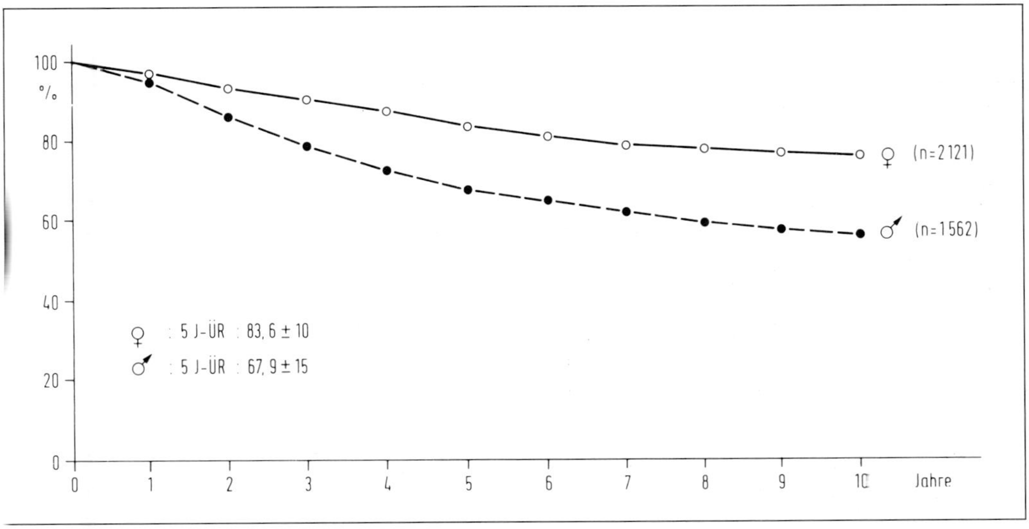

Abbildung 4. Überlebenskurven für Männer und Frauen.

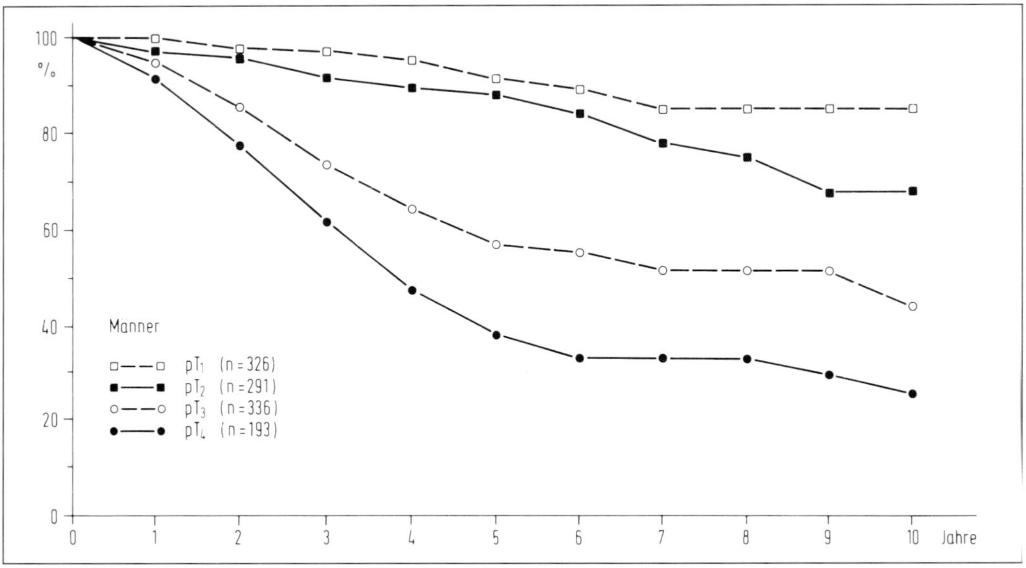

Abbildung 5. Überlebenszeit abhängig von der Tumordicke (n = 1146).

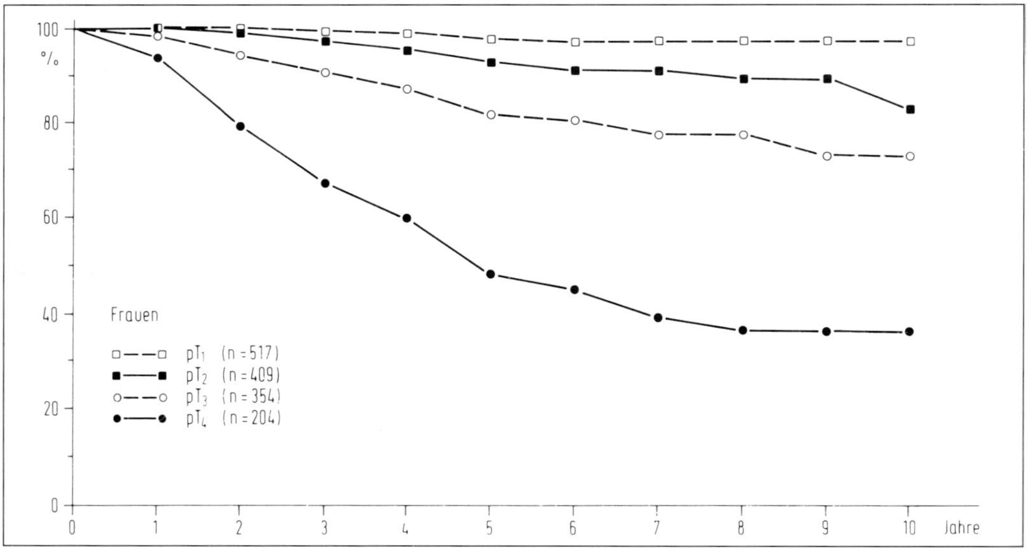

Abbildung 6. Überlebenszeit abhängig von der Tumordicke (n = 1484).

Es zeigte sich, daß die Tumordicke den überragenden prognostischen Parameter darstellt (Chi-square-Zahl 224), aber auch das Geschlecht hatte einen signifikanten Einfluß auf die Prognose der Patienten (Chi-square-Zahl 29), und grenzwertig auch der Melanomtyp (Chi-square-Zahl 8). Lokalisation oder Sicherheitsabstand zeigten in dieser Analyse keinen signifikanten Einfluß.

Für die Verfasser:
Prof. Dr. M. Landthaler
Dermatologische Klinik und Poliklinik der Universität
Frauenlobstraße 9
D-8000 München 2

Das maligne Melanom in Österreich

Analyse des Patientenkollektivs der I. Universitäts-Hautklinik Wien 1963–1988

M. Binder, H. Pehamberger, A. Steiner und K. Wolff
I. Universitäts-Hautklinik Wien

Zusammenfassung

An der I. Universitäts-Hautklinik Wien wurden in den Jahren 1963–1988 1016 Patienten mit primärem malignen Melanom der Haut diagnostiziert und behandelt. Es wurde eine ständige Zunahme der jährlichen Inzidenz von Melanompatienten beobachtet. Das mittlere Alter der Patienten betrug 56 Jahre und das Geschlechtsverhältnis von Frauen zu Männern war 57% zu 43%.
87% der Patienten kamen im klinischen Stadium I der Krankheit (ohne erkennbare Lymphknotenmetastasierung) zur ersten Diagnose, wohingegen 10% im klinischen Stadium II (mit histologisch gesicherten regionären Lymphknotenmetastasen) und 3% der Patienten im klinischen Stadium III (mit Fernmetastasen) erstmals zur Vorstellung kamen. Die primären Tumoren waren zu 44% noduläre Melanome, zu 50% oberflächlich spreitende maligne Melanome, zu 10% Lentigo-maligna-Melanome und zu 4% akrolentiginöse Melanome. Bei weiblichen Patienten waren die Melanome in 44% der Fälle an der unteren Extremität lokalisiert und bei Männern fanden sie sich bei 61% am Stamm.
Die Mehrzahl der Tumoren wies einen Invasionslevel IV nach Clark *auf (56%) und die mittlere Tumordicke nach* Breslow *betrug 1,7 mm. Eine Untersuchung der Parameter des Mikrostaging (Tumordicke nach* Breslow *und Invasionslevel nach* Clark*) zeigte von 1963 bis 1988 eine beständige Abnahme der Invasionstiefe und damit eine Verbesserung prognostischer Faktoren. Keine signifikanten Veränderungen in diesem Zeitraum wurden hinsichtlich der Lokalisation der primären Tumoren, der histologischen Typen sowie der Geschlechts- und Altersverteilung festgestellt.*

Summary

From 1963 to 1988 1,016 patients with primary malignant melanoma of the skin were seen at the Department of Dermatology I, University of Vienna. A steady increase in incidence of patients per year was observed. The mean age was 56 years, the sex ratio female : male was 57% to 43%.
87% of the patients were seen in stage I of the disease (without evidence of lymph node metastases), 10% presented in stage II of the disease (histologically verified regional lymph node metastases) and 3% of the patients had distant metastases (stage III). Primary tumors were 44% nodular, 50% superficial spreading, 10% lentigo maligna and 4% acral lentiginous melanoma. In the female patients the primary site of occurrence was the lower extremity in 44% and in the male patients the trunk in 61%.
The majority of primary melanoma exhibited a depth of invasion of Clark *level IV (56%), the median* Breslow *thickness was 1,7 mm. An analysis of the parameters of microstaging (*Clark *level,* Breslow *thickness) showed a steady decrease in the depth of invasion (from 1963 to 1988) and thus an improvement of prognostic parameters. No significant change was observed in location of the primary tumor, growth pattern, sex and age distribution.*

Einleitung

An der I. Universitäts-Hautklinik Wien wurden in den Jahren 1963–1988 1016 Patienten mit histologisch verifiziertem primären malignen Melanom der Haut diagnostiziert und behandelt. Das Einzugsgebiet der I. Universitäts-Hautklinik Wien, als eines der beiden Zentren in der Therapie des malignen Melanoms in Ostösterreich, umfaßt nicht nur die Stadt Wien, sondern auch die angrenzenden Bundesländer Niederösterreich und Burgenland. Mehr als 90% aller Patienten stammen aus diesem, rund 3,25 Mio Einwohner fassenden Gebiet. Wien selbst, mit rund 1,53 Mio Einwohnern ist die größte Stadt Österreichs und liegt 48 Grad nördlicher Breite und 16 Grad östlicher Länge. Die langjährige Durchschnittstemperatur beträgt im Juli 20°C und im Januar −1,5°C. Die Sonne scheint im Mittel 1800 Stunden jährlich (Schwankungsbreite: 1580–2200 h).
In der vorliegenden Studie sind ausschließlich Patienten enthalten, deren histopathologische Diagnostik an der I. Universitäts-Hautklinik durchgeführt wurde. Alle Patienten standen über einen Zeitraum von mindestens zehn Jahren in klinischer Kontrolle. In den ersten drei Jahren erfolgten die Nachuntersuchungen in 3monatigen Abständen. In den folgenden zwei Jahren wurde die klinische Kontrolle halbjährlich und schließlich jährlich durchgeführt.
Die Dokumentation und die statistische Analyse erfolgte auf einer Großrechenanlage unter Verwendung der Statistikpakete SAS und BMDP. Die Überlebenskurven wurden nach der Methode von Kaplan und Meier erstellt. Zur Signifikanztestung von Überlebenskurven wurde der generalisierte Wilcoxon-Test herangezogen. Die prognostische Relevanz der klinischen und pathologischen Parameter der Patienten im klinischen Stadium I wurde im Detail mit Hilfe des multivariaten Regressionsmodells nach Cox untersucht (1).

Klinische Parameter

Der Großteil unserer Patienten befand sich zum Zeitpunkt der Erstvorstellung im klinischen Stadium I (87%). Bei rund 10% der Patienten fanden sich bereits Lymphknotenmetastasen (Stadium II) und 3% präsentierten sich primär mit Fernmetastasen (Stadium III) (Tabelle I). Das mediane Lebensalter lag bei 56 Jahren, lediglich bei Patienten primär im Stadium III der Erkrankung betrug der Altersmedian 72 Jahre. Weniger als ein Prozent aller Melanompatienten waren Kinder oder Jugendliche und nur 6% waren jünger als 30 Jahre.
Frauen überwogen in unserem Kollektiv mit 57% gegenüber 43% Männern. Es erscheint bemerkenswert, daß in den Stadien II und III Männer in der Mehrzahl vertreten waren (53% Männer im Stadium II, 57% Männer im Stadium III) (Tabelle I).
Bei Männern sind Melanome hauptsächlich am Stamm (61%), hier insbesondere am Rücken lokalisiert, bei Frauen hingegen an der unteren Extremität (44%), mit besonderer Häufung am Unterschenkel. Primärläsionen an Kopf und Nacken waren bei Patienten im Stadium I in ausgewogener Verteilung anzutreffen. Bei Patienten im Stadium II und III wiesen jedoch nur Männer Primärläsionen in dieser Region auf (Tabelle I).

Pathologische Parameter

Das superfiziell spreitende Melanom (SSM) war in unserem Kollektiv mit 50% am häufigsten vertreten, gefolgt vom nodulären Melanom (NMM) mit 34%, dem Lentigo-maligna-Melanom (LMM) mit 10% und dem akrolentiginösen Melanom (ALM) mit 4%. Interessant erscheint, daß jene Patienten, die sich primär im Stadium I präsentierten, in 53% ein SSM aufwiesen, während jene im Stadium II und III in der Mehrzahl (50% bzw. 40%) ein NMM als Primärtumor zeigten. Das LMM trat besonders bei älteren Patienten in der Kopf-Nacken-Region auf. Die restlichen Melanomtypen wiesen bezüglich Geschlecht, Lebensalter und Tumorlokalisation eine relativ ausgeglichene Verteilung auf (Tabelle I).
Noduläre Melanome waren an allen Lokalisationen signifikant dicker ($p < 0,005$). Mehr als die Hälfte aller Läsionen (52%) wurden als *Clark*

Tabelle I. Klinische und pathologische Charakteristika des Melanomkollektivs der I. Univ.-Hautklinik Wien (1963–1988).

Charakteristika	Klinisches Stadium			
	Stadium I	Stadium II	Stadium III	Gesamt
Klinische Merkmale				
Patienten, n	880 (87%)	106 (10%)	30 (3%)	1016
Medianes Alter, J	55	55	72	56
Geschlecht				
männlich	41%	53%	57%	43%
weiblich	59%	47%	43%	57%
Lokalisation				
Frauen, untere Extr.	43%	50%	39%	44%
Männer, untere Extr.	12%	14%	6%	12%
Frauen, obere Extr.	17%	20%	31%	18%
Männer, obere Extr.	9%	18%	12%	10%
Frauen, Kopf & Nacken	14%	0%	0%	13%
Männer, Kopf & Nacken	15%	13%	24%	15%
Frauen, Stamm	24%	28%	23%	25%
Männer, Stamm	63%	52%	41%	61%
Frauen, andere	1%	2%	8%	< 1%
Männer, andere	1%	2%	17%	2%
Pathologische Merkmale				
Melanomtyp				
NMM	32%	50%	40%	34%
SSM	53%	37%	17%	50%
LMM	12%	3%	3%	10%
ALM	3%	7%	10%	4%
SHM[a]	< 1%	< 1%	3%	< 1%
unklassifiziert	< 1%	3%	27%	1%
Eindringtiefe nach *Clark*				
I	4%	0%	0%	3%
II	16%	1%	0%	15%
III	25%	13%	5%	23%
IV	50%	64%	50%	52%
V	4%	22%	45%	7%
Tumordicke nach *Breslow*				
≤ 0,75 mm	25%	8%	0%	23%
0,76–1,49 mm	24%	9%	0%	22%
1,50–2,49 mm	21%	22%	6%	21%
2,50–3,99 mm	15%	20%	3%	16%
≥ 4,00 mm	14%	41%	91%	18%
Mediane Tumordicke	1,6 mm	3,1 mm	5,6 mm	1,7 mm

[a] Schleimhautmelanom

Level IV beurteilt, 23% erwiesen sich als Level-III-, 15% als Level-II- und 7% als Level-V-Melanome. In-situ-Melanome, also Level I, wurden relativ selten (3%) diagnostiziert. Bei Patienten primär im Stadium I überwogen im Vergleich zu den beiden anderen Gruppen (Stadium II und III) *Clark*-Level II und III. Der Median der Tumordicke nach *Breslow* betrug bei den 880 Patienten im Stadium I 1,60 mm. Hier wiesen 25% der Patienten Tumordicken < 0,75 mm auf. Bei 14% der Patienten im Stadium I betrug die Tumordikke jedoch > 4,00 mm. Im Stadium II betrug der Median der Tumordicke 3,1 mm und im Stadium III 5,6 mm, hier waren bereits 91% aller Läsionen dicker als 4,00 mm (2, 3, 4).

Überlebensraten und prognostische Faktoren

Die 10-Jahres-Überlebensrate bei Patienten im Stadium I betrug 74%. Patienten mit Lymphknotenmetastasen (Stadium II) wiesen ein 10-Jahres-Überleben von 28% auf. Bei Patienten im Stadium III mit Fernmetastasen, die ausschließlich an der Haut nachgewiesen wurden, war ein 5-Jahres-Überleben von 71% zu beobachten. Diese außerordentlich gute Prognose relativiert sich jedoch durch die geringe Anzahl dieser Subgruppe (nur 7 Patienten). Patienten mit Organmetastasen (Stadium III) wiesen die schlechteste Prognose auf. Nach 70 Monaten war keiner der Patienten mehr am Leben. Schlüsselt man das 10-Jahres-Überleben der Patienten im Stadium I nach Geschlecht auf, so zeigen Frauen mit 76% eine statistisch signifikant bessere Prognose als Männer mit 62% ($p < 0,01$) (Abbildung 1). Der Einfluß der Tumorlokalisation wirkte sich auf die Prognose statistisch nicht signifikant aus.

Die Analyse des Patientenkollektivs hinsichtlich der Übereinstimmung von Tumordicke und Überlebensrate zeigte sowohl in der Eindringtiefe nach *Clark* (Daten nicht dargestellt), als auch in den verwendeten Subgruppen der Tumordicke nach *Breslow* eine eindeutige Korrelation (Abbildung 2). Je dünner der Tumor, desto besser die 10-Jahres-Überlebensrate der

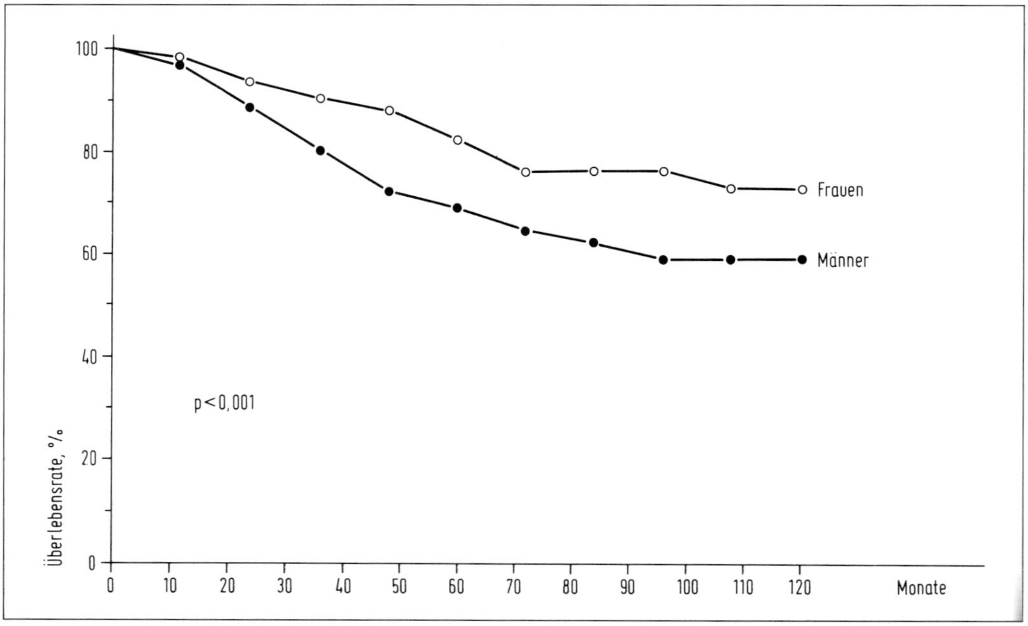

Abbildung 1. Überlebenskurven (Kaplan-Meier-Methode) beim malignen Melanom im Stadium I (880 Patienten). Unterteilung nach Geschlecht. Der p-Wert bezieht sich auf den statistischen Vergleich der Gruppen.

Patienten im Stadium I (91%: ≤ 0,75 mm; 83%: 0,76–1,51 mm; 56%: 1,51–4 mm; 41%: ≥ 4 mm).

Bei Patienten im Stadium I zeigte sich eine signifikant bessere Prognose bei SSM im Gegensatz zu NMM (p = 0,001). Wurden jedoch die im Durchschnitt dickeren NMM nach Eindringtiefe geordnet, mit den jeweils korrelierenden SSM verglichen, so ließ sich kein statistisch signifikanter Unterschied im Überleben der Patienten nachweisen.

Zeittrends

Am hervorstechendsten erscheint die Zunahme der von uns erfaßten Patienten. Während in den Jahren 1963–1968 lediglich 33 Patienten mit malignem Melanom behandelt wurden, waren es im Vergleichszeitraum 1983–1988 bereits 454 Patienten. Die klinischen Charakteristika Geschlecht, Lebensalter oder Tumorlokalisation veränderten sich im Beobachtungszeitraum von 25 Jahren nicht substantiell (Tabelle II).

Hervorzuheben ist jedoch, daß der Median der Tumordicke stetig kleiner wird (Tabelle II). Der Anteil der Melanome ≤ 0,75 mm hat sich in 25 Jahren verdoppelt (von 13% auf 26%), ebenso nahm die Zahl der Melanome zwischen 2,50–3,99 mm ab (von 33% auf 13%). Leider hat sich der Anteil der Läsionen > 4,00 mm im Beobachtungszeitraum nicht verringert. Parallel zur Abnahme der Eindringtiefe nahmen Melanome mit *Clark*-Level I und II ständig zu. Wurde zwischen 1963–1968 keine einzige Läsion mit Level I diagnostiziert, liegt der Anteil der In-situ-Melanome 1983–1988 bereits bei 6%. Noch deutlicher zeigt sich die Zunahme der Läsionen mit Level II von 10% auf 17%. Interessant erscheint die Zunahme von SSM (42% auf 55%) bei stetiger Abnahme von NMM (Tabelle II).

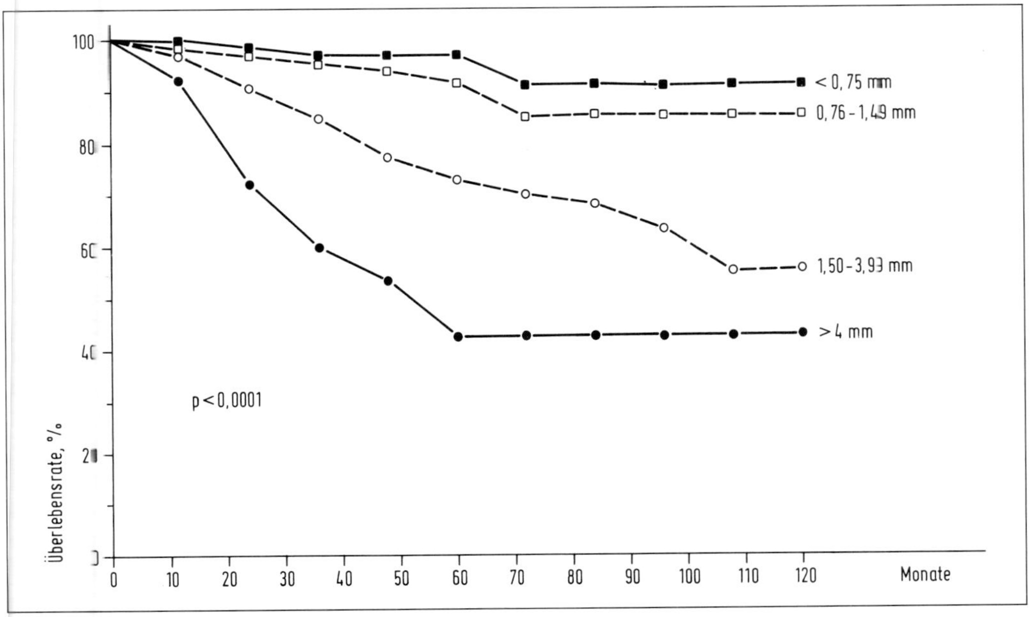

Abbildung 2. Überlebenskurven (Kaplan-Meier-Methode) beim malignen Melanom im Stadium I (880 Patienten). Unterteilung nach Tumordicke. Der p-Wert bezieht sich auf den statistischen Vergleich aller Untergruppen.

Tabelle II. Zeitverlauf der klinischen und pathologischen Charakteristika des Melanomkollektivs der I. Univ.-Hautklinik Wien (1963–1988).

Charakteristika	1963–1967	1968–1972	1973–1977	1978–1982	1983–1987
Patienten, n	33	80	114	266	464
m/w in %	40/60	36/64	39/61	44/56	43/57
Medianes Alter, J	50	58	54	57	55
Mediane Tumordicke	2,2 mm	2,0 mm	1,4 mm	1,85 mm	1,60 mm
≤ 0,75 mm	13%	18%	25%	20%	26%
0,76–1,49 mm	20%	19%	26%	18%	23%
1,50–2,49 mm	23%	23%	25%	25%	19%
2,50–3,99 mm	33%	19%	15%	17%	13%
≥ 4,00 mm	10%	20%	10%	20%	18%
Eindringtiefe *Clark*					
I	0%	0%	1%	2%	6%
II	10%	13%	12%	12%	17%
III	26%	20%	27%	18%	26%
IV	58%	55%	58%	59%	45%
V	6%	12%	3%	9%	6%
Melanomtyp					
ALM	–	1%	1%	6%	5%
LMM	10%	17%	11%	7%	11%
NMM	48%	44%	35%	42%	27%
SSM	42%	37%	52%	45%	55%
andere	–	1%	1%	–	2%
Lokalisation					
Kopf & Nacken	12%	19%	11%	11%	14%
untere Extr.	12%	12%	16%	14%	16%
obere Extr.	33%	35%	32%	31%	30%
Stamm	42%	34%	40%	44%	39%
andere	< 1%	–	1%	< 1%	1%

Multifaktorielle Analyse

Die Daten der Patienten im Stadium I wurden mit Hilfe eines multivariaten Regressionsmodells nach Cox untersucht. Dabei wurden das Geschlecht, das Lebensalter, die Lokalisation des Primärtumors, der Melanomtyp, die Tumordicke nach *Breslow* und der Level nach *Clark* in das Modell aufgenommen. Die Tumordicke nach *Breslow* erwies sich als der stärkste prognostische Parameter für die Überlebenswahrscheinlichkeit der Patienten (p = 0,0001), ebenso erwies sich der *Clark*-Level als aussagekräftiger Parameter für die Prognose (p = 0,004), jedoch nur, wenn im schrittweisen Regressionsverfahren der Level gefolgt von der Tumordicke an die 1. Stelle des Modells gesetzt wurde. Wurden diese Variablen in umgekehrter Reihenfolge im Modell angeordnet, dann war die Eindringtiefe nach *Breslow* hoch signifikant, dagegen besaß der Level keinen zusätzlichen prognostischen Einfluß (p = 0,32). Wir schließen daraus, daß die Eindringtiefe nach *Breslow* bereits alle Informationen, die aus dem Level zu ziehen sind, enthält. Das Geschlecht übte in unserem Kollektiv einen schwach signifikanten

Tabelle III. Ergebnisse einer multivariaten Analyse nach Cox (380 Patienten im Stadium I).

Faktor	p-Wert
Tumordicke nach *Breslow*	0,0001
Eindringtiefe nach *Clark*	0,004
Geschlecht	0,05
Melanomtyp	n. s.
Lokalisation	n. s.

n. s. = statistisch nicht signifikant

Einfluß auf die Prognose aus (Frauen wiesen eine bessere Prognose als Männer auf) (p = 0,05). Die restlichen untersuchten Parameter (Lebensalter, Tumorlokalisation und Melanomtyp) erwiesen sich im Modell für die Prognose statistisch nicht signifikant (Tabelle III).

Kommentar

Die präsentierte retrospektive Analyse des Patientenkollektivs von 1016 Patienten, die an der I. Universitäts-Hautklinik Wien in den Jahren 1963–1988 mit primärem malignen Melanom der Haut diagnostiziert und behandelt wurden, stellt die erste derartige Untersuchung in Österreich dar und soll einen Überblick über die Inzidenz und die klinischen und pathologischen Parameter des malignen Melanoms in Ostösterreich geben.

Die Daten unseres Kollektivs sind sowohl in klinischer als auch in pathologischer Sicht mit den international erhobenen Daten vergleichbar (2, 3, 4). Die erschreckende Zunahme diagnostizierter Fälle ist ebenfalls mit einem weltweiten Trend in Übereinstimmung zu bringen. Ob die festgestellte stetige Abnahme der Eindringtiefe zu einer besseren Prognose hinsichtlich einer größeren Überlebenswahrscheinlichkeit führen wird, sollen zukünftige Untersuchungen zeigen.

Literatur

1 Harrel FE (1983) The PHGLM procedure. In: SAS Institute Inc. Supplemental Library User's Guide, 1983 ed. Cary, NC: SAS Institute Inc., pp 267–294

2 Balch CM, Milton GW, Shaw HM, Soong SJ (1985) Cutaneous Melanoma Clinical Management and Treatment Results Worldwide. J. B. Lippincott Company, Philadelphia

3 Kopf AW, Bart RS, Rodriguez-Sain RS, Ackerman AB (1979) Malignant Melanoma. Masson, New York

4 Voigt H, Kleeberg UR (1986) Malignes Melanom. Springer, Berlin Heidelberg New York Tokyo

Für die Verfasser:
Univ.-Doz. Dr. H. Pehamberger
I. Universitäts-Hautklinik
Alserstraße 4
A-1090 Wien

Prätherapeutische Risikoabschätzung beim malignen Melanom

H. Drepper, B. Bieß, A. Lippold, G. Padberg und H. Wiebelt[a]
Fachklinik Hornheide, und [a]Deutsches Krebsforschungszentrum Heidelberg

Zusammenfassung

Seit 1978 gibt die TNM-Klassifikation der UICC für das maligne Melanom der Haut eine auf histologischen Tumorparametern (Td Breslow *(2) und* Clark-*Level (3)) gegründete posttherapeutische Klassifikation an. Durch die Entwicklung neuer unblutiger Behandlungsmethoden und risikoadaptierter Behandlungsstrategien wird die Notwendigkeit einer prätherapeutischen Klassifikation immer deutlicher.*
Die in der Fachklinik Hornheide durchgeführte prospektive monoklinische Studie an 872 Patienten mit 912 Melanomen hatte neben der Validierung der derzeitigen Klassifikation der UICC das Ziel, eine den histologischen Kriterien entsprechende prätherapeutische Klassierung zu entwickeln und zu prüfen. Bei 365 Patienten mit intaktem Primärtumor wurde aus klinischer Exophytiemessung und geschätzter Endophytie die klinische Tumordicke bestimmt, die in 69,3% der Fälle mit der posttherapeutisch bestimmten histologischen Tumordicke übereinstimmte und eine gleich treffsichere prognostische Aussagekraft hatte. Die Coxsche Regressionsanalyse zeigte, daß sich die Prognose der Melanompatienten mit zunehmender Tumordicke verschlechtert. Die Crit-Level-Untersuchung deutet darauf hin, daß die Prognoseverschlechterung nicht linear sondern diskontinuierlich erfolgt.

Summary

Since 1978, there is only a post-treatment classification for malignant melanoma of the skin basing on histologic tumor parameters (Td Breslow *(2), Level* Clark *(3)). The development of new, non invasive methods of treatment and risk-adapted strategies of treatment requires a pre-treatment classification. Beside the validation of the UICC classification at that time the monoclinic prospective study at 872 patients with 912 melanomas performed at the Fachklinik Hornheide aimed the development and provement of a pre-treatment classification according to histologic criteria. 365 patients with intact primary tumors were analysed for their clinical tumor thickness, calculated out of the clinically determined maximum tumor thickness and the estimated endophyty. This evaluated clinical tumor thickness corresponded in 69,3% with the histological tumor thickness according to* Breslow *and was as well relevant for the prognosis.*
Cox' regression analysis displayed prognosis getting worse with increasing tumor thickness. Crit level examination demonstrated prognosis decreased not linear, but discontinuous.

Sinn und Zweck der TNM-Tumorklassifikation war von Anfang an, durch Bildung prognostisch vergleichbarer Tumorklassen die Voraussetzungen für Therapievergleiche und -optimierung zu schaffen. So beschrieb man zuerst die Primärtumor- und Metastasenausbreitung in reproduzierbar klassierten Kategorien, um danach die Prognoserelevanz der Klassierung am Verlauf zu validieren. Anfangs stand der Vergleich chirurgischer und radiologischer Therapiekonzepte im Vordergrund. Daher lag das Hauptgewicht zunächst auf der prätherapeutischen TNM-Formel. Bei der Validierung stellte sich aber heraus,

daß die prätherapeutische Klassierung die Prognose der meisten Tumoren wesentlich unschärfer abbildete als die posttherapeutische Klassierung des Tumorresektates nach pathologischen Kriterien. So erhielt die posttherapeutische TNM-Formel im Laufe der Zeit das größere Gewicht.
Auch beim malignen Melanom der Haut erlaubte die histologische Bestimmung der Eindringtiefe eine wesentlich schärfere Abbildung der Prognose als die früher angewandten klinischen Klassierungsmerkmale, so daß seit der 3. Auflage der ›TNM-classification of malignant tumors« (6) die prätherapeutische Klassifikation des malignen Melanoms durch die posttherapeutische histologische Klassierung nach dem *Breslow*-Index und dem Level nach *Clark* ersetzt wurde. Ein weiterer Grund hierfür war das nachlassende Interesse an der prätherapeutischen Risikoabschätzung, als Ende der 60er Jahre die radikale Exzision als risikounabhängige Standardtherapie die bis dahin bevorzugte Radiotherapie des Melanoms verdrängt hatte.
Erst Ende der 70er Jahre belebte die Diskussion über risikoadaptierte Behandlungsstrategien und über neue, unblutige, vor allem immunologisch wirksame Behandlungsmethoden wie die DNCB- und Kryotherapie aufs neue das Interesse an einer prätherapeutischen Prognoseschätzung.
Nachdem *Lindemann* 1977 (10) in einer Pilotstudie klinische Meßwerte der Primärtumordicke fand, welche deutlich mit dem histologischen *Breslow*-Durchmesser korrelierten, haben wir, angeregt durch das deutschsprachige TNM-Komitee mit Unterstützung der Bundesregierung, in der Fachklinik Hornheide eine monoklinische Feldstudie durchgeführt.
Ziel war einerseits die Validierung der pTNM-Klassifizierung 3. Auflage 1978, zum anderen die Entwicklung und Prüfung einer den histologischen Kriterien entsprechenden prätherapeutischen Klassierung.

Parallel zu unserer Arbeit gaben auch *Day, Lew* und *Sober* 1983 (4) eine Klassierung nach klinisch morphologischen, anhand von Fotodokumentationen ermittelten Kriterien bekannt, welche unabhängig von der histologischen Klassifikation zusätzliche prognostische Aussagen erlaubte. Über ähnliche Ergebnisse berichteten *Funk, Schmoeckel, Hölzel* und *Braun-Falco* (5) aufgrund einer retrospektiven Studie an 503 primären Melanomen der Münchener Klinik. Sie fanden die Exophytie als prognostisch wichtigsten Einzelfaktor. In der Kombination mit anderen klinischen Kriterien sahen sie ein Modell für eine wirksame präoperative Prognoseschätzung bei der Therapieplanung. Auch *Kühnl-Petzoldt, Berger* und *Wiebelt* (8) hatten 1983 in einer nachträglichen Untersuchung am Krankengut der Freiburger Melanomstudie eine hohe Korrelation zwischen der Tumorexophytie und der Tumordicke nach *Breslow* gefunden. Ungefähr zeitgleich berichteten *Breitbart* et al. (1) sowie *Kraus* et al. (7) im deutschen und *Shafir* et al. (12) im israelischen Schrifttum über sonographische Dickenmessungen beim malignen Melanom und ihre Korrelation mit der histologischen Tumordicke. Diese Arbeiten und die Publikation von *Michel, Hornstein* und *Schönberger* (1985) (11) aus der Erlanger Klinik über die Infrarotthermographie beim malignen Melanom bestätigen das wachsende Interesse an einer prätherapeutischen TNM-Klassierung, die den pTNM-Befund und die Prognose abbildet.

Die Hornheider Melanomstudie war die erste unizentrische, prospektive Langzeituntersuchung an einem großen, streng standardmäßig untersuchten und kontrollierten Krankengut, die die Korrelation zwischen klinischen und histologischen Messungen einerseits und die prognostische Validität beider Verfahren andererseits zum Gegenstand hatte.

Methodik

Vom 06.03.1980 bis zum 31.12.1983 wurden 872 Patienten mit 912 Melanomen erfaßt. Nach Ausschluß der In-situ-Fälle, der Patienten mit ungenügend klassierten Tumoren und der wegen Mehrfachtumoren im Verlauf nicht eindeutig beurteilbaren Patienten verblieb ein Standardkollektiv von 830 Patienten für die posttherapeutische Befundung und von 365 Patienten für die prätherapeutische Tumordickenmessung bei Ersterfassung. Hierbei wurden folgende klinische Parameter erfaßt:

- Der größte horizontale Durchmesser des Melanoms und der größte hierzu senkrechte Oberflächendurchmesser sowie die aus beiden Größen rechnerisch ermittelte Tumorfläche. Bei knotigen Melanomen wurden die gleichen Maße auch vom knotigen Anteil bestimmt, wie in Abbildung 1.
- Die klinische Exophytie, die einmal an dem hinter dem Tumor auf die Haut aufgesetzten Dermatometer unmittelbar abgelesen, zum anderen an dem nach Gipsabdruck gefertigten Tumormodell mit der Höhendifferenzmeßuhr auf Zehntel mm genau gemessen wurde (Abbildung 2).
- Der relative Anteil der Endophytie an der Gesamtdicke des Tumors, durch Tasten und Falteln der Haut geschätzt.

Als posttherapeutische Parameter wurden histologisch die Tumordicke nach *Breslow* (2), der Level nach *Clark* (3), der Tumortyp und die Oberflächenbeschaffenheit registriert. Die Auswertung der Daten besorgte Herr *Wiebelt* am DKFZ Heidelberg. Als biometrische Testmethoden wurden Modelle für zensierte Daten, u. a. der Kaplan-Meyer-Schätzer, das Proportional-Hazards-Model nach Cox sowie der Crit-Level nach Abel-Wiebelt angewandt.

Ergebnisse

Die klinisch und histologisch ermittelten Parameter wurden zunächst auf ihre Korrelation zueinander geprüft. Die deutlichste Korrelation

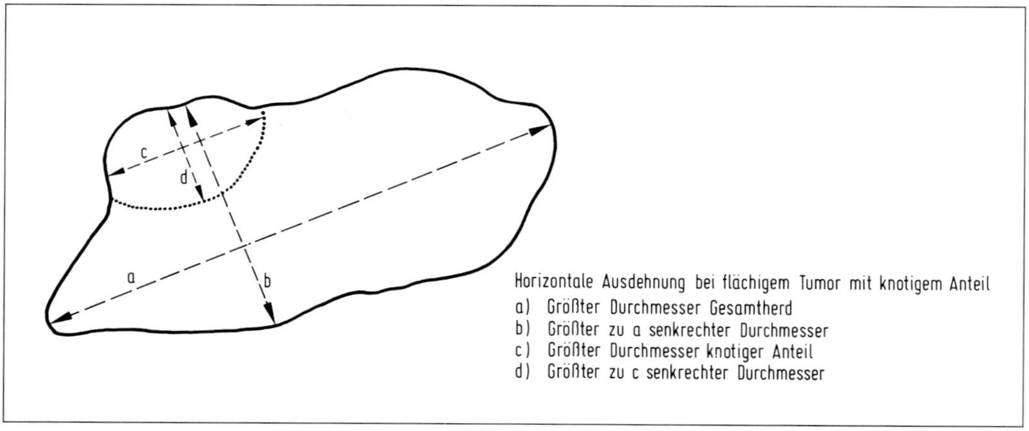

Abbildung 1. Messung des horizontalen Melanomdurchmessers.

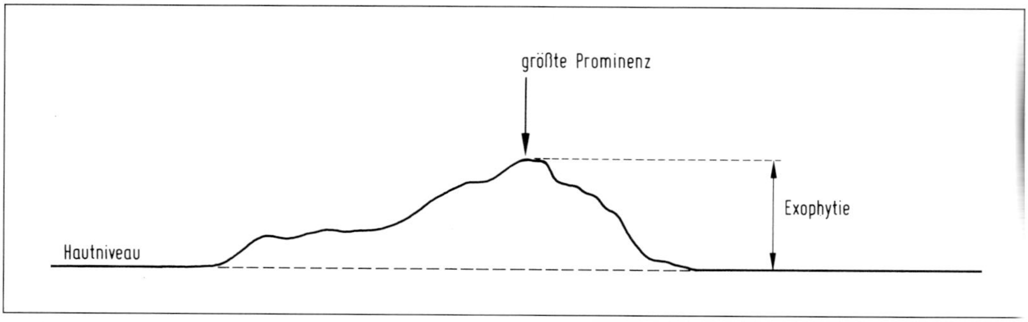

Abbildung 2. Messung der Exophytie.

zeigten dabei die aus der am Tumormodell gemessenen Exophytie und der Schätzung des endophytischen Anteils berechnete klinische Tumordicke und der histologisch gemessene vertikale Tumordurchmesser nach *Breslow* (Abbildung 3 und Tabelle I). In 69,3% der Fälle waren die Tumoren prä- und posttherapeutisch in die gleiche Tumordickenklasse eingeordnet. Abweichungen um nur eine Klassengrenze wurden in 28,1% der Fälle registriert. Nur bei 2,5% der Primärtumoren betrug die Abweichung mehr als eine Tumordickenklasse. Abbildung 4 zeigt über der noch einmal schraffiert dargestellten Verteilung der Differenz: klinische Tumordicke – histologische Tumordicke die wesentlich größeren und vom Nullwert nach rechts verschobenen Werte der Differenz zwischen der mit dem Dermatometer und der am Modell gemessenen Tumordicke. Erstere Messungen ergeben also deutlich zu hohe Werte. Auch beim Vergleich der histologisch gemessenen Tumordicke nach *Breslow* mit dem Level nach *Clark* an 773 Primärtumoren zeigt das Kreuz-Diagramm (Tabelle II) eine um 8% geringere Übereinstim-

Tabelle I. Kreuz-Diagramm der klinischen und histologischen Tumordicke.

Klinische Tumordicke	Histologische Tumordicke ≤0,75	>0,75 –1,5	>1,5 –3,0	>3,0	Summe
≤0,8	*85*	35	4	1	125
>0,8 – 1,5	27	*61*	15	2	105
>1,5 – 3,0	2	17	*51*	5	75
>3,0	0	0	4	*56*	60
Summe	114	113	74	64	365

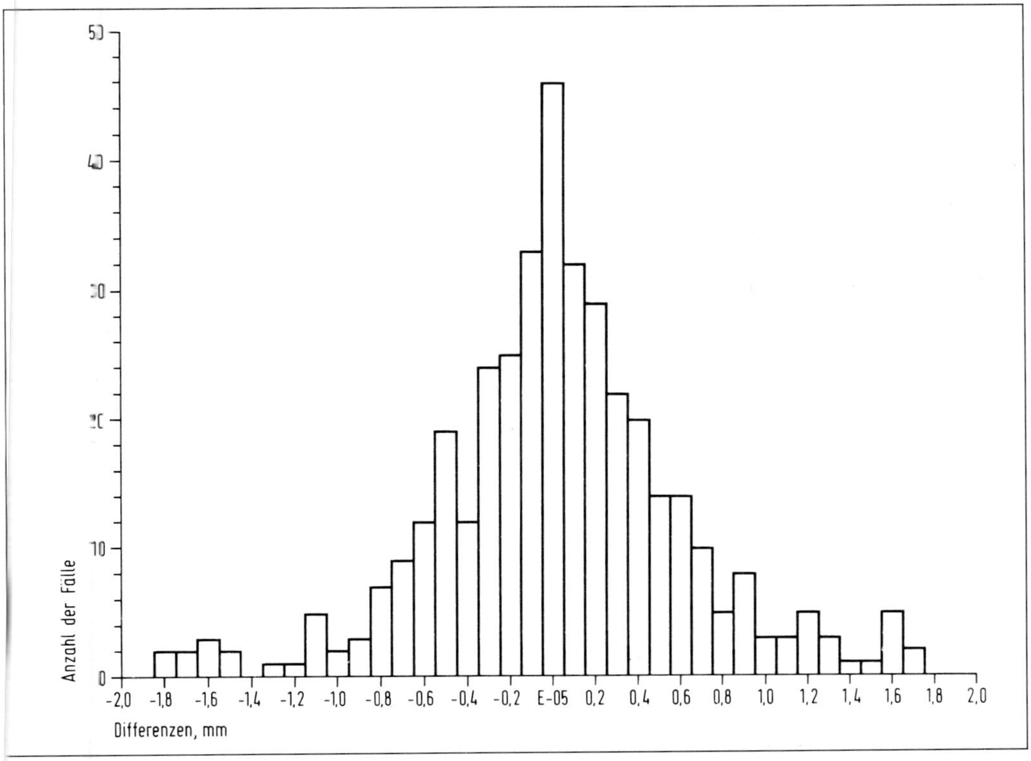

Abbildung 3. Verteilung der Abweichungen zwischen klinischer und histologischer Tumordicke.

mung der Risikoklasse in der TNM-Klassifikation als beim Vergleich zur prä- und posttherapeutischen Tumordicke.

Wichtiger als die Korrelation zwischen klinisch ermittelter und histologisch gemessener Tumordicke ist die prognostische Aussagekraft der jeweiligen Meßwerte. Hierzu wurde der Verlauf der in der Studie registrierten Melanomfälle inzwischen 5 bis 9 Jahre nachbeobachtet. Die angegebenen Zahlen beziehen sich auf den Stand von Ende 1986. Eine Trendänderung wurde zwischenzeitlich nicht festgestellt.

Tabelle II. Kreuz-Diagramm histologische Tumordicke und Level (entsprechend den pT-Klassen).

Tumor-	Level				
dicke	II	III	IV	V	Summe
≤0,75	*128*	79	3	0	210
>0,75 – 1,5	3	*140*	42	0	185
>1,5 – 4,0	0	72	*175*	5	252
>4,0	0	20	77	*29*	126
Summe	131	311	297	34	773

In der folgenden Übersicht (Tabellen III und IV) bedeutet n die Gesamtfallzahl der entsprechenden Kategorie. 0 bedeutet die beobachtete Zahl der Todesfälle und E die erwartete Anzahl der Todesfälle, unter der Hypothese, daß alle Patienten mit den verschiedenen Merkmalsausprägungen das gleiche Sterberisiko hätten. Das Verhältnis der beobachteten zu der erwarteten Anzahl der Todesfälle bildet das Risiko der jeweiligen Prognoseklasse ab. Aus der Regressionsanalyse sind ferner die kategoriespezifischen Regressionsparameter mit ihren Standardfehler β angegeben sowie »exp. β«, der Schätzwert für das relative Risiko, bezogen

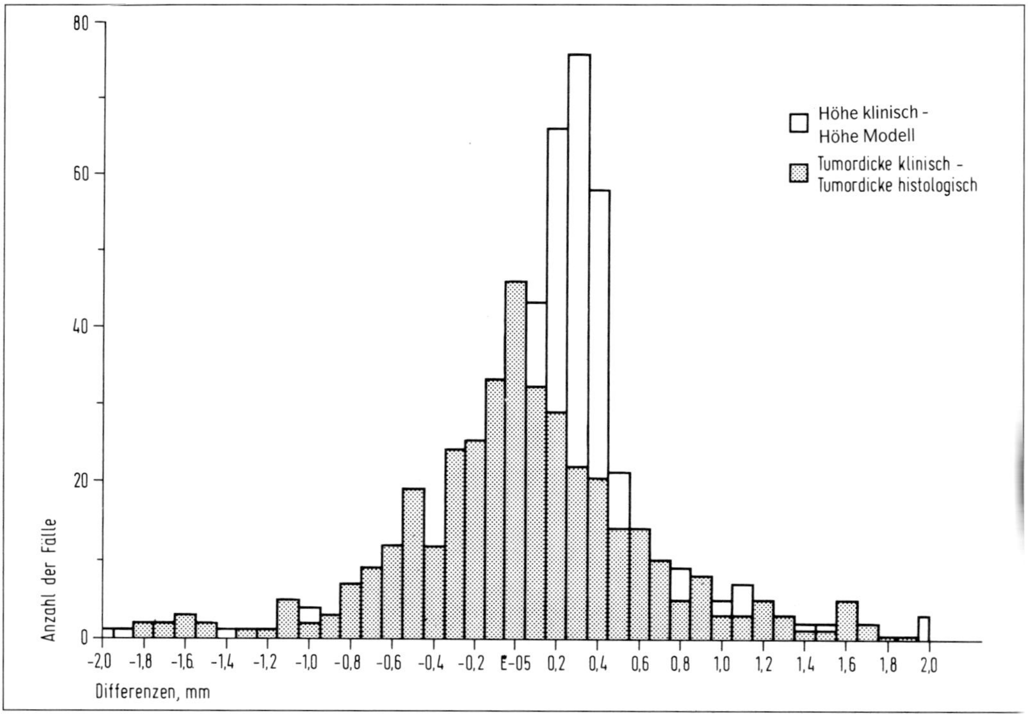

Abbildung 4. Differenz zwischen klinischer und histologischer Tumordicke (schraffiert) und zwischen direkter und Modellmessung.

auf die Basiskategorie, das ist die Klasse mit dem höchsten Risiko.

In der univariaten Regressionsanalyse erwiesen sich 13 Parameter als prognoserelevant. In der multivariaten Analyse erwiesen sich der histologisch bestimmte vertikale Tumordurchmesser nach *Breslow* und die aus Modellmaß der Exophythie und Schätzwert der Endophytie berechnete Tumordicke als die trennschärfsten Prädiktoren der Prognose, die untereinander keine Rangordnung zuließen. Dies ist an dem relativen Risiko in den einzelnen Tumorklassen zu sehen. Zum besseren Vergleich ist in Tabelle V auch das relative Risiko für den Level nach *Clark* und die mit dem Dermatometer gemessene Tumordicke angegeben, welche die Prognose wesentlich ungenauer abbilden. Bei der Auswertung des Level nach *Clark* konnte der Level II nicht mitberücksichtigt werden, da von den Studienpatienten mit Level II noch kein Patient verstor-

Tabelle III. Prognostische Meßwerte der Primärtumorklassen für die klinische Tumordicke.

Kriterium	Todesfälle					
klinische Tumordicke	n	beob. O	erwart. E	O/E	Standardfehler β	Rel. Risiko exp. β
≤0,8	125	1	9,95	0,10	−3,77 (1,04)	0,02
0,9–1,5	105	3	7,86	0,38	−2,42 (0,63)	0,09
1,6–3,0	75	8	5,62	1,42	−1,10 (0,44)	0,33
>3,0	60	15	3,57	4,20		1,0
p-Wert			< 0,00001			0,00001

Tabelle IV. Prognostische Meßwerte der Primärtumorklassen für die histologische Tumordicke.

Kriterium	Todesfälle					
histologische Tumordicke	n	beob. O	erwart. E	O/E	Standardfehler β	Rel. Risiko exp. β
≤0,75	213	1	25,04	0,40	−4,29 (1,01)	0,014
0,76–1,5	184	11	22,19	0,50	−1,76 (0,35)	0,17
1,51–3,0	145	28	16,27	1,72	−0,51 (0,25)	0,60
>3,0	138	36	12,50	2,88		1,0
p-Wert			< 0,00001			< 0,00001

Tabelle V. Relatives Risiko für die prognostischen Parameter in den Primärtumorklassen.

	Bezogen auf				
	T-Klassen Level	histologische Tumordicke	Tumordicke prätherapeutisch am Modell	Tumordicke prätherapeutisch in vivo	Exophytie am Modell
1		0,014	0,02	0,1	0,07
2	0,48	0,17	0,09	0,06	0,37
3	1,26	0,6	0,33	0,58	0,51
4	1,0	1,0	1,0	1,0	1,0
p-Wert (Cox)	0,0006	<0,00001	0,00001	0,0002	0,00001

ben ist und die Coxsche Regressionsanalyse als Zielereignis mindestens einen Todesfall voraussetzt.
Die Coxsche Regressionsanalyse zeigt, daß die Prognose des Melanompatienten mit zunehmender Tumordicke schlechter wird. Ob diese Beziehung eine lineare Funktion bildet, oder ob die Prognose sich mehr oder weniger sprunghaft verschlechtert, bleibt zunächst offen. Diese Frage interessiert allerdings für die Schichtung in vergleichbare Risikoklassen. Abel und Wiebelt haben hierzu ein biometrisches Verfahren entwickelt, mit dem explorativ untersucht wird, mit welcher Wahrscheinlichkeit sich die Prognose beim Übergang jedes Tumordickenmeßwertes zum nächst höheren verschlechtert.
Mit diesem »Crit-Level« genannten Modell wurde das Datenmaterial unserer Studie nach Geschlechtern getrennt analysiert. Wie die Abbildungen 5a und 5b zeigen, finden sich bei ansteigender Tumordicke geschlechtsspezifisch unterschiedlich ausgeprägte sprunghafte Entwicklungen, die bei Männern im Bereich zwischen 1,4 und 2,6 mm stellenweise die Signifikanzschranke von 1% überschreiten und bei Frauen erst später, bei ca. 1,8 mm beginnen und schwächer ausgeprägt sind. Im Gegensatz zum Crit-Level der histologischen Tumordicke zeigt die gleiche Untersuchung an der klinischen Tumordicke (Abbildung 6) bei gleichem Muster eine etwas geringer gezackte Kurve. Im übrigen decken sich unsere Ergebnisse weitgehend mit den Crit-Level-Untersuchungen am Krankengut der Freiburger Arbeitsgemeinschaft »Malignes Melanom« von *Kühnl-Petzoldt, Wiebelt, Berger* und *Wagner* (9). Über prognostische Sprünge unterhalb 1 mm vermag die vorliegende Untersuchung keine Aussage zu machen, da hierfür die Fallzahl zu gering ist. Die kontinuierliche Zunahme des Risikos mit ansteigender Tumordikke ist bei dünnen Tumoren schwerer zu verfolgen als bei dickeren Melanomen, weil bei den dünnen, flächenhaften Tumoren örtlich beginnende Tiefeninvasion als Ausdruck der Multiklonalität und damit eines höheren Malignitätsgrades möglich, aber klinisch und histologisch schwer und nur bei Aufarbeitung des Materials in Stufenschnitten nachweisbar ist. Daten aus der prospektiven Hornheider Melanomstudie, bei der die Primärtumoren in aufwendiger Technik histologisch in Stufenschnitten aufgearbeitet wurden, lassen die Risikozunahme in den unteren Tumordickenklassen deutlicher erkennen als Daten von routinemäßig untersuchten Kollektiven. Dies haben jüngste noch unveröffentlichte Untersuchungen von Herrn *Garbe* im Rahmen der gemeinsamen Studie über primäre Melanome der Universitäts-Hautkliniken Berlin-Steglitz, Tübingen, Würzburg und der Fachklinik Hornheide bestätigt. Demnach behalten die prognostischen Aussagen bei geringer Infiltrationstiefe eine gewisse Unsicherheit, so daß es uns nicht zu wundern braucht, daß klinische Tumordickenbestimmungen die Prognose gleich scharf abbilden wie die histologische Messung nach *Breslow*. Ob sonographische Tumordickenbestimmungen mit modernen, hochauflösenden Ultraschallgeräten die Prognose gleich trennscharf abbilden können, bedarf weiterer Untersuchungen.
Die bisherigen Vergleiche zwischen sonographischen und histologischen Messungen, die Herr *Hundeiker* in unserer Klinik mit dem neuen Dermascan C durchführen ließ, ergaben eine annähernd ebenso deutliche Korrelation mit der histologischen Tumordicke wie unsere oben beschriebenen klinischen Messungen.
Wenn künftig nicht-invasive Therapiemodelle beim malignen Melanom erneut ernsthaft in Betracht zu ziehen sind, bestehen jedenfalls günstige Voraussetzungen, solche Methoden in Vergleichsstudien risikospezifisch zu testen. Unter diesem Aspekt sollte auch dem Komitee der TNM-Klassifikation der UICC die Wiedereinführung einer an der histologischen Tumordurchmesserbestimmung nach *Breslow* orientierten prätherapeutischen Risikoklassierung nahegelegt werden.
Im Augenblick brauchen wir aber in erster Linie für multiklinische Vergleiche der heute gängigen Therapiestrategien dringend eine Abstimmung unter den deutschsprachigen Melanom-Behandlungszentren über eine standardisierte Diagnostik, Klassierung, Verlaufskontrolle und Dokumentation des malignen Melanoms.

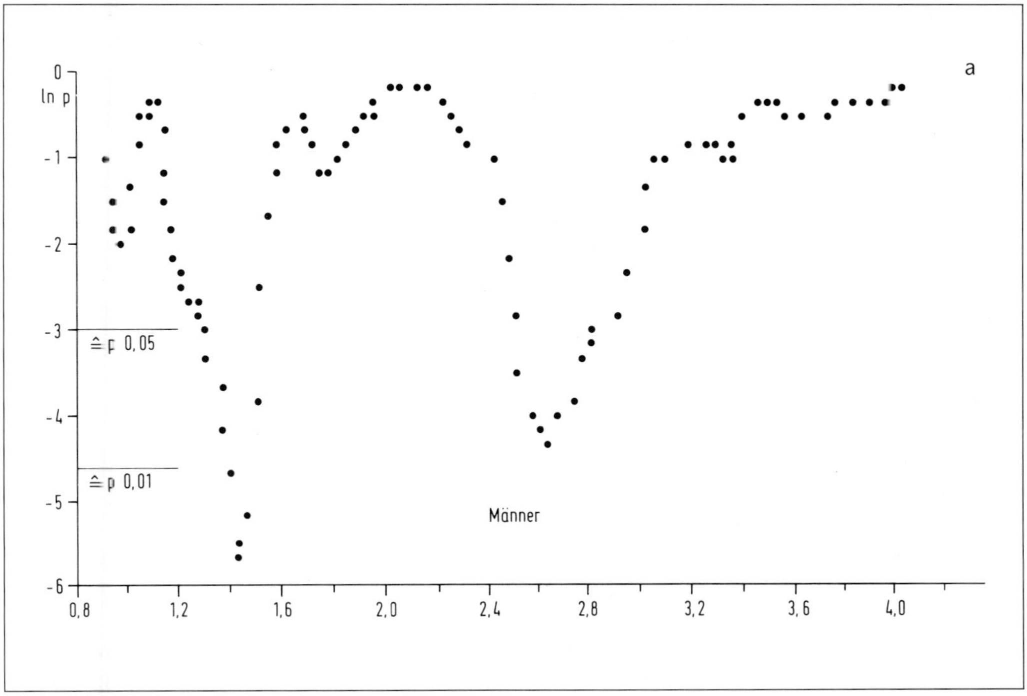

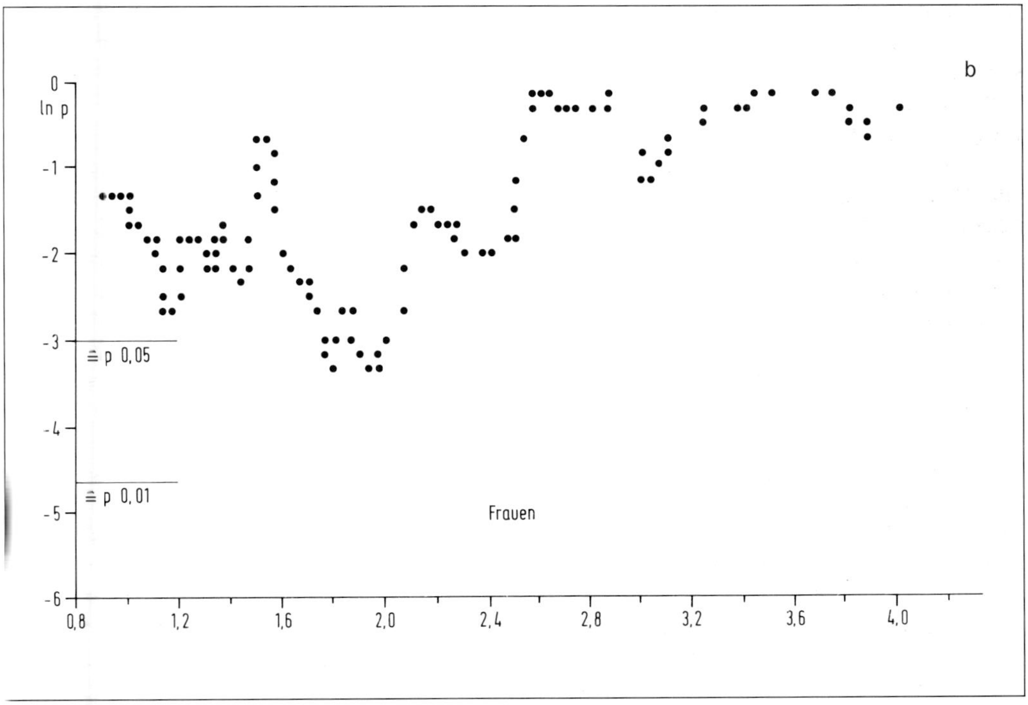

Abbildung 5. Crit-Level (Abel-Wiebelt) der histologischen Tumordicke. a) für Männer; b) für Frauen.

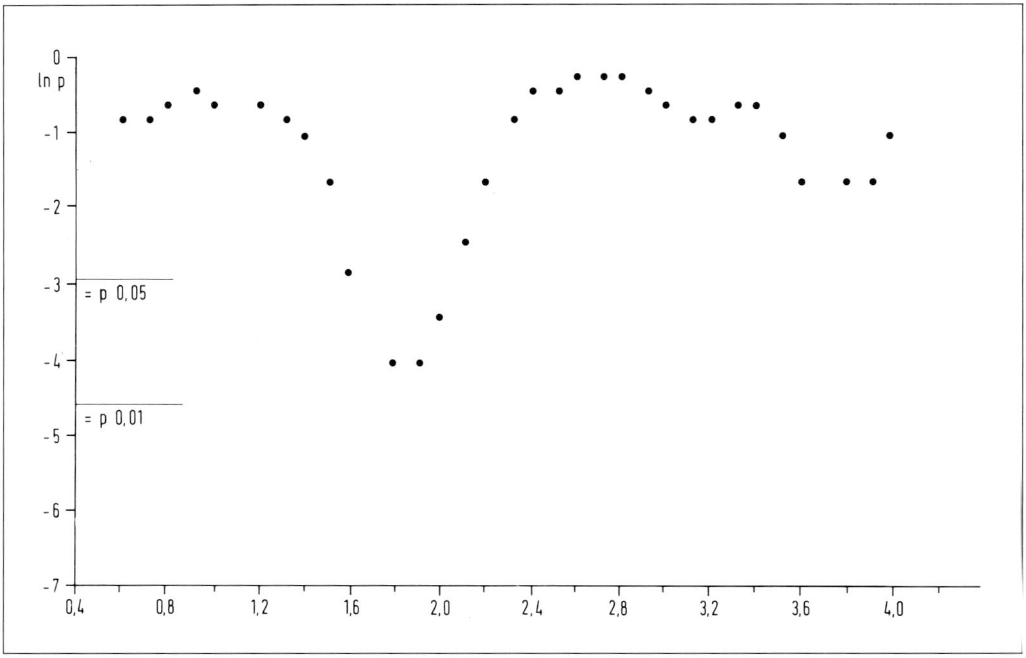

Abbildung 6. Crit-Level der klinischen Tumordicke.

Literatur

1 Breitbart EW, Hicks R, Rehpenning W (1986) Möglichkeiten der Ultraschalldiagnostik in der Dermatologie. Z Hautkr 61: 522–526

2 Breslow A (1970) Thickness, cross sectional areas and depth of invasion in the prognosis of cutaneous melanoma. Ann Surg 172: 902–908

3 Clark WH, From L, Bernardino EA, Mihm MC (1969) The histogenesis and biologic behavior of primary human malignant melanoma of the skin. Cancer Res 29: 705–726

4 Day CL, Lew RA, Sober AJ (1983) Malignant melanoma prognostic factors 1: Use of photography. J. Dermatol Surg Oncol 9: 364–367

5 Funk W, Schmoeckel Ch, Hölzel D, Braun-Falco O (1984) Prognostic classification of malignant melanoma by clinical criteria. Br J Dermatol 111: 129–138

6 Harmer MH (1978) TNM Classification of Malignant Tumors, 3rd ed. Geneva, pp 141–144

7 Kraus W, Nake-Elias A, Schramm P (1985) Diagnostische Fortschritte bei malignen Melanomen durch die hochauflösende Real-Time-Sonographie. Hautarzt 36: 386–392

8 Kühnl-Petzoldt Ch, Berger H, Wiebelt H (198[illegible]) Malignes Melanom: Prognostische Beurteilung durch Korrelationskoeffizienten. Hautarzt [illegible]: 398–402

9 Kühnl-Petzoldt Ch, Wiebelt H, Berger H, Wagner G (1983) A proposal for staging malignant melanoma. Arch Dermatol Res 275: 255–256

10 Lindemann M (1977) Untersuchungen zur Klassifizierung des malignen Melanoms nach den Grundsätzen des TNM-Systems. Inaugural-Dissertation Münster

11 Michel U, Hornstein OP, Schönberger A (198[illegible]) Infrarotthermographie beim malignen Melanom. Hautarzt 36: 83–89

12 Shafir R, Itzhack Y, Heyman Z, Azizi E, Tsur H, Hiss J (1984) Preoperative ultrasonic measurements of the thickness of cutaneous malignant melanoma. J Ultrasound Med 3: 205–208

Für die Verfasser:
Dr. Dr. H. Drepper
Fachklinik Hornheide
Dorbaumstraße 300
D-4400 Münster

Die Prognose des primären malignen Melanoms

Eine multizentrische Studie an 5093 Patienten

C. Garbe, P. Büttner[d], J. Bertz[e], G. Burg[c], B. d'Hoedt[b], H. Drepper[a], I. Guggenmoos-Holzmann[d], W. Lechner[c], A. Lippold[a], C. E. Orfanos, A. Peters[a], G. Rassner[b], M. Schwermann[c], R. Stadler und W. Stroebel[b]

Universitäts-Hautkliniken Klinikum Steglitz Berlin, [a]Münster-Hornheide, [b]Tübingen, [c]Würzburg, [d]Institut für Medizinische Statistik und Informationsverarbeitung, Klinikum Steglitz Berlin und [e]Institut für Sozialmedizin und Epidemiologie des Bundesgesundheitsamtes Berlin

Zusammenfassung

Die Daten von 5427 primären malignen Melanomen (MM) wurden im Zeitraum von 1968–1988 in den Klinikregistern der Universitäts-Hautkliniken Berlin-Steglitz, Münster-Hornheide, Tübingen und Würzburg dokumentiert und die Patienten wurden langfristig nachbeobachtet. 5093 primäre MM kamen nach Ausschluß von In-situ-Melanomen, anderen Lokalisationen als Haut, primär unvollständigen Exzisionen, fehlender Nachbeobachtung (< 3 Monate) und Diagnosen vor 1970 zur Auswertung. Die Patientenkollektive der vier Kliniken waren nach der Alters- und Geschlechtsverteilung homogen zusammengesetzt, das Durchschnittsalter betrug 53 Jahre und der Anteil der Frauen am Kollektiv 62,8%.

Die 10-Jahres-Überlebensrate aller Patienten betrug 75,5% ± 1,8% (± 2x SE) mit einer Spannbreite von 70,8% bis 76,4% zwischen den Zentren (p > 0,05), und die mediane Nachbeobachtungszeit variierte zwischen 39 und 47 Monaten.

In der multivariaten Regressionsanalyse (Cox-Modell) erwiesen sich vier Faktoren als hochsignifikant in bezug auf die Prognose primärer MM (p < 0,0001): die Tumordicke, das Geschlecht, die Lokalisation und der Invasionslevel. Ebenfalls einen signifikanten Einfluß auf die Prognose zeigten auf einem niedrigeren Niveau (p < 0,05) der histologische Typ, das Alter und der histologische Befund einer Ulzeration.

Die Tumordicke wies eine stetige, nahezu lineare Beziehung zum Sterberisiko bis zu einer Dicke von ca. 5 mm auf. Eine deshalb gewählte Einteilung der Tumordicke in Klassen von ≤ 1 mm, 1,01–2 mm, 2,01–4 mm und > 4 mm erwies sich als besser geeignet für die Einteilung der Prognose insbesondere bei den dünnen Tumoren als die TNM-Klassifikation und als mindestens ebensogut an den Datensatz angepaßt. Die Lokalisationen primärer MM wurden in solche mit höherem und in solche mit niedrigerem Sterberisiko unterteilt: als gut an den Datensatz angepaßte Einteilung erwies sich bei multivariater Analyse die Zuordnung des oberen Stamms, der Oberarme, des Halses und Kapillitium zu höherem Risiko und von unterem Stamm, Extremitäten außer Oberarmen und Gesicht zu Lokalisationen niedrigeren Risikos.

Bei einer prognostischen Klassifikation gemäß den Ergebnissen einer CART-Analyse sind die wesentlichen Einteilungsfaktoren die Tumordikke, das Geschlecht und die Lokalisation. Der Invasionslevel nach Clark *und die Einordnung in verschiedene histologische Typen haben nur für einzelne Untergruppen eine prognostische Relevanz. Eine prognostische Klassifikation primärer Maligner Melanome wird entsprechend der dargestellten Untersuchungsergebnisse vorgeschlagen.*

Summary

The melanoma registries of the Departments of Dermatology in the universities of Berlin-Steglitz, Münster-Hornheide, Tübingen and Würzburg documented 5,427 patients with primary malignant melanoma (MM), 1968–1988 and long-term follow ups were performed. 5,093 primary MM were evaluated after exclusion of in situ melanoma, non-skin localisations, incomplete excision, missing follow up (< 3 months), and diagnosis before 1970. The patients of the four departments were grouped homogenously according to age and sex distribution, the mean age was 53 years and the percentage of females was 62.8%.
The overall 10-year survival rate was 75.5% ± 1.8% (± 2 x SE), ranging between 70.8%–76.4% for the four departments (p > 0.05) and the median follow up varied between 39 and 47 months.
Four factors revealed a highly significant influence on prognosis in a multifactorial analysis (Cox's regression model) (p < 0.0001): tumor thickness, sex, localisation and level of invasion. Furthermore, on a lower level of significance (< 0.05), a significant influence on prognosis was found for the histologic type, histologically confirmed ulceration and the age.
Tumor thickness showed a continuous, almost linear relationship to survival up to a thickness of 5 mm. A classification of tumor thickness in classes of ≤ 1 mm, 1,01–2 mm, 2,01–4 mm, and > 4 mm improved the subdivision of prognostic groups especially for thin melanoma as compared to the TNM-classification and the fit to our data was at least in the same range. The localisation of primary MM was subdivided according to survival: upper trunk, upper arms, neck and scalp were found to be higher risk sites and lower trunk, extremities without upper arms and face revealed as lower risk sites in multifactorial analysis.
*A CART-analysis (classification and regression trees) was applied to the data and tumor thickness, sex and localisation were confirmed to be the most important factors for prognostic classification of primary MM. The level of invasion (*Clark*) and the histologic type of MM were only relevant for certain subgroups in this classification. A prognostic classification according to the analysis of this data is proposed.*

In der Bundesrepublik Deutschland kommen etwa 90% aller Patienten mit einem primären malignen Melanom (MM) ohne erkennbare Metastasierung (klinisches Stadium I) zur ersten Diagnose (30, 31). Die Prognose des MM ist in erster Linie von der Tumorausbreitung abhängig und sobald eine Metastasierung aufgetreten ist, sinken die 5-Jahres-Überlebensraten auf ≤ 20% ab (32).

Tabelle I. Klinische Stadieneinteilung des malignen Melanoms in Anlehnung an die TNM-Klassifikation 1979 (47).

Stadium I	Primärtumor allein
Stadium II	Primärtumor + Metastasen im regionären Abflußgebiet
Stadium IIa	Satelliten- und/oder In-transit-Metastasen
Stadium IIb	regionäre Lymphknotenmetastasen
Stadium III	Primärtumor + (regionäre Metastasen) + Metastasen im juxta-regionären Lymphknotengebiet[a]
Stadium IV	Primärtumor + (regionäre Metastasen) + Fernmetastasen
Stadium IVa	kutane Fernmetastasen
Stadium IVb	viszerale und/oder Lymphknoten-Fernmetastasen

[a] Metastasierung in ein zweites regionäres Lymphknotengebiet; kann bei Primärtumoren am Stamm, aber in der Regel nicht an den Extremitäten auftreten.

Tabelle II. Stadieneinteilung nach TNM-Klassifikation 1987 (66).

	Primärtumor[a]		Regionäre LK-Metastasen	Fern-metastasen
	Tumordicke, mm	Level		
Stadium I	≤ 1,5	≤ 3	–	–
Stadium II	1,51–4,0	4	–	–
Stadium III	> 4,0	5	–	–
	beliebig		ja	–
Stadium IV	beliebig		ja/nein	ja

[a] Bei Diskrepanzen zwischen Tumordicke und Level richtet sich die Einteilung nach dem jeweils ungünstigsten Befund.

Die Stadieneinteilung des MM wird im wesentlichen nach der Tumorausbreitung vorgenommen und im deutschsprachigen Raum hat sich eine Einteilung in vier Stadien in Anlehnung an die TNM-Klassifikation von 1979 weitgehend durchgesetzt (47) (Tabelle I). Seit 1987 liegt eine neue TNM-Klassifikation für das MM vor, in der ebenfalls eine Stadiengruppierung in vier Stadien empfohlen wird, dabei wird das alte Stadium I in drei unterschiedliche Stadien nach Tumordicke und Invasionslevel eingeteilt (66). Im wesentlichen wird dabei die Prognose für Tumoren ≤ 1,5 mm, 1,5–4 mm und > 4 mm unterschieden. Zusätzlich kann die Einordnung in die verschiedenen Stadien auch noch vom Invasionslevel nach *Clark* abhängig sein (Tabelle II). Es stellt sich die Frage, ob die Unterteilung des alten Stadium I nach prognostischen Gesichtspunkten sinnvoll ist und ob die in der TNM-Klassifikation ausgewählten Parameter für eine derartige Unterteilung optimal gewählt sind.

Bei primären MM ohne Metastasierung (Stadium I) kann die Prognose des Tumors erheblich variieren und die 10-Jahres-Überlebensraten schwanken für verschiedene Gruppen zwischen > 95% und < 50% (29). Als wesentliche Faktoren für die Einordnung der Prognose wurden insbesondere die Tumordicke (nach *Breslow*), der Invasionslevel (nach *Clark*), die histologische Klassifikation, die Mitoserate, histologisch gesicherte Ulzeration des Tumors sowie die Lokalisation und das Geschlecht herausgestellt. Seit ab Ende der 70er Jahre zunehmend multivariate Regressionsanalysen angewendet worden sind und der unabhängige Einfluß verschiedener Faktoren auf die Prognose untersucht wurde, sind in verschiedenen Arbeiten immer wieder unterschiedliche Faktoren als signifikante Einflußgrößen bewertet worden.

Die meisten Untersuchungen zur Prognose des malignen Melanoms basieren auf relativ kleinen Untersuchungsgruppen mit < 500 Personen (13). Unterschiedliche Bewertungen der Bedeutung einzelner Faktoren für die Prognosevorhersage primärer maligner Melanome basieren wahrscheinlich zumindestens zum Teil auf Unsicherheiten, die mit der Analyse kleiner Untersuchungsgruppen entstehen. Insofern erschien es wünschenswert, eine größere Untersuchungsgruppe von > 2000 Patienten mit langzeitiger Nachbeobachtung einer eingehenden statistischen Auswertung zu unterziehen. Die vorliegende Arbeit basiert auf der prospektiven Dokumentation von > 5000 Patienten mit malignem Melanom in vier Klinikregistern. In dieser Untersuchung soll die Frage geklärt werden, welche Faktoren eine unabhängige Einflußgröße im Hinblick auf die Prognose sind und welche Bedeutung diese Faktoren für eine Klassifikation der Prognose im klinischen Stadium I besitzen.

Patienten und Methoden

In den Jahren 1968–1988 wurden in vier Klinikregistern insgesamt 5427 Patienten mit primären malignen Melanomen prospektiv dokumentiert (vergl. Tabelle III). In den Universitäts-Hautkliniken Berlin-Steglitz, Münster-Hornheide, Tübingen und Würzburg erfolgte die Dokumentation in gesonderten MM-Archiven mittels geeigneter standardisierter Erhebungsbögen. Die histologischen Präparate wurden in Stufenschnitten aufgearbeitet und der histologische Typ, die Tumordicke nach *Breslow*, der Invasionslevel und der histologische Befund einer Ulzeration des Tumors (nur Berlin-Steglitz und Würzburg) wurden gemäß der international anerkannten Kriterien bestimmt. Für einen Teil von histologischen Präparaten aus der ersten Hälfte der 70er Jahre (Berlin-Steglitz, Münster-Hornheide, Würzburg) wurde eine Nachbefundung einiger histologischer Parameter jeweils von einem erfahrenen Dermatohistologen vorgenommen.

Die Nachbeobachtung erfolgte im Rahmen von Tumornachsorgesprechstunden regelmäßig in 3- bis 6monatlichen Intervallen (nach > 5 Jahren zumeist in 6monatlichen Intervallen) über einen Zeitraum von zehn Jahren. Sobald ein Patient die vereinbarten Termine nicht wahrnahm, wurde zunächst er selbst angeschrieben, ggf. der Hausarzt kontaktiert und bei unbekanntem Aufenthaltsort bei der Meldebehörde nachgefragt. So wurde angestrebt, eine möglichst lückenlose Nachbeobachtung aller Patienten zu erhalten. Wenn ein Patient innerhalb des Nachbeobachtungszeitraumes verstarb, so wurde die Todesursache aufgrund des Sektionsbefundes und der abschließenden ärztlichen Bewertung (Arztbrief) als durch das Melanom verursacht oder als durch andere Ursachen bedingt eingeordnet. Im Falle einer anderen als durch das MM bedingten Todesursache wurde der Verlauf als abgebrochene Beobachtung und nicht als letaler Ausgang gewertet.

Alle Patientendaten wurden auf elektronische Datenträger übernommen. In die Auswertung wurden nur Patienten mit invasiven malignen Melanomen, die an der Haut lokalisiert waren und vollständig primär exzidiert worden sind, aufgenommen. Die mindeste Nachbeobachtungszeit mußte drei Monate betragen und die Diagnose mußte ab 1970 gestellt worden sein. In die weitere Auswertung gingen 5093 Patienten ein (Tabelle IV).

Die folgenden Variablen wurden im Hinblick auf ihre Signifikanz als prognostische Faktoren einer multivariaten Analyse unterzogen: Die Tumordicke (nach *Breslow*), der Invasionslevel (nach *Clark*), der histologische Typ, der histologische Befund einer Ulzeration (nur Berlin-Steglitz und Würzburg), die Exzisionsweite (< 2 cm, ≥ 2 cm), das Geschlecht, die Lokalisation des Primärtumors, das Alter der Patienten, das Jahr der Diagnose, die behandelnde Klinik. Die Mitoserate wurde wegen unzureichender Dokumentation nicht berücksichtigt. Eine prophylaktische Lymphadenektomie war nur bei einem Teil der Patienten aus einer Klinik (Münster-Hornheide) durchgeführt worden und ist ebenfalls in der multivariaten Analyse nicht berücksichtigt.

Die deskriptive statistische Auswertung der Daten wurde mittels des Programmpaketes SPSS vorgenommen. Die Überlebensraten wurden

Tabelle III. Dokumentation von Patienten mit primären MM in vier Klinikregistern.

	Patienten, n	Zeitraum
Berlin-Steglitz	631	1969–1987
Münster-Hornheide	2916	1970–1987
Tübingen	1134	1976–1988
Würzburg	746	1968–1987
Gesamt	5427	

Tabelle IV. Patienten mit primären MM (n = 5427).

Von der Auswertung ausgeschlossen[a]	
Level I	71
andere Lokalisation als Haut	56
unvollständige Exzision	39
Nachbeobachtung <3 Monate	132
Diagnose vor 1970	49
Ausgewertet	5093

[a]Bei 13 Patienten lagen jeweils 2 Ausschlußgründe gleichzeitig vor.

nach der Actuars-Methode (18) berechnet und die statistische Prüfung der Signifikanz von Unterschieden von Überlebensraten wurde mittels des Testes nach *Lee* und *Desu* vorgenommen (SPSS-Programm Survival) (42). Die multivariate Regressionsanalyse zur Bestimmung der Einflußgrößen auf die Prognose wurde mittels des Cox-Modells (Hazard regression analysis) durchgeführt (Programmpaket BMDP, PL2) (17, 36). Die Einteilung des Untersuchungskollektivs in Risikogruppen erfolgte mittels einer CART-Analyse (Classification and Regression Trees) (10).

Ergebnisse

Patienten und Überlebensraten in den vier Zentren

Die Alters- und Geschlechtsverteilung der Patienten waren in allen Zentren nahezu identisch. Das Durchschnittsalter schwankte zwischen 50 und 54 Jahren, und der Anteil der Frauen unter den Patienten betrug 61,0 bis 65,5%. Die untersuchten Kollektive waren hinsichtlich Alter und Geschlecht weitestgehend homogen zusammengesetzt (Tabelle V).

Die medianen Nachbeobachtungszeiten variierten in den untersuchenden Zentren zwischen 39 und 47 Monaten, in die Auswertung wurden alle Patienten mit Nachbeobachtungszeiten ≥ 3 Monate bis > 10 Jahre aufgenommen. Die 10-Jahres-Überlebensrate variierte nach Zentren geringfügig zwischen 70,8% und 76,4% bei einer breiten Überschneidung der Vertrauensbereiche (Tabelle VI). Insofern sind die dokumentierten Patientenkollektive auch

Tabelle V. Alters- und Geschlechtsverteilung der Patienten nach Zentren.

	Durchschnitts-alter, Jahre	Anteil der Frauen, %
Berlin-Steglitz	54	64,5
Münster-Hornheide	53	62,6
Tübingen	50	61,0
Würzburg	53	65,5

bezüglich der 10-Jahres-Überlebensraten weitestgehend homogen. Die durchschnittliche 10-Jahres-Überlebensrate aller untersuchten Patienten (n = 5093) betrug 75,5% ± 1,8%. Die Überlebensraten von Männern und Frauen unterschieden sich signifikant und betrugen nach zehn Jahren 66,9% ± 3,6% für Männer und 80,0% ± 2,2% für Frauen (Abbildung 1).

Einteilung der Tumordicke in Klassen

Um herauszufinden, ob von bestimmten Tumordicken ab eine stärkere oder sprunghafte Zunahme des Sterberisikos an MM zu verzeichnen ist, wurde die Tumordicke in 25 Klassen eingeteilt und das relative Risiko wurde für jede dieser Klassen mittels multivariater Regressionsanalyse gesondert bestimmt (adjustiert für Geschlecht, Lokalisation, Invasionslevel, histologischen Typ, Alter und Zentrumseffekte). Dabei findet sich ein nahezu linearer Anstieg des relativen Risikos mit zunehmender Tumordicke bis zu einer Tumordicke von 5 mm, danach erfolgt mit zunehmender Tumordicke kein weiterer Anstieg des relativen Risikos mehr (Abbildung 2).

Tabelle VI. 10-Jahres-Überlebensraten (ÜR) und mittlere Nachbeobachtungszeit nach Zentren

	10-Jahres-ÜR, %	95%-Vertrauens-bereich, %	Nachbeobachtungszeit, Median in Monaten
Berlin-Steglitz	74,5	69,5–79,5	47
Münster-Hornheide	76,2	73,8–78,7	47
Tübingen	76,4	72,1–80,7	42
Würzburg	70,8	65,7–75,8	39

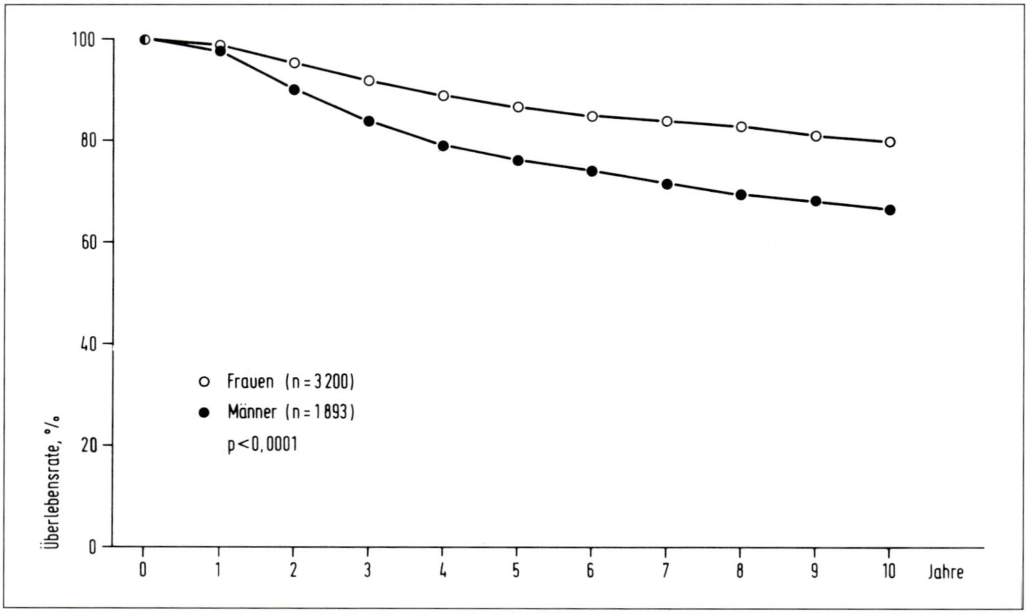

Abbildung 1. Überlebensraten von Patienten mit primären MM nach Geschlecht.

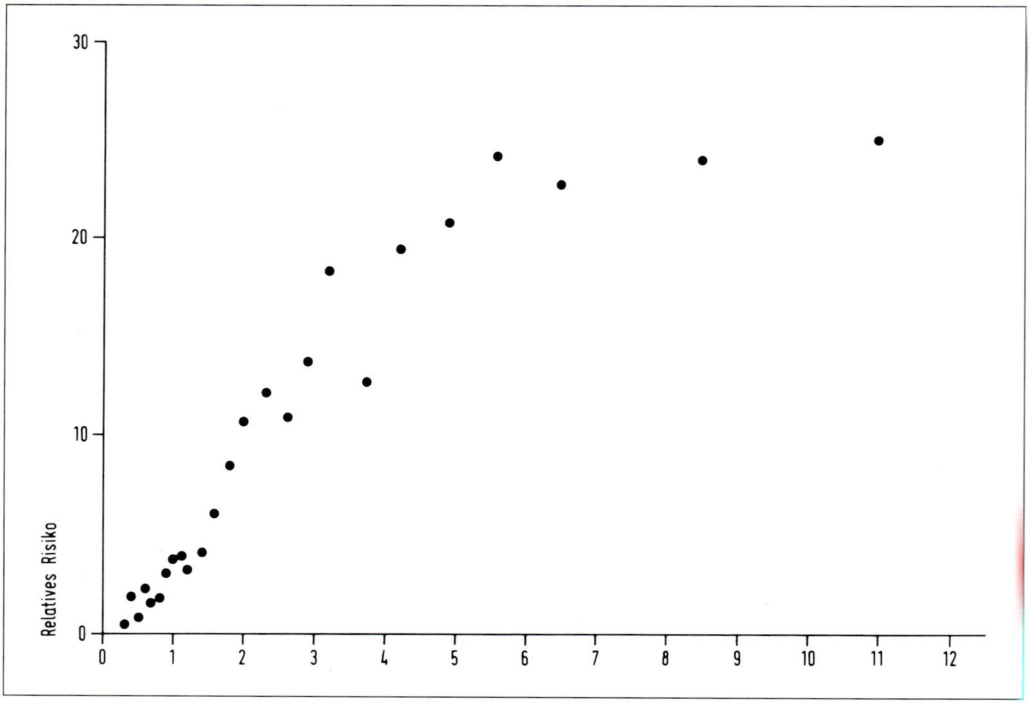

Abbildung 2. Relatives Risiko an MM zu versterben in Abhängigkeit von der Tumordicke (Cox-Modell).

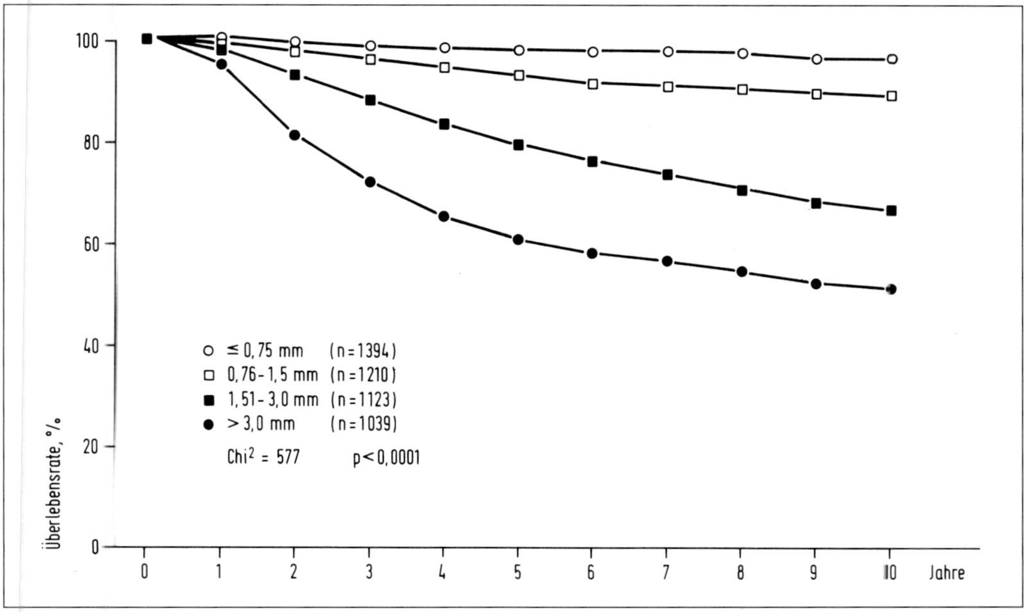

Abbildung 3. Überlebensraten von Patienten mit primären MM nach Tumordicke (nach pT-Einteilung TNM-Klassifikation 1979).

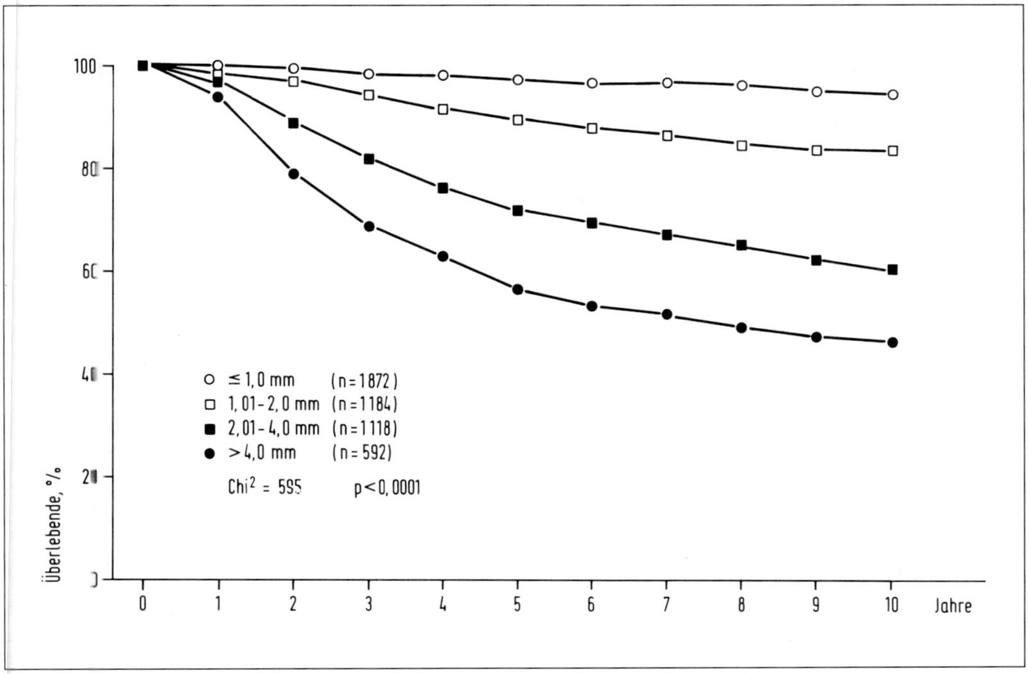

Abbildung 4. Überlebensraten von Patienten mit primären MM nach Tumordicke (eigene Einteilung).

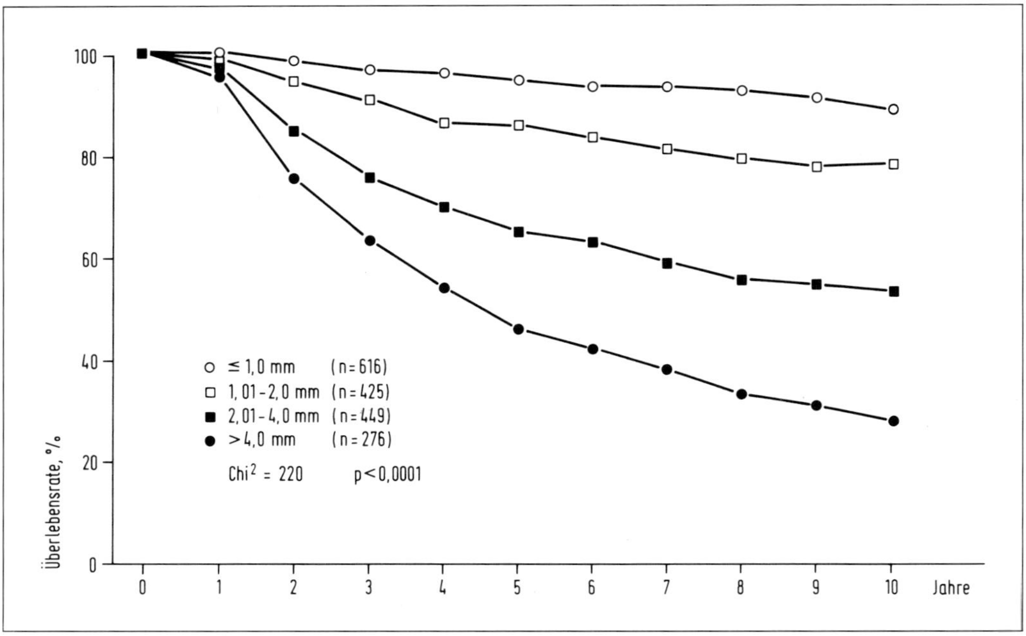

Abbildung 5. Überlebensraten von Männern mit primären MM nach Tumordicke.

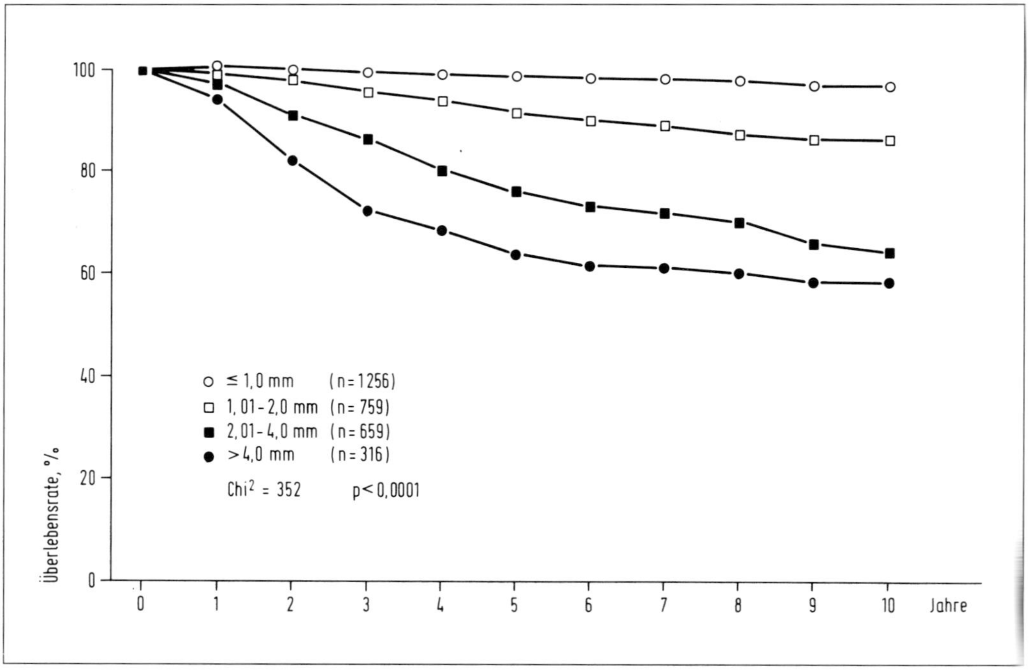

Abbildung 6. Überlebensraten von Frauen mit primären MM nach Tumordicke.

Da keine sprunghaften Anstiege in der Korrelation zwischen Tumordicke und Sterberisiko gefunden wurden, muß die Klassifikation der Tumordicke unter dem Gesichtspunkt einer möglichst optimalen Aufteilung in Gruppen mit unterschiedlicher Prognose vorgenommen werden. Hierzu wurden unterschiedliche Varianten der Einteilung geprüft. Bei einer Klassifikation der Tumordicke nach den pT-Klassen der TNM-Klassifikation von 1979 zeigt sich, daß insbesondere die beiden Gruppen mit geringerer Tumordicke (≤ 0,75 mm, 0,76–1,5 mm) in den 10-Jahres-Überlebenskurven relativ dicht beieinander lagen (10-J.-ÜR 96,5% ± 2% vs 89,0% ± 2,8%). Eine bessere Unterteilung zeigte sich bei Verwendung der Tumordickenklassen mit den Grenzen 1, 2 und 4 mm; diese Unterteilung war bei multivariater Prüfung mindestens ebensogut an den Datensatz angepaßt. Mit dieser Unterteilung waren die beiden unteren Tumordickenklassen (≤ 1 mm, 1,01–2 mm) hinsichtlich der 10-Jahres-Überlebensraten deutlich klarer voneinander abgegrenzt (94,5% ± 2,2% vs 83,4% ± 3,2%), und es zeigte sich im Vergleich zur vorgenannten Klassifikation eine deutliche Zunahme des Chi^2-Wertes in der Lee-Desu-Statistik (Chi^2 = 595 vs 577) (Abbildungen 3 und 4).

Tumordicke und Geschlecht

Bei gleicher Tumordicke zeigt sich eine erhebliche Variation der Prognose nach Geschlecht. In allen Tumordickenklassen wiesen die Männer eine erheblich ungünstigere Prognose auf und die 10-Jahres-Überlebensraten unterschieden sich jeweils signifikant von denjenigen der Frauen (*≤ 1 mm*: 88,4% ± 6,4% vs 97,1% ± 1,8%; *1,01–2,0 mm*: 77,5% ± 6,4% vs 86,2% ± 3,6%; *2,01–4,0 mm*: 53,4% ± 7,0% vs 64,1% ± 5,2%; *> 4 mm*: 27,9% ± 10,4% vs 58,6% ± 7,2%) (Abbildungen 5 und 6). Diese Unterschiede lassen es sinnvoll erscheinen, das Geschlecht in eine prognostische Klassifikation primärer maligner Melanome miteinzubeziehen.

Dichotome Klassifikation der Lokalisationen

Die 10-Jahres-Überlebensraten zeigten eine erhebliche Variation nach unterschiedlichen Lokalisationen und schwankten zwischen 63,4% für das Kapillitium und 87,7% für den Unterarm. Zum Teil ist die schlechtere Prognose auch durch eine größere Tumordicke in einzelnen Lokalisationen beeinflußt; so wiesen beispielsweise Hand und Fuß sowie Kapillitium und Gesäß besonders dicke Tumoren auf. Eine günstige Prognose fand sich bei der Darstellung der 10-Jahres-Überlebensraten für die Extremitäten außer dem Fuß und für das Gesicht. Dagegen fand sich für den Stamm, Hals und Kapillitium sowie für den Fuß eine ungünstigere Prognose (Tabelle VII).

In einer multivariaten Regressionsanalyse wurde untersucht, in welcher Weise die Lokalisation am besten in solche niedrigen Risikos und in solche mit erhöhtem Risiko eingeteilt werden kann. Als gut an den Datensatz angepaßte Klassifikation erwies sich die Einteilung

- Unterer Stamm Extremitäten ohne Oberarme und Gesicht als Lokalisationen niedrigen Risikos und
- Oberer Stamm, Oberarme, Hals und Kapillitium als Lokalisationen erhöhten Risikos.

Tabelle VII. 10-Jahres-Überlebensraten und Tumordicke nach Lokalisation des Primärtumors.

	10-Jahres-ÜR, %	Tumordicke, mm	
		Mittelwert	Median
Kapillitium	63,4	2,53	1,83
Fuß	67,2	2,76	2,20
Rücken	68,0	2,18	1,35
Hals	69,4	2,41	1,25
Gesäß	71,5	2,68	2,24
Brust	73,5	1,92	1,04
Unterbauch	75,7	2,33	1,28
Oberarm	75,7	2,10	1,35
Hand	77,9	3,12	2,06
Gesicht	79,7	1,95	1,10
Oberschenkel	80,9	1,99	1,20
Unterschenkel	82,4	1,83	1,25
Unterarm	87,7	1,83	1,23

Bestimmung prognostischer Faktoren mit multivariater Regressionsanalyse

Mit einer multivariaten Regressionsanalyse wurden diejenigen Faktoren bestimmt, die einen Einfluß auf die Letalität an MM besitzen. Ein hochsignifikanter Einfluß ($p < 0,0001$) prognostischer Faktoren fand sich für

- die *Tumordicke*, die von allen untersuchten Faktoren die höchste Signifikanz für die Vorhersage der Prognose aufwies. Alle vier Subklassen der Tumordicke erwiesen sich im Hinblick auf die Prognosevorhersage als signifikant. Die höchste Signifikanz zeigte die Unterscheidung von Tumoren ≤ 2 mm und > 2 mm.
- Das *Geschlecht*: Männer wiesen auch nach Adjustierung aller anderen signifikanten prognostischen Faktoren eine deutlich schlechtere Prognose auf als Frauen.
- Die *Lokalisation*: Die Lokalisationen oberer Stamm, Oberarme, Hals und Kapillitium wiesen eine signifikant schlechtere Prognose auf als die Lokalisationen mit niedrigerem Risiko: Unterer Stamm, Extremitäten und Gesicht.
- Der *Invasionslevel* nach *Clark* zeigte einen signifikanten Einfluß auf die Prognose nur für die Unterscheidung zwischen Level-II-Melanomen und Level-≥III-Melanomen.

Weiterhin fand sich ein niedrig-signifikanter Einfluß ($p < 0,05$) des histologischen Typs bei der Unterscheidung zwischen SSM und anderen histologischen Klassifikationen und ein Einfluß des Alters bei Unterscheidung von Patienten > 30 Jahre und ≤ 30 Jahre (Tabelle VIII). Der Einfluß der Ulzeration wurde anhand der Daten von zwei Zentren (Berlin-Steglitz, Würzburg) überprüft, da nur für die Fälle dieser Zentren eine vollständige histologische Dokumentation dieses Parameters vorlag. Die multivariate Regressionsanalyse der Daten dieser beiden Zentren ergab ebenfalls einen hochsignifikanten Einfluß der Tumordicke, des Geschlechts,

Tabelle VIII. Bestimmung unabhängiger prognostischer Faktoren für primäre MM mittels multivariater Regressionsanalyse (Cox-Modell).

	Chi²	p-Wert	Relatives Risiko	95%-Vertrauensbereich
Tumordicke >1 mm vs ≤1 mm	32,8	<0,0001	2,7	1,88–3,87
Tumordicke >2 mm vs 1–2 mm	88,9	<0,0001	2,7	2,17–3,35
Tumordicke >4 mm vs 2–4 mm	30,0	<0,0001	1,7	1,38–1,97
Invasionslevel ≥III vs Level II	23,3	<0,0001	4,1	2,06–8,20
SSM vs andere	7,0	0,008	0,8	0,69–0,95
Männer vs Frauen	27,1	<0,0001	1,5	1,29–1,74
Lokalisation hohen Risikos vs niedrigen Risikos	24,1	<0,0001	1,5	1,26–1,71
Alter >30 Jahre vs ≤30 Jahre	5,9	0,015	1,4	1,05–1,81

der Lokalisation und des Invasionslevels, während die Ulzeration in der multivariaten Regressionsanalyse nur mit geringer Signifikanz einen Einfluß auf die Prognose zeigte ($Chi^2 = 4{,}44$; $p = 0{,}031$).

Einteilung in Risikogruppen mittels CART-Analyse

Die Einteilung des Untersuchungskollektivs in Risikogruppen erfolgte mittels CART-Analyse. Dabei wird im ersten Schritt aus allen Größen, die auf das Überleben Einfluß haben, diejenige mit der besten Trennung der Überlebensraten bestimmt (Log-rank-Test). Nach dieser Variablen wird das Kollektiv aufgeteilt. In den entstandenen Untergruppen wird analog verfahren. Dabei entsteht ein sog. Regressionsbaum mit Untergruppen, die bezüglich der Überlebenswahrscheinlichkeit immer homogener werden. Bei Anwendung dieser CART-Analyse entsteht der in Abbildung 7 dargestellte Regressionsbaum. Unter den für die Untergruppenbildung entscheidenden Variablen sind jeweils die Zahl der Sterbefälle an MM/die Zahl der Überlebenden und darunter die 10-Jahres-Überlebensrate (%) für die gesamte Gruppe angegeben. In diese Analyse wurden insgesamt 4371 Patienten mit vollständigen Angaben zu allen Variablen aufgenommen.
Die Tumordicke erwies sich auch in dieser Analyse als die entscheidende Einflußgröße auf die Prognose und bestimmte die Einteilung in Untergruppen auf den ersten zwei Ebenen der CART-Analyse. Daraufhin folgte das Geschlecht als wesentliche Einflußgröße bei dünneren Tumoren und die Lokalisation bei dickeren Tumoren. Der Invasionslevel zeigte nur für die Untergruppe von Männern mit Tumoren ≤ 1 mm einen Einfluß und zwar in Unterscheidung von Level-II-MM und Level-≥III-MM. Auch die histologische Klassifikation war in dieser Analyse nur für eine Untergruppe relevant, nämlich für die Untergruppe der Männer mit 1 bis 2 mm dicken MM: hier hatten Männer mit nodulären malignen Melanomen gegenüber den anderen histologischen Typen eine signifikant schlechtere Prognose. Der Unterschied in den Überlebensraten bei Frauen zwischen ALM und den übrigen histologischen Typen bei dieser Tumordicke ist wegen der geringen Zahl von Patienten mit Vorsicht zu bewerten. In einigen kleineren Untergruppen wurden auch Zentrumseffekte erkennbar. Für die Erarbeitung einer prognostischen Klassifikation primärer maligner Melanome wurde die CART-Analyse auf vier Ebenen begrenzt, da bei weiterer Unterteilung überwiegend Untergruppen < 50 Patienten resultierten. So ergab sich der bereinigte Regressionsbaum in Abbildung 8, der die Grundlage für eine prognostische Klassifikation primärer MM (klinisches Stadium I) bildet.

Klassifikation der Prognose primärer MM

Auf der Grundlage der CART-Analyse und unter Berücksichtigung der in der multivariaten Regressionsanalyse signifikanten unabhängigen Einflußfaktoren auf die Prognose primärer MM wird eine Klassifikation vorgeschlagen. Diese Klassifikation orientiert sich an den Überlebensraten und teilt die gesamte Untersuchungsgruppe in fünf Untergruppen mit unterschiedlicher Prognose auf. Für die Darstellung erschien es ratsam, die prognostischen Parameter für Männer und Frauen getrennt anzugeben. Die Einordnung in eine prognostische Gruppe erfolgt so durch die Kombination einer Tumordickenangabe mit einer weiteren Angabe (Lokalisation, Invasionslevel oder histologische Klassifikation) für beide Geschlechter getrennt. Die Zusammenfassung des Vorschlages zur Klassifikation der Prognose primärer MM auf der Grundlage der CART-Analyse ist in Tabelle IX dargestellt. Die Überlebensraten jeder prognostischen Gruppe sind signifikant unterschiedlich gegenüber den vorhergehenden und nachfolgenden Gruppen ($p < 0{,}0001$). In Abbildung 9 sind die Überlebenskurven für die fünf prognostischen Gruppen dargestellt und die breite Auffächerung der Prognose primärer maligner Melanome wird sichtbar.

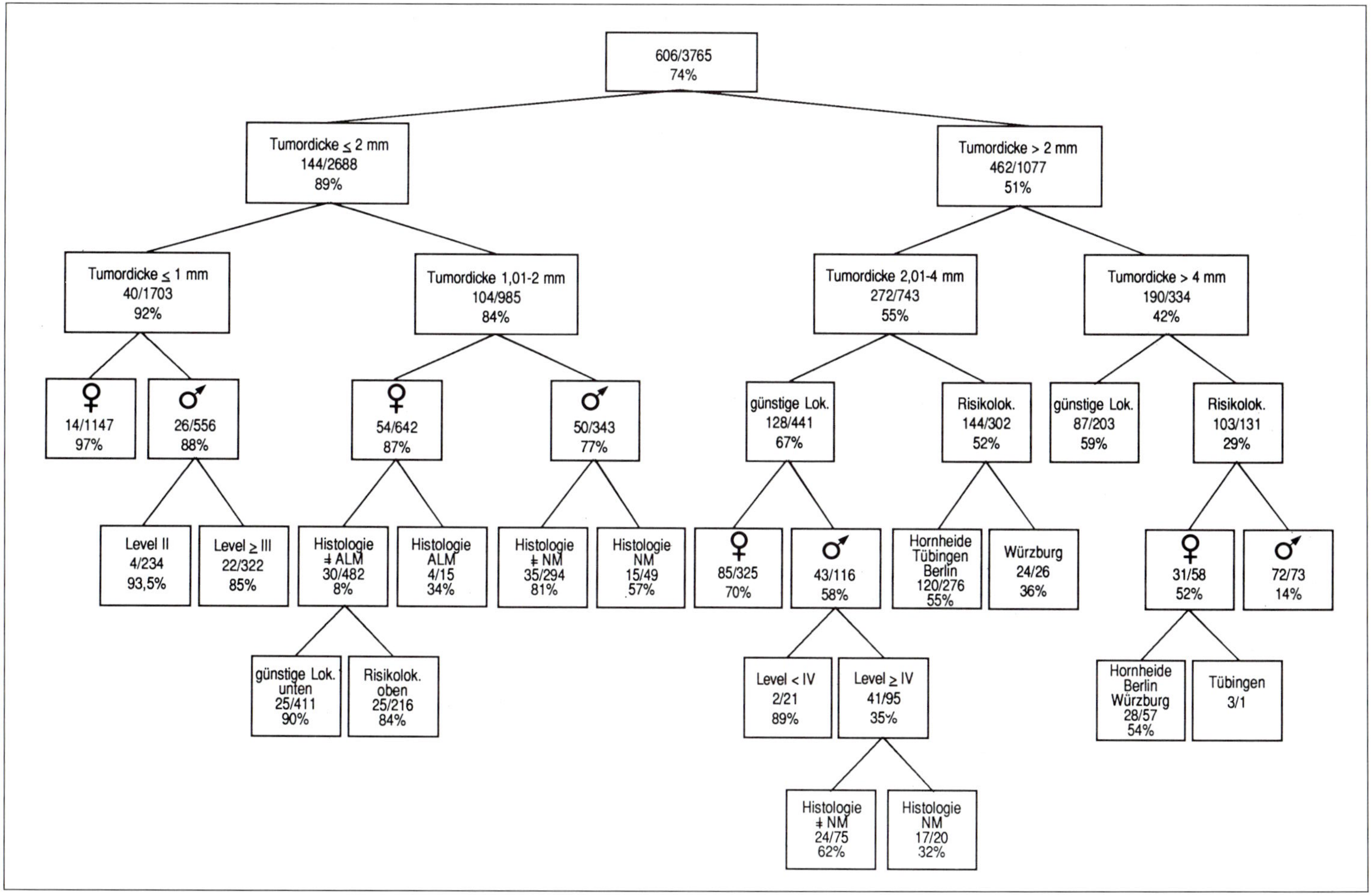

Abbildung 7. Regressionsbaum (CART-Analyse) zur Bestimmung der Wertigkeit von Einflußgrößen auf die Prognose primärer MM. Angaben: Zahl der verstorbenen Patienten/Zahl der überlebenden Patienten; darunter 10 Jahres Überlebensrate (%).

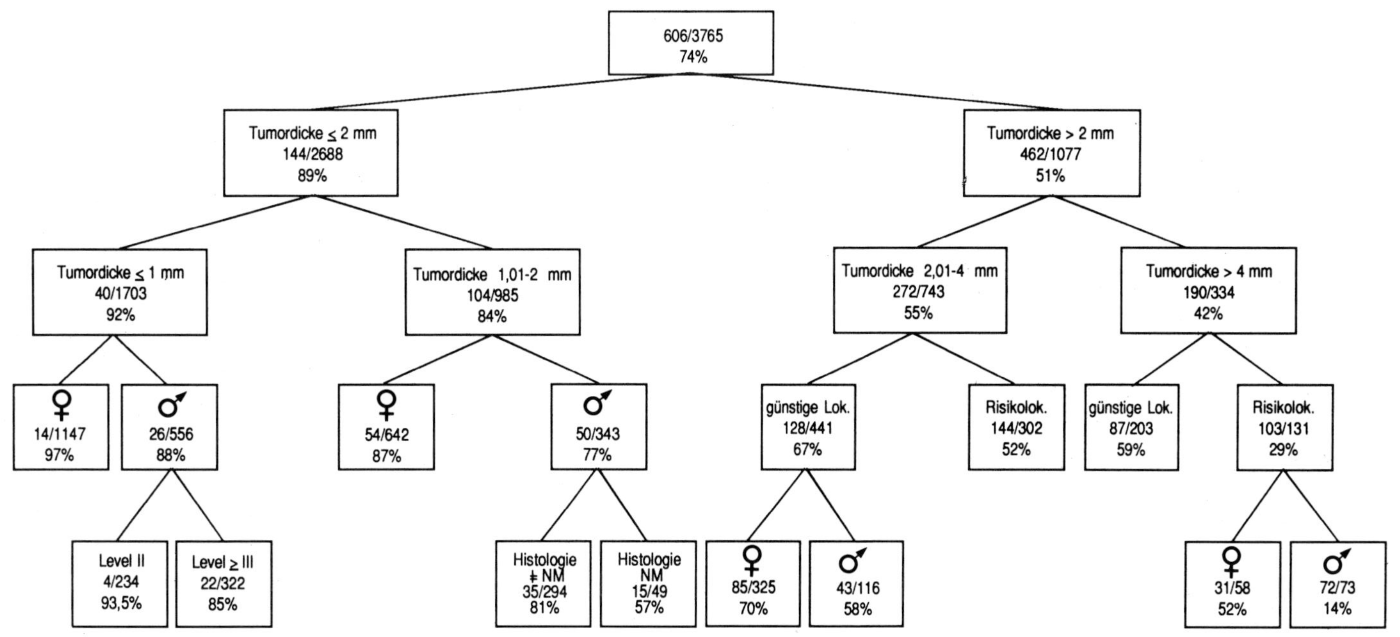

Abbildung 8. Bereinigter Regressionsbaum zur Bestimmung der wesentlichen Einflußgrößen auf die Prognose primärer MM. Angaben: Zahl der verstorbenen Patienten/Zahl der überlebenden Patienten; darunter 10-Jahres- Überlebensrate (%).

Tabelle IX. Prognostische Risikogruppen bei primären malignen Melanomen.

Sterberisiko	Risikogruppe		5-Jahres-ÜR,% (95%-Vertrauens-bereich)	10-Jahres-ÜR, % (95%-Vertrauens-bereich)
	männlich	weiblich		
1. Sehr niedrig *n = 1399*	≤ 1 mm, Level II	≤ 1 mm	99 (98,2–99,8)	97 (95,2 – 98,8)
2. Niedrig *n = 1040*	≤ 1 mm + Level ≥ III	1,01 – 2 mm	92 (90,0–94,0)	87 (83,6 – 90,4)
3. Mittel *n = 739*	1,01 – 2 mm außer NM	2,01 – 4 mm + günst, Lok.[a]	83 (79,8–86,2)	74 (69,2 – 78,8)
4. Hoch *n = 1048*	1,01 – 2 mm + NM 2,01 – 4 mm > 4 mm + günst. Lok.	2,01 – 4 mm + Risikolok.[b] > 4 mm	65 (61,6–68,4)	55 (50,4 – 59,6)
5. Sehr hoch *n = 145*	> 4 mm + Risikolok.	–	39 (29,0–49,0)	14 (0,8 – 27,2)

[a] Günstige Lokalisationen: Unterer Stamm, Extremitäten ohne Oberarme, Gesicht.
[b] Risikolokalisationen: Oberer Stamm, Oberarme, Hals u. Kapillitium.

Diskussion

In der Literatur sind bisher nur wenige MM-Kollektive > 1000 Patienten analysiert worden. Das größte untersuchte Kollektiv aus Alabama/USA und Sidney/Australien mit ca. 4000 Patienten wies 2151 Patienten mit vollständigen klinischen und histologischen Angaben in allen klinischen Stadien auf, die einer multivariaten Regressionsanalyse unterzogen wurden (5). Die Daten dieser Studie wurden von 1955–1980 dokumentiert und daher resultiert ein großer Teil histologischer Befunde, die nachbefundet werden mußten (4). Das zweitgrößte Kollektiv stellen 2012 Patienten des Finsen Instituts in Kopenhagen/Dänemark in allen klinischen Stadien dar, die von 1949–1978 registriert wurden, histologisch nachbefundet und einer multivariaten Regressionsanalyse unterzogen wurden (60–63).

Drei weitere MM-Kollektive wiesen ebenfalls hohe Zahlen von Patienten auf: die deutsche Arbeitsgemeinschaft Malignes Melanom dokumentierte 1191 Patienten im Stadium I von 1962–1972, die histologischen Präparate wurden nachbefundet (40); eine Arbeitsgruppe aus San Francisco, Kalifornien, analysierte 1123 Patienten in allen klinischen Stadien von 1971–

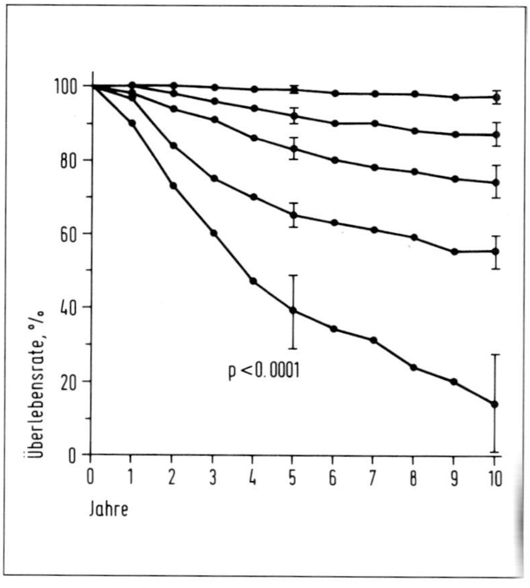

Abbildung 9. Überlebensraten für fünf signifikant unterschiedliche prognostische Gruppen (siehe Tabelle IX, für benachbarte Gruppen gilt jeweils p < 0,0001).

1931 (8); das WHO-Melanom-Register dokumentierte 2056 Patienten im klinischen Stadium I von 1967–1974, von denen 686 Patienten mit vollständigen Angaben einer multivariaten Analyse unterzogen werden konnten (13).

Im Vergleich zu den großen untersuchten Kollektiven weist die hier untersuchte Gruppe einige Vorteile auf: Von 5427 Patienten ließ sich nach Ausschlußkriterien ein Kollektiv von 5093 Patienten mit primären MM definieren, die multivariat analysiert wurden. Damit standen mehr als doppelt soviele Patienten für die multivariate Analyse zur Verfügung, wie in den größten bisher veröffentlichten Untersuchungen. Umfangreiche histologische Beurteilungen lagen für das hier untersuchte Kollektiv zum größten Teil vor; nur ein kleiner Teil (< 10%) der Präparate wurde nachbeurteilt. Insofern ist diese die erste große Untersuchung, in der überwiegend die primären histologischen Befunde in die Analyse eingehen.

Die Tumordicke war der entscheidende Faktor für eine prognostische Einordnung für primäre MM. Alle untersuchten Klassen der Tumordicke erwiesen sich als hochsignifikant in bezug auf das Überleben. Hier zeigte sich eine gute Übereinstimmung zu früheren Untersuchungen (67, 33, 34, 48, 59, 64). In der vorliegenden Untersuchung konnte gezeigt werden, daß der Zusammenhang zwischen Tumordicke und Überleben weitestgehend linear ist: die in früheren Untersuchungen postulierten Umschlagspunkte (breakpoints) (19) existieren nicht und dürften als ein Artefakt der Untersuchungsmethode angesehen werden. Daher bleibt die Einteilung in verschiedene Klassen der Tumordicke letztendlich bis zu einem gewissen Grade willkürlich (5). Die in dieser Arbeit gewählte Einteilung erwies sich als mindestens genauso gut an den Datensatz angepaßt wie die in den TNM-Klassifikationen von 1979 und 1987 vorgeschlagenen Einteilungen und führte gleichzeitig zu einer besseren Aufteilung bezüglich der Prognose bei dünnen Tumoren.

Im Vergleich zur Messung der Tumordicke scheint die Bestimmung des Invasionslevels nach *Clark* für eine prognostische Aussage nachrangig zu sein (1, 4, 6, 16, 26). Vor allem der Level III nach *Clark* besitzt keine große Trennschärfe, häufig sind alle Tumordickenklassen in dieser Gruppe vertreten (34, 11, 13, 43). In unserer Untersuchung war nur die Unterscheidung zwischen Invasionslevel II und ≥ III bei Männern mit MM ≥ 1 mm relevant.

Die histologische Einteilung des MM als oberflächlich spreitendes Melanom, als Lentigo-maligna-Melanom und als noduläres Melanom (15) und schließlich als akrolentiginöses Melanom (49) ist ebenfalls mit der unterschiedlichen prognostischen Wertigkeit dieser verschiedenen histologischen Typen des malignen Melanoms begründet worden. Allerdings zeigte sich in einer Reihe von Untersuchungen, daß verschiedene histologische Typen des MM bei Adjustierung für die Tumordicke keine signifikant unterschiedlichen Prognosen mehr besaßen (57, 1, 2, 8, 27, 45, 58). In unserer Untersuchung war für die prognostische Einordnung nur noch der Befund eines nodulären MM in der Untergruppe von MM bei Männern mit 1,01 bis 2 mm Tumordicke relevant.

Weiterhin zeigte in der vorliegenden Untersuchung der histologische Befund einer Ulzeration einen Einfluß auf die Prognose, allerdings nur auf einem niedrigen Signifikanzniveau ($0{,}01 < p < 0{,}05$), dessen Akzeptanz bei den vorliegenden hohen Fallzahlen in Frage gestellt werden könnte. Auch andere Untersucher fanden unabhängig von der Tumordicke einen signifikanten prognostischen Einfluß der Ulzeration (4, 6, 13, 23, 21, 40, 44, 62). Allerdings besteht zwischen diesen beiden Parametern eine eindeutige Korrelation, mit zunehmender Tumordicke wächst der Anteil ulzerierter Tumoren (1, 27, 3, 25, 46).

Die Mitoserate wurde in der vorliegenden Arbeit nicht mituntersucht, da sie nur für einen Teil der Fälle dokumentiert war. *Schmoeckel* et al. stellten die Mitoserate als eigenständigen prognostischen Faktor heraus und kombinierten diese mit der Tumordicke zu einem prognostischen Index (53–56). Der unabhängige Einfluß der Mitoserate auf die Prognose wurde jedoch nicht durch multivariate Regressionsanalyse bewiesen und wurde zum Teil in anderen Untersuchungen nicht bestätigt (38, 41). Auch die Mitoserate nimmt offenbar mit zunehmender Tumordicke zu und ist möglicherweise eine von der Tumordicke abhängige Größe, die Kombination abhängiger Größen zu einem gemeinsamen Index erscheint aber fragwürdig (37).

In der vorliegenden Untersuchung waren für eine prognostische Klassifikation mit dem Geschlecht und der Lokalisation zwei klinische Faktoren von maßgeblicher Bedeutung. Das Geschlecht erschien auch in einer Reihe von weiteren Untersuchungen als unabhängiger prognostischer Faktor (65, 25, 39, 35, 50).

In dem hier untersuchten Datensatz erwies sich das Geschlecht nach der Tumordicke als der zweitwichtigste Faktor für die prognostische Einteilung primärer MM. Der Einfluß des Geschlechts war altersunabhängig, die günstigere Prognose fand sich auch bei Frauen jenseits des reproduktionsfähigen Alters, so daß die weiblichen Sexualhormone als Ursache der günstigeren Prognose kaum in Frage kommen.

Auch die Lokalisation wurde bereits in einigen Arbeiten als unabhängiger prognostischer Faktor herausgestellt (1, 2, 7, 22–24, 53), in einigen Arbeiten dagegen erwies sich der Einfluß der Lokalisation auf die Prognose nicht als signifikant (20, 55, 56). In den meisten Arbeiten wird die Tendenz erkennbar, daß MM am Stamm eine schlechtere Prognose als Extremitätenmelanome besitzen. Differenziertere Einteilungen, wie das Konzept der BANS-Lokalisationen bei dünnen Melanomen (back, upper arm, neck, scalp) (22), konnten bisher einer Überprüfung nicht standhalten (7, 12, 14, 52, 68, 69). Auch die Einteilung der Lokalisationen nach einem sehr fein aufgeschlüsselten Konzept konnte bisher nicht nachvollzogen werden (51). Die meisten Arbeiten unterscheiden nach Stamm- und Extremitäten-Melanomen. In dem vorliegenden Datensatz zeigte sich, daß eine schlechtere Prognose für Hände und Füße als für die übrige Extremität wahrscheinlich auf die größere Tumordicke in diesen Lokalisationen zurückgeführt werden muß. Hände und Füße haben ebenso wie die übrige Extremität eine günstigere Prognose. Der obere Stamm, Oberarme, Hals und Kapillitium außer dem Gesicht besitzen eine ungünstigere Prognose. Mit dieser dichotomen Einteilung erhält die Lokalisation in der multivariaten Analyse ein starkes Gewicht und wird auch für die prognostische Klassifikation zum drittwichtigsten Faktor.

Eine prognostische Klassifikation muß nach der vorliegenden Analyse im wesentlichen drei Faktoren berücksichtigen: die Tumordicke, das Geschlecht und die Lokalisation. Nur für die Untergruppen kann die Berücksichtigung des Levels und des histologischen Typs eine zusätzliche Information erbringen. Bei Berücksichtigung der drei genannten wesentlichen Faktoren kann bereits eine sehr differenzierte Prognosevorhersage erfolgen. Damit werden auch die Grenzen der prognostischen Klassifikation rein nach histologischen Kriterien deutlich, wie sie in der TNM-Klassifikation vorgeschlagen wird. Erst die Hinzuziehung klinischer Parameter erlaubt eine detaillierte prognostische Einordnung, die für die Planung von Therapien und von klinischen Studien eine wesentliche Bedeutung hat.

Literatur

1 Balch CM, Murad TM, Soong S-J et al (1978) A multifactorial analysis of melanoma: Prognostic histopathological features comparing Clark's and Breslow's staging methods. Ann Surg 188: 732–742

2 Balch CM, Soong S-J, Murad TM et al (1979) A multifactorial analysis of melanoma. II: Prognostic factors in patients with stage I (localized) melanoma. Surgery 86: 343–350

3 Balch CM, Wilkerson JA, Murad TM et al (1980) The prognostic significance of ulceration of cutaneous melanoma. Cancer 45: 3012–3017

4 Balch CM, Soong S-J, Milton GW et al (1982) A comparison of prognostic factors and surgical results in 1,786 patients with localized (stage I) melanoma treated in Alabama, USA, and New South Wales, Australia. Ann Surg 196: 677–684

5 Balch CM, Soong S-J, Shaw HM, Milton GW (1985) An analysis of prognostic factors in 4000 patients with cutaneous melanoma. In: Balch CM, Milton GW (eds) Clinical Management and Treatment Results Worldwide. JB Lippincott Co., Philadelphia
6 Balch CM, Soong S-J, Shaw HM (1986) Das maligne Melanom – weltweit verglichen. Chirurg 57: 601–605
7 Blois MS, Sagebiel RW, Tuttle MS et al (1983) Judging prognosis in malignant melanoma of the skin. A problem of inference over small data sets. Ann Surg 198: 200–206
8 Blois MS, Sagebiel RW, Abarbanel RM et al (1983) Malignant melanoma of the skin: I. The association of tumor depth and type, and patient, sex, age, and site with survival. Cancer 52: 1330–1341
9 Braun-Falco O, Landthaler M, Hölzel D et al (1986) Therapie und Prognose maligner Melanome der Haut. Dt Med Wschr 111: 1750–1756
10 Breimann L, Friedman JH, Olshen RA, Stone CJ (1984) Classification and Regression Trees. Wadsworths, California
11 Breslow A (1975) Tumor thickness, level of invasion and node dissection in stage I cutaneous melanoma. Ann Surg 182: 572–575
12 Briggs JC, Ibrahim NBN, Hastings AG, Griffiths RW (1984) Experience of thin cutaneous melanomas (0.76 mm and 0.85 mm thick) in a large plastic surgery unit: a 5 to 17 year follow-up. Br J Plast Surg 37: 501–506
13 Cascinelli N, Marubini E, Morabito A, Bufalino R (1985) Prognostic factors for stage I melanoma of the skin, a review. Stat Med 4: 265–278
14 Cascinelli N, Vaglini M, Bufalino R et al (1986) BANS. A cutaneous region with no prognostic significance in patients with melanoma. Cancer 57: 441–444
15 Clark WH Jr (1967) A classification of malignant melanoma in man correlated with histogenesis and biologic behavior. Adv Biol Skin 8: 621–647
16 Clark WH Jr, Elder DE, van Horn M (1986) The biologic forms of malignant melanoma. Human Pathol 17: 443–450
17 Cox DR (1972) Regression models and life tables. J Roy Stat Soc 34, Ser B: 187–220
18 Cutler SJ, Ederer F (1958) Maximum utilization of the life table method in analyzing survival. J Chron Dis 8: 699–713
19 Day CL, Lew RA, Mihm MC et al (1981) The natural break points for primary-tumor thickness in clinical stage I melanoma. N Engl J Med 305: 512–518
20 Day CL Jr, Sober AJ, Kopf AW et al (1981) A prognostic model for clinical stage I melanoma of the trunk. Location near the midline is not an independent risk factor for recurrent disease. Ann Surg 142: 247–251
21 Day CL Jr, Sober AJ, Kopf AW et al (1981) A prognostic model for clinical stage I melanoma of the upper extremity. The importance of anatomic subsites in predicting recurrent disease. Ann Surg 193: 436–440
22 Day CL Jr, Mihm MC Jr, Sober AJ et al (1982) Prognostic factors for melanoma patients with lesions 0.76–1.69 mm in thickness. An appraisal of »thin« level IV lesions. Ann Surg 195: 30–34
23 Day CL Jr, Mihm MC Jr, Lew RA et al (1982) Prognostic factors for patients with clinical stage I melanoma of intermediate thickness (1.51–3.99 mm). A conceptual model for tumor growth and metastasis. Ann Surg 195: 35–43
24 Day CL Jr, Lew RA, Mihm MC Jr et al (1982) A multivariate analysis of prognostic factors for melanoma patients with lesions ≥ 3.65 mm in thickness. The importance of revealing alternative Cox models. Ann Surg 195: 44–49
25 Eastwood J, Baker TG (1983) Cutaneous malignant melanoma in West Yorkshire: I. A prospective study of variables, survival and prognosis. Br J Cancer 48: 645–655
26 Eastwood J, Baker TG (1984) Cutaneous malignant melanoma in West Yorkshire: II. A prospective study of recurrence and prediction of lymph nodal metastasis. Br J Cancer 50: 35–43
27 Eldh J, Boeryd B, Peterson L-E (1978) Prognostic factors in cutaneous malignant melanoma in stage I. Scand J Plast Reconstr Surg 12: 243–255
28 Funk W, Schmoeckel Ch, Hölzel D, Braun-Falco O (1984) Prognostic classification of malignant melanoma by clinical criteria. Br J Dermatol 111: 129–138
29 Garbe C, Stadler R, Orfanos CE (1986) Prognose-orientierte Therapie des malignen Melanoms – Neuere Konzepte. Hautarzt 37: 365–372
30 Garbe C, Bertz J, Orfanos CE et al (1987) Das maligne Melanom im deutschsprachigen Raum in den 80er Jahren. Erste Ergebnisse des Zentralregisters Malignes Melanom der Deutschen

Dermatologischen Gesellschaft in Verbindung mit dem Bundesgesundheitsamt Berlin. Hautarzt 38: 639–644

31 Garbe C, Wiebelt H, Orfanos CE (1989) Change of epidemiological characteristics of malignant melanoma during the years 1962–1972 and 1983–1986 in the Federal Republic of Germany. Dermatologica 178: 131–135

32 Garbe C, Orfanos CE (1989) Epidemiologie des malignen Melanoms in der Bundesrepublik Deutschland im internatonalen Vergleich. Onkologie 12: 253–262

33 Griffiths RW, Briggs JC (1984) Long term follow-up in cutaneous malignant melanoma: The relationship of maximal tumor thickness to disease free survival, disease recurrence and death. Br J Plast Surg 37: 507–513

34 Griffiths RW, Briggs JC (1986) Incidence of locally metastatic (»recurrent«) cutaneous malignant melanoma following conventional wide margin excisional surgery for invasive clinical stage I tumors: importance of maximal primary tumor thickness. Br J Surg 73: 349–353

35 Johnson OK, Emrich LJ, Karakousis CP et al (1985) Comparison of prognostic factors for survival and recurrence in malignant melanoma of the skin, clinical stage I. Cancer 55: 1107–1117

36 Kalbfleisch JD, Prentice RL (1980) The Statistical Analysis of Failure Time Data. Wiley, New York

37 Keller D, Hundeiker M (1985) Neue Gesichtspunkte zum »prognostischen Index« bei malignen Melanomen. Z Hautkr 60: 279–282

38 Kühnl-Petzoldt Ch, Wiebelt H (1981) Der grundlegende Einfluβ der Tumordicke gegenüber anderen (klinischen und histologischen) Parametern auf die Prognose. Zbl Haut- Geschlkr 145: 424

39 Kühnl-Petzoldt Ch, Berger H, Wiebelt H (1983a) Malignes Melanom: Prognostische Beurteilung durch Korrelationskoeffizienten. Hautarzt 34: 398–402

40 Kühnl-Petzold C, Wiebelt H, Berger H (1983b) Prognostic groups of patients with stage I melanoma. Arch Dermatol 119: 816–819

41 Kühnl-Petzoldt Ch, Keil H, Schöpf E (1986) Der Einfluβ der Mitosedichte auf die Überlebenswahrscheinlichkeit von Patienten mit dünnem (≤1,5 mm) Melanom. Z Hautkr 61: 15–24

42 Lee E, Desu M (1975) A computer program for comparing k samples with right censored data. Comput Methods Programs Biomed 315

43 Lee Y-TN (1980) Diagnosis, treatment and prognosis of early melanoma. Ann Surg 191: 87–97

44 Maize JC (1983) Primary cutaneous malignant melanoma. An analysis of the prognostic value of histologic characteristics. J Am Acad Dermatol 8: 857–863

45 McGovern VJ, Shaw HM, Milton GW, Farago CA (1979) Prognostic significance of the histological features of malignant melanoma. Histopathology 3: 385–393

46 McGovern VJ, Shaw HM, Milton GW, McCarthy WH (1982) Ulceration and prognosis in cutaneous malignant melanoma. Histopathology 6: 399–407

47 Orfanos CE, Döring Ch (1983) Malignes Melanom: Eine aktuelle Bestandsaufnahme. Klassifikation, prognostische Faktoren, Behandlungsrichtlinien. Z Hautkr 58: 881–900

48 Prade M, Boguet C, Charpentier C (1982) Malignant melanoma of the skin: prognostic factors derived from a multifactorial analysis of 239 cases. Am J Dermatopathol 4: 411

49 Reed RJ (1976) New concepts in surgical pathology of the skin. In: Hartman W, Kay S, Reed RJ (eds) Histopathology. John Wiley & Sons, New York

50 Reintgen DS, Paull DE, Hilliard FS et al (1984) Sex related survival differences in instances of melanoma. Surg Gynecol Obstet 159: 367–372

51 Rogers GS, Kopf W, Rigel DS et al (1983) Effect of anatomical location on prognosis in patients with clinical stage I melanoma. Arch Dermatol 119: 644–649

52 Rogers GS, Kopf AW, Rigel DS et al (1986) Influence of anatomic location on prognosis of malignant melanoma: Attempt to verify the BANS model. J Am Acad Dermatol 15: 231–237

53 Schmoeckel Ch, Braun-Falco O (1978) Prognostic index in malignant melanoma. Arch Dermatol 114: 871–873

54 Schmoeckel Ch, Nejad KK, Braun-Falco O (1980) Der prognostische Index beim malignen Melanom. Eine verbesserte Methode zur Einschätzung des Metastasierungsrisikos. Pathologe 1: 71–78

55 Schmoeckel Ch, Bockelbrink A, Bockelbrink H, Braun-Falco O (1983) Low- and high-risk malignant melanoma – I. Evaluation of clinical and histological prognosticators in 585 cases. Eur J Cancer Clin Oncol 2: 227–235

56 Schmoeckel Ch, Bockelbrink A, Bockelbrink H,

Braun-Falco O (1983) Low- and high-risk malignant melanoma: II. Multivariate analysis for a prognostic classification. Eur J Cancer Clin Oncol 2: 237–243

57 Seebach HB, Tille MM, Bahmer F (1985) Das maligne Melanom der Haut im Krebsregister des Saarlandes 1968–1981. Pathologe 6: 231–241

58 Shaw HM, McGovern VJ, Milton GW et al (1980) Histologic features of tumors, and the female superiority in survival from malignant melanoma. Cancer 45: 1604–1608

59 Shaw HM, Balch CH, Soon S-J (1985) Prognostic histopathological factors in malignant melanoma. Pathology 17: 360–364

60 Sondergaard K (1983) Histological type and biological behaviour of primary cutaneous malignant melanoma. An analysis of 1916 cases. Virchows Arch 401: 315–331

61 Sondergaard K, Schou G (1985) Survival with primary cutaneous malignant melanoma, evaluated from 2012 cases. A multivariate regression analysis. Virchows Arch 406: 179–195

62 Sondergaard K et al (1985) Therapeutic and clinico-pathological factors in the survival of 1,469 patients with primary cutaneous malignant melanoma in clinical stage I. A multivariate regression analysis. Virchows Arch (A) 408: 249–558

63 Sondergaard K (1985) Depth of invasion and tumor thickness in primary cutaneous malignant melanoma. A study of 2012 cases. Acta Path Microbiol Immunol Scand, Sect A, 93: 49–55

64 Tan GJHK, Baak JPA (1984) Evaluation of prognostic characteristics of stage I cutaneous melanoma. Anal Quant Cytol 6: 147–154

65 Tonak J, Hermanek P, Weidner F et al (1985) Melanoma in Germany: Experience at the University of Erlangen-Nürnberg. In: Balch CM, Milton GW (eds) Cutaneous Melanoma. Clinical Management and Treatment Results Worldwide. Lippincott Co., Philadelphia, pp 483–494

66 UICC (1987) TNM-Klassifikation maligner Tumoren. In: Hermanek P, Scheibe U, Spässl D, Wagner G (eds) Springer, Berlin Heidelberg New York Paris Tokyo

67 Van der Esch EP, Cascinelli N, Preda F et al (1981) Stage I melanoma of the skin: Evaluation of prognosis according to histologic characteristics. Cancer 48: 1668–1673

68 Woods JE, Soule EH, Creagan ET (1983) Metastasis and death in patients with thin melanomas (≤0,76 mm). Ann Surg 198: 63–64

69 Woods JE, Taylor WF, Pritchard DJ et al (1985) Is the BANS concept for malignant melanoma valid? Am J Surg 150: 452–455

Für die Verfasser:
Priv.-Doz. Dr. C. Garbe
Universitäts-Hautklinik und Poliklinik
Klinikum Steglitz der Freien Universität
Hindenburgdamm 30
D-1000 Berlin 45

Melanomepidemiologie in Mittelhessen

Trendentwicklungen und deren mögliche Ursachen

E. Paul und M. Rauh
Hautklinik, Klinikum Nürnberg

Zusammenfassung

Von 1970 bis 1984 wurden alle Patienten mit malignem Melanom aus einer definierten Region Hessens registriert. Diese Region betrachteten wir als engeres Einzugsgebiet der Gießener Hautklinik.

Über den Beobachtungszeitraum zeigte sich dabei eine Zunahme der Melanominzidenz, wobei unsere Inzidenzzahl mit 11,1 im Jahre 1984 den höchsten Wert erreichte, der für die Bundesrepublik bisher errechnet wurde.

Im Jahre 1984 lag die Inzidenz bei Frauen sogar bei 15,0 pro 100 000 Frauen, während im gleichen Jahr nur 6,9 von 100 000 Männern an Melanom erkrankten. Das Geschlechtsverhältnis betrug in diesem Jahr demnach 1 : 2,2.

Frauen vor der Menopause waren eindeutig häufiger betroffen als Männer; nach dem fünfzigsten Lebensjahr glich sich das Geschlechtsverhältnis allerdings aus.

Die altersbezogene Inzidenz zeigte eine mit dem Alter kontinuierlich steigende Melanomhäufigkeit. LMM, ALM und NM wurden mit zunehmendem Alter häufiger, wodurch die rückläufige Tendenz des SSM mehr als ausgeglichen wurde. Im Beobachtungszeitraum von 1970 bis 1984 zeigte sich eine eindeutige Tendenz zur Früherkennung der Melanome und zur Behandlung vorwiegend dünnerer und damit heilbarer Tumoren. Besonders klar kam dies beim idealen Früherkennungstumor, dem superfiziell spreitenden Melanom, zutage.

Summary

From 1970 to 1984 all patients suffering from malignant melanoma from a circumscribed region of the country of Hesse were registered. This region we consider as the »catchment area« for the Center of Dermatology in Giessen. During this 14 year period we registered an ever increasing incidence of melanoma.

In 1984 the incidence level of melanoma patients was 11.1 per 100,000 inhabitants; this was the highest level registered up to now in the Federal Republic of Germany.

In the same year the incidence of melanomas diagnosed for women was 15.0, for males only 6.9 in 100,000 male persons. The sex ratio (male : female) in 1984 for patients with melanoma was 1 : 2.2. Before menopause, females had significantly more melanoma than males of the same age. After the age of 50 the sex-difference in incidence of melanoma disappears.

The age-related incidence regardless of sex showed the increasing rates with increasing age, due to the fact lentigo maligna melanoma, acro-lentiginous melanoma and nodular melanoma became more frequent with age, balancing the decreasing incidence of superficial spreading melanoma in elderly persons. From 1970 to 1984 there was a clear tendency towards early detection of melanoma. An increasing number of thin and thus curable melanomas was seen, especially superficial spreading melanoma, which is the most readily detectable tumor at early stages.

Einleitung

Maligne Melanome müssen vor Jahrzehnten seltene Tumoren gewesen sein, die vorwiegend jüngere Individuen dahinrafften (14). Eine niedrigere Inzidenz durch »übersehen« ist wenig wahrscheinlich. Auch wenn man grundsätzlich nach dem Prinzip des »noli me tangere« vorging, hätten sich doch unerkannte Melanome, bei denen man die günstige Zeit der Früherkennung verstreichen ließ, durch das Auftreten von Metastasen bemerkbar machen müssen.
Erst eine starke numerische Zunahme der Melanome induzierte einen Boom an klinischer und experimenteller Forschung, wobei viele Impulse zuerst von Melanomforschern in Australien ausgingen, weil das Problem dort am ehesten zum öffentlichen Anliegen wurde. Dort wurde auch der Wert einer Früherkennung erkannt und das beispiellose »Public and Professional Melanoma Education Program« gestartet (2, 3).
Die Zunahme der Melanomhäufigkeit in Australien war real und nicht nur ein Erfolg der Früherkennungskampagne, weil auch heute noch die Inzidenzraten weit über den Zahlen liegen, die für Europa ermittelt werden.
Für die Bundesrepublik lagen lange Zeit keine verläßlichen Zahlen vor, da ein flächendeckendes Krebsregister nicht vorhanden war. Auch waren viele unterschiedliche Institutionen an der Therapie der Melanome beteiligt, so daß eine lückenlose Erfassung der Tumoren durch eine Einzelinstitution nicht möglich war. Es ist deshalb einem günstigen Umstand zu verdanken, daß – bedingt durch langjährige intensive Beschäftigung mit dem Melanomproblem – die Gießener Hautklinik sich zu einem Melanomzentrum entwickelte, dem aus dem näheren Einzugsbereich fast quantitativ alle Patienten mit Melanomen zugewiesen wurden (7). Der weltweit zu beobachtende Trend zur Inzidenzzunahme der Melanome (Literatur s. (12)) zeichnet sich auch in Mittelhessen ab, wobei wir nach lokalisatorischer Zuordnung der Patienten eine echte Inzidenzuntersuchung, bezogen auf die Bevölkerung der betreffenden Region, durchführen konnten (11, 13).

Beschreibung des Patientengutes und methodisches Vorgehen

Die hier untersuchten Patienten wurden im Zentrum für Dermatologie und Andrologie – Hautklinik – am Klinikum der Justus-Liebig-Universität Gießen diagnostiziert und behandelt.
Um eine flächendeckende Inzidenz errechnen zu können, wurde zunächst ein engerer Einzugsbereich der Klinik definiert. Die Einwohnerzahl in dem definierten Bereich lag bei ca. 1 Million. Es handelt sich um die Region aus der alle – oder zumindest annähernd alle – Patienten an die Gießener Hautklinik verwiesen wurden. Dieser Einzugsbereich wurde nach einer Umfrage bei allen Hautärzten der Region festgelegt.
Dadurch wird nur das Melanomaufkommen aus dem definierten Gebiet registriert. Die epidemiologischen Parameter werden deshalb durch die Daten überregional zugewiesener Patienten mit häufig besonders weit fortgeschrittenen Tumoren nicht verfälscht. Die Zahl der für diese Studie berücksichtigten Melanome betrug nur ca. die Hälfte aller Melanome, die an der Klinik überhaupt betreut wurden.
Für jeden Patienten wurden die wichtigsten epidemiologischen Parameter in einen Fragebogen eingetragen. Besonderer Wert wurde auf die regionale Zuordnung der Patienten bezüglich der Wohngemeinden gelegt.
Zur Inzidenzberechnung wurde die Zahl der pro Jahr oder Erfassungszeitraum geographisch exakt zugeordneten Melanompatienten auf die betreffenden Bevölkerungszahlen bezogen, die dem statistischen Jahrbuch des Landes Hessen entnommen waren.
Aus statistischen Gründen war eine Inzidenzberechnung von 1970 bis 1983 für jedes einzelne Jahr nicht möglich, da sonst der »Fehler der kleinen Zahl« zu sehr zum Tragen gekommen wäre. Deshalb wurden jeweils mehrere Jahre zu einem »Erfassungszeitraum« zusammengefaßt. Nur im Jahre 1984 waren genügend Melanome aus dem engeren Einzugsbereich registriert worden, so daß damit eine verläßliche Inzidenzberechnung möglich war.
Informationen über die Zahl der Gesamtbevölkerung sowie der Geschlechts- und Altersver-

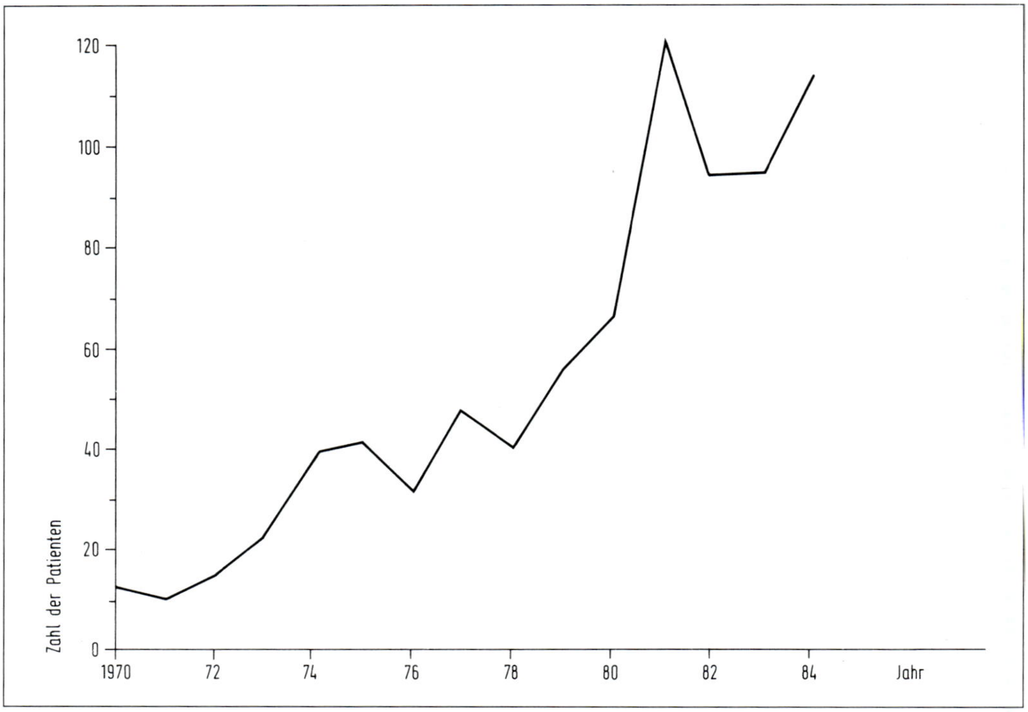

Abbildung 1. Zahl der Melanome aus dem engeren Einzugsbereich der Klinik, die pro Jahr im Untersuchungszeitraum registriert wurden. Der Peak im Jahre 1981 dürfte auf die Aufklärungsaktion zurückzuführen sein.

teilung der hessischen Bevölkerung entnahmen wir den »Statistischen Berichten der Bevölkerungsvorgänge in Hessen«, dem »Amtlichen Verzeichnis der Gemeinden in Hessen« und den »Statistischen Zwischenberichten«.[1]
Die statistische Auswertung erfolgte in Zusammenarbeit mit dem Institut für Medizinische Informatik und Statistik.[2]

[1] Für die Überlassung des »Amtlichen Verzeichnisses der Gemeinden in Hessen« und der »Statistischen Berichte« danken wir dem Hessischen Statistischen Landesamt, Wiesbaden.
Der Regierungspräsident in Gießen unterstützte die Arbeit durch Bereitstellen von speziellem Kartenmaterial.

[2] Herrn *Dr. rer. biol. R.-H. Bödeker* danken wir für die Unterstützung bei der statistischen Auswertung.

Befunde

Inzidenzentwicklung über den Zeitraum von 1970 bis 1984

Während des Beobachtungszeitraumes stieg das Melanomaufkommen aus dem definierten Einzugsbereich zunächst kontinuierlich, dann jedoch steil und sprunghaft an (Abbildung 1).
Die Inzidenzentwicklung wurde aus statistischen Gründen zunächst für Zeiträume von jeweils fünf bzw. drei Jahren berechnet.
Nur im Jahre 1984 war die Zahl der neu registrierten Melanome bereits so hoch, daß eine verläßliche Inzidenzberechnung allein aus diesem Patientengut möglich war.
Während im Zeitraum von 1970 bis 1975 die gemittelte jährliche Inzidenz nur 2,4 betrug, lagen die Werte für den Zeitraum von 1981 bis 1983 im Schnitt bei 10,2 und im Jahre 1984 sogar bei 11,1 (Tabelle I, Abbildung 2).

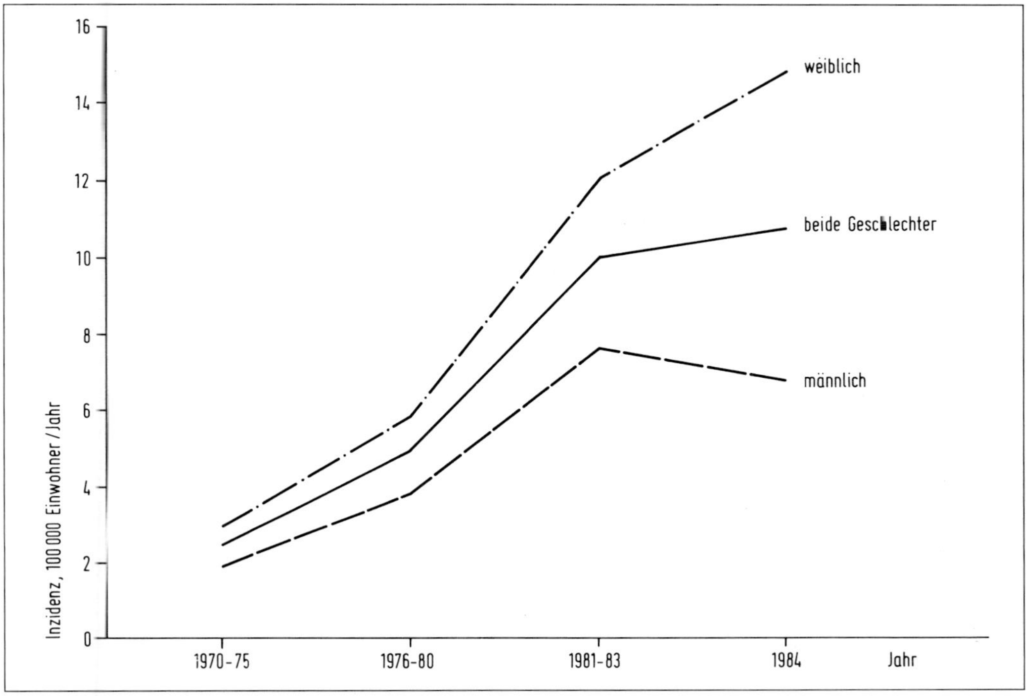

Abbildung 2. Inzidenzentwicklung des malignen Melanoms in der Gesamtbevölkerung sowie getrennt für beide Geschlechter.
Die Inzidenz für das weibliche Geschlecht überwiegt während des gesamten Beobachtungszeitraumes die Häufigkeit der Melanome bei Männern.

Tabelle I. Melanominzidenz in Mittelhessen in den Jahren 1970 bis 1984. Die Zahlen basieren auf einer Gesamtbevölkerung von ca. einer Million Einwohnern.

	Inzidenz/100 000 Einwohner/Jahr		
Zeitraum	beide Geschlechter	Frauen	Männer
1970–1975	2,4	3,0	1,6
1976–1980	4,8	5,8	3,8
1981–1983	10,2	12,4	7,7
1984	11,1	15,0	6,9

Die Inzidenzzahlen für Frauen lagen in allen Zeitabschnitten deutlich über denen für Männer. 1984 betrug demnach die Inzidenz für Frauen 15,0 und für Männer »nur« 6,9. Verglichen mit den Werten aus dem Zeitraum 1970 bis 1975 war die Steigerungsrate bei beiden Geschlechtern jedoch nahezu gleich; sie betrug bei Frauen 5,0 und bei Männern 4,3. Es ist deshalb anzunehmen, daß bei beiden Geschlechtern eine nahezu gleiche Zunahme der Melanome erfolgte.

Nach Alterskohorten aufgeschlüsselte Inzidenz

Berechnet man die altersbezogene Inzidenz für die einzelnen Alterskohorten, dann erhält man (bezogen auf die Patienten der Jahre 1981 bis 1983) eine mit zunehmendem Alter kontinuierlich steigende Kurve (Abbildung 3). Man muß deshalb annehmen, daß das Risiko, an einem Melanom zu erkranken, mit zunehmendem Alter größer wird.
Interessant ist auch, daß sich die deutliche Differenz der Inzidenzunterschiede von Frauen

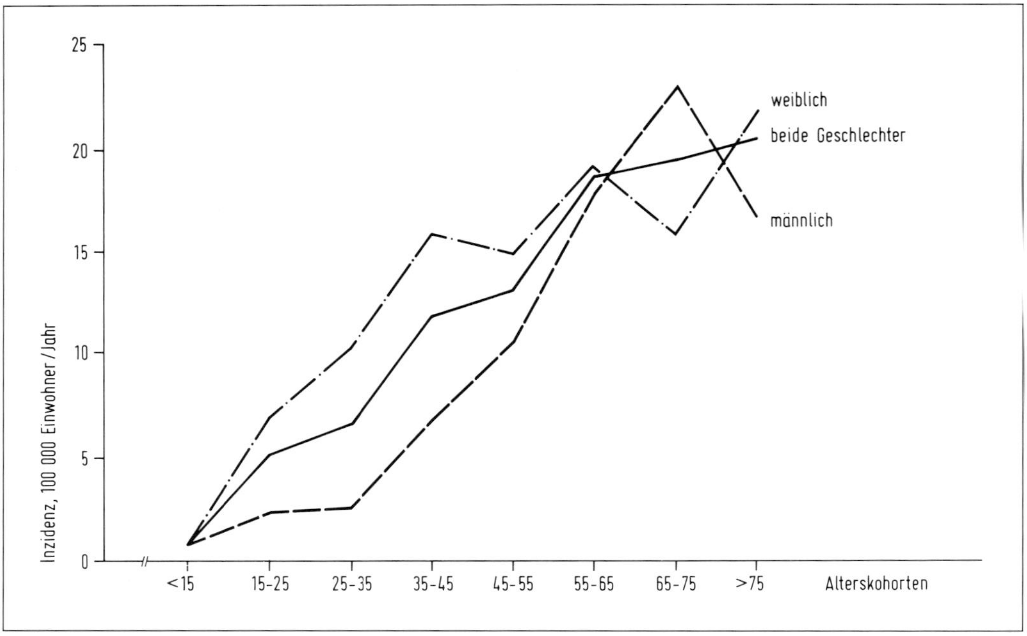

Abbildung 3. Auf Alterskohorten bezogene Inzidenz der Melanome in den Jahren 1981 bis 1983. Die Inzidenzkurve für beide Geschlechter steigt mit dem Alter kontinuierlich an. Bis etwa zum 50. Lebensjahr liegt die Melanomhäufigkeit bei Frauen deutlich über dem Durchschnitt. Danach gleichen sich die Inzidenzkurven für Männer und Frauen einander an.

und Männern nur in den Alterskohorten vor dem fünfzigsten Lebensjahr ausdrückt. Danach gleicht sich die höhere Erkrankungsrate bei Frauen der der Männer an. Möglicherweise sind hormonelle Faktoren die Ursache der höheren Melanominzidenz bei jüngeren Frauen vor der Menopause.

Altersbezogene Inzidenz der Melanomtypen

Schlüsselt man das Krankengut nach den einzelnen Melanomtypen auf und berechnet danach die Inzidenz pro Alterskohorten, ergibt sich für die jeweiligen Altersstufen eine charakteristische Verteilung der Melanomtypen. Im jüngeren und mittleren Alter (bis zum 55. Lebensjahr) überwiegt eindeutig das SSM, das überhaupt die häufigste Tumorform darstellt. Im gleichen Maße, wie die Häufigkeit des SSM mit zunehmendem Alter abnimmt, werden die Lentigo-maligna-Melanome (LMM) häufiger und übertreffen bei den über 75jährigen sogar das SSM in der Häufigkeit (Abbildung 4). Alle anderen Melanomtypen sind wesentlich seltener und demonstrieren eine mit dem Alter leicht zunehmende Häufigkeitstendenz. Aus diesem allgemeinen Trend resultiert die mit zunehmendem Alter steigende Melanominzidenz.

Trendentwicklung der Tumorlevel und der Tumordicke im Beobachtungszeitraum

Seit 1975 wurde bei allen Tumoren die größte Tumordicke (nach *Breslow*) und der tiefste Tumorlevel (nach *Clark* et al.) bestimmt.

Im Beobachtungszeitraum sind dabei deutliche Trendentwicklungen zu verfolgen, die bei den Tumordicken klarer herauskommen als bei der Tumorlevel. Im gleichen Maße wie die Tumoren mit einer Tumordicke über 1,5 mm abnehmen

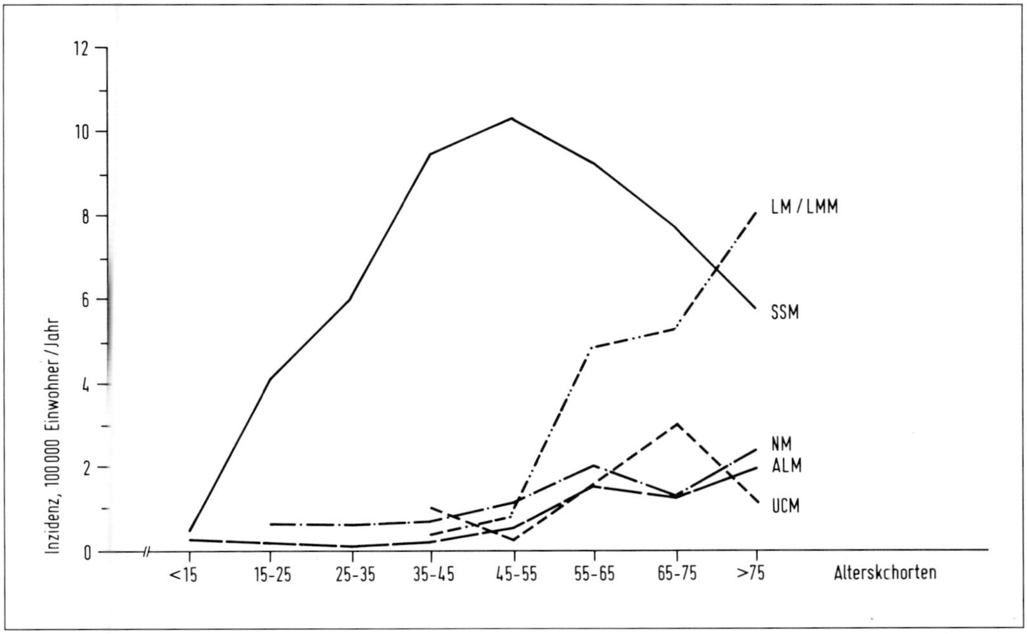

Abbildung 4. Altersverteilung der Melanomtypen. Das SSM zeigt einen deutlichen Gipfel im mittleren Lebensalter. Mit zunehmendem Alter werden neben LM/LMM auch die anderen Melanomtypen etwas häufiger.

kommt es zu einer Zunahme dünner Melanome mit einer Tumordicke unter 0,75 mm (Tabelle II).

Diskussion

Der weltweit zu beobachtende Trend der Zunahme der Melanominzidenz ließ sich auch in einem definierten Areal in Mittelhessen bestätigen. Die Zunahme der Melanome war sicherlich real und nicht nur »kurzfristiges Strohfeuer«, bedingt durch die Aufklärungskampagne, die 1980 in Gießen gestartet wurde (7).
Der Beginn der Öffentlichkeitsarbeit führte nur zu einem kleinen Peak im jährlichen Melanomaufkommen, der sich zum allgemeinen Trend addierte. Zu Beginn unserer Registrierung lag die Melanominzidenz auch in Gießen bei einem Wert, wie er zum Beispiel vom Saarländischen Krebsregister ermittelt wurde (15). Danach stiegen die Inzidenzwerte im Einzugsbereich der Gießener Hautklinik jedoch stark an und übertrafen auch die Werte des Berliner Registers (4, 10), die anhand von Mortalitätsraten hochgerechnet wurden. Die wirkliche Melanominzidenz in Mittelhessen dürfte jedoch noch etwas über unseren Zahlenangaben liegen, da wir im nachhinein erfahren haben, daß doch noch einige Melanompatienten aus der untersuchten Region nicht registriert werden konnten.

Tabelle II. Trendentwicklung der Tumordicken – superfiziell spreitende Melanome (SSM). Prozentuale Verteilung der Melanome, unterteilt in drei Tumordickenkategorien, im Beobachtungszeitraum von 1976 bis 1984.

	Tumordickenkategorien, mm			
Zeitraum	<0,75	0,75–1,5	>1 5	nicht bestimmbar
1976–1980	34,8	28,3	30,2	6,7
1981–1983	48,6	24,9	22,7	3,8
1984	53,9	25,6	14,1	6,4

Wir schätzen deshalb, daß die »wirkliche« Inzidenz bei ca. 12 bis 13 Melanomen pro 100 000 Einwohnern pro Jahr liegt.
Eine Umrechnung auf den Europäischen Standard dürfte auch keine gravierenden Unterschiede bringen, da die Standardzahlen sich von unseren Bevölkerungszahlen nicht wesentlich unterscheiden (8).
Auffallend war auch ein deutliches Überwiegen der weiblichen Patienten. Dies scheint für deutsche Verhältnisse repräsentativ zu sein (4, 8). In Australien und den USA ist das Geschlechtsverhältnis dagegen eher ausgeglichen (1, 9). Die relative Zunahme der Melanomhäufigkeit über den Beobachtungszeitraum war bei Männern fast ebenso groß wie bei Frauen. Beide Geschlechter gingen 1970 bis 1975 jedoch von stark unterschiedlichen Basiswerten aus.
Die Altersverteilung der Melanome zeigt einen Gipfel im mittleren Lebensalter (5, 6, 9). Die altersbezogene Inzidenz ergab jedoch in unserem Krankengut einen mit dem Alter kontinuierlichen Anstieg der Melanominzidenz.
Die mit dem Alter abnehmende Häufigkeit des superfiziell spreitenden Melanoms wurde durch eine starke Zunahme der Lentigo-maligna-Melanome und durch eine Zunahme der nodulären und akrolentiginösen Melanome mehr als ausgeglichen.
Überraschend war auch, daß die höhere Inzidenz beim weiblichen Geschlecht nur bis etwa zum fünfzigsten Lebensjahr nachweisbar war, und daß in unserem Patientengut dann die Inzidenz bei beiden Geschlechtern etwa gleich war. Möglicherweise spielen hier hormonelle Faktoren eine Rolle, die bei Frauen vor der Menopause die Melanomentstehung begünstigen.

Die häufiger auftretenden Melanome werden, sicherlich bedingt durch die bessere Information der Bevölkerung über das Melanomproblem, eher und früher entdeckt. Der Trend zur Früherkennung zeigte sich am ehesten bei den Tumordicken, wobei sich über den Beobachtungszeitraum eine klare Zunahme »dünner« Melanome und eine ebenso deutliche Abnahme von Tumoren größerer Tumordicke abzeichnete. Besonders offensichtlich wurde diese Tendenz, wenn man den idealen Früherkennungstumor, das superfiziell spreitende Melanom alleine betrachtete.
Insgesamt gesehen zeichnet sich bei allgemein zunehmender Häufigkeit maligner Melanome ein Trend zur Früherkennung und Frühbehandlung ab. Es kommen jedoch immer noch Patienten mit weit fortgeschrittenen und damit inkurablen Melanomen zur Behandlung, weil das Wissen um den Tumor noch nicht genügend verbreitet ist. Eine kontinuierliche Fortsetzung der »Public and Professional Melanoma Education« ist deshalb weiterhin notwendig.

Literatur

1. Balch CM, Soong SJ, Milton GW, Shaw HM, McGovern VJ, McCarthy WH, Murad TM, Maddox WA (1983) Changing trends in cutaneous melanoma over a quarter century in Alabama, USA and New South Wales, Australia. Cancer 52: 1748–1753
2. Davis NC (1976) Cutaneous melanoma. The Queensland experience. Curr Probl Surg 13: 1–63
3. Davis NC, Mc Leod GD, Beardmore GL, Little JH, Quinn RL, Holt J (1976) Primary cutaneous melanoma: a report from Queensland project. Cancer 26: 80–107
4. Garbe C, Bertz J, Orfanos CE (1986) Malignes Melanom: Zunahme von Inzidenz und Mortalität in der Bundesrepublik Deutschland. Z Hautkr 61: 1751–1764
5. Graham S, Marshal J, Hanghey B, Stoll M, Zelezny M, Brasure J, West D (1985) An inquiry to the epidemiology of melanoma. Am J Epidemiol 122: 4
6. Heite HJ (1981) Epidemiologie und Prognose. In: Weidner F, Tonak J (eds) Das maligne Melanom der Haut. perimed, Erlangen, pp 11–26
7. Illig L, Paul E, Hundeiker M (1983) »Public and professional melanoma education«. Ein deutsches Modell zur Verbesserung der Melanom-Früherkennung bzw. -Erfassung mit publizistischen Methoden auf dem Boden korrigierter Vorstellungen über Melanom und Nävus. Z Hautkr 58: 73–112 (1983)

8 Jung HD (1985) Aktuelle Probleme der Epidemiologie am Beispiel des malignen Melanoms der Haut. Akt Dermatol 11: 154–156
9 Little JH, Path FRC, Holt J (1980) Changing epidemiology of malignant melanoma in Queensland. Med J Aust i: 66–69
10 Orfanos CE, Garbe C, Bertz J (1985) Epidemiologie des malignen Melanoms im internationalen Vergleich. Der Hautarzt 36: 81–84
11 Paul E, Rauh M (1986) Incidence of melanoma in Central Hesse. J Cancer Res Clin Oncol 111: 149
12 Rauh M (1988) Epidemiologie des malignen Melanoms im Mittelhessischen Raum. Inaugural Diss., Giessen
13 Rauh M, Paul E, Illig L (1987) Incidence of malignant melanoma in Central Hesse, Germany. Anticancer Res 7: 447–448
14 Riecke E (1920) Lehrbuch der Haut- und Geschlechtskrankheiten, 5. Aufl. G. Fischer, Jena
15 Seebach HB v, Tille MM, Bahmer F (1985) Das maligne Melanom der Haut im Krebsregister des Saarlandes 1968–1981. Pathologe 6: 231–241

Für die Verfasser:
Prof. Dr. E. Paul
Hautklinik am Klinikum Nürnberg
Flurstraße 17
D-8500 Nürnberg 90

Bedeutung der Auflichtmikroskopie zur Früherkennung des malignen Melanoms

J. Kreusch, G. Rassner, D. Henke[a], B. Pietsch-Breitfeld[a] und H. K. Selbmann[a]
Universitäts-Hautklinik und [a]Institut für Medizinische Informationsverarbeitung, Tübingen

Zusammenfassung

Es wurde geprüft, ob die auflichtmikroskopische Untersuchung dazu beitragen kann, maligne Melanome bereits im Frühstadium zu erkennen, und ob es hierfür besonders charakteristische Zeichen gibt. Zu diesem Zweck wurde daher an photographischen Aufnahmen von 407 melanozytischen Pigmentmalen eine Merkmalsanalyse vorgenommen mit dem Ziel, diejenigen Merkmale zu identifizieren, die allein oder in Kombination am zuverlässigsten auf maligne Melanome hinwiesen. Die Ergebnisse wurden an einem Kontrollkollektiv überprüft. Es zeigte sich, daß die Erkennung maligner Melanome dann am sichersten war, wenn nach Anwesenheit von zehn gut definierten Merkmalen gefahndet wurde. Auflichtmikroskopisch wurden 95%, klinisch nur 77% der Melanome erkannt. Es wird eine standardisierte auflichtmikroskopische Untersuchungstechnik empfohlen, die eine Einführung dieses Untersuchungsverfahrens in größerem Umfang gestattet. Dies könnte präventivmedizinisch von erheblicher Bedeutung sein.

Summary

The value of epiluminescence microscopy (ELM) for the detection of initial malignant melanoma was studied. In order to detect features indicating malignancy photographies of 407 melanocytic lesions were evaluated. The frequency of occurrence of 19 different characteristics was determined and analyzed by statistical methods. The importance of these features for the detection of malignant melanoma was determined. It turned out that melanomas were identified best if one checked for the presence of ten well defined criteria. In a controlled study of 3[illegible]0 patients bearing pigmented skin lesions clinical inspection revealed 77% of all melanomas (34 of 44) whereas ELM using these features detected 95% of the melanomas of this group (42 of 44). A standardized procedure of analysis of pigmented melanocytic lesions by ELM may be recommended to promote a widescale application of this novel method. This might be of great value in lowering mortality of this highly malignant tumor.

Einleitung

Die Wichtigkeit, maligne Melanome möglichst frühzeitig zu erkennen und operativ zu entfernen, ist unbestritten (7, 11). Leider werden bei üblicher klinischer Untersuchung meist nur zwischen 70 und 80% der malignen Melanome auch als solche erkannt, andererseits wird in vielen Fällen unzutreffend Melanomverdacht geäußert. Angesichts zunehmender Inzidenz dieses Tumors (3) und Fehlens wirksamer Behandlungsmethoden in fortgeschrittenen Stadien, gewinnen Verfahren zur treffsicheren Erkennung auch initialer Melanome zunehmend an Bedeutung. Von den für diesen Zweck vorgeschlagenen Methoden hat die Auflichtmikroskopie besondere Beachtung gefunden (8). Diese Methode benutzt die seit langem bekannte Beobachtung, daß die obersten Hautschichten nach Benetzen mit Öl transparent werden. Bei

Betrachtung mit einem ausreichend vergrößernden optischen System läßt sich eine Vielzahl von farblichen und strukturellen Einzelheiten erkennen. Einige dieser Merkmale finden sich fast nur in Malignen Melanomen. Da die auflichtmikroskopische Untersuchung einfach und ohne Beeinträchtigung des Patienten durchführbar ist, könnte sie als Methode der Wahl für Screening-Untersuchungen (7) größerer Patientenzahlen von Interesse sein. Hierzu ist es jedoch erforderlich, daß aus der Vielzahl der mikroskopisch erkennbaren farblichen und strukturellen Merkmale in Pigmenttumoren diejenigen ausgewählt werden, die leicht und unzweideutig zu erkennen sind und möglichst zuverlässig auf die Diagnose »malignes Melanom« hinweisen.

Untersuchungsmethoden und Patientenauswahl

Die Untersuchung erfolgte mit einem Operationsmikroskop (OP-MI 1F) der Firma Carl Zeiss AG, Oberkochen. Die virtuelle Vergrößerung konnte zwischen 8fach und 70fach variiert werden, sämtliche Befunde ließen sich durch eine angeschlossene Kleinbildkamera dokumentieren. Zum Transparentmachen der Haut wurde Paraffinöl verwendet, das farbneutral ist und im Gegensatz zum Immersionsöl keine Schleimhautreizungen verursacht.

Zur Untersuchung kamen Patienten mit klinisch i.S. der ABCD-Regel (*A*symmetrie, unregelmäßige *B*egrenzung und *C*olorierung, *D*urchmesser > 5 mm) auffälligen Pigmentmalen (13), bei denen differentialdiagnostisch ein malignes Melanom in Erwägung gezogen wurde. Die Pigmentmale wurden ohne und mit Ölimmersion photodokumentiert und nach Exzision histologisch untersucht. Sofern sich Diskrepanzen zwischen auflichtmikroskopischer Beurteilung und histologischem Befund bezüglich der Dignität ergaben, wurden die Präparate mehreren Gutachtern vorgelegt. Die Erstellung der Merkmalsanalyse erfolgte durch Auswertung der auf Farbumkehrfilm aufgenommenen Photographien. In einem ersten Studienabschnitt wurden die Aufnahmen mehrfach durchgesehen, häufig wiederkehrende Farb- und Strukturmerkmale registriert und nach Erarbeitung endgültiger Merkmalsdefinitionen die Anwesenheit der für überprüfenswert gehaltenen Merkmale in sämtlichen Aufnahmen dokumentiert. Die Daten wurden EDV-technisch aufbereitet und mit Hilfe des statistischen Auswertungssystems SAS ausgewertet. Dabei wurde die Häufigkeit der einzelnen Merkmale in verschiedenen Läsionstypen ermittelt, Spezifität und Sensitivität berechnet und der Zusammenhang mit der Malignität eines Pigmentmals mit Hilfe des Chi-Quadrat-Tests überprüft. Mit Hilfe der logistischen Regression wurden zudem Merkmalskombinationen ermittelt, die zur Unterscheidung zwischen malignen und benignen Läsionen besonders beitrugen. In mehreren Modellrechnungen wurde versucht, Merkmalskombinationen dahingehend zusammenzustellen, daß möglichst sämtliche malignen Melanome als solche erkannt wurden.
Um die Gültigkeit der im ersten Studienabschnitt gefundenen Merkmalskombinationen zu überprüfen, wurde ein zweites Patientenkollektiv untersucht. Der klinisch untersuchende Arzt wurde gebeten, sich auf eine als am wahrscheinlichsten angesehene erste Differentialdiagnose festzulegen. Anschließend wurde auflichtmikroskopisch unter Berücksichtigung der optimierten Merkmalskombination untersucht und eine zweite Verdachtsdiagnose gestellt. Nach Exzision verglichen wir klinische und auflichtmikroskopische sowie histologische Diagnose miteinander. Auch in dieser Kontrollgruppe wurden Merkmalsanalysen der einzelnen Läsionen vorgenommen und statistisch ausgewertet.

Ergebnisse

Zur Erstellung der Merkmalsanalyse (1. Studienabschnitt) wurden Aufnahmen von 117 malignen Melanomen und 290 Nävuszellnävi ausgewertet. Aus Tabelle I ist die Aufschlüsselung nach histologischen Diagnosen zu ersehen.

Tabelle I. Melanozytische Pigmentmale zur Erstellung der Merkmalsanalyse (1. Studienabschnitt).

407 melanozytische Pigmentmale davon				
	117 Melanome			290 Nävi
davon:	20 SSM	<0,3 mm	davon:	53 junktionale Nävi
	36 SSM	0,3–0,75 mm		167 epidermokoriale Nävi
	45 SSM	>0,75 mm		28 koriale Nävi
	16 NM			9 Spitz- oder Spindelzellnävi
				18 blaue Nävi
				15 kongenitale Nävi

Nicht in die Auswertung einbezogen wurden Lentigines malignae (LM), Lentigo-maligna-Melanome (LMM) und akrolentiginöse Melanome (ALM). Dies geschah einerseits wegen zu geringer Fallzahl (bei ALM), andererseits deswegen, weil Lentigines malignae und LMM sich in mehreren Punkten strukturell deutlich von anderen melanozytischen Läsionen unterscheiden.

Die Durchmusterung der Aufnahmen erfolgte auch unter Beachtung bereits seit längerem bekannter Befunde an malignen Melanomen (Merkmale der ABCD-Regel, Störung des Zusammenhalts der Epidermis, gesteigerter Pigmentgehalt) und unter Berücksichtigung der Wachstumscharakteristika maligner Tumoren (vermehrte Proliferation in allen drei Raumachsen, invasives und destruktives Wachstum, irreguläre Vaskularisierung, begleitende Entzündung).

Bemerkenswerterweise zeigte sich schon bei der ersten Übersicht, daß durchaus nicht in allen melanozytischen Läsionen das bereits mehrfach beschriebene Pigmentnetz (1, 2, 8, 10, 11) anzutreffen war. Es ließen sich einige weitere regelmäßig wiederkehrende Pigmentmuster definieren (Tabelle II). Die Farbtöne des Pigmentsystems sind bereits andernorts ausführlich beschrieben worden (2, 10). Als Merkmale wurden solche bevorzugt, bei denen lediglich deren Anwesenheit festgestellt werden konnte. Es erschien wenig nützlich, nach Befunden zu suchen, bei denen der Übergang zwischen gut- und bösartigen Läsionen durch eine geänderte Ausprägung markiert wird (beispielsweise die mehrfach berichtete Vergröberung von Netzstrukturen (10, 11), dabei hängt die Stärke der Netzmaschen u.a. von der Lokalisation der Läsion ab). Die Bewertung des Grades der Veränderung ist stark subjektiven Einflüssen unterworfen.

Tabelle II zeigt die Auflistung der für überprüfenswert gehaltenen Merkmale einschließlich der als Arbeitsbegriff verwendeten Kurzbezeichnung, einer stichwortartigen Definition sowie, falls vorhanden, die in der Literatur hierfür verwendeten Synonyme. Die Merkmale 1 bis 5 charakterisieren das äußere Erscheinungsbild eines Tumors, beziehen sich auf seine Abmessungen, seine geometrische Form und Auffälligkeiten der ihn bedeckenden Haut. Sie lassen sich ohne Ölimmersion feststellen. Die Merkmale 6 bis 12 beziehen sich auf die unter Ölimmersion erkennbaren Pigmentstrukturen. Die Merkmale 13 bis 15 charakterisieren die Lokalisation und Konzentration von Pigment in verschiedenen Hautschichten. Die Merkmale 15 und 17 zeigen an, daß das Gebilde die dermoepidermale Junktionszone überschritten haben muß. Vaskularisierung findet sich auch in benignen Läsionen, hingegen sind regressive Veränderungen fast ausschließlich in Melanomen zu finden. Die Merkmale 18 und 19 schließlich beschreiben das asymmetrische Erscheinungsbild eines Pigmentmals in unterschiedlichem Ausprägungsgrad.

Die Auflösungskraft des Mikroskops erlaubt es innerhalb von Pigmentmalen bereits kleine Be-

Tabelle II. Kurzbezeichnung und Definition der untersuchten Merkmale sowie der hierfür in der Literatur verwendeten Synonyme.

Nr.	Merkmalsbezeichnung	Merkmalsdefinition	Synonyme in Lit.	Abb. Nr.
1	Durchmesser >5 mm	Entsprechend der Merkmalsbezeichnung		1
2	Randbegrenzung unregelmäßig	Jede Abweichung von Kreis- oder Ellipsenform		1
3	Reliefstörungen	Fehlen der Hautoberflächenfelderung		1
4	Epitheldefekte	Jegliche Schuppenbildung, Erosion oder Ulzeration		1
5	Oberfläche über Hautniveau	Teile oder Gänze der Läsion sind höher als die umgebende Haut		1
6	Retikuläres Muster	Netzmuster, anzutreffen bei gleichmäßiger Pigmentverteilung an der dermo-epidermalen Junktion	Netzwerk (2, 6, 8, 10, 11)	2, 3
7	Globuläres Muster	Kugelige, pigmentierte Gebilde bis ca. 0,3 mm Durchmesser	»Brown globules« (2, 10)	
8	Scholliges Muster	Unregelmäßig-bizarre Agglomeration von Pigmentkörnern in obersten Hautschichten, vor allem in papillomatösen Nävi		2
9	Diffuse Pigmentverteilung	Gleichmäßige, bei gegebener Vergrößerung nicht weiter auflösbare Pigmentierung oberflächlicher oder tiefer Hautschichten		
10	Mischbilder (Merkmale 6–9)	Gleichzeitiges Vorkommen von 2 oder mehr Merkmalen Nr. 6–9 in einer Läsion		
11	Melanophagen	In tieferen Hautschichten, liegende, etwa 20 µm große, grau-schwarze, disseminierte oder aggregiert liegende Pigmentkörner	›Peppering‹ (2)	4
12	Pseudopodien	Radiär weisende Pigmentstränge in den oberen Hautschichten	›antler like structures‹, ›digitiforme Ausläufer‹ (2, 4, 5, 10, 12)	2, 3, 4
13	Pigmentgehalt vermehrt	Auffällig erhöhter Pigmentgehalt, auch in Teilen einer Läsion		2, 3, 4

Tabelle II. Fortsetzung S. 72

Tabelle II: Fortsetzung.

Nr.	Merkmalsbezeichnung	Merkmalsdefinition	Synonyme in Lit.	Abb Nr.
14	Pigment im Stratum corneum	Pigment in obersten Hautschichten erkennbar, die Oberfläche erscheint schwarz-glänzend	›black dots‹ (10, 11, 12)	4
15	Grauer Farbton	Grautönung höher oder tiefer gelegener Hautschichten	(1, 2)	4
16	Kapillaren	Anwesenheit von Blutgefäßen, sofern unter den Pigmentstrukturen erkennbar		
17	Regressiver Umbau	Ersatz pigmentierter Tumoranteile durch weißlich-trübes Gewebe, in dem häufig zusätzlich Melanophagen und Kapillaren erkennbar sind		4
18	Inhomogener Aspekt	Bereiche verschiedener Pigmentstrukturen und/oder Farbtönung, zwischen denen jedoch fließende Übergänge existieren		2
19	Mehrere Cluster	Scharf voneinander abgegrenzte Bereiche unterschiedlicher Pigmentmuster, unterschiedlichen Pigmentgehalts oder unterschiedlicher Tumordicke		2, 3

reiche auszumachen, in denen bestimmte Eigenschaftsänderungen der Tumorzellen eingetreten sind.

Die Häufigkeit der verschiedenen Merkmale in den wichtigsten melanozytischen Läsionen zeigt Tabelle III. Man erkennt, daß keines der Merkmale ausschließlich und stets in benignen und nie in malignen Läsionen vorkommt oder umgekehrt, somit auch nicht mit befriedigender Sicherheit zwischen gut- und bösartigen Veränderungen unterscheiden kann. Es wurde daher mit Hilfe der logistischen Regression untersucht, ob durch bestimmte Merkmalskombinationen eine bessere Trefferrate für maligne Melanome erzielt werden kann. Es zeigte sich, daß die in Tabelle IV wiedergegebene Merkmalskombination das günstigste Verhältnis falsch negativer zu falsch positiven Diagnosen erbrachte.

Das zur Überprüfung der Ergebnisse untersuchte zweite Patientenkollektiv umfaßte 35 Personen. Die auflichtmikroskopische Untersuchung erfolgte standardisiert, wie andernorts beschrieben (*Kreusch, J.; Rassner, G.*, zum Druck eingereicht)[1]. Es wurde bevorzugt auf die Anwesenheit der genannten Merkmale geachtet. Von der abgegebenen Beurteilung hing zumeist ab, ob und mit welchen Vorsichtsmaßnahmen die Exzision des untersuchten Pigmentmals erfolgte. In diese Stellungnahme gingen daher nicht nur der auflichtmikroskopische Befund, sondern auch z.B. die Anamnese, die Erfahrung und die Intuition des Untersuchers ein.

[1]Die Arbeit ist mittlerweile erschienen: Kreusch J, Rassner G (1990) Strukturanalyse melanozytischer Pigmentmale durch Auflichtmikroskopie. Hautarzt 41: 27–33

Tabelle III. Bestimmung der Merkmalshäufigkeit, der Spezifität, der Sensitivität und des Chi-Quadrat-Wertes (kritischer Wert bei $\alpha=0{,}001$: 10,83) für benigne und maligne Pigmentmale (ohne LM, LMM und ALM) des ersten Studienabschnittes (Zahl der benignen Veränderungen: 290, Zahl der malignen Veränderungen 117).

Nr.		Benigne Merkmalsträger	Maligne Merkmalsträger	Spezifität	Sensitivität	χ^2-Wert
1	Durchmesser >5 mm	153	111	47,2	94,9	64,87
2	Rand unregelmäßig	84	95	81,0	81,2	92,31
3	Reliefstörungen	75	96	74,1	82,1	108,04
4	Epitheldefekte	49	64	83,8	54,7	59,41
5	Oberfläche über Hautniveau	192	108	33,8	92,3	29,31
6	Retikuläres Pigmentmuster	140	56	51,7	47,9	0,01
7	Globuläres Pigmentmuster	34	12	88,3	10,3	0,18
8	Scholliges Pigmentmuster	32	7	89,0	6,0	2,46
9	Diffuse Pigmentverteilung	164	75	43,4	64,1	1,96
10	Mischbilder (Merkmale 6–9)	76	34	73,8	29,1	0,34
11	Pseudopodien	4	17	98,6	14,5	29,46
12	Melanophagen	15	39	94,8	33,3	57,45
13	Pigmentgehalt vermehrt	155	110	46,5	94,0	60,4
14	Pigment im Stratum corneum	96	74	66,9	63,3	31,15
15	Grauer Farbton	51	77	82,4	65,8	89,93
16	Kapillaren	48	67	83,4	57,3	68,17
17	Regressiver Umbau	12	75	95,9	64,1	178,36
18	Inhomogener Aspekt	106	41	53,4	35,0	0,08
19	Mehrere Cluster	50	81	82,8	69,2	103,24

Tabelle IV. Optimale Merkmalskombination zur auflichtmikroskopischen Untersuchung.

Epitheldefekte	Melanophagen
Reliefstörungen	Pseudopodien
Durchmesser > 5 mm	regressiver Umbau
Rand unregelmäßig	mehrere Cluster
Graustich	Kapillaren

Tabelle V. Aufschlüsselung der Pigmentmale im Patientenkollektiv des zweiten Studienabschnittes.

350 Patienten auflichtmikroskopisch untersucht
231 abschließende Diagnosen

46	nicht-melanozytische Läsionen	185	melanozytische Läsionen
	davon:	141	Nävi
		43	Melanome
		1	Melanom-metastase

Da nicht alle der 350 untersuchten Patienten ihre Pigmentmale an der Tübinger Hautklinik exzidieren ließen, wurde ein halbes Jahr nach Abschluß der Untersuchung bei allen Patienten, zu denen uns kein histologischer Befund vorlag, beim zuweisenden Arzt nach dem weiteren Schicksal gefragt. Dieses geschah vor allem, um Fällen auf die Spur zu kommen, die fälschlich von uns als harmlos eingestuft worden waren. Insgesamt ließ sich für 231 Patienten eine histologische Klärung des Befundes erzielen. Tabelle V zeigt, welche Diagnosen im einzelnen gestellt wurden. Durch die Nachforschungen ließen sich zwei maligne Melanome ausfindig machen, die auflichtmikroskopisch zwar als solche angesprochen, bei auswärtiger histologischer Untersuchung jedoch als Nävi eingestuft worden waren. Nachbefundung der Präparate (*Prof. Dr. H. Gartmann*, Köln) führte zur abschließenden Diagnose. Insgesamt wurde klinisch 60mal ein malignes Melanom diagnostiziert, histologisch wurde dies jedoch nur in 34 Fällen bestätigt, von den 57 auflichtmikroskopisch gestellten Melanomdiagnosen erwiesen sich histologisch 42 als zutreffend. Von den insgesamt 44 Melanomen des Kollektivs waren somit klinisch zehn, auflichtmikroskopisch zwei nicht erkannt worden.

Bei der Beurteilung der Leistungsfähigkeit der beiden Untersuchungsverfahren wurden in Anlehnung an (14) folgende Definitionen verwendet:

A. Melanomdiagnose mit jeweiliger Untersuchungsmethode gestellt, histologisch bestätigt.
B. Melanomdiagnose mit jeweiliger Untersuchungsmethode gestellt, histologisch nicht bestätigt.
C. Bei jeweiliger Untersuchungsmethode kein Melanomverdacht, histologisch wird jedoch ein Melanom diagnostiziert.

Tabelle VI. Bewertung der Leistungsfähigkeit klinischer und auflichtmikroskopischer Diagnosestellung (2. Studienabschnitt: 141 Nävi und 44 Melanome).

	Diagnosestellung	
	klinisch	auflichtmikroskopisch
Verdachtsindex, %	136,4	129,5
Fehldiagnose, % (falsch-positiv)	43,4	26,3
Falsch-negativer Befund, %	22,7	4,5

Damit errechnen sich folgende Bewertungszahlen:

Verdachtsindex (Index of suspicion): (A+B)/(A+C) x 100 (%).
Anteil der positiven Befunde mit unzutreffender Melanomdiagnose (Fehldiagnosen): B/(A+B) x 100 (%).
Anteil der übersehenen Melanome (falsch-negative Befunde): C/(A+C) x 100 (%).

In Tabelle VI sind die so errechneten Zahlen für die gesamte Kontrollgruppe angegeben (141 Nävi, 44 maligne melanozytische Gebilde). Auffällig ist vor allem, daß auflichtmikroskopisch sehr viel weniger Melanome (4,5%) übersehen wurden, und daß der Anteil der Fälle, in denen unzutreffend Melanomverdacht geäußert wurde, ebenfalls wesentlich geringer (26,3%) war.
Die photographischen Aufnahmen der untersuchten Pigmentmale wurden wie im ersten Studienabschnitt einer Merkmalsauszählung mit anschließender statistischer Auswertung unterzogen. Tabelle VII zeigt die Bewertungszahlen der auflichtmikroskopischen und der statistischen Diagnosestellung. Die Gesamtzahl der Läsionen liegt wegen Nichtberücksichtigung der LM, LMM und ALM niedriger als in Tabelle VI. Man sieht, daß die statistische Auswertung der Merkmale nicht wesentlich schlechter abschneidet als die Diagnosestellung mit Hilfe des Auflichtmikroskops.

Abbildung 1. Auflichtmikroskopische Aufnahme ohne Ölimmersion eines SSM, Level III, Tumordicke 0,88 mm, entstanden in epidermokorialem Nävus. Es weist folgende Merkmale auf: Durchmesser größer als 5 mm, unregelmäßig begrenzt, der zentrale Anteil läßt Fehlen der normalen Hautoberflächenfelderung erkennen, diskrete Schuppung (1), vermehrter Pigmentgehalt, er ist offensichtlich über das Hautniveau erhaben.

Abbildung 2. Auflichtmikroskopische Aufnahme des SSM von Abbildung 1 unter Ölimmersion. Zusätzlich zu Abbildung 1 sind weitere Merkmale festzustellen: Fließender Übergang von Abschnitten mit dem Aussehen eines normalen Nävuszellnävus zu solchen mit vergröberter Netzstruktur und gesteigertem Pigmentgehalt (›inhomogener Aspekt‹), der zentrale Anteil unterscheidet sich deutlich in seinem Wachstumsverhalten in der Horizontalen (›Pseudopodien‹) und der Vertikalen (Papelbildung; s. Abbildung 1) sowie in seinem Pigmentgehalt. ›Mehrere Cluster‹ sind deutlich erkennbar.

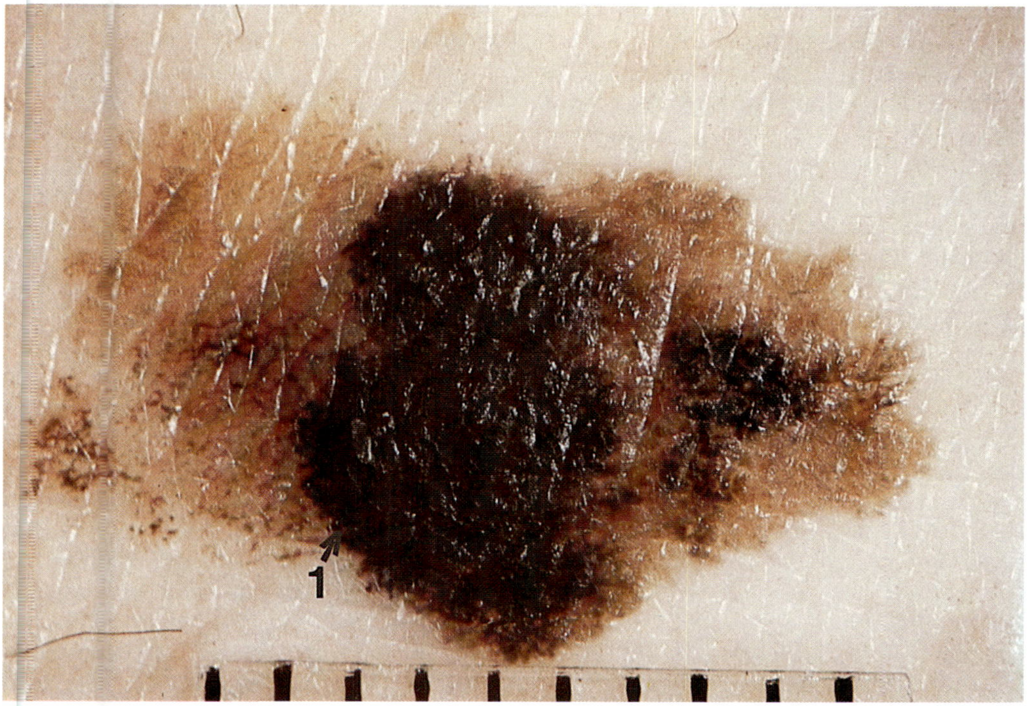

1

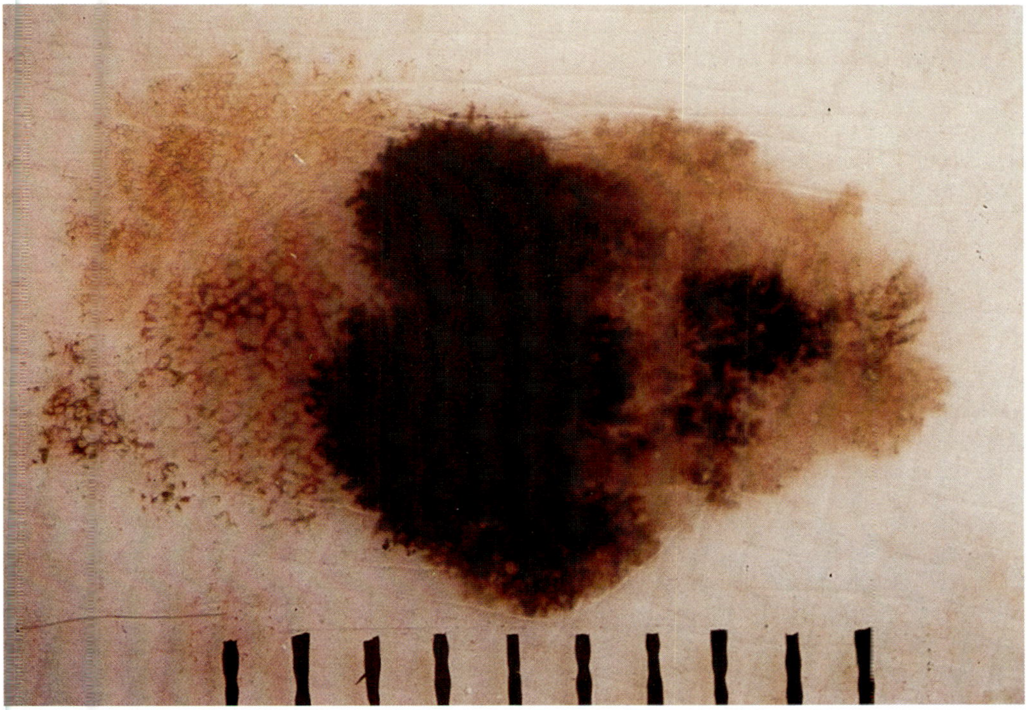

2

Diskussion

Die Merkmalsanalyse dient zunächst dazu, den Bildeindruck, der häufig zu einer ›Blickdiagnose‹ verhilft, in Einzelschritte zu zerlegen. Gleichzeitig sollen aus der verwirrenden Vielzahl der in vielfältigen Kombinationen anzutreffenden Farb- und Strukturmerkmale die auf Malignität hinweisenden ausgewählt werden. Bei systematischer Untersuchung von Hautoberfläche, Struktur und Farbtönen des Pigmentsystems sowie der Gefäßversorgung fallen regelmäßig wiederkehrende Befunde auf: An der Epidermis Verlust der Hautoberflächenfelderung sowie Störungen des Zusammenhalts des Stratum corneum, erkennbar an Zeichen wie Schuppung oder Erosion. Im Pigmentsystem definieren wir sechs häufiger wiederkehrende Muster. Von diesen weisen Pseudopodien auf infiltratives und destruktives Wachstum hin, Melanophagen auf das entzündliche Tumorinfiltrat. Die übrigen vier (retikuläre und globuläre Strukturen, Pigmentschollen und diffuse Pigmentverteilung) treten in benignen und malignen Veränderungen mit ähnlicher Häufigkeitsverteilung auf. Die Literaturangaben (2, 10, 11, 12), daß melanozytische Läsionen fast stets ein Pigmentnetz aufweisen, lassen sich nicht bestätigen. Mehrere der genannten Pigmentmuster können in ein und derselben Läsion vorkommen. Das Vorliegen eines melanozytischen Pigmentmals sollte erst dann diagnostiziert werden, wenn wenigstens eine der genannten Pigmentstrukturen und einer der für melanozytische Gebilde typischen Farbtöne (2, 8, 10) gleichzeitig anzutreffen sind. Von den Farbtönen wird zur Diagnosestellung vor allem der charakteristische Grauton verwendet, den stark pigmentierte tiefliegende Tumoranteile oder dichte Melanophageninfiltrate in tieferen Hautschichten zeigen. Dies ist fast nur in malignen Melanomen ab einer Dicke von mehr als 0,5 mm festzustellen. Im stereoskopischen Bild ist hiervon gut der graue Farbton zu unterscheiden, der von stark pigmenthaltigen Zellen im obersten Stratum corneum herrührt. Schließlich zeigen auch Bereiche mit regressivem Umbau und weitgehendem Fehlen einer Pigmentierung ein sehr charakteristisches Bild, das als Endzustand des komplexen immunologischen Abwehrvorgangs mit Zerstörung pigmenttragender Tumoranteile zu deuten ist.

Sofern Kapillaren zu erkennen sind, weisen sie darauf hin, daß der Tumor Anschluß an den dermalen Gefäßplexus gefunden hat. Obwohl sie wegen der Pigmentierung nicht in jeder Läsion zu erkennen sind, finden sich Kapillaren in Melanomen von mehr als 0,3 mm Dicke wesentlich häufiger als in Nävuszellnävi. Gehäuft zeigen

Tabelle VII. Bewertung der Leistungsfähigkeit auflichtmikroskopischer und statistischer Diagnosestellung (auswertbare Fälle des 2. Studienabschnittes ohne LM, LMM, ALM: 138 Nävi und 33 Melanome).

	Diagnosestellung	
	auflichtmikroskopisch	statistisch
Verdachtsindex, %	139,4	142,4
Fehldiagnose, % (falsch-positiv)	32,6	36,2
Falsch-negativer Befund, %	6,1	9,1

Abbildung 3. Detailaufnahme unter Ölimmersion des SSM von den Abbildungen 1 und 2: Am Übergang vom zentralen Tumoranteil zur Peripherie sind deutlich die stark pigmenthaltigen, offensichtlich destruktiv wachsenden ›Pseudopodien‹ zu erkennen (Der Maßstab ist in 1-mm-Abständen unterteilt). ▶

Abbildung 4. Detailaufnahme aus einem SSM, Level III, Tumordicke 2,6 mm, Ölimmersion. Es sind folgende Merkmale zu erkennen: Pigment im Stratum corneum (1), in diesem Beispiel fast stets über ›Pseudopodien‹. Der Tumor weist ausgedehnte regressive Veränderungen auf (2), das Ersatzgewebe zeigt einen charakteristisch weißlich-trüben Aspekt. In der Tiefe sind disseminiert die Melanophagen (3) des entzündlichen Tumorinfiltrats zu erkennen, stellenweise sind sie so dicht aggregiert, daß ein grauer Farbton resultiert (4). Kapillaren sind in diesem Beispiel nicht sicher zu erkennen, stellenweise deuten rötliche Farbtöne auf ihre Anwesenheit hin, vor allem in Bereichen mit starkem Melanophageninfiltrat.

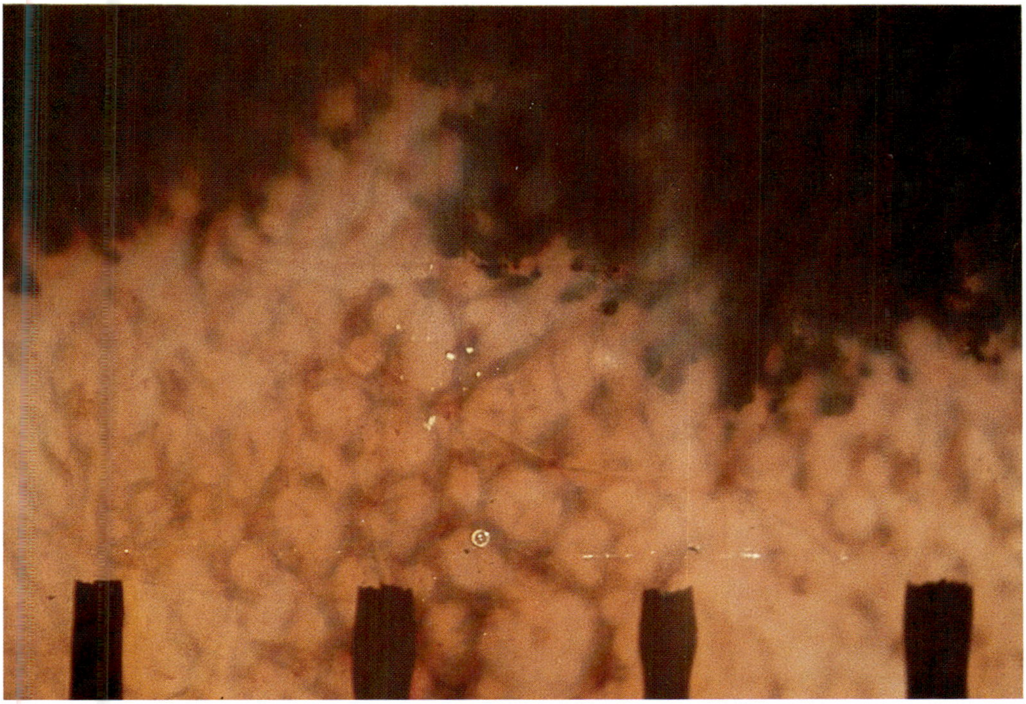

3

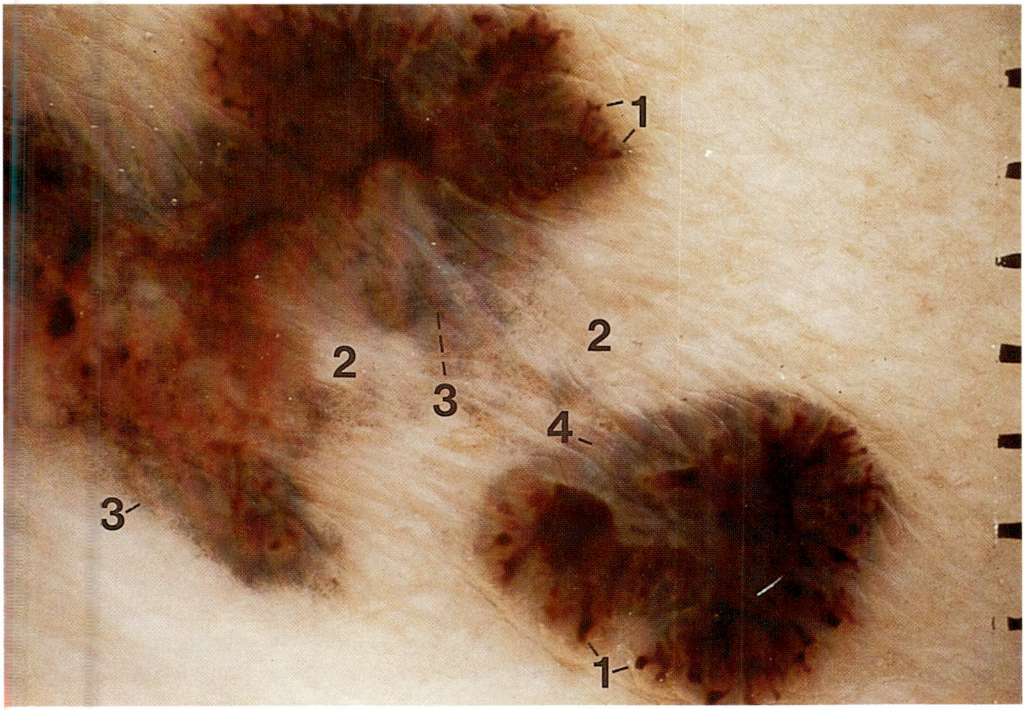

4

maligne Melanome Tumoranteile, die sich bezüglich ihrer Wachstumsrichtung in der Horizontalen oder Vertikalen, ihrer Vaskularisierung, ihres Pigmentgehalts und weiterer Eigenschaften deutlich und scharf von anderen Bereichen abgrenzen lassen (z.B. knotige Anteile). Wir interpretieren die Befunde in Anlehnung an das Konzept von *McGovern* (9) so, daß innerhalb des Tumors Zellgruppen (Cluster) mit neuen Proliferations- und Stoffwechseleigenschaften, vermutlich auch anderen Oberflächenantigenen entstanden sind, und so der Immunantwort des Körpers entgehen können.
Es findet sich kaum ein malignes Melanom, in dem alle genannten Merkmale gleichzeitig anwesend sind. Die Auswahl der Merkmale mußte daher so erfolgen, daß auch seltene Erscheinungsbilder dieses so variablen Tumors erfaßt werden können. Die vorgestellte Merkmalskombination wurde im Hinblick auf einen möglichst geringen Anteil nicht erkannter maligner Melanome bei tolerabler Anzahl von Fehldiagnosen optimiert. Da das Nicht-Erkennen eines Melanoms fatale Folgen hat, muß aus Sicherheitsgründen in Kauf genommen werden, daß eine gewisse Zahl von Nävi unter Melanomverdacht exzidiert wird.

Die Erkennung von 95% der malignen Melanome im zweiten Studienabschnitt stellt einen wesentlichen Fortschritt gegenüber der ausschließlich klinischen Diagnosestellung dar. Wenn auch immer wieder einzelne maligne Melanome wegen geringen Durchmessers, Fehlens immunologischer Abwehrphänomene oder geringen Pigmentgehalts nur uncharakteristische Befunde zeigen und vom dargestellten Analysengang nicht sicher erfaßt werden, so stellen sie sich doch dem erfahrenen Untersucher meistens als auffällige und somit exzisionsbedürftige Pigmentmale dar. Bei auflichtmikroskopischer Untersuchung läßt sich auch der Anteil unzutreffend gestellter Melanomdiagnosen im Vergleich zur klinischen Untersuchung deutlich senken, die diagnostische Genauigkeit steigt.
Besonders bedeutsam erscheint die Tatsache, daß auch für den zweiten Studienabschnitt die Modellrechnung zu ähnlich guten Trefferraten führte wie die vorher durchgeführte auflichtmikroskopische Untersuchung. Es läßt sich daraus ableiten, daß, wenn man einen Untersucher nach Vorhandensein solcher Merkmale suchen läßt, anscheinend eine objektivierbare und reproduzierbare Stellungnahme möglich wird. Ein derart durchführbares Untersuchungsverfahren müßte an einfachen Bildbeispielen weiter zu verbreiten sein (Abbildungen 1–4).

Die leichte Einsetzbarkeit der Auflichtmikroskopie verlangt nach einer breiten Anwendung der Methode (7). Hierzu wurde von uns ein einfach zu handhabendes, preiswertes und dennoch leistungsfähiges Auflichtmikroskop entwickelt, das in der Dermatologenpraxis einsetzbar ist. Wir erhoffen uns von seiner Anwendung einen weiteren Fortschritt bei der Frühdiagnose des malignen Melanoms.

Literatur

1 Bahmer FA, Rohrer C (1985) Ein Beitrag zur Abgrenzung früher Melanome mittels einer einfachen Methode der hochauflösenden Hautoberflächen-Fotografie. Akt Dermatol 11: 149–153
2 Fritsch P, Pechlaner R (1981) Differentiation of benign from malignant melanocytic lesions using incident light microscopy. In: Ackermann AB (ed) Pathology of Malignant Melanoma. Masson Publ, USA
3 Garbe C, Wiebelt H, Orfanos CE (1989) Change of epidemiological characteristics of malignant melanoma during the years 1962–1972 and 1983–1986 in the Federal Republic of Germany. Dermatologica 178: 131–135
4 Haas N, Ernst TM, Stüttgen G (1984) Frühdiagnose und Differenzierung von melanozytären Läsionen durch intravitale Makrophotographie. Akt Dermatol 10: 156–158
5 Haas N, Ernst TM (1986) Makrophotographische Korrelate zur Histologie bei Precursor-Naevi und SSM in Anlehnung an das Schema von McGovern. Z Hautkr 61: 1535–1542
6 Haas N (1988) Mikrotopographie der Hautoberfläche und des Pigmentnetzes. Ärztl Kosmetol 18: 137–147

7 Koh HK, Lew RA, Prout M (1989) Screening for melanoma/skin cancer: theoretic and practical considerations. J Am Acad Derm 20: 159–172

8 MacKie RM (1972) Cutaneous microscopy in vivo as an aid to preoperative assessment of pigmented lesions of the skin. Br J Plastic Surg 25: 123–129

9 McGovern V (1983) Melanoma. Histological Diagnosis and Prognosis. Biopsy Interpretation Series. Raven Press, New York, p 24–36

10 Pehamberger H, Steiner A, Wolff K (1987) In vivo epiluminescence microscopy of pigmented skin lesions, I. Pattern analysis of pigmented skin lesions. J Am Acad Derm 17: 571–583

11 Soyer HP, Smolle J, Kresbach H, Hödl S, Glavanovitz P, Pachernegg H, Kerl H (1988) Zur Auflichtmikroskopie von Pigmenttumoren der Haut. Hautarzt 39: 223–227

12 Steiner A, Pehamberger H, Wolff K (1987) In vivo epiluminescence microscopy of pigmented skin lesions, II. Diagnosis of small pigmented skin lesions and early detection of malignant melanoma. J Am Acad Derm 17: 584–591

13 Voigt H, Kleeberg UR (1986) Malignes Melanom. Springer, Berlin, Heidelberg, New York, Tokyo, p 24

14 Weidner F, Hornstein OP, Bischof GM (1983) Zur Treffsicherheit der klinischen Diagnose bei malignen Hautmelanomen. Dermatol Mschr 169: 706–710

Für die Verfasser:
Dr. J. Kreusch
Universitäts-Hautklinik
Calwerstraße 7
D-7400 Tübingen

Melanomaufklärung in der Schweiz

P. Neeser, T. Rufli und J. Torhorst[a]
Dermatologische Klinik des Kantonsspitals Basel, und [a] Krebsregister beider Basel

Zusammenfassung

In der Schweiz wurde 1986 erstmals eine regionale Melanomaufklärung in den Kantonen Basel-Land und Basel-Stadt durchgeführt. Vorgängig der Aufklärungskampagne in der Bevölkerung wurden alle Ärzte und Angehörige medizinischer Assistenzberufe mit aller Sorgfalt orientiert und informiert. Im zweiten Halbjahr 1986, nach der Kampagne, konnten knapp doppelt soviele Melanome diagnostiziert werden wie im ersten Halbjahr. Der Anteil der Low-risk-Melanome stieg von 36% vor auf 60% nach der Aufklärung an. 1988 wurde die Melanomaufklärung nach dem gleichen Vorgehen in der ganzen Schweiz durchgeführt. Anhand der Ergebnisse des Krebsregisters beider Basel wird der Effekt dieser »public and professional education« auf die Melanomhäufigkeit und die Stadienverteilung dargelegt.

Summary

For the first time in Switzerland we have realized in 1986 a melanoma education campaign as a regional pilot study in the cantons Basel-Land and Basel-Stadt. A thorough education of doctors and of medical staff preceded the public education. After this campaign, during the second semester of 1986, the number of melanomas diagnosed in the Basle area almost doubled with an increase in the proportion of low risk lesions (Breslow below 0.75 mm) from 36% to 60% after the campaign.

Following the same proceeding we performed a nationwide melanoma education program which started in 1988. We shall discuss the effect of this campaign on the incidence and the distribution of primary malignant melanoma. A continuing public and professional melanoma education is required to decrease the mortality rate in the future.

In Industrieländern mit vorwiegend weißer Bevölkerung beträgt die jährliche Inzidenzzunahme für das maligne Melanom über 5%, d.h. es kommt zu einer Verdoppelung der neuen Melanomfälle alle 10 bis 12 Jahre. Mit der Inzidenz hat auch die Mortalität in den letzten Dekaden stetig zugenommen. In der Schweiz stieg die Mortalitätsrate bezogen auf die Lebendbevölkerung zwischen 1951 und 1984 um rund 200% an (3).

Neueren Erhebungen zufolge tritt das maligne Melanom immer häufiger im jüngeren Lebensalter auf. Im deutschsprachigen Raum traten in den letzten vier Jahren bei den Männern 63% und bei den Frauen 56% der Melanomfälle zwischen dem 30. und dem 60. Lebensjahr auf. Bei einem großen Prozentsatz, 25% der Frauen und 18% der Männer, trat die Erkrankung bereits vor Vollendung des 40. Lebensjahres auf (2). Nach wie vor gelangen immer noch rund 10% aller Patienten mit bereits metastasierendem Melanom zur Erstdiagnose. Aufklärung mit dem Ziel der Früherkennung prognostisch günstiger Primärmelanome, ist somit zu einer dringlichen Forderung geworden. In Ländern mit besonders hoher Melanominzidenz sind in den letzten Jahren Melanomaufklärungskampagnen mit großem Erfolg durchgeführt und längst zu einer Selbstverständlichkeit geworden. Bahnbrechend war das von *Davis* 1963 gestartete »Queensland Melanoma Education Project« (1, 5). 15 Jahre später konnte gezeigt werden, daß die Mortalitätsrate innerhalb von zehn Jahren praktisch konstant blieb, während sich die Inzidenzrate in diesem Zeitraum verdoppelte. In Deutschland zeichnete *Illig* (4) 1981 in Hessen für eine Melanomaufklärungskampagne mit publizistischen Methoden verantwortlich. Während dieser Aktion wurden dreimal mehr neue Melanome diagnostiziert als in einem vergleichbaren Zeitraum zuvor. Dabei lag der Anteil der prognostisch günstigen Primärtumoren deutlich höher, als vor dieser Aktion.

In der Schweiz haben wir erstmals 1986 in den Kantonen Basel-Land und Basel-Stadt eine regionale Melanomaufklärung im Sinne einer Pilotstudie durchgeführt (6). Nach australischem Vorbild basierte die gesamte Planung auf dem wichtigen Grundsatz, daß vor einer Kampagne in der Öffentlichkeit (public education) eine Information der Ärzte und des medizinischen Fachpersonals mit aller Sorgfalt erfolgen muß. Nach einer initialen Phase mit einer ausführlichen und frühzeitigen Orientierung der standespolitischen Gremien, wurde die fachliche Information mittels Diavorträgen und Publikationen in regionalen Fach- und Verbandszeitschriften vermittelt. Zudem wurde jeder niedergelassene Arzt in der Region persönlich schriftlich orientiert.

Die Publikumsaufklärung wurde anschließend im Sommer 1986 gestartet. Die wesentlichen Informationsträger waren die regionalen Medien sowie ein Faltprospekt, der in alle Haushaltungen der beiden Kantone versandt wurde.

Die Anzahl der neu diagnostizierten Melanome betrug im ersten Halbjahr 1986 vor der Aufklärungskampagne 27, im zweiten Halbjahr 48. Der Anteil der Primärtumoren mit einer Tumordicke nach *Breslow* unter 0,75 mm konnte von 36% vor auf 60% nach der Aufklärung gesteigert werden. Die High-risk-Melanome nahmen von 28% auf 9% ab (Abbildung 1).

Aufgrund der erfreulichen Ergebnisse dieser Basler Pilotstudie entschlossen wir uns, die Melanomaufklärung nach dem gleichen Vorgehen in der ganzen Schweiz durchzuführen.

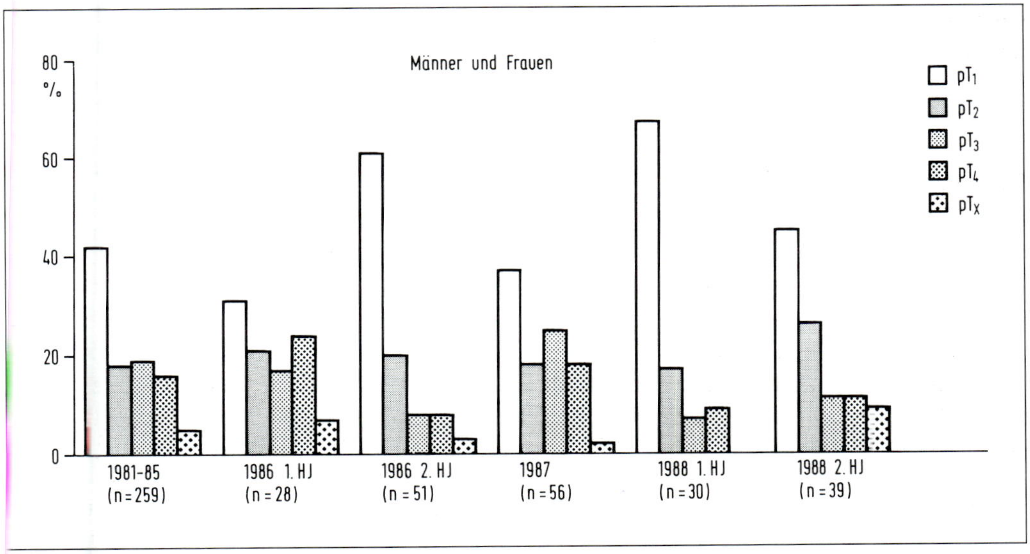

Abbildung 1. Malignes Melanom; Tumorstadium bei Diagnosestellung (TNM).

Methode

Mehr als ein Jahr vor der eigentlichen Aufklärungskampagne in der Bevölkerung wurde mit den Vorbereitungsarbeiten begonnen. In einem ersten und recht kniffligen Schritt galt es, die wichtigsten standespolitischen Gremien in unserem Land für das Projekt zu gewinnen. 25 kantonale Ärztegesellschaften, ebensoviele Kantonsärzte, die Schweizerische Ärztegesellschaft und die meisten medizinischen Fachgesellschaften sowie die Schweizerische Sanitätsdirektorenkonferenz galt es zu informieren und von der Notwendigkeit einer Melanomaufklärung in der Schweiz zu überzeugen.

In der zweiten Phase lag der Schwerpunkt auf der »professional education«. Wir maßen dabei einer Unité de doctrine im Bereich der Fachinformation größte Bedeutung bei. Der eigens zu diesem Zweck gestaltete Diavortrag »Das maligne Melanom der Haut«, wurde in unsere drei wichtigsten Landessprachen übersetzt und während eines halben Jahres 138mal vor Ärzten und Angehörigen medizinischer Assistenzberufe gehalten. Wir dürfen davon ausgehen, daß wir allein mit diesem Diavortrag rund 10 000 Ärzte, Krankenschwestern, Arztgehilfinnen, Physiotherapeuten und viele andere erreicht haben.

Eine Video-Kassette diente dazu, auch eine individuelle fachliche Information zum Thema Melanom in drei Sprachen zu ermöglichen. Diese Kassette konnte von Ärzten leihweise und unentgeltlich angefordert werden, wovon mehr als 2500 Mediziner Gebrauch machten. Ein Merkblatt mit Richtlinien zur Therapie pigmentierter Hauttumoren konnte an rund 6000 Ärzte abgegeben werden.

15 Publikationen zum Thema erschienen innerhalb eines Jahres in den von den Schweizer Ärzten am häufigsten gelesenen Fachzeitschriften. Eine Sondernummer der Zeitschrift »Schweizerische Rundschau für Medizin PRAXIS« mit dem Thema »Update malignes Melanom« wurde in einer Auflage von 6000 Exemplaren gratis an Ärzte und Medizinstudenten verteilt. Für Angehörige medizinischer Assistenzberufe wurde eine Tonbildschau »Hautkrebs« geschaffen, die sich reger Nachfrage erfreut.
Diese gezielte und konzentrierte »professional education« dauerte von Juli 1987 bis April 1988.

Damit war der »Acker bestellt« für die »public education„ deren Start am 4. Mai 1988 mit einer Pressekonferenz der Schweiz. Krebsliga erfolgte. Gleichentags strahlte das Schweizer Fernsehen eine Sendung zum Thema »Schwarzer Hautkrebs« aus. In mehreren Dutzend Zeitungen und Zeitschriften wurde über das Melanom berichtet und auch bei den Radiostationen fand das Thema eine gute Aufnahme. Dank einer umfassend gestalteten und sorgfältig redigierten Pressemappe wurde die Botschaft »Früherkennung des schwarzen Krebses« in gewünschter Form unter die Bevölkerung getragen. Auf diese Weise konnten panikartige Reaktionen oder eine Neurotisierung der Bevölkerung praktisch vollständig vermieden werden.

Als weiteren Informationsträger wählten wir einen farbigen Faltprospekt, der im Anschluß an die Pressekonferenz in drei Landessprachen an alle 2,7 Millionen Haushaltungen der Schweiz versandt wurde. In dieser kleinen Broschüre wurde die Bevölkerung in einfacher und gut verständlicher Sprache auf die Gefahrenzeichen eines malignen Pigmentmals aufmerksam gemacht. Um auch in plakativer Weise auf die Melanomfrüherkennung hinzuweisen, wurde ein dreisprachiges Poster mit Farbbildkasuistiken geschaffen, das in ca. 10 000 Arztpraxen und Apotheken zum Aushang gelangte und hohe Beachtung fand.

Ergebnisse und Besprechung

Während der Basler Pilotstudie 1986 hat die Ärzteinformation in den Monaten April bis Juni, die Information der Öffentlichkeit im Juni stattgefunden. Bei der gesamtschweizerischen Kampagne hat die »professional education« vom Juli 1987 bis April 1988, die »public education, durch Fernsehen, Zeitungsartikel und Vor-

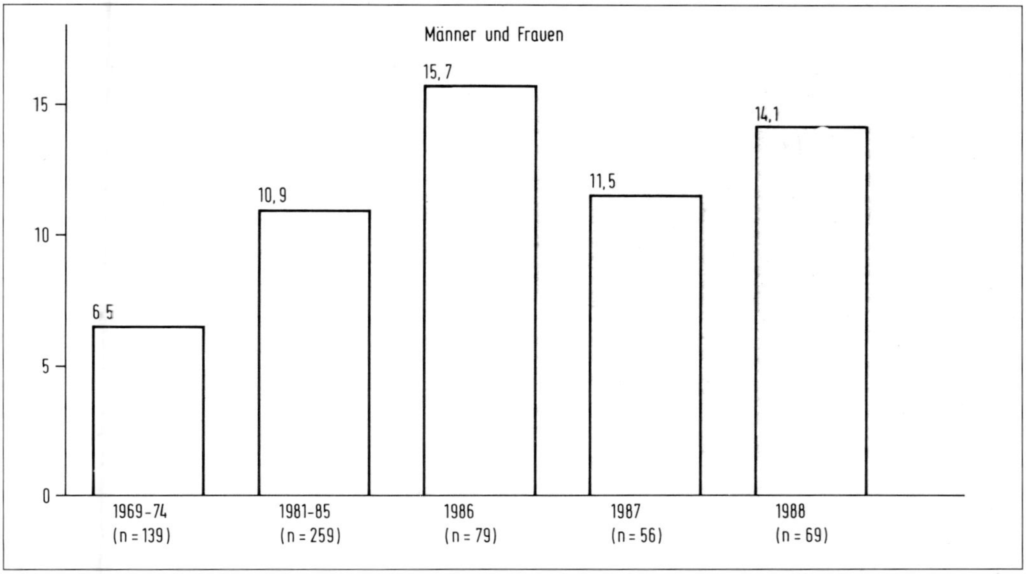

Abbildung 2. Malignes Melanom; altersstandardisierte Inzidenz (Europäische Standardbevölkerung).

träge von April bis Dezember 1988 gedauert. Die schärfere Fokussierung der Pilotstudie erleichtert die Interpretation des Effekts auf Melanomhäufigkeit und Stadienverteilung in der Region Basel: Während in den Jahren 1981 bis 1985 und im ersten Halbjahr 1986 etwa 26 neue Melanome pro Halbjahr entdeckt wurden, stieg diese Zahl nach der Informationskampagne auf das Doppelte. Wegen der breiter gestreuten Informationsaktivitäten ist 1988 nur ein geringerer Anstieg in der zweiten Jahreshälfte zu beobachten (Abbildung 1). Der Anstieg ist bedingt durch die Zunahme dünner Melanome: während vor der Kampagne der Anteil von pT_1- und pT_2-Tumoren 60% betrug, stieg er im zweiten Halbjahr 1986 und auch im Jahre 1988 auf etwa 80% an. Die Absolutzahl dünner Melanome pro Halbjahr stieg verglichen mit der Kontrollperiode (1981 bis erstes Halbjahr 1986) im zweiten Halbjahr 1986 um 170% und im Jahre 1988 um 73% an. Die Absolutzahl fortgeschrittener Melanome hat sich aber auch 1988 leider noch nicht wesentlich verringert (Abbildung 1).

Auch die altersstandardisierte Inzidenzrate ist durch die Kampagne 1986 nicht dauerhaft beeinflußt worden: Durch die Kampagne 1988 sind wieder mehr Melanome entdeckt worden (Abbildung 2). Wahrscheinlich ist dieser erneute Anstieg bedingt durch Tumoren, die 1986 bereits in der Bevölkerung vorhanden waren und nicht durch in der Zwischenzeit neu entstandene Melanome: Von 1970 bis 1985 ist die Melanominzidenz um 4 bis 5% pro Jahr angestiegen. Im Jahr 1986 betrug der Anstieg 44%, zwischen den Jahren 1987 und 1988 betrug er 22%. Ob der Pool prävalenter Melanome in der Basler Bevölkerung erschöpft ist, kann durch den Effekt der geplanten Follow-up-Informationskampagne im Juli 1989 dokumentiert werden. Vor allem die Zahl der fortgeschrittenen Melanome (pT_3 und pT_4) sollte abgenommen haben.

Sowohl die bisher nur unwesentlich veränderte Zahl von fortgeschrittenen Melanomen, als auch die Steigerung der Neuentdeckungsrate durch die Wiederholungskampagne zeigen, daß zur Erreichung des Ziels der Mortalitätssenkung eine wiederholte, langdauernde Aufklärungsarbeit bei Ärzten und Laien notwendig ist.

Literatur

1 Davis NC (1985) Queensland Melanoma Project, ein Modell zur Früherfassung. In: Weidner F, Tonak J (eds) Das maligne Melanom der Haut. perimed, Erlangen pp 51–60

2 Garbe C, Bertz J, Orfanos CE (1987) Das maligne Melanom im deutschsprachigen Raum in den 80er Jahren. Hautarzt 38: 639–644

3 Gütling M (1988) Entwicklung der Melanommortalität in der Schweiz. Schweiz Rundschau Med (PRAXIS) 16: 424–426

4 Illig L, Paul E, Hundeiker M (1983) Public and professional melanoma education. A german model for improved early detection of melanoma by journalistic methods. Z Hautkr 58: 73–112

5 McLeod GR, Davis NC (1985) Melanoma in Queensland, Australia: Experience of the Queensland Melanoma Project. In: Balch CM, Milton GW (eds) Cutaneous Melanoma. Lippincott, Philadelphia, pp 379–387

6 Neeser P, Torhorst J, Rufli Th (1988) Früherfassung des malignen Melanoms der Haut: Eine Basler Pilotstudie. Schweiz Rundschau Med (PRAXIS) 17: 467–470

Für die Verfasser:
Dr. P. Neeser
Dermatologische Klinik
Kantonsspital
CH-4031 Basel

II. Klinische und histologische Diagnostik

Ist die Unterscheidung in drei Hauttypen des Melanoms, Lentigo-maligna-Melanom (LMM), superfiziell spreitendes Melanom (SSM) und noduläres Melanom (NM) berechtigt?

G. K. Steigleder
Universitäts-Hautklinik Köln

Zusammenfassung

Die klinische Beobachtung, die histologische Struktur und die Prognose rechtfertigen, an der Unterteilung in drei Hauptformen des malignen Melanoms festzuhalten. Auch andere Tumoren, z.B. das Basaliom, lassen eine oberflächlich spreitende und eine von Beginn an vertikal eindringende Form erkennen. Die Anamnese und die klinische Beobachtung ermöglichen in vielen Fällen festzulegen, wie das Melanom sich an der Oberfläche ausgebreitet hat, ob erst horizontal, dann vertikal oder umgekehrt; der klinisch und histologisch tätige Untersucher ist daher nicht allein auf das Momentbild des histologischen Schnitts angewiesen.

Summary

The clinical observation, histological structure, and variable prognosis permit a differentiation of three main types of malignant melanoma. Other tumors such as basaliomas are also classified in a superficial spreading and a nodular form. In various cases the history and clinical observation enable one to distinguish in what manner a melanoma progresses, either horizontally and then vertically, or vice versa. The physician capable of assessing both clinical behavior and histological structure is not merely dependent on the snapshot of a histological slide alone.

Ich möchte im folgenden nur zu den genannten Typen des malignen Melanoms Stellung nehmen. Ich bin mir bewußt, daß es noch andere Formen des malignen Melanoms gibt, so das Nichtklassifizierbare-maligne-Melanom, zu dem es in diesem Zusammenhang keiner weiteren Erörterung bedarf, ferner das akral-lentiginöse Melanom, bei dem die besondere Beschaffenheit des Integumentes an den Akren und die späte Diagnose eine wesentliche Rolle spielen mögen. Desmoplastische Veränderungen findet man bei allen Melanomformen, wie von *Gartmann* bereits 1979 und 1982 dargelegt (7, 8). Schon hier möchte ich erwähnen, daß ich die Trennung der drei im Titel genannten Melanomformen für berechtigt und sinnvoll halte, im besonderen, um der Ursache der Melanome näher zu kommen. Immerhin kommt *Cascinelli* (4) kürzlich nach Studium der Literatur zu dem Schluß:
»It seems reasonable to state that the contradictory nature of the claims must persuade us to accept the idea that there is no relationship between the sun and melanoma.«
Die pathogenetische Bedeutung der Sonnenstrahlen ist bei den verschiedenen Melanomformen sicher unterschiedlich einzuschätzen, beim Lentigo-maligna-Melanom anders als beim nodulären Melanom (9).

Das Lentigo-maligna-Melanom (LMM)

Auf die Namensgebung will ich im einzelnen nicht eingehen, dies ist schon häufig genug geschehen. Einen ausgezeichneten Rückblick über die maligne Lentigo, besser wäre es, von prämaligner Lentigo (PML) zu sprechen, verdanken wir *Mishima* (22, 23), allerdings vor Abgrenzung des SSM. Im Gegensatz zu der geläufigen Meinung, daß die PML dem Arzt seit einem Jahrhundert vertraut sei, ist dies nicht der Fall. Bereits der Erstbeschreiber *Hutchinson* hat der PML verschiedene Namen gegeben, später dann 1894 *Dubreuilh*; 1912 faßte dieser Autor die damals bekannten Fälle zusammen (5, 6, 12, 20, 21, 22, 23, 28). In der deutschen Literatur hat sich bis 1955 nur *Miescher* mit diesem Phänomen eingehender befaßt (20, 21). 1933 erwähnt er in seinem heute nahezu unbekannten Beitrag im *Jadassohn*schen Handbuch (20), daß seit der Darstellung von *Dubreuilh* 1912 *kein* Fall von PML in der Literatur zu finden sei, mit Ausnahme eines Patienten von Nanta, bei dem die PML von der Lippenhaut auf die Mundschleimhaut übergriff. Ferner betont *Miescher*, daß bei einigen der Patienten von *Dubreuilh* die Sklera betroffen war, also aus der Sicht von heute Besonderheiten darstellen. Nach *Klauder* und *Beerman* (12) waren von 35 Fällen von *Dubreuilh* 17 im Gesicht, zwei nur am Augenlid, vier nur an der Konjunktiva, drei an Lidern und Konjunktiva, zwei an den Schleimhäuten, sieben an den Extremitäten lokalisiert. *Miescher* erwähnt 1933 (20), daß die PML vorwiegend im Gesicht bei älteren Menschen vorkomme, überwiegend bei Frauen, eine Tatsache, die bis heute alle Autoren bestätigen. In der älteren Literatur, selbst noch in der Habilitationsschrift von *Gartmann* 1959, werden aber auch zahlreiche jüngere Menschen mit PML und LMM aufgeführt.

Miescher (20) schildert einen 38jährigen Patienten mit LMM, dessen Abbildung nur zu deutlich ein SSM mit spontaner Rückbildung und das Auftreten von Melanomknoten zeigt. Erneut auf die PML ging *Miescher* 1953 beim 22. Kongreß der Deutschen Dermatologischen Gesellschaft in Frankfurt im Rahmen seines hervorragenden Melanomreferates ein (21); auf der gleichen Tagung stellte *G. Weber* (32), damals Mainz, später Nürnberg, einen Fall von Melanosis praecancerosa circumscripta (*Dubreuilh*) bei einer 44 Jahre alten Frau vor und *Keining*, Mainz (11), betonte in der Diskussion, dies sei der erste in Deutschland mit dieser Diagnose vorgestellte Patient! Im gedruckten Diskussionstext ist angefügt – aber meiner Erinnerung nach hat *Keining* dies nicht in der Diskussion gesagt – daß die Lentigo maligna im Vergleich zur Melanosis *Dubreuilh* häufiger sei; was er damit meinte, bleibt leider verborgen. *Schuermann* dagegen erwähnte bei dieser Diskussion, daß solche Veränderungen, wie von *Weber* vorgestellt, in Würzburg öfter zu beobachten seien, und veröffentlichte dann 1955 in der Ärztlichen Wochenschrift eine ausgezeichnete Übersicht zur Klinik und Histologie der PML (28), die wiederum *Herzberg* im Referat im Zentralblattreferat veranlaßte, die Melanosis circumscripta praecancerosa nach *Schuermann* zu benennen.

Bemerkenswerterweise nahm keiner der Anwesenden bei der Diskussion um die PML auf den Vortrag von *Miescher* Bezug, der auf dem gleichen Kongreß gehalten worden war, was immer dafür die Ursache gewesen ist; *Miescher* war offenbar nicht mehr anwesend.

1963 schreibt *Cottini* (5) im Ergänzungswerk zum *Jadassohn*schen Handbuch im Kapitel »Hautmelanome« bezüglich der Lentigo maligna *Hutchinson* oder präkanzerösen umschriebenen Melanose *Dubreuilh*: »Dabei handelt es sich sowohl bezüglich ihrer effektiven Existenz als auch ihres innersten Wesens nach um eine äußerst umstrittene Krankheitsform«. *Cottini* betont auch, daß *Lever* die PML in der Zweitauflage seines Lehrbuches nicht erwähnt, ganz im Gegensatz zur 6. Auflage, in dem *Lever* die Dreiteilung voll anerkennt (14). Da die PML und demzufolge das LMM vornehmlich bei älteren Menschen an sonnenexponierter Haut vorkommt, ist ein elastotisch degeneriertes Bindegewebe in der Dermis zu erwarten. Wir halten es aber nicht für eine Conditio sine qua non, eine Ansicht, die auch in der Übersicht zu diesem Thema von *Heenan* et al., also einer australischen Autorengruppe, geteilt wird (9). Die von mir 1958 beschriebene PML des Hodensackes ist ein Beispiel (29).

Die PML geht, und hierin ist *Mishima* (23) beizupflichten, nicht von Nävomelanozyten, sondern von Melanozyten aus. Charakteristischerweise – und hierauf hatte bereits *Miescher* (20) hingewiesen – ist bei der Dopa-Reaktion die gesamte

Basalschicht wie ein Band angefärbt; eine Invasion der Zellen in die höhere Epidermis findet in diesem Stadium nicht statt, im Gegensatz zu den pagetoiden Zellen des SSM. Bei der retrospektiven Bewertung älterer Arbeiten ist zu berücksichtigen, daß wahrscheinlich Fälle von SSM in die Diagnose PML oder LMM eingegangen sind, so auch in der Melanomstudie von *Gartmann* (Habilitationsschrift, Leipzig 1959). *Gartmann* hebt aber bei den als echt zu betrachtenden PML-Fällen den ausschließlichen Befall der Basalschicht in den Anfangsstadien hervor. Charakteristisch ist die eigenartige Schrumpfung der PML-Zellen in der Basalschicht, so daß eine netzförmige Struktur entsteht. Ähnlich wie beim Morbus Bowen handelt es sich um einen Artefakt im Paraffinschnitt durch Schrumpfung bei hohem Wassergehalt der Zellen. Im allgemeinen ist die Epidermis bei PML nicht verbreitert, doch kommen selbst verruköse Formen vor, wie ein LMM am Unterschenkel, beschrieben von *Mahrle* et al. aus der Kölner Klinik, lehrt (15).
Charakteristisch ist für die PML der Mitbefall der obersten epidermisnahen Abschnitte des Haarfollikels, seltener der Schweiß- und der Talgdrüsen. Die pagetoide Ausbreitung der Melanomzellen bei PML, wie sie vor allem von *Miescher* hervorgehoben wurde, beruht wahrscheinlich auf einer Verwechselung mit dem SSM; die von mir 1958 klinisch als Paget-artig veröffentlichte Veränderung ist jedoch auch im Rückblick auf Grund der histologischen Struktur als PML aufzufassen (29).
Wenn sich ein malignes Melanom aus einer PML entwickelt, ist dieses LMM als solches nicht mehr von anderen Melanomen abzugrenzen (6); aus den Randveränderungen kann man jedoch häufig noch die Genese des Tumors ableiten. Nach Ansicht zahlreicher Autoren – aber nicht aller – und nach eigener Erfahrung ist die Prognose des LMM besser als die anderer Melanome; auch deshalb ist die Unterscheidung wichtig und klinisch berechtigt (2, 17, 18, 19).
Eingangs wurde bereits darauf hingewiesen, daß bei manchen Formen des LMM die auslösenden Wirkungen der Sonnenstrahlen anders eingeschätzt werden müssen als bei den übrigen Melanomformen (9).

Superfiziell spreitendes Melanom (SSM)

Das superfiziell spreitende Melanom ist seit langem bekannt (1, 13). Beispielsweise hat *Allen* auf das oberflächlich spreitende Melanom 1954 ausdrücklich hingewiesen (1). *Clark* et al. kommt jedoch das Verdienst zu, es in das Bewußtsein der Dermatologen und Pathologen gebracht zu haben. In der älteren Literatur wurde aber die PML nicht klar abgegrenzt; ich habe deshalb in meinem Vortrag über Präkanzerosen 1962 erstmals dargelegt, daß das Lentigo-maligna-Melanom von dem superfiziellen Melanom zu unterscheiden sei (30). Desgleichen habe ich 1964 die Dreiteilung des Melanoms in einer Tabelle im Ergänzungsband I, 2 S. 726 des *Jadassohn*schen Handbuches dargestellt (31).
Bekanntlich gibt es auch bei anderen Tumoren eine oberflächlich radiär spreitende und eine vertikal eindringende Form. Beim Plattenepithelkarzinom ist die oberflächlich spreitende Form möglicherweise der Morbus Bowen, wie schon *Unna* 1897, also 15 Jahre vor *Bowen*, angenommen hat; *Unna* nannte den Morbus Bowen Carcinoma serpiginosum multiplex (6). Im Gegensatz zur Lentigo praemaligna hat das SSM die charakteristischen Paget-artigen hellen Zellen vornehmlich in der Basalschicht, zum Teil auch höher in der Epidermis. Diese Zellen liegen meist nicht lückenlos aneinander gereiht, wie häufig bei der PML.
Nach meiner Ansicht ist ein wichtiges Kriterium für das Vorliegen eines Melanoms im Gegensatz zum Nävus, daß man einzelne solcher Zellen weit ab vom ursprünglichen Tumor finden kann. Ich bin daher nach wie vor der Ansicht, daß eine weite Exzision vielleicht nicht die minimal mögliche Therapie bei Melanomen, aber die optimale Therapie ist. Die Ergebnisse der Gemeinschaftsstudie im Rahmen der Arbeitsgemeinschaft Malignes Melanom, betreut von *Heite*, gesammelt in der Inaugural-Dissertation von *Rödiger* (26), ferner Daten, gesammelt von *Groth* und *Hecker* an meiner Klinik (unveröffentlicht), lassen eine unterschiedliche Wachstumstendenz zwischen den Zellen des SSM und des NM erkennen. Das Problem liegt nach meiner Ansicht darin, daß wir im histologischen Schnitt

nicht mehr erkennen können, ob von einem nodulären Melanom die Zellen seitlich spreiten oder das Melanom von seitlich spreitenden Zellen ausgegangen ist. Wir Dermatologen in Deutschland haben aber die Möglichkeit, die Patienten klinisch und histologisch zu untersuchen und den Verlauf zu kontrollieren, was der Pathologe nicht hat. Mein Lehrer *Gans* hat, wie man z. B. aus der Laudatio 1963 von *H. Montgomery* entnehmen kann, stets darauf hingewiesen, daß der histologische Befund immer als Korrektiv die Klinik haben sollte. Geschieht dies, so trifft das von *Ackerman* erneut betonte Faktum nicht mehr zu, daß wir im histologischen Bild eine Momentaufnahme vor uns haben und Ausbreitung oder Verlauf aus dem histologischen Bild allein unzulässige Annahme sei (16). Gemeinsam haben die PML und das SSM, daß sie lange Jahre, auch beim SSM über Jahrzehnte, bestehen können, ohne daß der Träger beeinträchtigt ist. Zahlreiche Autoren haben auf dieses Phänomen hingewiesen, auch wir in Köln; Herr *Paul* hat es vorbildlich dokumentiert (25). Es muß sich bei den Zellen des SSM um einen besonderen Zelltyp (Klon) handeln. Wieweit Zellen über die Lymphe oder den Blutweg in dieser Zeit ausgeschwemmt werden, kann niemand bis heute beurteilen. Beim malignen Melanom ist allgemein anerkannt, daß schon primär am malignen Melanom verschiedene Zelltypen beteiligt sein können, und auch, daß sich im Laufe der Entwicklung verschiedene Zellinien erst entwickeln. Hierauf beruht auch die unterschiedliche Ansprechbarkeit von Metastasen auf eine Zytostatikabehandlung. In der Zellkultur fanden *Rouge* und *Aubert* (27), daß PML-Zellen im Gegensatz zu denen vom SSM nur wenig proliferieren. *Herlyn* et al. fassen ihre eingehenden Studien zum Kulturverhalten von Melanomzellen dahingehend zusammen, daß in der Kultur Unterschiede zwischen Melanomzellen, gewonnen von radiär spreitenden und vertikal vordringenden Melanomen, bestehen (10). *Heenan* et al. (9) kommen zu dem Schluß, daß aufgrund ihrer epidemiologischen Daten nach sorgfältiger statistischer Abwägung Unterschiede zwischen der PML und anderen Melanomformen bestehen, jedoch konnten sie keine sicheren Abgrenzungen zwischen SSM und LM finden.

Primär noduläres Melanom (NM)

Das noduläre Melanom zeichnet sich per Definition durch vertikales Tiefenwachstum von Beginn an aus. Aus den bereits im Abschnitt: Superfiziell spreitendes Melanom genannten Gründen kann eine Differentialdiagnose gegenüber dem SSM schwierig sein. Das NM beginnt, wie das SSM und das LMM, an der Epidermis/Dermis-Grenze (3, 16). Wer aber Patienten gesehen hat, bei denen sich multiple NMe gleichzeitig rasch entwickelt haben, wird an der Besonderheit dieses Melanomtyps nicht zweifeln. Ein Beispiel ist der von *Wemmer* aus unserer Klinik beschriebene Patient, bei dem sich multiple NMe nach Vorbehandlung mit Methotrexat und UV-Strahlen wegen einer Psoriasis gleichzeitig entwickelten (33). Bei gleichzeitigem Vorhandensein von Melanozyten-Nävuszellnävi kann die Differenzierung gegen ein SSM besonders schwierig werden. Auch hier lassen die Angaben von *Rödiger* (26) und die erwähnten Befunde von *Groth* und *Hecker* aus Köln die Tendenz erkennen, daß auch bei Metastasierung die von vorneherein erkennbare höhere Malignität des NM erhalten bleibt, ein Beweis liegt jedoch nicht vor.

Auf die in der Zellkultur gefundenen Ergebnisse, daß nämlich Zellen aus radiär spreitenden Melanomen sich in der Kultur in mancher Hinsicht anders verhalten als die aus vertikal wachsenden, wurde bereits beim SSM hingewiesen. Bei der großen Variabilität im Verhalten maligner Melanome haftet allen Befunden eine erhebliche Unsicherheit an, auch bei solchen, die an einer scheinbar großen Zahl von Patienten gefunden wurden.

Gerade aber diese Tatsache sollte sich nicht dahingehend auswirken, ständig die Ansichten zu wechseln, es sei denn, sie seien eindeutig widerlegt.

Ich möchte daher abschließend dringend raten, die Unterscheidung in die genannten Melanomtypen beizubehalten, möglicherweise sind noch

weitere Differenzierungen erforderlich. Nur wenn dies geschieht, können therapeutische Ergebnisse verglichen und bewertet werden (Abbildung 1). Nachdem die Verwirrung in der älteren Literatur einigermaßen überwunden scheint, sollte man jetzt nicht wieder alles zusammenwerfen, im besonderen wäre es sehr schade, wenn die Melanomdiskussion in reine Semantik ausartete. Es ist aber dringend notwendig, daß man sich international auf Grund nachvollziehbarer Kriterien einigt, wie klinisch und feingeweblich die verschiedenen Melanomformen verbindlich zu typisieren sind.
Einen völlig neuen Aspekt erhält die Melanomforschung und auch die Unterscheidung der Melanomformen durch Erkenntnisse bei den Lymphomen, daß nämlich hier Entdifferenzierung der Lymphomzellen dazu führt, daß die Keratinozyten nicht mehr das Signal erhalten, das interzelluläre Adhäsionsmolekül zu exprimieren und daher die malignen Zellen nicht mehr in der Epidermis festgehalten werden. Beim Melanom darf man ähnliches vermuten.

Ich bin mir bewußt, daß ich nur Aphorismen bringen konnte und daß in meinem Thema eine Lebensaufgabe liegt. Wir Dermatologen sind berufen, diese zu lösen, weil wir die Möglichkeit haben, Klinik, Histologie, Therapie und Verlauf in einer Hand halten zu können; in manchen anderen Ländern ist diese Chance, wie Sie wissen, nicht gegeben.

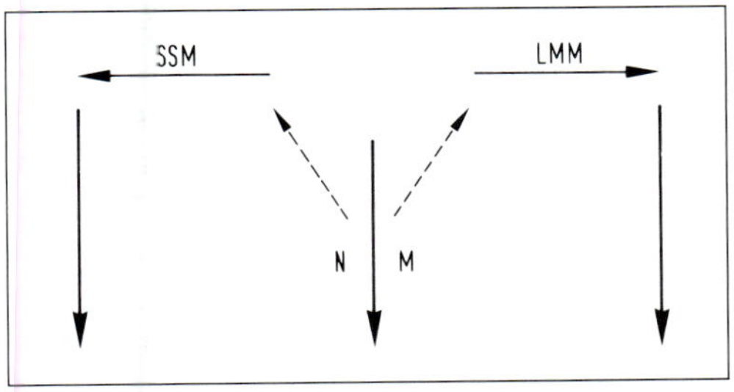

Abbildung 1. Das Schema kennzeichnet das Problem der Unterteilung des malignen Melanoms in drei Haupttypen, zwei primär radiär wachsende (SSM, LMM) und ein primär vertikal wachsendes (NM) Melanom. Fragen: Ist das Radiärwachstum bei SSM im Durchschnitt langsamer oder schneller als bei LMM, unterscheidet sich die Prognose bei gleicher Eindringtiefe bei den drei Formen, ist der Zelltyp anders bei SSM und LMM? Ist das NM mit gleichzeitigem oder sekundärem radiärem Wachstum vom SSM unterscheidbar? Näheres siehe Text.

Literatur

1 Allen AC (1954) The Skin, A Clinicopathologic Treatise. Mosby Company, St Louis

2 Balch CM, Shaw HM, Soong Sj, Milton GW (1988) Veränderungen der klinischen und pathologischen Merkmale des Melanoms in den letzten 30 Jahren. In: Balch CM, Milton GW, Shaw HM, Soong Sj (eds) Hautmelanome. Springer, Berlin, pp 301–327

3 Clark WH, Mihm MC (1969) Lentigo maligna and Lentigo-maligna-Melanom. Am J Path 55: 39–67

4 Cascinelli N (1988) Raggi ultravioletti e melanoma cutaneo. Giorn It Derm Vener 123: 449–455

5 Cottini GB (1963) Die Hautmelanome: In: Jadassohn (ed) Handbuch H & G, Ergänzungswerk III, 1. Springer, Berlin

6 Gans O, Steigleder GK (1957) Histologie der Hautkrankheiten, 2. Aufl., 2. B. Springer, Berlin, p 393

7 Gartmann H (1979) Desmoplastisches malignes Melanom. Z Hautkr 54: 107–114

8 Gartmann H (1982) Desmoplastisches malignes Melanom. Hautarzt 33: 401

9 Heenan PJ, Armstrong BK, English DR, D'Arcy C, Holman J (1987) Pathological and epidemiological variants of cutaneous malignant melanoma. In: MacKie RM, Elder DE (eds) Pigment Cell, vol 8. Karger, Basel, pp 107–146

10 Herlyn M, Ross AH, Balaban G, Herlyn D, Thurin J, Rodeck U, Koprowski H (1987) Cell biology of melanoma and nonmalignant melanocytic lesions. In: MacKie RM, Elder DR (eds) Pigment Cell, vol 8. Karger, Basel, pp 166–181

11 Keining G (1955) Melanosis praecancerosa circumscripta Dubreuilh. Arch Dermatol (Berlin) 200: 594

12 Klauder JV, Beerman H (1955) Melanotic freckle (Hutchinson), melanose circonscrite precancereuse (Dubreuilh). Arch Dermat 710: 2–10

13 Lane N, Lattes R, Malm J (1958) Clinicopathological correlations in a series of 117 malignant melanomas of the skin of adults. Cancer 11: 1025–1043

14 Lever WF, Schaumburg-Lever G (1983) Histopathology of the Skin, 6. Aufl. Lippincott Co, Philadelphia, p 703
15 Mahrle G, Bolling R, Gartmann H (1977) Verruköses Lentigo-maligna-Melanom (Spontane Regression und simultane Neubildung eines Zweittumors). Z Hautkr 52: 897–905
16 Maize JC, Ackerman AB (1987) Pigmented Lesions of the Skin, Clinicopathologic Correlations. Lea & Febiger, Philadelphia
17 McGovern VJ, Murad TM (1988) Pathologie des Melanoms (Überblick). In: Balch CM, Milton GW, Shaw HM, Soong Sj (eds) Hautmelanome. Springer, Berlin, pp 33–36
18 McGovern VJ (1982) Melanoma, histological diagnosis and prognosis. In: Biopsy Interpretation Series. Raven Press, New York (im besonderen S. 164 und 166)
19 Meyskens FL, Berdeaux DH, Parks B, Tong T, Loescher L, Moon THE (1988) Cutaneous malignant melanoma (Arizona Cancer Center Experience). I. Natural history and prognostic factors influencing survival in patients with stage I disease. Cancer 62: 1207–1214
20 Miescher G (1933) Melanom. In: Jadassohn (ed) Handbuch der Haut- und Geschlechtskrankheiten 12, 2. Springer, Berlin, 1077ff
21 Miescher G (1955) Über Klinik und Therapie der Melanome. Arch Dermatol (Berlin) 200: 215–238
22 Mishima Y (1960) Melanosis circumscripta praecancerosa (Dubreuilh). J Invest Dermat 34: 361–375
23 Mishima Y, Matsunaka M (1975) Pagetoid premalignant melanosis and melanoma: Differentiation from Hutchinson's melanotic freckle. J Invest Dermat 65: 434–440
24 Nickoloff BJ, Griffiths ChEM, Baadsgaard O, Voorhees JJ, Hanson CA, Cooper KD (1989) Markedly diminished epidermal keratinocyte expression of intercellular adhesion molecule-1 (ICAM-1) in Sézary syndrome. JAMA 261: 2217–22[illegible]
25 Paul E (1989) Wachstumsdynamik maligner Melanome. Fortschr Med 107: 97–102
26 Roediger S (1975) Strukturstudie anhand dokumentierbarer Daten beim malignen Melanom, Ergebnisse einer 10jährigen Gemeinschaftserhebung mehrerer Hautkliniken, Inaugural-Dissertation, Freiburg i. Br.
27 Rouge F, Aubert C (1979) A new approach to the differential diagnosis of human malignant melanomas. Cancer 44: 199–209
28 Schuermann H (1955) Melanosis circumscripta praecancerosa. Ärztl Wschr 10: 49–53
29 Steigleder GK (1958) Pseudopaget des Skrotums. Dermatologica 117: 165–172
30 Steigleder GK (1962) Die Präcancerosen in moderner Sicht. Hautarzt 14: 87–94
31 Steigleder GK (1964) Neoplastisch wuchernde Zellen der Kutis und Subkutis. In: Jadassohn (ed) Handbuch der Haut- und Geschlechtskrankheiten, Ergänzungswerk I/2, p 726
32 Weber G (1955) Melanosis praecancerosa circumscripta Dubreuilh. Arch Dermatol (Berlin) 200: 593
33 Wemmer U (1984) Multiple primäre maligne Melanome bei Psoriasis vulgaris unter Langzeittherapie mit Methotrexat. Z Hautkr 59: 665–66[illegible]

Anschrift des Verfassers:
Prof. Dr. G. K. Steigleder
Universitäts-Hautklinik
Josef-Stelzmann-Straße 9
D-5000 Köln 41

Treffsicherheit und Irrtum in der klinischen Melanomdiagnostik

H. Neuber, A. Lippold und M. Hundeiker
Fachklinik Hornheide

Zusammenfassung

Die Verdachtsdiagnose »malignes Melanom« wurde in der Fachkinik Hornheide im Zeitraum von März 1980 bis Juli 1988 in 2676 Fällen von jeweils zwei »melanomerfahrenen« Dermatologen unabhängig voneinander klinisch gestellt. Dabei erfolgte eine Einschätzung 1. der Melanomwahrscheinlichkeit (in %), 2. des Melanomtyps sowie 3. der möglichen Differentialdiagnosen. Diese Einschätzung wurde am histologischen Befund überprüft.

Das Ergebnis war in den Wahrscheinlichkeitsgruppen mit über 5% Melanomwahrscheinlichkeit überraschend kongruent, um so mehr, je übereinstimmender beide Einschätzer urteilten. In den Gruppen 1 bis 5% (MM möglich) und < 1% (MM klin. ausgeschlossen) lag der Melanomanteil mit 18% deutlich über dem Erwartungswert. Definitiv verkannte Melanome (81 Fälle) konzentrierten sich mit über 25% im Kopf/Hals-Bereich und waren zu 88% »dünne« Melanome (unter 1,5 mm). Häufigste Fehldiagnosen waren dysplastische und gewöhnliche Nävi, Basalzellpapillome, -karzinome und Angiome. Die Trefferquoten bei der Typeneinschätzung waren bei LMM (77%) SSM (84%), und ALM (82%) hoch, NM jedoch wurden nur in 57% richtig erkannt.

Dies zeigt, daß ein kleiner Teil vor allem der nodulären Melanome so uncharakteristische klinische Befunde aufweist, daß die Ausschlußdiagnose »MM« auch routinierten Untersuchern nicht sicher möglich ist. Dies erfordert bei den genannten benignen Tumoren ein »Overdiagnosing« zum Melanomausschluß.

Summary

Between March 1980 and July 1988, the tentative diagnosis of »malignant melanoma« was made in 2676 cases at the Special Clinic Hornheide by two independent »melanoma-experienced« dermatologists. This included assessing 1) the probability of melanoma (in %), 2) the type of melanoma, and 3) the possible differential diagnosis. This assessment was reviewed based on the histological findings.

The results were surprisingly congruent in the group with melanoma probability of over 5%, increasing where the two assessments grew more congruent.

In the group 1 to 5% (MM possible) and 1% (MM clinically excluded) the melanoma rate of 18% markedly exceeded the expected value. Definitely misjudged melanoma (81 cases) were found in over 25% in the head/neck region, 83% being »thin« melanoma (under 1,5 mm). The most common wrong diagnoses were dysplastic and common nevi, as well as basal cell papilloma, -carcinoma and angioma.

The number of correct scores in assessing the types was large in LMM (77%), SSM (84%), and ALM (82%). NM, however, had been estimated correctly in only 57%.

This shows that a small number, most of all nodular melanoma, reveal such uncharacteristic clinical findings that the safe exclusion of »MM« may not be possible even for experienced examiners. This requires »overdiagnosing« in order to exclude melanoma in cases of benign tumors mentioned above.

Einleitung

Früherkennung ist bei malignen Melanomen die einzig sichere Grundlage für gute Heilungsaussichten mit minimalem Behandlungsrisiko (11, 12, 16). Mit der Zunahme der Inzidenz dieser Tumoren wird ihre Diagnostik immer wichtiger (2, 11, 15). Zur Vervollkommnung der klinischen Aufblickdiagnostik mit dem bloßen Auge wurde zunächst die Lupe eingesetzt (vgl. auch 13). Mit der Entwicklung brauchbarer Vitalmikroskope vor allem im Zusammenhang mit den mikrozirkulatorischen Arbeiten von *L. Illig* in den 50er Jahren wurde diese Technik durch *Schumann* (17, 18) erstmals in der Diagnostik pigmentierter Hautläsionen eingesetzt und seither in Hornheide über mehr als zwei Jahrzehnte routinemäßig genutzt. Sie ist seither vielfach neu entdeckt und verfeinert worden (4, 15, 19, 20), ergänzt durch hochauflösende Makrophotographie (1, 2, 6).

Digitale Bildanalyse ist noch nicht bis zur breiteren Anwendung entwickelt, erste Befunde werden anläßlich dieser Tagung von der Hamburger Arbeitsgruppe vorgestellt. Die Sonographie ist in den letzten Jahren bis in den mikroskopischen Bereich einsetzbar geworden. Auch hierüber wird im gleichen Band an anderer Stelle eingehend berichtet.

Neue Fluoreszenzlicht-Untersuchungsmethoden helfen, Hinweise auf das Vorliegen proliferationsaktiver Gewebskomponenten zu gewinnen (14).

Der wirkliche Wert diagnostischer Merkmale und Methoden kann jedoch erst durch Analyse der Häufigkeit und Art klinischer Irrtümer bei verschiedenen Befundsituationen an einem ausreichend großen Material einigermaßen eingeschätzt werden (5, 7, 8, 9, 10). Hierzu soll die vorliegende Untersuchung beitragen.

Material und Methode

In der Fachklinik Hornheide wurde von März 1980 bis Juli 1988 2676mal die klinische Diagnose oder Differentialdiagnose »malignes Melanom« mit einer Wahrscheinlichkeitseinschätzung in % dokumentiert. Dabei mußten zwei ständig mit Melanomdiagnostik beschäftigte Dermatologen unabhängig voneinander zu folgenden Fragen Stellung nehmen:

1. Ein Melanom ist sicher (97–100%), sehr wahrscheinlich (90–96%), wahrscheinlich (50–89%), weniger wahrscheinlich (6–49%), möglich (1–5%) und klinisch nicht wahrscheinlich (< 1%).
2. Das Melanom gehört dem Typ LMM, SSM, NM, ALM, oder einem anderen Typ an, bzw. der Melanomtyp ist nicht bestimmbar.
3. Vom Untersucher erwogene Differentialdiagnosen, in der Reihenfolge ihrer abnehmenden Wahrscheinlichkeit (Abbildung 1).

Zweck dieses Vorgehens war, die weiteren diagnostischen und therapeutischen Schritte (Staging, Operationsplanung) festzulegen, und einen objektiven Maßstab zur Selbstkontrolle der klinischen Diagnostik durch Vergleich der klinischen Einschätzung mit dem histologischen Ergebnis zu schaffen. Die erhobenen Daten wurden mit Hilfe des Hornheider Dokumentationssystems verarbeitet. Hierfür steht ein speziell für Datenerfassung, -suche und -verknüpfung ausgelegtes EDV-System zur Verfügung (3).

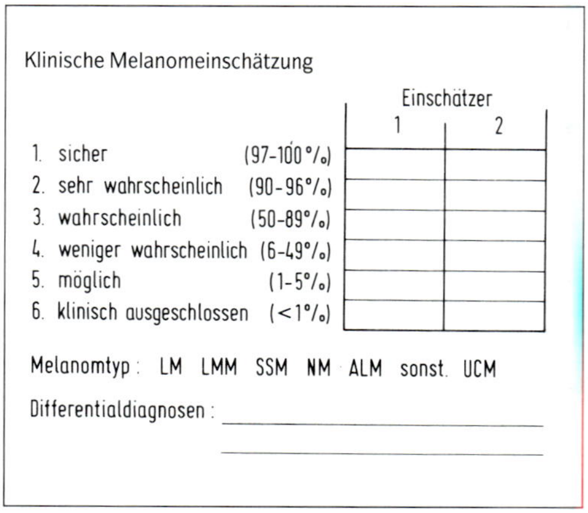
Klinische Melanomeinschätzung

		Einschätzer 1	Einschätzer 2
1. sicher	(97-100 %)		
2. sehr wahrscheinlich	(90-96 %)		
3. wahrscheinlich	(50-89 %)		
4. weniger wahrscheinlich	(6-49 %)		
5. möglich	(1-5 %)		
6. klinisch ausgeschlossen	(<1 %)		

Melanomtyp: LM LMM SSM NM ALM sonst. UCM

Differentialdiagnosen: ______

Abbildung 1. Klinische Melanomeinschätzung.

Ergebnisse

Bei der Treffsicherheit der Melanomdiagnose ist ein »Untersuchereffekt«, also eine von der Person des Untersuchers abhängende Trefferquote nicht festzustellen! Der Unterschied zwischen den Quotienten aus der Menge der eingeschätzten Fälle und den Fehleinschätzungen pro Untersucher war statistisch nicht signifikant.

Die Verteilung der Melanome nach Geschlecht (59% Frauen, 41% Männer), Lokalisation und Alter entspricht den bisherigen Angaben der Literatur.

Je übereinstimmender beide Einschätzer urteilten, desto höher war auch die Übereinstimmung zwischen klinischer und histologischer Beurteilung (Abbildung 2).

Betrachtet man die Verteilung der Fälle auf die verschiedenen Wahrscheinlichkeitsgruppen, bezogen auf die maximale Einschätzung pro Fall, und vergleicht diese Gruppen mit den histologischen Diagnosen, so ergibt sich eine geradezu ideale Korrelation zwischen klinischer Einschätzung und histologischer Überprüfung in den Gruppen 1 (sicher), 2 (sehr wahrscheinlich), 3 (wahrscheinlich) und 4 (weniger wahrscheinlich).

Auffällig ist hingegen der hohe histologische Melanomanteil in den Gruppen 5 (möglich) und 6 (klin. nicht wahrscheinlich). In Gruppe 6 befindet sich der Anteil der definitiv verkannten Melanome, also diejenigen Melanome, bei denen primär niemand an ein Melanom gedacht hat (auch nicht differentialdiagnostisch), die also erst histologisch als Melanome erkannt wurden.

In Gruppe 6 sind die prozentualen Angaben mit 81 von insgesamt 156 Fällen allerdings irreführend. In diese Gruppe müßten eigentlich alle Fälle mit einbezogen werden, die klinisch keinen Anhalt für ein Melanom boten und histologisch auch keine waren.

Die Prozentangaben in Gruppe 5 (»möglich«) sind hingegen repräsentativ. Sie zeigen mit 18% eindeutig einen wesentlich höheren Melanomanteil als die klinische Einschätzung erwarten ließ.

Art und Häufigkeit diagnostischer Irrtümer

In 1314 Fällen, in denen Melanome mit > *50%* Wahrscheinlichkeit angenommen worden waren, bestätigte sich diese Diagnose in 118 Fällen (9%) nicht. Gefunden wurden: Gewöhnliche Nävi (21%), dysplastische Nävi (15%), Basalzellpapillome (12%), Basalzellkarzinome (10%), Angiome und Angiokeratome (9%), präinvasive Lentigines malignae (also eher Früh- als Fehldiagnosen) (5%), Karzinome (4%), Naevi coerulii (2,5%), M. Bowen (2%), Histiozytome und Spitz-Nävi jeweils (0,8%).

Bei 969 Fällen, in denen Melanome mit < *50%* Wahrscheinlichkeit eingestuft worden waren, stellte sich in 644 Fällen (66%) *kein* Melanom heraus. Die übrigen histologischen Diagnosen waren der Häufigkeit nach: Nävuszellnävi (24%), Basalzellpapillome (16%), Basalzellkarzinome (12%), dysplastische Nävi (10%), Angiome und Angiokeratome (9%), blaue Nävi (5%), juvenile Melanome (5%).

Definitiv verkannte Melanome (81 Fälle) konzentrierten sich mit über 25% im Kopf/Hals-Bereich und waren zu 88% »dünne« Melanome (unter 1,5 mm).

Abbildung 3 zeigt die Ergebnisse der klinischen Melanomtypen-Zuordnung im Vergleich zur Histologie an Hand von 1223 Fällen.

Die restlichen Fälle waren auf Grund unvollständiger Daten in dieser Hinsicht nicht auswertbar. Hinzu kamen spezielle Einzelfälle wie Schleimhautmelanome, Melanome auf »Giant Naevus«,

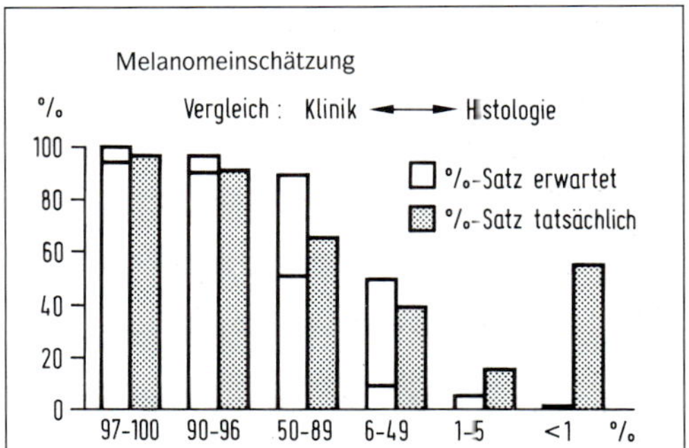

Abbildung 2. Melanomeinschätzung

UCM bei dysplastischem Nävussyndrom. In einigen Fällen war histologisch eine Unterscheidung nicht möglich zwischen LMM und SSM, fünf Fälle waren histologisch den klassischen Melanomtypen nicht zuzuordnen; ein Fall war klinisch als LM eingestuft, histologisch aber ein Melanom, das aus den gewonnenen Präparaten nicht sicher einem Typ zuzuordnen war.

Mit 77% bis 84% ist die klinische Treffsicherheit bei der Typeneinschätzung LMM, SSM und ALM hoch.

Auffällig ist die mit 57% geringe Trefferwahrscheinlichkeit beim NM. 40% der klinisch als NM eingestuften Melanome erwiesen sich histologisch als SSM. Umgekehrt stellen die histologisch gesicherten NM mit knapp 5% die größte Gruppe der klinisch falsch eingeschätzten SSM. Noduläre Melanome sind schwer erkennbar.

Diskussion

Die vorgelegten Zahlen geben ein schlechteres Bild der Diagnostik wieder, als der Wirklichkeit entspricht: Infolge einer ursprünglich stark auf chirurgische Bedürfnisse ausgerichteten Dokumentation waren bisher In-situ-Melanome und Lentigines malignae nicht als »Melanom« erfaßt worden.

Dies führt aber dazu, daß In-situ-Befunde, einschließlich der Lentigo maligna, in der Statistik als scheinbare »Fehldiagnosen« erscheinen. Dadurch wird eine Verbesserung der Früherkennung, je nach Art der Auswertung, als »Verschlechterung« der diagnostischen Trefferquoten oder als Verminderung der Fallzahl markiert. Die weithin noch übliche Weise der Befunddokumentation muß also für zukünftige Arbeiten genauer werden, um die Ergebnisse des Bemühens um Früherkennung und Frühbehandlung überhaupt verfolgen zu können.

Aus den jetzigen Ergebnissen läßt sich zusammenfassend folgern:

1. Was typisch wie ein Melanom aussieht, also melanomtypische Kriterien aufweist, wird auch sicher als Melanom erkannt.

2. Ein Teil der Melanome ist jedoch klinisch mit den bisherigen Methoden nicht diagnostizierbar, da diese Tumoren keine charakteristischen Merkmale entwickeln. Diese Formen erfordern besondere Aufmerksamkeit.

3. Neben uncharakteristisch wachsenden nodulären Melanomen sind in dieser Gruppe ganz überwiegend noch sehr »dünne« Melanome vertreten, also gerade die Gruppe mit den besten Heilungsaussichten. Noch schwieriger sind offenbar »in situ«-Befunde von harmlosen Hautveränderungen zu unterscheiden.

4. Solange keine bahnbrechenden Fortschritte in der klinischen Diagnostik eine sichere Differenzierung zwischen Melanomen, deren Vorstufen und anderen harmlosen Hautveränderungen ermöglichen, besteht eine gewisse Verpflichtung zum »over-diagnosing«.

5. Die Gruppe der als nicht unverdächtig, aber mit unter 5% Melanomwahrscheinlichkeit eingeschätzten Fälle bedarf eingehender Erforschung im Hinblick auf diagnostisch nutzbare Merkmale und Methoden.

Neue Impulse lassen z.B. die in der Einleitung aufgeführten Verfeinerungen in der apparativen Diagnostik erwarten. Entscheidend bleibt aber nach wie vor der »diagnostische Blick des Geübten«. Er kann durch zusätzliche Methoden nur ergänzt, nicht ersetzt werden.

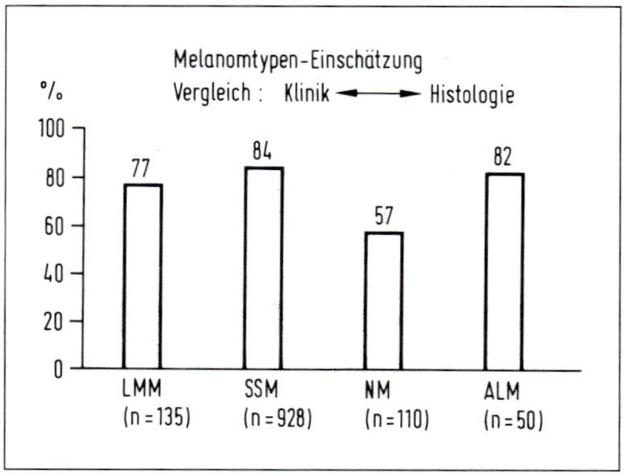

Abbildung 3. Melanomtypen-Einschätzung.

Literatur

1 Bahmer FA, Rohrer C (1985) Ein Beitrag zur Abgrenzung früher Melanome mittels einer einfachen Methode der hochauflösenden Hautoberflächenfotografie. Akt Dermatol 11: 149–153

2 Balkau D, Gartmann H, Wischer W, Grotens A, Hagemeier HH, Hundeiker M, Suter L (1985) Architectural features in melanocytic lesions with cellular atypia. Dermatologica 177: 129–137

3 Elsässer KH, Trull B (1988) KRAZTUR – Systembeschreibung, Selbstverlag, Köln

4 Fritsch P, Pechlaner R (1981) Differentiation of benign from malignant melanocytic lesions using incident light microscopy. In: Ackerman AB (ed) Pathology of Malignant Melanoma. Masson, New York, pp 301–312

5 Friedrich H-K, Höbel W, Hundeiker M (1975) Fehldiagnosen und ihre Ursachen bei Tumoren und Präblastomatosen der Haut. Hautarzt 26: 362–366

6 Haas N, Ernst TM, Stüttgen G (1984) Makrofotografie in transmittierendem Licht – Ein Beitrag zur horizontalen Strukturanalyse pigmentierter Hauttumoren. Z Hautkr 59: 984–989

7 Hühn W, Friedrich H-J, Ruppel R, Hundeiker M (1979) Treffsicherheit der klinischen Diagnose bei malignen Melanomen. Z Hautkr 54: 914–920

8 Hundeiker M (1985) Differentialdiagnosen der malignen Melanome: woran muß bei pigmentierten Hauttumoren noch gedacht werden? Therapiewoche 35: 846–853

9 Hundeiker M (1987) Diagnostische Merkmale der malignen Melanome und zur Melanomentwicklung neigender Pigmentmale. Dt Med Wschr 112: 551–552

10 Hundeiker M (1988) Früherkennung von malignen Melanomen und melanomgefährdeten Personen. In: Schwenzer N, Pfeiffer R (eds) Fortschritte der Kiefer- und Gesichtschirurgie, Bd. 23. G. Thieme, Stuttgart New York, pp 111–113

11 Jung EG (1989) Wie kann man Melanome verhindern? Prävention der Melanome und Früherkennung der Melanomvorläufer. Dt Med Wschr 114: 393–397

12 Illig L, Paul E, Hundeiker M (1983) »Public and professional melanoma education« – ein deutsches Modell zur Verbesserung der Melanomfrüherkennung bzw. -erfassung mit publizistischen Methoden auf dem Boden korrigierter Vorstellungen über Melanome und Naevi. Z Hautkr 58: 73–118

13 Knoth W, Boepple D, Lang WH (1979) Differentialdiagnostische Untersuchungen mit dem Dermatoskop bei ausgewählten Erkrankungen. Hautarzt 30: 7–11

14 Lohmann W, Paul E (1988) In situ detection of melanomas by fluorescence measurements. Naturwissenschaften 75: 201–202

15 MacKie R (1971) An aid to the preoperative assessment of pigmented lesions of the skin. Br J Dermatol 85: 232–238

16 Rassner G (1988) Früherkennung des malignen Melanoms. Hautarzt 39: 396–401

17 Schumann J (1967) Neue Möglichkeiten in der Technik der Vitalmikroskopie an der Haut. Z Wiss Mikr 70: 1–11

18 Schumann J, Bieß B (1972) Vitalmikroskopie des malignen Melanoms. Verh Dt Dermat Ges, 29. Tagung, Berlin, 29.9.–2.10.71 Arch Derm Forsch 244: 275–278

19 Soyer H, Smolle P, Kresbach H, Hödl S, Glavanovitz P, Pachernegg H, Kerl H (1988) Zur Auflichtmikroskopie von Pigmenttumoren der Haut. Hautarzt 39: 223–227

20 Steiner A, Pehamberger H, Wolff K (1988) Verbesserung der präoperativen Diagnostik von pigmentierten Hautläsionen durch die Epilumineszenzmikroskopie. In: Haneke E (ed) Gegenwärtiger Stand der operativen Dermatologie. Fortschritte der operativen Dermatologie, Bd. 10. Springer, Berlin Heidelberg New York Tokyo, pp 147–149

Für die Verfasser:
Prof. Dr. M. Hundeiker
Fachklinik Hornheide
Dorbaumstraße 300
D-4400 Münster

Auflichtmikroskopie zur Differentialdiagnose pigmentierter Hauttumoren

H. P. Soyer, J. Smolle, E. Richtig, S. Hödl und H. Kerl
Universitätsklinik für Dermatologie und Venerologie, Graz

Zusammenfassung

Die Auflichtmikroskopie wird seit einigen Jahren als Hilfsmittel zur Diagnose von Pigmenttumoren der Haut verwendet. Für die Durchführung dieser Untersuchungsmethode werden ein Stereomikroskop, Immersionsöl und ein Deckglas benötigt. Mit Hilfe der Auflichtmikroskopie können zusätzliche klinische Kriterien zur Diagnose von Pigmentläsionen erstellt werden, die sich mit dem histologischen Bild korrelieren lassen. Der Anwendungsbereich der Auflichtmikroskopie betrifft einerseits die Unterscheidung zwischen melanozytären und nicht-melanozytären Pigmenttumoren sowie andererseits eine exaktere Einordnung von Melanomvorläufern und Melanomfrühformen. Die präoperative Diagnostik erfährt dadurch eine nicht unwesentliche Präzisierung, die vor allem für den operativ tätigen Dermatologen von Interesse ist und die Durchführung der Therapie erleichtert.

Summary

The diagnosis and differential diagnosis of pigmented tumors of the skin is a continuing challenge for dermatologists due to the fact that clinical guidelines for the diagnosis of these lesions are not always reliable. Recently, surface microscopy has been shown to provide additional features and subtle clues for the assessment of pigmented skin lesions and therefore this technique represents an interesting approach to solving this problem. For this in vivo investigation, a stereomicroscope, a glass slide and immersion oil are used. In the present study, the various in vivo criteria of this method, which go beyond the changes discernible to the naked eye, are correlated with the histopathological structures in step-sectioned specimens. Characteristic surface microscopic features such as the pigment network, ›black dots‹ or ›irregular extensions‹ were found to correspond to particular histological findings. Surface microscopy opens a new dimension of clinical morphology for the diagnosis of malignant melanomas, dysplastic nevi or non-melanocytic pigmented neoplasms and facilitates a more precise preoperative assessment of these lesions.

Einleitung

Die heute günstigere Prognose des Melanoms ist nicht zuletzt auf die verbesserte Frühdiagnose zurückzuführen, die nach wie vor im Mittelpunkt des Interesses steht (8, 14, 20). Die konventionellen frühdiagnostischen Möglichkeiten umfassen: Klinische Inspektion, Lupenbetrachtung, diagnostische Exzision und subtile histologische Untersuchung. Diese Stufenfolge läßt sich durch die intravitale Auflichtmikroskopie erweitern, die eine neue Dimension der prätherapeutischen Diagnostik erschließt.

Die intravitale Auflichtmikroskopie (Synonyma: incident light microscopy, skin microscopy, direct microscopy of skin, surface microscopy, Epilumineszenzmikroskopie, intravitale Makrophotographie, hochauflösende Hautoberflächenphotographie) wird bereits seit einigen Jahren als Hilfsmethode zur Diagnose von Pig-

menttumoren verwendet (1, 3–6, 13, 16–19). Historisch erwähnenswert ist, daß *Hinselmann* – der Begründer der Kolposkopie – bereits 1933 auf diese Technik hingewiesen hat (7). 1971 hat dann *Rona MacKie* auf die Möglichkeit einer präoperativen Beurteilung von Pigmentläsionen aufmerksam gemacht (11), und zehn Jahre später haben *Fritsch* und *Pechlaner* diese Methode neuerlich aufgegriffen (3).
Anhand eigener Studien werden in der vorliegenden Arbeit die spezielle Terminologie und die diagnostischen Kriterien der Auflichtmikroskopie für die Diagnose von Pigmenttumoren der Haut dargestellt (16–18).

Methodik und Patienten

Die auflichtmikroskopischen Untersuchungen wurden mit einem Operationsmikroskop (Stereomikroskop Wild Heerburg M 650) mit entsprechenden Vergrößerungen (6x, 10x, 16x, 25x, 40x) durchgeführt. Es ist notwendig, die zu untersuchenden Pigmentläsionen mit einem Tropfen Immersionsöl und einem Deckglas zu bedecken. Das Immersionsöl ermöglicht die Darstellung einer optisch homogenen Hornschicht und erlaubt eine bessere Beurteilung der dermo-epidermalen Junktionszone. Die Dokumentation erfolgte mit Hilfe einer eingebauten Spiegelreflexkamera (Minolta XG-M).
Insgesamt wurden 402 Pigmentläsionen untersucht, die sich in folgende Diagnosen aufschlüsseln lassen: malignes Melanom (107 Fälle), Melanoma in situ (22 Fälle), dysplastischer Nävus (87 Fälle), papillomatöser dermaler Nävus (15 Fälle), Compound-Nävus (40 Fälle), Junktionsnävus (52 Fälle), Verruca seborrhoica (27 Fälle), pigmentiertes Basaliom (19 Fälle), solitäres Angiokeratom (22 Fälle) pigmentiertes Dermatofibrom (5 Fälle), subkorneales Hämatom (6 Fälle).

Ergebnisse

Alle melanozytären Läsionen weisen, mit Ausnahme von papillomatösen dermalen Nävi und blauen Nävi, ein unterschiedlich ausgeformtes Pigmentnetz auf. Dieses hebt sich von einem mehr oder weniger gleichmäßig braun gefärbten Hintergrund ab. Histologisch korrespondiert das Pigmentnetz mit verlängerten und deutlich pigmentierten Reteleisten, während die basale Pigmentierung für die diffuse Hintergrundpigmentierung verantwortlich ist. Maligne Melanome sind durch folgende auflichtmikroskopische Kriterien charakterisiert: »Verbreitertes Pigmentnetz«, »bizarre Ausläufer« und »schwarze Punkte«. Die entsprechenden histologischen Veränderungen sind in Tabelle I aufgelistet. Diese auflichtmikroskopischen Details werden entweder einzeln oder kombiniert bei nahezu jedem invasiven malignen Melanom beobachtet. Das Melanoma in situ ist dagegen vorwiegend durch ein deutlich verbreitertes und peripher gelegenes Pigmentnetz gekennzeichnet (Abbildung 1).
Zum Unterschied von malignen Melanomen findet sich bei dysplastischen Nävi ein deutlich »verbreitertes Pigmentnetz« äußerst selten. »Bizarre Ausläufer« und »schwarze Punkte« las-

Tabelle I. Auflichtmikroskopische Kriterien und zugrundeliegende histologische Veränderungen

Auflichtmikroskopische Kriterien	Histologische Veränderungen	Diagnostische Bedeutung
Pigmentnetz	markante und pigmentierte Reteleisten	melanozytäre Läsion
Verbreitertes Pigmentnetz	verbreiterte, stark pigmentierte Reteleisten	frühes malignes Melanom
Tiefschwarze Punkte ›black dots‹	Ansammlungen von Melanozyten und Melanin im Stratum corneum	malignes Melanom
Bizarre Ausläufer ›irregular extensions‹	konfluierende, stark pigmentierte, junktionale Nester	malignes Melanom

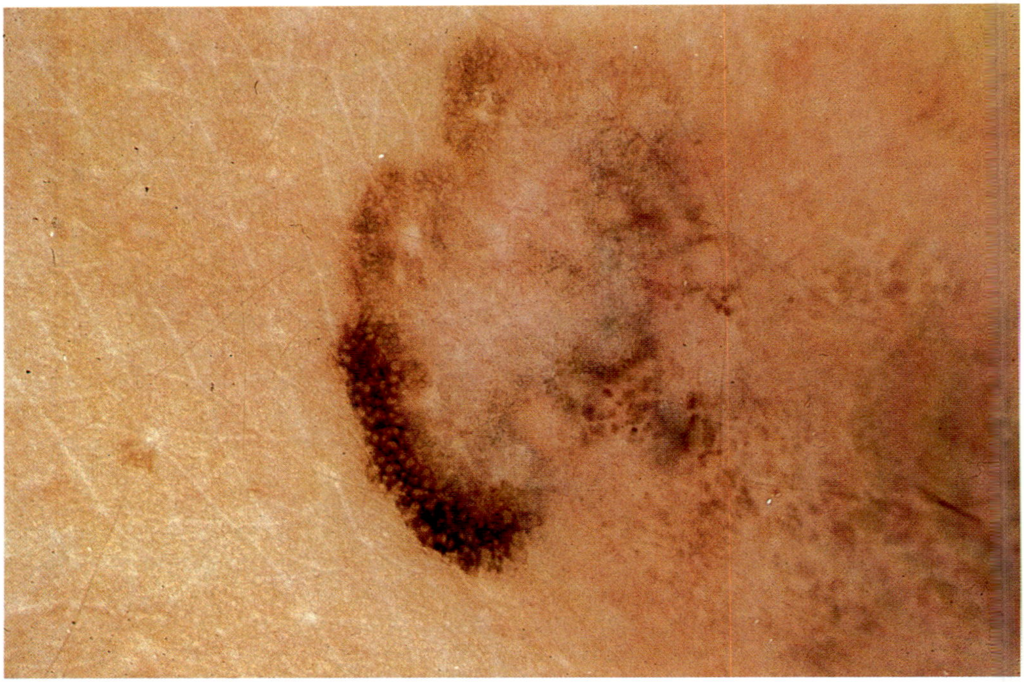

Abbildung 1. Melanoma in situ (M) im Bereich eines Nävuszellnävus (N). Das deutlich verbreiterte Pigmentnetz in der Peripherie stellt ein wichtiges auflichtmikroskopisches Merkmal für ein Melanoma in situ dar (↑).

sen sich bei dysplastischen Nävi nicht nachweisen. Diese sind eher durch ein ungleichmäßig über die Läsion verteiltes unregelmäßiges und oft verwaschenes Pigmentnetz gekennzeichnet. Allen nicht-melanozytären Pigmenttumoren ist das Fehlen eines Pigmentnetzes gemeinsam. Pigmentierte Basaliome können in typischen Fällen mehrblättrig angeordnete dunkelbraungraue Areale aufweisen, während Gefäßtumoren – hier v.a. solitäre Angiokeratome – durch zahlreiche, unterschiedlich rötlich markierte Areale charakterisiert sind (Abbildung 2). Verrucae seborrhoicae sind neben dem fehlenden Pigmentnetz durch vereinzelte kreisrunde weißlich-gelbe Bezirke, die histologisch mit den sog. Pseudohornzysten korrelieren, erkennbar.

Besprechung

Die klinische Diagnose bzw. Differentialdiagnose von Pigmenttumoren der Haut ist auch für den erfahrenen Dermatologen in vielen Fällen sehr schwierig und die Frage der Notwendigkeit zur Exzision einer pigmentierten Hautläsion läßt sich oft nicht eindeutig beantworten. Neben den komplementärdiagnostischen Verfahren wie Thermographie und Sonographie kommt der intravitalen Auflichtmikroskopie eine wichtige Bedeutung zu (10, 12). Diese Methode erschließt eine neue, klinisch-makroskopisch mit freiem Auge nicht sichtbare Dimension bei der Beurteilung von Pigmentläsionen und führt in zahlreichen Fällen zu einer Erweiterung der prätherapeutischen Diagnose. In einer auflichtmikroskopischen Studie von *Steiner* et al., die 318 Pigmenttumoren untersuchten, wird eine Erhöhung der diagnostischen Treffsicherheit von 61% auf 85% aufgezeigt (19). Unsere eigenen Erfahrungen sind im Einklang mit diesen Ergebnissen. Man muß aber hinweisen, daß auch mit Hilfe der Auflichtmikroskopie eine absolute Verläßlichkeit bei der Diagnose von Pigmentläsionen nicht erzielt werden kann. Die Aussagekraft der Auflichtmikroskopie wird

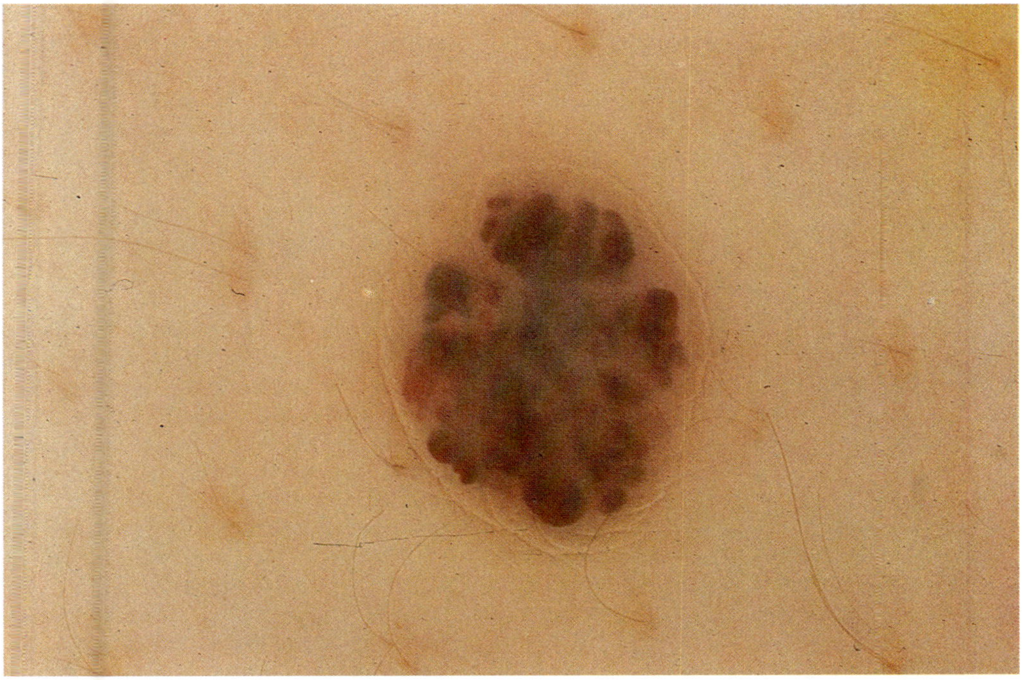

Abbildung 2. Hämangiom. Das Auflichtbild zeigt mehrere, scharf begrenzte, rötlich markierte Areale. Ein Pigmentnetz ist nicht nachweisbar.

insbesondere bei der Beurteilung knotiger, dermaler Pigmenttumoren eingeschränkt. Knotige Läsionen können aber sonographisch oft besser erfaßt werden und es bietet sich in diesen Fällen die kombinierte Anwendung von Auflichtmikroskopie und Sonographie an (10).

Abgesehen von den technischen Schwierigkeiten bei der Anfertigung qualitativ einwandfreier Bilder zu Dokumentationszwecken ist die auflichtmikroskopische Untersuchung relativ einfach und für den Patienten in keiner Weise belastend. Weil für die Durchführung dieser Untersuchungsmethode in der Praxis des niedergelassenen Dermatologen die in den Kliniken meist verwendeten Operationsmikroskope aus Kostengründen nicht zur Verfügung stehen, soll auf ein preiswertes und handliches Auflichtmikroskop mit batteriegespeister Lichtquelle hingewiesen werden (15).

Nach derzeitigem Wissen stellt einerseits die Unterscheidung zwischen melanozytären und nicht-melanozytären Pigmenttumoren und andererseits die Abgrenzung zwischen benignen und malignen melanozytären Läsionen das wichtigste Anwendungsgebiet der Auflichtmikroskopie dar. So können mit dieser Technik pigmentierte Basaliome, pigmentierte Dermatofibrome, ungewöhnliche Verrucae seborrhoicae, subkorneale Hämatome und Gefäßtumoren, wie z.B. solitäre Angiokeratome, mit großer Sicherheit diagnostiziert werden. Aber auch die in den letzten Jahren aktuell gewordene Unterscheidung zwischen Melanomfrühformen (Melanoma in situ) und Melanomvorläufern (dysplastische Nävi) kann durch die zusätzlichen Kriterien der Auflichtmikroskopie erleichtert werden (9). Insbesondere die Beobachtung eines deutlich verbreiterten, peripher gelegenen Pigmentnetzes ist ein wichtiges diagnostisches Kriterium für ein frühes malignes Melanom (16, 17).

Die verschiedenen auflichtmikroskopischen Bilder einschließlich der speziellen Kriterien wie z.B. »verbreitertes Pigmentnetz«, »irreguläre Ausläufer«, und »schwarze Punkte« lassen sich durch das Studium der korrespondierenden histologischen Schnitte einer bestimmten feingeweblichen Architektur zuordnen. Durch diese verfeinerte klinisch-histologische Korrelation läßt sich feststellen, welche Einzelheiten der Histomorphologie für das auflichtmikroskopische Detail verantwortlich sind. Bei alleiniger Betrachtung der Auflichtaufnahme sind dann bei entsprechender Erfahrung Rückschlüsse auf die zugrundeliegenden histologischen Veränderungen möglich. Diese Überlegungen weisen eine gewisse Parallele zur Entwicklung der Kolposkopie und der Zervixpathologie auf.

Literatur

1 Bahmer FA, Rohrer C (1985) Ein Beitrag zur Abgrenzung früher Melanome mittels einer einfachen Methode der hochauflösenden Hautoberflächenfotografie. Akt Dermatol 11: 149–153

2 Burghardt E (1984) Kolposkopie – Spezielle Zervixpathologie. Lehrbuch und Atlas. Thieme, Stuttgart New York

3 Fritsch P, Pechlaner R (1981) Differentiation of benign from malignant melanocytic lesions using incident light microscopy. In: Ackerman AB (ed) Pathology of Malignant Melanoma. Masson Publ, New York, pp 301–312

4 Goldman L (1980) Direct microscopy of skin in vivo as a diagnostic aid and research tool. J Dermatol Surg Oncol 6: 744–746

5 Haas N, Ernst TM, Stüttgen G (1984) Makrofotografie im transmittierenden Licht – Ein Beitrag zur horizontalen Strukturanalyse pigmentierter Hauttumoren. Z Hautkr 59: 985–989

6 Haas N, Ernst TM (1986) Makrophotographische Korrelate zur Histologie bei Precursor-Naevi und SSM in Anlehnung an das Schema von McGovern. Z Hautkr 61: 1535–1542

7 Hinselmann H (1933) Die Bedeutung der Kolposkopie für den Dermatologen. Dermatol Wschr 96: 533–545

8 Kerl H, Hödl S, Kresbach H, Stettner H (1982) Diagnosis and prognosis of the early stages of cutaneous malignant melanoma. In: Burghardt E, Holzer E (eds) Clinics in Oncology. Vol. 1. Saunders, London Philadelphia Toronto, pp 433–453

9 Kerl H, Smolle J (1985) Dysplastische Nävus-Syndrome und Frühmelanome. Hautarzt (Suppl. VII) 36: 86–88

10 Kraus W, Nake-Elias A, Schramm P (1985) Diagnostische Fortschritte bei malignen Melanomen durch die hochauflösende Real-Time-Sonographie. Hautarzt 36: 386–392

11 MacKie RM (1971) An aid to the preoperative assessment of pigmented lesions of the skin. Br J Dermatol 85: 232–238

12 Michel U, Hornstein OP, Schönberger A (1985) Infrarotthermographie beim malignen Melanom – Möglichkeiten und Grenzen. Hautarzt 36: 83–89

13 Pehamberger H, Steiner A, Wolff K (1987) In vivo epiluminescence microscopy of pigmented skin lesions. I. Pattern analysis of pigmented skin lesions. J Am Acad Dermatol 17: 571–583

14 Schmöckel C, Wagner-Grösser G, Braun-Falco O (1985) Klinische Diagnostik initialer maligner Melanome. Hautarzt 36: 558–562

15 Schwermann M, Elsner P (1988) Stellungnahme zur Arbeit: Zur Auflichtmikroskopie von Pigmenttumoren der Haut. Hautarzt 39: 795

16 Soyer HP, Smolle J, Kerl H, Stettner H (1987) Early diagnosis of malignant melanoma by surface microscopy. Lancet ii: 803

17 Soyer HP, Smolle J, Hödl S, Pachernegg H, Kerl H (1989) Surface microscopy: A new approach to the diagnosis of cutaneous pigmented tumors. Am J Dermatopathol 11: 1–10

18 Soyer HP, Smolle J, Kresbach H, Hödl S, Glavanovitz P, Pachernegg H, Kerl H (1988) Zur Auflichtmikroskopie von Pigmenttumoren der Haut. Hautarzt 39: 223–227

19 Steiner A, Pehamberger H, Wolff K (1987) In vivo epiluminescence microscopy of pigmented skin lesions. II. Diagnosis of small pigmented skin lesions and early detection of malignant melanoma. J Am Acad Dermatol 17: 584–591

20 Wick MM, Sober AJ, Fitzpatrick TB, Mihm MC, Kopf AW, Clark WH, Blois MS (1980) Clinical characteristics of early cutaneous melanoma. Cancer 45: 2684–2686

Für die Verfasser:
Dr. H. P. Soyer
Universitätsklinik für Dermatologie
und Venerologie
Auenbruggerplatz 8
A-8036 Graz

Wertigkeit der hochauflösenden Sonographie für die präoperative Diagnostik des malignen Melanoms

G. Gassenmaier, F. Kiesewetter, H. Schell und M. Zinner
Dermatologische Universitätsklinik Erlangen

Zusammenfassung

Ultraschallgeräte der neueren Generation sind in der Lage, auch sehr flache Hauttumoren darzustellen und erlauben schon präoperativ die Bestimmung der maximalen vertikalen Tumordicke. Die sehr gute Korrelation zwischen sonographisch und histometrisch ermittelter maximaler Tumordicke beim malignen Melanom der Haut ist für die operative Therapieplanung von entscheidender Bedeutung. Ihre Grenzen findet die Methode beim Zusammentreffen von malignen Melanomen mit entzündlichen Begleitinfiltraten und dermalen Nävusanteilen. Letztere lassen sich vom eigentlichen Tumor nicht ausreichend abgrenzen, weshalb die sonographische größer als die tatsächliche histologische Tumordicke ist. Schmale Tumorzapfen, welche sich in die Tiefe ausdehnen, können dem sonographischen Nachweis entgehen.
Hinsichtlich der Artdiagnose kann die Sonographie nur einen begrenzten Beitrag leisten. Die überwiegende Mehrzahl der Pigmenttumoren stellt sich echoarm dar und läßt eine genauere Differenzierung nicht zu. Lediglich bindegewebsreiche Tumoren und Hämangiome lassen sich gut von malignen Melanomen abgrenzen.

Summary

Modern ultrasound scanners enable the preoperative evaluation of tumor thickness in malignant melanoma of the skin. The correlation between sonographic and histometric tumor diameters is of high statistical significance. This is a primary determinant for operative procedures. Inflammatory infiltrations as well as dermal nevi arranged on the tumor basis cannot be distinguished from the tumor mass of melanoma well enough. Therefore the tumor thickness sonographically found is larger than the real histological value. Small tumor cell aggregates below the main tumor mass will usually be missed by sonography too.
In respect to species diagnosis of the tumor sonography can only be of partial value. The majority of pigmented lesions are sonographically hypodense and allow therefore no further distinction. Only fibrous tissue tumors and angiomas can be distinguished well from malignant melanoma.

Einleitung

Die Diagnose des malignen Melanoms der Haut erfolgt in erster Linie klinisch, während die Diagnosesicherung nur durch die histologische Untersuchung möglich ist. Bei der chirurgischen Behandlung des Tumors wird der minimale seitliche Exzisionsabstand vom maximalen vertikalen Tumordurchmesser bzw. der Eindringtiefe des Tumors bestimmt.
Mit zunehmender Modifizierung des chirurgischen Vorgehens wurde es wünschenswert, die Eindringtiefe präoperativ und nicht invasiv zu bestimmen. Als geeignete und ideale Untersuchungsmethode bot sich hier die Sonographie an. Während jedoch herkömmliche Ultraschallgeräte nicht über das im Hautbereich erforderliche Auflösungsvermögen verfügten, sind mit

der Entwicklung hochauflösender Geräte (Frequenzen um 20 MHz) heute die technischen Voraussetzungen erfüllt, den Wert der Sonographie auch für die Dermatologie auszuloten (1).
Wir berichten über unsere Erfahrungen, die wir mit einem solchen Gerät in den vergangenen 15 Monaten sammeln konnten, wobei das Ziel unserer Untersuchung die Klärung folgender Fragen war:

1. Gibt es sonographische Kriterien, die es erlauben, maligne Melanome von anderen Pigmenttumoren zu differenzieren?
2. Besteht eine ausreichende Korrelation zwischen sonographisch und histometrisch ermittelter Tumordicke, so daß die sonographischen Werte zur chirurgischen Therapieplanung herangezogen werden können?
3. Welche histologischen Besonderheiten lassen sich in den Fällen nachweisen, in denen Sonographie und Histometrie zu unterschiedlichen Resultaten kamen?

Methoden und Patienten

Als *Untersuchungsgerät* stand uns ein Prototyp der Firma Siemens (Gerätesystem MX-DD 60x) zur Verfügung. Es handelt sich hierbei um einen B-Bild-Sektor-Scanner mit einem 20-MHz-Schallkopf. Die Scan-Rate beträgt maximal drei Bilder pro Sekunde, das Ortsauflösungsvermögen des Systems liegt real bei 0,1 mm (vertikal) bzw. 0,5 mm (lateral). Die Bildwiedergabe erfolgt in Doppelbilddarstellung auf einem Schwarz-weiß-Monitor, Distanzmessungen zwischen zwei willkürlich wählbaren Punkten sind mit einer Genauigkeit von 0,1 mm möglich.
Es wurden 198 *Patienten* mit insgesamt 237 Hautläsionen sonographisch untersucht. Hierunter befanden sich 72 Patienten mit einem malignen Melanom der Haut sowie 96 Patienten mit anderen histologisch gesicherten Pigmenttumoren (Nävuszellnävi, dysplastische Nävuszellnävi, Hämangiome, blaue Nävi, pigmentierte seborrhoische Keratosen, pigmentierte Basaliome, Melanommetastasen, pigmentierte Histiozytome, Dermatofibrome).

Alle Patienten wurden präoperativ untersucht mit sonographischer Darstellung des Tumors in mindestens zwei Ebenen. Ermittelt wurde die maximale vertikale Tumordicke, das Echomuster des Tumors wurde in vier Kategorien wie folgt klassifiziert:

Echoklasse 1: echofrei
Echoklasse 2: echoarm
Echoklasse 3: echoidentisch
Echoklasse 4: echoreich

Als Referenzstruktur diente das echoreiche Dermisband der gesunden Haut in der Nachbarschaft des Tumors.
Alle Tumoren wurden operativ entfernt und histologisch untersucht mit histometrischer Bestimmung des maximalen vertikalen Tumordurchmessers.

Ergebnisse

Morphologische Analyse der Sonogramme

Ultraschallbild der normalen Haut (Abbildung 1)
Die Bilder werden von links nach rechts gelesen. Am linken Bildrand findet sich das schmale nach rechts konkave Echo der Membran des Applikators. Nach nahezu echofreier (schwarzer) Vorlaufstrecke des Ultraschallgels folgt ein intensiveres Eintrittsecho an der Hautoberfläche mit dem daran anschließenden homogenen echoreichen Dermisband. Das nachfolgende subkutane Fettgewebe ist wieder deutlich echoärmer und zeigt scharfe Reflexionslinien von Bindegewebssepten.

Maligne Melanome (Abbildung 2) stellen sich homogen echoarm mit scharfen Grenzen zu den echoreichen Dermisstrukturen dar. Im Unterschied zu anderen Autoren (1, 2) fanden wir gleiche Kriterien auch bei einer Reihe weiterer Pigmenttumoren. So zeigten u.a. pigmentierte Basaliome, entzündlich irritierte seborrhoische Keratosen sowie die Mehrzahl der Pigmentnävi gleiche sonographische Echomuster, die eine nähere Spezifizierung nicht zuließen. Die Binnenstruktur der Nävuszellnävi ist zwar häufig

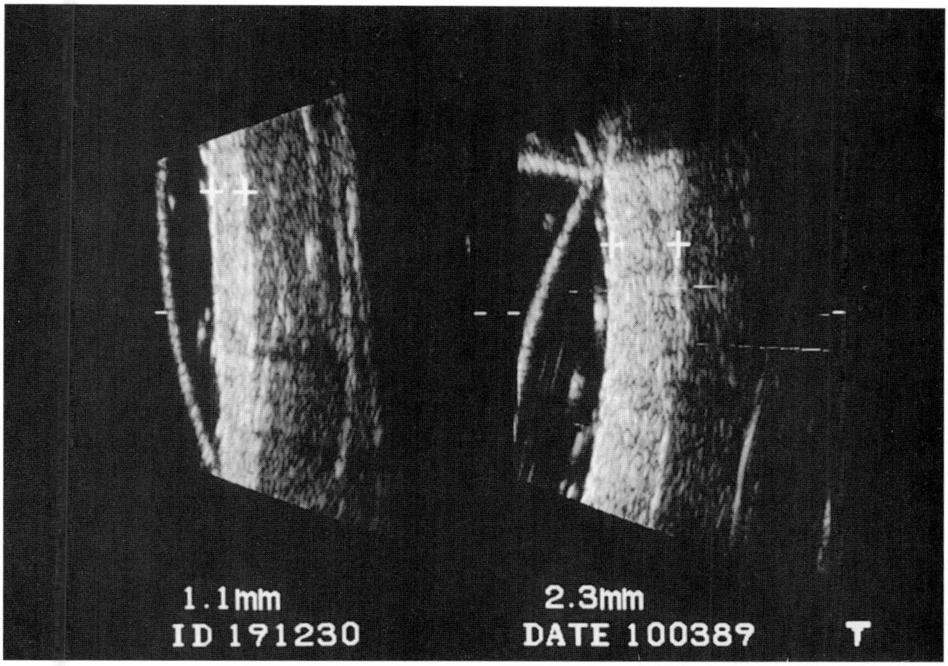

Abbildung 1. Ultraschallbild der normalen Haut. Dermisdicke an der Oberarminnenseite (links) bzw. am Rücken (rechts) jeweils zwischen den Meßkreuzen markiert.

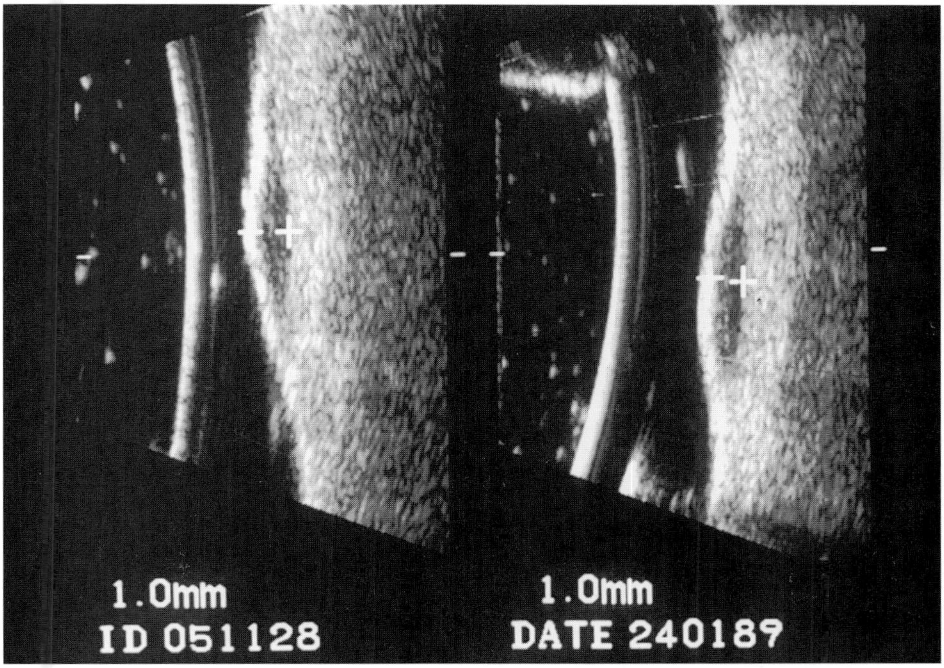

Abbildung 2. Ultraschallbild eines superfiziell spreitenden malignen Melanoms. Sonographisch und histometrisch ermittelte Tumordicke jeweils 1,0 mm.

gering echoreicher als die der Melanome, jedoch ist dieses Kriterium für eine exakte Abgrenzung unseres Erachtens noch nicht ausreichend. Bei der klinisch of schwierigen Unterscheidung zwischen Nävus, dysplastischem Nävus, Melanoma in situ und invasivem Melanom, liefert unseres Erachtens die Sonographie keine ausreichenden zusätzlichen Differenzierungskriterien. Die Auffassung anderer Autoren, die z.B. eine Unterscheidung in echoarme maligne und echoreiche benigne Tumoren vorschlugen (2), können wir nicht teilen. Auch die andernorts beschriebene Abgrenzbarkeit der Basaliome und seborrhoischen Keratosen (1) von malignen Melanomen können wir nicht nachvollziehen. Je schwieriger die klinische Einordnung eines Pigmenttumors fiel, desto häufiger fand sich sonographisch das uniforme Bild eines homogenen echoarmen Tumors, welches keine weitere differentialdiagnostische Abgrenzung erlaubte.

Sonographisch gut abgrenzbar von Melanomen sind bindegewebsreiche Tumoren (blaue Nävi, Histiozytome, Dermatofibrome), die entweder ein ausgeprägtes Schalleintrittsecho mit anschließendem Schallschatten (blaue Nävi) oder eine relativ echoreiche Binnenstruktur (Histiozytome, Dermatofibrome) mit unscharfen dorsalen Tumorgrenzen aufweisen.

Vergleich der sonographischen und histometrisch ermittelten maximalen Tumordicke maligner Melanome

Der Vergleich der Meßergebnisse beider Untersuchungsmethoden ist im Streudiagramm der Abbildung 3 dargelegt. Für das Gesamtkollektiv errechnet sich dabei ein Korrelationskoeffizient r = 0,97. Die sonographisch ermittelte Tumordicke korreliert somit sehr gut mit den histometrischen Werten, was auch von anderen Autoren in der Vergangenheit beschrieben wurde (1, 2, 3, 4).

Die Analyse der Einzelkollektive (Tabelle I) zeigte, daß bei 63 (87%) der 72 Patienten mit malignem Melanom sonographisch präoperativ eine korrekte Klassifizierung hinsichtlich des maximalen vertikalen Tumordurchmessers erfolgte.

In zwei Fällen lagen die histometrisch ermittelten Tumordicken deutlich über den sonogra-

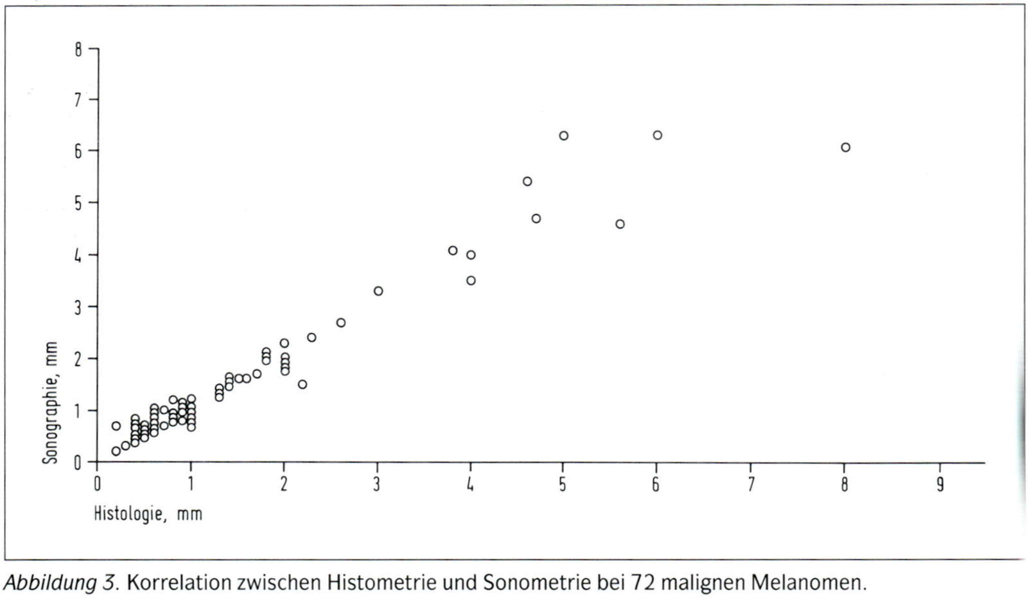

Abbildung 3. Korrelation zwischen Histometrie und Sonometrie bei 72 malignen Melanomen.

phisch ermittelten Werten. Histologisch fanden sich jeweils schmalbasige Tumorzapfen bzw. subtumorale Melanomzellnester, die dem sonographischen Nachweis entgangen waren.
In zwei weiteren Fällen lagen die sonographisch ermittelten Tumordicken bei 1,6 mm, während die histometrischen Werte 1,5 bzw. 1,4 mm betrugen, was wir mit der meist einsetzenden Schrumpfung des Materials nach Lösen aus dem Gewebeverband erklärten.
In weiteren fünf Fällen, die histometrisch allesamt als maligne Melanome des maximalen vertikalen Durchmessers unter 0,76 mm eingestuft worden waren, fanden wir im Bereich der Tumorbasis zweimal koriale Nävusanteile und dreimal lymphozytäre Begleitinfiltrate, die sonographisch nicht vom Tumorverband abgrenzbar waren, so daß in diesen Fällen die Tumordikke fälschlicherweise zu hoch bestimmt worden war.

Schlußfolgerungen

Unsere Untersuchungen zeigten, daß die für Prognose und Therapieplanung des malignen Melanoms erforderliche Bestimmung des maximalen vertikalen Tumordurchmessers sonographisch schnell, für den Patienten nicht belastend und zuverlässig bereits präoperativ durchführbar ist. Die dabei sonographisch ermittelten Tumordicken korrelieren sehr gut mit den histometrischen Werten, was auch von anderen Autoren in der Vergangenheit beschrieben wurde (1,2, 3, 4).
Prinzipiell besteht die Tendenz, die maximale Tumordicke sonographisch zu überschätzen. Gründe hierfür sind

- Schrumpfung des Gewebes nach dem Herauslösen aus dem Gewebeverband,
- basale lymphozytäre Begleitinfiltrate sowie
- dermale Nävusanteile, welche sich sonographisch nicht immer vom eigentlichen Tumor abgrenzen ließen.

Hiervon scheinen in erster Linie sehr flache Tumoren (maximale vertikale Tumordurchmesser kleiner 0,76 mm) betroffen zu sein.
Schmale Tumorzapfen zur Tiefe hin sowie einzelne subtumorale Melanomzellnester können dem sonographischen Nachweis entgehen, wodurch die Tumordicke zu niedrig eingestuft wird.
Die Aussagekraft der Methode hinsichtlich der Spezifizierung von Hauttumoren ist begrenzt. Es gibt zwar ein melanomtypisches, aber kein melanomspezifisches sonographisches Muster. Ungeachtet dieser Tatsache stellt die hochauflösende Sonographie eine wertvolle Bereiche-

Tabelle I. Zuverlässigkeit der präoperativen sonographischen Bestimmung des maximalen vertikalen Tumordurchmessers beim malignen Melanom im Vergleich zur Histometrie. Übersicht mittels einer 3mal 3-Felder-Tafel.

	Histologisch gemessene Dicke			
Sonographisch gemessene Dicke	< 0,76 mm	0,76–1,5 mm	> 1,5 mm	Σ
< 0,76 mm	19	1	–	20 (27,8%)
0,76 mm – 1,5 mm	5	20	2	26 (36,1%)
> 1,5 mm	–	2	24	26 (36,1%)
Σ	24 (33,3%)	23 (32,0%)	25 (34,7%)	72 (100%)

rung der diagnostischen Möglichkeiten dar. Sie ermöglicht eine zuverlässige nicht invasive präoperative Bestimmung des maximalen vertikalen Tumordurchmessers maligner Melanome, was insbesondere für die chirurgische Therapieplanung von unbestreitbarem Wert ist.

Literatur

1 Breitbart EW, Müller ChE, Hicks R, Vieluf D (1989) Neue Entwicklung in der Ultraschalldiagnostik? Akt Derm 15: 57–61

2 Schwaighofer B, Pohl-Markl H, Hübsch P, Barton P, Stiglbauer R, Frühwald F (1988) Sonographie bei benignen Hauttumoren. Fortschr Röntgenstr 148: 66–68

3 Breitbart EW, Hicks R, Rehpenning W (1986) Möglichkeiten der Ultraschalldiagnostik in der Dermatologie. Z Hautkr 8: 522–526

4 Breitbart EW, Rehpenning W (1983) Möglichkeiten und Grenzen der Ultraschalldiagnostik zur in vivo Bestimmung der Invasionstiefe des malignen Melanoms. Z Hautkr 13: 975–987

Für die Verfasser:
Dr. G. Gassenmaier
Dermatologische Universitätsklinik
Hartmannstraße 14
D-8520 Erlangen

Die Lymphoszintigraphie beim malignen Melanom

P. Altmeyer und H. Luther
Dermatologische Universitäts-Klinik Bochum

Zusammenfassung

Das maligne Melanom metastasiert in erster Linie lymphogen. Obgleich der Wert einer elektiven Lymphknotendissektion nach wie vor umstritten ist, zeigen doch eine Reihe von Untersuchungen, daß gerade Patienten mit einer mittleren Tumordicke (zwischen 1,5 und 3 mm) von einer solchen profitieren. Der Identifizierung der regionären Lymphknotenstation kommt damit eine entscheidende therapiestrategische Bedeutung zu. Während bei Lokalisation des Primärtumors an den Extremitäten der Lymphabfluß in die inguinalen bzw. axillären Lymphknoten erfolgt, sind die Abflußwege bei Lokalisation an Kopf, Hals und Stamm variabel und damit nicht vorhersagbar. Gerade am Stamm erfolgt der Lymphabfluß häufig multidirektional in zwei oder mehr Lymphknotenstationen. Durch die interstitielle Lymphabflußszintigraphie mit Tc-99 lassen sich jedoch diese Lymphabflußwege verläßlich darstellen. Da dieses Verfahren zudem eine für den Patienten wenig belastende Methode darstellt, sollte es generell präoperativ bei allen High-risk-Melanomen an Kopf, Hals und Stamm durchgeführt werden.

Summary

Metastases from malignant melanoma spread primarily to the regional lymph nodes. The value of an elective lymph node dissection is still under debate; nevertheless, some studies showed that patients with a melanoma of intermediate tumor thickness (1,5–3 mm) might benefit from a prophylactic lymph node dissection. Therefore, identification of the regional lymph node group plays an important role in therapeutic strategies. While melanomas of the extremities always drain into axillary and inguinal lymph nodes, the drainage of tumours of the head, neck and trunk is highly variable and unpredictable. The direction of the trunk lymph flow especially, is often multidirectional into two or more lymph node groups. Cutaneous lymphoscintigraphy with Tc-99 clearly demonstrates this drainage. The technique is simple and will not harm the patient.
Therefore it should be performed in any patient with a high risk melanoma on head, neck or trunk.

Einleitung

Das maligne Melanom ist ein überwiegend integumental lokalisierter Tumor der Melanozyten mit einer hohen Metastasierungspotenz. Im klinischen Stadium I ist die kurative Behandlung des malignen Melanoms nach wie vor rein operativ, wobei je nach Tumordicke unterschiedliche Operationsverfahren eingesetzt werden.
Unbestritten ist die Neigung des malignen Melanoms zur lymphogenen Metastasierung, die via kutanes Lymphsystem in die regionären Lymphknotenstationen erfolgt. Erst in fortgeschrittenen Stadien dominiert die hämatogene Metastasierung. Ebenso unbestritten ist die Beobachtung, daß eine lymphogene Metastasierung die Lebenserwartung eines Melanompatienten entscheidend verschlechtert (1, 5, 7).

Hierbei wird nach neueren Erkenntnissen (7) die Überlebenszeit und -rate mitentscheidend von der Zahl der metastatisch befallenen Lymphknoten beeinflußt.
Dessen ungeachtet wird die Indikation zur elektiven Lymphknotendissektion nach wie vor kontrovers diskutiert. Es gibt bemerkenswerte Studien, in denen die elektive Lymphadenektomie als adjuvantes Therapieregime vollständig ablehnend beurteilt wird (21). Andere, ebenso ernstzunehmende Untersucher konnten allerdings bei ihren Patienten einen therapeutischen Effekt der prophylaktischen Lymphadenektomie nachweisen (6, 7, 10). Die neuesten Studien zu diesem Thema (siehe hierzu auch die Beiträge von *H. Drepper* et al. sowie *E. M. Kokoschka* et al. in diesem Kongreßband) scheinen zu belegen, daß zwar nicht alle Patienten von der Lymphadenektomie profitieren (7, 8, 9), jedoch diejenigen mit malignen Melanomen mittlerer Tumordicken (zwischen 1,5 und 3 mm).
Inwieweit bei dieser Aussage noch geschlechtsspezifische Unterschiede zu berücksichtigen sind, bleibt abzuwarten.
Die Voraussetzung für eine suffiziente elektive Lymphadenektomie ist eine exakte Kenntnis der regionären Lymphknotenstationen. Im Bereich der Extremitäten ist der Lymphabfluß voraussagbar; es sind dies die axillären und inguinalen Lymphknotenstationen.
Eine Ausnahme bildet das proximale Drittel des Oberarms. Bei dieser Lokalisation kann ein bi- oder multidirektionaler Lymphabfluß z.B. in die supra- und infraklavikulären Lymphknoten erfolgen. Im Bereich von Kopf, Hals und Stamm ist die Situation grundsätzlich anders zu bewerten. Hier ist der Lymphabfluß außerordentlich variabel.
Am Stamm erfolgte bisher eine Orientierung anhand der sog. »lymphatischen Wasserscheiden«. Als lymphatische Wasserscheiden werden etwa 5 cm breite Zonen beidseits der vorderen bzw. hinteren Mittellinie sowie der Sappeyschen Linie bezeichnet (Abbildung 1). Bei Tumoren innerhalb dieser Zonen mußte bisher von einem bidirektionalen Abfluß ausgegangen werden. Dies ist groborientierend eine durchaus richtige Annahme, trifft jedoch nach neueren Erkenntnissen in einer gewissen Anzahl von Fällen nicht zu (1, 2, 11, 13, 14, 17, 18).
Mit der Entwicklung der peritumoralen Lymphabflußszintigraphie (PIL) steht uns heute eine wenig belastende, problemlose Methode zur Verfügung, die bei einem vertretbaren technischen Aufwand (entsprechende Einrichtungen findet man in jedem nuklearmedizinischen Institut vor) Ergebnisse liefert, die das operative Vorgehen entscheidend mitbestimmen.

Methode

Mit Hilfe einer Tuberkulinspritze mit dünner Kanüle (<26 Gauge) werden pro Patient insgesamt 1,5 bis 2,0 mCi Tc-99m markiertes Antimontrisulfid-Kolloid oder Tc-99m markiertes Humanserumalbumin-Nanokolloid im Abstand von 0,3 bis 0,5 cm um den Hauttumor herum ohne Druck intradermal sowie ein kleinerer Teil auch subkutan injiziert. Dabei werden zunächst die subkutanen, dann unter Zurückziehung der Kanüle die intrakutanen Aktivitätsdepots gesetzt. Die hierbei applizierten Volumina sind pro Depots kleiner als 0,1 ml und liegen nach Möglichkeit um 50 μl. Durch mehrfache Aspiration wird die interstitielle Lage der Kanüle kontrolliert. Der Abstand der Einstichstellen voneinander beträgt höchstens 0,5 cm. Die Anzahl der Einstichstellen richtet sich nach dem Umfang des Primärtumors.
Um den lymphogenen Abtransport des Radiokolloids an den Injektionsstellen zu steigern, werden die Patienten gebeten, sich zwischen Injektion und Szintigraphie zu bewegen. Bei Tumorsitz im Gesichts-Schädel-Bereich ist eine Betätigung der mimischen Muskulatur bzw. der Kaumuskulatur notwendig.
3 bis 6 Stunden nach der Injektion wird mit Hilfe einer Großfeld-Gammakamera die Aktivitätsverteilung durch Anfertigen von überlappenden Einzelaufnahmen registriert.
Die Lymphoszintigraphie ist einfach und rasch durchführbar, belastet den Patienten kaum und zeichnet sich durch hohe Reproduzierbarkeit aus. Die Szintigramme können ohne Informationsverlust ab der 3. Stunde p.i. angefertigt

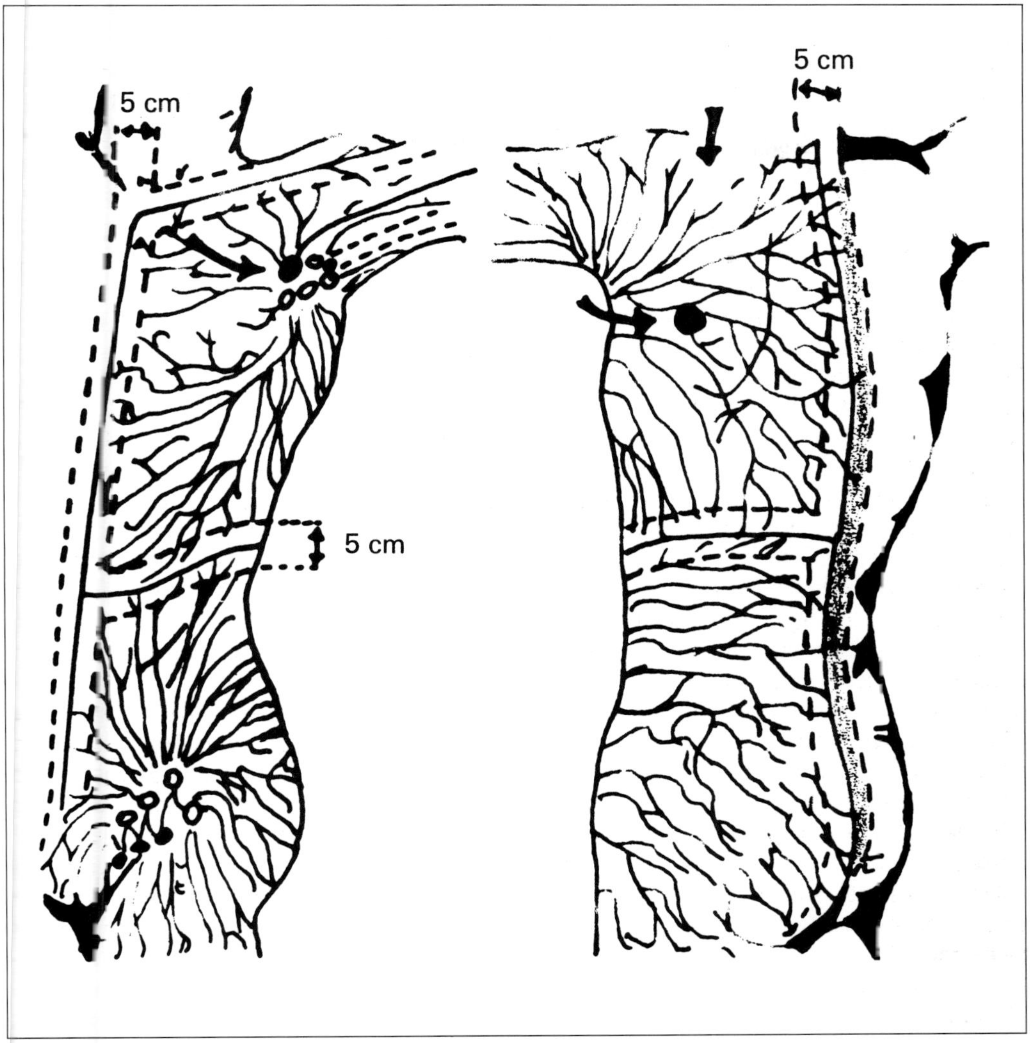

Abbildung 1. Schema des Lymphabflusses mit den sog. lymphatischen Wasserscheiden.

werden. Die höchste Anreicherung der Tc-99m markierten Kolloide in den drainierenden Lymphknoten wird innerhalb der ersten 5 bis 6 Stunden p.i. erreicht. Kleinere Lymphknotengruppen der »in-transit«-Lymphknoten werden durch Bleiabschirmung des Injektionsdepots oder durch »Herausfahren der Injektionsstelle« aus dem Gesichtsfeld der Gammakamera (sog. Übersteuern) abgebildet.

Ergebnisse und Diskussion

Mittlerweile liegen die Arbeiten mehrerer europäischer und amerikanischer Untersuchergruppen vor (2, 8, 11, 13, 14, 15, 16, 17, 20, 22, 23), die in wichtigen Punkten übereinstimmen und im folgenden zusammenfassend diskutiert werden.

Der Lymphabfluß am Stamm

In den vorliegenden Arbeiten wird übereinstimmend festgestellt, daß die axillären Lymphknotenstationen für die Lymphdrainage des Stammes von herausragender Bedeutung sind (2, 11, 13, 17). *Munz* et al. sowie die Kölner Arbeitsgruppe um *Groth* berichten, daß diese Lymphknotengruppen in > 90% entweder isoliert oder kombiniert in das Drainagesystem der Stammhaut eingeschlossen waren. Hinsichtlich Anzahl der drainierenden Lymphknotengruppen werden unterschiedliche Prozentzahlen angegeben. Einige Autoren berichten, daß 50 bis 60% der malignen Melanome am Stamm lediglich von einer einzigen Lymphknotengruppe drainiert werden (17, 18, 15, 23). Bei anderen Autoren finden sich mit 32% (13) und 35% (11) kleinere Vergleichszahlen.
In den übrigen Fällen wird ein bi- oder multidirektionaler Lymphabfluß angetroffen. Je nach Lage des Primärtumors kann dabei die Drainage in axilläre, inguinale, parasternale, supraklavikuläre oder auch nuchale Stationen erfolgen (Abbildung 2). Eine derartige variable Drainagesituation kompliziert das operative Vorgehen. Wir verzichten bei einem bi- oder multidirektionalen Lymphabfluß im Gegensatz zu verschiedenen anderen Autorengruppen (4, 12, 13) auf eine bidirektionale horizontale oder vertikale En-bloc-Resektion, da derartige übergroße Eingriffe nicht gerechtfertigt sind. Das Ergebnis der Lymphoszintigraphie ist jedoch auch in den Fällen, in denen es nicht zu konkreten operativen Direktiven führt, für den nachsorgenden Arzt von großer Bedeutung, da es Hinweise auf einen möglichen späteren Metastasierungsweg enthält.
Insgesamt bestätigen die lymphoszintigraphischen Ergebnisse als kollektive Aussage im wesentlichen die auf traditionellen anatomischen Untersuchungsmethoden basierenden Sappeyschen Ergebnisse (19) über den Lymphabfluß am Stamm. Im Einzelfall ist diese Aussage jedoch wertlos, da immer wieder ganz unerwartete Drainagewege angetroffen werden. Dies gilt natürlich ganz besonders für Tumoren mit Lokalisation innerhalb der lymphatischen Wasserscheiden.

Der Lymphabfluß an Hals und Kopf

Bei malignen Melanomen an Kopf und Hals erfolgt der Lymphabstrom in der Regel einseitig; doppelseitige Abflüsse wurden nur bei median gelegenen Hauttumoren beobachtet. Eine gekreuzte Drainage, d.h. ein kontralateraler Abfluß, ist die Ausnahme (17).

Reproduzierbarkeit

Die Frage nach der Reproduzierbarkeit, und damit nach der Sicherheit einer Methode, stellt sich naturgemäß bei einem diagnostischen Verfahren mit erheblichen operativen Konsequenzen in besonderem Maße.
Die Gießener Arbeitsgruppe um *L. Illig* (15) konnte in orientierenden Selbstversuchen eine vollständige Übereinstimmung ihrer Primärergebnisse in nachfolgenden Kontrolluntersuchungen nachweisen.
Von besonderer Aussagekraft sind jedoch tumorbiologische Kontrollen, d.h. die Überprüfung des szintigraphisch nachgewiesenen Lymphabflusses durch den später tatsächlich erfolgten Metastasierungsweg. Wir sind in einer früheren Arbeit dieser Frage nachgegangen. Bei 107 High-risk-Patienten, bei denen Lymphabflußszintigramme mit vorlagen, traten postoperativ 20mal Metastasen auf. Bei diesen 20 metastasierenden Melanomen fanden sich 10mal Metastasen in den zuvor szintigraphisch identifizierten Lymphknotengruppen. Fünf Patienten mit negativem histologischen Lymphknotenbefund zeigten in der szintigraphisch dargestellten Region »in-transit«-Metastasen. Bei den fünf übrigen Patienten kam es unter Umgehung der szintigraphisch angezeigten Lymphknotenstation direkt zu Fernmetastasen. Auch diese Aussage belegt eine gute Reproduzierbarkeit des derzeit praktizierten Verfahrens.

Methodische Varianten

Eine besondere Variante der Lymphabflußszintigraphie wurde von der Arbeitsgruppe um *H*

Winter entwickelt (23). Hierbei werden Follow-up-Szintigraphien angefertigt, die ersten wenige Minuten nach der Injektion des Radionuklids. Durch Markierungen des lymphatischen Drainagebettes auf der Haut gelingt die Darstellung der In-transit-Bahnen. Dies ermöglicht ein »lymphabstromgerechtes« operatives Vorgehen. Die folgerichtige Konsequenz wäre ein nicht konzentrisch um das Melanom geführter Schnitt, sondern eine dezentrale, spindelig in das Drainagefeld hineinreichende Schnittführung, wie sie im übrigen bei den En-bloc-Resektionen bereits praktiziert wird (4).

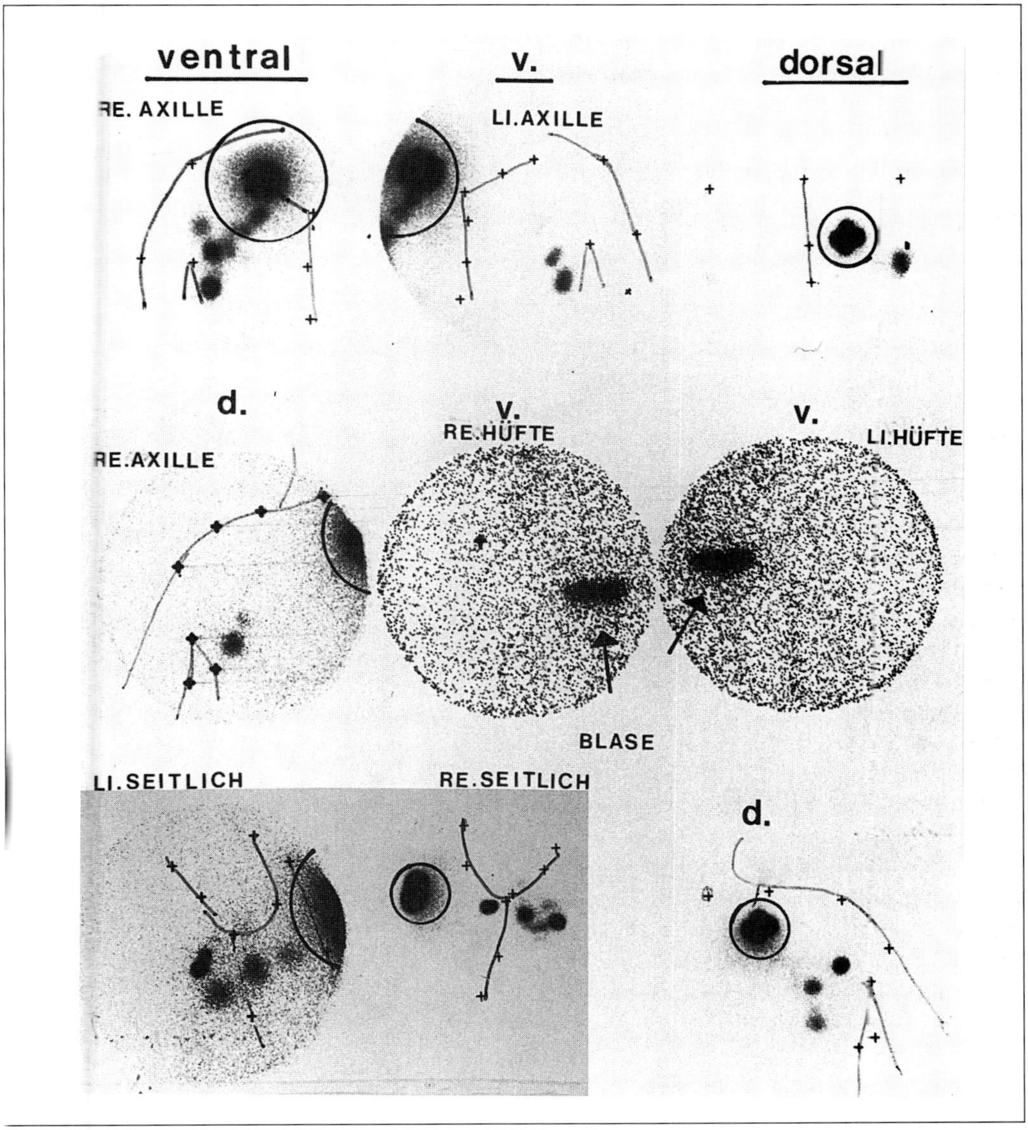

Abbildung 2. Peritumoral interstitielle Lymphszintigraphie mit multidirektionalem Lymphabfluß. Primärtumor mit peritumoralem Injektionsdepot (Kreis) supraklavikulär re.; Lymphabfluß re. axillär; Inset: Spätaufnahme mit Darstellung parasternaler Lymphknoten.

Störungen des Lymphabflusses

Aus nicht näher geklärten Gründen wird trotz augenscheinlich effizienter Methodik die radioaktive Substanz nicht abtransportiert. Sie verbleibt am Injektionsort. Das Ergebnis: »kein Abfluß«, wurde von *Illig* (13) bei 4%, von *Groth* et al. (11) bei 12% der Fälle beobachtet.

Eine Veränderung des Lymphabflusses wird ebenfalls bei zuvor erfolgten, größeren operativen Eingriffen zu erwarten sein. Insbesondere bei Rotations- oder Schwenkplastiken muß mit einer vollständig neuen Drainagesituation gerechnet werden, da die Lymphkapillaren des Schwenklappens an neue Drainagewege angeschlossen werden. Kleinere operative Eingriffe verändern den Lymphabfluß entsprechend weniger. Ob bei zuvor insuffizient entfernten Melanomen ein Lymphabflußszintigramm durchgeführt werden sollte, wird von den unterschiedlichen Arbeitsgruppen kontrovers diskutiert (14).

Nebenwirkungen

Lokale Nebenwirkungen sind bei dem Verfahren, abgesehen von unbedeutenden lokalen Entzündungsreaktionen, nicht zu erwarten. Die bei älteren Methoden (Anwendung von Radiogold) beobachteten Nekrosen im Bereich der Injektionsstellen treten seit Anwendung von Tc-99 m nicht mehr auf.

Die Gefahr der Verschleppung von Melanomzellen durch den peritumoral applizierten Radiotracer dürfte nach Meinung der meisten Sachkenner (13, 17) ausgeschlossen sein. Bei der peritumoral interstitiellen Lymphabflußszintigraphie (PIL) werden im Gegensatz zur Lymphographie, bei der ein öliges Kontrastmittel mit hohem Druck in die Lymphbahnen gespritzt wird, nur geringe Volumina, und diese mit sehr niedrigem Druck appliziert.

Zusammenfassend steht mit der peritumoralen interstitiellen Lymphabflußszintigraphie eine Methode zur Verfügung, die die sichere Identifizierung der regionalen Lymphknotenstationen von Melanomen an Kopf, Hals und Stamm erlaubt. Sie sollte präoperativ routinemäßig bei allen High-risk-Melanomen dieser Regionen eingesetzt werden. Diesem Verfahren kommt ein hoher diagnostischer Wert in der operativen Planung des Primärmelanoms zu.

Ausdrücklich sei darauf hingewiesen, daß die peritumoral interstitielle Lymphabflußszintigraphie als Metastasenscreening ungeeignet ist.

Literatur

1 Altmeyer P, Nödl F, Merkel H (1980) Lymphogene Metastasierungsbereitschaft des malignen Melanoms. DMW 105: 1769–1772

2 Altmeyer P (1981) Szintigraphische Identifizierung der Lymphdrainage maligner Rumpfmelanome. Akt Derm 7: 127–130

3 Altmeyer P (1982) Maligne Melanome am Kopf, Hals und Rumpf: Stellenwert der Lymphoszintigraphie. Hautarzt 33: 467

4 Ariel M (1981) Principles of the surgical treatment of malignant melanoma. In: Malignant Melanoma. Appleton-Century-Crofts, New York

5 Ariel M (1982) Malignant melanoma of the trunk: A retrospective review of 1128 patients. Cancer 49: 1070–1078

6 Balch CM, Murad TM, Soong SJ, Ingalls AL, Richards PC, Maddox WA (1979) Tumor thickness as a guide to surgical management of clinical stage I melanoma patients. Cancer 43: 883–888

7 Balch CM, Soong SJ, Murad TM, Ingalls AL, Maddox WA (1981) A multifactorial analysis of melanoma: Prognostic factors in melanoma patients with lymph node metastases. Ann Surg 193: 377–388

8 Bennett LR, Lago G (1983) Cutaneous lymphoscintigraphy in malignant melanoma. Semin Nucl Med 13: 61–69

9 Bergqvist L, Strand SE, Hafström L, Jönsson PE (1984) Lymphoscintigraphy in patients with malignant melanoma: A quantitative and qualitative evaluation of its usefulness. Eur J Nucl Med 9: 129–135

10 Breslow A (1975) Tumor thickness, level of invasion and node dissection in stage I cutaneous melanoma. Ann Surg 182: 572–575

11 Groth W, Häusermann L, Buschsiewecke U, Voll A (1982) Erfahrungen mit der Lymphoszintigra-

phie bei Stamm-Melanomen. In: Holzmann H, Altmeyer P, Hör G, Hahn K (eds) Dermatologie und Nuklearmedizin. Springer, Berlin Heidelberg New York Tokyo, pp 172–180

12 Holmes EC, Moseley H-ST, Morton DL, Clark W, Robinson D, Urist MM (1977) A rational approach to the surgical management of melanoma. Ann Surg 186: 481–490

13 Illig L, Grebe SF, Müller H, Paul E, Schmitt H (1982) Lokale prätherapeutische Lymphoszintigraphie beim malignen Melanom. In: Holzmann H, Altmeyer P, Hör G, Hahn K (eds) Dermatologie und Nuklearmedizin. Springer, Berlin Heidelberg New York Tokyo, pp 172–180

14 Illig L, Altmeyer P (1982) Lokale Lymphoszintigraphie in der Diagnostik der malignen Melanome der Haut; Round-table-Gespräch. In: Holzmann H, Altmeyer P, Hör G, Hahn K (eds) Dermatologie und Nuklearmedizin. Springer, Berlin Heidelberg New York Tokyo, pp 194–197

15 Lock-Anderson J, Rossing N, Drzewiecki KT (1989) Preoperative cutaneous lymphoscintigraphy in malignant melanoma. Cancer 63: 77–82

16 Logic JR, Balch CM (1985) Defining lymphatic drainage patterns with cutaneous lymphoscintigraphy. In: Balch CM, Milton GW (eds) Cutaneous Melanoma: Clinical Management and Results Worldwide. JB Lippinscott, Philadelphia, pp 159–170

17 Munz DL, Altmeyer P, Sessler MJ, Hör G (1982) Axillary lymph node groups: the center in lymphatic drainage from truncal skin in man. Lymphology 15: 143–147

18 Munz DL, Altmeyer P (1985) Erfahrungen mit der präoperativen peritumoral-interstitiellen Lymphoszintigraphie (PIL) beim malignen Melanom an 300 Patienten. In: Holzmann H, Altmeyer P, Hör G, Hahn K (eds) Dermatologie und Nuklearmedizin. Springer, Berlin Heidelberg New York Tokyo, pp 148–160

19 Sappey MPC (1874) Anatomie, physiologie, pathologie des vaisseaux lymphatiques consideres chez l'hommes et les vertebres. De Lahaye A et Lecrosnier E, Paris, p 48

20 Sullivan DC, Croker BP, Harris CC, Deery P, Seigel HF (1981) Lymphoscintigraphy in malignant melanoma: 99m-Tc antimony sulfur colloid. Am J Radiol 137: 847–851

21 Veronesi U, Adamus J, Bandiera DC, Brennhovd IO, Caceres E, Cascinelli N, Claudio F, Ikonopisov RL, Javorski VV, Kirov S, Kulakowski A, Lacour JK, Lejeune F, Mechl Z, Morabito A, Rode I, Segees S, van Slooten E, Sczygiiel K, Trapeznikow NN, Wagner RI (1977) Inefficacy of immediate node dissection in stage I melanoma of the limbs. N Engl J Med 197: 627–630

22 Wanebo HJ, Harpole D, Teates D (1985) Radionuclide lymphoscintigraphy with technetium 99m antimony sulfide colloid to identify lymphatic drainage of cutaneous melanoma at ambiguous sites in the head and neck and trunk. Cancer 55: 1403–1413

23 Winter H, Sönnichsen N, Buchali K, Blesin HJ (1988) Die Bedeutung der Lymphabstromszintigraphie für die Melanomchirurgie. In: Haneke E (ed) Gegenwärtiger Stand der operativen Dermatologie. Springer, Berlin Heidelberg New York, pp 150–164

Für die Verfasser:
Prof. Dr. P. Altmeyer
Dermatologische Klinik der Ruhr-Universität
St.-Josef-Hospital
Gudrunstraße 56
D-4630 Bochum

Der Stellenwert nuklearmedizinischer Screeningmethoden

H. Luther, A. Weber[a] und P. Altmeyer
Dermatologische Klinik der Ruhr-Universität, und [a]Radiologische Universitätsklinik im St.-Josef-Hospital, Bochum

Zusammenfassung

Der Stellenwert nuklearmedizinischer Verfahren im Melanomscreening ist nach wie vor nicht gefestigt. Unterschiedliche Verfahren stehen für die Metastasendiagnostik zur Verfügung: die Gallium-67-Szintigraphie, die Thallium-201-Szintigraphie sowie die Radioimmunszintigraphie mit monoklonalen Antikörpern.
Wir haben insgesamt 52 Thalliumszintigraphien bei 48 Patienten mit einem malignen Melanom präoperativ bzw. während der Verlaufskontrolle durchgeführt. 24 Patienten hatten ein High-risk- (Tumordicke > 1,5 mm) und 24 Patienten ein Low-risk-Melanom. Für dieses Gesamtkollektiv fand sich in 90% eine Übereinstimmung zwischen klinischem/histologischem und szintigraphischem Befund. Berücksichtigt man aber nur die Patientengruppe mit einem High-risk-Melanom oder bereits klinischem Metastasenverdacht (n=17), so sinkt die Trefferquote auf 70%. Es fanden sich zwei falsch positive und drei falsch negative Scans. Damit beträgt die Spezifität der Methode für dieses Kollektiv 80%, die Sensitivität sogar nur 57%.
Eine Aufarbeitung der in der Literatur publizierten Resultate bei der Galliumszintigraphie und der Radioimmunszintigraphie zeigt, daß auch bei diesen Verfahren die Sensitivität durchweg unter 90% liegt.
Damit gilt derzeit für alle szintigraphischen Verfahren, daß sie als Screeningmethode in der Metastasendiagnostik des malignen Melanoms nur eingeschränkt einsetzbar sind.

Summary

Up to now, the status of nuclear medicine procedures for screening of melanoma metastases has not been defined. Different imaging modalities for the detection of metastases are available: gallium-67-scintigraphy, thallium-201-scintigraphy as well as immunoscintigraphy with radiolabeled monoclonal antibodies. 52 scans were obtained for 48 patients with malignant melanoma subsequent to surgery or in the follow-up period. The sample was composed of 24 patients with high risk melanoma (tumor thickness > 1,5 mm) and 24 patients with low risk melanoma. In 90% we found a correlation between clinical/histological and scintigraphic results. If we focus only on those patients with high risk melanoma or those clinically suspect for metastases (n = 17), the amount of true positive and true negative results was only about 70%. We found two false positive and three false negative scans. This leads to a specifity of the method of 80% in this sample, the sensitivity was only 57%.
The available data for gallium-scintigraphy and radioimmunscintigraphy show in addition a sensitivity of the method below 90%. These results indicate that the use of todays scintigraphic procedures as a means of metastases screening for malignant melanoma is limited.

Das maligne Melanom ist ein Tumor mit einer hohen Metastasierungspotenz. In 80% der Fälle erfolgt eine Metastasierung in die regionalen Lymphknotenstationen (1). Nach wie vor ist die Früherkennung von Absiedelungen und deren operative Entfernung ein entscheidender prognostischer Faktor. Besondere Aufmerksamkeit sollte daher nicht-invasiven Methoden zukommen, die den präoperativen Status der drainierenden Lymphknotengruppen aufzeigen bzw. die in der Verlaufskontrolle eingesetzt werden können.

In den letzten Jahren haben eine Reihe nuklearmedizinischer Untersuchungsmethoden diese Primär- und Verlaufsdiagnostik beim malignen Melanom erheblich erweitert.

Ein bereits längst etabliertes Verfahren ist die peritumorale interstitielle Lymphabflußszintigraphie (PIL) mit Tc-99. Hiermit gelingt die Identifizierung der regionär drainierenden Lymphknotenstationen von Melanomen, die im Bereich von Kopf, Hals und Stamm lokalisiert sind. Es muß jedoch betont werden, daß mit dieser Methode keine Aussagen über eine bestehende Metastasierung getroffen werden können.

Für die Metastasendiagnostik stehen *tumoraffine* Radiopharmaka wie das Gallium 67 und Thallium 201 zur Verfügung, ebenso wie *tumorselektive* Radiopharmaka. Hierbei handelt es sich um radioaktiv markierte monoklonale Antikörper, die in der Radioimmunszintigraphie eingesetzt werden.

Die tumoraffinen Radiopharmaka Ga-67 und Tl-201 haben aufgrund ihrer stoffwechselbezogenen Distributionscharakteristik eine höhere Affinität für Tumorzellen als für normales Gewebe. Keines dieser Radioisotope ist jedoch für Melanomgewebe spezifisch.

Im folgenden möchten wir unsere Ergebnisse mit der Thallium-201-Szintigraphie vorstellen. Diese Untersuchungsbefunde wurden mit den in der Literatur bekannten Resultaten der Galliumszintigraphie und der Radioimmunszintigraphie verglichen, um den Wert dieser Verfahren als Screeningmethoden in der Melanomdiagnostik festzulegen.

Patienten und Methode

Die Tumorszintigraphie mit Tl-201 wurde als Früh- und Spätszintigramm durchgeführt, wobei die zervikalen, axillären und inguinalen Lymphknotenstationen bzw. verdächtige Weichteilbezirke untersucht wurden. Die Aquisition wird zwei Minuten nach i.v. Injektion von 2 mCi (74 MBq) Thallium-201-chlorid begonnen. Die Dokumentation der Thalliumverteilung erfolgt photooptisch. Als Meßinstrumente wurden eine Großfeld-Gammakamera mit Allzweckkollimator und ein on-line angeschlossenes nuklearmedizinisches Computersystem benutzt. Die Szintigramme der Frühphase sind nach 20 bis 30 Minuten post injectionem abgeschlossen, die der zweiten Phase beginnen nach 120 Minuten. Eine Beurteilung erfolgt anhand aktivitätsvergleichender Darstellungen von Früh- und Spätszintigrammen.

Im Rahmen unseres Melanomscreenings wurden so insgesamt 52 Thalliumszintigraphien durchgeführt: präoperativ bei 24 Low-risk-Patienten (Tumordicke < 1,5 mm) und 24 High-risk-Patienten bzw. in der Verlaufskontrolle bei Metastasenverdacht.

Ergebnisse

Charakteristisch für malignes Gewebe ist im Vergleich von Früh- und Spätszintigrammen eine persistierende oder neu auftretende bzw. zunehmende Positivkontrastierung in den untersuchten Regionen (Abbildung 1).

Tabelle I gibt die Ergebnisse für das Gesamtkollektiv wieder. Mit 90% findet sich eine hohe Trefferquote, also richtig positive und richtig negative Szintigraphiebefunde. In die Gruppe der richtig negativen Ergebnisse fällt die große Zahl an Patienten mit einem Low-risk-Melanom. Hier wurde die rezidivfreie Nachbeobachtung der Patienten über sechs Monate als Kriterium für richtig negativ herangezogen. Dies gilt auch für diejenigen Patienten, die zwar an einem High-risk-Melanom erkrankt waren, die aber aus unterschiedlichen Gründen nicht lymphadenektomiert wurden. Werden nur diejenigen Patienten ausgewertet, die anschließend auch operiert wurden, so sinkt die Treffsicherheit der Methode auf 70% (Tabelle II). Bei insgesamt drei falsch negativen szintigraphischen Befunden, ergibt sich eine Sensitivität[1] der Methodik von 57% für dieses Kollektiv. Bei zwei dieser Patienten war hier Metastasenverdacht bereits klinisch gestellt worden. Falsch positive Ergebnisse fanden sich bei entzündlich veränderten Lymphknoten. Die Spezifität[2] der Thalliumszintigraphie beträgt für diese Gruppe 80%, für das Gesamtkollektiv 96%.

Anzumerken ist weiterhin, daß alle richtig positiven Szintigraphien bereits klinisch bzw. sonographisch stark metastasenverdächtig waren. Die Metastasengröße lag jeweils bei mindestens 1 cm im Durchmesser. Die zusätzliche Identifizierung von Mikrometastasen, die zuvor klinisch nicht erfaßbar waren und sich erst histologisch herausstellten, gelang in keinem Fall.

Diskussion

Der Wert nuklearmedizinischer Untersuchungsverfahren als Screeningmethode in der Primär- und Verlaufsdiagnostik des malignen Melanoms

---

[1] $$\text{Sensitivität} = \frac{\text{richtig positiv}}{\text{richtig positiv} + \text{falsch negativ}} \times 100$$

[2] $$\text{Spezitität} = \frac{\text{richtig negativ}}{\text{richtig negativ} + \text{falsch positiv}} \times 100$$

Tabelle I. Thallium-201-Szintigraphie beim Melanom.

Szintigraphien, n	Richtig positiv	Richtig negativ	Treffsicherheit	Falsch positiv	Falsch negativ
52	4	43	90%	2	3

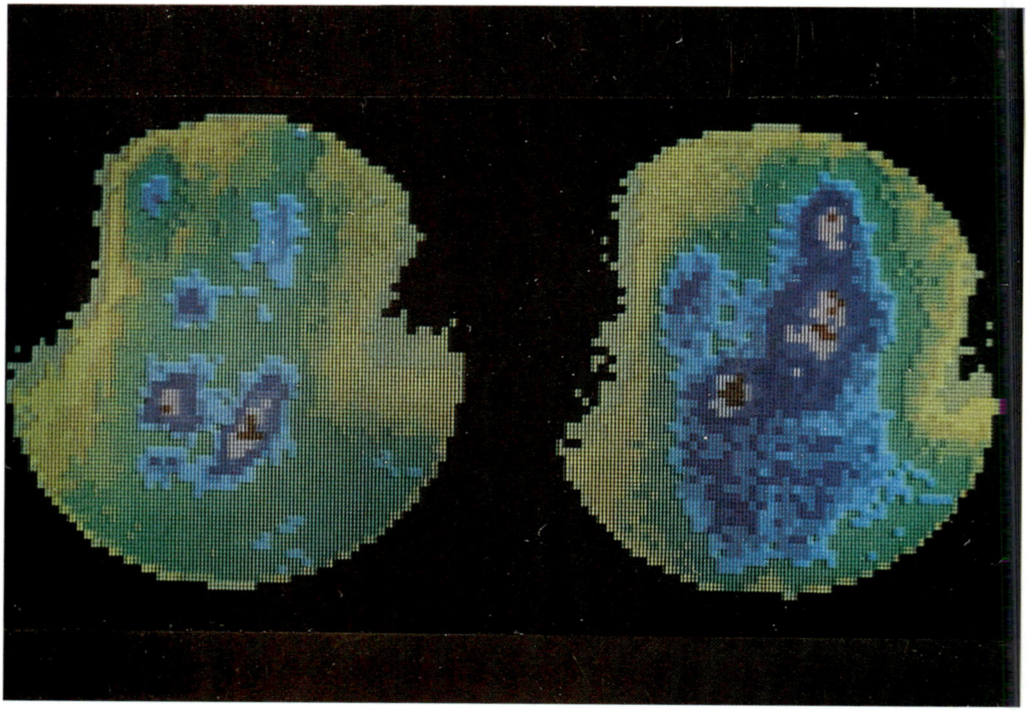

Abbildung 1. Deutliche Kontrastverstärkung in drei Regionen vom Früh- (linkes Bild) zum Spätszintigramm (rechtes Bild) als Hinweis für das Vorliegen einer Metastasierung.

ist noch längst nicht gesichert. Nach den anfänglich ermutigenden Ergebnissen mit der Thalliumszintigraphie (11) haben wir den Stellenwert dieses Verfahrens an einem größeren Kollektiv untersucht.
Hierbei konnten in dem überwiegenden Teil der Fälle sehr eindrucksvolle szintigraphische Befunde als Ausdruck einer vorliegenden Metastasierung erhoben werden. Ein positiver Scanbefund ist jeweils ein verläßlicher Indikator für eine Metastasierung, der unbedingt weiter abgeklärt werden muß. Die für Metastasen typische Kontrastverstärkung vom Früh- zum Spätszintigramm konnte in einem kleinen Prozentsatz jedoch auch bei entzündlichen Veränderungen nachgewiesen werden. Entgegen ersten Mitteilungen (11) konnten wir in unserem Kollektiv den Nachweis von Mikrometastasen durch die Thalliumszintigraphie nicht führen. Alle szintigraphisch erfaßten Metastasen waren in der Regel > 1 cm groß im Durchmesser; sowohl palpatorisch bei der klinischen Untersuchung als auch in der Weichteilsonographie waren die Veränderungen als suspekt aufgefallen.
Alternativ kommen für eine Screeninguntersuchung die Galliumszintigraphie und die Radioimmunszintigraphie in Betracht. Hierzu haben wir in einer Literaturrecherche die bisherigen Ergebnisse zusammengestellt.
Die Gallium-67-Szintigraphie erlaubt im Gegensatz zur Thalliumszintigraphie zusätzlich die Erkennung von viszeralen Metastasen (6, 8, 9, 10, 12). Dies ist beim szintigraphischen Einsatz von Thallium nur begrenzt möglich, aufgrund der zu schwachen Strahlungsintensität dieses Radionuklids. Tabelle III zeigt eine Übersicht über die Ergebnisse des Schrifttums.
In der sehr großen Untersuchungsreihe von *Milder* (12) fand sich zwar eine hohe Treffsicherheit der Methode mit 93%, die Rate falsch negativer Resultate ist jedoch nicht unerheblich. Eine Metastasenidentifizierung gelang hier nur in 53%. Der Tumorgröße wurde auch von dieser Arbeitsgruppe eine besondere Bedeutung zugemessen; Metastasen, die im Durchmesser < 2 cm sind, werden seltener entdeckt. Den Ergebnissen aller Arbeitsgruppen gemeinsam ist eine geringe Sensitivität der Szintigraphie, die weit unter 90% liegt. Hingegen beträgt die Spezifität in jeder Serie weit über 90%.
Somit erfüllt auch die Galliumszintigraphie nicht die Anforderungen, die an eine Screeningmethode gestellt werden müssen.
Alle Hoffnungen konzentrieren sich demzufolge auf tumorselektive Verfahren, die durch die Ent-

Tabelle II. Thallium-201-Szintigraphie beim Melanom (histologisch verifiziert).

Szintigraphien, n	Richtig positiv	Richtig negativ	Treffsicherheit	Falsch positiv	Falsch negativ
17	4	8	70%	2	3

Tabelle III. Gallium-67-Szintigraphie beim Melanom.

Arbeitsgruppe	n	Richtig positiv	Richtig negativ	Treffsicherheit in %	Falsch positiv	Falsch negativ
Langhammer (10)	11[a]	8	1	82	0	2
Milder (12)	1150[b]	73	995	93	18	64
Romolo (13)	68[a]	17	23	59	1	27
Kirkwood (9)	571[b]	68	486	97	2	15

[a]Anzahl der Szintigraphien; [b]Anzahl untersuchter Regionen.

Tabelle IV. Radioimmunszintigraphie beim Melanom.

Arbeitsgruppe	n	Richtig positiv	Richtig negativ	Treff-sicherheit in %	Falsch positiv	Falsch negativ
Biersack (2)	25[a]	10	7	68	0	7
Buraggi (5)	31[b]	12	17	93	0	2
Dudczak (7)	24[a]	14	6	83	0	4

[a]Anzahl der Szintigraphien; [b]Anzahl untersuchter Regionen.

wicklung monoklonaler Antikörper möglich geworden sind. Erste Erfahrungen mit dieser Radioimmunszintigraphie liegen vor. Der derzeit diagnostisch am häufigsten verwendete Antikörper 225.28S) ist gegen das membrangebundene hochmolekulare melanomassoziierte Antigen gerichtet, welches in 90% von Melanomzellen exprimiert wird. Die Antikörper bzw. deren F(ab')2-Fragmente werden mit J-131, In-111, überwiegend aber mit Tc-99 radioaktiv markiert (2, 3, 7). Die Verwendung der F(ab')-Fragmente führt zu einer besseren Verteilung der Radioaktivität im Körper als der ganze Antikörper (5).

In Tabelle IV wird deutlich, daß die Spezifität dieser Methode außerordentlich hoch ist, d.h. es wurden keine falsch positiven Szintigraphiebefunde erhoben. Hingegen führt auch hier die Anzahl der falsch negativen Befunde zu einer geringen Sensitivität, die bei den verschiedenen Arbeitsgruppen jeweils unter 90% liegt. Als Ursache falsch negativer Scanbefunde kommen verschiedene Erklärungen in Betracht. Zum einen besteht die Möglichkeit, daß das Antigen von dem Tumor nicht exprimiert wurde.

Andererseits spielen auch hier Größe und Lage der Metastasen (Überlagerungen durch andere Organe) eine entscheidende Rolle mit. Metastasen mit einem Durchmesser < 1,5 cm waren so mehrheitlich nicht abgebildet (4, 7).

Möglicherweise kann ein Antikörper-»Cocktail« in der Zukunft die Probleme in der Radioimmunszintigraphie lösen.

Dieses »up-date« nuklearmedizinischer Untersuchungsverfahren beim malignen Melanom verdeutlicht, daß insbesondere die Metastasengröße als limitierender Faktor in der szintigraphischen Darstellung fungiert. Der Einsatz dieser Techniken als Screeningmethode beim malignen Melanom ist daher zur Zeit nur mit Einschränkungen zu sehen.

Literatur

1 Balch CM, Milton GW (1985) Cutaneous melanoma: Clinical management and treatment results worldwide. Lippincott JB, Philadelphia, pp 53–130

2 Biersack HJ, Bockisch A, Vogel J, Oehr P, Hansen HH, Hartlapp J, Biltz H, Jaeger N, Bellmann O (1987) Szintigraphischer Malignomnachweis mit radioaktiv markierten Tumorantikörpern. Dt Med Wschr 112: 341–344

3 Buraggi GL, Callegaro L, Turrin A, Cascinelli N, Attili A, Emanuelli H, Gasparini M, Deleide G, Plassio G, Dovis M, Mariani G, Natali PG, Scassellati GA, Rosa U, Ferrone S (1984) Immunoscintigraphy with I-123, Tc-99m and In-111-labelled F(ab')2 Fragments of monoclonal antibodies to a human high molecular weight-melanoma associated antigen. J Nucl Med All Sci 28: 283–295

4 Buraggi GL, Callegaro L, Mariani G, Turrin A, Cascinelli N, Attili A, Bombardieri E, Terno G, Plassio G, Dovis M, Mazzuca N, Natali PG, Scassellati GA, Rosa U, Ferrone S (1985) Imaging with I-131-labelled monoclonal antibodies to a high molecular-weight melanoma-associated antigen in patients with melanoma: efficacy of whole immunoglobulin and its F(ab')2 fragments. Cancer Res 45: 3378–3387

5 Buraggi GL (1987) Methods for assessing extent of disease: nuclear medicine examinations. In: Veronesi U, Cascinelli N, Santinami M (eds) Cutaneous Melanoma. Academic Press, London Orlando San Diego New York Austin Boston Sydney Tokyo Toronto, pp 537–543

6 Dairon MJ, Bernardino ME (1981) A comparison of noninvasive imaging modalities in the melanoma patient. Cancer 47: 2581–2584

7 Dudczak R, Kletter K, Bailer H, Kokoschka E, Pohl-Markl H (1987) Immunszintigraphie mit einem Technetium-99m-markierten monoklonalen Antikörper bei Patienten mit Melanom. Wien Klin Wschr 7: 232–239

8 Jackson FI, McPherson TA, Lentle BC (1977) Gallium-67-scintigraphy in multisystem malignant melanoma. Radiology 122: 163–167

9 Kirkwood JM, Myers JE, Vlock DR, Neumann R, Ariyan S, Gottschalk A, Hoffer P (1982) Tomographic Gallium-67-scanning: Useful new surveillance for metastatic melanoma. Ann Int Med 97: 694–699

10 Langhammer H, Glaubitt G, Grebe SF, Hampe JF, Haubold U, Hör G, Kaul A, Koeppe P, Koppenhagen J, Roedler HD, Schoot van der JB (1972) Ga-67 for tumor scanning. J Nucl Med 13: 25–30

11 Maul FD, Altmeyer P, Bittner G, Wanner U, Baum RP, Standke R, Wenisch HJC, Holzmann H, Hör G (1985) Die Thallium-201-Szintigraphie in der Diagnostik des metastasierenden malignen Melanoms. In: Holzmann H, Altmeyer P, Hör G, Hahn K (eds) Dermatologie und Nuklearmedizin. Springer, Berlin Heidelberg New York Tokyo, pp 198–205

12 Milder MS, Frankel RS, Bulkley GB, Ketcham AS, Johnston GS (1973) Gallium-68 scintigraphy in malignant melanoma. Cancer 3: 1350–1355

13 Romolo JL, Gross Fisher S (1979) Gallium-67 scanning compared with physical examination in the preoperative staging of malignant melanoma. Cancer 44: 468–472

Für die Verfasser:
Dr. H. Luther
Dermatologische Klinik der Ruhr-Universität
St.-Josef-Hospital
Gudrunstraße 56
D-4630 Bochum

Moderne Entwicklungen in der Melanomhistologie

J. Smolle, C. Helige, H.-P. Soyer und H. Kerl
Universitäts-Klinik für Dermatologie und Venerologie, Graz

Zusammenfassung

Die morphologische Untersuchung von melanozytären Hauttumoren verfolgt zwei Ziele: Einerseits will man gut- und bösartige Läsionen als solche erkennen und unterscheiden können; andererseits will man verstehen lernen, warum sich bestimmte Läsionen so oder so verhalten. Die konventionelle Morphologie mußte sich darauf beschränken, lediglich statische histologische Bilder auf Grund der dargebotenen Form zu beurteilen (1). In den letzten zwei Jahrzehnten haben jedoch neue Methoden die Morphologie wesentlich bereichert: Computer-unterstützte Bildanalysesysteme gestatten die objektive Vermessung konventioneller morphologisch-diagnostischer Kriterien (2), und die Immunhistochemie ermöglicht die selektive Darstellung definierter Antigene und Moleküle im Gewebeschnitt (3), die wiederum quantifiziert werden können. Komplexe In-vitro-Kulturmethoden lassen schließlich die morphologische Beobachtung komplexer Vorgänge im Verlauf zu und bilden damit eine Brücke zwischen der Morphologie und funktionellen Untersuchungsmethoden (4). Im folgenden werden eigene Untersuchungen als Beispiele für die genannten Entwicklungen in der Melanommorphologie dargestellt.

Summary

In the past, melanoma histology had largely to rely on the subjective judgement of morphological changes. During recent years, the development of new methods facilitates a more objective evaluation. We present four examples: 1) Karyometry of melanocytic lesions using interactive computer-assisted image analysis. The method yields a correct classification of common nevi, Spitz's nevi and malignant melanomas in 98% of nonselected cases. 2) Immunohistologic demonstration of the transferrin receptor. The transferrin receptor, which is preferentially expressed in active cells, is almost exclusively found in primary and metastatic malignant melanoma, but is largely absent from common nevi. 3) Quantitative immunohistology of proliferating cells. The computer-assisted analysis of the proliferating cell compartment (positive for the antibody Ki 67) provides a useful prognostic parameter for primary malignant melanoma. 4) Invasiveness in vitro. The simulation of melanoma cell invasiveness in vitro is still in the experimental stage. The method may be helpful in distinguishing melanocytic lesions of different biological potential.

Karyometrie in der Diagnostik melanozytärer Tumoren

Zu den ersten überhaupt untersuchten quantitativ-morphologischen Parametern zählt die Messung der Zellkerngröße, die Karyometrie. Die Zellkerngröße wurde bei verschiedenen Tumoren, wie z.B. beim Mammakarzinom, beim Blasenkarzinom und beim Ovarialkarzinom (2), bestimmt. Bei diesen Tumoren zeigte sich, daß eine Zunahme der Zellkerngröße meist Ausdruck zunehmender Malignität war und daher einen diagnostisch und prognostisch verwertbaren Parameter darstellte. Wir untersuchten, wieweit eine solche Beziehung auch für die melanozytären Läsionen der Haut zutrifft (5).

An einem Untersuchungsmaterial von 120 Präparaten von erworbenen Nävuszellnävi, Spitznävi und primären malignen Melanomen ergab sich, daß im oberflächlichen, epidermisnahen Anteil keine diagnostisch verwertbare Schwelle zwischen den gut- und bösartigen Läsionen gefunden werden konnte. Es zeigte sich zwar ein gewisser Unterschied zwischen den Nävuszellnävi (mittlere Zellkernfläche 25,7 ± 5,1 μm^2) und den malignen Melanomen (34,7 ± 10,1 μm^2), die Gruppen wiesen aber starke Streuungen mit beträchtlicher Überlappung auf. Die Spitznävi zeigten im oberflächlichen Anteil sogar größere Zellkerne (38,1 ± 6,9 μm^2) als die malignen Melanome.
Anders lagen die Verhältnisse, wenn man statt des oberflächlichen Anteils den tiefen Anteil der Läsionen untersuchte: Hier zeigten sich auffallend große Zellkerne beim malignen Melanom (58,8 ± 11,1 μm^2), während sowohl die erworbenen Nävuszellnävi (18,0 ± 3,8 μm^2) als auch die Spitznävi (27,6 ± 5,8 μm^2) deutlich kleinere Zellkerne in der Tiefe aufwiesen. Die Relation der Zellkerngröße im oberflächlichen und im tiefen Anteil innerhalb der Einzelläsionen wurde berechnet und in sinngemäßer Anlehnung an das entsprechende konventionell-morphologische Kriterium als Reifungsparameter (5) bezeichnet. Mit Hilfe dieses Reifungsparameters konnte gezeigt werden, daß maligne Melanome in der Tiefe deutlich größere Zellkerne als im oberflächlichen Anteil aufwiesen, während die Verhältnisse bei beiden gutartigen Gruppen umgekehrt lagen: Der Reifungsparameter betrug 0,72 ± 0,11 bei den Nävuszellnävi und 0,726 ± 0,10 bei den Spitznävi, im Gegensatz zu 1,125 ± 0,11 bei den malignen Melanomen (5). Eine Überprüfung der Ergebnisse anhand von 200 konsekutiven melanozytären Läsionen mit einer Mindestdicke von 1 mm ergab eine diagnostische Treffsicherheit unter simultaner Berücksichtigung aller drei Parameter von 95%. Der Arbeitsaufwand für ein Präparat beträgt etwa 20 Minuten, so daß die Methode in bestimmten Fällen als ergänzende Untersuchung durchaus Berechtigung hat. Die Studie zeigt, daß mit Hilfe quantitativ-morphologischer Methoden konventionelle histologisch-diagnostische Kriterien objektiv bestätigt und in ihrer Aussagekraft spezifiziert werden können.

Immunhistochemie des Transferrinrezeptors

Die Immunhistochemie gestattet den Nachweis definierter Moleküle im histologischen Präparat (3). Daran wurde die Hoffnung geknüpft, man würde auch immunhistochemische Marker finden, die zweifelsfrei eine Unterscheidung zwischen gut- und bösartigen melanozytären Hauttumoren ermöglichten (6). Ein solcher Marker wurde bisher zwar nicht gefunden, es gibt aber einzelne Moleküle, die bevorzugt beim Melanom und fast nicht beim gutartigen Nävuszellnävus exprimiert werden. Ein solcher Marker ist der Transferrinrezeptor, der vorwiegend von stoffwechsel- und teilungsaktiven Zellen synthetisiert wird und in den Eisenstoffwechsel eingreift (7).

Wir untersuchten Gefriermaterial von jeweils zwölf Nävuszellnävi, zwölf primären malignen Melanomen und zwölf Melanommetastasen mit einem monoklonalen Antikörper gegen den Transferrinrezeptor (OKT 9). Dabei zeigte sich, daß der Transferrinrezeptor auf primären malignen Melanomen und auch auf Melanommetastasen immer stark positiv, auf gutartigen Läsionen dagegen allenfalls im oberflächlichen Anteil ganz schwach nachweisbar, in elf von zwölf Fällen aber vollkommen negativ ist (8). Somit stellt der Transferrinrezeptor eine Bereicherung der Melanomdiagnostik dar, allerdings mit der Einschränkung, daß zu seinem Nachweis unfixiertes Gefriermaterial vorliegen muß.

Quantitativ-immunhistochemische Bestimmung der Proliferation

Die Proliferation stellt eine wesentliche Voraussetzung des Tumorwachstums dar. Die Proliferationsaktivität wurde meist mit aufwendigen

Verfahren wie der Flußzytometrie (9) oder der Markierung mit Tritium-Thymidin bestimmt (10). Neuerdings steht in der Immunhistochemie der monoklonale Antikörper Ki 67 zur Verfügung, der mit den Zellkernen aller teilungsaktiven Zellen (G1-, S- und G2-Phase des Zellzyklus) reagiert (11). Mit Hilfe computerunterstützter Bildanalysesysteme kann dieser Marker auch quantitativ ausgewertet werden.

Unsere Untersuchungen an melanozytären Hauttumoren (12) zeigten, daß die Proliferationsaktivität bei gutartigen Nävuszellnävi sehr gering ist ($2{,}2 \pm 0{,}7 \times 10^3$ positive Zellen/mm^3 Tumorgewebe), bei Melanommetastasen aber auffallend stark ausgeprägt ist ($47{,}0 \pm 9{,}2 \times 10^3$). Die bei primären malignen Melanomen gefundenen Werte ($6{,}3 \pm 1{,}0 \times 10^3$) streuen stark: manche Melanome zeigen eine ebenso geringe Proliferation wie gutartige Nävuszellnävi, andere wieder proliferieren so stark wie Melanommetastasen. Es erhebt sich die Frage, wieweit diese großen Unterschiede in der Gruppe der primären malignen Melanome prognostische Bedeutung besitzen. Einen ersten Hinweis dafür liefert der Befund, daß die Proliferationsrate des primären malignen Melanoms eng mit dem *Breslow*-Index korreliert (lineare Regressionsanalyse: $r = 0{,}85$; $p \leq 0{,}05$). Vorläufige prospektive Ergebnisse deuten darauf hin, daß eine hohe Proliferationsrate insbesondere auf das Risiko früher Rezidive bzw. früher regionärer Metastasierung hinweist: Die metastasenfreie Überlebensrate nach sechs Monaten betrug bei niedriger Proliferation 100%, bei hoher Proliferation dagegen 72% (Mantel-Haensel-Test: $p \leq 0{,}05$). Weitere Untersuchungen müssen klären, ob es sich bei der Proliferationsrate in dieser Frage um einen unabhängigen prognostischen Parameter handelt, der möglicherweise bisher bekannten Parametern überlegen sein könnte.

Untersuchung der Invasivität in vitro

Alle bisher besprochenen Methoden sind mit der Einschränkung behaftet, daß vom dynamischen Prozeß des Tumorwachstums lediglich eine Momentaufnahme betrachtet werden kann. Aus diesem Grund sucht die morphologische Forschung nach Möglichkeiten, die komplexen In-vivo-Vorgänge experimentell nachvollziehen und zu beliebigen Zeitpunkten beobachten zu können. Herkömmliche Zellkulturverfahren haben bei diesen Fragen den Nachteil, daß lediglich eine Gewebskomponente, nämlich die Tumorzelle, vorliegt und die Komplexität der In-vivo-Situation in keiner Weise berücksichtigt wird.

Aus diesem Grunde wurde in den letzten Jahren ein In-vitro-Modell eingeführt, bei dem die Tumorzellen in Form von 200 µm großen Kügelchen, sog. Multizellsphäroiden, gezüchtet und mit einem Stromagewebe konfrontiert werden (4). Anhand dieses Zweikomponenten-Modells kann das invasive Tumorwachstum nachvollzogen und schrittweise beobachtet werden. Wir untersuchten die Frage, ob in diesem In-vitro-Modell die Invasivität objektiv mit Hilfe bildanalytischer Verfahren erfaßt werden kann.

Varianten einer Maus-Melanomzell-Linie (K 1735-c116 und K 1735-M2) wurden in Dulbecco's modified Eagles medium mit 10% FCS unter Standardbedingungen kultiviert. Durch Rührkultur wurden Multizell-Sphäroide gebildet, von denen solche mit einem Durchmesser von 200 µm unter dem Stereomikroskop ausgesucht wurden. Die Tumorsphäroide wurden mit 400 µm großen abgerundeten Fragmenten von embryonalem Hühnerherzmuskel-Gewebe auf einer weichen Agar-Oberfläche konfrontiert. Die Konfrontationskulturen wurden nach zwei Stunden bis zu sieben Tagen entnommen, fixiert und tiefgefroren. Die Unterscheidung von Tumor- und Stromaanteil am Gefrierschnitt erfolgte immunhistochemisch mit einem Antiserum gegen embryonalen Hühnerherzmuskel.

Zehn Indexschnitte wurden von fünf unabhängigen Dermatohistologen nach dem Ausmaß der Invasivität klassifiziert. Dieselben Schnitte wurden nach einem neu entwickelten Bildanalyseverfahren untersucht und insgesamt 30 Kriterien auf Übereinstimmung mit der Klassifikation der Invasivität geprüft. Dabei zeigten 16 Kriterien eine signifikante Korrelation, so daß sie zur objektiven Messung der Invasion im Modell herangezogen werden konnten. Von dem beschriebenen Modell sind in Zukunft Aussagen zur Pathogenese der Tumorinvasion und möglicherweise auch experimentelle Ansätze zur therapeutischen Beeinflussung dieses komplexen biologischen Vorgangs zu erwarten.

Die Ziele der Melanommorphologie, einerseits eine exakte Diagnostik und andererseits Verständnis für komplexe biologische Vorgänge anzustreben, haben sich in den letzten Jahren nicht verändert. Neu hingegen sind die technischen Möglichkeiten: Die computerunterstützte Quantifizierung, der Molekülnachweis mit der Immunhistochemie und die Einbindung komplexer Gewebekulturverfahren. Aus einer Synopsis dieser Methoden sind in den nächsten Jahren weitere Erkenntnisse zur Diagnostik, Pathogenese und möglicherweise auch zu experimentellen Therapieansätzen zu erwarten. Der morphologischen Forschung wird dabei eine wesentliche Position an der Schnittstelle von katalogisierender Betrachtung und funktionellen Denkmodellen zukommen.

Literatur

1 Lever WF, Schaumburg-Lever G (1983) Histopathology of the Skin. JB Lippincott, Philadelphia London Mexico City
2 Baak JPA, Oort J (1983) A Manual of Morphometry in Diagnostic Pathology. Springer, Berlin Heidelberg New York Tokyo
3 Smolle J, Kerl H (1986) Diagnostische Anwendung monoklonaler Antikörper in der Dermatologie. In: Macher E, Knop J, Czarnetzki B (eds) Jahrbuch der Dermatologie 1986. Regensberg & Biermann, Münster, pp 85–96
4 Mareel MK, Meyvisch C (1981) Invasion of malignant cells in vivo and in vitro: similarities and differences. Arch Geschulstforsch 51: 20–27
5 Smolle J, Soyer H-P, Juettner F-M, Hoedl S, Kerl H (1988) Nuclear parameters in the superficial and deep portion of melanocytic lesions – a morphometrical investigation. Path Res Pract 183: 266–270
6 Broeker EB, Suter L, Brueggen J, Ruiter D, Macher E, Sorg C (1985) Phenotypic dynamics of tumor progression in human malignant melanoma. Int J Cancer 36: 29–35
7 Trowbridge IS, Omary MG (1981) Human cell surface glycoprotein related to cell proliferation is the receptor for transferrin. Proc Natl Acad Sci USA 78: 3039
8 Soyer HP, Smolle J, Torne R, Kerl H (1987) Transferrin receptor expression in skin tumors. J Cut Pathol 14: 1–5
9 Balkau D, Kiesewetter F, Hornstein OP (1988) Zytologische und DNS-impulszytophotometrische Diagnostik subkutaner und lymphonodaler Melanom-Metastasen nach Feinnadelaspirationsbiopsie. Akt Dermatol 14: 234–236
10 Pierard GE, Pierard-Franchimont C (1984) The proliferative activity of cells of malignant melanomas. Am J Dermatopathol (suppl 1) 6: 317–323
11 Gerdes J, Lemke H, Baisch H, Wacker HH, Schwab U, Stein H (1984) Cell cycle analysis of a cell proliferation-associated human nuclear antigen defined by the monoclonal antibody Ki 67. J Immunol 133: 1710–1715
12 Smolle J, Soyer H-P, Kerl H (1989) Proliferative activity of cutaneous melanocytic tumors defined by Ki 67 monoclonal antibody – a quantitative immunohistochemical study. Am J Dermatopathol 11: 301–307

Für die Verfasser:
Univ.-Doz. Dr. J. Smolle
Universitätsklinik für Dermatologie
und Venerologie
Auenbruggerplatz 8
A-8036 Graz

Epidemiologie und immunhistologische Diagnose nävusassoziierter maligner Melanome

R. Stadler und C. Garbe
Universitäts-Hautklinik und Poliklinik, Klinikum Steglitz der Freien Universität Berlin

Zusammenfassung

581 primäre maligne Melanome der Universitäts-Hautklinik im Klinikum Steglitz der Freien Universität Berlin wurden histologisch auf Nävusassoziation hin untersucht. Bei 135 malignen Melanomen (23%) konnten überwiegend an der Tumorbasis Nävuszellnester nachgewiesen werden. Nur in Einzelfällen zeigten sich Übergänge eines dysplastischen Nävus in ein malignes Melanom. Zusätzlich wurden 17 nävusassoziierte maligne Melanome sowie 33 Melanome mit dem monoklonalen Antiköper HMB-45 mit der APAAP-Technik an Paraffinschnitten untersucht. Es konnte gezeigt werden, daß die Diagnose nävusassoziiertes malignes Melanom mit der Anwendung von HMB-45 erhärtet werden kann. Nävusassoziierte maligne Melanome fanden sich signifikant häufiger ($p < 0{,}01$) bei Patienten unter 50 Jahren. Häufiger waren nävusassoziierte maligne Melanome keinem bestimmten Melanomtyp zuzuordnen und sie waren besonders bei mittleren Tumordicken nachzuweisen. Die 5-Jahres-Überlebensraten unterschieden sich nicht für nävusassoziierte Melanome gegenüber allen anderen MM. Sie lagen in beiden Gruppen bei 80%.

Summary

581 primary malignant melanoma of the Department of Dermatology, Medical Center Steglitz, The Free University of Berlin were histologically investigated for nevus association. In 135 malignant melanoma cases (23%) histological traces of nevi could be demonstrated. Only single cases showed a transition of a dysplastic nevus into a malignant melanoma. In addition 17 nevus associated melanomas and 33 melanomas were studied using the monoclonal antibody HMB-45 in formalin-fixed paraffin-embedded tissue sections. It could be demonstrated, that using HMB-45 the diagnosis of nevus associated malignant melanoma was substantiated. Nevus associated malignant melanoma was significantly more often diagnosed in patients under 50 years. Frequently nevus associated malignant melanoma were seen with unclassified malignant melanoma and with medium tumor thickness. The 5-jear survival rate of nevus associated melanoma was not significantly different from other MM. Survival was nearly 80% in both groups.

Einleitung

Im Rahmen der Forschung zu Risikofaktoren und prognostischen Faktoren des malignen Melanoms ergeben sich erneut Fragestellungen zum nävusassoziierten malignen Melanom:

1. Wieviele Melanome entstehen auf Nävi (die Literaturangaben schwanken zwischen 15 und 85%)?
2. Haben nävusassoziierte Melanome eine bessere Prognose?
3. Stellen nävusassoziierte maligne Melanome somit eine eigene Entität dar und
4. können nävusassoziierte Melanome sicher diagnostiziert werden?

Epidemiologie

Zur Beantwortung dieser Fragen wurden 581 primäre maligne Melanome im Zeitraum von 1970 bis 1987 auf Nävusassoziation hin untersucht. In 135 Präparaten, d.h. in 23% der Fälle, konnte eine Nävusassoziation nachgewiesen werden (Tabelle I). Nävusassoziierte maligne Melanome fanden sich bevorzugt in der 3. und 4. Lebensdekade. Die Auswertung der 5-Jahres-Überlebensrate bei Patienten mit malignem Melanom im Stadium I lag für beide Gruppen, sowohl nävusassoziierter maligner Melanome als auch für maligne Melanome ohne Nävusassoziation, bei 80% und es zeigten sich keine signifikanten Unterschiede im Überleben der beiden Gruppen.

Histologie

Die histologische Aufarbeitung des Materials zeigte, daβ von 135 nävusassoziierten malignen Melanomen bei 119 (82,2%) überwiegend dermale Nävuszellnester an der Tumorbasis bzw. im Randbereich nachgewiesen werden konnten. Nur in wenigen Fällen zeigten sich sowohl dermale als auch epidermale Nävuszellnester in Assoziation zum malignen Melanom und nur in zwei Fällen ergaben sich Hinweise auf Übergänge eines dysplastischen Nävus in ein malignes Melanom (Tabelle II). Die Nävusassoziation wurde gehäuft bei mittleren Tumordicken nachgewiesen (Abbildung 1). Besonders auffällig war, daβ signifikant häufiger bei nicht klassifizierbaren malignen Melanomen eine Nävusassoziation nachgewiesen wurde ($p < 0{,}01$) (Tabelle I).

Tabelle I. Nävusassoziierte maligne Melanome (Universitäts-Hautklinik, Berlin-Steglitz 1970–1987).

n = 581	primäre maligne Melanome wurden auf Nävusassoziation hin untersucht		
Ergebnis:	n = 135 nävusassoziierte Melanome		23%
SSM	=	34	25,2%
NM	=	18	13,3%
LMM	=	5	3,7%
ALM	=	10	7,4%
Nicht klassifizierbar	=	68[a]	50,4%
		135	100%

[a]p< 0,01

Tabelle II. Nävusassoziierte maligne Melanome (Universitäts-Hautklinik, Berlin-Steglitz 1970–1987).

Nävusassoziierte MM	n = 135
Dermale Näsvuszellnester	n = 119 (88,2%)
Dermale + epidermale Nävuszellnester	n = 14 (10,4%)
Dysplastische NZN mit Übergang in MM	n = 2 (1,4%)

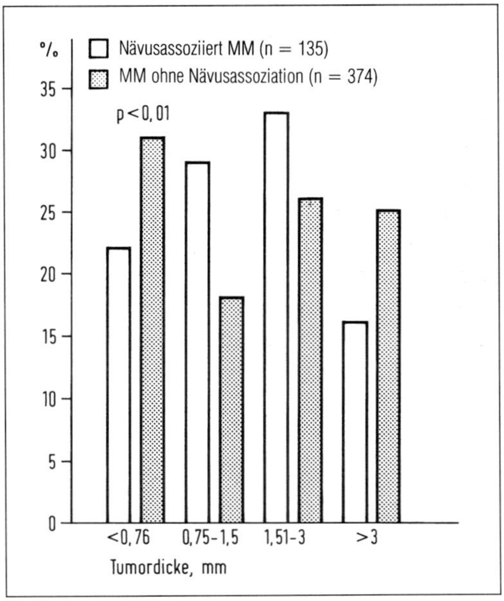

Abbildung 1. Tumordicke maligner Melanome Stadium I (Universitäts-Hautklinik, Berlin Steglitz, 1970–1987).

Immunhistologie

Zur genaueren Erfassung der nävusassoziierten malignen Melanome wurde ein erst seit kurzer Zeit zur Verfügung stehender monoklonaler Antikörper (HMB-45) mit hoher Spezifität für melanozytäre Läsionen eingesetzt (3, 5, 8). Zur genaueren Erfassung der diagnostischen Wertigkeit von HMB-45 wurden 33 Melanome, zwei Melanommetastasen, 17 nävusassoziierte maligne Melanome, 30 Naevi naevocellulares, zwei blaue Nävi und zwei Neurofibrome immunhistologisch mit der APAAP-Methode nach *Cordell* untersucht (1). Unter Verwendung von HMB-45 an Paraffin-eingebettetem Material stellten sich junktionsaktive Nävi in ihrem intraepidermalen Anteil positiv dar, während die dermalen Nävuszellnester keine positive Markierung zeigten (Abbildungen 2 und 3). Ähnlich verhielten sich Compoundnävi. Nävuszellen dermaler Nävi färbten sich nach Inkubation mit dem monoklonalen AK HMB-45 nicht an, Hingegen zeigte sich eine positive Markierung dysplastischer Nävi in ihrem junktionalen Anteil, bei einem Spitztumor sowie einem Spindelzelltumor nach *Reed*, als auch bei zwei blauen Nävi, während Neurofibrome nicht positiv mit HMB-45 reagierten.

Nach diesen Ergebnissen erschien eine Abgrenzung dermaler Nävuszellen von malignen Melanominfiltraten möglich. Zur Beantwortung dieser Frage wurden 33 Paraffin-eingebettete maligne Melanome und 17 nävusassoziierte maligne Melanome untersucht. Die Untersuchungsergebnisse zeigten, daß sich sämtliche malignen Melanome mit HMB-45 positiv darstellten. Demgegenüber waren die angrenzenden Nävusanteile in den untersuchten malignen Melanomen nicht markiert (Abbildungen 4 und 5). Der Einsatz von HMB-45 erleichterte zusätzlich die Abgrenzung von Tumorzellen gegenüber einem ausgeprägten entzündlichen Begleitinfiltrat (Abbildungen 6 und 7).

Besprechung

In unserem Material fanden wir bei 23% der histologisch untersuchten malignen Melanome Nävuszellnester, eine Größenordnung, die im mittleren Bereich der bisher publizierten Untersuchungsergebnisse liegt (2, 4). Das bevorzugte Auftreten von nävusassoziierten malignen Melanomen im jüngeren Lebensalter und bei dünneren Tumoren weist jedoch darauf hin, daß insgesamt die reale Zahl nävusassoziierter Melanome etwas höher liegen dürfte. Die erhobenen Untersuchungsergebnisse zeigen weiterhin, daß die Mehrzahl der Melanome nicht in Assoziation zu benignen Nävi entsteht. Demgegenüber deutet die relativ hohe Rate nävusassoziierter Melanome darauf hin, daß sich durchaus aus melanozytären Nävi Melanome entwickeln können.

Die vorgestellten epidemiologischen Daten verdeutlichen, daß nävusassoziierte Melanome keine unterschiedliche Prognose gegenüber anderen malignen Melanomen besitzen und somit auch keine eigene Entität darstellen. Der wichtigste prognostische Faktor für das maligne Melanom einschl. der nävusassoziierten Melanome ist der Gesamttumordickendurchmesser.

Die bisher am Paraffinschnitt verwendeten Marker (S-100 und NKi-C3) ermöglichen keine Differenzierung zwischen malignen Melanomzellen und benignen Nävuszellen (6, 7). Mit dem Einsatz von HMB-45 in die Diagnostik melanozytärer Tumoren ist es jedoch möglich, ruhende dermale Nävuszellen von malignen Melanominfiltraten am Paraffinschnitt abzugrenzen. Nävusassoziierte maligne Melanome sind somit leichter diagnostizierbar, und Tumordickendurchmesser können genauer bestimmt werden. Allerdings werden junktionale Nävusanteile auch mit HMB-45 angefärbt. Eine Identifizierung von malignen Melanomen, die mit junktionalen melanozytären Nävi assoziiert sind, ist daher bis heute nicht sicher möglich.

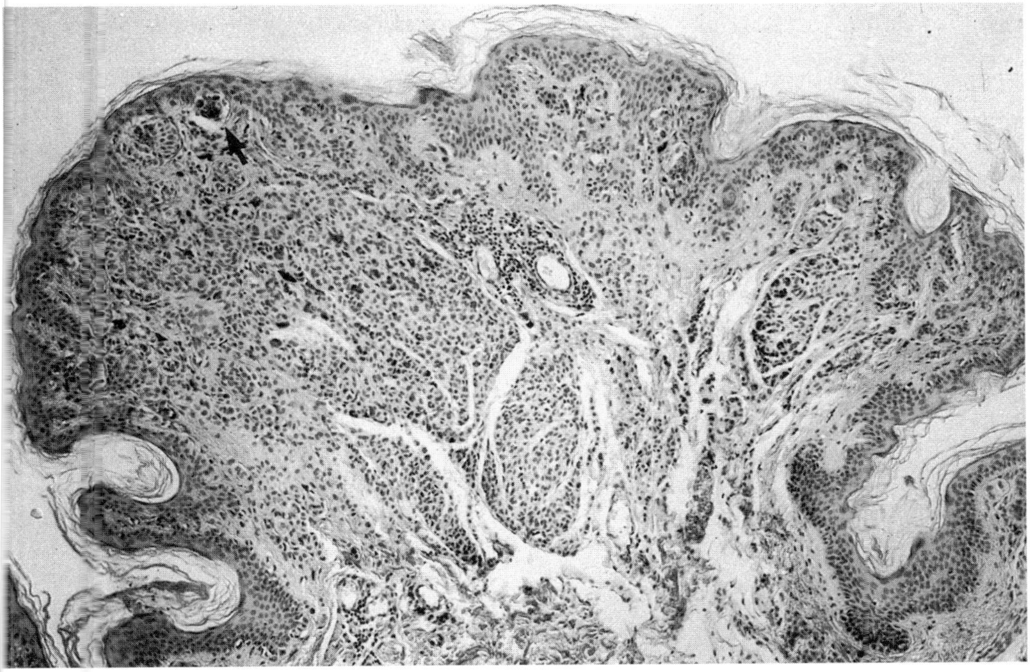

Abbildung 2. Papillomatöser Naevus naevocellularis vom Compoundtyp mit junktionaler Aktivität (↖) (HE x 20).

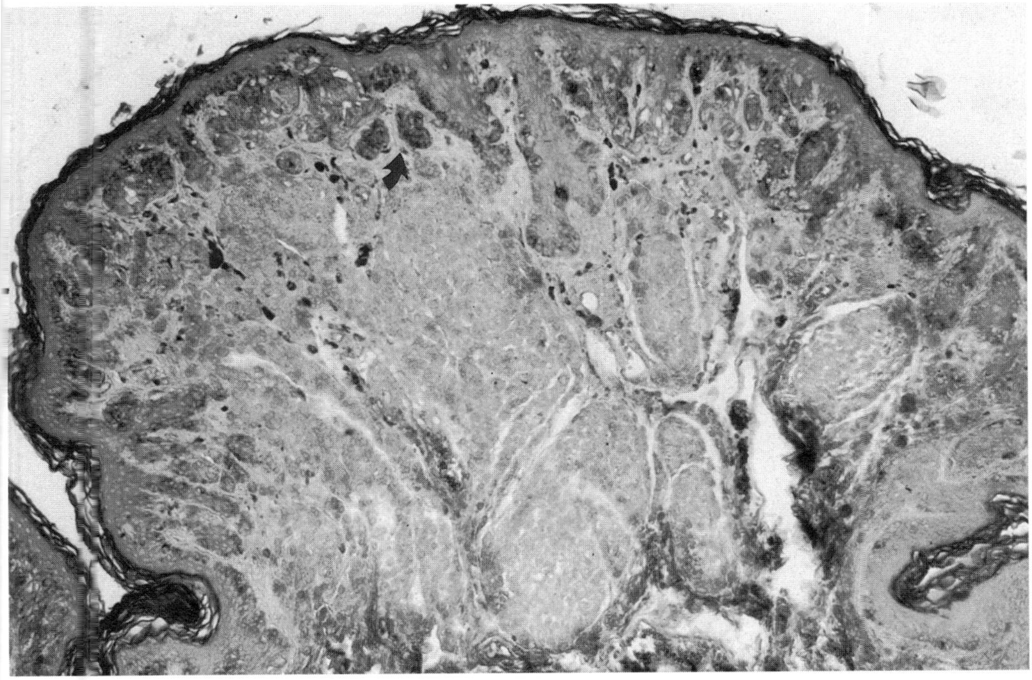

Abbildung 3. Papillomatöser Naevus naevocellularis vom Compoundtyp. Junktionsaktive Nävuszellen sind HMB-45 positiv (↗). Der dermale Anteil verhält sich negativ (HMB-45 APAAP x 20).

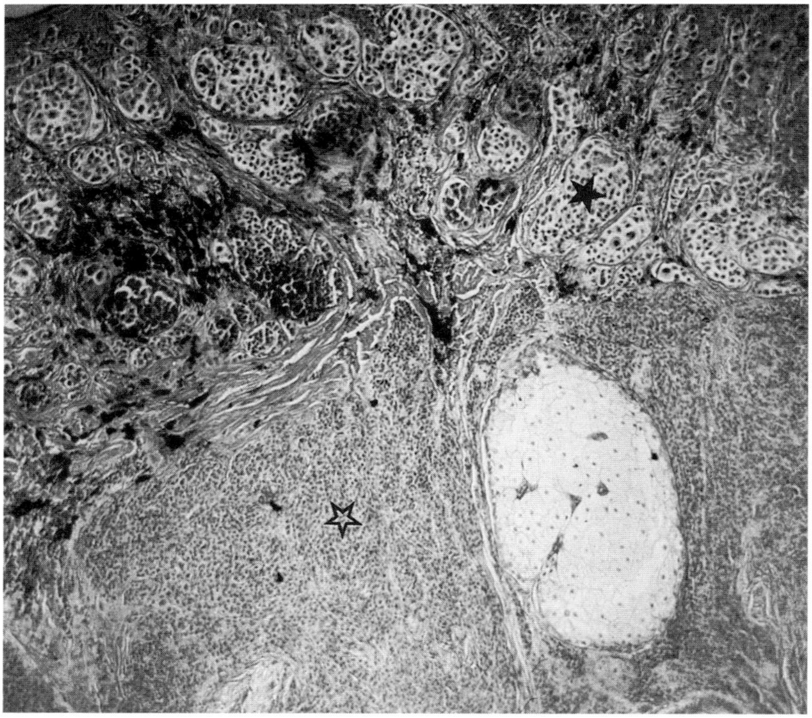

4

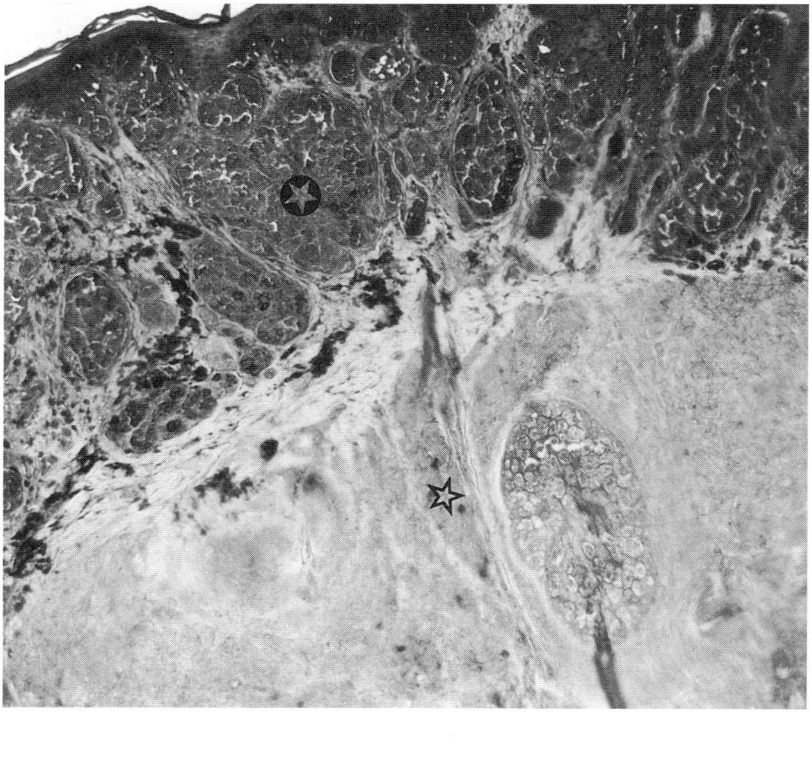

5

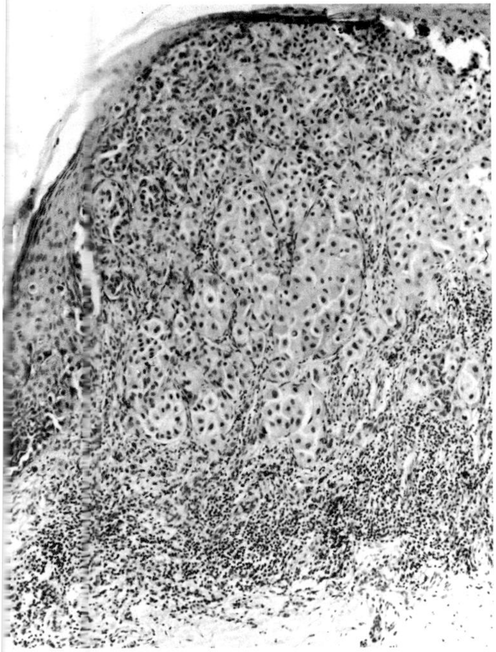

Abbildung 6. Pagetoides malignes Melanom. An der Tumorbasis imponiert ein kräftig entwickeltes entzündliches Infiltrat (HE x 100).

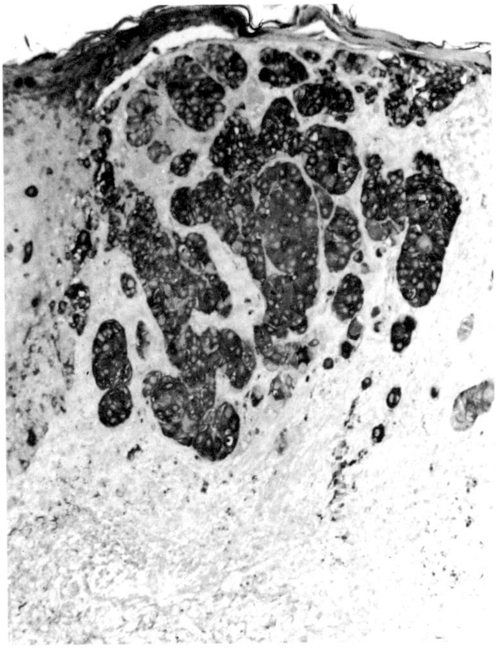

Abbildung 7. Pagetoides malignes Melanom. Deutliche Abgrenzung der Tumorzellen gegenüber dem entzündlichen Infiltrat (HMB-45 APAAP x 100).

◀ Abbildung 4. Nävusassoziiertes malignes Melanom. Pagetoide Tumorzellformationen (★) liegen über einem dermalen Nävus (☆) (HE x 100).

Abbildung 5. Nävusassoziiertes malignes Melanom. Positive Darstellung der Tumorzellverbände mit HMB-45 (✪). Der dermale Nävusanteil bleibt negativ (☆) (HMB-45 APAAP x 100).

Literatur

1 Cordell JL, Falini B, Erber WN et al (1984) Immunoenzymatic labelling of monoclonal antibodies using immune complexes of alkaline phosphatase and monoclonal antialkaline phosphatase (APAAP complexes). J Histochem Cytochem 32: 219–229

2 Crucioli V, Stilwell J (1982) The histogenesis of malignant melanoma in relation to pre existing pigmented lesions. J Cutan Pathol 9: 396–404

3 Gown AM, Vogel AM, Hoak D, Gough F, Mc Nutt MA (1986) Monoclonal antibodies specific for melanocytic tumors distinguish subpopulations of melanocytes. Am J Pathol 123: 195–203

4 Kopf AW, Bart RS, Rodriguez-Sains RS (1977) Congenital nevocytic nevi and malignant melanoms. J Dermatol Surg Oncol 3: 70–72

5 Palazzo JP, Duray PH (1988) Congenital agminated Spitz nevi: immunoreactivity with a melanoma-associated monoclonal antibody. J Cutan Pathol 15: 166–170

6 Paul E, Cochran AJ (1988) Immunostaining of tissue sections previously stained with hematoxylin and eosin. Disease Markers 6: 231–236

7 Stadler R, Gollnick H (1989) Immunologische Differentialdiagnose epithelialer Tumoren am Paraffinschnitt. Hautarzt (Suppl. VIII) 39: 200–203

8 Wick MR, Swanson PE, Rocamora A (1988) Recognition of malignant melanoma by monoclonal antibody HMB-45. An immunhistochemical study of 200 paraffin-embedded cutaneous tumors. J Cutan Pathol 15: 201–207

Für die Verfasser:
Prof. Dr. R. Stadler
Universitäts-Hautklinik und Poliklinik
Klinikum Steglitz
Hindenburgdamm 30
D-1000 Berlin 45

Histologische Problemfälle in der Melanomdiagnostik

H. Kerl, L. Cerroni, H. P. Soyer, St. Hödl und J. Smolle
Universitätsklinik für Dermatologie und Venerologie, Graz

Zusammenfassung

Die meisten Tumoren der Haut können aufgrund ihrer morphologischen Charakteristika einwandfrei identifiziert werden. Man findet jedoch mitunter besondere Fälle, die Probleme hinsichtlich der biologischen Beurteilung und Differentialdiagnose aufwerfen. Eindrucksvolle Beispiele hierfür sind die sog. pseudomalignen Hauttumoren, welche durch ein malignes klinisches und/oder histologisches Bild gekennzeichnet sind, die jedoch eine ausgezeichnete Prognose aufweisen.
Auch unter den melanozytären Tumoren gibt es zahlreiche gutartige Läsionen, die ein malignes Melanom imitieren können. In diesem Zusammenhang werden folgende Tumoren dargestellt: »Rezidivnävi« nach unvollständiger Exzision, Nävuszellnävi der Genitalregion bei Mädchen bzw. Frauen vor der Menopause und kongenitale Pseudomelanome.
Die Kenntnis dieser gutartigen melanozytären Tumoren ist von besonderer Bedeutung, um die therapeutischen Konsequenzen der Fehldiagnose Melanom zu vermeiden.

Summary

Most melanocytic lesions of the skin can be correctly classified by clinical and histological criteria. This article addresses the diagnostic problems posed by a variety of benign melanocytic nevi which may be confused histologically with malignant melanoma. Examples of benign melanocytic proliferations that simulate malignant melanoma are: Persistent (recurrent) melanocytic nevi, vulvar melanocytic nevi and melanocytic nevi in newborn infants. The knowledge of these tumors is of great practical importance in avoiding the ›overdiagnosis‹ of malignant melanoma.

Tabelle I. Histologische Kriterien zur Melanomdiagnose (1).

Muster

- Asymmetrie des Tumors
- Unscharfe Begrenzung der lateralen intraepidermalen melanozytären Komponente
- Fehlende »Reifung« der Tumorzellen in der tieferen Dermis
- Einzelformationen von Melanozyten überwiegen fokal oft im Vergleich zu Melanozytennestern in der Epidermis
- Intraepidermale Melanozytennester zeigen ungleichmäßige Abstände voneinander
- Melanozytennester in der Epidermis und Dermis variieren in Form und Größe und zeigen Konfluenzneigung
- Melanozyten – einzeln und in Nestern – häufig in allen Epidermisschichten nachweisbar
- Melanozytenausbreitung entlang der epithelialen Adnexstrukturen

Zytomorphologie

- Atypische Melanozyten
- Mitosen
- Nekrotische Melanozyten

Die meisten Melanome der Haut können aufgrund ihrer morphologischen Charakteristika einwandfrei diagnostiziert werden (1, 4). Die wichtigsten Kriterien basieren auf dem Muster der Läsionen und den zytomorphologischen Details (Tabelle I).

Mitunter findet man besondere Fälle melanozytärer Tumoren, die Schwierigkeiten hinsichtlich der biologischen Beurteilung und histologischen Differentialdiagnose bereiten. Dies betrifft einerseits maligne Melanome, die histologisch zahlreiche Kriterien eines melanozytären Nävus, insbesonders eines Spitznävus zeigen (sog. nävoide Melanome) oder andererseits gutartige melanozytäre Proliferationen, die ein malignes Melanom imitieren (sog. Pseudomelanome) (Tabelle II).

Wir möchten in diesem Beitrag drei Beispiele gutartiger melanozytärer Tumoren darstellen, die Problemfälle bei der histologischen Interpretation repräsentieren.

»Rezidiv«-Nävi nach unvollständiger Exzision

Nach unvollständiger Entfernung (z.B. nach »shaving«-Biopsie oder Elektrokoagulation) melanozytärer Nävi beobachtet man nicht selten Rezidive, die klinisch und/oder histologisch mit einem malignen Melanom verwechselt werden können (4, 5).

Tabelle II. Gutartige melanozytäre Proliferationen, die histologisch maligne Melanome imitieren.

- Spitznävi und Varianten (einschließlich pigmentierter Spindelzelltumor und ›combined‹-Spitznävus)
- Rezidivnävi nach unvollständiger Exzision
- Akrale Nävi mit palmar-plantarer Lokalisation
- Genitale Nävi
- Dysplastische Nävi
- Halonävi
- Nävi mit zwei Zellpopulationen
- Nävi bei Neugeborenen
- ›New nevi of midlife‹

Klinisch (Abbildung 1) sieht man meist flache asymmetrische (oder längliche) unregelmäßig begrenzte Läsionen mit verschiedenen braunen bis schwarzen Farbtönen. Das Muster ist homogen oder gescheckt; manchmal ist eine von dem vorher durchgeführten chirurgischen Eingriff resultierende kleine hypopigmentierte Narbe vorhanden.

»Rezidiv«-Nävi werden besonders bei Frauen in jüngeren Jahren (20. bis 30. Lebensalter) am Stamm beobachtet.

Insbesondere die intraepidermalen Veränderungen können als Melanom fehldiagnostiziert werden (Abbildung 2). An der dermoepiderma-

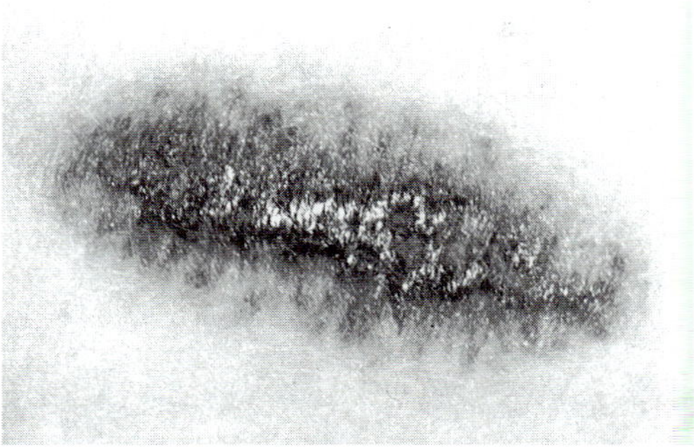

Abbildung 1. ›Rezidiv‹-Nävus nach ›shaving‹-Biopsie

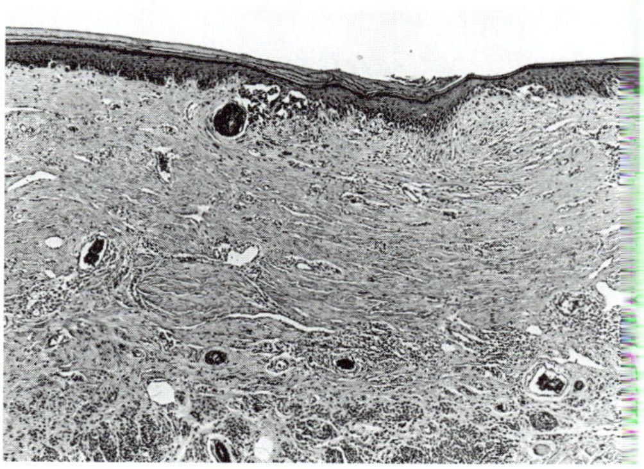

Abbildung 2. ›Rezidiv‹-Nävus. 3zonales Muster:
a) Die intraepidermalen Veränderungen können als Melanom fehldiagnostiziert werden.
b) Narbengewebe (Bildmitte).
c) In der Tiefe Nävuszellenreste vom ursprünglichen Nävus.

len Junktionszone sind in unregelmäßiger Anordnung Melanozytennester, die in Größe und Form variieren und die eine Neigung zur Konfluenz aufweisen, nachweisbar. Stellenweise beobachtet man eine Ausbreitung der Melanozyten – einzeln und in Nestern – in höheren Epidermislagen und entlang der epithelialen Adnexstrukturen. Atypische Melanozyten gelangen selten zur Ansicht.
Charakteristisch ist der Nachweis von fibrotischem Narbengewebe mit daruntergelegenen Resten der intradermalen Komponente des ursprünglichen Nävus (Abbildung 2). Die intraepidermale Melanozytenproliferation zeigt keine die Narbe überschreitende Ausbreitung.
Für eine exakte Diagnose eines »Rezidiv«-Nävus ist es unbedingt notwendig, die Originalschnitte vom ersten operativen Eingriff anzufordern.

Genitale Nävi

Bei Mädchen und Frauen vor der Menopause findet man im Genitalbereich (meist Labia minora et majora) manchmal ungewöhnliche melanozytäre Nävi, die diagnostische Fallstricke darstellen (2, 4).

Klinisch (Abbildung 3) zeigen diese Läsionen häufig eine sehr dunkle Pigmentierung; im übrigen unterscheidet sich das Bild jedoch nicht von »gewöhnlichen« Nävuszellnävi der Haut oder Schleimhäute.
Meist handelt es sich um einen junktionalen Nävus oder einen Compoundnävus. Die intraepidermalen Veränderungen sind oft schwierig von einem »Melanoma in situ«, zu differenzieren (Abbildung 4). Die Melanozytennester an der Junktionsszone variieren in Größe und Form und weisen eine unregelmäßige Anordnung auf.

Einzelne Melanozyten in höheren Epidermislagen sind eher selten und Melanozytennester überwiegen im Vergleich zu Melanozyten-Einzelformationen. Die nur gelegentlich atypischen Melanozyten haben häufig große Kerne und ein breites Zytoplasma (pagetoide Zellen).

Die Nävuszellen in der Dermis zeigen das Phänomen der »Reifung«.
Die Beurteilung von melanozytären Nävi im Vulvabereich muß mit besonderer Sorgfalt durchgeführt werden.

Kleine melanozytäre Nävi bei Neugeborenen (kongenitale Pseudomelanome)

Nicht nur sehr große kongenitale Nävuszellnävi (Riesennävi), sondern auch kleine kongenitale Nävuszellnävi, die kurz nach der Geburt exzidiert werden, können als maligne Melanome fehlinterpretiert werden (3).

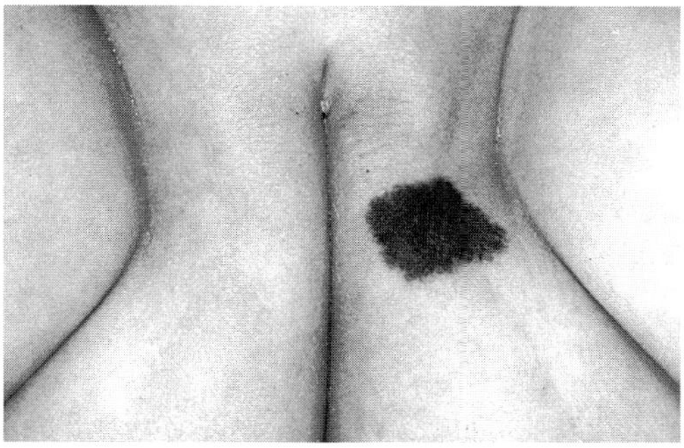

Abbildung 3. Genitaler Nävus bei einem kleinen Mädchen.

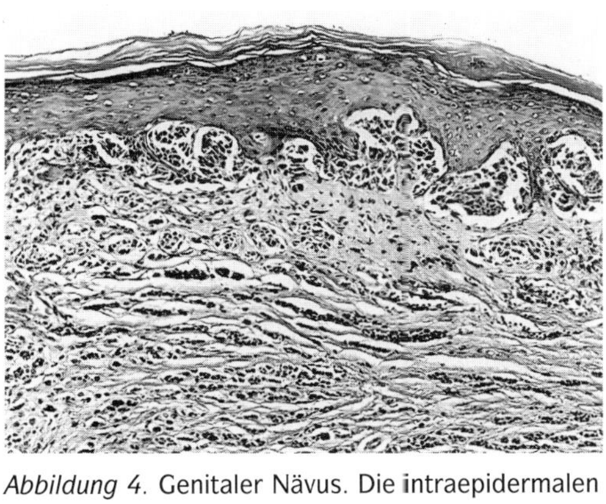

Abbildung 4. Genitaler Nävus. Die intraepidermalen Veränderungen sind oft schwierig von einem Melanom zu unterscheiden.

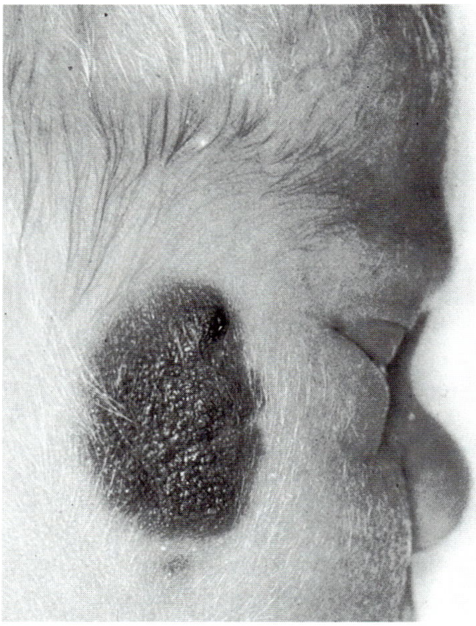

Abbildung 5. Nävus beim Neugeborenen.

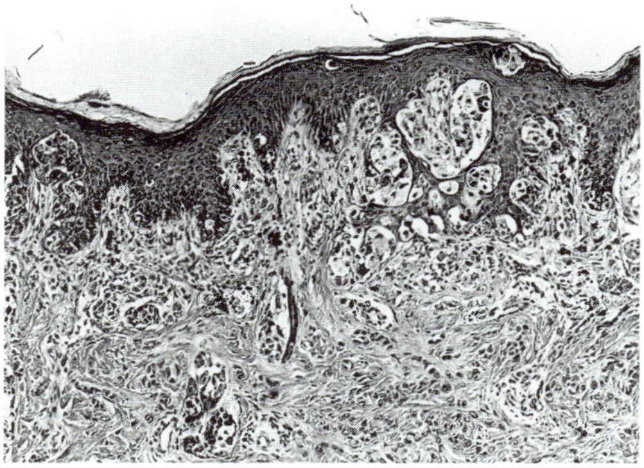

Abbildung 6. Nävus beim Neugeborenen. Die Exzision erfolgte kurz nach der Geburt. Das histologische Bild erinnert an ein ›Melanoma in situ‹.

Klinisch (Abbildung 5) handelt es sich um bräunliche bis schwarze Pigmenttumoren mit unregelmäßig konfiguriertem Rand und einem Durchmesser von 0,5 bis 2 cm.

Histologisch (Abbildung 6) sieht man an der Junktionszone, aber auch in der höheren Epidermis Melanozytennester in variabler Größe und Form mit Tendenz zur Konfluenz. Einzelne Melanozyten sind oft in allen Epidermislagen (einschließlich Stratum corneum) nachweisbar. Eine Vermehrung der Melanozyten liegt auch in den Adnexstrukturen, vor allem entlang der Haarfollikel, vor. Die pagetoiden Melanozyten weisen nur gelegentlich Atypien auf.

Die entscheidenden histologischen Kriterien zur Abgrenzung von einem Melanom sind:

- Die Läsionen sind meist symmetrisch und zeigen eine scharfe laterale Begrenzung der intraepidermalen Melanozytenkomponente.
- Die pagetoiden Zellen weisen im allgemeinen homogene kleine Kerne auf.
- Intraepidermale Melanozytennester überwiegen im Vergleich zu einzeln vorhandenen intraepidermalen Melanozyten.
- In der Dermis finden sich Nävuszellen mit dem charakteristischen Muster eines kongenitalen Nävus (Melanozyten einzeln und in Strängen zwischen den Kollagenfasern u.a.)
- Entzündung und Regressionszeichen sind nicht vorhanden.

Die Kenntnis der hier dargestellten interessanten Varianten melanozytärer Nävi ist von besonderer praktischer Bedeutung, um die therapeutischen Konsequenzen der Fehldiagnose »malignes Melanom« zu vermeiden.

Literatur

1 Ackerman AB, Niven J, Grant-Kels JM (1982) Differential Diagnosis in Dermatopathology. Lea & Febiger, Philadelphia

2 Christensen WN, Friedman KJ, Woodruff JD, Hood AF (1987) Histologic characteristics of vulvar nevocellular nevi. J Cutan Pathol 14: 87–91

3 Kerl H, Smolle J, Hoedl S, Soyer HP (1989) Kongenitales Pseudomelanom. Z Hautkr 64: 564–568

4 Maize JC, Ackerman AB (1987) Pigmented Lesions of the Skin. Lea & Febiger, Philadelphia

5 Park HK, Leonard DD, Arrington III JH, Lund HZ (1987) Recurrent melanocytic nevi: Clinical and histologic review of 175 cases. J Am Acad Dermatol 17: 285–292

Für die Verfasser:
Univ.-Prof. Dr. H. Kerl
Universitätsklinik für Dermatologie
Auenbruggerplatz 8
A-8036 Graz

III. Experimentelle Befunde

Monoklonale Antikörper in der Immundiagnostik und -therapie maligner Melanome

Analyse kritischer Parameter in experimentellen Systemen[1]

W. Tilgen und S. Matzku
Universitäts-Hautklinik und Institut für Radiologie und Pathophysiologie,
Deutsches Krebsforschungszentrum, Heidelberg

Zusammenfassung

Die Immundiagnose und die Immuntherapie maligner Melanome mit Hilfe monoklonaler Antikörper (mAk) schien ursprünglich lediglich von der Antikörperspezifität abhängig zu sein. Inzwischen wurde eine Vielzahl monoklonaler Antikörper gegen melanomassoziierte Antigene produziert, von denen nur wenige die notwendige Zell- und Gewebeselektivität aufwiesen und damit für erste klinische Pilotstudien geeignet waren. Diese haben allerdings eher die Grenzen als die Fortschritte in der klinischen Anwendung monoklonaler Antikörper gezeigt. Es wurde deutlich, daß weitere Parameter von wesentlicher Bedeutung sind. Der potentielle Nutzen monoklonaler Antikörper für den Patienten hängt insbesondere vom Verbleib des Antigens nach Bindung an den Antikörper und der Erreichbarkeit des Antigens für den mAk ab.
Ziel unserer Untersuchungen war die Evaluierung einer möglichen Antigenmodulation durch mAk im Sinne einer Internalisierung oder eines »Shedding« der Antigen-Antikörper-Komplexe und der Erreichbarkeit tumorzellassoziierter Antigene für den Antikörper innerhalb eines soliden Tumorknotens.
Um einen direkten Einblick in die Antikörperbindungsstellen und den Antikörpertransport zu gewinnen wurde mit Hilfe der Immunelektronenmikroskopie an Zellkulturen der Weg monoklonaler Antikörper, die an ein Nuklid oder an Goldpartikel gekoppelt waren, auf zellulärer Ebene verfolgt. Die morphologischen Ergebnisse wurden durch einen funktionellen Radioantikörper-Bindungstest kontrolliert. Die Immunszintigraphie und insbesondere die Ganzkörper-Autoradiographie ermöglichte eine Analyse des Verteilungsmusters radioaktiv markierter mAk in Transplantationstumoren in der Maus.

Summary

Antibody-guided diagnosis and therapy of malignant melanoma was initially thought to be determined by antibody specificity. Meanwhile a large number of anti-melanoma monclonal antibodies (mAbs) have been raised, a small number of them recognize antigens with necessary cell and tissue selectivity. Results of pioneering clinical studies are reported. Since these have illustrated the limitations rather than the potentials of clinical application, it became increasingly clear that additional parameters are important. The potential value of these mAbs for the melanoma patient especially depends on

[1] *Die Forschungsarbeiten wurden unterstützt durch:*
Deutsche Forschungsgemeinschaft, Sonderforschungsbereich 136 »Krebsforschung«; Ministerium für Wissenschaft und Kunst Baden-Württemberg, Forschungsschwerpunkt 17 an der Universität Heidelberg »Molekulare, zelluläre und immunologische Veränderungen bei malignen Erkrankungen und deren Beeinflussung«; Tumorzentrum Heidelberg/Mannheim, Großprojekt »Malignes Melanom«.

the fate of the immune complexes after antibody binding to the antigen and on the access of antibody into solid tumor tissue. The rationale of our studies was to evaluate modulation of cell surface associated antigens by mAbs, i.e. internalization or shedding of immuncomplexes, and the accessibility of melanoma cells to mAbs within solid tumor tissue. To get direct insight into the sites of antibody binding and transport we followed the pathways of radio- and gold-labeled antibodies at the cellular level in vitro with immunoelectron microscopy and a radioantibody binding assay as well as by analyzing the biodistribution of labeled mAbs in human xenograft tumors in nude mice with immunoscintigraphy and especially with whole body autoradiography.

Problemstellung

Ein Grundgedanke immunologischer Tumordiagnostik und -therapie befaßt sich mit der Herstellung und Anwendung spezifischer Antikörper zur selektiven Darstellung und Zerstörung neoplastischer Zellen. Die Analyse von Oberflächenstrukturen benigner und maligner Zellen wurde durch die von *Köhler* und *Milstein* (32) entwickelte Hybridomtechnik revolutioniert, die die Herstellung monoklonaler Antikörper gegen solche Strukturen, so auch gegen melanomassoziierte Antigene, ermöglicht. Damit wurden neue Perspektiven für eine gezielte Immundiagnostik und -therapie maligner Melanome eröffnet.

Monoklonale Antikörper werden durch Immunisierung von Mäusen mit antigentragenden menschlichen Tumorzellen gewonnen, indem die Milzlymphozyten dieser Mäuse mit Myelomzellen fusioniert werden. Daraus entstehende »Bastarde« sind die sogenannten Hybridomzellen. Diese haben zwei wichtige genetische Charakteristika von ihren »Eltern« in sich vereint: von der Mausmyelomlinie die Unsterblichkeit, d.h. die Möglichkeit, permanent zu wachsen, von den Lymphozyten die Fähigkeit, Antikörper mit definierter Spezifität zu produzieren. Diese hochspezifische Antikörper produzierenden Hybridomklone können über beliebig lange Zeiträume, z.B. in flüssigem Stickstoff, gelagert und je nach Bedarf reaktiviert werden. In den letzten Jahren wurde eine Vielzahl monoklonaler Antikörper unterschiedlcher Immunglobulinklassen produziert, die ein breites Spektrum membranassoziierter und zytoplasmatischer Antigene erkennen (2, 7, 12, 16, 19, 22, 26, 33, 41, 43, 56), die nach bisherigen Analysen drei Klassen zugeordnet werden können:

Individualspezifische Antigene, die auf den autologen Tumor beschränkt sind; Antigene, die auf mehreren Tumoren, jedoch nicht auf normalem Gewebe nachweisbar sind, und unspezifische Antigene, die von benignen und malignen Zellen exprimiert werden.

Der potentielle Nutzen monoklonaler Antikörper in der klinischen Anwendung, d.h. die Physiologie ihrer Anreicherung in solidem Tumorgewebe, wird durch das Eigenschaftsspektrum des Antikörpers und die Biologie des entsprechenden melanomassoziierten Antigens bestimmt. Wesentliche Faktoren sind die Selektivität des Antigens, die Antigendichte, die Antigenlokalisation, die Antigenmodulation durch mAk und die Erreichbarkeit des Antigens durch mAk.

Die *Spezifität* und *Sensitivität* monoklonaler Antikörper sowie die *Selektivität* und die Struktur der jeweiligen melanomassoziierten Antigene, die *Antigenpersistenz* und die *Änderung des Antigenmusters im Laufe der Tumorprogression* sind gut dokumentiert (5, 6, 20, 24, 43). Einen wichtigen Fortschritt in der histopathologischen Diagnostik stellen mAk dar, die es ermöglichen, maligne Melanome von Nävuszellnävi zu unterscheiden (3, 35, 46).

Aus der Vielzahl weltweit produzierter muriner und humaner mAk gegen Melanome stehen für den unmittelbaren diagnostischen (Immunszintigraphie) und therapeutischen Einsatz (Serotherapie mit nativen oder radioaktiv markierten Antikörpern) nur wenige zur Verfügung, die nach ersten Erfahrungen die wesentlichen Bedingungen für eine Anwendung beim Tumorkranken erfüllen, d.h. eine hohe Sensitivität aufweisen, ein Antigen erkennen, welches in hoher Dichte

möglichst selektiv von Tumorzellen exprimiert wird, und auf Grund ihres Isotyps eine zytotoxische Wirkung ausüben können. Ihre Verwendungsmöglichkeit ist in einer Reihe von Übersichtsarbeiten der letzten Jahre dokumentiert worden (4, 31, 44).
Es liegen experimentelle Studien über einen *zytotoxischen Effekt* monoklonaler Antikörper vor, der entweder durch eine direkte, zellvermittelte oder eine komplementvermittelte Wirkung erzielt wird (13, 23, 27).
Monoklonale Antikörper werden als *Träger* für Radionuklide (36), Zytostatika (45) oder Toxine (58) eingesetzt.
Studien über eine *radioimmunologische Diagnostik* von Tumormetastasen wurden bei *Tieren* durchgeführt (8, 36).
Erste Ergebnisse über *eine immunszintigraphische Tumorlokalisation* (4, 47, 49), eine *Radioimmuntherapie* (11, 34) und eine *Serotherapie* mit mAk *bei Patienten* liegen vor (14, 17, 25, 50, 57). Es wurde deutlich, daß der Schritt vom In-vitro- und Mausmodell zum Patienten eine Fülle unvorhergesehener und nur in der klinischen Anwendung lösbarer Probleme mit sich bringt (37–39, 40, 54, 56). So sind die genauen Mechanismen der Antikörperanreicherung im Tumorgewebe und der therapeutischen Wirkung bei unterschiedlichen Applikationsformen nach wie vor nicht bekannt. Auf diesem Weg waren – und sind für jeden neu entwickelten Antikörper erneut – die spezifischen Merkmale eines Antikörpers und des von ihm erkannten tumorassoziierten Antigens darzustellen.
Gegenstand unserer Untersuchungen war die Beantwortung folgender Fragen:

- *Wie verhält sich das melanomassoziierte Antigen nach Bindung an den Antikörper; d.h. wo wird der Antigen-Antikörper-Komplex gespeichert?*
- *Wie kann man eine genügend große, wirksame Menge des Antikörpers an seine Ziel-(Tumor-)zelle binden?*

Beiden Fragestellungen (Antigenmodulation, Antikörper-Eintransport aus dem Gefäßsystem in den Tumor) wurde an der Einzelzelle in Kultur und am soliden Tumorknoten im Tiermodell nachgegangen.

Spezielle Aspekte

Ultrastrukturelle und funktionelle Untersuchungen zur Antigenmodulation durch monoklonale Antikörper

Tumordiagnostik und -therapie beruhen auf der Bindung eines monoklonalen Antikörpers an das zellständige Tumorantigen. Die Zellständigkeit ist von prinzipieller Bedeutung. Sie führt entweder zu einer *stabilen Verankerung* des Immunkomplexes (IC) in der Zellmembran (23) oder zur Einschleusung des IC in das Zellinnere (*Internalisierung*). Der letztere Prozeß kann allerdings eine schnelle Degradation des Antikörpers zur Folge haben. Ein sogenanntes *»Shedding«* von Immunkomplexen würde dagegen bedeuten, daß die an den Tumor gebundenen Antikörper nach kurzer Zeit wieder von der Zelloberfläche abgelöst werden. Diese können peritumoral, im Interstitium, oder im Blut nachgewiesen werden.
Um die Zielstrukturen eines mAk sichtbar zu machen, und damit zu klären, ob der Angriffspunkt eines nativen oder eines an eine Wirksubstanz gekoppelten mAk auf der Zellmembran oder im Inneren der Zelle liegt, und um den Verbleib von Immunkomplexen unter »in vivo«-Bedingungen nachzuweisen, wurden erstmals an Melanomzellinien unterschiedlicher morphologischer Differenzierung und mit unterschiedlichem Antigen-Phänotyp morphologische und funktionelle radioimmunologische Untersuchungen mit Antikörpern unterschiedlicher Immunglobulin-Subklassen durchgeführt. Von besonderem Interesse waren der zeitliche Verlauf des Internalisierungsprozesses und der Transportweg von Immunkomplexen in die Zelle (37–39, 52, 53, 55).
Mit Hilfe ^{125}Iod-(*Radioimmunelektronenmikroskopie, RIEM*) und *goldmarkierter Antikörper* wurde an fixierten und an »lebenden« Zellen, d.h. an Zellen, die während der Inkubation mit dem markierten Antikörper im Brutschrank weiterwuchsen, ein direkter Einblick in das Verhalten der Antigen-Antikörper-Komplexe gewonnen. Drei Reaktionsmuster waren nachzuweisen:

Der *erste Prototyp* des Bindungsverhaltens wurde für mAk, die gegen das Epitop eines integralen Membranproteins mit einem Molekulargewicht von 95 000 Dalton gerichtet sind, nachgewiesen. Diese Antikörper zeigen eine schnelle Bindung an die metabolisch aktive Zelle bei 37°C. Ultrastrukturell findet sich eine Ablagerung von markierten Antigen-Antikörper-Komplexen, die nach 30 Minuten die gesamte Zellmembran bedecken und auch nach 120 Minuten zum überwiegenden Anteil stabil an der Zelloberfläche lokalisiert bleiben. Lediglich eine geringe Menge ist im Zytoplasma nachweisbar. Dies bedeutet, daß das entsprechende Antigen bevorzugt in der *Zellmembran* (speziell der Glykokalix) *verankert* ist und nicht durch den Antikörper moduliert wird.

Der *zweite Prototyp* im Bindungsverhalten war für den monoklonalen Antikörper R_{24}, der gegen ein Glykolipid-Antigen G_{D3} gerichtet ist, nachweisbar. Die RIEM zeigt nur wenige markierte Immunkomplexe ohne definierte Zuordnung zu einer Zellstruktur. In immunelektronenmikroskopischen Untersuchungen konnte gezeigt werden, daß dieser Antikörper zwar an fixierten Zellen entlang der gesamten Zelloberfläche bindet, an metabolisch aktiven, unfixierten Zellen sich Immunkomplexe jedoch nur an umschriebenen Stellen der Zellmembran fleckförmig ablagern. Der überwiegende Anteil der Zellen ist nicht markiert. Diese antikörperinduzierte nahezu vollständige Loslösung der IC von der Zelloberfläche läßt auf eine Antigenmodulation im Sinne eines *Sheddingprozesses* schließen.

Im Gegensatz hierzu steht als *dritter Prototyp* im Bindungsverhalten die Gruppe der Antikörper, die ebenfalls schnell und gleichmäßig an die Zelloberfläche metabolisch aktiver Zellen binden, dann aber in das Zellinnere einwandern. Nach 120 Minuten sind lediglich einzelne Antigen-Antikörper-Komplexe an der Zelloberfläche nachweisbar, der überwiegende Anteil akkumuliert im Zytoplasma. Dies bedeutet eine Antigenmodulation durch den mAk im Sinne einer *Internalisierung* der Immunkomplexe. Die »Antigenroute« scheint jeweils in die Kernregion gerichtet zu sein mit gelegentlicher Anlagerung an vesikuläre Strukturen und Mitochondrien (Abbildung 1).

Der Weg dieser Einwanderung von Immunkomplexen von der Zellmembran in das Zellinnere ist für diagnostische und therapeutische Überlegungen von Bedeutung.

Ultrastrukturell lassen sich zwei Möglichkeiten eines solchen Transportprozesses von Immunkomplexen in die Zelle darstellen. Zum einen finden sich markierte Antigen-Antikörper-Komplexe in unmittelbarer Nachbarschaft von Stachelsaum-Vesikeln, sog. »coated vesicles«, oder sind in solche Vesikel eingelagert. Dies würde einen hochspezialisierten Transport der Immunkomplexe über eine rezeptorgekoppelte Endozytose bedeuten. Dieser spezifische Weg einer Internalisierung wurde z.B. für den Transport von Transferrin, epidermalen Wachstumsfaktor oder von Lipoproteinen beschrieben (42). Die zweite Möglichkeit wird durch die Anlagerung an Endozytosevesikel im Sinne einer konstitutiven Endozytose von Antigen-Antikörper-Konjugaten dargestellt (Abbildung 2), wie man sie regelmäßig z.B. in Makrophagen beobachtet (1). Die intrazelluläre Abgabe des monoklonalen Antikörpers ist zur Zeit noch ungeklärt.

Diese morphologischen Daten standen in Übereinstimmung mit funktionellen *Radioantikörper-Bindungstests*, die über die Kinetik des Bindungs- und Lösungsverhalten monoklonaler Antikörper an und von der Tumorzelle Auskunft geben (37, 39). Mit dieser Methode werden radioaktiv markierte membrangebundene Antikörper durch einen sauren Puffer, pH 2,8, von der Zelle abgelöst. Dieser Ablösungsprozeß betrifft nur Immunkomplexe, die an der Zelloberfläche gebunden sind. Internalisierte Immunkomplexe sind weiterhin quantitativ an ihrer Radioaktivität meßbar. Ein Shedding von Antigen-Antikörper-Komplexen ist durch geringere Bindung von markierten mAk an »lebende« Tumorzellen, die bei 37°C wachsen, im Vergleich zu metabolisch inaktiven Zellen bei 0°C gekennzeichnet.

Internalisierung führt also zu einer hohen Anreicherung von Immunkomplexen im Tumorgewebe, Shedding hingegen bewirkt nur eine geringe Anreicherung, Modulation kann somit negativen Einfluß auf eine antikörpervermittelte Diagnostik und Therapie durch Eliminierung des Antigens bedeuten, andererseits aber auch den diagnostischen und therapeutischen Effekt verstärken. Es ist eindeutig, daß eine hohe Internalisierungsrate für Antikörper, die als Träger für Nuklide, Zytostatika oder Toxine verwendet werden sollen, wünschenswert ist. In bezug auf die Nuklide gilt dies insbesondere für die Gruppe der metallischen Radionuklide, welche nach erfolgter Internalisierung und Degradation des mAk-Konjugats intrazellulär gespeichert werden.

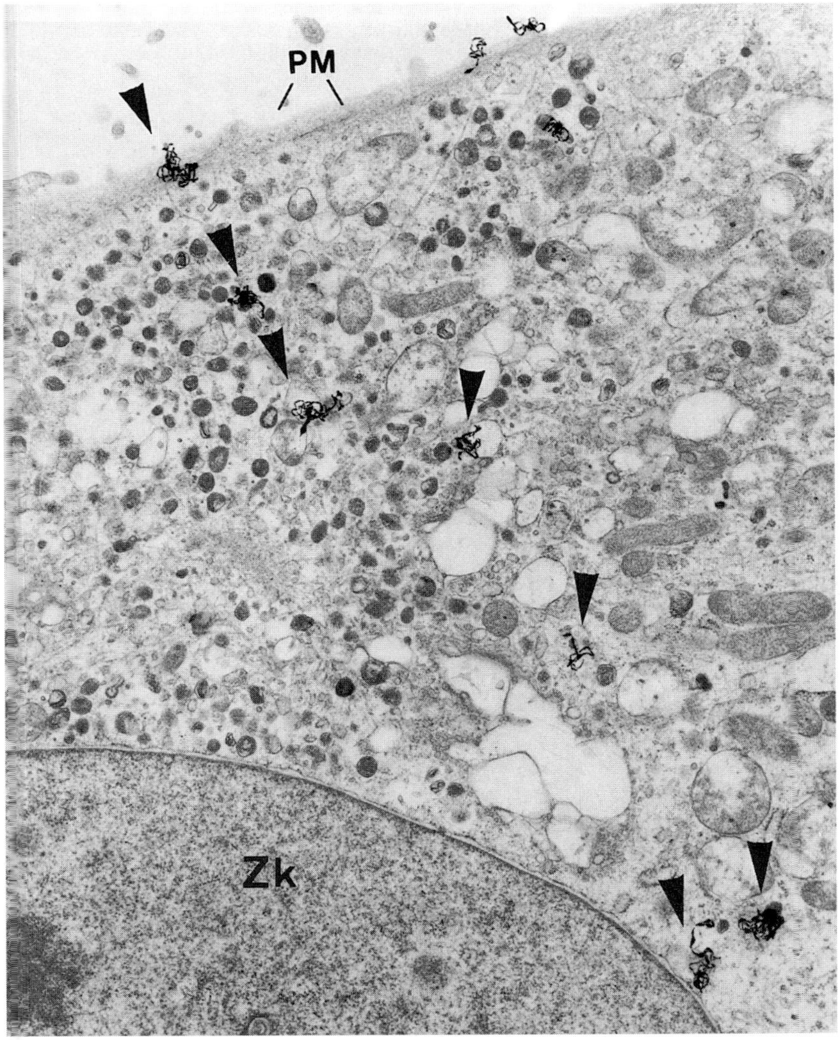

Abbildung 1. Radioimmunelektronenmikroskopie der Melanomzellinie SK-MEL-28 mit ^{125}I-markiertem mAk M 2.9.4. »Lebende« Zellen bei 37°C. Amidol-Entwicklung: Einwanderung von Immunkomplexen nach 120 Minuten von der Zellmembran (PM) in das Zellinnere (Pfeilspitzen). Zk = Zellkern; x 12 600.

Mit Hilfe der Immunelektronenmikroskopie und des Radioantikörper-Bindungstests konnte in unseren Untersuchungen erstmals der zeitliche Ablauf des Antikörpertransportes in das Zellinnere und der endgültige »Speicherort« des Antigen-Antikörper-Komplexes bzw. der mögliche Wirkort des Antikörpers dargestellt werden.

Erreichbarkeit von Antigenen für monoklonale Antikörper im soliden Tumorgewebe:

Immunszintigraphie und Ganzkörper-Autoradiographie tumortragender Nacktmäuse

Die mAk-Akkumulation in menschlichem Tumorgewebe zeigt einen erheblichen quantitativen Unterschied, je nachdem, ob ein Xenotransplantat in der Nacktmaus oder ein Tumor im Patienten betrachtet wird. Dieser ist durch die relevanten Kompartmentgrößen bedingt (Gesamtgewicht, Blutvolumen, Tumorvolumen). Einer typischen Anreicherung von 10 bis 30%

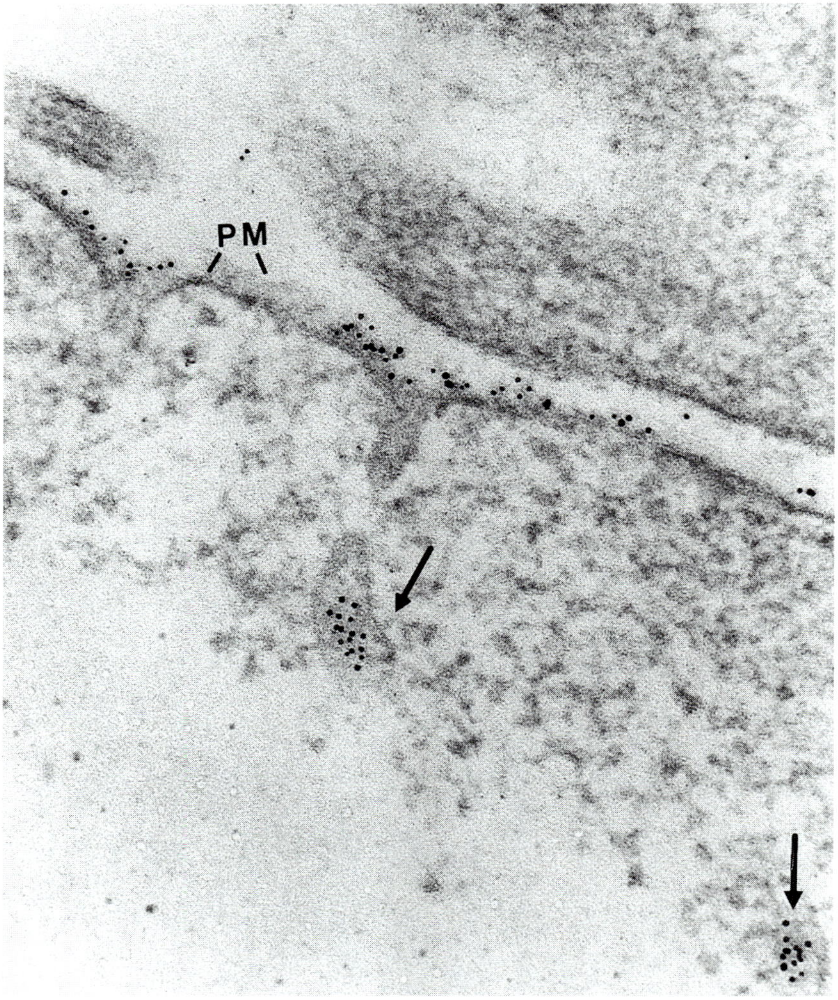

Abbildung 2. Immunelektronenmikroskopie der Melanomzellinie MML-I mit dem goldmarkierten mAk HD-Mel 3. »Lebende« Zellen bei 37°C. Goldpartikelgröße: 5 nm. Markierte Antikörper sind in Einstülpungen der Plasmamembran (PM) und in Endozytovesikeln (Pfeile) nachweisbar; x 154 000.

der injizierten Dosis pro Gramm Tumor im Nacktmausmodell (59) ist ein Wert von 0,003 bis 0,01% der Dosis pro Gramm im Patienten (18) gegenüberzustellen. Der niedrige Wert im Patienten ließe sich prinzipiell auf zwei Wegen steigern: durch eine selektive Steigerung der Blutzufuhr zum Tumor oder durch eine Steigerung der Extravasation der mAk-Konjugate. Der positive Einfluß beider Größen wurde im Tiermodell eindeutig belegt (48). Von der Beobachtung ausgehend, daß Tumorgefäße und Normalgefäße auf Regelsignale für Weit- und Engstellung unterschiedlich reagieren, könnte durch pharmakologische Intervention eine künstliche *Steigerung der Durchblutung* mit gezielter Mehrdurchblutung im Tumor erreicht und die *Durchlässigkeit der Barriere* erhöht werden. Der praktische Nutzen des Ansatzes muß allerdings noch bewiesen werden, zumal die vorgeschlagenen Maßnahmen entweder regional oder zeitlich eng begrenzt wirken.

Für eine *Steigerung der Extravasation* ist eine prinzipielle Kenntnis der zugrunde liegenden Mechanismen und eine spezielle Untersuchung der Gegebenheiten in den einzelnen Tumortypen erforderlich. Immunglobuline mit einem Molekulargewicht von 150 000 Dalton können das Gefäßsystem nur sehr langsam verlassen, da dieses für Makromoleküle eine Permeabilitätsbarriere darstellt (15, 28–30). Allerdings weisen die Tumorgefäße oftmals eine Reihe von Defekten auf (fehlende Basalmembran, unvollständige Auskleidung mit Endothelzellen), die die Extravasation unter Umständen erleichtern. Der Transport von Makromolekülen läuft im Sinne eines Siebeffekts durch Poren ab, d.h. durch einen Massefluß, welcher von der Druckdifferenz zum Interstitialraum hin abhängt (10). Der interstitielle Druck ist eine Funktion der Tumorarchitektur und der Tumorgröße. In manchen Tumoren nimmt er zum Zentrum hin zu, woraus eine Stase des Blutflusses und ein Nettofluß im Interstitialraum vom Zentrum zur Peripherie des Tumors resultiert (30). In dieser Konstellation ist eine präferentielle Anreicherung von mAk in den Randbereichen des Tumors zu erwarten. In anderen Tumoren wird eine fokal begrenzte Extravasation von Blut beobachtet, die dann auch mit einer Extravasation von mAk verbunden ist.

Die so entstandenen Depots erlauben eine Penetration von Antikörpern in das umliegende Gewebe, es kommt zu einer fokalen Antikörperbindung und Anreicherung (15). Schließlich ist zu bedenken, daß Tumorzellen oftmals als kompakte »Nester« oder Zellmassen wachsen, welche durch interzelluläre »junctions« zusammengehalten werden. Es ist plausibel, daß die zentralen Zellelemente von extern ankommenden Makromolekülen schwerer erreicht werden können als randständige Zellagen.

Wir haben *immunelektronenmikroskopische* Untersuchungen an Melanomzellen durchgeführt, die in der Kulturschale mehrlagig gewachsen waren. Es zeigte sich, daß Immunkomplexe nur an der Zelloberfläche der obersten Zellschichten abgelagert waren; eine Penetration von mAk in das Innere dieser sehr kleinen Melanomknoten konnte nicht nachgewiesen werden (Abbildung 3).

Eine vieldiskutierte Möglichkeit zur Überwindung der verschiedenen Permeabilitätsbarrieren stellt die *Veränderung der Molekülgröße* dar. Antikörper können enzymatisch fragmentiert werden, ohne ihre Bindungsfähigkeit zu verlieren, wobei divalente F(ab')$_2$-Fragmente (Mw = 100 000) oder monovalente Fab-Fragmente (Mw = 50 000) entstehen.

Sutherland et al. (1987) konnten in einem Tumorspheroid-Modell zeigen, daß Fragmente effektiver in den Tumorzellverband penetrieren können als intakte Antikörpermoleküle. In experimentellen Tumoren zeigten Fragmente auch in vivo eine höhere Anreicherung, vorausgesetzt, daß die Bindung an und Ausscheidung durch die Niere unterbunden wurde (21). Im intakten Organismus ist dieser nierenabhängige Clearance-Mechanismus dominierend und begrenzt die Absolutgröße der Tumorspeicherung. Die relative Anreicherung – und damit der Kontrast – ist bei Fragmenten aber erhöht, denn der schnellen Clearance der nicht-gebundenen Anteile aus dem Normalgewebe steht die Retention im Tumorgewebe gegenüber. Aus diesen Gründen haben sich mAk-Fragmente in der Immunszintigraphie besonders bewährt (Abbildungen 4a–c).

Die Abgrenzung und Bewertung der verschiedenen Faktoren, die beim malignen Melanom und den von uns verwendeten mAk eine Rolle spielen, wurden mit den Methoden der Szintigraphie und der Ganzkörper-Autoradiographie nach i.v. Injektion markierter Antikörper durchgeführt (36, 38, 56). Die Immunszintigraphie gibt einen Überblick über die Radioaktivitätsverteilung im intakten Organismus und erlaubt die Darstellung zeitlicher Abläufe, jedoch ist die Ortsauflösung gering. In Abbildung 4c ist erkennbar, daß entsprechend den oben ausgeführten Zusammenhängen die Tumordarstellung mit Fragmenten des mAk HD-Mel 1 wesentlich kontrastreicher ist als mit dem intakten Antikörper (Abbildungen 4a, b), und daß dieser Effekt durch die effektivere Clearance der Fragmente aus den verschiedenen Normalgeweben zustande kommt.

Das Verfahren der Ganzkörper-Autoradiographie vermittelt ebenfalls eine Übersicht über die Antikörperanreicherung im gesamten Organismus der Nacktmaus. Diese neu entwickelte Methode erlaubt jedoch gegenüber der Immunszintigraphie eine genauere Lokalisation und damit topographische Zuordnung des Tumors und gibt Auskunft über das intratumorale Verteilungsmuster markierter mAk. Darüber hinaus kann das Auflösungsvermögen dieses Verfahrens soweit verfeinert werden, daß Strukturen auf zellulärer Ebene dargestellt werden können. Durch Methoden der Computerdensitometrie kann schließlich eine quantitative Bewertung der Speichermengen in kleinen Arealen durchgeführt werden. Die Untersuchungen an einer Reihe von Xenotransplantaten haben sich auf mAk konzentriert, welche in vitro entweder stabile Bindung an die Zelloberfläche oder Internalisierung zeigten, da in beiden Situationen eine gute Anreicherung bei unterschiedlicher Retention des Radionuklids zu erwarten war. Im Ganzkörperlängsschnitt wurde für mAk dieser beiden Prototypen kein Unterschied in der Anreicherung gefunden.

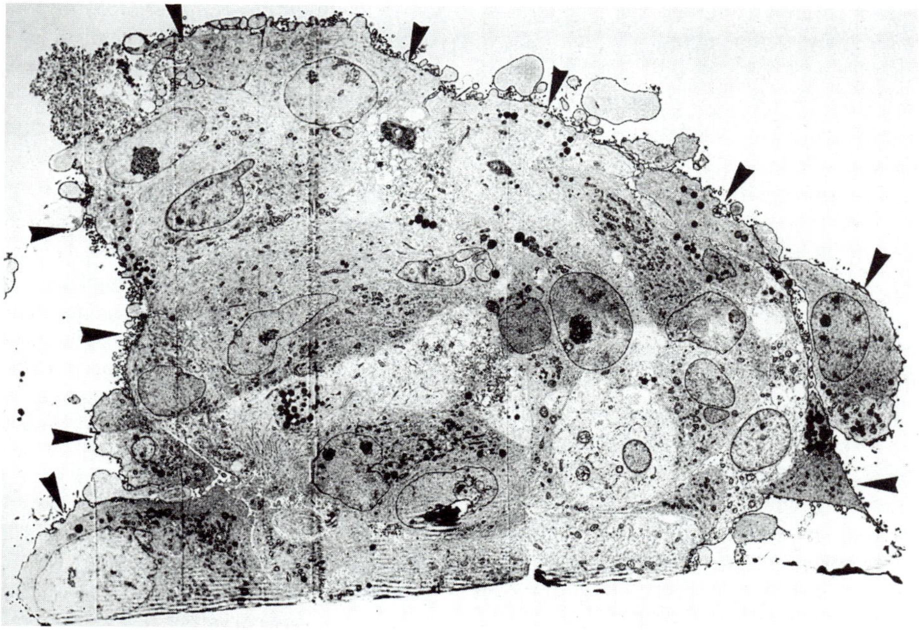

Abbildung 3. Immunelektronenmikroskopie. Vertikalschnitt durch einen in vitro gewachsenen Tumorknoten: mAk 96.5 ist lediglich mantelförmig an den Zellmembranen der äußersten Zellschicht nachweisbar (Pfeilspitzen). Eine Penetration in das Innere des Tumorknotens erfolgt nicht; x 1 300.

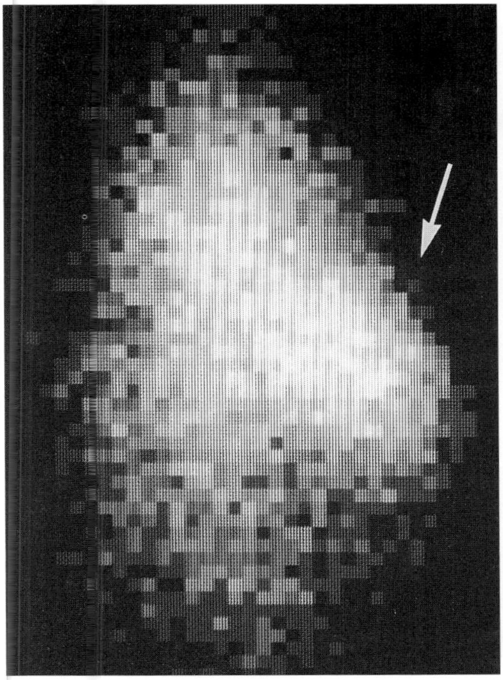

a

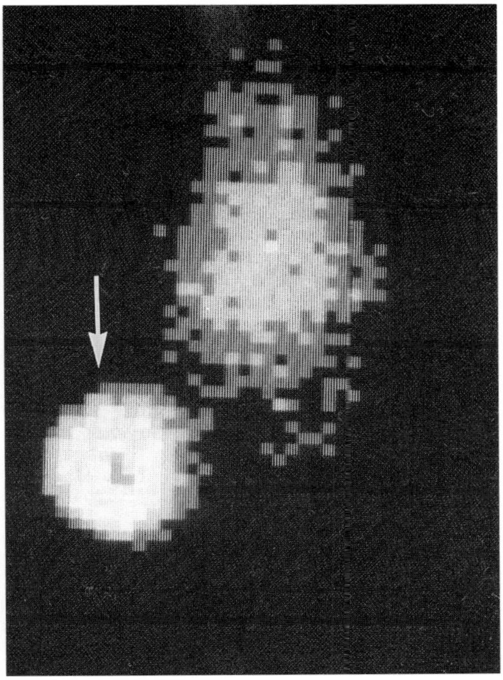

c

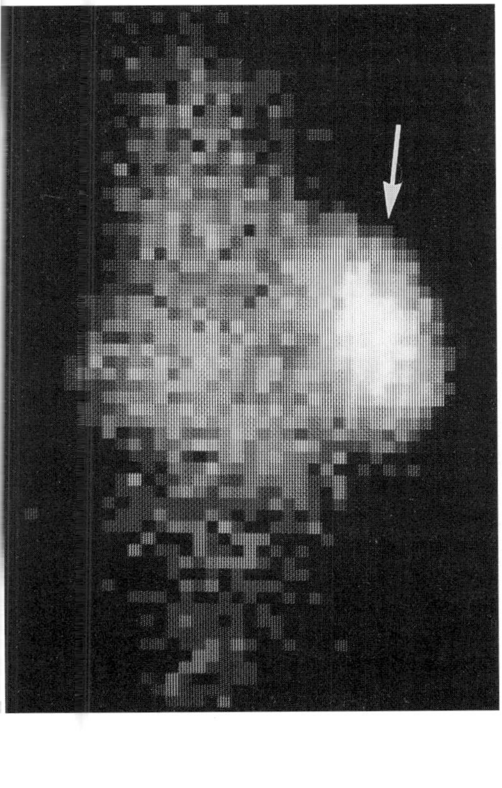

b

Abbildung 4. Radioimmunlokalisation von Xenotransplantaten: Immunszintigraphie.

a) Immunszintigramm eines Transplantationstumors (MML-I) in der Nacktmaus 48 Stunden nach Injektion des mit 100 μCi ^{131}I-markierten mAk HD-Mel 3: Es besteht eine diffuse Anreicherung von Radioaktivät ohne eindeutige Abgrenzung des Melanoms (Pfeil).

b) Immunszintigramm eines Transplantationstumors (MML-I) in der Nacktmaus 20 Stunden nach Injektion des mit 100 μCi ^{131}I-markierten F (ab')$_2$-Fragmentes des mAk HD-Mel 3: Das radioaktiv markierte Antikörperfragment akkumuliert schon nach diesem Zeitraum selektiv im Tumorknoten (Pfeil).

c) Immunszintigramm eines Transplantationstumors (MML-I) in der Nacktmaus 24 Stunden nach Injektion des mit 100 μCi ^{131}I-markierten F (ab')$_2$-Fragmentes des mAk HD-Mel 1: »Ideal«-Darstellung eines Xenotransplantates (Pfeil). Der Kopf der Maus ist jeweils am oberen Rand des Szintigramms lokalisiert.

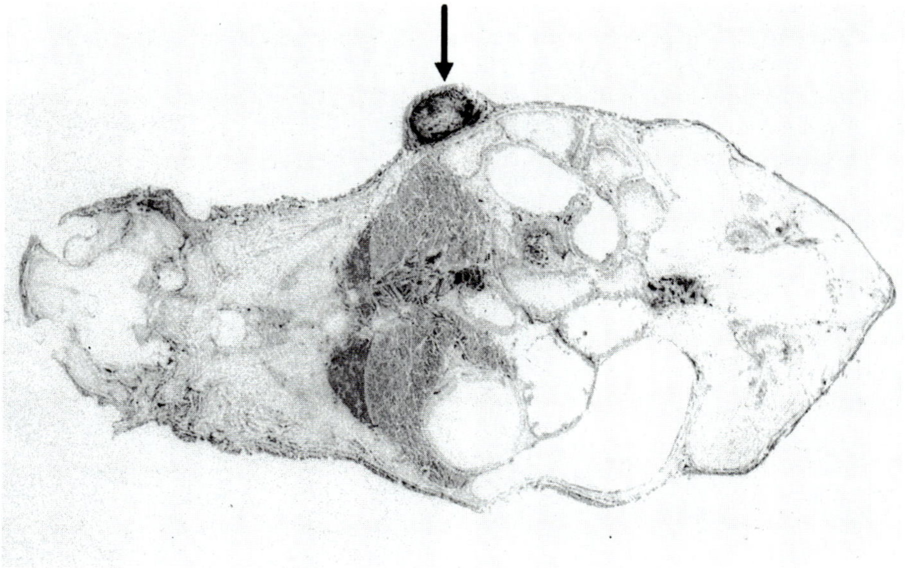

Abbildung 5. Ganzkörper-Autoradiographie eines Maus-Längsschnittes: Das Autoradiogramm zeigt 48 Stunden nach Injektion des ^{125}I-markierten mAk 225.28 eine überwiegend in der Peripherie des Xenotransplantates lokalisierte Anreicherung des Antikörpers (Pfeil). Der Transplantationstumor entstand aus der subkutan injizierten Melanomzellinie SK-MEL-28.

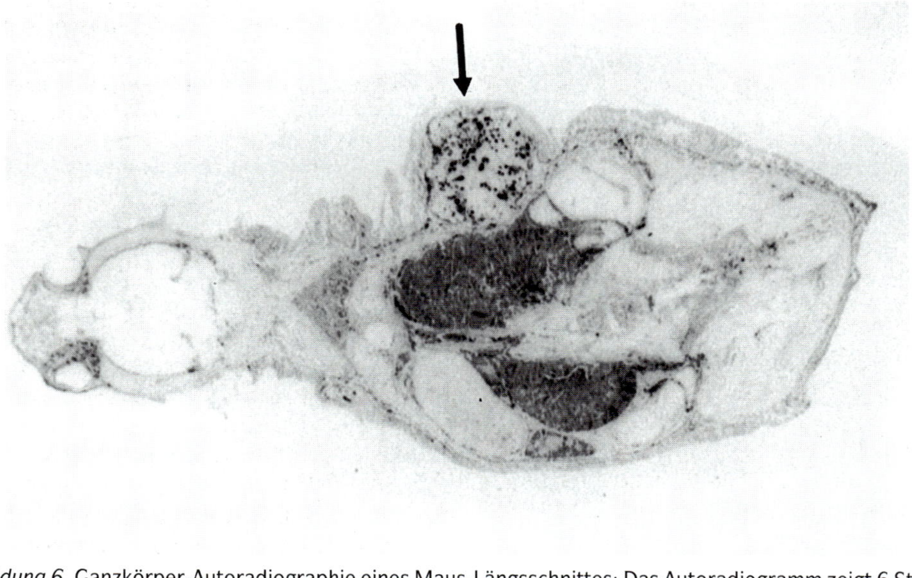

Abbildung 6. Ganzkörper-Autoradiographie eines Maus-Längsschnittes: Das Autoradiogramm zeigt 6 Stunden nach Injektion des ^{125}I-markierten mAk HD-MEL 3 eine spezifische punktförmige Verteilung der Radioaktivität über den gesamten Tumorquerschnitt (Pfeil).

Eindeutig war jedoch der Unterschied in den Speichermustern der verschiedenen Xenotransplantate. Unabhängig von dem mAk-Eigenschaftsspektrum wurde eine Aktivitätsspeicherung entweder in der Peripherie (Abbildung 5) oder in fokaler Form über den ganzen Tumorknoten hinweg (Abbildung 6) beobachtet. In Parallelschnitten konnte sichergestellt werden, daß bis zu einem Tumordurchmesser von 8–10 mm keine zentralen Nekrosen vorlagen, zumindest nicht in einer Ausprägung, welche die fehlende Anreicherung im Zentrum des Tumorknotens erklären könnte (Abbildung 5). Demgegenüber wurde in Parallelschnitten zu der in Abbildung 6 dargestellten Autoradiographie eines Xenotransplantates festgestellt, daß Regionen fokaler Antikörperanreicherung mit beginnenden Nekrosen korrelierten. Somit konnten für die in der Literatur antizipierten Typen des Makromolekültransportes illustrative Beispiele gefunden werden, denen trotz unterschiedlicher Ausprägung gemeinsam ist, daß die Antikörperspeicherung nicht durch die örtlichen Unterschiede in der Antigenexpression, sondern durch die Barrierefunktion gesteuert wird.

Schlußbetrachtung

Einige Probleme auf dem Weg von der Idee einer spezifischen Tumorzellerkennung und gezielten Tumorzellzerstörung zu ihrer Realisation werden anhand unserer Untersuchungen aufgezeigt. Wenn auch der ideale Antikörper noch nicht gefunden ist, so ist doch die Anwendung monoklonaler Antikörper in der klinischen Diagnostik und Therapie möglich geworden. Die Kenntnis der biologischen »Eigenheiten« des Antigen-Antikörper-Systems ist wesentliche Voraussetzung, wenn man daran denkt, melanomassoziierte Antigene als Zielstrukturen für eine antikörpervermittelte Diagnostik und Therapie zu verwenden.
Unsere Testsysteme können dazu beitragen, die Schwierigkeiten in der Anwendung monoklonaler Antikörper beim Patienten zu überwinden.

Danksagung
Folgende monoklonale Antikörper wurden uns freundlicherweise zur Verfügung gestellt: R_{24}, *Prof. W. Dippold* (Mainz); 225.28, *Prof. S. Ferrone* (New York); 96.5, *Prof. K. E. Hellström* (Seattle); M.2.9.4, *Prof. C. Sorg* (Münster);
Für die ausgezeichnete technische Assistenz sei *Frau M. Engstner, Frau B. Gamer, Frau S. Preußmann, Frau M. Thome, Frau M. Weigand* und *Herrn H. Kirchgeßner* gedankt.

Literatur

1 Alberts B, Bray D, Lewis J, Raff M, Roberts K, Watson JD (1983) Molecular Biology of the Cell. Garland Publishing, Inc., New York
2 Albino AP, Houghton AN (1985) Cell surface antigens of melanocytes and melanoma. Cancer Surveys 4: 185–211
3 Aronson PJ, Ito K, Fukaya T, Hashimoto K, Mehregan AH (1988) Monoclonal antibody (AFH1) immunoreactive on morphologically abnormal basal melanocytes within dysplastic nevi, nevocellular nevus nests, and melanoma. J Invest Dermatol 90: 452–458
4 Baldwin RW, Embleton MJ, Pimm MV (1984) Monoclonal antitumor antibodies for tumour detection and therapy. Behring Inst Mitt 74: 3–13
5 Bröcker E-B, Suter L, Brüggen J, Ruiter DJ, Macher E, Sorg C (1985) Phenotypic dynamics of tumor progression in human malignant melanoma. Int J Cancer 36: 29–35
6 Brown JP, Woodbury RG, Hart CE, Hellström I, Hellström KE (1981) Quantitative analysis of melanoma-associated antigen p97 in normal and neoplastic tissues. Proc Natl Acad Sci USA 78: 539–543
7 Brüggen J, Sorg C (1983) Detection of phenotypic differences on human malignant melanoma lines and their variant sublines with monoclonal antibodies. Cancer Immunol Immunother 15: 200–205
8 Buchegger F, Mach J-P, Leonnard P, Carrel S (1986) Selective tumor localization of radiolabeled anti-human melanoma monoclonal antibody fragment demonstrated in the nude mouse model. Cancer 58: 655–662
9 Buraggi GL, Callegaro L, Mariani G, Turrin A, Cascinelli N, Attili A, Bombardieri E, Terno G,

Plassio G, Dovis M, Mazzuca N, Natali PG, Scassellati GA, Rosa U, Ferrone S (1985) Imaging with 131 I-labeled monoclonal antibodies to a high-molecular-weight melanoma-associated antigen in patients with melanoma: Efficacy of whole immunoglobulin and its $F(ab)_2$ fragments. Cancer Res 45: 3378–3387

10 Butler TP, Grantham FH, Gullino PM (1975) Bulk transfer of fluid in the interstitial compartment of mammary tumors. Cancer Res 35: 3084–3088

11 Carrasquillo JA, Krohn KA, Beaumier P, McGuffin RW, Brown JP, Hellström KE, Hellström I, Larson SM (1984) Diagnosis of and therapy for solid tumors with radiolabeled antibodies and immune fragments. Cancer Treat Rep 68: 317–328

12 Carrel S, Accola RS, Carmagnola AL, Mach J-P (1980) Common human melanoma-associated antigen detected by monoclonal antibodies. Cancer Res 40: 2523–2528

13 Cheresh DA, Honsik CJ, Staffileno LK, Jung G, Reisfeld RA (1985) Disialoganglioside GD3 on human melanoma serves as a relevant target antigen for monoclonal antibody-mediated tumor cytolysis. Proc Natl Acad Sci USA 82: 5155–5159

14 Cheung N-K, Lazarus H, Miraldi FD, Abramowsky CR, Kallick F, Saarinen UM, Spitzer T, Strandjord SE, Coccia PF, Berger NA (1987) Ganglioside G_{D2} specific monoclonal antibody 3F8 A phase I study in patients with neuroblastoma and malignant melanoma. J Clin Oncol 5: 1430–1440

15 Cobb LM (1989) Intratumour factors influencing the access of antibody to tumour cells. Cancer Immunol Immunother 28: 235–240

16 Dippold WG, Lloyd KO, Li LTC, Ikeda H, Oettgen HF, Old LJ (1980) Cell surface antigens of human malignant melanoma: Definition of six antigenic systems with mouse monoclonal antibodies. Proc Natl Acad Sci USA 77: 6114–6118

17 Dippold WG, Knuth KRA, Meyer zum Büschenfelde K-H (1985) Inflammatory tumor response to monoclonal antibody infusion. Eur J Cancer Clin Oncol 21: 907–912

18 Epenetos AA, Snook D, Durbin H, Johnson PM, Taylor-Papadimitriou J (1986) Limitations of radiolabeled monoclonal antibodies for localization of human neoplasms. Cancer Res 46: 3183–3191

19 Ferrone S, Pellegrino MA (1979) Serological detection of human melanoma-associated antigens. In: RB Herberman, KR McIntire (eds) Immunodiagnosis of Cancer 1. Marcel-Dekker, New York, pp 588–632

20 Garrigues HJ, Tilgen W, Hellström I, Franke W, Hellström KE (1982) Detection of a human melanoma-associated antigen, p97, in histological sections of primary human melanomas. Int J Cancer 29: 511–515

21 Halpern SE, Dillman RO (1987) Problems associated with radioimmunodetection and possibilities for future solutions. J Biol Response Modif 6: 235–262

22 Hellström KE, Hellström I, Brown JP (1982) Human tumor-associated antigens identified by monoclonal antibodies. Semin Immunopathol 5: 127–146

23 Hellström I, Brown JP, Hellström KE (1983) Melanoma-associated antigens p97 continues to be expressed after prolonged exposure of cells to specific antibody. Int J Cancer 31: 553–555

24 Holzmann B, Bröcker E-B, Lehmann JM, Ruiter DJ, Sorg C, Riethmüller G, Johnson JP (1987) Tumor progression in human malignant melanoma: Five stages defined by their antigenic phenotypes. In J Cancer 39: 466–471

25 Houghton AN, Mintzer D, Cordon-Cardo C, Welt S, Fliegel B, Vadhan S, Carswell E, Melamed MR, Oettgen HF, Old LJ (1985) Mouse monoclonal IgG 3 antibody detecting GD3 ganglioside: A phase I trial in patients with malignant melanoma. Proc Natl Acad Sci USA 82: 1242–1246

26 Houghton AN, Real FX, Davis LJ, Cordon-Cardo C, Old LJ (1987) Phenotypic heterogeneity of melanoma. J Exp Med 164: 812–829

27 Iliopoulos D, Ernst C, Steplewski Z, Jambrosic JA, Rodeck U, Herlyn M, Clark Jr WH, Koprowski H, Herlyn D (1989) Inhibition of metastases of a human melanoma xenograft by monoclonal antibody to the GD_2/GD_3 gangliosides. J Natl Cancer Inst 81: 440–444

28 Jain RK (1987) Transport of molecules in the tumor interstitium. A Review. Cancer Res 47: 3039–3051

29 Jain RK (1987) Transport of molecules across tumor vasculature. Cancer Met Rev 6: 559–593

30 Jain RK (1989) Delivery of novel therapeutic agents in tumors: Physiological barriers and strategies. JNCI 81: 570–576

31 Knapp W, Majdic O, Holter W, Stockinger H, Köller U (1985) Überlegungen zur therapeutischen

Verwendung monoklonaler Antikörper. Wien Klin Wschr 97: 97–107
32 Köhler G, Milstein G (1975) Continuous cultures of fused cells secreting antibody of predefined specifity. Nature 256: 495–497
33 Koprowski H, Steplewski Z, Herlyn D, Herlyn M (1978) Study of antibodies against human melanoma produced by somatic cell hybrids. Proc Natl Acad Sci USA 75: 3405–3409
34 Larson SM, Brown P, Wright PW, Carrasquillo JA, Hellström I, Hellström KE (1983) Imaging of melanoma with I-131-labeled monoclonal antibodies. J Nucl Med 24: 123–129
35 Lehmann JM, Holzmann B, Breitbart EW, Schmiegelow P, Riethmüller G, Johnson JP (1987) Discrimination between benign and malignant cells of melanocytic lineage by novel antigens, a glycoprotein with a molecular weight of 113,000 and a protein with a molecular weight of 76,000. Cancer Res 47: 841–845
36 Matzku S, Tilgen W (1985) Experimentelle Grundlagen der Radioimmundiagnostik und -therapie humaner Melanome mit monoklonalen Antikörpern. In: Holzmann H, Altmeyer P, Hör G, Hahn K (eds) Dermatologie und Nuklearmedizin. Springer Berlin Heidelberg New York, pp 134–147
37 Matzku S, Bröcker E-B, Brüggen J, Dippold WG, Tilgen W (1986) Modes of binding and internalization of monoclonal antibodies to human melanoma cell lines. Cancer Res 46: 3848–3854
38 Matzku S, Tilgen W, Bihl H, Schwechheimer K, Kalthoff H, Schmiegel W (1988) Tumor imaging: Role of the target antigen. In: Gabius H-J, Nagel GA (eds) Lectins and Glycoconjugates in Oncology. Springer, Heidelberg, New York, pp 67–76
39 Matzku S, Kirchgeßner H, Bröcker EB, Tilgen W (1988) Manipulation of melanoma targeting with monoclonal antibodies: Influences on internalization and release. Eur J Cancer Clin Oncol (suppl 2) 24: S 75–80
40 McCready DR, Balch CM, Fidler IJ, Murray JL (1989) Lack of comparability between binding of monoclonal antibodies to melanoma cells in vitro and localization in vivo. J Natl Cancer Inst 81: 682–687
41 Natali PG, Aguzzi A, Veglia F, Imai K, Burlage RS, Giacomini P, Ferrone S (1983) The impact of monoclonal antibodies on the study of human malignant melanoma. J Cutan Pathol 10: 514–528
42 Pastan I, Willingham MC (1983) Receptor-mediated endocytosis: coated pits, receptosomes and the Golgi. Trends Biochem Sci 8: 250–254
43 Reisfeld RA, Ferrone S (1982) Melanoma Antigens and Antibodies. Plenum Press, New York
44 Reisfeld RA, Cheresh DA (1985) Human tumour-associated antigens: targets for monoclonal antibody-mediated therapy. Cancer Surveys 4: 271–290
45 Rowland GF, Axton CA, Baldwin RW, Brown JP, Corvalan JRF, Embleton MJ, Gore VA, Hellström I, Hellström KE, Jacobs E, Marsden CH, Pimm MV, Simmonds RG, Smith W (1985) Antitumor properties of vindesine-monoclonal antibody conjugates. Cancer Immunol Immunother 19: 1–7
46 Ruiter DJ, Dingjan M, Steijlen PM, van Beveren-Hooijer M, De Graaff-Reitsma CB, Bergmann W, van Muyen GNP, Warnaar SO (1984) Monoclonal antibodies selected to discriminate between malignant melanomas and nevocellular nevi. J Invest Dermatol 85: 4–8
47 Salk D, and the Multicenter Study Group (1988) Technetium-labeled monoclonal antibodies for imaging metastatic melanoma: results of a multicenter clinical study. Semin Oncol 15: 608–618
48 Sands H, Jones PL, Shah SS, Palme D, Vessella RL, and Gallagher BM (1988) Correlation of vascular permeability and blood flow with monoclonal antibody uptake by human Clouser and renal cell carcinoma xenografts. Cancer Res 48: 188–193
49 Siccardi AG, Buraggi GL, Callegaro L, Mariani G, Natali PE, Abbati A, Bestagno M, Caputo V, Mansi L, Masi R, Paganelli G, Riva P, Salvatore M, Sanguineti M, Troncone L, Turco GL, Scassellati GA, Ferrone S (1986) Multicenter study of immunoscintigraphy with radiolabeled monoclonal antibodies in patients with melanoma. Cancer Res 46: 4817–4822
50 Spitler LE, del Rio M, Khentigan A, Wedel NI, Brophy NA, Miller LL, Harkonen WS, Rosendorf LL, Lee HM, Mischak RP, Kawahata RT, Stoudemire JB, Fradkin LB, Bautista EE, Scannon PJ (1987) Therapy of patients with malignant melanoma using a monoclonal antimelanoma antibody-ricin A chain immunotoxin. Cancer Res 47: 1717–1723
51 Sutherland R, Buchegger F, Schreyer M, Vacca A, and Mach JP (1987) Penetration and binding of radiolabeled anti-carcinoembryonic antigen monoclonal antibodies and their antigen binding fragments in human colon multicellular tumor spheroids. Cancer Res 47: 1627–1633

52 Tilgen W, Hellström I, Engstner M, Garrigues HJ, Riehl R, Hellström KE (1983) Localization of melanoma-associated antigen p97 in cultured human melanoma, as visualized by light and electron microscopy. J Invest Dermatol 80: 459–463
53 Tilgen W, Dzarlieva RT, Breitkreutz D, Hennes B, Engstner M, Matzku S, Fusenig NE (1985) Heterogeneity of human malignant melanoma cells in vivo and in vitro: Role of experimental systems. In: Bagnara J, Klaus SN, Paul E, Schartl M (eds) Pigment Cell 1985. Biological, Molecular and Clinical Aspects of Pigmentation. University of Tokyo Press. Tokyo, pp 435–447
54 Tilgen W, Dippold W, Matzku S (1986) Immundiagnostik und Immuntherapie maligner Melanome mit monoklonalen Antikörpern: Experimentelle und klinische Ergebnisse. In: Rüping K-W, Stary A, Tronnier H (eds) 1. Dermatologisches Forum. Neues in der Therapie. Medical Concept, München, pp 216–224
55 Tilgen W, Matzku S, Kaufmann I, Engstner M, Brüggen J, Dippold W, Petzoldt D (1987) Modulation of melanoma-associated antigens by monoclonal antibodies as visualized by radioimmunoelectron microscopy and radioantibody binding assay. Arch Dermatol Res 279: S116–S126
56 Tilgen W, Matzku S (1989) Antibody-mediated modulation of melanoma-associated antigens: Access of monoclonal antibodies into melanoma cells and melanoma tissue. In: Ferrone S (ed) Human Melanoma. From Basic Research to Clinical Application. Springer, Berlin Heidelberg New York London Paris Tokyo Hong Kong, pp 119–132
57 Vadhan-Raj S, Cordon-Cardo C, Carswell E, Mintzer D, Dantis L, Duteau C, Templeton A, Oettgen HF, Old LJ, Houghton AN (1988) Phase I trial of a mouse monoclonal antibody against G_{D3} ganglioside in patients with melanoma: induction of inflammatory responses at tumor sites. J Clin Oncol 6: 1636–1648
58 Vitetta ES, Krolick KA, Miyama-Inaba M, Cushley W, Uhr JW (1983) Immunotoxins: A new approach to cancer therapy. Science 219: 644–650
59 Ward BG, Wallace K (1987) Localization of the monoclonal antibody HMFG2 after intravenous and intraperitoneal injection into nude mice bearing subcutaneous and intraperitoneal human ovarian cancer xenografts. Cancer Res 47: 4714–4718

Für die Verfasser:
Priv.-Doz. Dr. W. Tilgen
Universitäts-Hautklinik
Voßstraße 2
D-6900 Heidelberg 1

Zytogenetische Befunde beim Syndrom der dysplastischen Nävi (DNS)

E. Bohnert und J. Weiß
Hautklinik der Fakultät für Klinische Medizin Mannheim, Universität Heidelberg

Zusammenfassung

Bei Fibroblasten von Patienten mit dem Syndrom der dysplastischen Nävi bewirkt Bestrahlung mit UVC und UVB eine signifikant höhere Rate von Schwester-Chromatid-Austauschen als bei Fibroblasten von vergleichbaren Kontrollgruppen. UVA-Licht, selbst in hoher Dosierung, hat keinen wesentlichen Einfluß auf die Parameter. Die Befunde werden als Zeichen einer zellulären Hypermutabilität verstanden, die durch Licht ausgelöst werden kann. Andere untersuchte Parameter wie Mikrokerne und double minutes eignen sich wegen ihrer geringen Empfindlichkeit zum Nachweis dieser Hypermutabilität nicht.

Summary

In patients with dysplastic nevus syndrome (DNS) we could demonstrate that the increase of sister chromatide exchanges SCE in fibroblasts due to UVC and UVB irradiation was significantly higher than in control groups. UVA-light, even in an increased dosage, has no significant influence on the parameters. The results are considered to be a sign for cellular hypermutability, which can be triggered by light. Further investigations on micronuclei (MK) and double minutes (DM) proved to be unsuitable, as, due to their lower sensitivity, sufficient evidence could not be found for hypermutability.

Einleitung

Sonnenlicht induziert bei Patienten mit dem erblichen Syndrom der dysplastischen Nävi (DNS) die Neuentstehung von Pigmentherden (4). Des weiteren gibt es Hinweise, daß UV-Licht eine entscheidende Rolle in der Malignisierung dieser Nävi und somit in der Melanomentstehung spielt (2). Die genannten Beobachtungen legen nahe, daß bei Patienten mit DNS eine UV-Licht-induzierbare Mutabilität auf zellulärer Ebene besteht.
Wir prüften deshalb an Fibroblasten von Patienten mit DNS und von Kontrollpersonen, ob durch verschiedene UV-Spektren zytogenetische Veränderungen induziert werden. Als zytogenetische Marker einer Mutabilität gelten die Geschwister-Chromatid-Austausche (SCE), also Austausche von Chromosomenabschnitten nach der Replikation, die in der Metaphase nachweisbar sind, die Mikrokerne (MK), im Zytoplasma gelegenes, abgespaltenes Kernmaterial und die double minutes (DM), als in der Metaphase nachweisbare extrachromosomale DNS-Bruchstücke.

Material und Methoden

Die verschiedenen Untersuchungen wurden an Fibroblasten von insgesamt 32 Patienten mit dem Syndrom der dysplastischen Nävi (DNS) durchgeführt (20 Patienten ohne manifestiertes Melanom, zwölf Patienten mit manifestiertem Melanom). Als Vergleich dienten Fibroblasten von 28 Patienten mit solitärem Melanom ohne

DNS, von zehn Patienten mit Xeroderma pigmentosum, davon sieben der Komplementationsgruppe C und von insgesamt 47 Kontrollpatienten. Als Bestrahlungsquellen dienten die Universal-UV-Lampe Typ TL 900 Camag (UVC), der Saalmann-Psorkamm (UVB) und die Saalmann UVA-PUR Lampe (UVA). Die Bestimmungsmethoden der SCE, der MK und der DM wurden bereits früher beschrieben (1).

Ergebnisse

Bei Patienten mit DNS, unabhängig davon, ob sie bereits ein Melanom entwickelt hatten oder nicht, bewirkte UVC mit etwa 2,5 SCE/mJ einen signifikant höheren Anstieg dieses Markers als bei Melanompatienten ohne DNS (1,8 SCE/mJ) oder bei der Kontrollgruppe (1,73 SCE/mJ) (Abbildung 1). Die Bestrahlung mit UVB erbrachte ähnliche Ergebnisse: im niedrigen Dosisbereich (1–2 mJ/cm^2) konnten wir einen signifikant höheren SCE-Anstieg bei Patienten mit DNS im Vergleich zur Kontrollgruppe nachweisen (Abbildung 2). UVA-Licht löst hingegen keine wesentliche SCE-Erhöhung aus. In Abbildung 3 sind im Gegensatz zu den vorangegangenen Abbildungen die Absolutwerte der SCE dargestellt. Auch weitaus höhere UVA-Dosen (12 000 mJ/cm^2) steigern die SCE-Raten nicht. Bei Fibroblasten von Patienten mit Xeroderma pigmentosum, die unter UVC- und UVB-Belastung

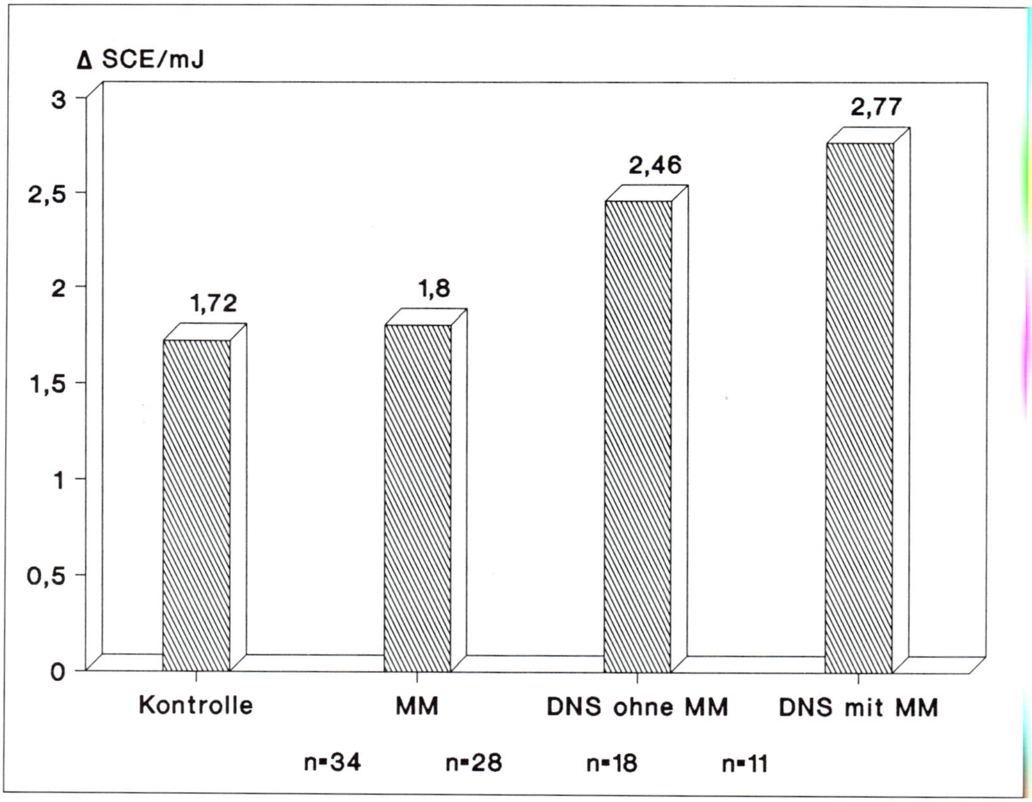

Abbildung 1. Anstieg der SCE pro mJ UVC in kultivierten Fibroblasten bei einer Kontrollgruppe (n = 34), bei Patienten mit solitärem Melanom (n = 28), bei Patienten mit DNS ohne Melanom (n = 18) und DNS mit Melanom (n = 11).

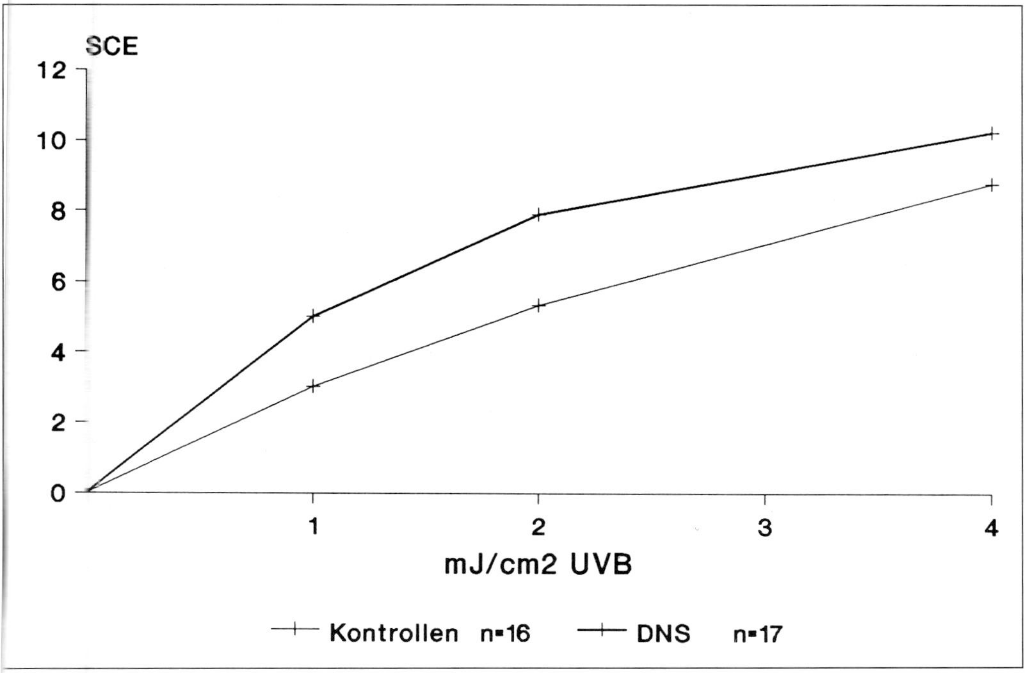

Abbildung 2. Anstieg der SCE in Abhängigkeit von der UVB-Dosis in kultivierten Fibroblasten bei Patienten mit DNS (n = 17) und bei einer Kontrollgruppe (n = 16).

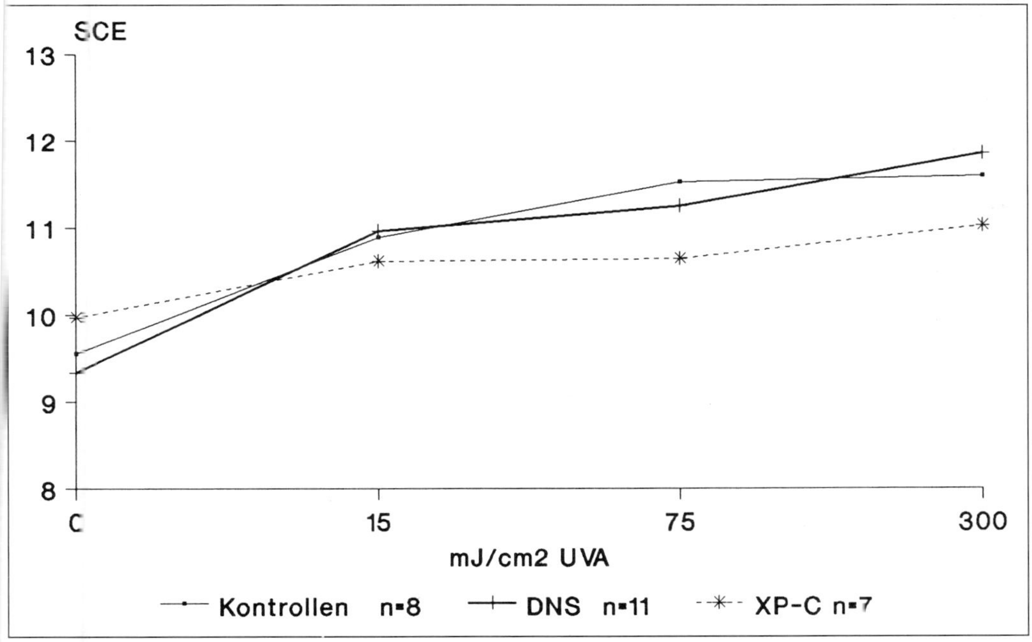

Abbildung 3. Anstieg der SCE in Abhängigkeit von der UVA-Dosis in kultivierten Fibroblasten bei Patienten mit DNS (n = 11), bei Patienten mit XP-Komplementationsgruppe C (n = 7) und bei einer Kontrollgruppe (n = 8).

sehr hohe SCE-Raten aufweisen (3), hat UVA-Licht ebenfalls keinen Einfluß auf die SCE.
Die Anzahl der Mikrokerne steigt zwar unter UVC-Bestrahlung an, es läßt sich jedoch kein signifikanter Unterschied zwischen den Patienten mit DNS und Kontrollpatienten feststellen (Abbildung 4). Unter den gewählten Versuchsbedingungen hatte die UV-Bestrahlung keinerlei Einfluß auf die Anzahl der double minutes (DM).

Besprechung

Die UV-induzierte Zunahme der SCE (durch UVC und in geringerem Maß auch durch UVB) beweist bei Patienten mit DNS eine Hypermutabilität auf zellulärer Ebene. Unter den gewählten Versuchsbedingungen eignet sich die Anzahl der DM und MK, wegen der geringen Empfindlichkeit, nicht zum Nachweis einer Hypermutabilität. Es ist beachtenswert, daß UVB die Zellen zu Steigerungen der SCE-Rate stimulert, die sowohl in der Höhe als auch in bezug auf die Energiedosis mit der Wirkung der UVC-Bestrahlung vergleichbar sind. UVA-Bestrahlungen haben keinen maßgeblichen Effekt und werden deshalb nicht als kanzerogen betrachtet. In dem gewählten Versuchsmodell hat UVA nur einen geringen Einfluß auf die untersuchten zytogenetischen Parameter. Die nachweisbaren zytogenetischen Auffälligkeiten legen die Existenz eines für die Melanomentstehung verantwortlichen Onkogens nahe und lassen dessen Identifizierung dringlich erscheinen.

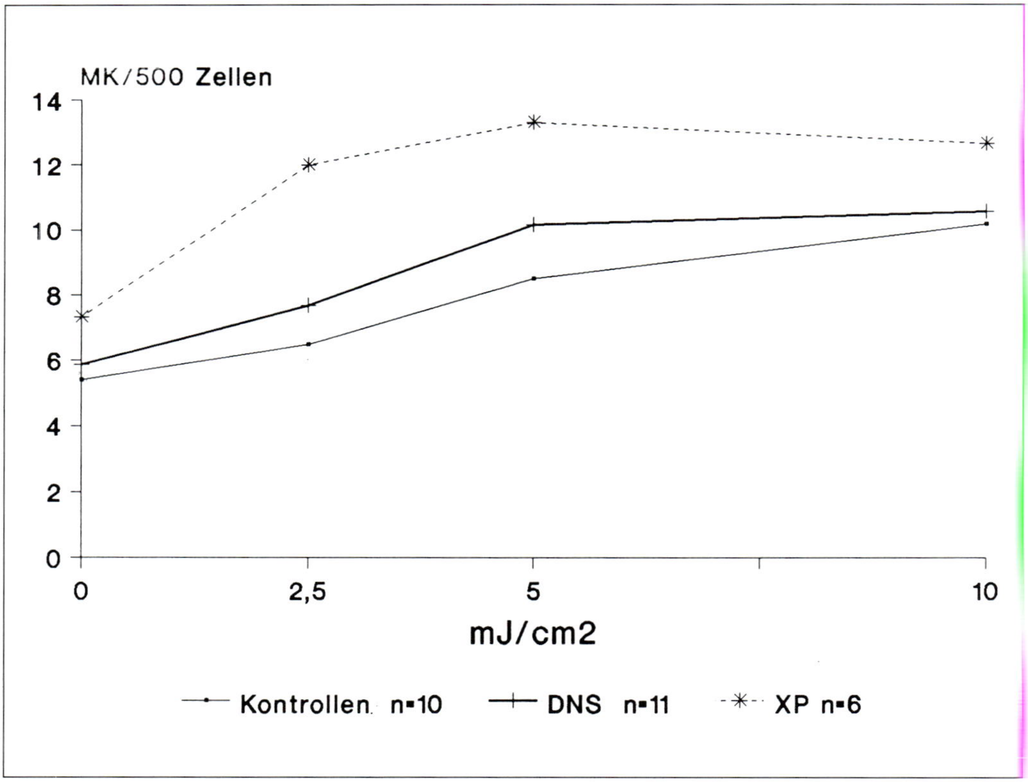

Abbildung 4. Anstieg der Mikrokerne (MK) nach UVC-Bestrahlung in 500 ausgezählten Fibroblasten von elf Patienten mit DNS, sechs Patienten mit XP und zehn Kontrollen.

Literatur

1 Bohnert E, Weiβ J, Jung EG (1989) Cytogenetische Auffälligkeiten bei Melanom-Patienten. Akt Dermatol 15: 96–98
2 Holman CO, Armstrong BK, Heenan PJ (1983) A theory of the etiology and pathogenesis of human cutaneous malignant melanoma. JNCI 71: 651–656
3 Jung EG, Bohnert E, Fischer E (1986) Heterogeneity of xeroderma pigmentosum (XP); variability and stability within and between the complementation groups C, D, E, I and variants. Photodermatology 3: 125–132
4 Kopf AW, Lindsay AC, Rogers GS, Friedman RJ, Rigel DS, Levenstein M (1985) Relationship of nevocytic nevi to sun exposure in dysplastic nevus syndrome. Dermatol 12: 656–662

Für die Verfasser:
Dr. E. Bohnert
Hautklinik am Klinikum
der Stadt Mannheim
Postfach 10 00 23
D-6800 Mannheim 1

Kultivierung humaner Melanomzellen und Melanozyten in vitro

Ch. C. Zouboulis, K. Krasagakis, C. Garbe, S. Krüger und C. E. Orfanos
Universitäts-Hautklinik und Poliklinik, Klinikum Steglitz der Freien Universität Berlin

Zusammenfassung

Die In-vitro-Kultivierung humaner Melanomzellen und Melanozyten dient der Erforschung sowohl neuer therapeutischer Substanzen und Schemata als auch der physiologischen Grundlagen der Pigmentierung und ihrer Störungen. Hierzu wird meistens die Einschichtzellkultur verwendet. In unseren Versuchen zur Optimierung der Anzüchtung humaner Melanomzellen und Melanozyten in vitro konnte durch die mechanische Dissoziation von Melanomgewebestücken die größte Zahl lebender Zellen in eine Einzelzellsuspension überführt und das beste Wachstum primärer Melanomzellkulturen erreicht werden. Durch den Zusatz konditionierten Mediums konnte die Zahl anwachsender Zellklone deutlich vermehrt werden. Zellen anderer Herkunft wurden durch mehrfache Subkultivierung oder durch Zusatz von Geneticin eliminiert. Die Klonierung etablierter Melanomzellinien erfolgte durch die Anzüchtung von Melanomzellen in einer absteigenden Verdünnungsreihe in Mikrotiter-Kulturplatten. Die Herstellung einer Einzelzellsuspension humaner Melanozyten setzte die enzymatische Dissoziation der Epidermis voraus. Das beste selektive Melanozytenwachstum erfolgte nach Zusatz des Phorbolesters TPA (16–80 nM), von Choleratoxin und Isobutylmethylxanthin ins Kulturmedium. Um eine optimale Zellausbeute und möglichst viele Subkulturen zu erhalten, war die Verwendung kindlicher Präputialhaut am besten geeignet. Die Kultivierung von Melanozyten gelang uns allerdings bisher nicht, ohne den Tumorpromotor TPA zu verwenden.

Summary

Melanoma cell and melanocyte cultures are currently widely applied in preclinical screening of new therapeutic regimens for malignant melanoma as well as in investigating the pathophysiology of pigmentation. Among the culture techniques available the monolayer culture is mostly performed. Aim of our trials was to improve the monolayer culture method of human melanoma cells and melanocytes in vitro. The mechanical dissociation of melanoma tissue resulted in the highest number of viable melanoma cells in vitro and therefore in the best growth of primary melanoma cell cultures. The use of conditioned medium significantly increased the percentage of proliferating melanoma cell clones. Cells of different origin could be eliminated by multiple subcultivation or by treatment with geneticin. Cloning of established melanoma cell lines was performed by a serial cell dilution in 96-multiwell plates. Melanocytes were isolated from human skin by enzymatic dissociation of the epidermis. The addition of the phorbol ester TPA (16–80 nM) as well as of cholera toxin and isobutylmethylxanthine in the culture medium revealed an optimal selective melanocyte proliferation. In melanocyte cultures from foreskins of children, the highest plating efficiency rate and number of subcultures were obtained. No proliferation, however, was observed by maintaining melanocyte primary cultures in a TPA-free medium.

Zellkulturen haben sich im letzten Jahrzehnt zur grundlegenden Technik für die experimentelle medizinische Forschung entwickelt. Dadurch wurde nicht nur die Zahl der Tierversuche vermindert, sondern die Zellkultur ist heute die wichtigste experimentelle Methode geworden, um neue Erkenntnisse über die Zell- und Molekularbiologie zu gewinnen.
Das Interesse der dermatologischen Forschung richtet sich unter anderem auf das System der pigmentbildenden Zellen. Die therapeutische Beeinflussung des malignen Melanoms sowie die pathophysiologischen Grundlagen der Pigmentierung und ihrer Störungen versucht man heute durch Kultivierung von Melanomzellen und Melanozyten aufzuklären. Melanomzellkulturen wurden zur In-vitro-Testung von Antitumormolekülen verwendet (1–3), während Melanozytenkulturen in der Therapie von Pigmentstörungen eingesetzt werden konnten (4). Die im folgenden dargestellten Untersuchungsergebnisse zur Optimierung der Techniken für die Anzüchtung humaner Melanomzellen und Melanozyten haben den routinemäßigen Einsatz dieser Zellen in Kultur für die dermatologische Forschung zum Ziel.

Kultivierung humaner Melanomzellen

Einschicht-Zellkulturmethode zur Anzüchtung von Melanomzellen in vitro

Seit mehr als einem Jahrzehnt bereits ist die Anzüchtung von Melanomzellen in Primärkulturen ein etabliertes und oft beschriebenes Verfahren (5, 6). Hierzu wird meistens die Einschichtzellkultur verwendet (7).
Tumorstücke werden unter sterilen Bedingungen in das Zellkulturlabor transportiert, von Fettgewebe befreit und durch kurze Inkubation in MM-Medium bei 4°C (Tabelle I) mit 1000 IE/ml Penicillin und 1 mg/ml Streptomycin desinfiziert.

Beim Vergleich zwischen enzymatischer (Trypsin und EDTA) und mechanischer Dissoziation der Tumorstücke ergab die mechanische Trennung eine größere Zahl lebender Zellen und ein deutlich besseres Wachstum primärer Melanomzellkulturen. Die Tumorpräparate werden in kleinere Stücke zerschnitten und durch ein steriles Sieb passiert. Eine Einzelzellsuspension wird durch mehrfaches Auf- und Abpipettieren

Tabelle I. Zusammensetzung der Melanomzell- und Melanozytenkulturmedien.

Melanom(MM)-Medium		TPA-haltiges Melanozytenmedium (nach (13) und (11))		TPA-freies Melanozytenmedium (nach (20) und (3))	
McCoy's 5A oder RPMI-1640 Medium		DMEM/Ham's F-12 Medium	1:1	DMEM/Ham's F-12 Medium	1:1
Fetales Kälberserum (FKS)	10%	Fetales Kälberserum (FKS)	10%	Fetales Kälberserum (FKS)	2%
L-Glutamin	1,7 mM	L-Glutamin	3,4 mM	L-Glutamin	3,4 mM
Penicillin G	100 IE/ml	12-O-Tetradecanoyl-phorbol-13-acetat (TPA)	80 µM	Choleratoxin	10 nM
Streptomycinsulphat	100µg/ml	Choleratoxin	2,5 nM	Epidermaler Wachstumsfaktor (EGF)	10 ng/ml
		Isobutylmethylxanthin (IBMX)	0,1 mM	Trijodthyronin	1 nM
		Penicillin G	100 IE/ml	Transferrin	10 µg/ml
		Streptomycinsulphat	100 µg/ml	Insulin	10 µg/ml
				Basischer Fibroblasten-Wachstumsfaktor (bFGF)	10 ng/ml
				Penicillin G	100 IE/ml
				Streptomycinsulphat	100 µg/ml

hergestellt und danach für fünf Minuten bei 500 Umdrehungen/Minute zentrifugiert. Anschließend werden die Zellen in MM-Medium verdünnt, in einer Konzentration von 5×10^4 Zellen/ml in 35-mm-Kulturschalen ausgesät und bei 37°C in befeuchteter Luft mit 5% CO_2 kultiviert. Mit dieser Methode gelang es uns, etwa aus jedem zehnten Tumor eine Primärkultur anzuzüchten. Schwierig war insbesondere die Kultivierung von Zellen primärer kutaner Melanome (8).

Optimierung der Technik zur Anzüchtung von Melanomzellen in vitro durch die Anwendung von konditioniertem Medium

Durch die Anwendung von konditioniertem Medium konnten wir den Prozentsatz erfolgreicher Anzüchtungen von Melanomzellinien von 10% auf ca. 80 bis 90% erhöhen. Konditioniertes Medium enthält Polypeptide, die von den Melanomzellen produziert und im Kulturüberstand abgegeben werden (9). Diese autokrinen Poly-

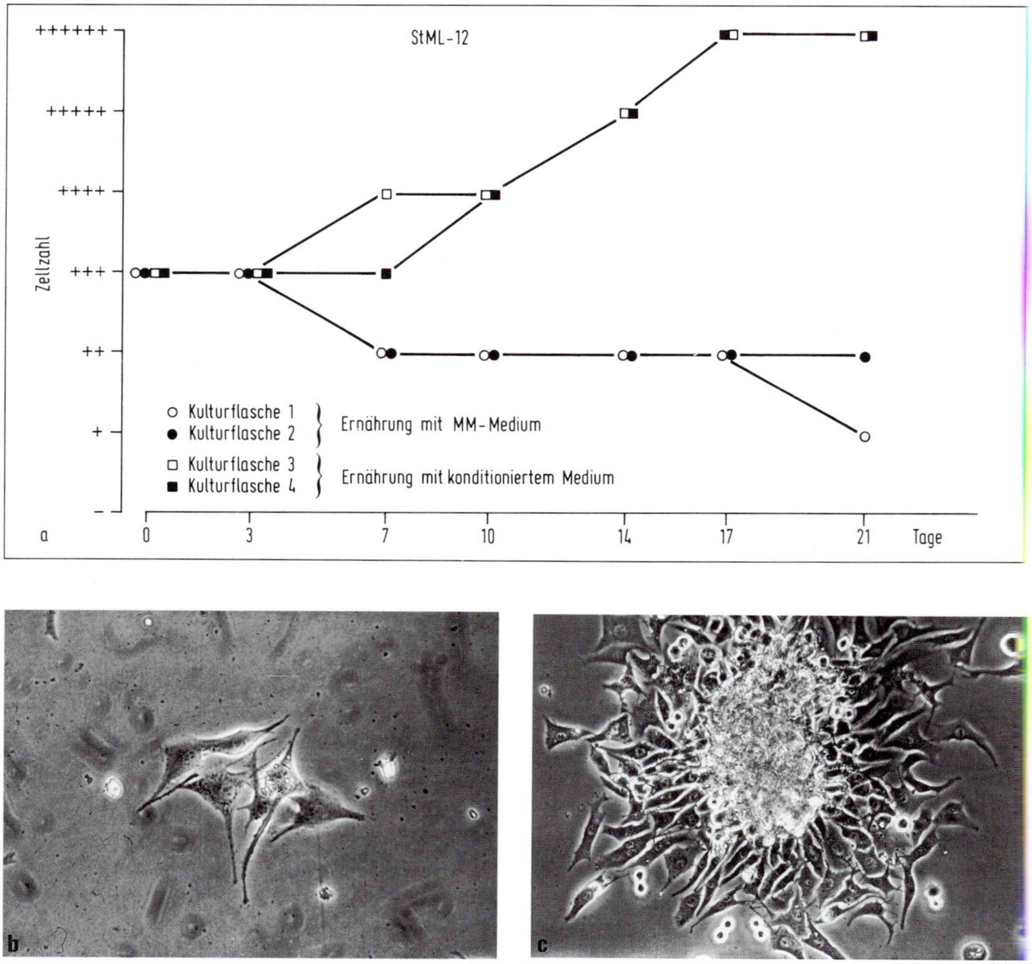

Abbildung 1. a) Melanomzellen aus einem primären nodulären Melanom proliferierten in der Primärkultur nur unter Verwendung von konditioniertem Medium (Kulturflaschen 3, 4), während unter Verwendung von MM-Medium kein Zellwachstum beobachtet wurde (Kulturflaschen 1, 2). Aus dieser Primärkultur wurde die Melanomzellinie StML-12 etabliert. b, c) Melanomzellen der Linie StML-12 in Primärkultur 4 Tage (b) und 14 Tage (c) nach der Aussaat in konditioniertem Medium (x 100).

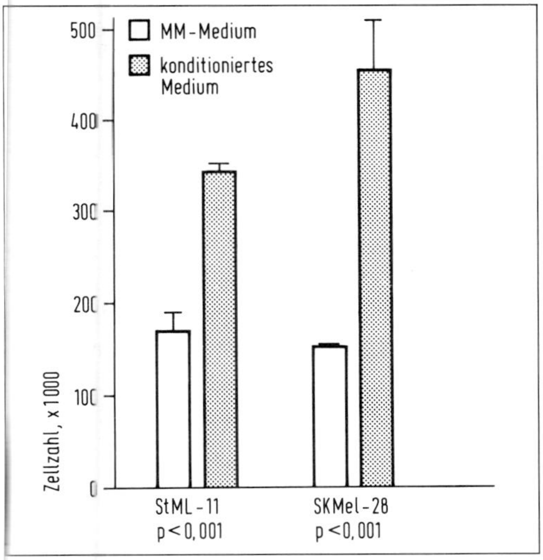

Abbildung 2. Proliferation von 4 x 10^4 Melanomzellen der Linien StML-11 und SKMel-28 sechs Tage nach der Aussaat unter Verwendung von MM-Medium sowie von konditioniertem Medium. Das konditionierte Medium beeinflußte das Wachstum der Melanomzelllinien signifikant positiv.

peptide stimulieren das Wachstum von Melanomzellen sowohl der gleichen Zellinie (9, 10) als auch anderer Zellinien (11). Konditioniertes Medium wurde in unserem Labor als eine 1:1-Mischung von MM-Medium und dem gleichen Medium nach 4tägiger Konditionierung durch Inkubation mit 5 x 10^4 Zellen/ml einer etablierten Melanomzellinie hergestellt.
Bei primären Melanomen erfolgte ein Zellwachstum in den meisten Anzüchtungsversuchen nur unter Verwendung von konditioniertem Medium (Abbildung 1). Wir haben fünf Melanomzellinien unterschiedlicher Herkunft untersucht und konnten zeigen, daß konditioniertes Medium die Kolonieausbeute der Melanomzellinien deutlich erhöhte und dadurch die Proliferation von Melanomzellen signifikant stimulierte (11) (Abbildung 2, Tabelle II).

Tabelle II. Kolonieausbeute der etablierten Melanomzellinien StML-11 (aus einer kutanen Metastase), StML-12a, StML-12c, StML-12d (verschiedene Klone aus einem primären nodulären Melanom), SKMel-28 (Sloan-Kettering Institute, USA) unter Verwendung von MM-Medium sowie von konditioniertem Medium.

Zellinie	Kolonieausbeute (%)	
	MM-Medium	konditioniertes Medium
StML-11	46,9 ± 4,3	92,7 ± 8,3
StML-12a	58,3 ± 6,3	77,1 ± 9,7
StML-12c	54,2 ± 6,3	97,9 ± 3,9
S-ML-12d	55,2 ± 4,3	80,2 ± 7,6
SKMel-28	52,1 ± 7,4	84,4 ± 8,3
	p<0,001	

Elimination von Zellen anderer Herkunft in Melanomzellkulturen

Ein häufiges Problem bei der Primärkultur von Melanomzellen ist die Kontamination durch Zellen anderer Herkunft, nämlich Keratinozyten und Fibroblasten. Die Elimination der unerwünschten Zellen erfolgte durch mehrfache Subkultivierung nach selektiver Aspiration der Melanomzellkolonien und Trypsinierung. Bei persistierender Kontamination mit Fibroblasten konnten wir durch die Anwendung des Antibiotikums Geneticin (G 418-Sulphat; MG 692,7) in einer Konzentration von 100 µg/ml für vier Tage selektiv das Wachstum der Fibroblasten unterdrücken (12) (Abbildung 3).

Klonierung der Melanomzellinien in der Einschichtzellkultur

Für viele Fragestellungen ist es wünschenswert, eine genetisch möglichst einheitliche Zellpopulation zu untersuchen. Dazu sollte eine Zellpopulation aus einer isolierten Zelle bzw. einem Klon angezüchtet werden. Da bei der am häufigsten angewendeten Softagarmethode (13) einige technische Probleme entstehen können, haben wir eine einfache Methode zur Klonierung erprobt: Melanomzellen wurden in einer absteigenden Verdünnungsreihe, mit einer Halbierung der Zellzahlen, in jeweils acht Vertiefungen einer Mikrotiter-Kulturplatte angezüchtet. Die Ausgangszellzahl pro Vertiefung bestand aus 2000 Zellen, so daß in der letzten Vertiefungsreihe theoretisch eine Zelle pro Vertiefung ausgesät wurde (Abbildung 4). Nur diejenigen Vertiefungen wurden dann zur Anzüchtung eines Klons verwendet, in denen tatsächlich eine Kolonie aus nur einer Zelle gewachsen war (7).

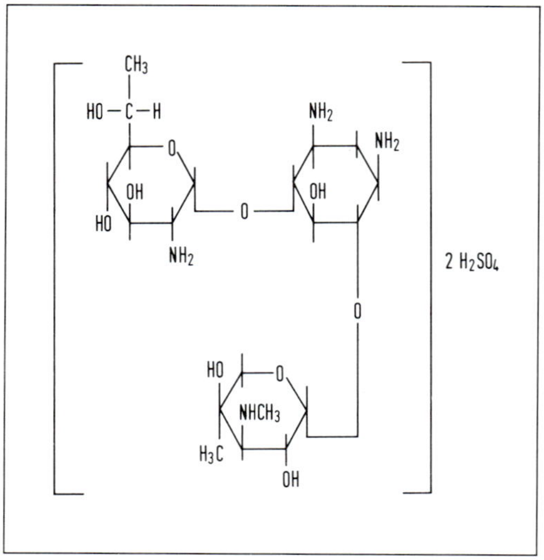

3a

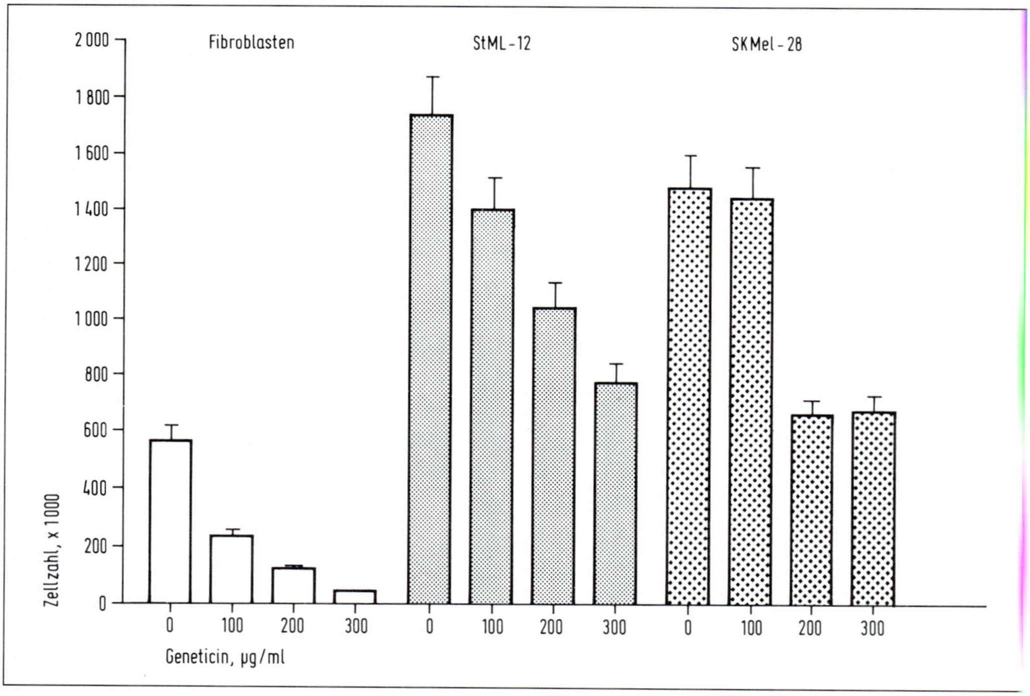

3b

Abbildung 3. a) Chemische Formel des Antibiotikums Geneticin. b) Fibroblasten und Melanomzellen der Zelllinien StML-12 und SKMel-28 nach 4tägiger Behandlung mit 100, 200 und 300 µg/ml Geneticin. Eine starke Hemmung der Proliferation von Fibroblasten wurde bei allen verwendeten Konzentrationen beobachtet. Dagegen nahm die Proliferation der Melanomzellen unter 100 µg/ml nur geringfügig ab.

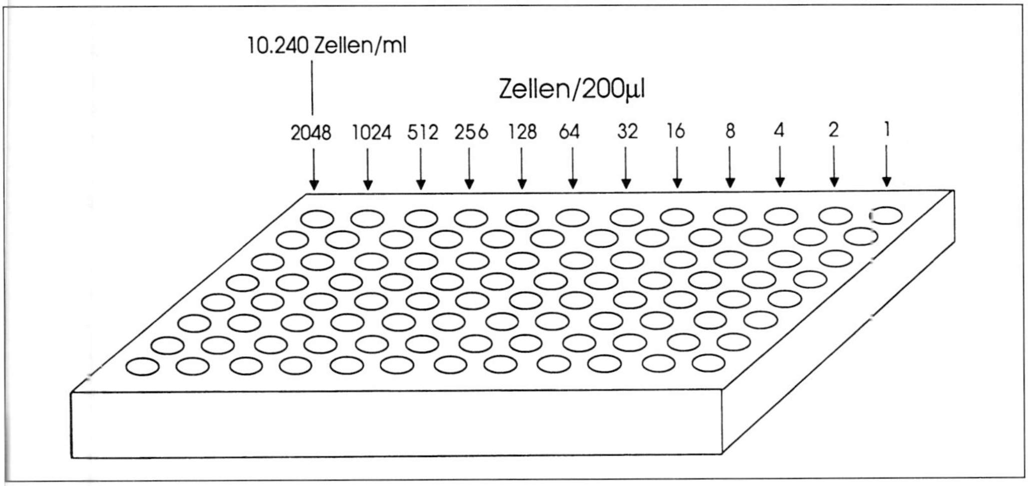

Abbildung 4. Methode zur Klonierung maligner Melanomzellen in der Einschichtzellkultur. Die Klone wurden aus den Vertiefungen angezüchtet, in denen eine Kolonie aus einer einzelnen Zelle gewachsen war (tägliche Kontrolle unter dem Phasenkontrastmikroskop).

Kultivierung humaner Melanozyten

Phorbolester und Kultivierung von Melanozyten

Die Kultivierung von Melanozyten, die erstmals 1982 gelungen war (14), ist wesentlich schwieriger als die Kultivierung von Melanomzellen, und nur wenige Dermatologische Zentren wenden diese Technik an. Das Problem besteht zunächst darin, daß die gewonnene Einzelzellsuspension nach enzymatischer Bearbeitung der Epidermis nur 2 bis 7% Melanozyten enthält. Dagegen sind 90% der gewonnenen Zellen Keratinozyten und 5 bis 7% Langerhans-Zellen. Zusätzlich finden sich meistens bis zu 1% Fibroblasten (14). Unter einfachen Kulturbedingungen proliferieren die Melanozyten langsam, während die zahlreichen Keratinozyten schneller proliferieren und die Kulturoberfläche belegen.

Der wesentliche Schritt für die erfolgreiche Kultivierung von Melanozyten besteht in der Verwendung eines selektiven Mediums. Das Medium enthält als wesentlichen Zusatz den Phorbolester 12-O-Tetradecanoyl-phorbol-13-acetat (TPA, MG 616,8) (Abbildung 5a). TPA ist ein potentieller Tumorpromotor. Er bindet an Zellmembranrezeptoren und aktiviert so die Proteinkinase C, wodurch der Zellstoffwechsel aktiviert wird (15). TPA in einer nanomolaren Konzentration (16–80 nM) fördert sowohl die Proliferation als auch die Differenzierung von Melanozyten, dagegen wird die Proliferation von Keratinozyten behindert (13). Zwei weitere Substanzen nämlich Choleratoxin (MG 84000) und Isobutylmethylxanthin (MG 222,3) werden zur Kultivierung von Melanozyten verwendet (12). Sie stimulieren hohe intrazelluläre Konzentrationen des zyklischen 3', 5'-Adenosinmonophosphats bzw. stimulieren die DNS-Synthese und die Proliferation und hemmen die Differenzierung der Zellen in vitro.

Einschicht-Zellkulturmethode zur Anzüchtung von Melanozyten in vitro

Zur Anzüchtung von Melanozyten in vitro wird Präputialhaut oder Gesichtshaut verwendet, in der der Gehalt an Melanozyten besonders hoch ist (16). Zur Abtrennung der Epidermis von der Dermis wird die Haut in 5 x 5 mm große Stücke geschnitten und für 12 bis 15 Stunden in 2,4% Dispase in PBS bei 4°C inkubiert. Die Epider-

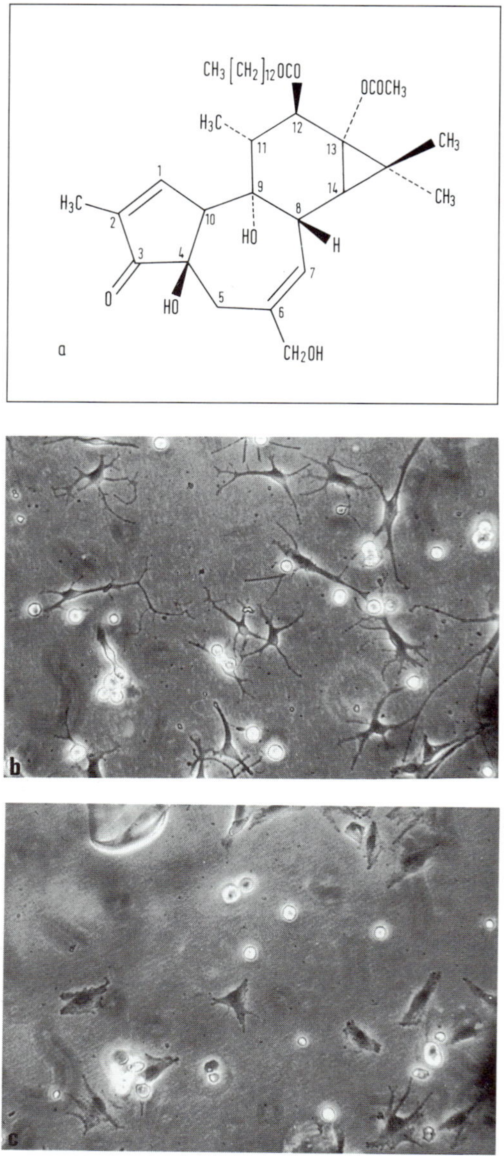

Abbildung 5. TPA und Kultivierung von Melanozyten. a) Chemische Formel des Phorbolesters 12-O-Tetradecanoyl-phorbol-13-acetat, TPA. b, c) Melanozyten der 2. Subkultur 24 Stunden nach Aussaat in TPA-haltigem Melanozytenmedium (b) sowie in TPA-freiem Melanozytenmedium (c) (x 200). Die Melanozyten in TPA-haltigem Melanozytenmedium bildeten viele Dendriten. Dagegen waren die Melanozyten im TPA-freien Melanozytenmedium spindelförmig und triangulär.

misstücke werden dann für 15 Minuten mit 0,05% Trypsin/0,02% EDTA bei 37° C behandelt und durch mehrfaches Auf- und Abpipettieren wird eine Einzelzellsuspension hergestellt. Die Zellsuspension bei 500 Umdrehungen/Minute wird für fünf Minuten zentrifugiert, und anschließend werden die Zellen in Melanozytenmedium (Tabelle I) verdünnt, in einer Konzentration von 12,5 x 10^5 Zellen/ml in 35-mm-Kulturschalen ausgesät und bei 37°C in befeuchteter Luft mit 5% CO_2 kultiviert.

Eigenschaften der Melanozyten in vitro

Wenige Stunden (12 bis 24 Stunden) nach Aussaat in TPA-haltigem Melanozytenmedium bildeten die Melanozyten viele Dendriten als Zeichen einer deutlichen Ausdifferenzierung (Abbildung 5b). Dagegen zeigten die Melanozyten in Kontrollkulturen mit TPA-freiem Melanozytenmedium eine geringere Differenzierung mit vermehrt spindelförmigen und triangulären Formen (Abbildung 5c). In den langen Dendriten von TPA-behandelten Melanozyten wurde mittels monoklonaler Antikörper gegen Neurofilamente, Neurofilament-M (MG 160000 kD) nachgewiesen, während bei unbehandelten Melanozyten keine Neurofilamente nachweisbar waren (17). Diese Ergebnisse unterstützen die Hypothese der Induktion eines neuronalen Phenotyps der Melanozyten in vitro nach TPA-Behandlung.

Die Melanozyten proliferierten im Melanozytenmedium schnell. Dagegen hefteten sich die Keratinozyten am Boden der Kulturschale an, ohne zu proliferieren. Nach zweimaliger Subkultivierung wurden annähernd reine Melanozytenkulturen erreicht (Abbildung 6). Die Anwesenheit von nicht proliferierenden Keratinozyten ist in der Primärkultur von Melanozyten erwünscht, da die Keratinozyten Faktoren produzieren, die die Proliferation von Melanozyten stimulieren (18).

Sowohl die Morphologie als auch die Zahl der möglichen Subkultivierungen war wesentlich vom Alter des Spenders abhängig. Melanozyten aus der Präputialhaut von Kindern unter zwei

6a
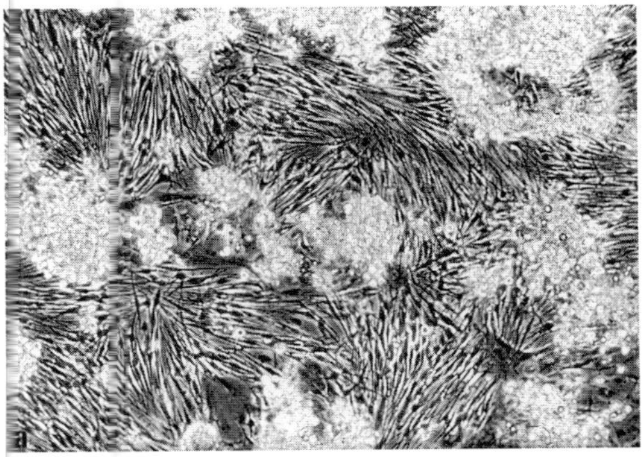

Jahren wuchsen in der Kultur bipolar-dendritisch, weniger differenziert, proliferierten schnell und bildeten einen dichten Zellrasen (Abbildung 7a). In diesen Fällen waren fünf und mehr Subkulturen möglich. Dagegen zeigten Melanozyten aus der Präputialhaut von Erwachsenen eine deutlich stärkere Differenzierung, proliferierten langsamer und lagen weiter auseinander (Abbildung 7b). Wir konnten ein Zellwachstum nur bis zu der 3. Subkultur erreichen. Ähnliche Ergebnisse wurden bei Kultivierungen von Melanozyten in anderen Kultursystemen beobachtet (19).

6b
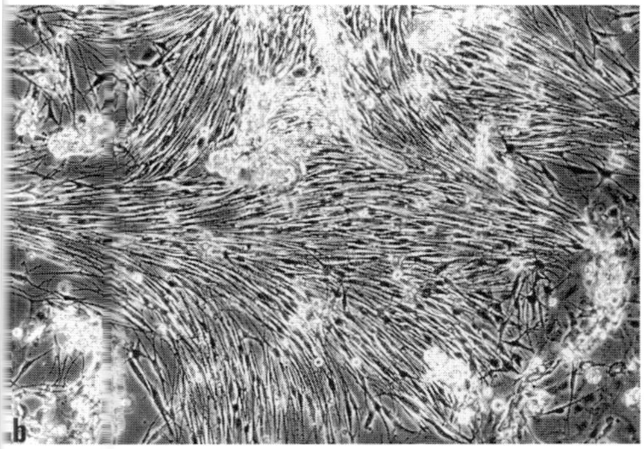

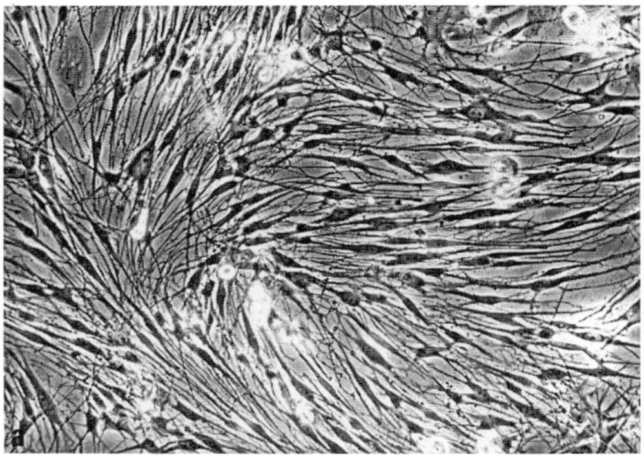
7a

6c
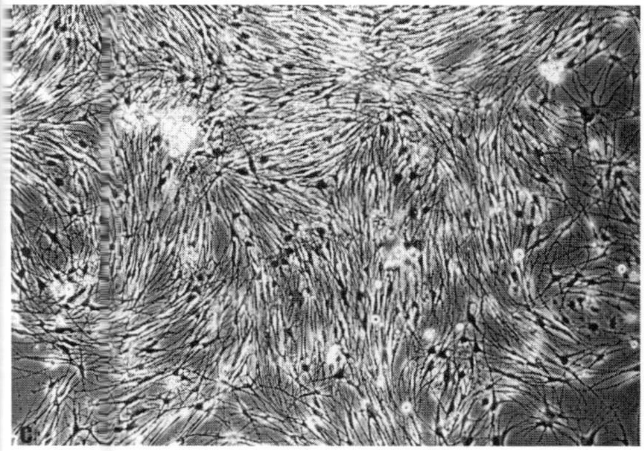

Abbildung 6. Melanozytenkulturen. a) Primärkultur, b) 1. Subkultur, c) 2. Subkultur. Um die schnell proliferierten Melanozyten herum sind in der Primärkultur und in der ersten Subkultur Kolonien von Keratinozyten ohne Proliferationstendenz zu beobachten. In der zweiten Subkultur ist eine annähernd reine Melanozytenkultur zu sehen (x 40).

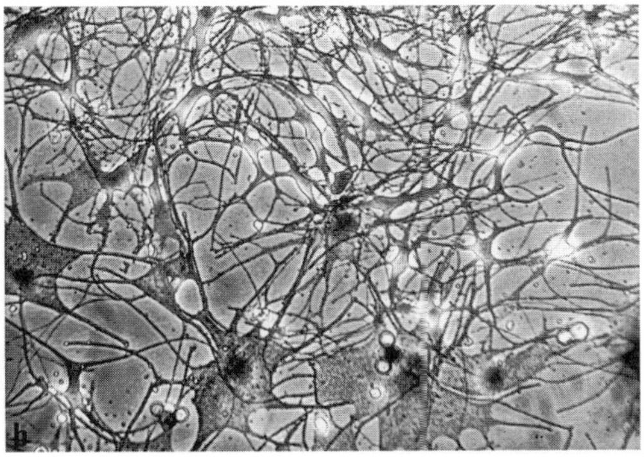
7b

Abbildung 7. Melanozytenkulturen von Spendern unterschiedlichen Alters. a) Melanozyten aus der Präputialhaut eines 1½jährigen Kindes. b) Melanozyten aus der Präputialhaut eines 30jährigen Mannes (x 100).

8a
8b
8c
8d

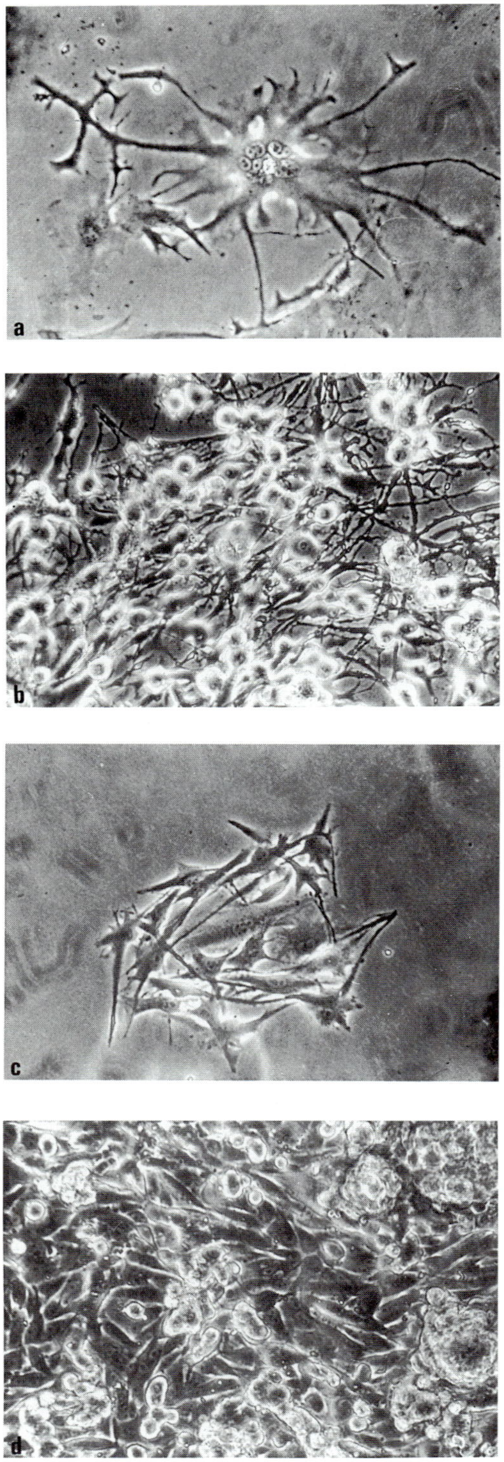

TPA und Melanozytentransformation

Das Problem bei Verwendung von TPA besteht darin, daβ so stimulierte Melanozyten partiell transformiert werden können (15). Allerdings gab es nach unserer Kenntnis bisher keine sicheren Beweise für maligne Transformation von Melanozyten mittels TPA. In unseren Experimenten wuchsen die TPA-behandelten Zellen nicht auf Softagar, ebenso verloren sie teilweise ihre polydentritische Morphologie nach Entzug von TPA. Nach Literaturangaben bildeten die TPA-behandelten Melanozyten keine Tumoren an Nacktmäusen, sowie keine Klone in Softagar (20). Nach Entzug von TPA proliferierten die Melanozyten nicht weiter und eine Änderung ihres Karyotyps wurde unter TPA nicht festgestellt (4). Trotzdem könnte eine maligne Transformation mittels TPA ein dosisabhängiger Prozeβ sein, da wir zweimalig in einer Langzeitbehandlung (um 30 Tage) von Melanozyten mit einer 10^3 bis 10^4 höheren TPA-Dosis (1,6–16,0 μM) das Auftreten von Kolonien polyploider Zellen beobachten konnten. Die Zellen proliferierten schnell in mindestens zehn Subkulturen ohne Verwendung von TPA und bildeten Klone in Softagar (Abbildung 8).

Es wurde wiederholt versucht, Melanozyten in definierten Medien ohne Verwendung von TPA anzuzüchten (8, 21, 23). Dazu wurde Extrakt aus Kalbhypothalamus, Extrakt aus humaner Plazenta, bestrahlte Fibroblasten (ohne Fähigkeit zu weiterer Proliferation) sowie konditioniertes Medium von Fibroblasten und Melanomzellen verwendet. Wir haben eine Modifika-

◀ *Abbildung 8.* Transformierte Melanozyten nach 30tägiger Behandlung mit 1,6–16,0 μM TPA. a) Morphologie einer Zelle in der anfänglichen Transformationsphase. Mehrere Nuklei und ein unregelmäβiges Zytoplasma mit vielen Dendriten sind zu beobachten. b) Das gleiche Feld 15 Tage später: Ein Teil einer mehrschichtigen Kolonie ist zu sehen. c) Zellen vom zweiten Transformationsversuch: Man sieht einen Klon von übereinanderliegenden Zellen, die 15 Tage später (d) mehrschichtige Kolonien bilden (x 200).

tion des Mediums, das von *Gilchrest* et al. (1984) (21) und *Lerner* et al. (1987) (4) vorgeschlagen wurde, ohne Erfolg bei der Kultivierung von Melanozyten versuchsweise verwendet (Tabelle I). Wenige Melanozyten wuchsen an und proliferierten langsam, dagegen wuchsen die Keratinozyten schnell und bildeten große Kolonien.

Zusammenfassend läßt sich sagen, daß die Etablierung von Melanomzellprimärkulturen und ihre Klonierung durch die Verwendung von konditioniertem Medium relativ einfach und routinemäßig erfolgt. Die Anzüchtung von Melanozyten ist heute in selektiven Medien möglich, gelang uns jedoch zuverlässig nur unter Verwendung des Tumorpromotors TPA, wobei es offen bleibt, inwieweit es dabei zu einer partiellen Transformation der Zellen kommt.

Literatur

1. Garbe C, Zouboulis CH, Orfanos CE (1988) Beeinflussung des malignen Melanoms durch verschiedene Interferone (alpha, beta, gamma). Hautarzt (Suppl VIII) 39: 269–270
2. Zouboulis Ch, Garbe C, Orfanos CE (1989) Wachstumshemmung von Melanomzellen durch Interferone in vitro. Gleiche antiproliferative Effekte von 100- bis 1000fach niedrigeren Konzentrationen nIFN-beta im Vergleich zu rIFN-alpha-2a. Hautarzt 40: 65–69
3. Zouboulis Ch, Garbe C, Orfanos CE (1989) Effects of human recombinant tumor necroris factor on the growth of different human melanoma cell lines. Arch Dermatol Res 281: 148–149
4. Lerner AB, Halaban R, Klaus SN, Moellmann GE (1987) Transplantation of human melanocytes. J Invest Dermatol 89: 219–224
5. Wellings SR, Barishak R, Siegel BV (1960) Cytological studies of human malignant melanoma cultured in vitro. Cancer Res 20: 347–350
6. Hoal-Van Helden EG, Wilson EL, Bowdle EB (1986) Characterization of seven human melanoma cell lines: Melanogenesis and secretion of plasminogen activators. Br J Cancer 54: 287–295
7. Zouboulis Ch (1988) Wachstumsbedingungen von Melanomzellen in der Einschicht-Zellkultur und direkte Wirkungen von Typ-I-Interferonen. Dissertationsarbeit, Freie Universität Berlin
8. Halaban R, Ghosh S, Duray P, Kirkwood JM, Lerner AB (1986) Human melanocytes cultured from nevi and melanomas. J Invest Dermatol 87: 95–101
9. Richmond A, Lawson DH, Nixon DW, Stedman SJ, Chawla RK (1983) Extraction of a melanoma growth-stimulatory activity from culture medium conditioned by the Hs 0294 human melanoma cell line. Cancer Res 43: 2106–2112
10. Sauvaigo S, Fretts RE, Riopelle RJ, Lagarde AE (1986) Autonomous proliferation of MeWo human melanoma cell lines in serum-free medium: Secretion of growth-stimulatory activities. Int J Cancer 37: 123–132
11. Zouboulis Ch, Garbe C, Orfanos CE (1989) Factors influencing the in vitro growth of human melanoma cell lines. Skin Cancer 4: 63–72
12. Halaban R, Alfano FD (1984) Selective elimination of fibroblasts from cultures of human normal melanocytes. In Vitro 20: 447–450
13. Von Hoff DD, Forseth B, Metelmann H-R, Harris G, Rowan S, Coltman CA (1982) Direct cloning of human malignant melanoma in soft agar culture. Cancer 50: 696–701
14. Eisinger M, Marco O (1982) Selective proliferation of normal human melanocytes in vitro in the presence of phorbol ester and cholera toxin. Proc Natl Acad Sci USA 79: 2018–2022
15. Weinstein IB, Lee L-S, Fisher PB, Mufson A, Yamasaki H (1979) Action of phorbol esters in cell culture: Mimicry of transformation, altered differentiation, and effects on cell membranes. J Supramol Struct 12: 195–208
16. Quevedo WC Jr, Fitzpatrick TB, Szabó G, Jimbow K (1987) Biology of melanocytes. In: Fitzpatrick TB, Eisen AZ, Wolff K, Freedberg IM, Austen KF (eds) Dermatology in General Medicine. McGraw Hill, New York St Louis San Francisco, pp 224–251
17. Peacocke M, Gordon LB, Shaffer MA, Gilchrest BA (1989) Neurite outgrowth in human melanocytes is associated with high levels of neurofilament gene expression. J Invest Dermatol 92: 498
18. Gordon PR, Mansur CP, Gilchrest BA (1989) Regulation of human melanocyte growth, dendricity and melanization by keratinocyte derived factors. J Invest Dermatol 92: 565–572

19 Bertaux B, Morlière P, Moreno G, Courtalon A, Massé JM, Dubertret L (1988) Growth of melanocytes in a skin equivalent model in vitro. Br J Dermatol 119: 503–512

20 Herlyn M, Herlyn D, Elder DE, Bondi E, LaRossa D, Hamilton R, Sears HF, Balaban G, DuPont G IV, Clark WH, Koprowski H (1983) Phenotypic charateristics of cells derived from precursors of human melanoma. Cancer Res 43: 5502–5508

21 Gilchrest BA, Vrabel MA, Flynn E, Szabó G (1984) Selective cultivation of human melanocytes from newborn and adult epidermis. J Invest Dermatol 83: 370–376

22 Benathan M, Frenk E (1987) Melanocyte growth stimulation by lethally irradiated fibroblasts in vitro. J Invest Dermatol 89: 323

23 Eisinger M, Marko O, Ogata S-I, Old LJ (1985) Growth regulation of human melanocytes. Science 229: 984–986

Für die Verfasser:
Dr. Ch. C. Zouboulis
Universitäts-Hautklinik und Poliklinik
Klinikum Steglitz der Freien Universität Berlin
Hindenburgdamm 30
D-1000 Berlin 45

Integrine: Schlüsselmoleküle bei der Tumorprogression des malignen Melanoms?

R. Kaufmann, L. Weber und C. E. Klein
Dermatologische Klinik der Universität Ulm

Zusammenfassung

Die Fähigkeit von Tumorzellen zur Adhäsion mit Komponenten der extrazellulären Matrix spielt vermutlich eine entscheidende Rolle im komplexen Mechanismus des invasives Wachstums und ebenso im Metastasierungsprozeß. Eine wichtige, erst seit kurzem bekannte Genfamilie von Adhäsionsmolekülen, sind die Integrine. Zu ihnen gehören die VLA-Proteine – Zelloberflächenrezeptoren für Kollagene, Laminin und Fibronektin. Erst kürzlich konnte gezeigt werden, daß die Anheftung eines invasiven Mausmelanoms an extrazelluläre Matrix durch Antikörper gegen Integrine inhibiert wird, und zwei VLA-Vertreter sind in den Adhäsionsplaques von Melanomzellen lokalisiert.
Wir haben die Expression der VLA-Rezeptoren in Nävi, Primärmelanomen und Melanommetastasen analysiert. Zudem wurden Untersuchungen zur ultrastrukturellen Immunlokalisation in humanen Melanomzellinien durchgeführt. Eine Reihe von monoklonalen Antikörpern, welche gegen die allen VLA's gemeinsame β-Kette oder gegen die verschiedenen α-Ketten gerichtet sind, kamen in unterschiedlichen Markierungsprotokollen zur Anwendung. Einige VLA-Rezeptoren konnten in Nävi und Primärmelanomen inkonstant nachgewiesen werden, häufig auch in Metastasen und in hohem Maße in Melanomzelllinien. Synthesestudien zeigten, daß verschiedene VLA-Typen in Melanomzellen produziert werden. Ultrastrukturelle Untersuchungen (indirekte Immunogoldtechnik) beinhalteten die Transmissionselektronenmikroskopie von markierten Ganzzellpräparationen und deren Querschnitten in Kombination mit rasterelektronenmikroskopischen Studien identischer Zelloberflächenregionen. VLA-Rezeptoren fanden sich hier vorzugsweise an interzellulären Kontaktstellen von Tumorzellen, aber auch an Zell-Zell-Kontakten zwischen Melanomzellen und kokultivierten Fibroblasten exprimiert. Unsere Daten unterstützen zusammenfassend eine mögliche funktionelle Rolle der VLA-Rezeptormoleküle bei den frühen und fortgeschrittenen Stadien der Tumorprogression des malignen Melanoms.

Summary

Adhesive interactions of tumor cells with components of the extracellular matrix are thought to play an important role in the complex mechanisms of invasive tumor growth and in the metastatic process. Among the integrin superfamily of adhesion molecules the VLA-antigens comprise a newly defined group of cell surface glycoproteins (VLA 1–6), including receptors for collagens, fibronectin and laminin. Attachment of invasive murine melanoma cell lines to extracellular matrix components has been recently shown to be inhibited by antibodies raised against integrin-related complexes and two VLA-types were found in melanoma cell adhesion plaques. We investigated the expression of VLA molecules in nevi, primary melanomas, and melanoma metastasis. In addition we performed ultrastructural immunolocalization studies in human melanoma cell cultures. A panel of mouse mAbs recognizing the common β-chain of VLAs or distinct α-chains of single VLA proteins were used in different labeling protocols. Some VLA receptors were irregularly distributed in nevi and primary melanomas, and appeared to be more frequently expressed in metastases. Synthesis studies showed strong expression of different VLA-types in melanoma cell lines. On the ultrastructural level indirect immunogold studies included transmission electronmicroscopy of whole cell preparations and vertical sections in combination with comparative immunogold-scanning EM of identical cell surface areas. A distinct distribution pattern of VLAs was found predominantly at sites of tumor cell-cell contacts, also between melanoma cells and co-cultered fibroblasts. In summary, our present data suggest a potential functional role of integrin receptors in adhesive interactions of activated melanoma cells during initial and late events of tumor progression.

Einleitung

Adhäsive Zell-Zell- und Zell-Matrix-Interaktionen spielen eine entscheidende Rolle im dynamischen Vorgang der Invasion solider Tumoren. Hierbei binden Zellen spezifisch an adhäsionsvermittelnde Liganden der extrazellulären Matrix oder anderer Zellen. Bei den extrazellulären Matrixproteinen sind die verschiedenen Kollagene, Laminin, Fibronektin, Thrombospondin oder Vitronektin als Adhäsionsmoleküle für Tumorzellen von Bedeutung (13, 14, 16). Zu den zellmembranständigen Liganden gehören die sog. »intercellular adhesion molecules« ICAM-1 und -2. Auch andere Moleküle auf der Oberfläche von Melanomzellen (Proteoglykane, Ganglioside) wurden mit adhäsionsassoziierten Funktionen in Verbindung gebracht (3, 4, 5).

Die komplexen Wechselwirkungen invasiver Tumorzellen mit diesen extrazellulären und zell-

Tabelle I. Integrine Übersicht.

Integrinrezeptorkomplex	Struktur	Ligand(en)	Referenzen
1. β_1-Integrine			7, 17, 18, 19
VLA-1	$[\alpha_a\beta_1]$	?	
VLA-2	$[\alpha_C\beta 1]$	Coll I–IV	
VLA-3	$[\alpha_3\beta_1]$	Coll I/VI, Fn, La	
VLA-4	$[\alpha_4\beta_1]$	?	
VLA-5	$[\alpha_F\beta_1]$	Fn	
VLA-6	$[\alpha_6\beta_1]$	La	
2. β_2-Integrine			7, 8, 17
LFA-1	$[\alpha_L\beta_2]$	ICAM-1	
Mac-1	$[\alpha_M\beta_2]$	C3bi	
p150,95	$[\alpha_X\beta_2]$	C3bi	
3. β_3-Integrine			7, 17
VNR	$[\alpha_V\beta_3]$	Vn, Fn, Fib, vWF	
GP IIb/IIIa	$[\alpha_{IIB}\beta_3]$	Vn, Fn, Fib, vWF, Thrombospondin	
4. β_4-Integrine			9
Epitheliales Integrin	$[\alpha_E\beta_4]$	?	

Abkürzungen:
Coll = Kollagen; Fn = Fibronektin; Fib = Fibrinogen; La = Laminin; Vn = Vitronektin; vWF = von Willebrand Faktor; VNR = Vitronektinrezeptor

membranständigen Adhäsionsmolekülen werden durch eine ganze Reihe spezifischer Zelloberflächenrezeptoren vermittelt. In den vergangenen Jahren konnte eine ständig wachsende Familie verwandter zellmembranintegrierter Rezeptormoleküle, die sogenannten Integrine, definiert werden. Es handelt sich hierbei um Transmembranglykoproteine, deren extrazellulärer Anteil als Rezeptor dient und deren intrazelluläre Domäne möglicherweise in funktioneller Wechselwirkung mit Bestandteilen des Zytoskeletts steht. Allen gemeinsam ist ein heterodimerer Aufbau aus einer α-Kette und einer nicht kovalent gebundenen β-Kette. Integrine mit identischer β-Kette sind jeweils in einer Subfamilie zusammengefaßt. Gegenwärtig werden gemäß den bisher bekannten β-Ketten vier Integrinklassen unterschieden (Tabelle I).

Integrinrezeptorfunktion

Integrinmoleküle binden überwiegend an die Aminosäuresequenz Arginin-Glyzin-Asparagin (13), die vielen extrazellulären Matrixproteinen gemeinsam ist. Dennoch ist die Spezifität der Interaktion weit komplexer, da bestimmte Rezeptoren unter nur teilweise definierbaren Bedingungen selektiv an einzelne Liganden binden und nicht alle Liganden diese Aminosäuresequenz enthalten.
Die einzelnen Vertreter der vier Integrinrezeptorfamilien (β1-, β2-, β3- und β4-Integrine) und ihre bisher definierten Liganden sind in Tabelle I zusammengestellt.
Die β1-Integrine umfassen Rezeptorkomplexe für die wichtigen Matrixproteine Kollagen, Fibronektin und Laminin. Sie werden auch als VLA-Moleküle (very late antigens) bezeichnet, da ihre ersten beiden Vertreter, VLA-1 und VLA-2 zuerst auf langzeitaktivierten Lymphozyten entdeckt wurden (18). Die β2-Integrine, auch Leukozytenintegrine genannt, enthalten beispielsweise das LFA-1 (lymphocyte function associated antigen), den Rezeptor für das Adhäsionsmolekül ICAM-1 (intercellular adhesion molecule), welches auch de novo auf Melanomzellen exprimiert wird und möglicherweise in der adhäsiven Interaktion zu Leukozyten und Makrophagen von Bedeutung ist (8). Die β3-Integrine beinhalten den u.a. auf Melanomzellen exprimierten Vitronektinrezeptor, welcher zusätzlich andere Matrixmoleküle bindet.
Integrine sind sowohl in der Zell-Zell- wie auch in der Zell-Substrat-Adhäsion involviert. In vivo sind einige von ihnen in typischem Verteilungsmuster im Gewebe exprimiert. So lokalisiert beispielsweise VLA-3 in die basale Epidermis (11). In vitro werden einzelne Integrin-Rezeptoren in einer Vielzahl nichttransformierter und transformierter Zellen unterschiedlichen Ursprungs gefunden, wobei die Kulturbedingungen oder Faktoren wie Wachstumsstimulation, Zelldifferenzierung und Substratadhärenz ihre Synthese beeinflussen (6, 7, 15). Eigene Untersuchungen befaßten sich u.a. mit der Expression und Verteilung der als Rezeptoren für extrazelluläre Matrixliganden bedeutsamen β1-Integrine (VLA-Proteine) in Melanomen und in Melanomzellinien.

Expression und Verteilung von Integrinrezeptoren in Nävi, Melanomen und Melanommetastasen

Gefrierschnitte der einzelnen Läsionen wurden mittels indirekter Immunfluoreszenzmarkierung in beschriebener Weise (11) untersucht. Hierbei kamen monoklonale Antikörper (mAk) gegen die gemeinsame VLA-β-Kette und gegen die α-Ketten einzelner VLA-Moleküle zur Anwendung: mAk 10G11 (VLAα-2), mAk J143 (VLAα-3), und mAk GoH3 (VLAα-6). Gewebestrukturen mit bekannter Reaktivität (z.B. basale Epidermis) dienten als interne Vergleichskontrolle, Parallelkontrollen erfolgten mit dem Melanomproteoglykanantikörper B5.2 und dem Melanommarker HMB45 (21). Die bisher untersuchten Nävuszellnävi (n = 15) und primären Melanome (n = 15) zeigten z.T. schwache Reaktivitäten für VLA-2 und VLA-3, inkonstant auch für VLA-6. Ebenfalls inhomogen, überwiegend peripher und teilweise in Gefäßnähe lokalisiert fanden sich intensivere Reaktivitäten in 15 von 25 untersuchten Melanommetastasen unterschiedlicher Lokalisation (Abbildung 1).

Expression und Synthese von Integrinrezeptoren in Melanomzellen

Immunopräzipitationsstudien mit [35-S]-Methionin markierten Melanomzellinien (Brown, Mewo, Jimenez) ergaben,daß vor allem VLA-2, VLA-3 und VLA-6 synthetisiert werden (Abbildung 2). VLA-3, ein multispezifischer Rezeptor für verschiedene Matrixliganden, zeigte immunfluoreszenzoptisch und immunogoldreflexionskontrastmikroskopisch in verschiedenen Melanomzelltypen Reaktivität an der Plasmamembran. In immunelektronenmikroskopischen Studien an in situ markierten Melanomzellkulturen konnten wir zeigen, daß VLA-3 besonders an Zell-Zell-Kontaktstellen (Abbildung 3) zu finden ist (10). In Querschnitten konnten wir die Internalisation von VLA-3-Molekülen in der Nähe solcher Kontakte durch »clathrin-coated pits« nachweisen. Diese Ergebnisse deuten darauf hin, daß der VLA-3-Rezeptor über die Rolle eines Liganden für extrazelluläre Matrixmoleküle hinaus auch bei Zell-Zell-Interaktionen funktionell wichtig ist.

Von *Cheresh* et al. (3) wurde gezeigt, daß humane M21-Melanomzellen einen β3-Integrinrezeptor (Vitronektinrezeptor) exprimieren, welcher in ihre Bindung an Fibrinogen, von Willebrand Faktor und Vitronektin involviert ist (3). Hierbei bestehen offenbar funktionelle Interaktionen mit Zelloberflächenganglioisiden (3). Sowohl Fibrinogen als auch von Willebrand Faktor enthalten die Arginin-Glyzin-Asparagin-Ligandensequenz und haften an Thrombozyten und Endothelzellen. Die Fähigkeit humaner Melanomzellen, diese Proteine in vitro zu binden,

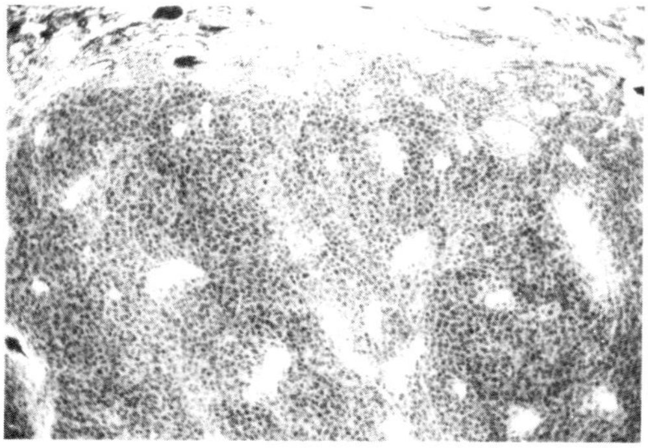

Abbildung 1. Indirekte Immunfluoreszenzmarkierung mit dem gegen die gemeinsame β1-Kette der VLA-Rezeptoren gerichteten monoklonalen Antikörper AJ2. Inhomogene schwache Reaktivität in der Peripherie einer Melanommetastase. Deutliche Gefäßreaktion.

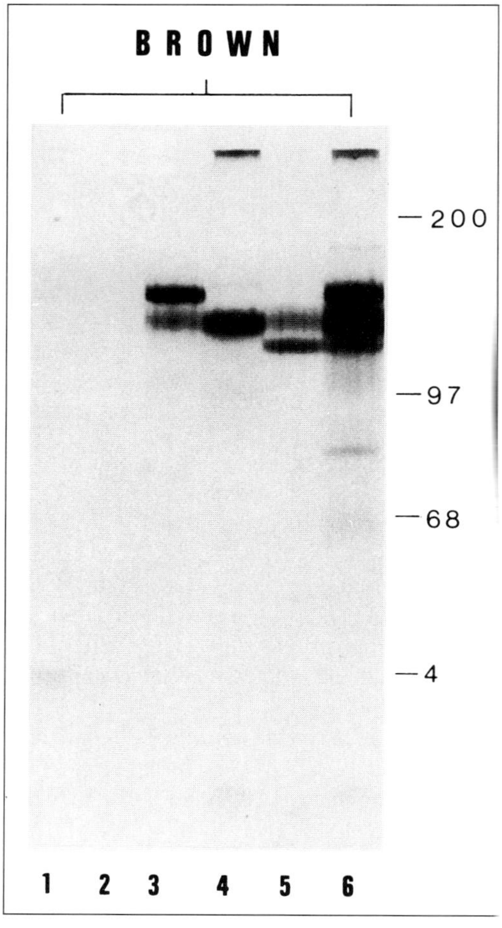

Abbildung 2. Immunopräzipitation verschiedener β1-Integrine (VLA-Moleküle) mit α-Ketten-spezifischen monoklonalen Antikörpern (mAk) in der [35-S-] Methionin markierten Melanomzellinie Brown. SDS-Polyacrylamid-Gel-Elektrophorese. Bande 1: Negativkontrolle; Bande 2: VLA-1 (mAk TS2/7); Bande 3: VLA-2 (mAk 10G11); Bande 4: VLA-3 (mAk J143); Bande 5: VLA-6 (mAk GoH3): Bande 6: Immunpräzipitation mit der gemeinsamen β1-Kette (mAk AJ2). In dieser Melanomzellinie werden die Moleküle VLA-2, VLA-3 und VLA-6 synthetisiert.

konnte auch für den hämatogenen Metastasierungsweg in vivo von Bedeutung sein.
Die Anheftung humaner Melanomzellen an Kollagene läßt sich nach Untersuchungen von *Kramer* et al. (12) durch Antikörper gegen die gemeinsame Integrin-β1-Kette blockieren. Die hierbei involvierten Integrinkomplexe wurden als VLA-1 und VLA-2 identifiziert. Bei Immunfluoreszenzmarkierungen von Zellen, die auf Kollagensubstrat kultiviert wurden, fanden sich beide Integrine in Vinculin-positiven Adhäsionsplaques und Affinitätschromatographien stützen ebenfalls die Annahme, daß VLA-1 und VLA-2 in Melanomzellen als Rezeptoren für den interstitiellen Kollagentyp I und den Basalmembran-Kollagentyp IV agieren (12).

Schlußfolgerungen

Die Fähigkeit von Melanomzellen zur Adhäsion stellt u.a. eine entscheidende Voraussetzungen für das invasive Wachstum während der Tumorprogression im Gefäßsystem und im Gewebe dar. Eine erst seit kurzem bekannte Familie von adhäsionsassoziierten Zelloberflächenmolekülen sind die Integrine. Die wichtige Gruppe der VLA-Proteine (β1-Integrine) beinhalten Rezeptormoleküle für Komponenten der extrazellulären Matrix (Fibronektin, Kollagene, Laminin), welche von den Melanomzellen als wesentliche Barriere im Metastasierungsprozeß – beispielsweise bei der Durchdringung von Basalmembranen – überwunden werden muß. Leukozytenintegrinen (β2-Integrine) könnte eine funktionelle Rolle in der immunologischen Auseinandersetzung mit tumorinfiltrierenden Zellen zukommen. Unsere bisherigen Untersu-

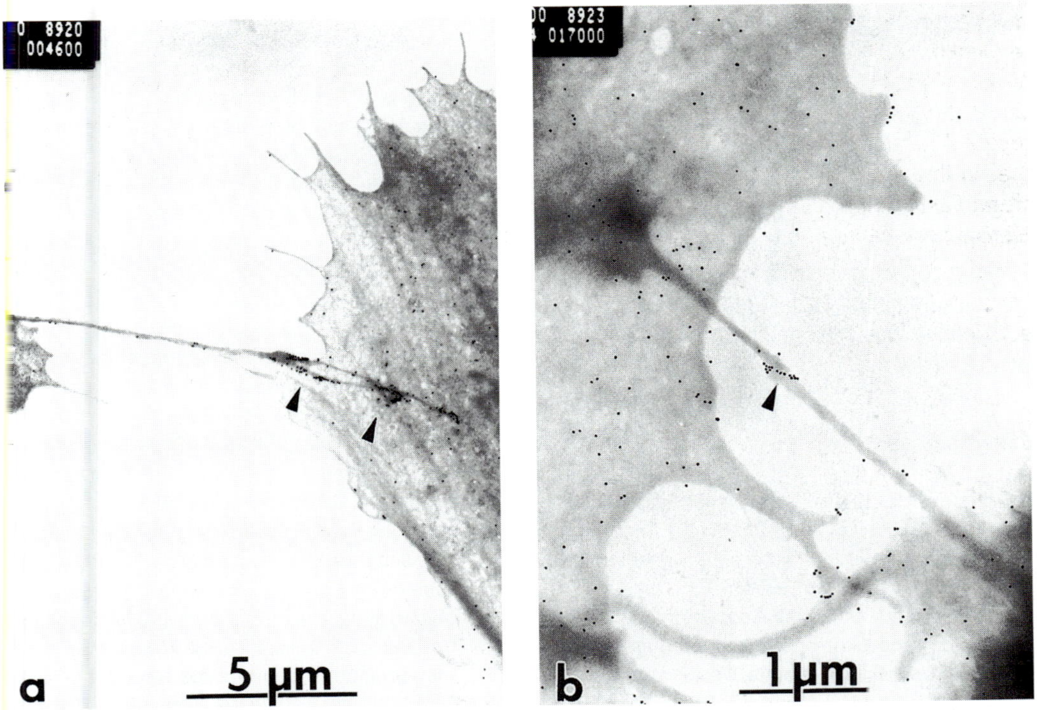

Abbildung 3. Immunelektronenmikroskopischer Nachweis von VLA-3-Rezeptoren in kultivierten Tumorzellen bevorzugt an Zell-Zell-Kontakten (Pfeile). Indirekte Immunogoldmarkierung mit dem mAk VM-2 (VLA3α-Kette) und einem sekundären, an 40 nm Gold gekoppelten Antikörper wie beschrieben (10, 20).

chungen weisen auf eine mögliche Bedeutung einzelner Integrinrezeptoren in fortgeschrittenen Stadien der Tumorprogression des malignen Melanoms. Integrinrezeptoren sind jedoch nicht spezifisch für diese Neoplasie und finden sich zum großen Teil auch in gesunden Gewebestrukturen oder in nicht-transformierten Zelllinien. Damit dürfte ihnen diagnostisch oder prognostisch wahrscheinlich kein den Melanomprogressionsmarkern (1) vergleichbares Interesse beizumessen sein. Allerdings ist mit der Entdeckung weiterer Integrine zu rechnen und die Existenz tumorspezifischer Rezeptoren nicht auszuschließen. So wurde jüngstens ein nur auf Karzinomzellen exprimierter Vitronektinrezeptorkomplex charakterisiert ($\alpha_v\beta_x$), welcher sich von demjenigen auf Melanomzellen unterscheidet (2). In der Grundlagenforschung sind zukünftig sicherlich interessante Aspekte des Metastasierungsgeschehens durch ein besseres Verständnis zugrundeliegender Zell-Matrix- und Zell-Zell-Interaktionen und der hierbei involvierten Rezeptor-Liganden-Beziehungen zu erwarten.

Danksagung

Unserer besonderer Dank gilt Frau *Prof. Dr. E. B. Bröcker*, Münster, und Herrn *Priv.-Doz. Dr. W. Tilgen*, Heidelberg, für die freundliche Überlassung von Gewebeproben und Gefrierschnitten zur immunfluoreszenz-mikroskopischen Untersuchung, ferner Frau *B. Urban* für die technische Assistenz.

Literatur

1 Bröcker EB, Suter L, Brüggen J, Ruiter DJ, Macher E, Sorg C (1985) Phenotypic dynamics of tumor progression in human malignant melanoma. Int J Cancer 36: 29–35

2 Cheresh DA, Smith JW, Cooper HM, Quaranta Y (1989) A novel vitronectin receptor Integrin (β) is responsible for distinct adhesion properties of carcinoma cells. Cell 57: 69–69?

3 Cheresh DA, Pytela R, Pierschbacher MD, Klier FG, Ruoslahti E, Reisfeld RA (1987) An Arg-Gly-Asp-directed receptor on the surface of human melanoma cells exists in a divalent cation-dependent functional complex with the disialoganglioside GD2. J Cell Biol 105: 1163–1173

4 DeVries JE, Keizer GD, TeVelde AA, Voordouw A, Ruiter D, Rümke P, Spits H, Figdor CG (1985) Characterization of melanom-associated antigens involved in the adhesion and motility of human melanoma cells. Int J Cancer 38: 465–473

5 Garrigues HJ, Lark MW, Lara S, Hellström I, Hellström KE, Wight TN (1986) The melanoma proteoglycan: restricted expression on mikrospikes, a specific microdomain of the cell surface. J Cell Biol 103: 1699–1710

6 Heino J, Ignotz RA, Hemler ME, Crouse C, Massague J (1989) Regulation of cell adhesion receptors by transforming growth factor-β. Concomitant regulation of integrins that share a common β1 subunit. J Biol Chem 264: 380–388

7 hynes RO (1987) Integrins: a family of cell surface receptors. Cell 48: 549–554

8 Johnson JP, Stade BG, Holzmann B, Schwäble W, Riethmüller G (1989) De novo expression of intercellular-adhesion molecule 1 in melanoma correlates with increased risk of metastasis. Proc Natl Acad Sci 86: 641–644

9 Kajiji S, Tamura RN, Quaranta V (1989) A novel integrin (β) from human epithelial cells suggests a fourth family of integrin adhesion receptors. EMBO J 8: 673–680

10 Kaufmann R, Klein CE, Frösch D, Westphal C, Weber L (1989) Integrin VLA 3: Ultrastructural localization at cell-cell contact sites of human cell cultures. J Cell Biol 109: 1807–1815

11 Klein CE, Cordon-Cardo C, Soehnchen R, Cote RJ, Oettgen HF, Eisinger M, Old LJ (1987) Changes in cell surface glycoprotein expression during differentiation of human keratinocytes. J Invest Dermatol 89: 501–506

12 Kramer RH, Marks N (1989) Identification of integrin collagen receptors on human melanoma cells. J Biol Chem 264: 4684–4688

13 Liotta LA, Rao CN, Barsky SH (1983) Tumor invasion and the extracellular matrix. Lab Invest 49: 636–649

14 McCarthy JB, Hagen ST, Furcht LT (1986) Human fibronectin contains distinct adhesion- and motility-promoting domains for metastatic melanoma cells. J Cell Biol 102: 179–188

15 Plantefaber LC, Hynes RO (1989) Changes in Integrin receptors on oncongenically transformed cells. Cell 56: 281–290

16 Roberts DD, Sherwood JA, Ginsburg V (1987) Platelet thrombospondin mediates attachment and spreading of human melanoma cells. J Cell Biol 104: 131–139
17 Ruoslahti E, Pierschbacher MD (1987) New perspectives in cell adhesion: RGD and integrins. Science 238: 491–497
18 Takada Y, Strominger JL, Hemler ME (1987) The very late antigen family of heterodimers is part of a superfamily of molecules involved in adhesion and emryogenesis. Proc Natl Acad Sci USA 84: 3239–3243
19 Takada Y, Strominger JL, Hemler ME (1987) The very late antigen family of heterodimers is part of a superfamily of molecules involved in adhesion and emryogenesis. Proc Natl Acad Sci USA 84: 3239–3243
20 Westphal C, Kaufmann R, Klein CE, Frösch D (1989) Immunocytochemical labeling of whole cultured cells: a new method suitabe for LM, TEM, SEM, and vertical sectioning. J Microsc (im Druck)
21 Wick MR, Swanson PE, Rocamora A (1988) Recognition of malignant melanoma by monoclonal antibody HMB-45. An immunohistochemical study of 200 paraffin-embedded cutaneous tumors. J Cutan Pathol 15: 201–207

Für die Verfasser:
Dr. R. Kaufmann
Dermatologische Klinik der Universität
Oberer Eselsberg 40
D-7900 Ulm

Empfindlichkeit von Melanomzellinien gegenüber natürlichen Killerzellen und der mögliche Einfluß von Onkogenaktivierungen[1]

P. I. Schrier, R. Versteeg, L. T. C. Peltenburg, A. C. Plomp, L. J. van't Veer und K. M. Krüse-Wolters
Abteilung für Klinische Onkologie, Universitätskrankenhaus Leiden, Niederlande

Zusammenfassung

Die Aktivierung von Onkogenen kann die Sensitivität von Tumorzellen gegenüber dem Immunsystem modulieren. Wir haben bereits früher beschrieben, daß eine starke Expression transfizierter c-myc-Onkogene Melanomzellinien für die Zytolyse durch natürliche Killerzellen (NK) empfindlicher machen konnte. Es konnte gezeigt werden, daß dieses Phänomen durch die Herabregulierung der Expression von HLA-Klasse-I durch c-myc vermittelt wurde. Weiterhin wurde von anderen Autoren beschrieben, daß die Übertragung aktivierter ras-Gene in murine Zellen ebenfalls die NK-Sensitivität erhöhen konnte.
Um herauszufinden, ob die intrinsische Aktivierung von Onkogenen in Melanomzellen auch mit einer erhöhten Empfindlichkeit gegenüber natürlichen Killerzellen verbunden ist, untersuchten wir die Aktivierung von H-, K-, N-ras und c-myc in einer Reihe von Melanomzellinien, die von verschiedenen Patienten stammten. In 10/14 Zellinien war die Expression von c-myc erhöht. In 3/13 Zellinien wurde eine Punkt-Mutation des N-ras-Gens gefunden. In zwei dieser Zellinien waren sowohl c-myc als auch N-ras aktiviert. Es konnte keine klare Korrelation zwischen der c-myc Expression und der Empfindlichkeit der Melanomzellen gegenüber NK-Zellen gefunden werden. Offenbar wurde die NK-Empfindlichkeit der untersuchten MM-Zellinien durch mehr Faktoren als nur durch c-myc bestimmt. Da die c-myc-induzierte NK-Empfindlichkeit wahrscheinlich über die HLA-I-Expression vermittelt wird, untersuchten wir die Expression der einzelnen HLA-Loci bei unseren Zellinien. Wir fanden eine inverse Korrelation der c-myc- und der HLA-B-Expression. Es bestand keine eindeutige Korrelation zwischen der HLA-B-Expression und der NK-Empfindlichkeit der Zellen, außer bei zwei Zellinien mit einer sehr hohen HLA-I-Expression, die gegenüber NK-Zellen vollständig resistent waren. Offenbar sind noch weitere Faktoren außer c-myc und HLA-B für die NK-Empfindlichkeit der Zellinien verantwortlich. Auffällig war, daß alle Zellinien mit einer Mutation des N-ras-Genes relativ empfindlich waren gegenüber NK-Zellen. Dieser Befund weist darauf hin, daß NK-Zellen möglicherweise die Aktivierung des ras-Genes erkennen können und damit ein wichtiges Glied des Immunsystems zur Elimination von Krebszellen mit einer besonderen Onkogenaktivierung darstellen.

Summary

Oncogene activation can modulate the sensitivity of tumor cells to the immune system. We have found earlier that high expression of a transfected c-myc oncogene could render melanoma cell lines sensitive to lysis by natural killer (NK) cells. Evidence exists that this effect was mediated by downmodulation of HLA Class I expression by c-myc. In addition, it was found by others that introduction of an activated ras gene into murine cells could induce NK sensitivity as well.

[1] Übersetzung des englischen Originaltexts: *C. Garbe*

To investigate whether intrinsic activation of oncogenes in melanomas is also correlated with susceptibility to NK cells, we analyzed activation of H-, K-, N-ras and c-myc in a panel of melanoma cell lines derived from different patients. In 10/14 cell lines the expression of c-myc was elevated. In 3/13 cell lines, a point mutation in the N-ras gene was found. In two of these cell lines, c-myc as well as N-ras were activated. No clear correlation of c-myc expression with sensitivity of the cells to NK cells could be detected, suggesting that within the panel, more parameters than c-myc only determine the NK susceptibility. Since c-myc-induced NK susceptibility is probably mediated by HLA Class I expression, we analyzed expression of individual HLA loci in our cell lines. An inverse correlation between c-myc expression and HLA-B expression was found. No obvious correlation between HLA-B expression and NK sensitivity could be assigned, except for two cell lines with very high HLA Class I expression, which were completely resistant to NK cells. Apparently, other factors than c-myc and HLA-B may in addition contribute to NK sensitivity of the cell lines. Strikingly, all cell lines with a mutation in the N-ras gene were relatively sensitive to NK cells. This indicates that NK cells might recognize activation of ras genes, thus providing a potential mechanism to eliminate cancer cells with a particular oncogene activation.

Einleitung

Eine eindeutige Erkennung menschlicher Tumorzellen durch das Immunsystem wurde nur selten beobachtet (1). Ein offensichtlicher Grund dafür besteht in der geringen Immunogenität nicht-viral induzierter menschlicher Tumoren. Nur für das maligne Melanom wurden bisher Effektorzellen des Immunsystems beschrieben, die spezifisch auf autologe Tumorzellen reagierten (2–6). Diese Effektorzellen stammten aus Klonierungsexperimenten in vitro und bestanden meistens aus monoklonalen Populationen zytotoxischer T-Zellen. Auf der anderen Seite ist möglicherweise als weiterer Typ von immunologischen Effektorzellen die natürliche Killer(NK)-zelle an der Erkennung von Tumorzellen beteiligt (7). Bisher ist wenig bekannt über die Strukturen auf Tumorzellen, die durch autologe zytolytische T-Zellklone (tumorspezifische Antigene) oder durch NK-Zellen erkannt werden.

Eine interessante Hypothese wäre, daß diese immunologischen Effektorzellen genetische Veränderungen in den Tumorzellen erkennen könnten, die für die Transformation einer normalen Zelle zu einer Tumorzelle verantwortlich sind. Die wesentliche Veränderung bei Transformation in eine Tumorzelle besteht in der Aktivierung eines oder mehrerer sog. Onkogene (8). Bis heute wurden mehr als fünfzig dieser Gene charakterisiert, die gewöhnlich eine normale Funktion bei der Zellproliferation und -differenzierung besitzen. Mehrere Klassen von Onkogenen werden unterschieden. Zunächst können Onkogenproteine im Zellkern die Transkription von Genen regulieren, die die Zellproliferation beeinflussen oder sie sind selbst Wachstumsfaktoren. Zu diesen Onkogenen gehören c-fos, c-myc und c-jun. Zweitens fungieren Onkogen-kodierte Proteine möglicherweise als Rezeptoren, die für die Einleitung der Zellproliferation von Bedeutung sind. Drittens sind Onkogene möglicherweise in die Signalübertragung eingeschaltet, d.h. sie übertragen Proliferationssignale, die durch Rezeptor-Ligand-Wechselwirkungen induziert werden, von der Membran zum Zellkern. Die Familie der ras-Gene (einschließlich der K-, H- und der N-ras) gehört zu dieser Gruppe von Onkogenen. Diese Gene kodieren ein 21-kD-Protein (p21ras) mit einer GTPase-Aktivität, und sitzen an der inneren Seite der Zellmembran (9). Die genaue Funktion dieser Proteine im Prozeß der Signalübermittlung ist unbekannt.

Eine ungeregelte Expression oder strukturelle Veränderungen dieser Onkogene stören ihre normale Funktion und führen möglicherweise zur Bildung von Krebszellen (8). In diesem Zustand werden die Onkogene als aktiviert bezeichnet. Häufig werden im Zustand der Aktivierung eine Erhöhung der Onkogenexpression und Punktmutationen gefunden. Es kann angenommen werden, daß diese Aktivierung auch vom Immunsystem erkannt wird und daß darin ein Mechanismus der Immunüberwachung besteht, der das weitere Wachstum gefährlicher Krebszellen mit einer Onkogenaktivierung verhindert.

Tatsächlich wurde eine starke c-myc-Expression bei einer großen Zahl von Melanomzellinien gefunden (10), und eine starke Expression transfizierter c-myc-Gene machte die Melanomzellen sensitiver gegenüber NK-Zellen als ihre nicht transfizierten Stammzellinien (11). Wir konnten zeigen, daß diese Wirkung möglicherweise auf einer geringeren Expression von HLA-I-Antigenen beruht, die durch eine höhere c-myc-Expression bedingt sein kann (10–12). Bei einer Suche nach weiteren aktivierten Onkogenen neben dem c-myc beim malignen Melanom fanden wir bei 20% der Melanompatienten, daß das N-ras-Gen im Tumor mutiert war (13). Gleichzeitig wurde festgestellt, daß murine C3H10T1/2 Zellen, transformiert durch ein punktmutiertes ras-Gen, stärker empfindlich waren gegenüber NK-Zellen als die ursprüngliche Zellinie (14). Da c-myc und N-ras im Melanom häufig aktiviert sind und beide Onkogene offenbar die NK-Empfindlichkeit in Transfektionsexperimenten modulieren können, wollten wir untersuchen, ob Melanomzellinien mit einer intrinsischen c-myc-und/oder c-ras-Aktivierung empfindlicher gegenüber NK-Zellen sind als solche ohne Onkogenaktivierung. In diesem Beitrag zeigen wir, daß bei den 16 untersuchten Melanomzellinien mit unterschiedlichem genetischen Hintergrund N-ras und c-myc in einigen Fällen aktiviert waren, und daß Zellinien mit einer Aktivierung des N-ras-Onkogens eine relativ hohe Empfindlichkeit gegenüber NK-Zellen zeigten.

Materialien und Methoden

Kulturmethoden und Zellinien

Alle Melanomzellinien außer IGR39 (15) wurden in unserem Laboratorium aus frischen Tumoren nach mechanischer Dissoziation und nachfolgender Kultivierung in DMEM + 10% fötalem Kälberserum (FKS) angezüchtet. Einzelheiten zur Herkunft der Tumoren sind in Tabelle I enthalten. Einige der verwendeten Zellinien wurden bereits beschrieben (10–12). Die Zellinien 528S und 802S wachsen in Suspensionskulturen. Murine L-Zellen, die mit HLA-A2, B7 oder Cw2 transfiziert wurden, wurden freundlicherweise von *Dr. H. L. Ploegh* zur Verfügung gestellt. Alle Melanomzellinien und L-Zellen wurden in DMEM + 10% FKS kultiviert. Die Melanomzellinien (außer IGR39) waren nicht mehr als 50 mal passagiert worden. Die NK-sensitiven K562 Zellen wurden in DMEM + 10% FKS gehalten.

Western-Blots

Die SDS-Polyacrylamid-Gel-Elektrophorese und die Western-Blots wurden wie bereits beschrieben durchgeführt (10). Folgende Antikörper wurden dabei benutzt: HC-A2 und HC-10 sind monoklonale Antikörper gegen denaturierte schwere HLA-Ketten und wurden freundlicherweise von *Drs. N. Stam* und *H. Ploegh* zur Verfügung gestellt. HC-A2 erkennt (*Stam* et al., im Druck) hauptsächlich denaturierte schwere Ketten von Klasse-I-HLA-A-Loci und HC-10 bindet sowohl an native als auch an denaturierte schwere Ketten von Klasse-I HLA-B-Loci (18).

Northern-Blots und Hybridisierung

Die Zellen wurden mit Trypsin abgelöst (außer Suspensionskulturen) und sofort tiefgefroren. Die RNS wurde mittels der LiCl/Urea-Methode isoliert (19). Die RNS (15 μg/Bande) wurde durch Elektrophorese mittels eines 1%igen Agarose-Formaldehyd-Gels isoliert und auf Nitrozellulose überführt. Die Hybridisierung wurde mittels radioaktiv-markierter Sonden wie beschrieben durchgeführt (20). Die Sonden und die Bedingungen für die lokusspezifische HLA-Hybridisierung wurden bereits beschrieben (12). Für die Bestimmung der mRNS für β-2-Mikroglobulin wurde eine humane β-2-Mikroglobulin-Sonde benutzt (21).

ras-Mutationen

Mutanten des ras-Genes wurden aus PCR-amplifizierten DNS-Proben von den Zellinien wie beschrieben hergestellt (22). Die PCR-amplifizierte DNS wurde auf Nylonmembranen gebracht und zu Sonden mit einer Länge von 20 Nukleotiden hybridisiert (23). Alle möglichen Mutationen in den Kodons 12 und 61 des H-ras-Gens und in den Kodons 12, 13 und 61 des K- und N-ras-Gens wurden untersucht.

Zytotoxizitäts-Assay

Die Empfindlichkeit der Zellinien gegenüber NK-Zellen wurde mittels eines Standard-Chrom-Release-Assays mit vier Stunden Inkubation bestimmt. Die Zielzellen wurden mit Hilfe von Trypsin abgelöst (ausgenommen die Suspensionszellkulturen K562, 528S und 802S) und 10^6-Zellen wurden mit 100 µCi Na_2 (^{51}Cr)O_4 (Amersham) für eine Stunde bei 37°C inkubiert. Dann wurden die Zellen in gepufferter HANK's-Lösung (HBSS), supplementiert mit 10% RPMI und 0,025% bovinem Serum-Albumin (BSA), gewaschen. Die lebenden Zellen wurden gezählt und in RPMI + 0,25% BSA verdünnt. Die Effektorzellen wurden aus dem peripheren Blut gesunder Spender isoliert. Dazu wurde frisches Blut 3fach in HBSS verdünnt und auf einen Ficoll-Gradienten gegeben. Nach der Zentrifugation (20 min, 2000 U/min) wurden die Leukozyten aus dem Gradienten entnommen, gründlich gewaschen und mittels eines Coulter-Counter gezählt. Die Verdünnungen für die Versuche wurden in RPMI + 0,25% BSA angesetzt. Die Zytotoxizitäts-Assays wurden jeweils 3fach in Mikrotiterplatten mit 150 µl Volumen/Vertiefung und einem Verhältnis Effektorzellen/Zielzellen von 100 : 1 mit 1000 Zielzellen pro Vertiefung angesetzt. Für die Bestimmung der spontanen ^{51}Chrom-Freisetzung wurden die Zielzellen nur mit RPMI + 0,25% BSA inkubiert; für die Bestimmung der maximalen ^{51}Chrom-Freisetzung wurden die Zellen mit 2% Triton X-100 inkubiert. Nach einer Zentrifugation (1 min, 1000 U/min) und einer Inkubation für vier Stunden in einen befeuchteten und CO_2begasbaren Inkubator bei 37°C wurden die Platten erneut zentrifugiert (1 min, 1000 U/min) und 100 µl des Überstandes wurden in einem Gamma-Counter untersucht. Der Prozentsatz spezifischer Zytolyse wurde mit der folgenden Formel errechnet: 100 x (experimentelle ^{51}Cr-Freisetzung – spontane ^{51}Cr-Freisetzung)/(maximale ^{51}Cr-Freisetzung – spontane ^{51}Cr-Freisetzung).

Ergebnisse

ras und myc aktiviert

Ras- und myc-Onkogene fanden sich in menschlichen Tumoren häufig aktiviert (24, 25). Wir untersuchten deshalb eine Reihe von Melanomzellinien auf die Aktivierung dieser Onkogene. Als erstes bestimmten wir Mutationen der ras-Gene. Das N-ras-Gen zeigte sich in 3/13 Zellinien mutiert, während keine Mutationen des K- oder H-ras-Gens gefunden wurden (Tabelle I). Auch die Untersuchung einer größeren Serie, in der maligne Melanome von 37 Patienten berücksichtigt wurden, zeigte ausschließlich Mutationen des N-ras-Gens (13), was darauf hinweist, daß das N-ras-Gen bei malignen Melanomen für eine Aktivierung empfänglich ist. Bei sechs der untersuchten Zellinien stand auch noch Gewebe der primären Tumoren bzw. der Metastasen zur Verfügung, aus denen die Zellinien angezüchtet worden waren (Tabelle I), und dieses Material wies dasselbe Mutationsmuster auf, d.h. das Material von zwei Patienten (Nr. 3 und Nr. 4) zeigte identische Mutationen, während das Material der anderen keine Mutationen aufwies (13). Dieser Befund unterstützt die Auffassung, daß die Zellinien im Hinblick auf die ras-Mutationen als repräsentativ für den Originaltumor angesehen werden können.
Im nächsten Schritt untersuchten wir eine Reihe von Zellinien nach einer erhöhten Expression der c-myc-mRNS (Abbildung 1). Als Kontrolle wurde der Northern-Filter mit einer Sonde für Glyzerinaldehyd-3'-Phosphat-Dehydrogenase (GAPDH) hybridisiert. Es kann davon ausgegangen werden, daß in etwa gleiche Anteile

von RNS in jeder Bande enthalten waren, mit Ausnahme der Bande 12, in der das GAPDH-Signal nur etwa halb so stark wie in den anderen Banden war. Die Expression von c-myc war in sechs von 14 untersuchten Zellinien stark erhöht (mit ++ oder + in Tabelle I angegeben). Weitere vier Zellinien zeigten eine mäßig erhöhte Expression (angegeben als ± in Tabelle I). Die erhöhte Expression wurde nicht durch Amplifizierung des c-myc-Gens verursacht, wie eine Bestimmung mittels Southern-Blot zeigte. Bei der Zellinie 634 (Bande 14) war sowohl c-myc als auch N-ras aktiviert. Bei den beiden anderen Zellinien mit aktiviertem N-ras war die c-myc-Expression entweder leicht erhöht (XC370, Abbildung 1: Bande 4) oder niedrig (607B, Abbildung 1: Bande 3). Zusammenfassend zeigten die Untersuchungen, daß N-ras oder c-myc in elf von 16 Melanomzellinien aktiviert waren.

HLA-Klasse-I-Expression herabreguliert

In früheren Untersuchungen konnten wir zeigen, daß das adenovirale E1A-Onkogen in der Lage ist, die Expression muriner MHC-Klasse-1-Antigene abzuschalten (26). Diese Antigene spielen eine wesentliche Rolle in der Erkennung

Tabelle I. Charakterisierung der Melanomzellinien, die auf Onkogenexpression untersucht wurden.

Nr.[a]	Zell-linie[b]	Geschlecht[c]	Lokalisation des Primär-tumors	Vorhandenes Material[d]	Änderungen der N-ras-Sequenz[e]	c-myc-Expres-sion[f]
1.	439S	w	Oberschenkel	m,z	n.u.	–
2.	518A2	m	behaarter Kopf	z	wt	–
3.	607B	w	Unterschenkel	p,m,z	N61 Lys	–
4.	XC370	m	Finger (dorsal)	p,m,z	N13 Val	±
5.	528S	w	Großzehe	uz	wt	±
6.	513D	m	Wange	z	wt	±
7.	610-III	w	Unterschenkel	m,z	n.u.	+
8.	802S	m	Rücken	m,z	wt	±
9.	530CI	m	Rücken	z	wt	+
10.	435Ao	m	Rücken	p,z	wt	++
11.	136-2	m	Brustwarze	z	wt	++
12.	823	m	Hals	m,z	n.u.	–
13.	603	m	Unterschenkel	z	wt	+
14.	634	w	Unterschenkel	z	N61 Arg	++
15.	407	w	Oberschenkel	m,z	wt	n.u.
16.	451	w	Unterschenkel	m,z	wt	n.u.
17.	IGR39	m	Unterschenkel	z	n.u.	–

[a] Nummer der Zellinie. Die Nummern 1–14 entsprechend den Banden in Abbildung 1.

[b] Es werden die Bezeichnungen (Namen) der Zellinien angegeben.

[c] w: weiblich; m: männlich.

[d] p: Primärtumor; m: Metastase; z: etablierte Zellinie vom Primärtumor (Pat. 10) oder aus Metastasen (bei allen anderen Fällen).

[e] Mutationen von Kodon 12 und 61 von H-ras und Kodon 12, 13 und 61 von K- und N-ras wurden untersucht; es wurden nur Mutationen des N-ras-Genes gefunden; wt: Wildtyp, d. h. N13 Gly und N61 Gln; n.u.: nicht untersucht.

[f] Die Daten der c-myc-Expression wurden aus Abbildung 1 entnommen; –: Expression niedrig; ±: Expression leicht erhöht; +: Expression erhöht; ++: Expression hoch.

viraler oder veränderter homologer Antigen durch das zelluläre Immunsystem mittels der Bindung prozessierter Peptide des Fremdproteins oder des veränderten eigenen Proteins. Diese an HLA-1 gebundenen Peptide können von einem T-Zell-Rezeptor spezifischer T-Zellen erkannt werden. Da das c-myc-Onkogen eine funktionelle Homologie zu dem E1A-Onkogen aufweist (27), untersuchten wir die Expression von HLA-Klasse-I bei einer Reihe unserer Zelllinien. Beim Menschen werden die HLA-Klasse-I-Proteine von drei verschiedenen Genloci A, B und C kodiert (28), weshalb wir die Expression dieser Genloci getrennt untersuchen wollten. Die drei Loci sind hochpolymorph und lokusspezifische Sonden innerhalb der kodierenden

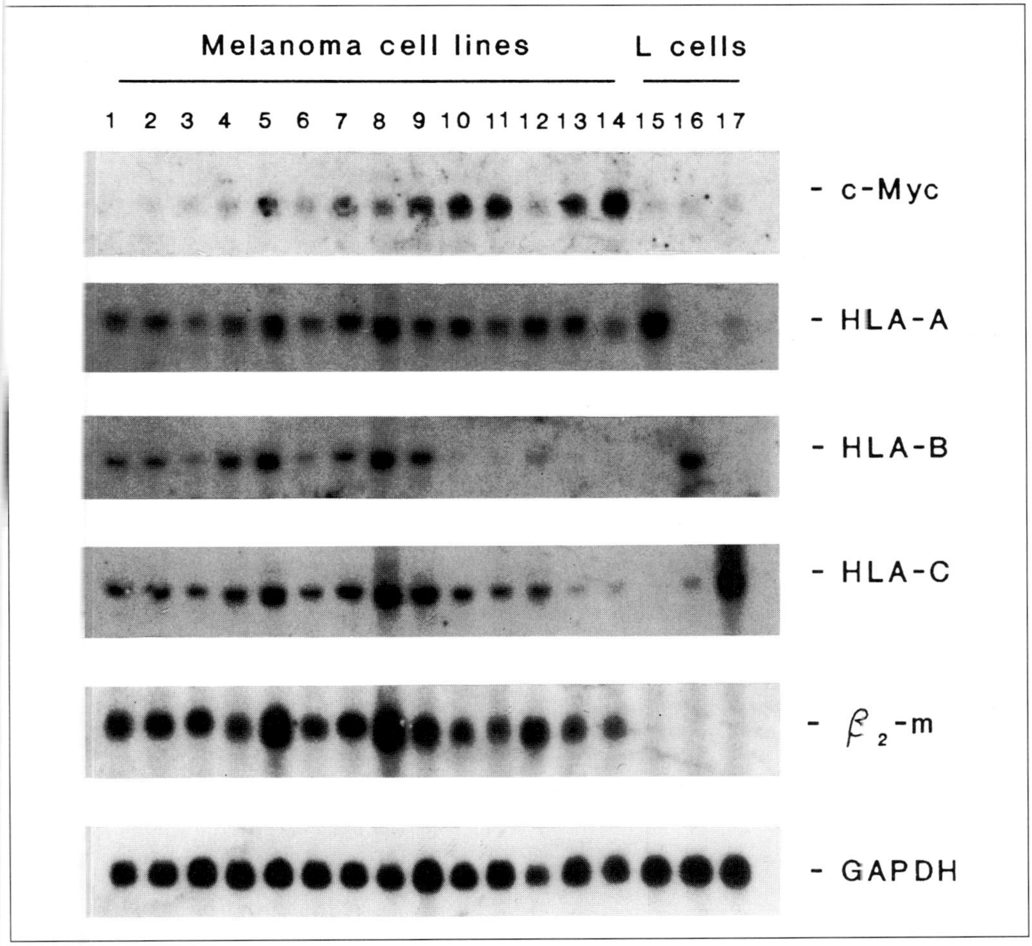

Abbildung 1. mRNS-Expression von Melanomzellinien dargestellt mittels Northern-blot. Die folgenden Sonden wurden wie in der Abbildung angegeben benutzt: c-myc: eine menschliche c-myc-Exon-3-Sonde; HLA-A: eine lokusspezifische HLA-A2-Sonde; HLA-B: eine lokusspezifische HLA-B7-Sonde; HLA-C: eine lokusspezifische HLA-Cw2-Sonde; β_2-m: eine menschliche β_2-Mikroglobulin-Sonde; GADPH: eine murine Glyzerinaldehyd-3-Phosphat-Dehydrogenase-Sonde. Banden 1–14: 14 menschliche Melanomzellinien; die Nummern der Zelllinien entsprechen den Nummern in der Tabelle I; Banden 15–17: murine L-Zellen transfiziert mit HLA-A2, HLA-B7 und HLA-Cw2.

Regionen waren nicht sicher zu ermitteln. Die 3'-nicht-translatierten Regionen sind jedoch lokusspezifisch und wir benutzten Sonden dieser Region zur Bestimmung der HLA-A-, HLA-B- und HLA-C-Expression (Abbildung 1). Diese Sonden sind sehr spezifisch, wie aus den Kontrolluntersuchungen mit murinen L-Zellen ersehen werden kann, die mit HLA-A2, HLA-B8 oder HLA-Cw2 transfiziert wurden (Abbildung 1: Banden 15–17). Eine schwache Kreuzhybridisierung der Cw2-Sonde mit B8 kann gesehen werden.

Alle Melanomzellinien exprimierten HLA-A in unterschiedlichem Ausmaß (Abbildung 1). Trotz des relativ schwachen Hybridisierungssignals mit der HLA-B-Sonde ist deutlich zu sehen, daß die HLA-B-Expression bei mindestens vier Melanomzellinien im Vergleich zur HLA-A-Expression vollständig fehlte (Banden 10, 11, 13 und 14). Diese Zellinien wiesen alle eine sehr hohe c-myc-Expression auf und damit wurden unsere früheren Befunde bestätigt, daß eine hohe c-myc-Expression die HLA-B-Expression abschalten kann (12). HLA-C ist in zwei der Zellinien mit einer hohen c-myc-Expression herabreguliert (Banden 13 und 14) während die HLA-C-Expression bei den beiden anderen Zellinien weniger betroffen zu sein scheint. Offensichtlich werden nicht alle HLA-C-Allele durch c-myc beeinflußt. Bei Zellinien mit mäßiggradiger Erhöhung der c-myc-Expression konnte keine deutliche Korrelation zwischen der c-myc-Expression und der Herabregulierung der HLA-B-Expression erkannt werden. Dieser Befund weist daraufhin, daß ein Schwellenwert der c-myc-Expression überschritten werden muß, damit eine Herabregulierung der HLA-Klasse-I-Expression bewirkt wird.

Alle Zellinien exprimierten das β_2-Mikroglobulin (Abbildung 1). Es scheint allerdings, daß bei Zellinien mit hoher c-myc-Expression und niedriger HLA-B-Expression die β_2-Mikroglobulin-Expression schwächer war im Vergleich zu den anderen Zellinien. Das stimmt mit unseren früheren Beobachtungen überein, daß bei Melanomzellinien mit hoher Expression transfizierten c-mycs die β_2-Mikroglobulin-Expression etwas herabreguliert war (10).

Um herauszufinden, ob die Herabregulation von HLA-B auch auf Proteinebene nachweisbar ist, wurden identische Western-Blots mit einer Reihe von repräsentativen Zellinien mit dem HLA-B-spezifischen monoklonalen Antikörper HC-A2 inkubiert (Abbildung 2, Proben A und B). Die schwere Kette von HLA wurde mit dem HLA-B-spezifischen Antikörper bei Zellinien mit hoher c-myc-Expression (136-2, 603 und 453A) viel schwächer angefärbt als bei Zellinien mit niedriger c-myc-Expression (530C1, IGR39 und 518A2) (Abbildung 2A). In der Färbung mit dem HLA-A-spezifischen Antikörper war die Expression der schweren HLA-Kette bei allen sechs Zellinien (Abbildung 2B) nahezu gleich. Dies weist darauf hin, daß HLA-B aber nicht HLA-A in Zellinien abgeschaltet wird, die eine hohe c-myc-Expression aufweisen. Die schwächere Färbung für HLA-A auf dem Filter gegenüber der Färbung für HLA-B ist nicht auf eine geringere Expression von HLA-A auf den Zellen zurückzuführen, sondern auf eine niedrigere Affinität des Antikörpers HC-A2 gegenüber der schweren HLA-Kette. Die lokusspezifische Herabregulation der HLA-B-Protein-Expression wurde auch in Untersuchungen mit metabolisch markierten Zellinien gefunden, bei denen die HLA-Proteine immunpräpariert und in einer isoelektrischen Gelelektrophorese analysiert wurden (12).

Empfindlichkeit von Melanomzellinien gegenüber natürlichen Killerzellen

Es wurde beschrieben, daß die Übertragung aktivierter H-ras-Gene in embryonale Ratten-Fibroblasten diese Zellen gegenüber natürlichen Killerzellen empfindlich macht (14). Wir fanden ein ähnliches Phänomen bei der Übertragung von c-myc in Melanomzellinien (11). In beiden Fällen wurden die transfizierten Zellinien mit ihrer Stammzellinie verglichen, um die Wirkung eines einzigen Parameters, nämlich ras oder myc zu untersuchen. Wir wollten nun herausfinden, ob ein Einfluß der ras- und myc-Aktivierung auf die Sensitivität gegenüber natürlichen

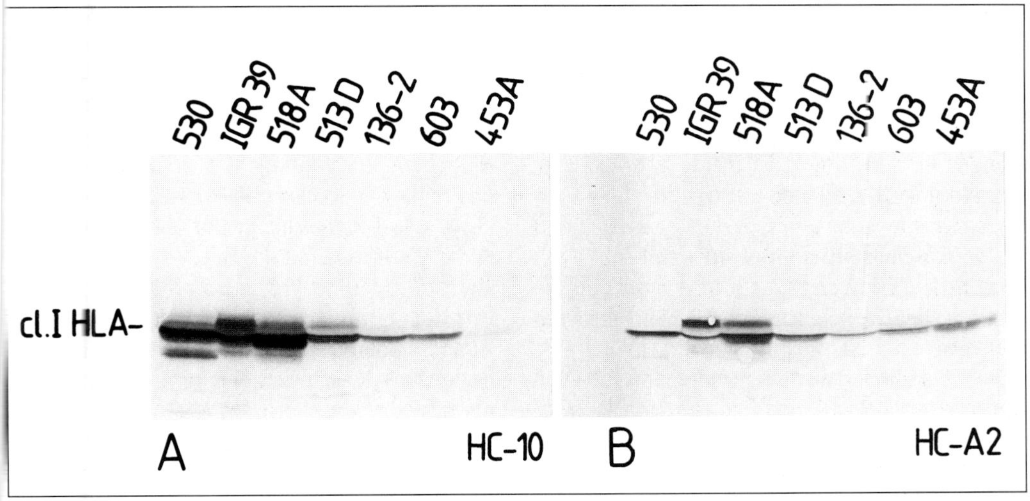

Abbildung 2. Expression von HLA-A- und HLA-B-Molekülen auf Melanomzellinien dargestellt durch Western-Blot. Die extrahierten Proteine (50 µg) unterschiedlicher Melanomzellinien wurden auf SDS-Gele wie in der Abbildung angegeben aufgebracht. Zwei identische Blotfilter wurden mit dem HLA-B-spezifischen Antikörper HC-10 (Panel A) und mit dem HLA-A-spezifischen Antikörper HC-A2 (Panel B) inkubiert. Die Filter wurden nachfolgend mit Alkalische-Phosphatase-konjugierten-Ziegen-Antimaus-IgG inkubiert und entwickelt.

Killerzellen auch bei Zellinien mit unterschiedlicher Herkunft gefunden werden kann.
Um diese Frage zu beantworten, untersuchten wir die Sensitivität unserer Zellinien gegenüber mononukleären Zellen des peripheren Blutes eines gesunden Spenders in einem 4stündigen Chrom-Release-Assay (Abbildung 3). Es konnte keine Übereinstimmung zwischen der NK-Sensitivität und der c-myc-Expression gefunden werden. Da eine Beziehung zwischen der NK-Sensitivität und der Expression von MHC-Antigen in einer Reihe von murinen und menschlichen Tumoren gefunden worden war (30–33), wurden die Melanomzellinien nach steigender HLA-B-Expression geordnet. Bemerkenswerterweise waren nur zwei Zellinien (Nr. 5 und Nr. 8) mit einer sehr hohen HLA-Klasse-I-Expression vollständig NK-resistent. Eine offensichtliche Abweichung gegenüber dieser Korrelation zeigte die Zellinie Nr. 4, die eine sehr hohe HLA-Klasse-I-Expression aufwies, jedoch gleichzeitig sehr sensitiv gegenüber NK-Zellen war. Diese Diskrepanz kann jedoch dadurch erklärt werden, daß diese Zellinie ein aktiviertes N-ras-Gen besitzt, welches möglicherweise für die starke Zytolyse durch NK-Zellen verantwortlich ist (vgl. Tabelle I). Die Zellinien Nr. 3 und Nr. 14 wiesen ebenfalls eine N-ras-Aktivierung auf, und diese Zellinien erwiesen sich ebenfalls als stärker sensitiv gegenüber NK-Zellen als andere Linien (Abbildung 3).

Diskussion

N-ras

Bei unserer Suche nach Onkogenaktivierungen in Melanomzellinien fanden wir eine erhöhte Expression des c-myc-Onkogens und Punktmutationen des N-ras-Onkogens. Eine Aktivierung des ras-Genes wurde schon vorher in Tumorgewebe von Melanomen wie auch in Zellinien gefunden (13, 34–39). Der Anteil von Tumoren mit einer Mutation war gering: Häufigkeiten von 1/13 (38) und 7/37 (13) wurden bisher beschrieben. Diese Größenordnungen sind in Übereinstimmung mit unseren Befunden an

Zellinien, d.h. nur 3/13 Zellinien zeigten eine Mutation. Bei zwei von diesen Linien war zusätzlich Gewebe von Primärtumor und von Metastasen vorhanden und dieses Gewebe wies ebenfalls dieselben Mutationen auf. Die Mutationen werden offenbar nicht während der Etablierung der Zellinien oder in nachfolgenden Passagen induziert und sind daher anscheinend für den originären Tumor repräsentativ.

Eine Aktivierung von N-ras wurde bereits für die Zellinie Mel-Swift beschrieben (36). N-ras mit Punktmutationen wurde auch für einen Transfektions-Assay verwendet, in dem isolierte DNA aus Melanomzellen benutzt wurde (38). Obwohl auch bereits Mutationen von H-ras mit diesem Assay gefunden wurden (34, 35), scheint es, daß beim Melanom in der großen Mehrzahl der Fälle N-ras eher als H-ras oder K-ras aktiviert ist. Im eigenen Material von 37 Patienten wurde bei sieben Patienten eine Mutation des N-ras-Gens und keine Mutation des K-ras-Gens oder des H-ras-Gens gefunden (13). Diese ausschließliche Aktivierung des N-ras-Gens mag mit der neuroendokrinen Herkunft der Melanozyten zusammenhängen (40). Die Aktivierung des N-ras-Onkogens wurde bei Tumoren gefunden, die sich aus der Neuralleiste herleiten (41, 42) wie auch in normalem Gewebe aus der Neuralleiste (42). Daher kommt es bei Melanozyten möglicherweise eher zu Muta-

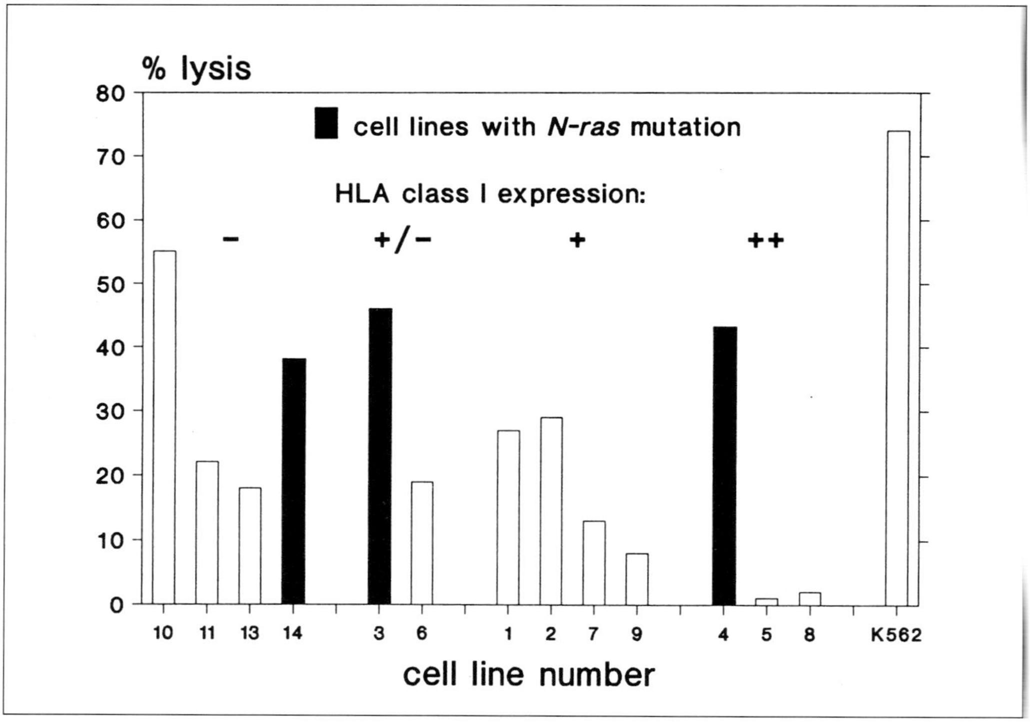

Abbildung 3. Sensitivität von menschlichen Melanomzellinien gegenüber Zytolyse durch natürliche Killerzellen. Die Sensitivität wird als Prozentsatz spezifischer Zytolyse nach Messung im Chrom-Release-Assay dargestellt. Die Nummern der Melanomzellinien entsprechen den Nummern in Tabelle I. Die NK-sensitive CML-Zellinie K562 wurde als Kontrolle mitgemessen. Helle Säulen: Melanomzellinien ohne Punktmutuation des ras-Genes; schwarze Säulen: Melanomzellinien mit einer Punktmutation des N-ras-Genes. Die Zellinien sind nach dem jeweiligen Level der HLA-B-mRNS-Expression geordnet, die in Abbildung 1 dargestellt ist; −: HLA-B-Expression fehlt weitestgehend; ±: HLA-B- Expression niedrig; +: HLA-B-Expression mäßig; ++: HLA-B-Expression hoch.

tionen des N-ras-Gens als des H- und des K-ras-Gens infolge einer übergeordneten Strukturänderung der DNA an der transkriptionsaktiven Stelle, wo das N-ras-Gen lokalisiert ist.

c-myc

Wir fanden eine erhöhte Expression von c-myc in 10/14 untersuchten Zellinien. Die Expression variierte zwischen mäßiggradig (4 Zellinien) bis hoch (3 Linien) und sehr hoch (3 Linien). Eine erhöhte c-myc-Expression wurde bisher in zahlreichen menschlichen Tumoren und Tumorzellinien beschrieben (25), für das maligne Melanom bisher jedoch nicht berichtet. Der Mechanismus, durch den es zu der erhöhten Expression beim malignen Melanom kommt, ist bisher unbekannt. Häufig ist das c-myc-Gen bei Tumorzellen mit erhöhter Expression amplifiziert oder zeigte ein Rearrangement. Wir haben die Organisation des Genoms von c-myc bei einer Reihe von Melanomzellinien mit hoher und niedriger Expression untersucht. Sowohl die Restriktionsmuster als auch die Zahl der Kopien von c-myc in Southern-Blots waren bei all diesen Zellen identisch, was dafür spricht, daß weder eine Amplifizierung des Gens noch ein Rearrangement des Genoms für die erhöhte Expression verantwortlich ist. Es bleibt bisher eine interessante Spekulation, daß kleinere Veränderungen in der Kontrolle der Transkription oder posttranskriptionaler Vorgänge von c-myc für die erhöhte Expression verantwortlich sind.

Aktivierung von zwei Onkogenen

Zwei unserer Zellinien mit erhöhter c-myc-Expression (Nr. 4, Nr. 14) wiesen zusätzlich N-ras-Mutationen auf. Die konkurrierende Rolle dieser beiden Onkogene mag einen wesentlichen Stellenwert für die Entstehung dieser beiden Tumoren gehabt haben. Diese Beobachtung stimmt mit der Ansicht überein, daß die von Onkogenen bewirkte Transformation ein Prozeß mit vielen Schritten ist, in den zumindest zwei Gene involviert sind (44). Darüber hinaus konnte für primäre Fibroblasten von Nagetieren gezeigt werden, daß c-myc und N-ras gemeinsam eine maligne Transformation bewirken konnten (27). Auf der anderen Seite könnte dagegen eingewandt werden, daß nur zwei von 14 Zellinien die doppelte Aktivierung von c-myc und N-ras aufwiesen und daß in mindestens einer Zellinie keines von beiden Genen aktiviert war. Bei der von uns untersuchten Auswahl von Melanomzellinien konnte kein einheitliches Muster aktivierter Onkogene gefunden werden und möglicherweise sind weitere Onkogene neben myc und ras am genetischen Ursprung des Melanoms beteiligt. Mögliche Kandidaten dafür sind hst/int-2, das in Melanomen gefunden wurde (45), oder c-sis, das erhöht exprimiert war (37).

Korreliert die Sensitivität gegenüber NK-Zellen mit der Aktivierung von Onkogenen?

Die Strukturen auf der Zelloberfläche von Tumoren, die von NK-Zellen erkannt werden und diejenigen Faktoren, die die Sensitivität von Tumorzellen für eine nachfolgende Zytolyse bestimmen, sind bisher nicht bekannt. Wahrscheinlich sind eine Reihe von Faktoren an diesem Prozeß der Erkennung und Tötung von Zellen beteiligt. Die Onkogenaktivierung ist möglicherweise einer dieser Faktoren, und so entstünde die Situation, daß ein frühes Ereignis der malignen Transformation, nämlich die Onkogenaktivierung, vom Immunsystem erkannt würde. Wir können tatsächlich zeigen, daß die hohe Expression transfizierter c-myc-Gene in Melanomzellinien diese Zellen gegenüber NK-Zellen sensibel werden ließ (11).
Transfektionsexperimente mit aktiviertem ras führten zu ähnlichen Ergebnissen (14). Im Falle von c-myc ist wahrscheinlich die Herabregulation von HLA-B durch myc für die Wirkung auf die NK-Sensitivität verantwortlich (11). Dieser Zusammenhang wurde kürzlich durch Experimente bestätigt, in denen nach Transfektion von HLA-Genen in NK-sensitive Zellen diese Zellen gegenüber NK-Zellen resistent wurden (32, 33). In all diesen Fällen wurde die Wirkung von Onkogenen und von HLA-Klasse-I vor dem

gleichen genetischen Hintergrund, nämlich der transfizierten Zelle, bestimmt. Dieser Ansatz hat den Vorteil, daß die Wirkung eines einzelnen Faktors genau untersucht werden kann. Dieser Ansatz ist jedoch weniger geeignet dafür, um herauszufinden, ob zusätzlich andere Faktoren zur letztendlichen NK-Sensitivität von Melanomzellen beitragen. Die Untersuchung der NK-Sensitivität unterschiedlicher Melanomzelllinien wie in der vorliegenden Untersuchung könnte einen Beitrag zur Beantwortung dieser Frage leisten. Aus Abbildung 3 geht hervor, daß nur Zellinien mit einer hohen Expression von HLA-B gegenüber NK-Zellen resistent waren. Bei den anderen Zellinien wurde keine klare Korrelation zwischen der HLA-Klasse-I-Expression und der NK-Sensitivität gefunden, was auf eine Maskierung der Wirkung von HLA-B durch andere Faktoren hinweisen mag. Unsere Untersuchungen konnten einen dieser maskierenden Faktoren aufdecken: die Aktivierung des N-ras-Onkogens. Alle Zellinien mit einem aktivierten N-ras-Onkogen (Nr. 4, 8, 14) waren relativ empfindlich gegenüber Zytolyse durch NK-Zellen. Es fiel auf, daß bei einer Zellinie die ras-Aktivierung sogar den Effekt überlagerte, der durch eine hohe HLA-B-Expression hervorgerufen wird (Abbildung 3: Nr. 4).
Ob die Wirkung von N-ras jeweils über diejenige von HLA-Klasse-I dominiert, kann aus zwei Gründen nicht beantwortet werden. Erstens mögen auch andere (unbekannte) Faktoren zu der NK-Sensitivität beitragen. Zweitens unterscheiden sich die Zellinien in unserer Auswahl in ihren HLA-Klasse-I-Allelen (Erg. nicht dargestellt) und die Fähigkeit verschiedener HLA-Allele zur Übertragung von Resistenzfaktoren gegenüber NK-Zellen mag deutlich unterschiedlich sein (*K. Kärre*, persönliche Mitteilung).
Wir ziehen die Schlußfolgerung, daß die NK-Sensitivität einer einzelnen Melanomzellinie durch eine komplexe Komposition unterschiedlicher Wirkungen bedingt ist, darunter auch die N-ras-Aktivierung und die HLA-I-Expression.

Literatur

1 Anichini A, Fossati G and Parmiani G (1987) Clonal analysis of the cytolytic T cell response to human tumors. Immunol Today 8: 385–387

2 Anichini A, Fossati G and Parmiani G (1985) Clonal analysis of cytotoxic T lymphocyte response to autologous human metastatic melanoma. Int J Cancer 35: 683–689

3 Hersey P, MacDonald M, Schibeci S and Burns C (1986) Clonal analysis of cytotoxic T lymphocytes (CTL) against autologous melanoma. Cancer Immunol Immunother 22: 15–23

4 Anichini A, Mazzocchi A, Fossati G and Parmiani G (1989) Cytotoxic T lymphocyte clones from peripheral blood and from tumor site detect intratumor heterogeneity of melanoma cells. J Immunol 142: 3692–3701

5 Topalian SL, Solomon D and Rosenberg SA (1989) Tumor-specific cytolysis by lymphocytes infiltrating human melanomas. J Immunol 142: 3714–3725

6 Wölfel T, Klehmann E, Müller C, Schütt K-H, Meyer zum Büschenfelde K-H and Knuth A (1989) Lysis of human melanoma cells by autologous cytotoxic T cell clones. J Exp Med 170: 797–810

7 Herberman RB and Ortaldo JR (1981) Natural Killer Cells: their role in defenses against disease. Science 214: 24–30

8 Bishop JM (1987) The molecular genetics of cancer. Science 235: 305–311

9 Barbacid M (1987) ras Genes. Ann Rev Biochem 56: 779–827

10 Versteeg R, Noordermeer IA, Krüse-Wolters M, Ruiter DJ and Schrier PI (1988) c-myc down-regulates class I HLA expression in human melanomas. EMBO J 7: 1023–1029

11 Versteeg R, Peltenburg LTC, Plomp AC and Schrier PI (1989) High expression of the c-myc oncogene renders melanoma cells prone to lysis by natural killer cells. J Immunol 143: 4331–4337

12 Versteeg R, Krüse-Wolters KM, Plomp AC, van Leeuwen A, Stam NJ, Ploegh JL, Ruiter DJ, Schrier PI (1989) Suppression of class I human histocompatibility leukocyte antigen by c-myc is locus specific. J Exp Med 170: 621–635

13 Van't Veer LJ, Burgering BMTh, Versteeg R, Boot AJM, Ruiter DJ, Osanto S, Schrier PI and Bos JL (1989) N-ras Mutations in human cutaneous

melanoma correlated with sun exposure. Mol Cell Biol 9: 3114–3116
14 Trimble WS, Johnson PW, Hozumi N and Roder JC (1986) Inducible cellular transformation by a metallothionein-ras hybrid oncogene leads to natural killer cell susceptibility. Nature 321: 782–784
15 Aubert C, Rougé F and Galindo JR (1980) J Natl Cancer Inst 64: 1029–1040
16 Rein RS, Seemann GHA, Neefjes JJ, Hochstenbach FMH, Stam MJ and Ploegh HL (1987) Association with β_2-microglobulin controls the expression of transfected human class I genes. J Immunology 138: 1178–11813
17 Güssow D, Rein R, Meijer I, de Hog W, Seemann GHA, Hochstenbach FM and Ploegh HL (1987) Isolation, expression and primary structure of HLA-Cw1 and HLA-Cw2 genes: evolutionary aspects. Immunogenetics 25: 313–322
18 Stam NJ, Spits H and Ploegh HL (1986) Monoclonal antibodies raise against denatured HLA-B locus heavy chains permit biochemical characterization of certain HLA-C locus products. J Immunology 137: 2299–2306
19 Auffray C and Rougeon F (1980) Purification of mouse immunoglobulin heavy-chain messenger RNAs from total myeloma tumor RNA. Eur J Biochem 107: 303
20 Feinberg AP and Vogelstein B (1983) A technique for radiolabeling DNA restriction endonucelase fragments to high specific activity. Analyt Biochem 132: 6
21 Güssow D, Rein R, Ginjaar I, Hochstenbach F, Seemann G, Kottman A and Ploegh H (1987) The human β_2-microglobulin gene. J Immunol 139: 3132–3138
22 Smit VTHBM, Boot AJM, Smits AMM, Fleuren GJ, Cornelisse CJ, and Bos JL (1988) K-Ras2 Codon 12 mutations occur very frequently in pancreatic adenocarcinomas. Nucl Acid Res 16: 7773–7782
23 Verlaan-de Vries M, Bogaard ME, van den Elst HE van Boom JH, van der Eb AJ and Bos JL (1986) A dot-blot screening procedure for mutated ras oncogenes using synthetic oligodeoxynucleotides. Gene 50: 313–320
24 Bos JL (1989) ras oncogenes in human cancer: A review. Cancer Res 49: 4682–4689
25 Alitalo K, Koskinen P, Mäkela TP, Saksela K, Sistonen L, and Winqvist R (1987) Myc oncogenes: activation and amplification. Biochem Biophys Acta 907: 1–32
26 Schrier PI, Bernards R, Vaessen RTMJ, Houweling A and van der Eb AJ (1983) Expression of class I major histocompatibility antigens switched off by highly oncogenic adenovirus 12 in transformed rat cells. Nature 305: 771–775
27 Land H, Parada LF and Weinberg RA (1983) Cellular oncogenes and multistep carcinogenesis. Science 222: 771–777
28 Bodmer WF, Albert E, Bodmer JG, Dupont B, Mach B, Mayr W, Sasazuki T, Schreuder GMTh, Svejgaard A and Terasaki PI (1988) Nomenclature for factors of the HLA system. 1987 Vox Sang 55: 119–126
29 Koller BH, Sidwell B, DeMars R and Orr HT (1984) Isolation of HLA locus-specific DNA probes from the 3'-untranslated region. Proc Natl Acad Sci USA 81: 5175–5178
30 Kärre K, Ljunggren HG, Piontek G and Kiesling R (1986) Selective rejection of H-2 deficient lymphoma variants suggests alternative immune defence strategy. Nature 319: 675–678
31 Quillet A, Presse F, Marchiol-fournigault C, harel-Bellan A, Benbunan M, Ploegh H and Fradelizi D (1988) Increased resistance to non-MHC-restricted cytotoxicity related to HLA A, B expression. J Immunol 141: 17–20
32 Shimizu Y and DeMars R (1989) Demonstration by class I gene transfer that reduced susceptibility of human cells to natural killer cell-mediated lysis is inversely correlated with HLA class I antigen expression. Eur J Immunol 19: 447–451
33 Storkus WJ, Alexander J, Payne A, Dawson JR, and Creswell P (1989) Reversal of natural killing susceptibility in target cells expressing transfected class I HLA genes. Proc Natl Acad Sci USA 86: 2361–2364
34 Sekiya T, Fushimi M, Hori H, Hirohashi S, Nishimura S and Sugimara T (1984) Molecular cloning and the total nucleotide sequence of the human c-Ha-ras-1 gene activated in a melanoma from a Japanese patient. Proc Natl Acad Sci USA 81: 4771–4775
35 Albino AP, Le Strange R, Al Oliff AE, Furth ME and Old LJ (1984) Transforming ras genes from human melanoma: a manifestation of tumour heterogeneity? Nature 308: 69–72
36 Padua RA, Barras NC, and Currie GA (1985) Activation of N-ras in a human melanoma cell line. Mol Cell Biol 5: 582–585

37 Shin DM, Gupta V, Donner L, Chawla S, Benjamin R, Gutterman J, Blick M (1987) Aberrant oncogene expression in uncultured human sarcoma and melanoma. Anticancer Res 7: 1117–1123
38 Raybaud F, Noguchi T, Marics I, Adelaide J, Planche J, Batoz M, Aubert C, de Lapeyriere O, and Birnbaum D (1988) Detection of a low frequency of activated ras genes in human melanomas using a tumorigenicity assay. Cancer Res 48: 950–953
39 Albino AP, Nanus DM, Mentle IR, McNutt NS, Bressler J, and Andreef M (1989) Analysis of ras oncogenes in malignant melanoma and precursor lesions: correlation of point mutations with differentiation phenotype. Oncogene 4: 1363–1374
40 Le Douarin N (1980) Migration and differentiation of neural crest cells. Curr Top Dev Biol 61: 31–40
41 Ireland CM (1989) Activated N-ras oncogenes in human neuroblastoma. Cancer Res 49: 5530–5533
42 Gerosa MA, Talarico D, Fognani C, Raimondi E, Colombatti M, Tridente G, De Carli L, Della Valle G (1989) Overexpression of N-ras oncogene and epidermal growth factor gene in human glioblastomas J Natl Cancer Inst 81: 63–67
44 Knudson AG (1987) Genetics of human cancer. Ann Rev Genet 2: 231–251
45 Adelaide J, Mattei MG, Marics I, Raybaud F, Planche J, De-Lapeyriere O, Birnbaum (1988) Chromosomal localization of the hst oncogene and its co-amplification with the int2 oncogene in a human melanoma. Oncogene 2: 413–416

Für die Verfasser:
P. Schrier, PhD
Department of Clinical Oncology
University Hospital Leiden
P. O. Box 9600
NL-2300 RC Leiden

IV. Therapie des malignen Melanoms

Operative Therapie des malignen Melanoms

J. Petres, I. Lohrisch und M. Azim Rezazada[1]
Hautklinik der Städtischen Kliniken Kassel (Akademisches Lehrkrankenhaus der Philipps-Universität Marburg)

Zusammenfassung

Ebenso wie bei jeder anderen malignen Neubildung stellt die vollständige Tumorentfernung auch bei dem Vorliegen eines malignen Melanoms die entscheidende kurative Behandlungsmaßnahme dar. Die moderne operative Therapie des Malignen Melanoms berücksichtigt dabei dessen heute allgemein anerkannte Unterteilung in Melanome mit geringem, mittlerem und hohem Metastasierungsrisiko. Dabei werden neben den entscheidenden histologischen Daten mit Tumordicke und Eindringtiefe auch klinische Faktoren wie Tumortyp und Ulzeration des Tumors für die Operationsplanung herangezogen. Grundsätzlich wird der Tumor bis zur Muskelfaszie exzidiert, die belassen oder auch reseziert werden kann. Unsere Erfahrungen deuten darauf hin, daß ihre Mitentfernung keine prognostischen Vorteile erbringt.

Bei In-situ-Melanomen ist die Exzision von 1 cm gesunden Gewebes ab Tumorrand Sicherheitsabstand ausreichend, während bei invasiv wachsenden Melanomen bis 0,75 mm Tumordicke die Sicherheitszone 3 cm betragen sollte und ab 1,5 mm Tumordicke 3 bis 5 cm zu fordern wäre. Diese Sicherheitsabstände können durch die topografischen Gegebenheiten (z.B. Gesicht, Phalangen) limitiert werden. Bei Einhaltung der angegebenen Exzisionsbreiten reduziert sich die Gefahr der Entstehung von Satelliten- und Intransit-Metastasen nicht unerheblich.
Die radikale regionale Lymphadenektomie stellt bei einer klinisch manifesten Metastasierung in die regionären Lymphknotenstationen (Stadium II) anerkanntermaßen die Therapie der Wahl dar. Deshalb sollte auch im Melanomstadium I bei Tumoren mit mittlerem und hohem Metastasierungsrisiko davon ausgegangen werden, daß dieses Operationsverfahren die Entwicklung von Makrometastasen in den besonders gefährdeten regionalen ersten Lymphknotenstationen aus dort bereits vorhandenen, aber klinisch inapperenten Mikrometastasen verhindern kann und damit zu einer Prognoseverbesserung beiträgt. Die eigenen Erfahrungen bei 887 wegen eines malignen Melanoms an der Hautklinik Kassel in den Jahren 1979 bis 1988 operativ behandelter Patienten unterstreichen diese Aussage.

Summary

The complete removal of the tumor represents the decisive curative method of treatment in the surgery of melanoma, as well as it is performed with other malignant neoplasm. In doing so, the modern operative therapy considers the commonly acknowledged subdivision into melanoma with low, medium and high risk of formation of metastases. Planing the operation next to histological facts as tumor level and thickness also clinical aspects as type of tumor and ulce-

[1] Frl. *S. Krasselt*, Abtlg. Dokumentation der Städt. Kliniken Kassel, danken wir für die statistische Auswertung und Herrn *C. van Velzen*, wissenschaftlicher Fotograf der Hautklinik der Städt. Kliniken Kassel, für die fotografische Dokumentation.

ration will be considered. Basically the excision of the tumor is performed onto the muscular fascia, which could be left or removed. Our experiences indicate, that removing the fascia does not show any prognostic advantage.

Removing a melanoma in situ a security margin of 1 cm from the border of the tumor will be sufficient, while melanoma with invasive growth to a tumor infiltration of 0,75 mm ask for a security zone of 3 cm and an infiltration of more than 1,5 mm about 3 to 5 cm. These security margins could be limited by topographical given facts (face, hands and feet). By respecting the fore mentioned width of excision, the formation of satelite and in-transit metastases will be reduced significantly.

The radical (regional) lymphonodulectomy is the treatment of choice for a clinical detected formation of metastases to the regional lymphatic nodes (stage II melanoma). We believe that also melanoma of stage I, especially those with medium and high risk of formation of metastases should be treated the same manner, for this operating technique prevents the development of macrometastases out of already present but clinically inapparent micrometastases in the particularly endangered regional lymphatic nodes. Our experiences in about 850 surgically treated patients with malignant melanomas show that by these therapeutic procedures an improvement of the prognosis could be obtained.

Einleitung

Das operative Vorgehen ist heute als Standardtherapie des Malignen Melanoms anerkannt (vgl. u.a. 5, 27, 30, 34, 35, 38, 51, 57, 58, 65, 66, 67, 72, 75). Trotz einiger gegenteiliger Berichte, vor allem aus den angelsächsischen Ländern, dürfte auch die primäre Totalexzision des Tumors weitgehend akzeptiert sein, da durch dieses Vorgehen eine intraoperativ mögliche Tumorzellverschleppung vermieden wird (24, 27). Kontrovers wird dagegen zur Zeit die Frage nach den erforderlichen Sicherheitsabständen bei der Entfernung des Primärtumors und über den Wert der prophylaktischen regionalen Lymphadenektomie im Tumorstadium I (elektive Lymphknotendissektion) diskutiert (1, 3, 4, 5, 10, 21, 28, 38, 42, 55, 56, 59, 63). Aufgrund der bekannten Pathophysiologie des malignen Melanoms ist dessen Metastasierungsmuster in erster Linie von Dicke und Eindringtiefe des Tumors abzuleiten (4, 14, 19, 79, 80). Davon abhängig sind demnach auch die Flächengröße des den Tumor umgebenden Hautareals, das als Sicherheitszone mitzuentfernen ist sowie die Indikation zur regionalen radikalen Lymphadenektomie.

Operatives Vorgehen

Unser operatives Konzept berücksichtigt die heute allgemein übliche Einteilung in Melanome mit geringem sowie solchen mit mittlerem und hohem Metastasierungsrisiko (Tabelle I). Es bezieht sich dabei sowohl auf klinische als auch auf histologische Erkenntnisse, die für die Therapieplanung herangezogen werden (8, 9, 15, 16, 32, 37, 43, 60, 78). Primär werden dabei die prognostischen Kriterien der I. Kategorie berücksichtigt (Tabelle II und III).

Wird die klinische Diagnose oder der dringende Verdacht auf das Vorliegen eines malignen Melanoms gestellt, erfolgt die Tumorentfernung bis

Tabelle I. Metastasierungsrisiko.

	Gering	Intermediär	Hoch
Vertikale Tumordicke, mm	<0,75	0,75–1,50	>1,50
Mikrostadium, Level	I–II	II–III	IV–V

Tabelle II. Prognostische Faktoren (I. Kategorie).

	Günstig	Ungünstig
Klinisches Stadium	1	2a–b, 3
Vertikale Tumordicke	<0,75 mm	>1,5 mm
Mikrostadium, Level	I–II	IV–V

auf die Faszie mit einem seitlichen Sicherheitsabstand von 1 cm (6, 53). Dieser Eingriff kann bei Tumoren mit einem horizontalen Durchmesser von < 0,5 cm in Lokalanästhesie durchgeführt werden, da die feingewebliche Bestätigung der Diagnose durch eine Kryostat-Schnellschnitt-Untersuchung bei Melanomen dieser Größe in ihrer Aussagefähigkeit problematisch ist und deshalb der definitiven Paraffinschnitt-Befundung vorbehalten bleiben sollte (vgl. 7, 41, 51, 64). Der Wundverschluß dürfte in diesen Fällen stets durch eine primäre Wundnaht im Sinne einer Dehnungsplastik möglich sein. Bei intraepidermalen, sog. »In-situ-Melanomen« ist dieses Vorgehen auch als definitive Therapie ausreichend. Liegt ein invasiv wachsendes Melanom mit niedrigem Metastasierungsrisiko vor, wird bei Bestätigung der Diagnose die Exzision bis zu dem von uns geforderten Sicherheitsabstand von 3 cm vom makroskopisch sichtbaren Tumorrand erweitert. Da die Mitentfernung der Muskelfaszie keine Verbesserung der Prognose verspricht, wird sie von uns stets belassen. *Olsen* (49) vermutet sogar, daß die Exzision der Muskelfaszie das Risiko einer Metastasierung erhöhen könnte. Auch die Untersuchungen von *Kenady* et al. (36) belegen sowohl im Hinblick auf Lokalrezidive als auch auf die Gesamtüberlebensraten die Aussage, daß die Faszienmitentfernung keinen Einfluß auf den Krankheitsverlauf besitzt.

Tabelle 17. Prognostische Faktoren (II Kategorie).

	Günstig	Ungünstig
Tumorulzeration	–	+
Tumorirritation	–	+
Tumorgröße (Fläche, Erhabenheit)	klein	groß
Mitoserate der Tumorzellen	klein	groß
Tumorregression	–	+
Tumortyp	LMM, SSM	NM, ALM
Tumorlokalisation	Extremitäten, Kopf	Stamm
Familiarität	+	–
Geschlecht des Tumorträgers	+ (♀)	– (♂)

Läßt sich der Operationsdefekt nicht durch eine primäre Wundnaht oder eine lokale Lappenplastik versorgen, erfolgt der definitive Wundverschluß in einer weiteren Operationssitzung nach Wundgrundkonditionierung mit einem dikken Spalthauttransplantat oder einem Gittertransplantat (zur Technik vgl. 50, 52). Im Kopfbereich ist der lokalen oder regionalen Lappenplastik der Vorzug vor den Methoden der freien Hauttransplantation zu geben.

Bei besonderen Lokalisationen des malignen Melanoms, z.B. im Kopf-, Hand- und Fußbereich sowie in der ano-genitalen Region, wird die Größe des Exzisionsgebietes aufgrund der speziellen topographischen Gegebenheiten eingeschränkt (27, 70, 77). Bei Tumoren an den Endphalangen, auch bei subungualer Lokalisation sollte eine Amputation im Bereich des Grundgelenks vorgenommen werden. Bei Befall der proximalen Zehen- bzw. Fingeranteile ist die Amputation im Tarsometatarsal- bzw. Karpometakarpalgelenk indiziert. Bei interdigitalem Sitz ist das Absetzen beider benachbarter Phalangen über der Basis der Metakarpi bzw. Metatarsi nicht zu vermeiden (51, 70).

Besteht bei malignen Melanomen ein mittleres oder hohes Metastasierungsrisiko (Tumordicke > 0,75 mm), wird bei Bestätigung der Diagnose möglichst in einer Sitzung mit der Primärexzision des Tumors eine prophylaktische regionale radikale Lymphadenektomie angeschlossen (zur Technik vgl. 51, 53). Dabei sollte angestrebt werden, diese als En-bloc-Dissektion durchzuführen, da sie als Kontinuitätsdissektion neben der Exstirpation des Primärtumors und der regionalen Lymphknotengruppen auch die Mitentfernung eines breiten, zwischen beiden liegenden Haut-Subkutis-Streifens, der die den Primärtumor drainierenden Lymphbahnen enthält, mit einschließt (20, 26, 27, 68, 69, 82).
Ist der Primärtumor nicht in der Nähe der regionalen Lymphknotenstation lokalisiert, erfolgt die Lymphknotenausräumung diskontinuierlich. Ob generell durch eine kontinuierliche »En-bloc-Dissektion« die Überlebensrate verbessert werden kann, ist aber umstritten (61, 85).

Zur genaueren Bestimmung der individuell häufig variierenden Lymphabflußbahnen (vgl. 39), vor allem im Stamm-, Kopf-, Hals- und proximalen Extremitätenbereich, hat sich die Methode der Lymphabflußszintigraphie bewährt. Diese Methode erlaubt auch bei Lymphabflußrichtungen in mehrere Lymphstationen, die Anzahl der prophylaktischen Lymphknotendissektionen gezielt zu limitieren (2, 11, 12, 45, 48, 83, 84).

Beim Vorliegen eines »anbehandelten« Melanoms werten wir den Tumor bei nicht in toto erfolgter Exzision unabhängig von den primären klinischen und histologischen Kriterien als Melanom mit hohem Metastasierungsrisiko und therapieren entsprechend (47). Wurde das Melanom dagegen vollständig entfernt, komplettieren wir in einer 2. Operation den Eingriff im Sinne unseres therapeutischen Konzepts.
Erfolgt dieser in engem zeitlichem Zusammenhang mit der Primäroperation, ist ein negativer Einfluß auf die Krankheitsprognose nicht zu erwarten (22, 30, 51).

Von speziellem Interesse für den klinisch-operativ tätigen Dermatologen sind die inguinalen und axillären Lymphknotenstationen, die von ihm operativ therapiert werden. Bei Tumorlokalisation im Kopf-Hals-Bereich wird die chirurgische Behandlung der dortigen regionären Lymphknoten in der Regel durch die entsprechenden Fachvertreter der Kiefer-Gesichts-Chirurgie oder der Oto-Rhino-Laryngologie vorgenommen werden.

Zur radikalen Dissektion der axillären Lymphknoten verwenden wir die von *Gumport, Harris* et al. (29, 30, 31) umschriebene Operationstechnik, während wir zur Entfernung der inguinalen Lymphknoten die von *Tritsch* (68) angegebene Operationsmethode bevorzugen. Beide Verfahren werden bei entsprechender Tumorlokalisation als Kontinuitätsdissektionen häufig nicht unerheblich modifiziert, wobei aber stets die Radikalität der Lymphknotenentfernung erhalten bleiben muß (siehe auch Abbildungen 1a bis f und 2a und b).

Eigenes Krankengut

In der Zeit vom 1.1.1979 bis zum 31.12.1983 wurden an der Hautklinik der Städtischen Kliniken Kassel 878 Patienten mit einem histologisch gesicherten malignen Melanom operativ behandelt, davon waren 38,7% männlichen und 61,3% weiblichen Geschlechts.

Der Tumor war bei den Kranken in 13,8% im Kopf-Hals-Bereich, in 20,8% am Stamm, in 22,3% an den oberen sowie 37,4% an den unteren Extremitäten lokalisiert. Bevorzugte Lokalisationen des Melanoms bei Männern waren der Stamm (Verhältnis ≈ 1,5:1), bei den Frauen war das Verhältnis mit Bevorzugung der unteren Extremität (≈ 3:1) umgekehrt (Abbildung 3). Das Verteilungsmuster der vier häufigsten Melanomtypen (Abbildung 4), oberflächlich spreitendes Melanom (s.s.m.) 66,3%, noduläres Melanom (n.m.) 20,7%, Lentigo-maligna-Melanom (l.m.m.) 7,0% und akrolentiginöses Melanom (a.l.m.) 5,9%, entsprach weitgehend den Angaben der Literatur (s.u.a. 15, 46, 51), gleiches gilt für unsere Daten, die Eindringtiefen und die Tumordicken betreffend (Abbildungen 5 und 6). 28,1% unserer Melanome entsprachen den Level I und II, 29,8% dem Level III und 39% der Level IV und V nach *Clark*. 42,5% wiesen einen vertikalen Tumordurchmesser nach *Breslow* von < 0,75 mm, 23,9% einen solchen zwischen 0,75 und 1,5 mm sowie 29,5% von > 1,5 mm auf.

Abbildung 1. Primäres knotiges Melanom bei einem 42jährigen Mann, Tumordicke 3,3 mm, Level IV.
a) OP-Planung zur weiten lokalen Exzision und radikalen axillären Lymphknotendissektion im Sinne einer En-bloc-Dissektion;
b) Primärer Operationsdefekt;
c) Schnittführung der radikalen axillären Lymphknotendissektion – modifiziert nach *Gumport* und *Harris*;
d) Operationssitus nach radikaler axillärer Lymphknotendissektion;
e) Axilläres Dissektionspräparat;
f) Zustand nach Wundverschluß.

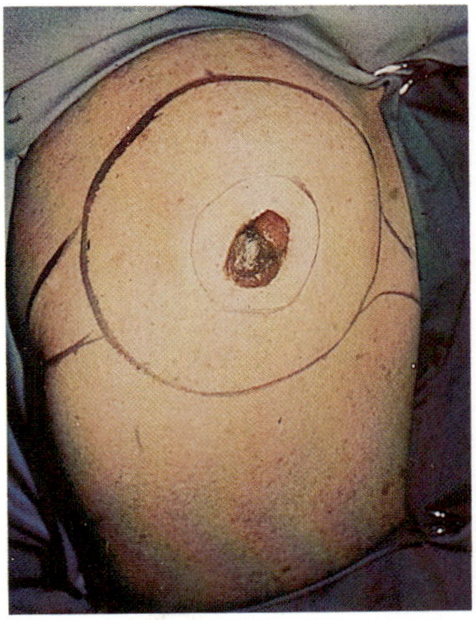
a

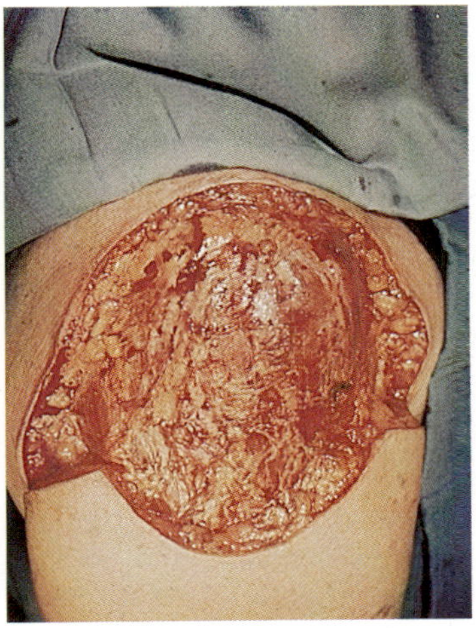
b

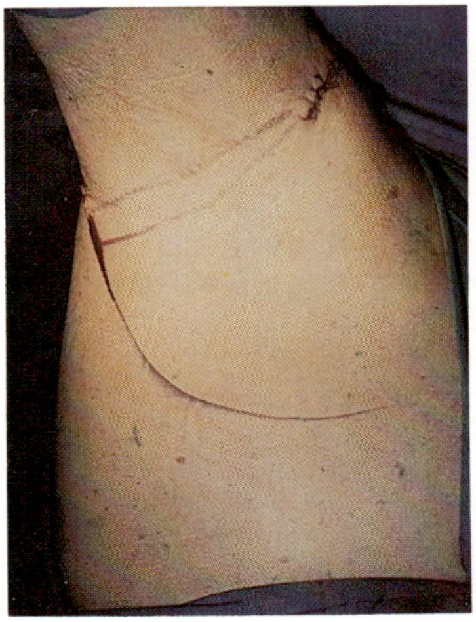
c

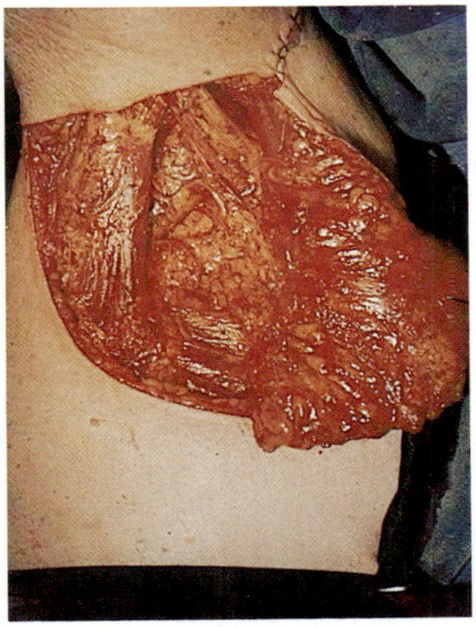
d

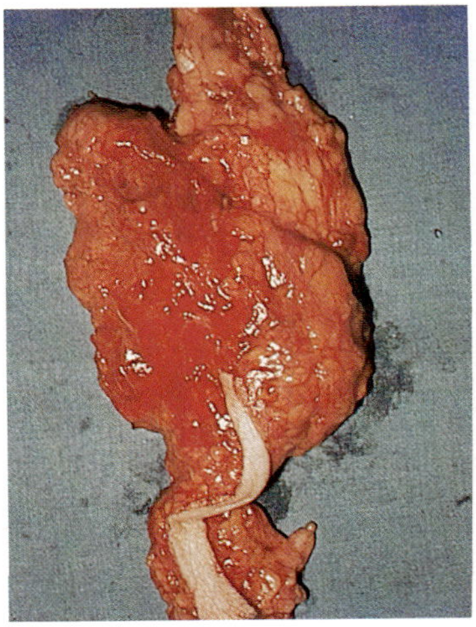
e

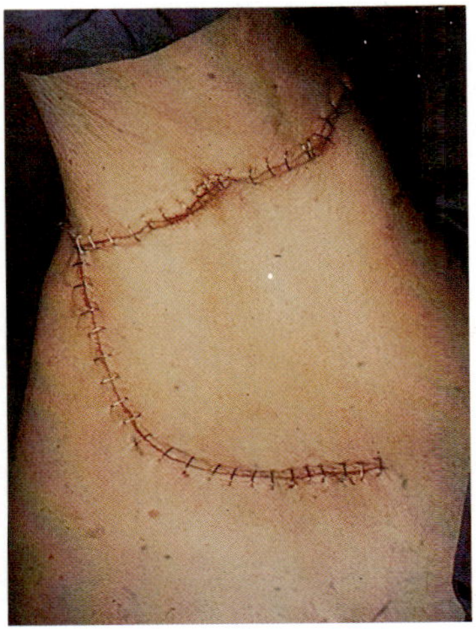
f

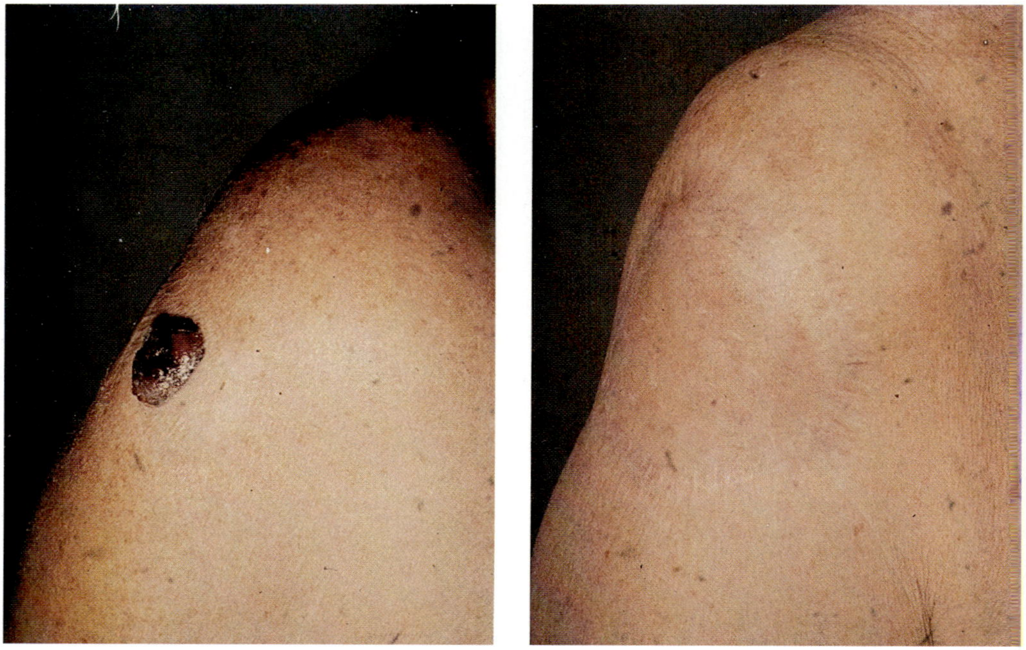

Abbildung 2. Prä- (a) und postoperativer (b) Befund drei Jahre nach Exzision des primären knotigen Melanoms im Schulter-Oberarm-Bereich und Deckung des primären Operationsdefekts nach Wundgrundkonditionierung mittels eines freien Hauttransplantates.

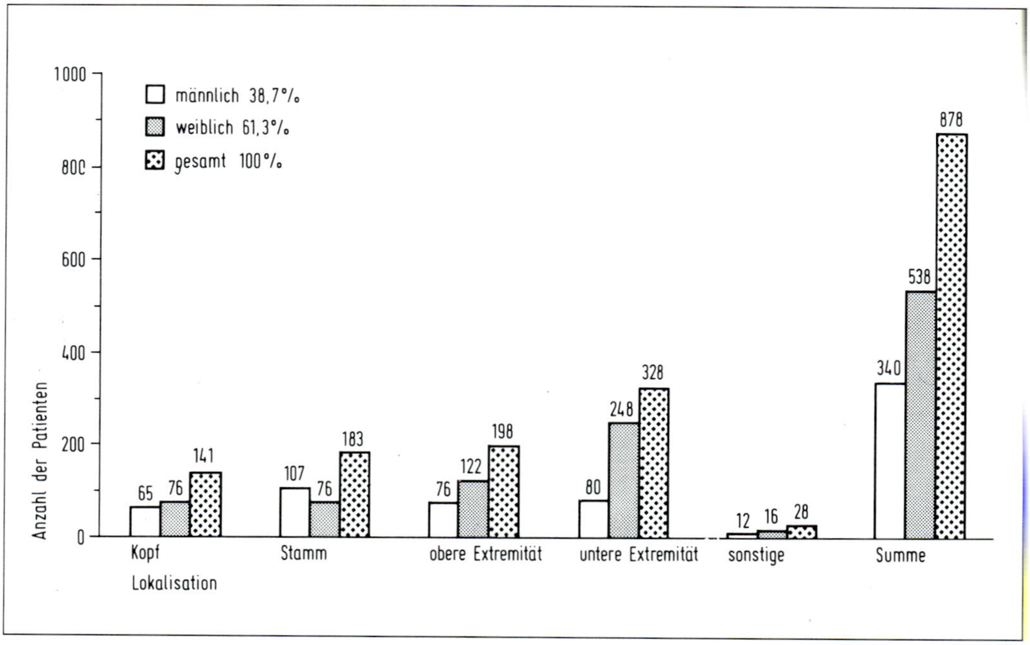

Abbildung 3. Summe aller Melanompatienten: 878.

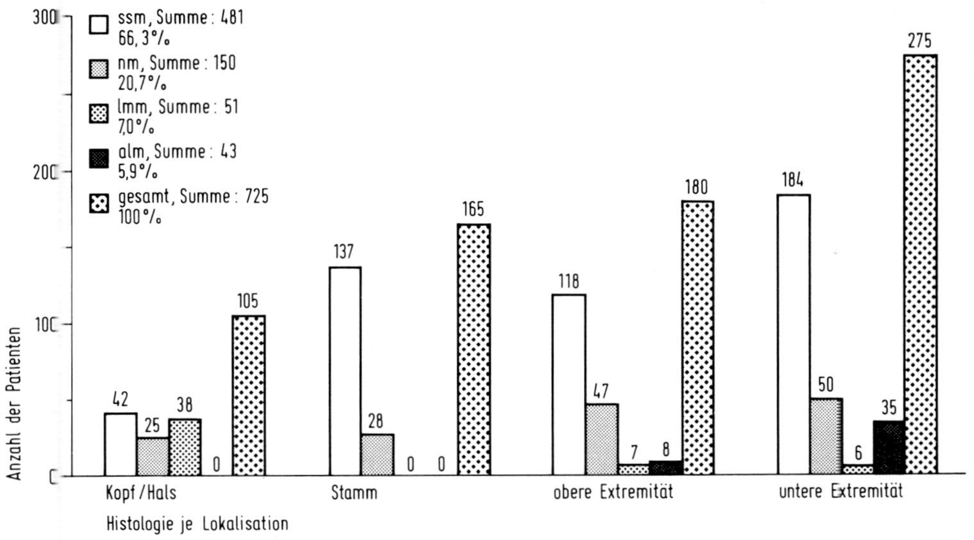

Abbildung 4. Verteilungsmuster der vier häufigsten Melanomtypen.

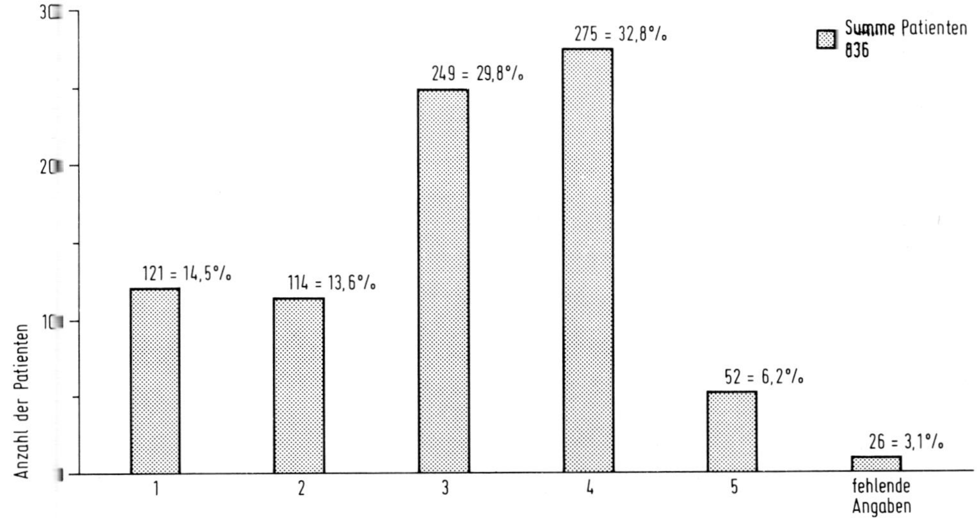

Abbildung 5. Invasionstiefe (Level).

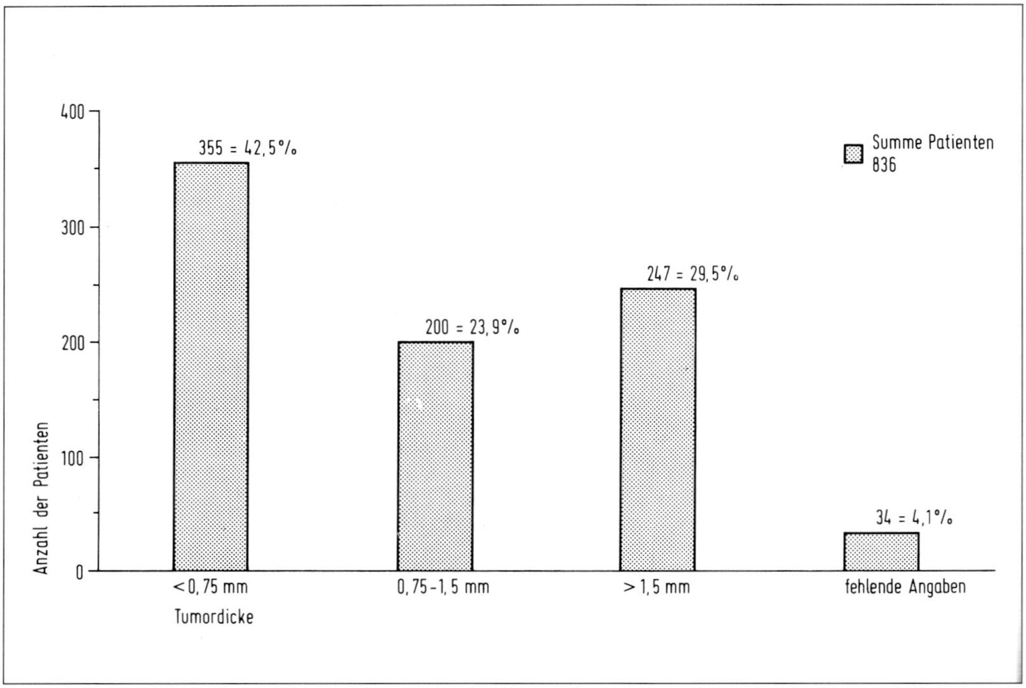

Abbildung 6. Tumordicke.

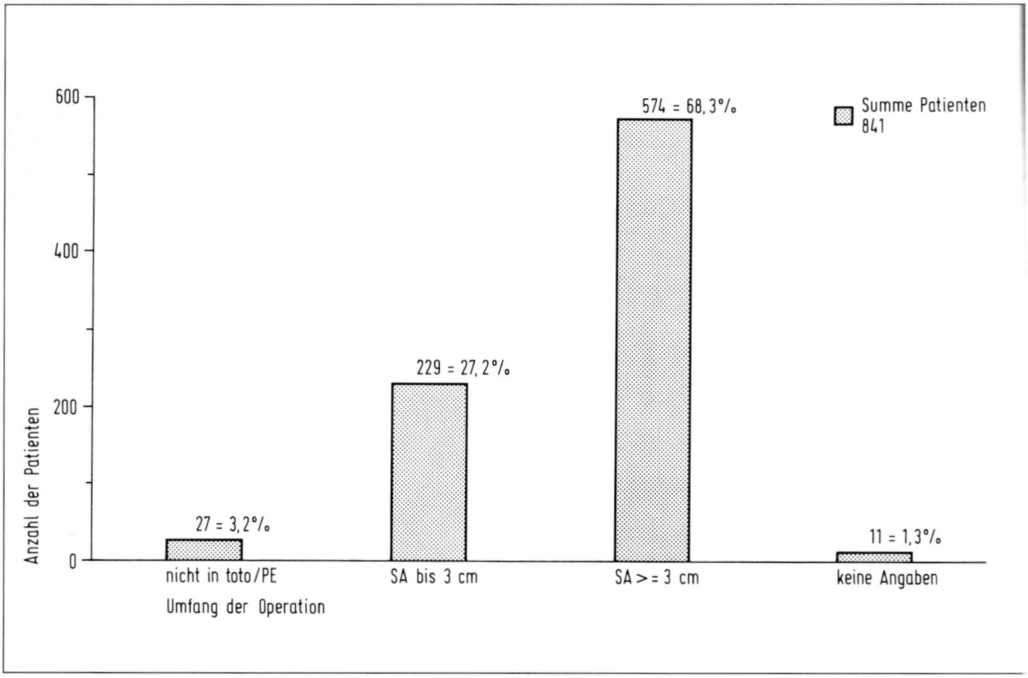

Abbildung 7. Umfang der 1. Operation.

Unserem operativen Konzept entsprechend erfolgte die Exzision des Primärtumors (Abbildung 7) in 68% der Fälle mit einem Sicherheitsabstand, der 3 cm und mehr von dem makroskopisch erkennbaren Tumorrand betrug (weite lokale Exzision = WLE). Bei 27% unserer Patienten, einer Zahl, die ungefähr dem Anteil der Level-I- und -II-Melanome in unserem Krankengut entsprach, lag der Sicherheitsabstand unter 3 cm. Bei den 3,2% primär nicht »in toto« exzidierten Melanomen handelt es sich um solche Tumoren, die außerhalb der Klinik erstoperiert und von uns in einer weiteren Sitzung dann definitiv sekundär versorgt wurden (vgl. Tabelle IV). Unter Zugrundelegung der prognostischen Faktoren des Malignen Melanoms führten wir bei 50,5% (Abbildungen 8 und 9) unserer Patienten neben der weiten lokalen Exzision eine prophylaktische regionale Lymphknotendissektion (WLE und RLD) durch (vgl. hierzu Abbildungen 5, 6 und 7).

Bei der Auswertung der Nachsorge-Erhebungen mußten wir bei 12,3% unserer Patienten (108 von 878) eine Metastasierung feststellen. Dabei war auffallend, daß 24% dieser Ereignisse bei den Melanomkranken mit geringem und mittlerem Metastasierungsrisiko (Tumordicke ≦ 1,5 mm) auftraten und daß mehr als die Hälfte der Metastasenträger männlichen Geschlechts waren. Als ein Ergebnis der von uns ab einer Tumordicke von 0,75 mm durchgeführten prophylaktischen regionären Lymphknotendissektion interpretieren wir auch die relativ geringe Anzahl von Lymphknotenmetastasierungen (44 von insgesamt 108), die wir bevorzugt während der ersten fünf Jahre der Nachbeobachtungszeit feststellen konnten (Abbildungen 10 und 11).

Die Überlebenskurven nach Kaplan-Meier zeigen eine Stabilisierung erst acht Jahre nach der Primärtherapie. Von dem Gesamtkrankengut überlebten 83%, wobei auch die High-risk-Melanome (Tumordicke ≧ 1,5 mm) mit 72% eine relativ günstige Prognose besaßen. Bei einer Differenzierung nach den beiden Geschlechtern zeigte sich die bekannt bessere Prognose für Melanome bei Frauen gegenüber dem männlichen Geschlecht. Nach acht Jahren lebten noch ca. 85% aller weiblichen und ca. 80% aller männlichen Melanompatienten. Bei den Melanomen mit hohem Metastasierungsrisiko betrug der Prozentsatz für das männliche Geschlecht 70% und für Frauen 75%. Interessant ist auch die von uns festgestellte insgesamt schlechte Prognose dünner Melanome (< 0,75 mm) bei Männern (Abbildungen 12, 13 und 14).

Diskussion

Vertikaler Tumordurchmesser und Invasionstiefe (Level nach *Clark*) des Malignen Melanoms sind die wichtigsten Kriterien für die Festlegung der Exzisionsgröße bei der operativen Therapie des Primärtumors (8, 9, 15). Untersuchungen der letzten Jahre belegen, daß durch die entsprechend differenziert angelegten Sicherheitsabstände vom makroskopisch sichtbaren Tu-

Tabelle IV Operative Therapie.

Vertikale Tumordicke, mm (Level n. *Clark*)	Sicherheitsabstände			Reg. elektive Lymphadenektomie
	1 cm	3 cm	3–5 cm	
< 0,75, Level I	+	–	–	–
0,75, Level II	–	+	–	–
0,75–1,5, Level III	–	–	+	+
> 1,5, Level III	–	–	+	+
Falsche Erstbehandlung (Exzision inkomplett)	–	–	+	+

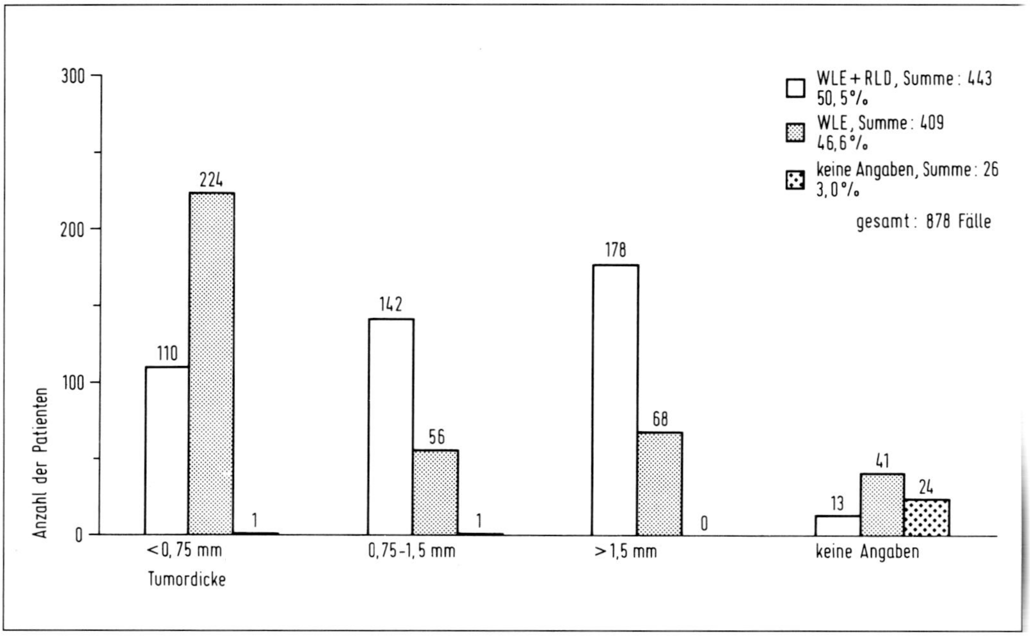

Abbildung 8. Dicke des Tumors.

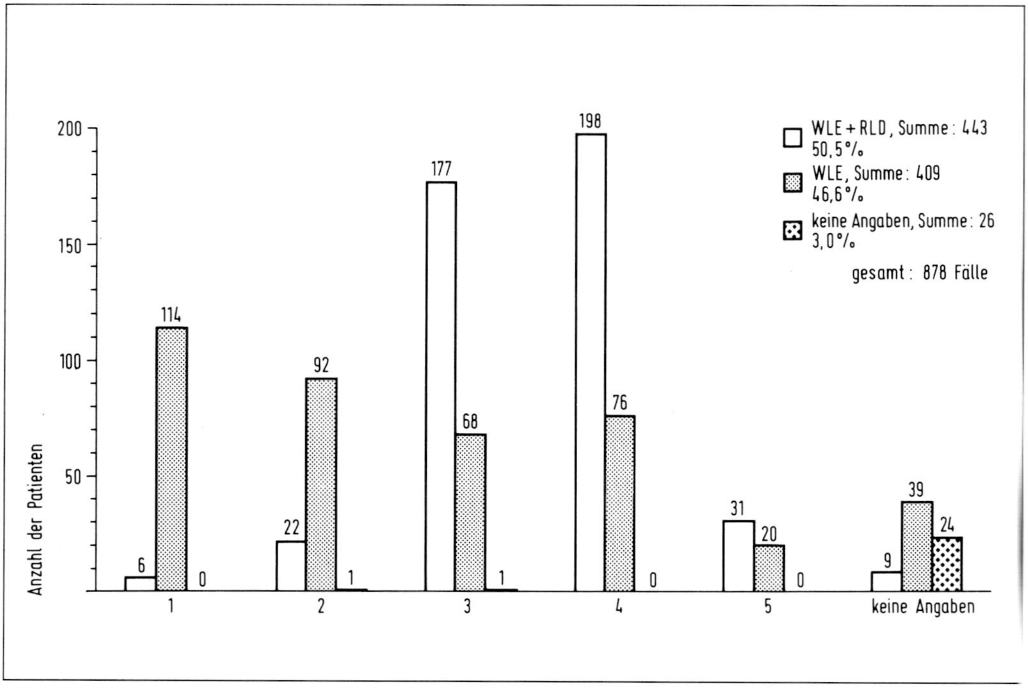

Abbildung 9. Level.

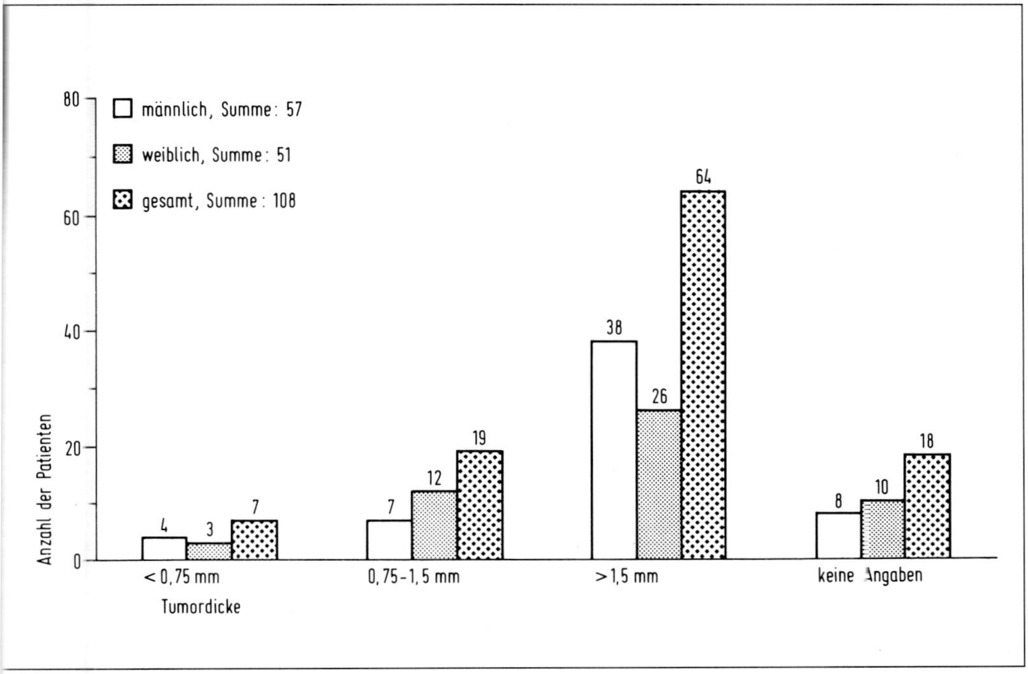

Abbildung 10. Metastasierungen.

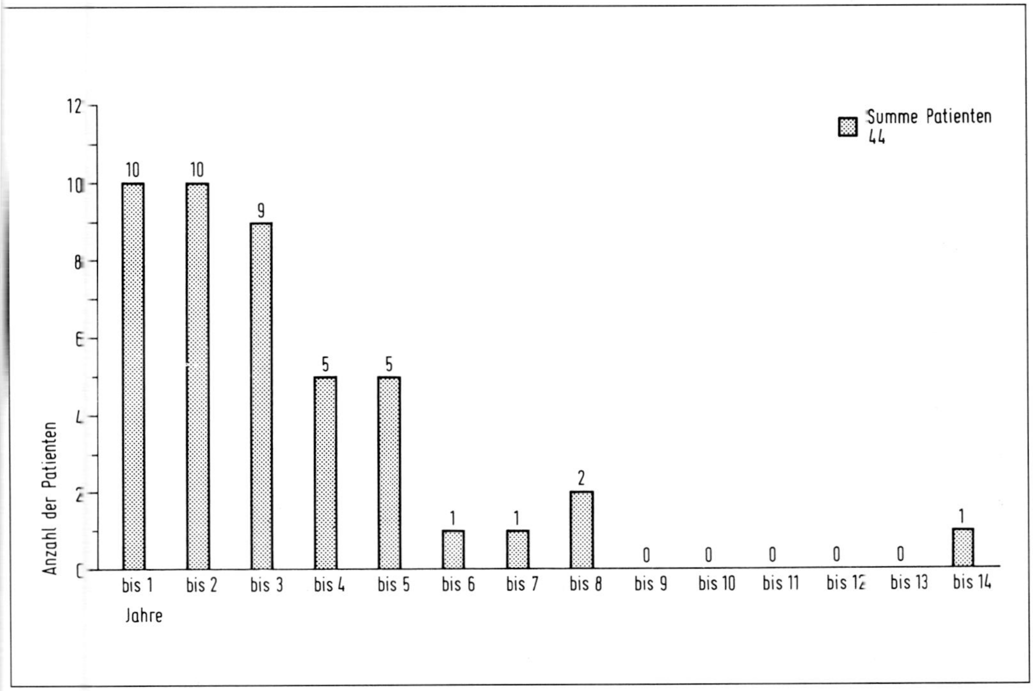

Abbildung 11. Lymphknoten-Metastasierungen.

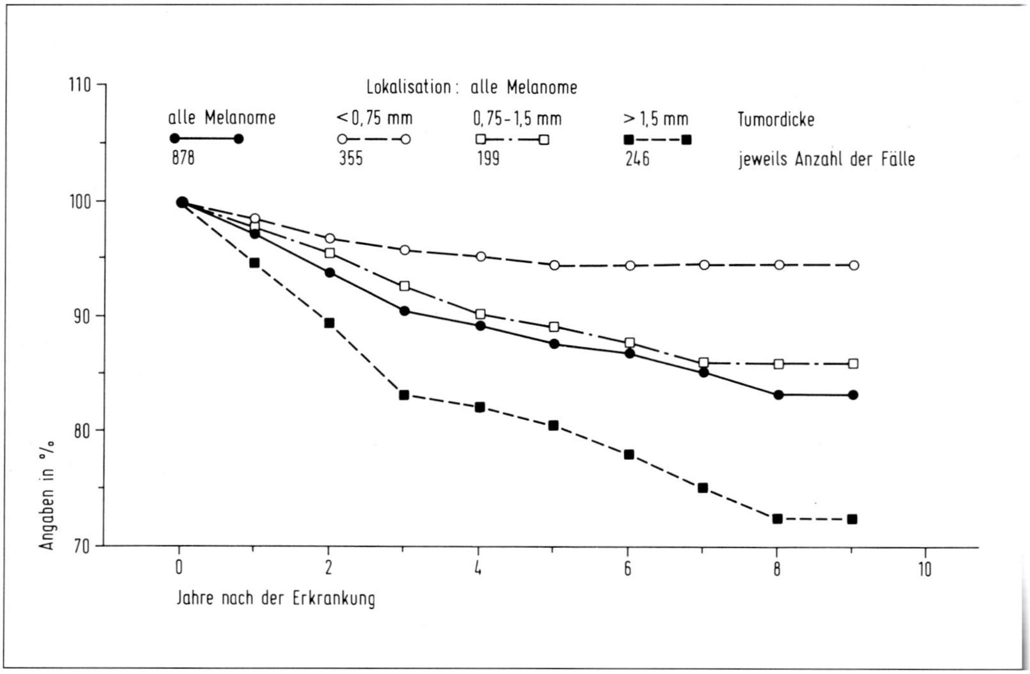

Abbildung 12. Kaplan-Meier-Überlebenskurve.

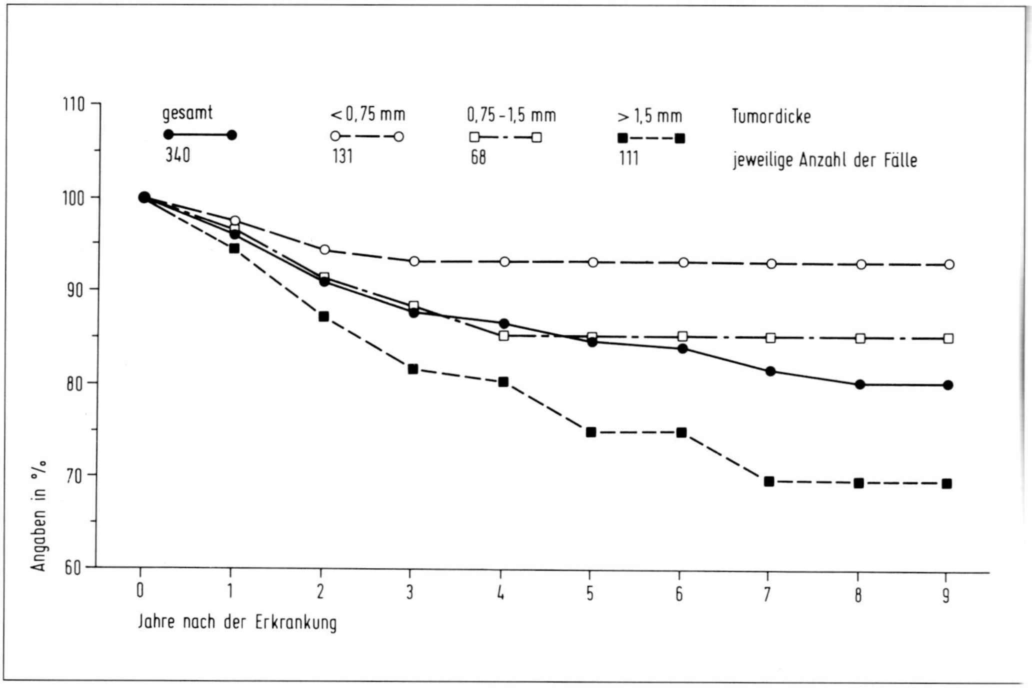

Abbildung 13. Alle männlichen Patienten der Melanomstudie.

morrand die Inzidenz sogenannter Lokalrezidive und Satellitenmetastasen entscheidend reduziert werden konnte (13, 23), eine Feststellung, die auch von uns bestätigt werden konnte. Eventuell bereits vorhandene Mikrometastasen in der unmittelbaren Tumorumgebung werden durch dieses Verfahren prophylaktisch bereits mitentfernt.

Da das intraepidermale (Level I) Melanom als nicht metastasierungsfähig angesehen wird, jedoch lokal rezidivieren kann, muß auch dieser Tumor in toto exzidiert sein, wenn die kurative Therapie als abgeschlossen gelten soll. Wir erachten für diesen Tumortyp 1 cm als minimalen Sicherheitsabstand für ausreichend. Melanome, die bereits Anschluß an das papilläre Blut- und Lymphgefäßnetz gefunden haben (Level II und höher), müssen dagegen mit größerer Sicherheitszone exzidiert werden, das heißt, bis 0,75 mm Durchmesser mit 3 cm und bei Tumordicke > 0,75 mm mit 3 bis 5 cm Abstand.

Durch diese differenzierte Operationsplanung gelingt es, die Anzahl der Lokalrezidive und Satellitosen, die bei über 4 mm dicken Melanomen in 10 bis 20% der Fälle auftreten, wesentlich zu senken. Da wiederum Lentigo-maligna-Melanome (l.m.m) ein geringeres Rezidivrisiko beinhalten als die anderen Melanomtypen, werden allgemein auch geringere Sicherheitsabstände (ca. 1 cm) bei sämtlichen Dicken dieses Tumors akzeptiert. Da das l.m.m. vorzugsweise im Gesicht lokalisiert ist, sind aufgrund der topographischen Verhältnisse Sicherheitsabstände, die größer als 1 cm sind, problematisch und häufig auch nicht realisierbar.
Akral lokalisierte Melanome nehmen aufgrund ihrer Lokalisation therapeutisch ebenfalls eine Sonderstellung ein. Sie müssen möglichst weit, aber unter Beachtung der bestehenden anatomischen Gegebenheiten exzidiert werden.
Ebenso wie für die Wahl der Exzisionsbreite des Primärtumors sind Tumordicke und Invasionslevel wesentliche Parameter für die Indikations-

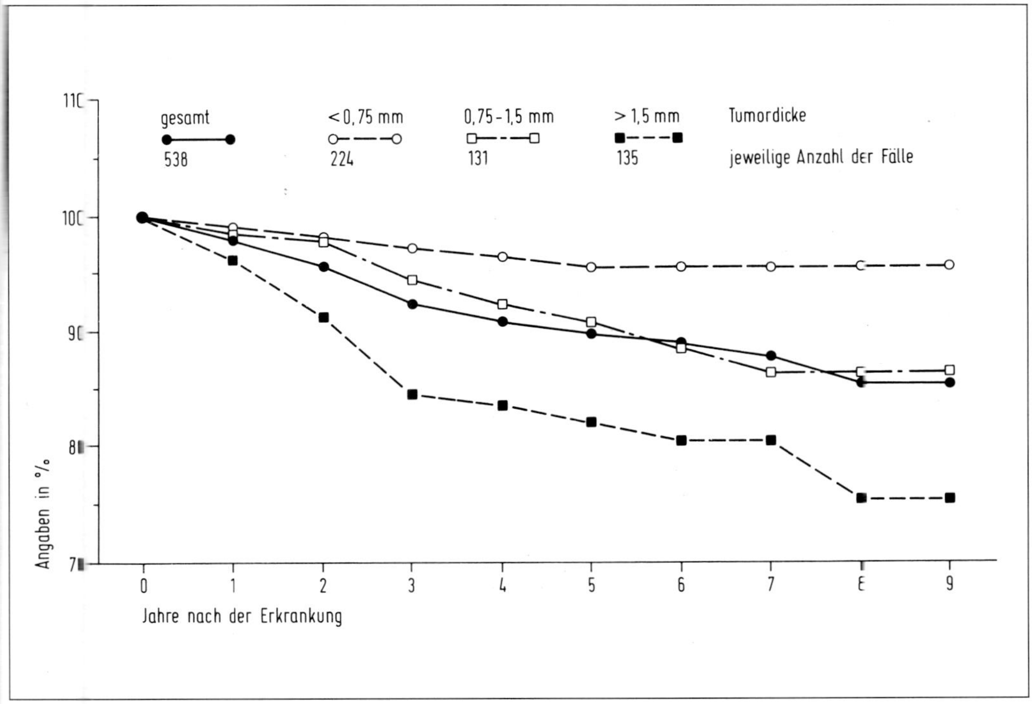

Abbildung 14. Alle weiblichen Patientinnen der Melanomstudie.

stellung zur radikalen elektiven, regionalen Lymphadenektomie. Bekannt ist, daß regionäre Lymphknotenstationen die häufigste Primärlokalisation metastatischer Absiedelungen eines malignen Melanoms sind (80, 81).

Darüber hinaus stellt die operative Therapie manifester Lymphknotenmetastasen (Stadium-2b-Melanome) allgemein anerkannt die einzige Möglichkeit dar, ein Fortschreiten der Tumorkrankheit einzudämmen (vgl. u.a. 3, 23, 65, 66). Da die 10-Jahres-Überlebensrate bei der therapeutischen Lymphknotendissektion wiederum mit ca. 25% äußerst ungünstig ist und die Beobachtung vorliegt, daß die Überlebensraten nach Dissektionen der regionalen Lymphknoten bei klinisch negativem und histologisch positivem Lymphknotenbefund (klinisches Stadium 1 *und* pathologisches Stadium 2) vergleichsweise besser sind als bei klinisch und histologisch positivem Befund (klinisches *und* pathologisches Stadium 2), befürworten wir die elektive prophylaktische regionale Lymphknotendissektion aufgrund unserer Erfahrungen ab einer Tumordicke von 0,75 mm und Invasionsstadium > Level II. Hinzu kommt, daß in prophylaktisch disseziierten Lymphknoten in einem relativ hohen Prozentsatz, abhängig von Invasionstiefe und Tumordicke, okkulte Metastasen (Mikrometastasen) nachgewiesen werden können (16, 17, 28, 29, 33, 42, 51, 66, 77, 78, 79, 81). In diesen Fällen entspräche es nicht den Regeln der Tumorchirurgie, die Lymphadenektomie solange hinauszuzögern bis sich aus Mikrometastasen klinisch manifeste Makrometastasen entwickelt haben. Auch die Tatsache, daß wir bei unseren insgesamt 887 operativ behandelten Melanompatienten lediglich bei 5,6% eine lymphogene Metastasierung feststellen mußten, unterstreicht diese Feststellung.

Die von uns verwendeten Operationstechniken zur radikalen regionären Lymphadenektomie im axillären und inguinalen Bereich vermeiden die von Gegnern der elektiven Lymphadenektomie hervorgehobenen Operationsrisiken, wie Sekundärheilung, Lymphödem und generelle Morbiditätsverschlechterung weitgehend. Treten diese trotzdem auf, sind sie vor dem Hintergrund einer Prognoseverbesserung für Tumorkranke durchaus akzeptabel (4, 17, 18, 71). Darüber hinaus kann durch die moderne Methode der Lymphabflußszintigraphie neben der Identifizierung der entsprechenden regionalen Lymphknotenstationen auch das gesamte Lymphabflußgebiet zuverlässig dediktiert werden und so eine individuell angepaßte und lymphabstromgerechte Kontinuitätsdissektion mit exakter Entfernung der ableitenden Lymphbahnen des Tumorgebietes einschließlich der Lymphknotenstationen selbst, verbunden mit der Beseitigung eventuell bereits vorhandener Transitmetastasen, sichergestellt werden. Auch eine von uns bereits früher durchgeführte retrospektive Studie bei einem kleineren Krankengut von Patienten mit einem invasiven malignen Melanom des klinischen Stadiums I belegt den therapeutischen Wert der prophylaktischen radikalen regionalen Lymphknotendissektion (33). Auch unter Berücksichtigung der Untersuchungsergebnisse anderer Zentren, insbesondere von *Balch* et al., wäre demnach abzuleiten, daß zumindest bei Melanomträgern mit Tumoren mittlerer Tumordicke die radikale elektive Lymphadenektomie zu einer Prognoseverbesserung beitragen kann (vgl. u.a. 3, 4, 17, 25, 44, 54). Gegen diese Aussage können zwar die umstrittenen Melanomstudien der WHO (72, 73, 74, 76) und der MAYO-Klinik (62) angeführt werden, wobei aber festzustellen ist, daß besonders bei multizentrischen Studien der Begriff »radikale Lymphadenektomie« dadurch relativiert wird, daß trotz weitgehend standardisierter Operationsmethoden bei den einzelnen Operateuren radikal nicht immer auch *gleich* radikal zu setzen ist.
Bis die Ergebnisse von zur Zeit noch nicht abgeschlossenen Studien vorliegen, die neue Daten über die Bedeutung der elektiven radikalen Lymphadenektomie bei bestimmten Gruppen von Melanompatienten erbringen werden, sind wir der Überzeugung, daß bei Melanomen mit mittlerem und hohem Metastasierungsrisiko (Tumordicke > 0,75 mm) zur Prognoseverbesserung die prophylaktische Lymphadenektomie der lokalen Exzision des Primärtumors umgehend angeschlossen werden sollte. Ob dieses

therapeutische Vorgehen auch für Tumoren mit einer Dicke oberhalb 4,0 mm prognostische Vorteile erbringt, bei denen bereits vermehrt Fernmetastasen zu vermuten sind, ist unsicher (13, 32, 40).

Literatur

1 Ackermann AB, Schneider AM (1983) How wide and deep is wide and deep enough? Human Pathol 14: 743–744

2 Altmeyer P, Munz D, Steinhoff W, Hör G, Holzmann H (1981) Szintigraphische Identifizierung der Lymphdrainage maligner Rumpfmelanome. Act Dermatol 7: 127–130

3 Balch CM (1980) Surgical management of regional lymph nodes in cutaneous melanoma. J Am Acad Dermatol 3: 511-524

4 Balch CM, Casinelli N, Milton GW, Sim FH (1988) Elektive Lymphknotendissektion: Pro und Kontra. In: Balch CM, Milton GW, Shaw HM, Soong S-J (eds) Hautmelanome. Springer, Berlin Heidelberg, pp 132–155

5 Balch CM, Soong S-J, Shaw HM, Milton GW (1988) Analyse der Prognosefaktoren bei 4000 Patienten mit malignem Melanom der Haut. In: Balch CM, Milton GW, Shaw HM, Soong S-J (eds) Hautmelanome. Springer, Berlin Heidelberg New York Tokyo, pp 306–327

6 Berteny C (1981) Zur Technik der lokalen Exzision. In: Weidner F, Tonak J (eds) Das maligne Melanom der Haut. Perimed, Erlangen, pp 115–118

7 Braun-Falco O, Konz B (1980) Intraoperative Kryostat-Schnellschnittdiagnostik bei Verdacht auf Malignes Melanom. Münch Med Wschr 122: 193–196

8 Breslow A (1975) Tumor thickness, level of invasion and node dissection in stage I cutaneous melanoma. Ann Surg 182: 572–575

9 Breslow A, Cascinelli N, van den Esch EP, Morabito A (1978) Stage I melanoma of the limb: Assessment of prognosis by levels of invasion and maximum thickness. Tumori 64: 273–284

10 Breslow A, Macht SD (1977) Optimal size of resection margin for thin cutaneous melanoma. Surgery Gynecol Obstet 145: 691–692

11 Buchali K, Blesin HJ, Schürer M, Winter H (1986) Lymphabstromszintigraphie in der präoperativen Diagnostik bei malignem Melanom. Nuc Compact 17: 120–122

12 Buchali K, Winter H, Blesin HJ, Schürer M, Sydow K (1985) Scintigraphy of lymphatic vessels in malignant melanoma of the skin before operation (en bloc excision). Eur Nucl Med 11: 88–89

13 Cascinelli N, Balzarini GP, Fontana V, Morabito A, Orefice S (1976) Long term results of surgical treatment of melanoma of the limbs. Tumori 62: 233–242

14 Cascinelli N, Preda F, Vaglini M, Orefice S, Bufalino R, Morabito A, Nava M, Santinami M (1983) Metastatic spread of stage I melanoma of the skin. Tumori 69: 449

15 Clark WH jr, Fromm L, Bernardino EA, Mihm MC jr (1969) The histogenesis and biologic behavior of primary human malignant melanomas of the skin. Cancer Res 29: 705–727

16 Cohen MH, Ketchman AS, Felix EL (1977) Prognostic factors in patients undergoing lymphadenectomy for malignant melanoma. Ann Surg 186: 635–642

17 Das Gupta T (1977) Results of treatment of 269 patients with primary cutaneous melanoma. A five year prospective study. Ann Surg 186: 201–209

18 Das Gupta T, McNeer G (1964) The incidence of metastasis to accessible lymph nodes from melanoma of the trunk and extremities – its therapeutic significance. Cancer 17: 897–911

19 Day CL jr, Mihm MC jr, Sober AJ, Fitzpatrick TB, Malt RA (1982) Narrower margins for clinical stage I malignant melanoma. N Engl J Med 306: 479–482

20 Drepper H (1977) Chirurgische Behandlung von Melanomen. In: Konz B, Burg G (eds) Dermatochirurgie in Klinik und Praxis. Springer, Berlin Heidelberg New York

21 Eichmann A (1988) Primärtherapie der malignen Melanome. Schweiz Rundschau Med (Prax) 77: 460–462

22 Eldh J (1979) Excisional biopsy and delayed wide excision versus primary wide excision of malignant melanoma. Scand J Plast Reconstr Surg 13: 341–345

23 Encke A, Steinau U (1982) Prophylaktische und therapeutische Lymphadenektomie beim malignen Melanom der Haut. In: Encke A, Jungbluth KH, Röher HD, Trede U (eds) Aktuelle chirurgische Onkologie. Springer, Berlin Heidelberg New York

24 Epstein E (1971) Effect of biopsy on the prognosis of melanoma. J Surg Oncol 3: 251

25 Fortner JG, Maclean BJ, Rosen PP (1981) Die prophylaktische Lymphknotendissektion. In: Weidner F, Tonak J (eds) Das maligne Melanom der Haut. Perimed, Erlangen, pp 125–132
26 Fortner JG, Schottenfeld D, Maclean BJ (1975) En bloc resection of primary melanoma with regional lymph node dissection. Arch Surg 110: 674–676
27 Gall FP, Tonak J (1981) Die chirurgische Therapie des malignen Melanoms. In: Weidner F, Tonak J (eds) Das maligne Melanom der Haut. Perimed, Erlangen, pp 103–113
28 Goldsmith HS (1979) The debate over immediate lymph node dissection for melanoma. Ann Surg 179: 105–108
29 Gumport SL, Harris MN (1974) Results of regional lymph node dissection of melanoma. Ann Surg 1790: 105–108
30 Gumport SL, Meyer HW (1959) Treatment of 126 cases of malignant melanoma. Long term results. Ann Surg 150: 989–992
31 Harris MN, Gumport SL, Maiwandi H (1972) Axillary lymph node dissection for melanoma. Surgery Gynecol Obstet 135: 936–940
32 Hotz G (1980) Die prophylaktische Lymphadenektomie beim malignen Melanom der Haut in Abhängigkeit von der Tumordicke. Inaug. Dissertation Freiburg i. Br.
33 Hotz G, Hagedorn M, Petres J, Wiebelt H (1986) Zur prophylaktischen Lymphadenektomie bei cutanen malignen Melanomen: Eine Merkmalsdoppelgängeruntersuchung. Hautarzt: 37: 554–559
34 Illig L (1983) Therapie der malignen Melanome der Haut. Diagnostik 16: 31–36
35 Illig L (1985) Moderne Mehrstufentherapie des malignen Melanoms der Haut. Med Welt 36: 1024–1080
36 Kenady DE, Brown BW, McBride CM (1982) Excision of underlying fascia with a primary malignant melanoma: Effect on recurrence and survival rates. Surgery 92: 615–618
37 Kerl H (1976) Zur Diagnose und Therapie des malignen Melanoms der Haut. Wien Klin Wschr 88: 369–379
38 Konz B (1981) Operative Behandlung maligner Melanome. Münch Med Wschr 123: 1918–1922
39 Kubik St (1981) Chirurgische Anatomie des Lymphsystems. In: Lymphologische Probleme in der Chirurgie. EBM, München
40 Lejeune FJ (1981) Der Wert der prophylaktischen Lymphknotendissektion. In: Weidner F, Tonak J (eds) Das maligne Melanom der Haut. Perimed, Erlangen, pp 133–136
41 Little JH, Davis NC (1974) Frozen section diagnosis of suspected malignant melanoma of the skin. Cancer 34: 1163
42 McCarthy JG, Haagensen CD, Herter FP (1974) The role of groin dissection in the management of melanoma of the lower extremity. Ann Surg 179: 156–159
43 McGovern VJ (1979) The classification of melanoma and its relationship with prognosis. Pathology 2: 85–89
44 McNeer G, Das Gupta T (1964) Prognosis in malignant melanoma. Surgery 56: 512–518
45 Meyer CM, Lecklitner ML, Balch ChM, Bessey PO, Tauxe WN (1979) Technetium-99-m-colloid cutaneous lymphoscintigraphy in the management of truncal melanoma. Radiology 131: 205–209
46 Mihm MC, Clark WH, From L (1971) The clinical diagnosis, classification and histogenetic concepts of the early stages of cutaneous malignant melanoma. N Engl J Med 284: 1078–1082
47 Müller RPA, Petres J (1985) Therapiekonzept beim »anbehandelten primären Melanom der Haut«. In: Fehlbildungen, Nävi, Melanome; Fortschr Operat Dermatol Bd 2. Springer, Berlin Heidelberg New York Tokyo, pp 240–253
48 Munz D, Altmeyer P, Hör G, Holzmann H, Chill G (1984) Identifizierung der Lymphdrainage durch Lymphoszintigraphie. In: Petres J, Kunze J, Müller RPA (eds) Onkologie der Haut. Grosse, Berlin, pp 119–123
49 Olsen G (1964) Removal of fascia – cause of more frequent metastases of malignant melanomas of the skin to regional lymph nodes. Cancer 17: 1159–
50 Petres J, Hundeiker M (1978) Dermatosurgery. Springer, New York Heidelberg Berlin
51 Petres J, Müller RPA (1984) Maligne Melanome. Operative Therapie. In: Petres J, Kunze J, Müller RPA (eds) Onkologie der Haut. Grosse, Berlin, pp 124–140
52 Petres J, Müller RPA (1985) Passagere Defektdeckung in der Tumorchirurgie der Haut. Z Hautkrh 60: 185–196
53 Petres J, Müller RPA (1987) Strategie der operativen Therapie des malignen Melanoms. In: Petres J (ed) Aktuelle Behandlungsverfahren; Fortschr Oper Dermatol Bd 3. Springer, Berlin Heidelberg New York, pp 119–133

54 Reintgen DS, Cox EB, McCarthy KS jr, Vollmer RT, Steigler HF (1983) Efficacy of elective lymph node dissection in patients with intermediate thickness primary melanoma. Ann Surg 198: 379–385
55 Roses DF (1982) Proper biopsy of a lesion suspected of being a malignant melanoma. Am J Dermatopathol 4: 475–476
56 Roses DF, Ackermann AB, Harris MN, Weinhouse GR, Gumport SL (1979) Assessment of biopsy techniques and histopathologic interpretations of primary cutaneous malignant melanoma. Ann Surg 189: 294
57 Roses DF, Harris MN, Ackermann AB (1983) Diagnosis and management of cutaneous malignant melanoma. MPCS, vol 27. Saunders WB, Philadelphia London Toronto
58 Roses FD, Harris MN, Gumport SL (1981) Surgical management for malignant melanoma of the trunk. Arch Surg 116: 315–317
59 Schmoeckel C, Bockelbrink A, Bockelbrink H, Braun-Falco O (1983) Low- and high-risk malignant melanoma. III. Prognostic significance of the resection margin. Eur J Cancer Clin Oncol 19: 245–249
60 Schmöckel D, Braun-Falco O (1978) Prognostic index in malignant melanoma. Arch Dermatol 144: 871–873
61 Shah JP, Goldsmith HS (1970) Incontinuity versus discontinuous lymph node dissection for malignant melanoma. Cancer 26: 610–614
62 Sim FH, Taylor WF, Ivins JC, Prichard DJ, Soule EH (1978) A prospective randomized study of the efficacy of routine elective lymphadenectomy in management of malignant melanoma. Cancer 26: 610–614
63 Sober AJ, Fitzpatrick ThB, Mihm MC (1980) Primary melanoma of the skin: Recognition and management. Am Acad Dermatol 2: 179–197
64 Steigleder GK, Plümmer F (1980) Kryostat – Schnellschnittuntersuchung (KSU) am malignen Melanom. Z Hautkrh 55: 702–708
65 Tonak J, Gall FP, Hermanek P (1983) Die chirurgische Therapie von Lymphknotenmetastasen: Hals, Axilla, Leiste. Chirurg 54: 561–586
66 Tonak J, Hermanek P, Hornstein OP, Weidner F (1976) Therapie des malignen Melanoms der klinischen Stadien I und II, Ergebnisse bei 195 Patienten. Dt Med Wschr 191: 435–440
67 Tonak J, Weidner F, Hofrichter S, Altendorf A (1981) Erlanger Therapieschema. Grundlagen, Ergebnisse und Behandlung von Rezidiven. In: Weidner F, Tonak J (eds) Das maligne Melanom der Haut. Perimed, Erlangen
68 Tritsch H (1976) Hautschnittführung zur Ektomie der Leistenlymphknoten. Hautarzt 29: 531–535
69 Tritsch H (1985) Die prophylaktische Lymphknotenentfernung beim Melanom. In: Fehlbildungen, Nävi, Melanome; Fortschr Operat Dermatol Bd 2. Springer, Berlin Heidelberg New York Tokyo, pp 254–257
70 Urist MM, Balch CM, Milton GW (1988) Chirurgische Behandlung des primären Melanoms. In: Balch CM, Milton GW, Shaw HM Soong S-J (eds) Hautmelanome. Springer, Berlin Heidelberg, pp 74–91
71 Urist MM, Maddox WA, Kennedy JE, Balch CM (1983) Patient risk factors and surgical morbidity after regional lymphadenectomy in 204 melanoma patients. Cancer 51: 2152–2156
72 Veronesi U, Adamus J, Bandiera DC, Brennhovd JV, Caceres E, Cascinelli N, Claudiv F, Ikonopisov RL, Javorski V, Kirov S, Kulakowski A, Lacour J, Lejeune F, Mechl Z, Morabito A, Rodé J, Segeev S, van Slooten E, Szczygiel K, Trapeznikov NN, Wagner RJ (1977) Inefficacy of immediate node dissection in stage I melanoma of the limbs. N Engl J Med 297: 627–630
73 Veronesi U, Adamus J, Bandiera DC, Brennhovd JV, Caceres E, Cascinelli N, Claudiv F, Ikonopisov RL, Javourski VV, Kirov S, Kulakowski A, Lacour J, Lejeune F, Mechl Z, Morabito A, Rodé J, Sergeev S, van Slooten E, Szczygiel K, Trapeznikov NN, Wagner RJ (1980) Stage I melanoma of the limbs. Immediate versus delayed node dissection. Tumori 66: 373–396
74 Veronesi U, Adamus J, Bandiera DC, Brennhovd IO, Caceres E, Cascinelli N, Claudio F, Ikonopisov RL, Javorskj VV, Kirov S, Kulakowski A, Lacour J, Lejeune F, Mechl Z, Morabito A, Rodé I, Sergeev S, van Slooten E, Szczygiel K, Trapeznikov NN, Wagner RJ (1982) Delayed regional lymph node dissection in stage I melanoma of the skin of the lower extremities. Cancer 49: 2420–2430
75 Veronesi M, Cascinelli N (1985) Margins of resection of malignant melanomas that are less than the hitherto conventional »wide and deep« margins are not advisible as yet. Am J Dermatopathol 7: 123–126
76 Veronesi U, Cascinelli N, Orefice S, Vaglini MM (1977) Surgical treatment of malignant melanoma of the skin. In: Symp Rec Adv Diag Treat Malignant Melanoma, pp 28–38

77 Wanebo HJ, Fortner JG, Woodruft J, Maclean B, Binkowski E (1975) Selection of the optimum surgical treatment of stage I melanoma by depth of microinvasion: Use of the combined microstage technique (Clark-Breslow). Ann Surg 182: 302–313
78 Wanebo HJ, Woodbruff J, Fortner IG (1975) Malignant melanoma of the extremities: a clinicopathologic study using levels of invasion (microstage). Cancer 35: 666–676
79 Weidner F (1979) Comparative histological studies of regional lymph nodes of 201 melanoma patients. Arch Dermatol Res 266: 161–175
80 Weidner F, Altendorf A, Neumüller G (1981) Metastasierungsmuster. In: Weidner F, Tonak J (eds) Das maligne Melanom der Haut. Perimed, Erlangen, pp 75–86
81 Weidner F, Hornstein OP, Hermanek P, Wurtz G (1976) Early metastases in regional lymphnodes and prognosis of malignant melanoma. Arch Dermatol Res 256: 167–177
82 Winter H, Lehnert W (1981) Die operative Behandlung maligner Melanome der Haut. Dt Gesundh-Wesen 36: 1843–1853
83 Winter H, Lehnert W (1986) Kontinuitätsdissektion beim malignen Melanom – operationstechnische Möglichkeiten. In: Wozniak KD, Lübbe D (eds) Malignes Melanom. Wissenschaftliche Beiträge. Martin Luther-Universität Halle, Bd 4, pp 23–25
84 Winter H, Sönnichsen N, Buchali K, Blesin H-J (1988) Die Bedeutung der Lymphabstromszintigraphie für die Melanomchirurgie. In: Haneke E (ed) Gegenwärtiger Stand der operativen Dermatologie. Springer, Berlin Heidelberg New York, pp 150–164
85 Winter H, Sönnichsen N, Lehnert W (1985) Kontinuitätsdissektion beim malignen Melanom. In: Fehlbildungen, Nävi, Melanome; Fortschr Operat Dermatol Bd 2. Springer, Berlin Heidelberg New York Tokyo, pp 258–267

Für die Verfasser:
Prof. Dr. J. Petres
Hautklinik der Städt. Kliniken
Mönchebergstraβe 41–43
D-3500 Kassel

Der Sicherheitsabstand bei der primären operativen Versorgung des malignen Melanoms

M. Landthaler, O. Braun-Falco, D. Hölzel[a], B. Konz und G. Schubert-Fritschle[a]
Dermatologische Klinik und Poliklinik, und [a]Institut für Medizinische Informationsverarbeitung, Biometrie und Epidemiologie im Klinikum Großhadern, Ludwig-Maximilians-Universität München

Zusammenfassung

Der Einfluß des Sicherheitsabstandes bei der operativen Therapie des malignen Melanoms wurde mittels drei eigener retrospektiver Studien untersucht.
Die Überlebensrate von 190 Patienten mit einer Tumordicke < 1,5 mm und einem Sicherheitsabstand von weniger als 2 cm unterschied sich nicht signifikant von der Überlebensrate von 1150 Patienten gleicher Tumordicke, die mit einem Sicherheitsabstand von mehr als 2 cm behandelt worden waren. Auch bei Patienten mit einer Tumordicke > 1,5 mm hatte ein Sicherheitsabstand von weniger als 2 cm (n = 75) keinen negativen Einfluß auf die Überlebensrate im Vergleich zu einem Sicherheitsabstand von mehr als 2 cm (n = 797).
Bei Patienten mit malignen Melanomen der Extremitäten hatte eine Reduzierung des Sicherheitsabstandes von 5 (n = 298) auf 3 cm (n = 533) keinen Einfluß auf das erscheinungsfreie Überleben. Eine multivariate Analyse (Cox-Modell) ergab bei 1944 Patienten, daß der Resektionsabstand keinen signifikanten Einfluß auf die Prognose der Patienten mit malignen Melanomen der Haut ausübt.

Summary

The influence of the resection margin on the survival of patients with malignant melanoma was investigated by means of three own retrospective analyses.
The survival rate of 190 patients with a tumor thickness < 1,5 mm and a resection margin of less than 2 cm did not differ from the survival rate of 1,150 patients with the same tumor thickness, who were treated with a resection margin of more than 2 cm.
A resection margin beyond 2 cm (n = 75) had no negative effect on survival of patients with a tumor thickness of > 1,5 mm compared to a resection margin of more than 2 cm (n = 797).
In patients with malignant melanoma of legs and arms a reduction of the resection margin from 5 (n = 298) to 3 cm (n = 533) had no negative influence on the disease-free survival.
A multivariate analysis (Cox model) showed in 1,944 patients that the resection margin had no significant effect on the prognosis of patients with malignant melanoma of the skin.

Nachdem für viele Jahre ein Sicherheitsabstand von 3 bis 5 cm zur Behandlung des malignen Melanoms empfohlen wurde, ist seit einigen Jahren die Größe des Sicherheitsabstandes erneut in Diskussion (1, 6, 7), da es mit Hilfe der Tumordicke nach *Breslow* (4) und dem prognostischen Index nach *Schmoeckel* und *Braun-Falco* (17) möglich wurde, die malignen Melanome in Tumoren mit niedrigem, mittlerem und hohem Progressionsrisiko einzuteilen.
Da die Therapie und Nachsorge von Patienten mit malignem Melanom der Haut zu einer der Schwerpunktaufgaben der Dermatologischen Klinik der Ludwig-Maximilians-Universität zählt und mittlerweile über 3600 Patienten behandelt wurden, lag es nahe, anhand dieses großen Krankengutes retrospektiv den Einfluß des Sicherheitsabstandes zu analysieren.

Material und Methode

Bis April 1989 wurden 3683 Patienten relativ einheitlich behandelt und dokumentiert. Bis 1984 wurden die malignen Melanome mit einem Sicherheitsabstand von 5 cm exzidiert, die Defektdeckung erfolgte über freie Transplantate, eine prophylaktische Lymphknotendissektion wurde nicht vorgenommen. Ein kleinerer Sicherheitsabstand wurde nur in bestimmten Lokalisationen wie Kopf-Hals-Region und an den distalen Extremitäten gewählt und bei den Patienten, die eine Exzision mit 5 cm ablehnten, oder bei denen aus internistischen Gründen eine großzügige Operation nicht möglich war.

Seit 1984 wurde der Sicherheitsabstand für maligne Melanome an den Extremitäten auf 3 cm reduziert.

Der Einfluß des Resektionsabstandes auf das erscheinungsfreie Überleben und die 5-Jahres-Überlebensrate wurde bei 2212 Patienten in Abhängigkeit vom Resektionsabstand (unter 2 cm vs über 2 cm) und der Tumordicke (< 1,5 mm vs > 1,5 mm) analysiert.

Zusätzlich wurde das erscheinungsfreie Überleben für die Patienten mit malignem Melanom der Extremitäten nach Verringerung des Sicherheitsabstandes auf 3 cm berechnet.

Mittels einer multivariaten Analyse (Cox-Modell) wurde der prognostische Einfluß des Resektionsabstandes auf das Überleben einer seit 1978 einheitlich dokumentierten Patientengruppe berechnet. Eingeschlossen wurden Patienten mit NMM und SSM, bei denen der Resektionsabstand und die Tumordicke bekannt, und die nicht an multiplen Tumoren erkrankt waren.

Ergebnisse

Bei Patienten mit einer Tumordicke von < 1,5 mm hatte die Größe des Resektionsabstandes (unter 2 cm oder über 2 cm) keinen signifikanten Einfluß auf das erscheinungsfreie Überleben und die Überlebensrate (Abbildungen 1 und 2).

Bei den Patienten mit einer Tumordicke von > 1,5 mm und einem Resektionsabstand von weniger als 2 cm war das erscheinungsfreie Überleben geringer als bei den Patienten mit einer Tumordicke > 1,5 mm und einem Resektionsabstand von mehr als 2 cm. Der Unter-

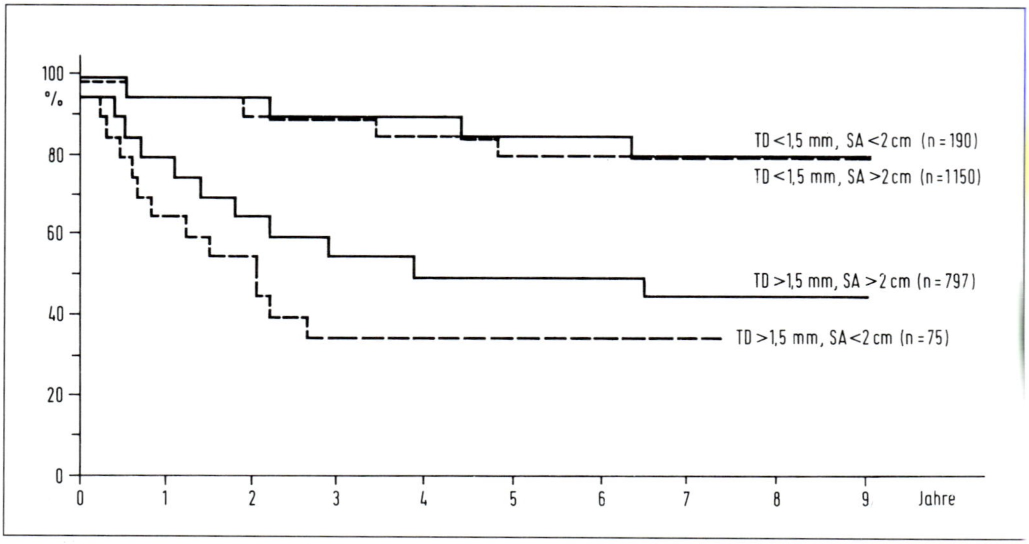

Abbildung 1. Erscheinungsfreies Überleben in Abhängigkeit von der Tumordicke und dem Resektionsabstand.

schied war statistisch aber nicht signifikant (Abbildung 1). Bei der Überlebensrate ergaben sich ebenfalls keine signifikanten Unterschiede für die Patienten, die mit einem Sicherheitsabstand von weniger als 2 cm oder mehr als 2 cm behandelt worden waren (Abbildung 2).

Die Reduzierung des Sicherheitsabstandes von 5 auf 3 cm bei Patienten mit Malignem Melanom an den Extremitäten hatte keinen Einfluß auf das erscheinungsfreie Überleben (Abbildung 3).

Bei der multivariaten Analyse (Cox-Modell) zeigte sich ein signifikanter Einfluß der Tumordicke und des Geschlechtes der Patienten. Der Einfluß des Melanomtypes war grenzwertig. Dagegen hatte der Resektionsabstand keinen signifikanten Einfluß.

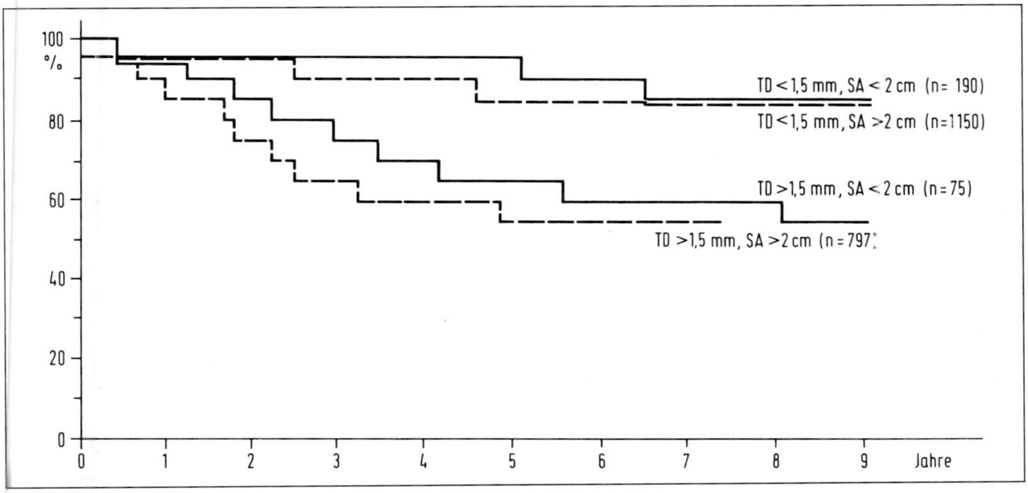

Abbildung 2. Überleben in Abhängigkeit von der Tumordicke und dem Resektionsabstand.

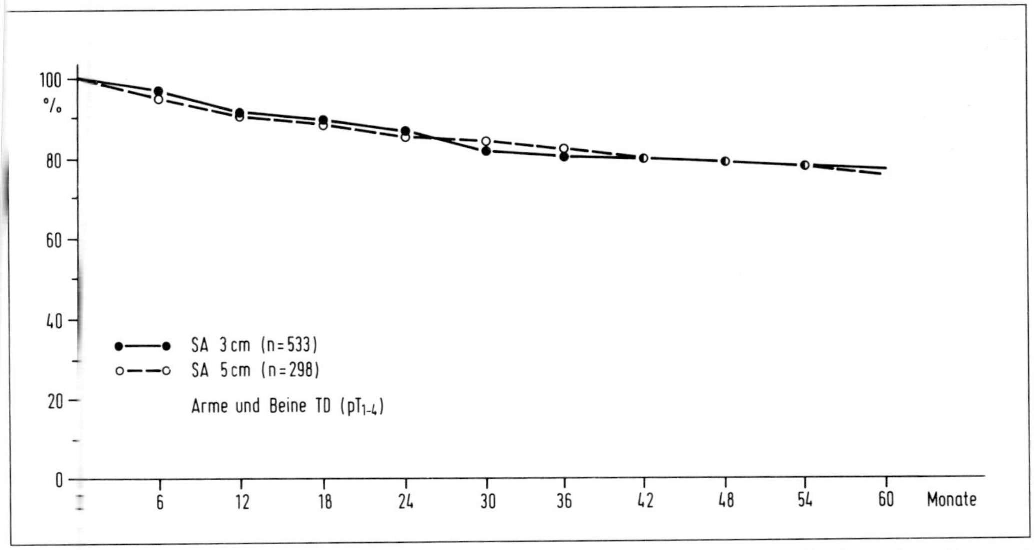

Abbildung 3. Erscheinungsfreies Überleben für Melanompatienten mit einem Sicherheitsabstand von 5 cm und 3 cm.

Diskussion

Diese retrospektiven Untersuchungen sind in guter Übereinstimmung mit zahlreichen Arbeiten, die den Einfluß des Resektionsabstandes auf das erscheinungsfreie Überleben und die Überlebensrate bei Patienten mit malignem Melanom der Haut analysierten (5, 8, 10, 11, 12, 13, 16, 18, 19, 21, 23). Übereinstimmend ergaben sich folgende Schlußfolgerungen:

- Mit zunehmender Tumordicke steigt das Risiko für Lokalrezidive.
- Bei dünnen malignen Melanomen kommt es auch bei kleinem Sicherheitsabstand nicht zu einem vermehrten Auftreten von Lokalrezidiven.
- Bei dicken Tumoren nehmen die Lokalrezidive mit kleinem Sicherheitsabstand zu (entsprechend war das erscheinungsfreie Überleben bei unseren Patienten mit einer Tumordicke > 1,5 mm und einem Resektionsabstand unter 2 cm).
- Das Auftreten von Lokalrezidiven hat keinen Einfluß auf die Überlebensrate.
- Ein Sicherheitsabstand von 5 cm ist nicht notwendig.

Eine kürzlich vorgelegte retrospektive Studie (9) belegt allerdings, daß es auch bei Resektion dünner maligner Melanome (TD < 1,0 mm) mit einem Sicherheitsabstand von weniger als 3 cm zu Lokalrezidiven kommen kann. Von 37 mit kleinem Sicherheitsabstand versorgten Patienten verstarben im Nachbeobachtungszeitraum drei (8,1%), zwei davon hatten vorher Lokalrezidive erlitten; von 151 mit großem Abstand operierten Patienten zwölf (8%), d.h. auch hier hatten die Lokalrezidive keinen Einfuß auf die Überlebensrate.
Im Vergleich zu dicken malignen Melanomen treten aber die Tumorprogressionen bei den dünneren Tumoren später auf (9, 15).

Da diese Ergebnisse mit retrospektiven nicht-randomisierten Studien gewonnen wurden, ist eine große prospektive, randomisierte Studie der WHO bei Patienten mit malignem Melanom der Haut mit einer Tumordicke < 2 mm von großer Relevanz. Im Rahmen dieser Studie wurden 340 Patienten mit einem Sicherheitsabstand von 1 cm behandelt, 343 Patienten mit einem Sicherheitsabstand von 3 cm. Es ergaben sich dabei keine signifikanten Unterschiede, weder für die Erscheinungsfreiheit, noch für das 5-Jahres-Überleben. Bei drei mit kleinem Sicherheitsabstand behandelten Patienten mit einer Tumordicke zwischen 1 und 2 mm traten zwar Lokalrezidive auf, die allerdings keinen negativen Einfluß auf das Gesamtergebnis der Studie hatten (22).

Im Gegensatz zu diesen Studien finden sich nur wenige Arbeiten, die einen positiven Einfluß von weiten Exzisionen auf die Überlebensrate nachweisen konnten, d.h. Patienten, die mit einem Sicherheitsabstand von 3 cm und mehr behandelt wurden, zeigten höhere Überlebensraten (2, 14).
Welche Folgerungen können nun aus diesen Daten für die Therapie der Patienten mit malignem Melanom gezogen werden?

Bei Patienten mit dünnen Tumoren ist ein Sicherheitsabstand von 1 bis 2 cm ausreichend. Es erhebt sich allerdings die Frage, bis zu welcher Tumordicke ein malignes Melanom als dünn zu bezeichnen ist. Da Lokalrezidive sicher Krankheitswert besitzen, halten wir den geringen Sicherheitsabstand von 1 bis 2 cm nur bei Tumoren mit einer Tumordicke < 0,75 mm für angezeigt. Bei einer Tumordicke von > 0,75 mm empfehlen wir die Exzision mit einem Sicherheitsabstand von 3 cm (20).

Literatur

1 Ackerman AB, Scheiner AM (1983) How wide and deep is wide and deep enough? A critique of surgical practice in excision of primary cutaneous malignant melanoma. Human Pathol 14: 743–744

2 Aitken DR, Clausen K, Klein JP, James AG (1983) The extent of primary melanoma excision. A re-evaluation – how wide is wide? Ann Surg 198: 634–641

3 Braun-Falco O, Landthaler M, Hölzel D, Konz B, Schmoeckel C (1986) Therapie und Prognose maligner Melanome der Haut. Dt Med Wschr 111: 1750–1756
4 Breslow A (1970) Thickness, cross-sectional areas and depth of invasion in the prognosis of cutaneous melanoma. Ann Surg 172: 902–908
5 Cascinelli N, Esch van der EP, Breslow A, Morabito A, Butalino R (1980) Stage I melanoma of the skin: the problem of resection margin. Eur J Cancer 16: 1079–1085
6 Day CL, Mihm MC, Sober AJ, Fitzpatrick TB (1982) Narrower margins for clinical stage I malignant melanoma. New Engl J Med 306: 479–482
7 Day CL, Lew RA (1983) Malignant melanoma prognostic factors 3: surgical margins. J Dermatol Surg Oncol 9: 797–801
8 Elder DE, Du Pont G, Heiberger RM, La Rossa D, Goldman LJ, Clark WH (1983) Optimal resection margin for cutaneous malignant melanoma. J Plast Reconstr Surg 71: 66–72
9 Garbe C, Stadler R, Orfanos CE (1989) Lokalrezidive und Metastasierung bei dünnen malignen Melanomen (≤1 mm). Hautarzt 40: 337–343
10 Goldman LI, Byrd R (1988) Narrowing resection margins for patients with low-risk melanoma. Am J Surg 155: 242–244
11 Golomb FM (1983) Diskussion der Arbeit von Elder et al. J Plast Reconstr Surg 71: 76–78
12 Heenan PJ, Weeramanthri T, Holman CDAJ, Armstrong BK (1985) Surgical treatment and survival from cutaneous malignant melanoma. Aust N Z J Surg 55: 229–234
13 Kelly JW, Sagebiel RW, Calderon W, Murillo L, Dakin RL, Blois MS (1984) The frequency of local recurrence and microsatellites as a guide to reexcision margins for cutaneous malignant melanoma. Ann Surg 200: 759–763
14 Kühnl-Petzoldt C, Schurhammer C, Schöpf E (1984) Der Einfluβ der Exzisionsweite (< 2 cm vs ≥ 3 cm) für die Überlebenswahrscheinlichkeit von Melanompatienten (Abstr.) Zbl Haut-Geschlkrh 149: 1188
15 Landthaler M, Hölzel D (1987) Ambulante Melanomnachsorge. In: Braun-Falco O, Schill W-B (eds) Fortschritte der praktischen Dermatologie und Venerologie 11. Springer, Berlin Heidelberg New York London Paris Tokyo, pp 361–367
16 Lang NP, Stair JM, Degges RD, Thompson C, Garner H, Baker GF, Westbrook KC (1984) Melanoma today does not require radical surgery. Am J Surg 148: 723–726
17 Schmoeckel C, Braun-Falco O (1978) Prognostic index in malignant melanoma. Arch Dermatol 114: 871–873
18 Schmoeckel C, Bockelbrink A, Bockelbrink H, Kistler H, Braun-Falco O (1983) Low- and high-risk malignant melanoma – III. Prognostic significance of the resection margin. Eur J Cancer Clin Oncol 19: 245–249
19 Søndergaard K, Schou G (1985) Survival with primary cutaneous malignant melanoma, evaluated from 2012 cases. Virchows Arch (Pathol Anat) 406: 179–185
20 Tumorzentrum München (1989) Empfehlungen zur Diagnostik, Therapie und Nachsorge. Maligne Melanome, 2. Auflage. (Redaktionelle Bearbeitung: O. Braun-Falco, M. Landthaler) Demeter, München
21 Urist MM, Balch CM, Soong SJ, Shaw HM, Milton GW, Maddox WA (1985) The influence of surgical margins and prognostic factors predicting the risk of local recurrence in 3445 patients with primary cutaneous melanoma. Cancer 55: 1398–1402
22 Veronesi U, Cascinelli N, Adamus J et al (1988) Thin stage I primary cutaneous malignant melanoma. Comparison of excision with margins of 1 or 3 cm. N Engl J Med 318: 1159–1162
23 Weidner F, Hornstein OP (1972) Das Problem der regionalen Lymphknoten-Metastasierung beim malignen Melanom. Arch Dermatol Forsch 245: 50–62

Für die Verfasser:
Prof. Dr. M. Landthaler
Dermatologische Klinik und Poliklinik
der Ludwig-Maximilians-Universität
Frauenlobstraβe 9–11
D-8000 München 2

Ergebnisse einer vergleichenden Studie zur elektiven Lymphknotendissektion

H. Drepper, B. Bieß, E.-B. Bröcker[a], H. M. Klein[a], A. Lippold, E. Macher[a] und A. Peters
Fachklinik Hornheide, und [a]Universitäts-Hautklinik Münster

Zusammenfassung

An einem einheitlich strukturierten und standardmäßig behandelten Krankengut der Universitäts-Hautklinik Münster und der Fachklinik Hornheide sowie an klinikbezogenen Teilkollektiven wurde der prognostische Effekt der elektiven Lymphknotendissektion (ELND) unter Schichtung in speziell validierte Risikoklassen geprüft. Eine Prognoseverbesserung durch die ELND konnte lediglich bei Männern mit Melanomen der Tumordickenklasse 1,51–3,0 mm erkannt werden (p = 0,002). Bei den Frauen erwiesen sich die Überlebenschancen sogar besser ohne ELND im Vergleich zu den Patientinnen mit ELND. Auch am Gesamtkrankengut ließ sich ein prognoseverbessernder Einfluß der ELND statistisch nicht sichern.

Summary

Two melanoma centers (Dept. Dermatology Univ. of Münster and Fachklinik Hornheide, Münster) performed a comparative study to find out whether there might be a prognostic influence from elective lymph node dissection (ELND). The equally standardized treated patients either with wide excision of the primary tumor only or in addition with ELND, were subdivided into risk groups of Breslow-thickness *and sex.*
Improvement of survival by ELND was shown only in males with primary tumor of 1,51–3,0 mm thickness (p = 0,002). Females had an even better survival probability without ELND compared to female patients with ELND. In the total group of patients a statistically proven impact could not be recognized.

Die prognostische Auswirkung der elektiven Lymphknotendissektion (ELND) bei der chirurgischen Behandlung des primären malignen Melanoms wird bis heute widersprüchlich beurteilt (4, 7, 10). Ziel des Therapiekonzeptes der ELND ist die Entdeckung und Entfernung klinisch nicht erkennbarer Lymphknotenmetastasen. Dieser Strategie liegt die Vorstellung zugrunde, daß in einer biologisch abgrenzbaren Phase der Melanomentwicklung (Abbildung 1) bei bis zu 60% der Fälle mit einer Ausbreitung in die regionäre Lymphknotenstation gerechnet werden muß, bei noch relativ geringem Risiko (< 20%) der Fernmetastasierung (2, 4) (Abbildung 2).

Umfangreiche Studien der letzten zehn Jahre zeigen, daß ein günstiger Effekt der ELND auf die Prognose des primären Melanoms weder eindeutig nachgewiesen (1, 3, 16) noch sicher zu widerlegen ist (5, 19, 20, 23, 24, 25). Wenn sich überhaupt ein Vorteil durch die ELND ergibt, dann wird wohl nur ein Teil der Melanompatienten davon profitieren (10, 14, 15, 16, 17). Um diese Patientengruppe zu definieren, muß man ein genügend großes Kollektiv risikospezifisch schichten. Wir möchten hier die Ergebnisse einer vergleichenden Studie als Beitrag zu den noch offenen Fragen vorstellen.

Wir haben das Krankengut zweier Melanombehandlungszentren mit gleichem Einzugsgebiet sowie gleicher Alters- und Sozialstruktur, aber unterschiedlichen Behandlungsstandards hinsichtlich der ELND miteinander verglichen.

In der Universitäts-Hautklinik Münster wird das primäre maligne Melanom standardmäßig durch »weite Exzision«, definiert als Exzision mit mindestens 3 cm Sicherheitsabstand bis zur Faszie, behandelt, während in der Fachklinik Hornheide ab pT_3 (> 1,5 und/oder Level IV) regelmäßig die »weite Exzision« und ELND durch-

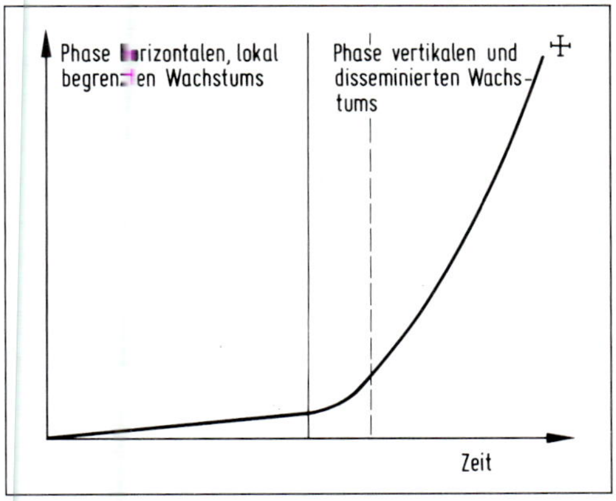

Abbildung 1. Entwicklungsphasen des malignen Melanoms.

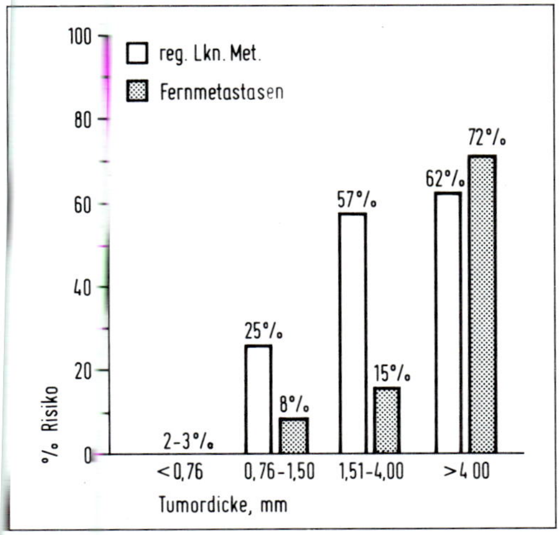

Abbildung 2. Geschätztes Risiko, daß sich aus Mikrometastasen (innerhalb von 3 Jahren) klinisch manifeste regionale Lymphknotenmetastasen und (innerhalb von 5 Jahren) Fernmetastasen entwickeln; nach (4

geführt wurden. In beiden Kliniken besteht der Behandlungsstandard seit über 15 Jahren.
Auch die histologische Klassifikation erfolgte vergleichbar. In der Fachklinik Hornheide überblicken wir außerdem ein selektiertes Patientenkollektiv, bei dem wir nur den Primärtumor ohne nachfolgende ELND exzidierten. Hierzu zählen u.a. Patienten mit überwiegend dünnen Tumoren, Midline-Lokalisation, Begleiterkrankungen oder Verweigerung einer Lymphknotenbehandlung. Diese Patientengruppe wurde zunächst gesondert betrachtet und nach strukturanalytischer Prüfung der Vergleichbarkeit in die Studie einbezogen.

Material und Methode

Nach Ausschluß der über 70jährigen Patienten umfaßt das Gesamtkollektiv 370 Patienten der Universitäts-Hautklinik Münster mit Primärtumortherapie im klinischen Stadium I in den Jahren von 1973 bis 1982 und 456 Patienten aus der Fachklinik Hornheide mit Exzision des Primärtumors und ELND, sowie 573 Patienten ohne ELND, die 1970 bis 1983 primär behandelt wurden. Die Nachbeobachtungszeit betrug vier bis 18 Jahre. Der histologischen Klassifikation wurde die mikroskopisch gemessene Tumordicke nach *Breslow* (6) entsprechend der UICC-Klassifizierung von 1978 (22) zugrundegelegt; (mit den Klassengrenzen bei 0,75 mm, 1,5 mm und 3 mm). Außerdem wurden der Level nach *Clark* (9) und der Tumortyp klassifiziert.
In einer kürzlich abgeschlossenen unizentrischen Studie (Feldstudie »Malignes Melanom«[1]) an 872 primären malignen Melanomen der Fachklinik Hornheide wurden mit der multivariaten Regressionsanalyse die Tumordicke nach *Breslow* in den o.g. Klassengrenzen und das Geschlecht des Tumorträgers als relevante voneinander unabhängig prognosewirksame Kriterien mit der höchsten Trennschärfe ermittelt. Nach diesen Kriterien geschichtet erfolgten die weiteren Analysen der Vergleichskollektive.

[1] gefördert durch die Bundesregierung

Cutler-Ederer für zensierte Daten mittels SPSS (21) erstellt.

Die zunächst getrennt durchgeführten Auswertungen (klinikintern sowie mit der Universitäts-Hautklinik) zeigten in der Tendenz übereinstimmende Ergebnisse bezüglich der Überlebenswahrscheinlichkeiten in den Behandlungsgruppen mit und ohne ELND, geschlechtsspezifisch differenziert nach Tumordickenklassen. Zur Erlangung größerer Fallzahlen faßten wir die nicht-Lymphknoten-dissezierten Fälle beider Kliniken (n = 943) zusammen und stellten sie den 456 Patienten mit ELND der Fachklinik Hornheide nochmals gegenüber. Das Gesamtkollektiv zeigte eine etwa gleich starke Verteilung der beiden Therapieformen für die Risikogruppen > 1,5 mm (Abbildung 3), in welchen allein ein therapeutischer Effekt der ELND zu erwarten war.

Ergebnisse

Im Gesamtkrankengut liegen die Überlebenschancen der Patienten mit nur »weiter Exzision« generell höher als bei den Patienten mit zusätzlich durchgeführter ELND (s. Tabelle I), bedingt durch den höheren Anteil von dünnen Tumoren bei den nicht-dissezierten Patienten.

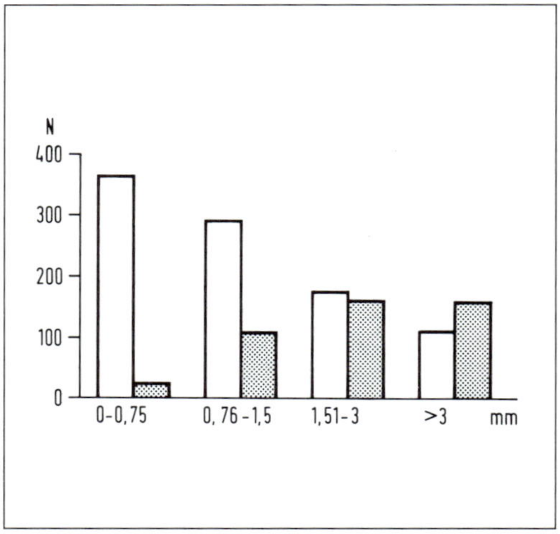

Abbildung 3. Tumordickenverteilung bei Patienten mit klinischem Stadium I: □ ohne ELND n = 943, ░ mit ELND n = 456.

Nach Unterteilung in Tumordickenklassen stellt sich kein statistisch verwertbarer Unterschied in den Überlebenschancen der beiden Therapiegruppen mehr dar. Die nach dem Geschlecht getrennte Auswertung läßt eine deutlich bessere Prognose der Frauen gegenüber der Männer erkennen, unabhängig von der Therapieart (s. Tabelle I). Der prognostische Unterschied zugunsten der Frauen bleibt auch in den einzelnen Tumordickenklassen durchgängig in den Untergruppen der nicht-dissezierten Patienten bestehen. Die Frauen weisen insgesamt eine signifikant höhere Überlebenswahrscheinlichkeit (p = 0,001) auf in dem Kollektiv ohne ELND, verglichen mit dem Kollektiv mit ELND (s. Abbildung 4). Im Gegensatz dazu fällt bei der Betrachtung nur des männlichen Kollektivs kein Unterschied der insgesamt niedrigeren Überlebenschancen mit und ohne ELND auf. Erst nach Aufschlüsselung in die Tumordickenklassen wird eine Prognoseverbesserung durch ELND um 26% des 5-Jahres-survival-Wertes erkennbar (s. Abbildung 5).

Die männlichen Patienten erreichen in dieser Risikogruppe mit ELND die gleiche Überlebenswahrscheinlichkeit (84%, 5 Jahre) wie die Gruppe der Frauen mit Melanomen der gleichen Tumordickenklasse (Abbildung 6). Wie aus dem Kurvenverlauf ersichtlich, bleibt die Differenz zu den Patienten ohne ELND auch nach zehn Jahren bei insgesamt niedrigerer Überlebenswahrscheinlichkeit erhalten, wobei zu berücksichtigen ist, daß noch nicht alle Patienten zehn Jahre und länger beobachtet werden konnten.

Tabelle I. Überlebenswahrscheinlichkeiten von Patienten mit primären Melanomen in Abhängigkeit von der Behandlung der Lymphknoten.

Überleben	Männer			Frauen		
	n	5 J	10 J	n	5 J	10 J
Ohne ELND	347	80%	66%	596	94%	87%
Mit ELND	182	74%	62%	274	83%	79%

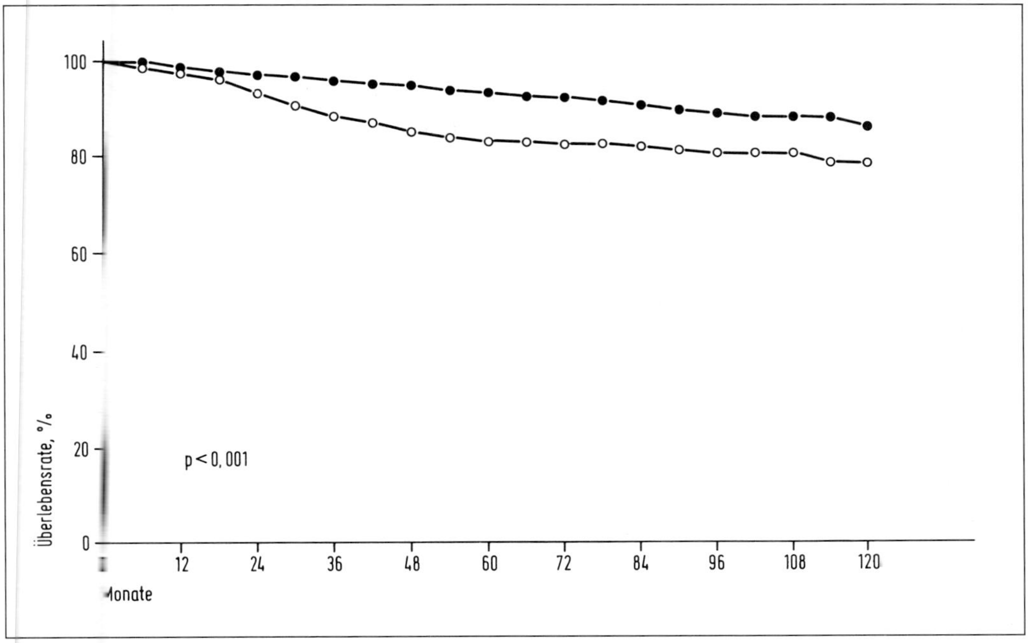

Abbildung 4. Überlebenswahrscheinlichkeit von Frauen ○–○ mit ELND n = 274, und ●–● ohne ELND n = 596.

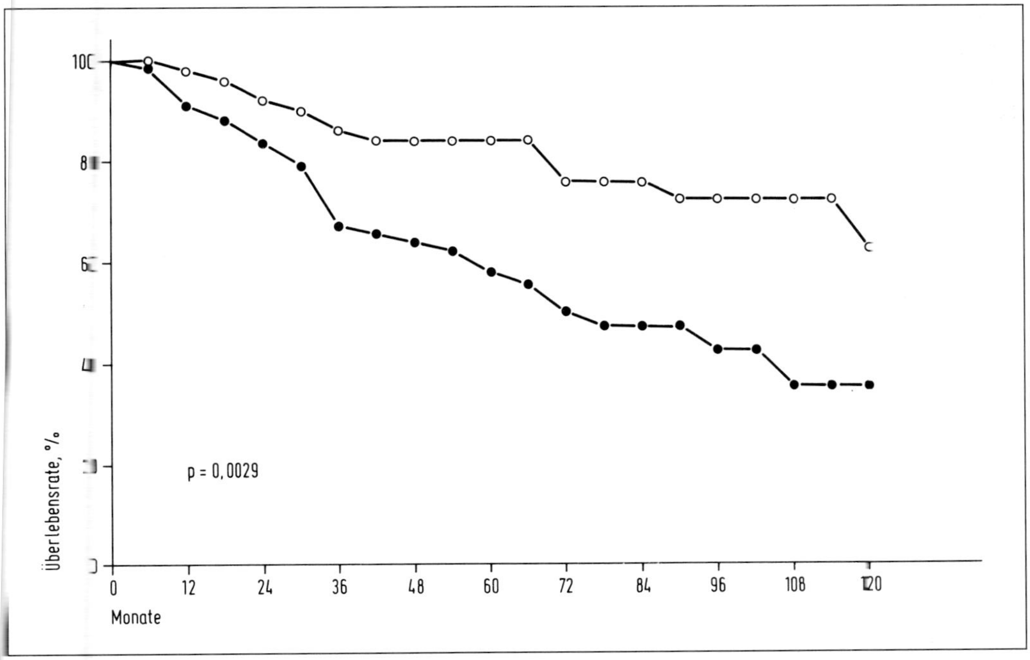

Abbildung 5. Überlebenswahrscheinlichkeit für Männer mit primären malignen Melanomen der Tumordicke 1,51–3,0 mm ○–○ mit ELND n = 53, und ●–● ohne ELND n = 70.

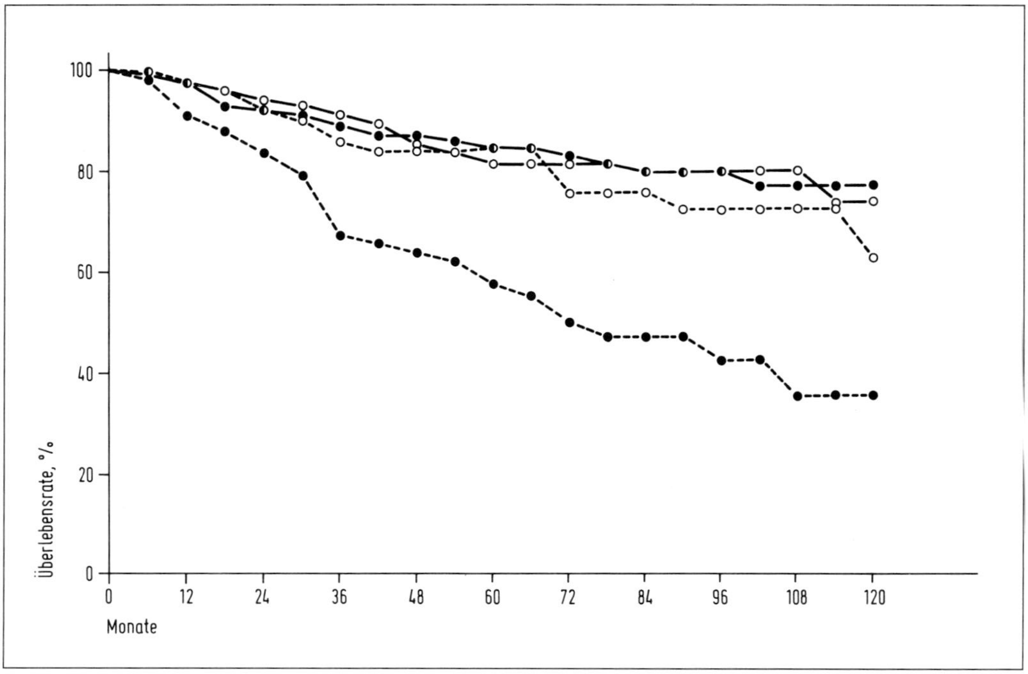

Abbildung 6. Überlebenswahrscheinlichkeit für Männer und Frauen mit primären malignen Melanomen der Tumordicke 1,51–3,0 mm mit ELND (○–○ f, ○---○ m) und ohne ELND (●–● f, ●---● m).

Diskussion

Nach den Erkenntnissen der letzten zehn Jahre wird die Prognose des malignen Melanoms, gleich welcher Lokalisation, weniger durch die Therapie als durch bestimmte prognostisch dominante Faktoren beeinflußt.
In erster Linie ist die mikroskopisch gemessene Tumordicke nach *Breslow* ein Indikator des Risikos, welches auch nach der chirurgischen Behandlung des Primärtumors bestehen bleibt.
Der Nachweis einer eindeutigen Prognoseverbesserung durch die zusätzliche elektive Lymphknotenausräumung konnte bisher trotz vieler Studien nicht erbracht werden.
Dabei geht es nicht um die Frage: Lymphknotenausräumung »ja« oder »nein«, vielmehr ist zu klären, für welche Patienten könnte die ELND eine Prognoseverbesserung bewirken, wenn diese zu erwarten ist.
Bei den dünnen Melanomen (≤ 0,75 mm) mit einer mehr als 95%igen Heilungschance ist auch durch eine ELND kein besseres Ergebnis zu erreichen. Andererseits haben dicke Melanome mit > 4 mm Tumordicke schon ein so hohes Risiko bereits angelegter Fernmetastasen zum Zeitpunkt der Erstdiagnose, daß die ungünstige Prognose auch durch eine ELND nicht mehr zu beeinflussen ist. Unsere Ergebnisse bestätigen teilweise die Untersuchungen von *Balch*, der 1982 (3) bei Patienten mit Melanomen mittlerer Tumordicke (0,76 bis 4,0 mm) eine Prognoseverbesserung durch ELND aufzeigen konnte. Die Kritik von *Cady* (7) an der erstaunlich hohen Prognoseverbesserung für die lymphknotendissezierten Patienten bis zu 40% im Vergleich zu den Patienten ohne Ausräumung erscheint uns, auch nach unseren Ergebnissen, berechtigt. Abweichend von *Balch* ließen unsere Analysen zur Auswirkung der ELND auf die Prognose nur bei den Männern, ausschließlich im Tumordickenbereich von 1,51 bis 3,0 mm eine Verbesserung der Überlebenschancen um 26% erkennen. Die Auswertung eines Teilkollek-

tivs mit malignen Melanomen im Kopf-Hals-Bereich führte, vorbehaltlich der kleinen Zahlen, zu der gleichen Beobachtung (11). Inwieweit das Kopf-Hals-Kollektiv als repräsentativ für die anderen Lokalisationen angesehen werden kann, muß noch genauer untersucht werden. Das Studien-Krankengut mit ELND enthielt im Vergleich zum Kollektiv ohne ELND weniger Patienten mit einem Melanom am Rumpf, was durch eine höhere Zahl an Kopf-Hals-Melanomen ausgeglichen war. Der prozentuale Anteil der Rumpfmelanome mit metastasierten Verläufen entsprach dem Metastasenanteil der übrigen Lokalisation jeder Therapiegruppe. Unabhängig von der Behandlung der Lymphknoten hatten die Frauen im Vergleich zu den Männern eine bessere Prognose, wie auch schon von anderen Autoren beschrieben (8, 12, 13, 18).
Balch (3) und später *McCarthy* et al. (14) weisen auf geschlechtsspezifische Unterschiede hin mit dem Trend, daß die Prognoseverbesserung durch ELND Frauen und Männer betrifft, bei den Männern insgesamt aber deutlicher erkennbar wird. Dies entspricht dem größeren Risiko der Männer, regionäre Metastasen zu bekommen. Die Autoren geben einen Vorteil durch ELND an bei Männern mit Rumpf- und Extremitätenmelanomen ab Tumordicke 0,76 bis 3,0, beziehungsweise 4,0 mm und bei Frauen mit Extremitätenmelanomen ab einer Dicke > 1,5 mm.

Offenbar gelingt es noch nicht, übereinstimmend eine Patientengruppe, die von der ELND profitiert, exakt zu definieren. Tumordicke und Geschlecht sind erkannte Kriterien zur ungefähren Eingrenzung. Weitere Faktoren wie Lokalisation Typ und Angaben zur Ulzeration sind in ihrer Bedeutung bezüglich der ELND noch nicht genügend abgeklärt, desgleichen fehlt noch die Antwort auf die Frage nach der immunologischen Auswirkung der Lymphknotenentfernung (7).

Der Vielschichtigkeit des Problems konnten bisher auch randomisierte Studien nicht gerecht werden, wie *Balch* (4) in einem Übersichtsartikel erneut zur Rolle der ELND analysierte. So fehlte zum Beispiel – geschichtlich bedingt – zu Beginn der WHO-Studie 1970 (23) die Stratifikation nach der Tumordicke, deren dominant prognostischer Wert noch nicht bekannt war. Außerdem enthielt sie nur Patienten mit Extremitätenmelanomen. *Balch* (4) weist auf zwei neue, noch in der Rekrutierung befindliche, internationale kooperative Therapiestudien hin. Sie untersuchen die Effektivität der ELND bei bestimmten Patientengruppen und bedürfen noch einiger Zeit, bis erste Ergebnisse vorliegen. Dies sind:

1. Die ›Intergroup Melanoma Study‹ für Patienten mit einem Melanom mittlerer Tumordikke (1,0 bis 4,0 mm), geschichtet nach Tumordicke, Lokalisation und Ulzeration.
2. Die ›WHO Melanoma Group‹, welche nur Rumpfmelanome im klinischen Stadium I erfaßt und randomisiert nach »wide excision« und »wide excision plus ELND«.

Retrospektiven Studien wird oft ungenügende Wissenschaftlichkeit nachgesagt. Der Vorwurf der Selektion kann häufig nicht entkräftet werden. Sie haben dennoch den Vorteil, daß die Erfahrungen der vorangegangenen Jahre kritisch ausgewertet und als Grundlage für weitere prospektive Studien herangezogen werden können. Wichtig für die Wertigkeit von Ergebnissen ist die strukturanalytisch nachgewiesene Vergleichbarkeit der untersuchten Kollektive bezüglich einheitlicher Diagnostik, gleichwertiger Therapie und definierter Dokumentation, sowie die Anwendung adäquater statistischer Modelle.
Bei Kooperation von Zentren mit großen Patientenzahlen könnten relativ rasch die statistisch erforderlichen Bedingungen, besonders der risikospezifischen Schichtung, überprüfbar erfüllt werden. So ließen sich eher allgemein akzeptable Therapiestandards entwickeln. Sie wären auch eine wesentliche Hilfe zur Indikation für adjuvante Therapien.

Als diagnostische Maßnahme zum Staging hat die ELND vorerst weiter ihren Stellenwert.
Patienten mit histologisch nachgewiesenen okkulten Lymphknotenmetastasen stellen in erster Linie eine geeignete Zielgruppe dar für ad-

juvante Behandlungen, sobald diese verfügbar sind.

Die z.Zt. noch bestehende Verunsicherung von Arzt und Patient, ob und bei welcher Patientengruppe die ELND einzusetzen ist, sollte durch kooperative weitere Studien verringert werden.

Literatur

1. Balch CM, Murad TM, Soong SJ, Ingalls AL, Richards PC, Maddox WA (1979) Tumor thickness as a guide to surgical management of clinical stage I melanoma patients. Cancer 43: 883–888
2. Balch CM (1980) Surgical management of regional lymph nodes in cutaneous melanoma. J Am Acad Dermatol 3: 511–524
3. Balch CM, Soong SJ, Milton GW, Shaw HM, McGovern VJ, Murad TM, McCarthy WH, Maddox WA (1982) A comparison of prognostic factors and surgical results in 1786 patients with localized (stage I) melanoma treated in Alabama, USA, and New South Wales, Australia. Ann Surg 196: 677–684
4. Balch CM (1988) The role of elective lymph node dissection in melanoma: Rationale, results, and controversies. J Clin Oncol 6: 163–172
5. Blois MS, Sagebiel RW, Abarbanel RM, Caldwell TM, Tuttle MS (1983) Malignant melanoma of the skin. I. the association of the tumor depth and type, and patient sex, age, and site with survival. Cancer 52: 1330–1341
6. Breslow A (1970) Thickness, cross sectional areas and depth of invasion in the prognosis of cutaneous melanoma. Ann Surg 172: 902–908
7. Cady B (1988) Edit. »Prophylactic« lymph node dissection in melanoma: Does it help? J Clin Oncol 6: 2–4
8. Cascinelli N, Morabito A, Bufalino R, van der Esch EP, Preda F, Voglin M, Rovini D, Orefice S (1980) Prognosis of stage I melanoma of the skin WHO collaborating centers for evaluation of methods of diagnosis and treatment of melanoma. Int J Cancer 26: 733–739
9. Clark JR, From L, Bernardino EA, Mihm MC (1969) The histogenesis an biologic behavior of primary human malignant melanoma of the skin. Cancer Res 29: 705–726
10. Day C, Lew RA (1985) Malignant melanoma prognostic factors 7: Elective lymph node dissection. J Dermatol Surg Oncol 11: 233–239
11. Drepper H, Grootens A, Padberg G, Peters A, Wiebelt H (1988) Prognoserelevante Kriterien und stadiengerechte Therapie des malignen Melanoms. In: Schwenzer N, Pfeifer G (eds) Fortschritte der Kiefer- und Gesichtschirurgie, Bd XXXIII. Thieme, Stuttgart New York, pp 143–148
12. Heite HJ (1981) Ergebnisse der Arbeitsgemeinschaft Malignes Melanom. Hautarzt (Suppl V) 32: 11–19
13. Kühnl-Petzoldt C, Berger H, Wiebelt H (1983) Malignes Melanom: Prognostische Beurteilung durch Korrelationskoeffizienten. Hautarzt 34: 398–402
14. McCarthy WH, Shaw HM, Milton GW (1985) Efficacy of elective lymph node dissection. Surg Gynec Obstet 161: 575–580
15. McCarthy WH, Shaw HM, Thompson JF, Milton GW (1988) Surg Gynecol Obstet 166: 497–502
16. Milton GW, Shaw HM, McCarthy WH, Pearson L, Balch CM, Soong SJ (1982) Prophylactic lymph node dissection in clinical stage I cutaneous malignant melanoma: Results of surgical treatment in 1319 patients. Br J Surg 69: 108–111
17. Reintgen DS, Cox EB, McCarthy KS, Vollmer RT, Seigler HF (1983) Efficacy of elective lymph node dissection in patients with intermediate thickness primary melanoma. Ann Surg 198: 379–385
18. Shaw HM, McGovern VJ, Milton GW, Farago GA, McCarthy WH (1980) Histologic features of tumors and the female superiority in survival from malignant melanoma. Cancer 45: 1604–1608
19. Sim FH, Taylor WT, Ivins JC, Pritchard DJ, Soule EH (1978) A prospective randomized study of the efficacy of routine elective lymphadenectomy in management of malignant melanoma. Cancer 41: 948–956
20. Sim FH, Taylor WT, Pritchard DJ, Soule EH (1986) Lymphadenectomy in management of stage I malignant melanoma: A prospective randomized study. Mayo Clin Proc 61: 679–705
21. SPSS, Handbuch der Programmversion 9, dt Ausg. bearb. von Schubö W, Uehlinger HM (1984). Gustav Fischer, Stuttgart New York
22. UICC, TNM-Classification of Malignant Tumors, 3rd ed (1978) Springer, Berlin Heidelberg New York

23 Veronesi U, Adamus J, Bandiera DC, Brennhovd IO, Caceres E, Cascinelli N, Claudio F, Ikonopisov L, Javorskj VV, Kirov S, Kulakowski A, Lacour J, Lejeune F, Sczcygiel K, Trapeznikov NN, Wagner RI (1977) Inefficacy of immediate node dissection in stage I melanoma of the limbs. N Engl J Med 297: 627–630
24 Veronesi U, Adamus J, Bandiera DC, Brennhovd IO, Caceres E, Cascinelli N, Claudio F, Ikonopisov L, Javorskj VV, Kirov S, Kulakowski A, Lacour J, Lejeune F, Mechl Z, Morabito A, Rodé I, Sergeev S, van Slooten E, Szczygiel K, Trapeznikov NN, Wagner RI (1982) Delayed regional lymph node dissection in stage I melanoma of the skin of the lower extremities. Cancer 49: 2420–2430
25 Veronesi U, Bufalino R, Cascinelli N, Morabito A (1984) Long term results of randomized trial comparing immediate versus delayed node dissection in stage I melanoma of the limbs. Dev Oncol 25: 165–180

Für die Verfasser:
Dr. Dr. H. Drepper
Fachklinik Hornheide
Dorbaumstraße 300
D-4400 Münster

Chemotherapie des malignen Melanoms

C. E. Orfanos, C. Garbe und Ch. Karg
Universitäts-Hautklinik und Poliklinik, Klinikum Steglitz der Freien Universität Berlin

Zusammenfassung

Das maligne Melanom kann auch dann eine schlechte Prognose haben, wenn es im klinischen Stadium I erfaßt wird (= Primärtumor allein ohne Metastasen). Beispielsweise liegt bei Männern mit dicken Tumoren (> 3–4 mm) die 10-Jahres-Überlebensrate bei weitem unter 50%. Bei metastasiertem MM liegt sie bei ≤ 20% im Stadium IIb und im Stadium IV überleben ohne Behandlung nicht mehr als 20% der Patienten für ein Jahr. In der Bundesrepublik Deutschland kommen immer noch 10 bis 12% aller Kranken erst in metastasierten MM-Stadien erstmalig zum Arzt.
In diesen Fällen mit schlechter bzw. infauster Prognose ist eine Mono- bzw. Polychemotherapie angezeigt, wobei die endgültige Entscheidung zweifellos individualisiert getroffen werden muß. Als mögliche Zytostatika kommen DTIC, Nitrosoharnstoffderivate, Vinca-Alkaloide, Bleomycin und Platinpräparate in Frage. Neben einer DTIC-Monotherapie werden in der Regel 3er- und 4er-Kombinationen dieser Zytostatika verwendet (BHD-Schema, DVP-Schema, BOLD-, und BELD-Schema). Der Erfolg dieser Chemotherapien wurde im Kollektiv teils negativ, teils positiv bewertet (4 bis 47% Remissionsraten). Nach unseren Erfahrungen können viele Einzelfälle von einer gezielten, konsequenten Chemotherapie profitieren. Haut- und Lungenmetastasen sprechen am besten auf chemotherapeutische Maßnahmen an. Neuere Schemata mit kombinierten Immun-Chemotherapien (z.B. IFN-alpha mit DTIC oder Vindesin, IL-2 mit Cyclophosphamid) sowie die Anwendung anderer Zytokine wie IFN-beta und -gamma, Interleukin 2, IL-2 stimulierte LAK-Zellen etc. sind noch im experimentellen Stadium.
Die Entscheidung zur Mono- bzw. Polychemotherapie des MM ist strikt prognoseorientiert und richtet sich nach einem eskalierenden Konzept, je nach Tumorausbreitung, mit dem Ziel einer palliativen Lebensverlängerung oder einer Linderung von Beschwerden in fortgeschrittenen Fällen.

Summary

Malignant melanoma (MM) has an unfavourable prognosis, even if the tumor is diagnosed in clinical stage I (= primary tumor without metastasis). For example, in men with thick tumors (> 3–4 mm) the 10-year survival rate was found to be far lower than 50% and in metastasizing MM stage IIb ≤ 20, and less than 20% of all patients in clinical stage IV will survive for one year. According to the data of the Central MM-Registry in Berlin 10% to 12% of all patients who come to see the dermatologist for the first time in the Federal Republic of Germany show metastasizing MM-stages.
In these patients with very poor prognosis mono-chemotherapy or polychemotherapy may be indicated and is occasionally applied, after being considered carefully in each particular case. Mainly DTIC, nitrosourea compounds, vinca-alkaloids, bleomycin and platinum preparations are used for cytostatic treatment in MM, either alone (DTIC-monotherapy) or in combination of 3 to 4 drugs (BHD-schedule, DVP-schedule, BOLD-

and BELD-schedules). The remission rates under these schedules were found to vary between 4% and 47% in different collectives of patients and by different groups of authors. According to our own experiences considerable remissions may be seen in individual cases with progressed MM under consequent cytostatic treatment. In particular, cutaneous and lung metastasis, even if disseminated, respond well to (poly)chemotherapy. New combinations of cytostatic drugs with immunomodulators (p.e. IFN-α with DTIC or vindesine, IL-2 and cyclophosphamide), and/or the application of IFN-β and -γ, interleukin 2, IL-2 activated LAK-cells etc. are in an experimental stage.
The choice of chemotherapy is dependent on the expected prognostic outcome and reflects the need for escalating measures to achieve prolonged survival and symptomatic benefit for the patients suffering from progressed malignant melanoma.

Abgrenzung des Kollektivs

Die Inzidens des malignen Melanoms (MM) hat sich in den letzten 15 Jahren in der Bundesrepublik Deutschland mehr als verdoppelt und auch die Sterberate an MM ist im steigen (9, 11, 32). Vor allem die Zahl der an MM erkrankten Männer, nimmt neuerdings zu, deren Prognose schlechter ist als die bei Frauen (13). Im Jahre 1985 wurde anläßlich des 2. Weltkongresses über Hautkrebs in New York von einem prominenten amerikanischen Kollegen herausgestellt, daß die klinischen und histologischen Kriterien zur frühen Identifizierung des malignen Melanoms inzwischen etabliert sind, und keiner mehr an diesem Tumor sterben müsse. Diese Aussage ist für einen großen Teil der Melanomträger sicher richtig. Ein anderer Teil der Patienten mit malignem Melanom kommt jedoch durch die Ausbreitung des Tumors ad exitum, trotz aller ärztlichen Bemühungen. Auf die Möglichkeiten zur Einschränkung des MM-Risikos hat neuerdings die MM-Kommission der Deutschen Dermatologischen Gesellschaft in einer Stellungnahme aufmerksam gemacht (18).

Die durchschnittliche *5-Jahres-Überlebensrate* von MM-Patienten im klinischen Stadium I ist mit ca. 75% in der Regel (65–85%) relativ hoch (2); allerdings sind ein Teil dieses Kollektivs Patienten mit dicken Tumoren, d.h. Kranke mit hohem Risiko, deren Überlebensrate über zehn Jahre nach unseren Daten bei weitem *weniger als 50%* beträgt. Die Lokalisation des Tumors spielt eine zusätzliche Rolle für die Prognose, obwohl schematische Vorstellungen nicht gänzlich zutreffen (35). Ebenso sind die Überlebenschancen von Patienten in den metastasierten Stadien II bis IV mit ≤ 20% 10-Jahres-Überlebensrate bei regionärer Lymphknotenmetastasierung und mit einer 1-Jahres-Überlebensrate ≤ 20% bei Fernmetastasierung sehr niedrig. Nach einer neuesten Studie aus der Berliner Klinik können auch außerordentlich *dünne Melanome* von < 1 mm Tumordicke metastasieren und damit zum Tode führen (14).

Die neuen epidemiologischen Daten, die inzwischen mit Hilfe des Berliner MM-Zentralregisters der DDG auch für die Bundesrepublik Deutschland vorliegen, belegen in eindrucksvoller Weise, daß besonders *frühes Eingreifen* beim MM notwendig ist. Eine frühe großzügige operative Entfernung ist *kurativ*, vor allem für Primärtumoren im klinischen Stadium I mit einer Tumordicke von < 1,5 mm Solche Tumoren sind durch eine radikale operative Entfernung in der überwiegenden Mehrzahl der Fälle heilbar.

Die *Prognose* des Malignen Melanoms ist somit ganz wesentlich von der Tumorausbreitung ab hängig. Mit jeder Verlängerung der Bestandsdauer findet eine Eskalierung der Mortalität des Tumors statt, die sich in einer Eskalierung der therapeutischen Maßnahmen ausdrücken muß. Im Stadium I gilt es, den Tumor möglichst früh, also dünn, zu erfassen, bevor er eine bestimmte Größe erreicht hat. Vielleicht ist eine Tumorgröße von *5 mm* und eine Tumordicke von *0,5 mm* eine Schallgrenze. Mit dem Auftreten von Metastasen in den Stadien II, III u. IV sinken die Überlebenschancen schnell ab. Die Metastasen müssen sofort und restlos ausgeräumt und hier können chemotherapeutische Maßnahmen angeschlossen werden, entweder *adjuvant* bei Hochrisikopatienten in den klinischen Stadien I und II, oder als therapeutische Maßnahme bei noch bestehenden Tumormassen in den Stadien III und IV (Tabelle I).

Nach den Daten des Berliner Zentralregisters der Deutschen Dermatologischen Gesellschaft in Verbindung mit dem BGA kommen in der Bundesrepublik Deutschland insgesamt 88 bis 90% aller Patienten mit einem MM im klinischen Stadium I zur ersten ärztlichen Untersuchung. Bei den restlichen 10 bis 12%, d.h. bei jedem *zehnten* Kranken liegen bereits zu diesem frühen Zeitpunkt Metastasen vor. Hier muß der Arzt von vornherein mit einem letalen Ausgang rechnen. In diesen metastasierten Stadien gelten die prognostischen Merkmale einschließlich Tumordicke und Geschlecht nicht länger. Bei regional begrenzter Metastasierung sinkt die 10-Jahres-Überlebensrate auf 20 bis 30% ab und bei Fernmetastasierung ist der Krankheitsverlauf bis auf einzelne Ausnahmen letal, die 1-Jahres-Überlebensrate sinkt bereits auf ca. 20% ab.

In diesen Kollektiven mit schlechter oder gar infauster Prognose gilt es nun, durch eine rechtzeitig einsetzende, möglichst effiziente und nicht übermäßig belastende Mono- oder Polychemotherapie das Melanom an seiner weiteren Ausbreitung zu bremsen, also *palliativ* lebensverlängernd zu wirken. Der behandelnde Arzt steht vor der Frage, ob man bei diesen Patienten, ca. 25 bis 30% des Gesamtkollektivs, die Hände einfach in den Schoß legen kann.

Tabelle I. Indikationsstellung und Vorgehensweise (Poly-)Chemotherapie des malignen Melanoms in den Stadien III und IV nach den Richtlinien in der Universitäts-Hautklinik und Poliklinik im Klinikum Steglitz.

I. Grundvoraussetzungen
1. Alter <75 Jahre
2. Karnofsky-Index > 60% möglichst > 80%
3. Aggressivität des Krankheitsverlaufs vorhanden
4. Keine Zeichen spontaner Regression
5. Einverständnis zum Einsatz einer aufwendigen Therapie und Wille zum Überleben

II. Therapieziel
a. Lebensverlängerung möglichst über 6 Monate nach realistischer Schätzung möglich
b. Linderung von Schmerzen oder anderen Beschwerden infolge von Tochtergeschwülsten

III. Vorgehen
a. Fortsetzen der Therapie je nach Verträglichkeit und Ergebnis
b. Abbruch bei Nicht-Ansprechen nach 2 bis 3 Zyklen

Indikation zur Chemotherapie

Die Indikation zur Chemotherapie muß somit die außerordentlich geringe Überlebenschance des Kollektivs in den Stadien II, III und IV berücksichtigen, die für den einzelnen Kranken praktisch ein Todesurteil bedeuten. Dazu kommt, daß viele Patienten noch relativ jung sind, denn die meisten Sterbefälle an MM werden im mittleren Lebensalter registriert.

Natürlich wird man bei der Therapieentscheidung Überlegungen miteinfließen lassen müssen, die die Gesamtsituation des Kranken reflektieren. Das Alter der Patienten ist entscheidend und die Berücksichtigung des Karnofsky-Index (> 60–80%) ist selbstverständlich. Dazu kommen auch Parameter wie die *Abwehrkraft des Trägers*, oder ihr Fehlen, die *Aggressivität des Krankheitsverlaufes* insgesamt, die Möglichkeiten, den Patienten in seiner *biologischen Abwehr zu stärken* oder schließlich die entfernte Möglichkeit einer *spontanen Remission*. Mit diesen Gedanken als Grundlage wird sich der Arzt bei vielen Kranken für die Chemotherapie entscheiden. Hier wird die erwartete Wirkung mit der erwarteten Toxizität abgewogen werden müssen. Inwieweit die Nebenwirkungen tolerabel sind und inwieweit die Lebensqualität darunter leidet und in welchem Maße, muß von Fall zu Fall individualisiert betrachtet werden. Auf der anderen Seite bedeutet Lebensqualität auch Schmerzlinderung, und Chemotherapien können in fortgeschrittenen Fällen oft schmerzlindernd wirken.

Chemotherapeutische Behandlungen

Zur Chemotherapie des malignen Melanoms eignen sich nur wenige Substanzen, die entweder allein oder in Kombination immer wieder herangezogen werden. Dazu gehören vor allem *Dacarbazin* (DTIC), *Vinca-Alkaloide* (Vincristin, Vinblastin, Vindesin), *Nitrosoharnstoffe* (BCNU, CCNU), *Bleomycin* und *Platinpräparate* (Cisplatin, Carboplatin) (Tabelle II).

DTIC und Vinca-Alkaloide scheinen eine gezielte Anti-MM-Wirkung zu besitzen (Remissionsrate: ca. 20%). Nitrosoharnstoffe werden selbst bei geringer Eigenwirkung bei chemotherapeutischen Kombinationen oft verwendet, weil sie lipidlöslich sind und die Blut-Liquor-Schranke überschreiten können. Dabei ist CCNU (Lomustin®) weniger lungentoxisch als das BCNU (Carmustin®), so daß es in Polychemotherapieschemata für Kombinationen mit dem ebenfalls lungentoxischen Bleomycin vorgezogen wird. Bleomycin hat allein keine Anti-MM-Wirkung, erreicht aber eine bessere Synchronisierung der wachsenden Tumorzellen (4), womit sie für die andere Monosubstanzen besser angreifbar sind. Platinpräparate, die anfangs gezielt beim MM eingesetzt wurden (1, 24), sind nur schwach wirksam bei relativ hoher Toxizität. Sie werden aber in reduzierter Dosis bei diversen Kombinationsschemata verwendet.

Tabelle II. Ergebnisse einiger Polychemotherapie-Schemata beim disseminierten malignen Melanom.

	Remissionsraten
BOLD	42%
Bleomycin	
Oncovin® (Vincristin)	
Lomustin® (CCNU)	
Dacarbazin	
Seigler et al. (1980), José et al. (1985)	
DVP	47%
Dacarbazin	
Vindesin	
Platin (Platinex®, Cisplatin®)	
Gundersen (1987), von Wussow et al. (1987)	

Divergierende Ergebnisse zur Polychemotherapie:

	Remissionsraten
BOLD	
51 auswertbare Patienten	4%
Zacharias et al. (1989)	
DVP	
92 auswertbare Patienten	24%
Verschraegen et al. (1988)	

Ein Beweis für die Überlegenheit der Polychemotherapie über die Monochemotherapie wurde bisher nicht mit Sicherheit erbracht.

a) Monotherapie

Zur Chemotherapie des MMs gehört nach wie vor eine *Monotherapie* mit Dacarbazin (34). Mit ca. 20 bis zu 25% Remissionen ist das DTIC eines der am besten wirksamen Zytostatika beim MM. Die meisten polychemotherapeutischen Schemata sind Ergänzungen zu diesem Medikament, mit dem Ziel, die Dosis und damit auch seine Nebenwirkungen zu reduzieren. Weitere Zytostatika wie BCNU, Cisplatin und Vindesin bzw. Vinblastin sind auch alleine wirksam, allerdings in geringerem Maße (ca. 12 bis 17% Remissionsraten) (Tabelle III).

Tabelle III. Disseminiertes malignes Melanom – Ansprechraten bei Monochemotherapie.

DTIC	23%
BCNU	17%
Cisplatin	16%
Vindesin	15%
Vinblastin	12%

Therapiebegrenzende Nebenwirkungen

Nausea und Vomitus
(medik. beeinflußbar)
Myelosuppression
Nephrotoxizität (Cisplatin!)
Neurotoxizität (Vinca-Alkaloide)
Alopezie (Cisplatin, Vinca-Alkaloide)

b) Polychemotherapie

Polychemotherapie-Schemata wurden bereits zu Beginn der Zytostatika-Ära bei malignen Melanomen verwendet und mehrfach auch wegen Unwirksamkeit verlassen. Wie bei anderen Tumoren blieb auch beim MM der Erfolg mit vielen klassischen Zytostatika und ihren Kombinationen in der Regel aus (5). In den 80er Jahren wurden zahlreiche Versuche unternommen, mit neuen Kombinationen einen Durchbruch zu erzielen (BVP-Schema (16, 29, 30, 51); DTIC/Vindesin-Schema (50). Der Erfolg war nicht überzeugend. Im Vergleich dazu wurden mit einigen 3er- und 4er-Kombinationen über verbesserte Erfolgsraten berichtet, z.B. mit dem BOLD-Schema ca. 40% (Bleomycin, Oncovin®, Lomustin® und Dacarbazin (17, 38)), mit dem DVP-Schema ca. 43 bis 45% (Dacarbazin, Vindesin, Platinex® (15, 49)).
Natürlich wird man mit solchen Polychemotherapien bei den Kranken mit metastasierendem malignen Melanom in der Regel keine *kurative* Wirkung, sondern nur eine *palliative* Lebensverlängerung erreichen können. Beim metastasierten malignen Melanom, zumal im Stadium IV, sollte auch immer eine Linderung der durch die Tumorkrankheit hervorgerufenen Beschwerden angestrebt werden. Eine Polychemotherapie kann in vielen Fällen eine Verbesserung der Lebensqualität im fortgeschrittenen MM-Stadium IV herbeiführen. Außerordentlich wichtig ist, die antiemetische Therapie optimal einzustellen (45, 53). Beim Ansprechen des Kranken auf die Polychemotherapie lassen sich z.T. eindrucksvolle klinische Besserungen über Wochen und Monate erzielen.

Insofern muß bei der Indikationsstellung zur Chemotherapie, ausgehend von einem zufriedenstellenden Karnofsky-Index (> 60%), auch die *Linderung der klinischen Beschwerden* in den Mittelpunkt des ärztlichen Handelns gerückt werden. In der Berliner Klinik haben wir uns, neben der Monotherapie mit DTIC, frühzeitig mit der Kombination Vindesin/Platinex® befaßt, haben aber inzwischen nach Erfahrungen an 17 Patienten wegen der beachtlichen Toxizität bei nur geringer Remissionsrate (20%) diese Kombination verlassen. In einer Reihe anderer Fälle haben wir klinische Besserungen unter einer Polychemotherapie mit dem BHD-Schema (BCNU, Hydroxyurea, Dacarbazin) beobachtet, z.T. auch mit völligem Schwund der Metastasen über mehrere Monate. Bei einem jungen Mann erreichten wir eine komplette Remission für länger als ein Jahr. Dennoch haben neuere multizentrische Studien die ersten optimistischen Berichte mit Hilfe des BELD- bzw. des DVP-Schemas im Kollektiv nicht bestätigt (Remissionsrate nur 4% (44)). Immerhin ist eine Remissionsrate von 24% in einer neueren Studie der EORTC an 92 auswertbaren Patienten, die mit dem DVP-Schema behandelt wurden, ein beachtenswerter Erfolg (47). Insgesamt ist aber der Beweis der Überlegenheit der Polychemotherapie über die DTIC-Monotherapie bei malignem Melanom nicht erbracht worden und weitere Studien mit den Dreierkombinationen BHD und DVP sowie mit dem BELD-, BOLD- und weiteren Schemata stehen noch aus.

c) Dosissteigerungen

Eine *hochdosierte Polychemotherapie bei gleichzeitiger autologer Knochenmarkstransfusion* öffnet möglicherweise einen neuen, effizienten Behandlungsweg (39). Das Prinzip dieser Behandlung liegt darin, daß im Anschluß an eine Knochenmarksentnahme eine hochdosierte Chemotherapie z.B. mit Cyclophosphamid, Cisplatin und BCNU über mehrere Tage durchgeführt wird und wenige Tage später das entnommene Knochenmark dem Patienten reinfundiert wird. Ziel ist die Schonung des blutbildenden Apparates unter Verwendung höherer Zytostatikadosen. Bisher sind nur wenige Patienten mit dieser Technik behandelt worden, die Ansprechsrate war jedoch in vielen Einzelstudien, die seit 1983 durchgeführt werden, insgesamt relativ hoch. Die gleichzeitig hohe Rate an z.T. schweren Nebenwirkungen, und auch Todesfällen, infolge der Therapiemaßnahmen lassen allerdings keine allgemeine Empfehlung dieser Methode zu (Tabelle IV).

Tabelle IV. Hochdosis-Polychemotherapie mit autologer Knochenmarkstransplantation.

Therapieprinzip (n = 17, Shea et al. 1988)		
Tag 1:	Knochenmarksentnahme	
Tag 2–5:	Chemotherapie	
	Cyclophosphamid	5625 mg/m²
	Cisplatin	165 mg/m²
	BCNU	600 mg/m²
Tag 8:	Knochenmarksreinfusion	

- Möglicherweise Verbesserung der Ansprechrate, Untersuchung größerer Kollektive steht noch aus.
- Erhebliche Vermehrung toxischer Nebenwirkungen mit therapiebedingten Todesfällen (Blutungen in ZNS Lunge und GI-Trakt, Infektionen)

Bemerkenswert ist, daß im Hinblick auf das Ansprechen von MM-Metastasen auf Zytostatika je nach *Lokalisation* der Tochtergeschwülste Unterschiede unabhängig von der Dosis bestehen. Offensichtlich sprechen Patienten mit *Haut-, Weichteil-* und *Lungenmetastasen* besser auf die Polychemotherapie an, als solche mit *Knochen-* und *Lebermetastasen*. Insbesondere sprechen nach unseren Erfahrungen Hautmetastasen, auch wenn sie disseminiert sind, gut und nachhaltig auf eine Polychemotherapie an. Dieser klinische Unterschied allein könnte die Einteilung des klinischen Stadium *IV* in *IVa* (= Hautmetastasen allein) und in *IVb* (= viszerale Metastasen) rechtfertigen. Bei isolierten Haut- und Lungenmetastasen sollte man jedenfalls, mit oder ohne Totalexzision der Tochtergeschwülste, an eine Polychemotherapie denken.

Regionäre Chemotherapie mit entsprechender lokaler Dosissteigerung wie die *Leber-* bzw. *Extremitätenperfusion* sind in entsprechend gelagerten Fällen zu erwägen (28, 48).

Kombination von Zytostatika mit Zytokinen

In letzter Zeit haben *Kombinationen von Zytostatika mit Zytokinen* neue Wege zur Chemotherapie des malignen Melanoms eröffnet. Vor allem die Interferone (alpha, beta und gamma) oder Interleukin 2 wurden hierzu herangezogen, die nach den bisher vorliegenden ersten Erfahrungen mit Zytostatika gut kombinierbar sind. Möglicherweise sollten auch der *Tumornekrosefaktor* (TNF) und der *»granulocyte/macrophage colony stimulating factor«* (GM-CSF (6, 8, 26)), die derzeit in Entwicklung sind, für diese Indikation geprüft werden. Seit über vier Jahren verwenden wir in der Berliner Klinik das rekombinierte Interferon alpha-2a (rIFN-alpha-2a; Roferon A®) beim malignen Melanom (41, 42). Das Medikament ist allein wenig wirksam, kann aber in Verbindung mit Dacarbazin verabreicht werden, womit nach letzten Veröffentlichungen bis zu 30% Erfolge zu erwarten sind. Zur Zeit wird von uns die Kombination von rIFN-alpha-2a mit *Vindesin* geprüft. Eine andere, ähnliche Kombination ist die Anwendung von Interleukin 2 (IL-2) mit *Cyclophosphamid* (25). In vitro hat vor allem natürliches *IFN-beta* (Fiblaferon®) einen hemmenden Einfluß auf MM-Zellen (54), so daß man seinen Einsatz in der Klinik erwägen sollte. Andere experimentelle Ansätze sind die Anwendung von Il-2 (Proleukin®), mit oder ohne Interferon, von *IL-2 aktivierten LAK-Zellen* sowie von *tumorinfiltrierenden Lymphozyten*, z. T. in Verbindung mit Cyclophosphamid (36, 37) (Tabelle V).

Wenn es auch entschieden zu früh ist, eine Aussage zum Wert derartig kombinierter moderner Immun-Chemotherapien zu treffen, so dürfte man von diesen Schemata neben der Minderung der Dosis des Zytostatikums auch eine ver-

Tabelle V. Kombinierte Therapie mit Zytostatika und Interferonen.

a. Dacarbazin rIFN-alpha-2a:
   Ansprechrate ca. 30%
b. Vindesin und rIFN-alpha-2a:
   wird z. Zt. in einer Studie bei uns geprüft

Zielsetzung

- Verbesserung der Ansprechrate
- Erreichen gleicher Ansprechraten bei verminderter Dosis von Zytostatika
- Weniger Nebenwirkungen

besserte Wirksamkeit auf den Tumor erwarten. Wie hoch eine solche Verbesserung ausfallen kann, ob sie substantiell ist oder nicht, wird die Zukunft zeigen. Es ist auch noch völlig unklar, *in welcher Phase der Tumorregression und in welcher zeitlichen Abfolge bzw. Dosisbeziehung zueinander* Zytostatika und Immunmodulatoren verabreicht werden sollen, um optimale Wirkungen zu erreichen. In jedem Fall sind von uns durch die Minderung der Zytostatikadosis bislang *weniger Nebenwirkungen* zu vermerken, ein Umstand, der für den Patienten außerordentlich wichtig ist und die ambulante Durchführung derartiger Therapien erlaubt. Die Minderung der Toxizität, z.B. der zytostatikainduzierten Leukopenie bei möglichst gleichbleibender zytostatischer Wirkung, ist für die nächste Zukunft ein wichtiges Ziel der kombinierten Immun-chemotherapeutischen Maßnahmen (Tabellen VI und VII).

Tabelle VI. Chemotherapie-Schemata

a. *Mittlere Kombinationen*
   - BHD (BCNU, Hydroxyurea, Dacarbazin)
   - BVD (BCNU, Vincristin, Dacarbazin)
   - DVP (Dacarbazin, Vindesin, Platinum)
b. *Weitergehende Kombinationen und Dosierungen*
   - BOLD (Bleomycin, Oncovin® (Vincristin), Lomustin (CCNU), Dacarbazin)
   - BELD (Bleomycin, Eldisine® (Vindesin), Lomustin (CCNU), Dacarbazin
   - Hochdosierte Chemotherapie mit Knochenmarkstransfusion
   - Organ- und Extremitätenperfusion
c. *Neuere Immun-Chemotherapien*
   - IFN-alpha + DTIC bzw. Vindesin
   - IFN-alpha + IL-2 (Proleukin®)
   - IL-2 und Cyclophosphamid

Tabelle VII. Systemische Chemotherapie bei Fernmetastasierung.

Eskalierendes Konzept:

a. IFN (alpha, beta),
   DTIC-Monotherapie
   IFN-alpha + Zytostatika (DTIC, Vindesin)
6. 3er-Kombinationen:
   BHD
   BVD
c. 4er-Kombinationen und Platin-Komb.:
   BOLD
   BELD
   DVP

Adjuvante Chemotherapie

Zur *adjuvanten* Chemotherapie im Stadium I möchten wir hier nur kurz Stellung nehmen, da wir offenbar z.Zt. in einer Übergangsphase sind, wo die weitere Entwicklung noch nicht absehbar ist. Adjuvante Therapien wurden neuerdings im allgemeinen kritisch beurteilt (3, 21). Auch kombinierte adjuvante Immun-Chemotherapien waren nicht sonderlich erfolgreich (19, 20, 33, 43, 46). In randomisierten Studien der letzten Zeit konnten keine sicheren Therapievorteile für eine adjuvante Therapie ermittelt werden (22). Studien bei gesonderten Patienten-Subkollektiven mit Hochrisiko im klinischen Stadium I, die gut dokumentiert sind und in einer ausreichenden Zahl randomisiert überprüft wurden, liegen allerdings nach näherer Analyse der vorliegenden Publikationen nicht vor. Hier kann noch einiges nachgeholt werden, denn die Mehrheit der Patienten mit dicken Melanomen (> 3–4 mm) hat nachweislich zu einem großen Prozentsatz bereits Mikrometastasen, und wir müssen uns fragen, warum Mikrometastasen weniger gut ansprechen sollten als Makrometastasen. Auch über eine adjuvante Therapie im Stadium II liegen einige Studien vor, die z.T. widersprüchlich sind. Die multizentrische Studie von *Veronesi* et al. (11) konnte einen leichten Vorteil der Behandlung nur in einer Untergruppe des Kollektivs aufzeigen. In neueren monozentrischen Studien von *Czarnetzki* et al. (7) und von *Garbe* et al. (12) konnten signifikante Besserungen in einer Untergruppe der Behandelten (= Stadium IIa und IIb) gefunden werden, allerdings an kleineren Kollektiven. Immerhin haben aber monozentrische Studien den Vorteil einer einheitlicheren Kontrollführung und Vergleichbarkeit. Es scheint, daß vor allem im Stadium II b des malignen Melanoms nach großzügiger Entfernung des Primärtumors und zuverlässiger Lymphknotenausräumung eine adjuvante Chemotherapie über 12 bis 24 Monate eine sinnvolle Maßnahme ist.

Schlußfolgerungen

Insgesamt gesehen ist die Indikation zur Chemotherapie des malignen Melanoms strikt *prognoseorientiert*, genau so, wie das gesamte ärztliche Verhalten bei diesem hochmalignen Tumor (1). Im *Stadium I* wird man sich in der Regel mit der großzügigen Entfernung des Primärtumors begnügen. Allenfalls bei Patienten mit hohem Risiko, z.B. bei Männern mit sehr dicken Tumoren (> 4 mm), bei besonders ungünstiger Lokalisation, etwa beim viszeralen Melanom, oder in anderen geeigneten Fällen wird man sich individualisiert zu einer angemessenen adjuvanten Therapie entscheiden können.

Im *Stadium II* scheint die Chemotherapie einen Vorteil zu bieten und zu einer verbesserten Heilungsrate zu führen. Wenn auch Widersprüche noch vorhanden sind, so sind u.E. gerade in dieser Gruppe adjuvante Chemotherapien postoperativ zu erwägen. Dies dürfte auch für das Stadium III gelten.

Im *Stadium IV* empfehlen wir eine Polychemotherapie mit dem Ziel der palliativen Lebensverlängerung bzw. in Einzelfällen der Linderung der Beschwerden von MM-Kranken. Aus den sich heute anbietenden Möglichkeiten möchten wir vor allem auf die Kombinationen von Dacarbazin bzw. Vindesin mit rekombiniertem Interferon alpha sowie auf die polychemotherapeutischen Schemata von Dacarbazin, Vindesin und Platinpräparaten (DVP), bzw. auf die Kombination BCNU, Hydroxyurea und Dacarbazin (BHD) hinweisen. Vierer-Schemata wie das BELD- oder das BOLD-Schema werden vor allem akuten Situationen vorbehalten bleiben müssen. Knochenmarkstransfusionen sind eher experimentelle Maßnahmen, deren Wert noch offen steht, und Leber- bzw. Extremitätenperfusionen sind für wenige Sonderfälle geeignet.

Die *Perspektiven* zur Chemotherapie des malignen Melanoms liegen vermutlich in der Kombination von Zytostatika mit verschiedenen Zytokinen, deren Applikationsmodus in der nächsten Zukunft verfeinert und in ihrer Dosierung besser abgestimmt werden muß. Ein entscheidender Durchbruch bei der Heilung des metastasierten MM's ist zwar noch nicht gelungen, aber es kann schon viel erreicht werden, wenn um das Überleben jedes einzelnen Patienten gekämpft wird. Die künftige Aufgabe der Dermato-Onkologie wird es sein, den Wert der diversen Zytokine in der Beeinflussung des Tumorverhaltens beim Melanom zu überprüfen und die Effizienz kombinierter Immun-Polychemotherapien bei geringerer Toxizität zu verbessern.

Literatur

1. Al Sarraf M, Fletchr W, Ioshi N et al (1982) Cisplatin hydration with and without mannitol diuresis in refractory disseminated malignant melanoma: A Southwest Oncology Group study. Cancer Treat Rep 66: 31–35
2. Balch CM (1985) A worldwide comparison of prognostic factors in melanoma (Abstr) 2nd Wld Congr Cancers of the Skin, New York, March 7–9, 1985, p 7
3. Balch CM, Hersey P (1985) Current status of adjuvant therapy. In: Balch CM, Milton GW (eds) Cutaneous Melanoma. Clinical Management and Treatment Results Worldwide. JB Lippincott Co., Philadelphia, pp 197–218
4. Barranco SC, Luce JK, Romsdahl MM, Humphrey RM (1973) Bleomycin as a possible synchronizing agent for human tumor cells in vivo. Cancer Res 33: 882–887
5. Bellet RE, Mastrangelo MJ, Berd D et al (1979) Chemotherapy of metastatic malignant melanoma. In: Clark WH jur, Goldmann LI, Mastrangelo MJ (eds) Human Malignant Melanoma. Grune and Stratton, New York San Francisco London, pp 325–354
6. Bronchud MH, Scarffe JH, Thatcher N et al (1987) Phase I/II study of recombinant human granulocyte colony-stimulating factor in patients receiving intensive chemotherapy for small cell lung cancer. Br J Cancer 56: 809

7 Czarnetzki BM, Aragon V, Bröcker EB et al (1986) Adjuvante Polychemotherapie zusätzlich zur radikalen operativen Behandlung regionaler Lymphknotenmetastasen beim malignen Melanom. Dt Med Wschr 11: 732–736
8 Gabrilove J, Jakubowski A, Grous J et al (1987) Initial results of a study of recombinant human granulocyte colony-stimulating factor (rhG-CSF) in cancer patients. Exp Hematol 15: 461
9 Garbe C, Bertz J, Orfanos CE (1986a) Malignes Melanom: Zunahme von Inzidenz und Mortalität in der Bundesrepublik Deutschland. Z Hautkr 61: 1751–1764
10 Garbe C, Stadler R, Orfanos E (1986) Prognose-orientierte Therapie bei malignem Melanom. Hautarzt 37: 365–372
11 Garbe C, Bertz J, Orfanos CE (1987) Das maligne Melanom im deutschsprachigen Raum in den 80er Jahren. Hautarzt 38: 639–644
12 Garbe C, Guenther-Eymann K, Stadler R, Orfanos CE (1988) Adjuvante Chemotherapie des malignen Melanoms mit DTIC. Hautarzt 39: 205–212
13 Garbe C, Wiebelt H, Orfanos CE (1989) Change of epidemiological characteristics of malignant melanoma during the years 1962–1972 and 1983–1986 in the Federal Republic of Germany. Dermatologica 178: 131–135
14 Garbe C, Stadler R, Orfanos CE (1989) Lokalrezidive und Metastasierung bei dünnen malignen Melanomen (<1 mm). Hautarzt 40: 337–343
15 Gundersen S (1987) Dacarbazine, vindesine, and cisplatin combination chemotherapy in advanced malignant melanoma: a phase II study. Cancer Treat Rep 71: 997–999
16 Johnson DH, Presant C, Einhorn L et al (1985) Cisplatin, vinblastine, and bleomycin in the treatment of metastatic melanoma: a phase II study of the South-eastern Study Group. Cancer Treat Rep 69: 821–824
17 Josè DG, Minty CCJ, Hillcoat BL (1985) Treatment of patients with disseminated malignant melanoma with bleomycin, oncovin, lomustine and DTIC (BOLD). 1st Int Conf Skin Melanoma, may 6–9, Venice (abstr 151)
18 Jung EG (1989) Wie kann man Melanome verhindern? Dt Med Wschr 114: 393–397
19 Karakousis CP, Didolkar MS, Lopez R et al (1979) Chemoimmunotherapy (DTIC and Corynebacterium parvum) as adjuvant treatment in malignant melanoma. Cancer Treat Rep 63: 1739–1743
20 Knost JA, Reynolds V, Grevo FA et al (1982) Adjuvant chemoimmunotherapy stage I/II malignant melanoma. J Surg Oncol 19: 165–170
21 Koh HK, Sober AJ, Harmon DC et al (1985) Adjuvant therapy of cutaneous malignant melanoma: a critical review. Med Pediatr Oncol 13: 244–260
22 Lejeune FJ, Macher E, Kleeberg U et al (1988) An assessment of DTIC versus levamisole or placebo in the treatment of high risk stage I patients after surgical removal of a primary melanoma of the skin. A phase III adjuvant study. EORTC protocol 18761. Eur J Cancer Clin Oncol (suppl 2) 24: 81–90
23 Luikart SD, Kennealy GT, Kirkwood JM (1984) Randomized phase III trial of vinblastine, and cis-dichlorodiammine-platinum versus dacarbazine in malignant melanoma. J Clin Oncol 2: 164–168
24 Melch Z, Krejci P (1983) Cis-diammine dichloroplatinum in the treatment of disseminated malignant melanoma. Neoplasma 30: 371–377
25 Mitchell MS, Kempf RA, harel W et al (1988) Effectiveness and tolerability of low-dose cyclophosphamide and low-dose intravenous interleukin-2 disseminated melanoma. J Clin Oncol 6: 409–424
26 Morstyn G, Souza LM, Keech J et al (1988) Effect of granulocyte colony-stimulating factor on neutropenia induced by cytotoxic chemotherapy. Lancet 1: 667
27 Mulder NH, Sleijfer DT, Smit JM et al (1986) Phase II study of bleomycin, actinomycin D, DTIC and vindesin in disseminated malignant melanoma. Eur J Cancer Clin Oncol 22: 879–881
28 Nagel K, Junginger Th (1987) Extremitätenperfusion beim malignen Melanom. Dt Med Wschr 112: 1626–1629
29 Nathanson L, Kaufman SD, Carey RE (1981) Vinblastine, bleomycin and cis-dichlorodiammine-platinum chemotherapy in metastatic melanoma. Cancer 48: 1290–1294
30 National Cancer Institute of Canada Melanoma Group (1984): Vinblastine, bleomycin, and cisplatinum for the treatment of metastastic malignant melanoma. J Clin Oncol 2: 131–134
31 Orfanos CE, Garbe C (1989) Symposium »Malignes Melanom« der Dt Derm Ges Klinikum Steglitz der Freien Universität 16.–17. Juni 1989 in Berlin. Hautarzt 40: 377–396
32 Orfanos CE, Garbe C, Bertz J (1985) Epidemiologie des malignen Melanoms der Haut im internationalen Vergleich. Hautarzt (Suppl. VII): 81–84

33 Quirt IC, DeBoer G, Kersey PA et al (1983) Randomized controlled trial of adjuvant chemoimmunotherapy with DTIC and BCG after complete excision of primary melanoma with a poor prognosis or melanoma metastases. Can Med Assoc J 128: 929–933
34 Retsas R, Newton RA, Westbury G (1979) Vindesine as a single agent in the treatment of advanced malignant melanoma. Cancer Chemother Pharmacol 2: 257–260
35 Rogers GS, Kopf AW, Rigel DS et al (1986) Influence of anatomic location on prognosis of malignant melanoma: Attempt to verify the BANS model. J Am Acad Dermatol 15: 231–236
36 Rosenberg SA, Pachard BS, Aebersold PM et al (1988) Use of tumor-infiltrating lymphocytes and interleukin-2 in the immunotherapy of patients with metastatic melanoma. New Engl J Med 319: 1676–1680
37 Rosenberg SA, Spiess P, Lafreniere R (1986) A new approach to the adoptive immunotherapy of cancer with tumor-infiltrating lymphocytes. Science 233: 1318–1321
38 Seigler HF, Lucas VS, Pickett NJ, Huang AT (1980) DTIC, CCNU, bleomycin and vincristine (BOLD) in metastatic melanoma. Cancer 46: 2346–2348
39 Shea TC, Antman KH, Eder JP et al (1988) Malignant Melanoma. Treatment with high-dose combination alkylating agent chemotherapy and autologous bone marrow support. Arch Dermatol 124: 878–884
40 Smith IE, Hedley DW, Powles TJ, McElwain TJ (1978) Vindesine: A phase II study in the treatment of breast carcinoma, malignant melanoma and other tumors. Cancer Treat Rep 62: 1427–1433
41 Stadler R, Bratzke B, Mayer da Silva A, Orfanos CE (1988) Therapie des AIDS-induzierten Kaposi-Sarkoms und des malignen Melanoms mit Interferonen. Onkologie 11: 166–176
42 Stadler R, Bratzke B, Orfanos CE (1987) Therapeutischer Einsatz von Interferon bei metastasierendem malignen Melanom, disseminiertem Kaposi-Sarkom und schwerem Morbus Behcet. Hautarzt 38: 453–460
43 Sterchi JM, Wells HB, Case LD et al (1985) A randomized trial of adjuvant chemotherapy and immunotherapy in stage I and stage II cutaneous melanoma. An interim report. Cancer 55: 707–712
44 The Prudente Foundation Melanoma Study Group (1989): Chemotherapy of disseminated melanoma with bleomycin, vincristine, CCNU, and DTIC (BOLD regimen). Cancer 63: 1676–1680
45 Triozzi PL, Laszlo J (1987) Optimum management of nausea and vomiting in cancer chemotherapy. Drugs 34: 136–139
46 Veronesi U, Adamus J, Aubert C et al (1982) A randomized trial of adjuvant chemotherapy and immunotherapy in cutaneous melanoma. New Engl J Med 307: 913–916
47 Verschraegen CF, Kleeberg UR, Ulder J et al (1988) Combination of cisplatin, vindesine, and dacarbazine in advanced malignant melanoma. Cancer 62: 1061–1065
48 Voigt H, Kleeberg UR (1986) Regionale und systemische Chemotherapie des Melanoms. Tumor Diagnostik & Therapie 7: 129–133
49 von Wussow P, Hartmann F, Block B et al (1987) Treatment of advanced malignant melanoma with dacarbazine, vindesine and cisplatin (DVP). Presented at the 4th Eur Conf Clin Oncol and Cancer Nursing, Madrid, 1–4 November, p 907
50 Vorobiof DA, Sarli R, Falkson G (1986) Combination chemotherapy with dacarbazine and vindesine in the treatment of metastatic malignant melanoma. Cancer Treat Rep 70: 927–928
51 York RM, Lawson DH, McKay J (1983) Treatment of metastatic malignant melanoma with vinblastine, bleomycin by infusion and cisplatin. Cancer 52: 2220–2222
52 Young DW, Lever RS, English JSC, Mackie RM (1985) The use of BELD combination therapy (bleomycin, vindesine, CCNU and DTIC) in advanced malignant melanoma. Cancer 55: 1879–1881
53 Zankovich R, Diehl V (1986) Antiemetika bei der Chemotherapie maligner Erkrankungen. Arzneimitteltherapie 4: 146–151
54 Zouboulis Ch, Garbe C, Orfanos CE (1989) Wachstumshemmung von Melanomzellen durch Interferone in vitro. Hautarzt 40: 65–69

Für die Verfasser:
Prof. Dr. C. E. Orfanos
Universitäts-Hautklinik und Poliklinik
Klinikum Steglitz
Hindenburgdamm 30
D-1000 Berlin 45

Die dermatologische Radiotherapie des Melanoms der Haut mit besonderer Berücksichtigung des Lentigo-maligna-Melanoms

R. Panizzon, R. Alber und U. W. Schnyder
Dermatologische Klinik, Universitätsspital Zürich

Zusammenfassung

Die Primärtherapie des Melanoms stellt zweifellos das chirurgische Verfahren dar. Andererseits ist die Radiotherapie wegen der Annahme, Melanome seien strahlenresistent, sehr vernachlässigt worden. In den letzten Jahren hat jedoch das Interesse an der Radiobiologie und Radiotherapie des Melanoms zugenommen. Die Röntgensensibilität ist unter den verschiedenen Melanomformen unterschiedlich, die besten Resultate werden beim Lentigo-maligna-Melanom (LMM) erreicht.
Wir berichten über 18 Patienten mit einem LMM, welche primär mit Röntgenstrahlen behandelt wurden. Alle LMM wurden histologisch bestätigt und die Patienten waren im klinischen Stadium I. Nach einer mittleren Nachkontrollzeit von 8,0 Jahren waren zwei Rezidive zu verzeichnen. Diese beiden Patienten sind mit Einzeldosen von 4 Gy bestrahlt worden. Dies zeigt uns, daß die Heilungsrate mit höheren Einzeldosen verbessert werden kann. Nach unserer Auffassung ist die Röntgentherapie des LMM ebenso wirksam wie das chirurgische Verfahren, insbesondere für größere Herde beim älteren Patienten, der über diese Therapiemöglichkeit sehr dankbar ist. Diese stellt eine kleinere psychische Belastung, eine weniger strapazierende ambulante Therapie und erst noch ein kostengünstiges Verfahren dar.

Summary

A surgical management represents the treatment of choice for melanomas of the skin. Radiotherapy on the other hand has been neglected because of the opinion that melanomas were radioresistent. During recent years there has been an increasing interest in the radiobiology and radiotherapy of melanomas. There is a different radiosensitivity among the different types of melanomas, and the best results have been obtained in Lentigo maligna melanoma (LMM).
We describe 18 patients with LMM, who received radiotherapy as a first treatment. All LMM were histologically confirmed and the patients were in the clinical stage I. After a mean follow-up of 8.0 years two recurrences could be noticed. These two patients were treated with single doses of 4 Gy. This shows that the cure rate can be improved by the use of higher single doses. We suggest that radiotherapy is as effective as the surgical procedure for LMM, especially for the greater lesions in elderly patients, who are very grateful for this psychologically well tolerated treatment on an outpatient basis, and which last but not least represents a low-cost treatment modality.

Im Vordergrund der Behandlung des Melanoms der Haut steht zweifellos das chirurgische Verfahren. Die Radiotherapie dagegen ist lange Zeit in Ungnade gefallen, insbesondere, weil bei der Anwendung der üblichen radiotherapeutischen Bestrahlungsverfahren kein Erfolg verzeichnet werden konnte. Neuere experimentelle und klinische Ergebnisse zeigen aber, daß das Melanom nicht als strahlenresistent, sondern als »vermindert strahlensensibler« oder »reduziert strahlensensibler« Tumor zu bezeichnen ist. Bereits in den 20er Jahren schlugen *Chaoul, Ellis, Hohlfelder* und *Miescher* für die erfolgreiche Röntgenbehandlung des Melanoms der Haut relativ hohe Einzeldosen vor (8).

Experimentelle Daten aus der Literatur

Barranco et al. (2) zeigten mit In-vitro-Versuchen, daß das Melanom nicht strahlenresistent ist. Ebenfalls fanden *Dewey* et al. (zit. in 11) keinen Hinweis für eine Strahlenresistenz bei Harding-Passey-Melanom-Zellen. Die Autoren benötigten jedoch fraktionierte Einzeldosen von über 420 R, um eine Wirkung zu erzielen. Anhand von In-vitro-Überlebenskurven konnte *Wheldon* (11) zeigen, daß:

1. die optimale Einzeldosis direkt proportional zu Do ist,
2. das optimale Zeitintervall zwischen den Fraktionen direkt proportional der Tumorverdoppelungszeit und
3. sowohl die Dosis wie auch die Zeit mit der Extrapolationszahl (n) zunimmt.

Am Na11-Melanom konnte auch der Beweis erbracht werden, daß die Reoxygenierung bei hohen Einzeldosen besser ist, wogegen bei täglicher Fraktionierung mit niederen Einzeldosen eine Hypoxie persistiert und somit die verminderte Strahlensensibilität erklärt (9). Anhand des »Sphäroid«-Kulturmodells konnte dargelegt werden, daß zum Wachstumsstop verschiedenster Melanomtypen eine minimale Einzeldosis von 3,5 Gy benötigt wird (12).

Neuere klinische Ergebnisse

Im Anschluß an die radiobiologischen Experimente folgte die klinische Anwendung der Behandlung des Melanoms der Haut und eventueller Metastasen mit höheren Einzeldosen, nachdem dies, wie schon erwähnt, fünfzig Jahre zuvor bereits vorgeschlagen wurde (s. Tabelle I (8)).

Tabelle I Empfohlene höhere Einzeldosen zur Röntgenbehandlung des Melanoms (Literatur).

4 Gy,	5 x/Woche	(3)
5 Gy,	3–5 x/Woche	(5)
6 Gy,	1–3 x/Woche	(zit. in 8)
8 Gy,	1 x/Woche	(4)

Harwood (3) zeigte im übrigen auch, daß die verschiedenen Melanomformen unterschiedlich auf Röntgenstrahlen reagierten. Er behandelte Lentigo-maligna-Melanome, noduläre Melanome und Schleimhautmelanome. Ein Ansprechen auf die Radiotherapie konnte der Autor nur mit einer Einzeldosis von mindestens 4 Gy beobachten.

Trotz dieser günstigen Ergebnisse müssen wir anerkennen, daß, ausgenommen vom Lentigo-maligna-Melanom, worüber weiter unten gesondert berichtet wird, die übrigen Melanomformen weniger strahlensensibel sind. Mögliche Gründe dafür sind:

- Hoher Anteil von nicht-proliferierenden Zellen
- Hoher Anteil von hypoxischen Zellen
- Ausgeprägte Möglichkeit von Repair von potentiellen Letalschäden
- Subpopulationen von Zellen mit verschiedenen Radiosensibilitätsgraden im »Schulterbereich« der Überlebenskurve
- Bildung von Prostaglandinen (Radioprotektoren) in den Zellen
- Melanin stellt einen Radikalen-»Fänger« dar

Um das Melanom strahlensensibler zu machen, ist in den letzten Jahren nach neueren, beziehungsweise zusätzlichen Verfahren gesucht worden. Als Beispiele möchten wir nennen: Die zusätzliche Anwendung der Hyperthermie, von Radiosensibilisatoren bzw. Zytostatika und der Einsatz von Strahlen mit hohem LET.

Eigene Resultate zur Radiotherapie des Lentigo-maligna-Melanoms

Bereits 1955 berichteten *Miescher* und in den späteren Jahren auch *Storck* über die erfolgreich angewandte Röntgentherapie beim Lentigo-maligna-Melanom (und im übrigen auch der Lentigo maligna (10)). Aus Literaturangaben fanden wir 38 Patienten mit Lentigo-maligna-

Melanom, die erfolgreich röntgentherapiert wurden. Die durchschnittliche Nachkontrolldauer dieser Patienten betrug jedoch lediglich 3,5 Jahre. Rezidive sind bei zwei Patienten aufgetreten, was 5,3% entspricht (1, 3, 6). In der Zeit von 1945 bis 1964 (1) und 1965 bis 1986 sind an unserer Klinik je neun Patienten mit einem Lentigo-maligna-Melanom bestrahlt worden. Bei oberflächlichen Lentigo-maligna-Melanomen, d.h. bis zu einer Tumordicke von 1 mm, wurden Grenzstrahlen, bzw. bei Tumordicken > 1 mm die Weichstrahlen (Tabelle II) eingesetzt. Das Durchschnittsalter aller Patienten betrug 59,9 Jahre. Von allen Patienten wurde die Diagnose Lentigo-maligna-Melanom histologisch bestätigt. Alle Patienten befanden sich im klinischen Stadium I und waren nicht vorbehandelt.

Daβ sich die Röntgentherapie für diese Patienten eignete, zeigt sich auch darin, daβ der durchschnittliche Durchmesser der Tumorherde 25,8 mm betrug. Diese Melanome befanden sich ausschlieβlich im Gesicht und an den Ohrmuscheln. Nach einer mittleren Nachkontrollzeit von 7,3 Jahren (wir fanden keine vergleichbar lange Nachkontrollzeit in der Literatur) konnten wir keine Rezidive feststellen. Somit ergibt sich für eine relativ lange Nachkontrollzeit eine Heilungsrate von 100% (Tabelle III). Verglichen mit den Literaturergebnissen sind unsere Resultate keineswegs zufällig, ermittelten doch auch andere Autoren (3, 6) ähnliche Erfolgsquoten. Die kosmetischen Resultate waren ausgezeichnet und die bestrahlten Stellen wurden von den Hausärzten der Patienten oft-mals nicht einmal bemerkt. Am ehesten stellten sich Hyper- und Depigmentierungen ein. Das von *Miescher* (zit. in 10) vorgeschlagene Bestrahlungsschema hat sich sicher bewährt und konnte auch neuerdings wieder bestätigt werden (4, 7).

Gemäβ den Angaben aus dem Schrifttum und gemäβ unserer eigenen Erfahrung stellt die Röntgentherapie des Lentigo-maligna-Melanoms ein der chirurgischen Behandlung ebenbürtiges Verfahren dar, insbesondere bei den durchschnittlich groβen Lentigo-maligna-Melanom-Herden der älteren Patienten sind die kleinere psychische Belastung, der wenig strapazierende Eingriff und das kostengünstige Verfahren beachtenswert.

Tabelle II. Bestrahlungsschema für Lentigo-maligna-Melanome (modifiziert nach *Miescher*).

	Grenzstrahlen	Weichstrahlen
Tumordicke	bis 1 mm	über 1 mm
kV	12	20, 30, 40, 50
Filter, mm	1,0 Cellon	0,4, 0,5, 1,0, 2,0 Al
FHD, cm	12/20/28,3	12/20/28,3
GHWT, mm	0,25/1,0/1,0	2,5 bis 22,5
Einzeldosis, Gy	10/20	6
Fraktionierung	10–12/5–6	7–9
Intervall, Tage	3–4	3–4

Tabelle III. Therapieresultate von bestrahlten und histologisch verifizierten Lentigo-maligna-Melanomen in unserer Klinik (1945–1986).

	1945–1964 (1)	1965–1986	Total bzw. Durchschnitt
n	9	9	18
Durchschnittsalter, Jahre	50,0	69,7	59,9
Nachkontrolle, Jahre	6	9,9	8,0
Tod an Melanom	0	0	0
Rezidive	2	0	2
Heilungsrate (8 Jahre)			89%

Literatur

1 Arma-Szlachcic M, Ott F, Storck H (1970) Zur Strahlentherapie der melanotischen Präkanzerosen. Hautarzt 21: 505–508
2 Barranco SC, Romsdahl MM, Humphrey RM (1971) The radiation response of human malignant melanoma cells grown in vitro. Cancer Res 31: 830–833
3 Harwood AR (1982) Conventional radiotherapy in the treatment of lentigo maligna and lentigo maligna melanoma. J Am Acad Dermatol 6: 310–316
4 Johanson CR, Harwood AR, Cummings BJ, Quirt J (1983) 0-7-21 radio therapy in nodular melanoma. Cancer 51: 226–232
5 Katz HR (1981) The results of different fractionation schemes in the palliative irradiation of metastatic melanoma. Int J Radiat Oncol Biol Phys 7: 907–911
6 Kopf AF, Bart RS, Gladstein AH (1976) Treatment of melanotic freckle with X-rays. Arch Dermatol 112: 801–807
7 Overgaard J (1985) A randomized study comparing two high dose per fraction radiation schedules in recurrent or metastatic malignant melanoma. Int J Radiat Oncol Biol Phys 11: 1837–1839
8 Panizzon R (1986) Die Radiotherapie des malignen Melanoms der Haut – eine Renaissance? Hautarzt 37: 481–484
9 Pourreau-Schneider N, Malaise E (1981) Relationship between surviving fractions using the colony method, the LA 50, and the growth delay after irradiation of human melanoma cells grown as multicellular spheroids. Rad Res 85: 321–332
10 Storck H, Ott F, Schwarz K (1972) Maligne Melanome. In: Diethelm L, Olsson O, Struad F, Vieten H, Zuppinger A (eds) Handbuch der Med Radiol Bd 1911. Springer, Berlin Heidelberg New York, pp 205–217
11 Wheldon TE (1975) Optimal radiotherapy of radioresistant tumors. Br J Radiol 48: 870–871
12 Yuhas JM, Blake S, Weichselbaum RR (1984) Quantitation of the response of human tumor spheroids to daily exposures. Int J Radiat Oncol Biol Phys 10: 2323–2327

Für die Verfasser:
Priv.-Doz. Dr. R. Panizzon
Dermatologische Klinik
Universitätsspital
Gloriastraße 31
CH-8091 Zürich

Neuere Therapieansätze beim disseminierten malignen Melanom

R. Stadler und C. Garbe
Universitäts-Hautklinik und Poliklinik, Klinikum Steglitz der Freien Universität Berlin

Zusammenfassung

Die neuen Therapiekonzepte beim disseminierten malignen Melanom umfassen (a) den Einsatz von definierten Zytokinen, wie Interferone und Interleukine, (b) die Kombination von klassischen Zytostatika wie Dacarbazin und Vindesin mit Interferonen, (c) die Einführung der adoptiven Immuntherapie, (d) den Versuch einer spezifischen Immunisierung mit Melanomlysaten. Von diesen Therapieansätzen erscheint zur Zeit der kombinierte Einsatz von Interferonen mit Zytostatika am wirkungsvollsten. Die Varianten der adoptiven Immuntherapie (e) sowie der spezifischen Immuntherapie und Immunisierung werden in der nahen Zukunft an Bedeutung gewinnen.

Summary

The new therapeutic concepts for disseminated malignant melanoma comprise (a) the use of defined cytokines, e.g. interferons and interleukins, (b) the combination of classic cytostatics like dacarbazin and vindesine with interferons, (c) the introduction of the adoptive immunotherapy, (d) the attempt of a specific humoral immunotherapy, (e) as well as the specific immunization with melanoma lysates. Out of these therapeutic concepts the combined use of interferons and cytostatics seems to be the most effective therapy. The variants of adoptive immunotherapy, the specific immunotherapy and immunisation will be most important in the near future.

Die konventionelle Behandlung des fortgeschrittenen malignen Melanoms mit Mono- bzw. Polychemotherapien ist eine etablierte Therapie, die durchaus Erfolge aufzuweisen hat (8). Dennoch bleiben bei Therapieerfolg die Remissionszeiten kurz und betragen oft nur wenige Monate. Heilungen sind außerordentlich selten (37). Die Suche nach neuen therapeutischen Wegen strebt zum einen eine Verbesserung der Behandlungserfolge und zum anderen eine Minderung der unerwünschten Wirkungen an. Aufgrund erheblicher Fortschritte in der Zytokinforschung und dem wachsenden Verständnis für immunologische Zusammenhänge ergeben sich neue Perspektiven in der Melanomtherapie (36).

Die neuen Therapiekonzepte beim disseminierten malignen Melanom oder des »high risk« malignen Melanoms lassen sich in fünf verschiedene Gruppen unterteilen:

1. der Einsatz von definierten Zytokinen wie Interferonen und Interleukinen;
2. die Gabe von Zytokinen in Kombination mit klassischen Zytostatika wie Dacarbazin und Vindesin;
3. die Einführung der adoptiven Immuntherapie, die auf der Expansion humaner autologer Lymphozyten mit Interleukin 2 in vitro beruht, und die durch die Isolation tumorinfiltrierender Lymphozyten in jüngster Zeit weiterentwickelt wurde;
4. der Einsatz einer spezifischen humoralen Immuntherapie, allein oder auch in Kombination mit anderen Antitumormedikamenten (Cyclophosphamid) und

5. die spezifische Immunisierung mit Melanomlysaten

Der Einsatz körpereigener Proteine, als Prototyp gelten die Interferone, beruht im wesentlichen auf ihrer bekannten, pleiotropen biologischen Wirkung. Neben der antiproliferativen Wirkung besitzen diese körpereigenen Antitumormoleküle (Interferone und Interleukine) eine Vielzahl von Effekten auf die zelluläre und humorale Immunantwort (1, 7, 9, 13, 14, 30) (Tabelle I)

Interferonmonotherapie

In der Therapie des disseminierten malignen Melanoms kamen aufgrund der gentechnologischen Herstellung größerer Mengen rekombinanter Interferone zum Beginn der 80er Jahre hauptsächlich rekombinante Interferone alpha in größerem Umfang zur Anwendung. Bei mehr als 500 mit Interferon alpha behandelten MM-Patienten wurden im Durchschnitt objektive Remissionsraten, besonders ausgeprägt bei Weichteil- und Lungenmetastasen, von ca. 11% gefunden (2, 3, 5, 10, 17, 19, 32, 34). Die Ansprechraten liegen für Interferon gamma und natürliches Interferon beta bei einer weitaus geringeren Zahl behandelter Patienten in einer ähnlichen Größenordnung wie für die Interferone alpha (4, 19). Weitaus höhere Ansprechraten wurden bei intraläsionaler Injektion sowohl von rekombiniertem Interferon alpha als auch von natürlichem Interferon beta berichtet (19, 38). Die antitumorale Wirkung ließ sich hierdurch in eindrucksvoller Weise auf bis zu 60% steigern. Der intraläsionale Einsatz von Interferonen stellt somit eine interessante palliative Anwendungsmöglichkeit bei solitären, mechanisch störenden Haut- und Lymphknotenmetastasen dar.

Tabelle I. Antitumorale Wirkung der Interferone.

- Direkter zytostatischer Effekt
- Normalisierung des malignen Phänotyps
- Regulation der Onkogenexpression
- Immunmodulation
  - Aktivierung natürlicher Killerzellen
  - verstärkte Expression von HLA-Klasse-I- und -II-Antigenen

Zytokinkombinationstherapie

Um aus Interferon mit palliativer Wirkung ein potentiell kuratives Therapeutikum zu machen, wurden verschiedene Möglichkeiten erwogen, seine antitumorale Wirkung zu steigern (Tabelle II). Eine Verbesserung der Behandlungsergebnisse beim metastasierten malignen Melanom wird zur Zeit insbesondere für die Kombination von Typ-I-Interferonen alpha und beta mit Typ-II-Interferon gamma erwartet, die eine synergistische Wirkung in In-vitro-Versuchen zeigten. Die bisher vorliegenden Ergebnisse dieser Kombinationstherapie beim disseminierten malignen Melanom sind jedoch eher enttäuschend. So wurde in einer Phase-II-Studie von *Creagan* et al. nur eine partielle Remission bei 20 behandelten Patienten beschrieben und die antitumorale Potenz der Kombination von rIFN-alpha-2a mit rIFN-gamma als gering eingeschätzt (4).

Vielversprechender erscheint derzeit der Einsatz von Interferon alpha oder gamma in Kombination mit Interleukin 2. An der Frankfurter Hautklinik ließ sich damit bei fünf von elf Patienten der Krankheitsverlauf stabilisieren. Ob sich die therapeutische Wirkung von Interferonen auf das disseminierte maligne Melanom durch Kombination mit anderen Zytokinen steigern läßt, muß bis zum jetzigen Zeitpunkt offen bleiben; Untersuchungen an größeren Kollektiven stehen bisher noch aus.

Tabelle II. Therapie des malignen Melanoms mit Interferon- und Interleukinkombinationsschemata.

Interferon alpha	+ Interferon gamma
Interferon beta	+ Interferon gamma
Interferon alpha	+ Interleukin 2
Interferon gamma	+ Interleukin 2

Ein weiterer interessanter Therapieansatz ist die Kombination von Interferonen mit Chemotherapeutika (Tabelle III). *McLeod* berichtete über 44 Patienten, die mit disseminierten malignen Melanomen mit rIFN-alpha und Dacarbazin behandelt wurden. Bei immerhin 30% der Patienten konnten Remissionen vermerkt werden (24). Eine gerade an der Hautklinik im Klinikum Steglitz eingeleitete Kombinationsstudie mit rIFN-alpha und Vindesin verspricht noch wirkungsvoller zu sein. Somit erscheint die Kombination von Interferonen mit klassischen Zytostatika (DTIC, Vindesin) als eine vielversprechende Therapie des disseminierten malignen Melanoms.

Adoptive Immuntherapie und Interleukin 2

Als Antitumormolekül mit breiter immunologischer Potenz ist Interleukin 2 anzusehen, dessen Wirkung im wesentlichen auf der Stimulation körpereigener T-Lymphozyten beruht sowie auf der Aktivierung natürlicher Killerzellen und der Stimulation von »0«-Vorläuferzellen zu LAK-Zellen (Lymphokin-aktivierten Killerzellen) mit »killing«-Aktivität, die gegen ein breites Spektrum von Tumoren mit Resistenz gegen natürliche Killerzellen gerichtet sind (Tabelle IV). Daneben wird über die Stimulierung von Makrophagen die Sekretion von Interleukin 1 und Tumornekrosefaktor induziert (31).

In ersten Phase-I/II-Studien mit Interleukin 2 wurden von *Rosenberg* et al. und *Sondel* et al. für das disseminierte maligne Melanom Ansprechraten von 24 bzw. 27% berichtet (25, 31). Der klinische Einsatz dieses Zytokins erscheint jedoch nach diesen Berichten aufgrund zum Teil gravierender Nebenwirkungen nicht unproblematisch (Tabelle V).

Bisher nur im Tierexperiment und an 27 Patienten wurde das Zusammenwirken von Interleukin 2 und Cyclophosphamid studiert. Dem Zytostatikum gilt in dieser Kombination besondere Beachtung, da es selektiv die Suppressor-T-Zellen hemmt und Interleukin 2 gleichzeitig sämtliche T-Zellen stimuliert (21). In dieser Kombination wurden im Tierversuch mit malignen Melanomen deutlich höhere Ansprechraten erzielt. In einer ersten Phase-II-Studie von *Mitchell* wurden die tierexperimentellen Befunde bestätigt (21). Nach diesem Therapieprotokoll erhielten 27 Patienten Cyclophosphamid in einer Dosierung von 300 bis 500 mg/m^2 i.v. über drei Tage gefolgt von Interleukin 2 (3,6 Mio IE/m^2 i.v.). Von den 27 mit diesem Schema behandelten Patienten zeigten 4% eine komplette, 25% eine partielle Remission und 33% einen stabilisierten Krankheitsverlauf.

Die adoptive Immuntherapie ist ein weiterer interessanter Ansatz in der Therapie des dissemi-

Tabelle III. Interferon und Zytostatika.

Interferon alpha + Dacarbazin
Interferon alpha + Vindesin
Interferon alpha + BCNU

Tabelle IV. Biologische Wirkungen von Interleukin 2.

Stimuliert die Proliferation aller T-Lymphozyten
Erhöht die »natural killer«-Zell-Aktivität
Stimuliert »Null«-Vorläuferzellen zu LAK-Zellen mit lytischer Aktivität gegen ein breites Spektrum NK-resistenter Tumoren
Stimuliert T-Zellen zur Sekretion von Lymphokinen
Interferon gamma
Interleukine 3, 4, 5, 6
Stimuliert Makrophagen (via Interferon gamma) zur Sekretion von:
Interleukin 1
Tumornekrosefaktor

Tabelle V. Nebenwirkungen der Behandlung mit Interleukin 2 alleine oder mit Lymphokin aktivierten Killerzellen in der Therapie des disseminierten malignen Melanoms.

Erhöhte Kapillarpermeabilität gefolgt von Ödembildung (Lungenödem!), diff. Flüssigkeitseinlagerung sowie Hypotonie
Temperaturerhöhung
Gastrointestinale Symptomatik
Myelosuppression
4 Todesfälle bei 157 Pat., 2mal Myokardinfarkt, 2mal Lungenödem

nierten malignen Melanoms. Die Inkubation von humanen autologen Lymphozyten mit Interleukin 2 induziert eine lymphoide Zellpopulation, sog. Lymphokin-aktivierte Killerzellen (LAK), die Tumorzellen mit Resistenz gegen natürliche Killerzellen lysieren. Auf diesem grundlegenden Experiment von *E. Grimm* und Mitarbeitern beruhten die ersten klinischen Studien von *Rosenberg* et al., in denen Interleukin 2 alleine und in Kombination mit LAK-Zellen in der Therapie metastasierter Tumoren bei insgesamt 157 Patienten eingesetzt wurde, darunter bei 26 Patienten mit MM (12, 25, 26, 27). Das Behandlungsschema erstreckte sich insgesamt über 15 Tage, einem 5tägigem Zyklus von Interleukin-2-Infusionen folgte eine einwöchige Leukapherese und die Reinfusion der expandierten Lymphozyten in vitro sowie begleitender Interleukin-2-Infusionen. Nach diesem Behandlungsschema wurden Remissionen von 23% beschrieben (26). In dieser Studie ließ sich jedoch nicht eindeutig zeigen, daß die Behandlung mit Interleukin und LAK-Zellen vorteilhafter ist als die alleinige Gabe von Interleukin 2. Der Einsatz von LAK-Zellen war auf intensivmedizinische Einrichtungen beschränkt, um die z.T. erheblichen Nebenwirkungen wie erhöhte Kapillarpermeabilität mit Flüssigkeitsretention zu beherrschen. In der ersten Behandlungsserie von 157 Patienten wurden immerhin vier Todesfälle aufgrund von zwei Mykordinfarkten sowie zwei Lungenödemen beobachtet. Von der Arbeitsgruppe *West* et al. wurde diese Therapie durch kontinuierliche Interleukin-2-Applikation modifiziert (29). Nach diesem Behandlungsschema wurden bei zehn Patienten immerhin fünf partielle Remissionen beobachtet, mit gut beherrschbaren Nebenwirkungen. Insgesamt erscheint jedoch eine weitere Vereinfachung der vielversprechenden adoptiven Immuntherapie für ihren breiten klinischen Einsatz in der Therapie des malignen Melanoms notwendig. Eine Weiterentwicklung der adoptiven Immuntherapie stellt die Therapie mit tumorinfiltrierenden Lymphozyten dar. Sie beruht auf der Isolation und In-vitro-Expansion von Lymphozyten aus frisch resezierten Melanomen. Es konnte tierexperimentell gezeigt werden, daß tumorinfiltrierende Lymphozyten 10- bis 100fach potenter als Lymphokin-aktivierte Killerzellen in der Tumorlyse sind (28). Mit diesem neuartigen Therapieansatz in Kombination mit Cyclophosphamid wurden 20 Patienten mit malignem Melanom behandelt und bei 50% wurden objektive Remissionen gesehen. Diese sehr aufwendige 3er-Kombination aus Cylcophosphamid, tumorinfiltrierenden Lymphozyten und Interleukin 2 stellt somit eine vielversprechende experimentelle Therapie dar, mit anscheinend höheren Remissionsraten als mit Lymphokin-aktivierten Killerzellen.

Humorale Immuntherapie und spezifische Immunisierung

Durch die von *Köhler* und *Milstein* 1975 entwickelte Technik der Hybridisierung ist es möglich geworden, hochspezifische monoklonale Antikörper gegen tumorassoziierte Antigene für die Diagnostik und Therapie zu produzieren. Die ersten Pilotstudien, die in den letzten Jahren von *Goodman, Oldham* und *Lichtin* veröffentlicht wurden, zeigten insgesamt nur eine bescheidene antitumorale Wirkung (11, 20,23). Da es sich bei den bisher vorliegenden Antikörpern um murine Antikörper handelte, war der Therapieerfolg im wesentlichen limitiert durch eine sich schnell entwickelnde Anti-Maus-Antikörper-Antwort. Mit dem Einsatz von monoklonalen Antikörpern in der Therapie des metastasierten malignen Melanoms sind bisher noch zahlreiche Probleme verbunden, die zum einen auf der Sensibilisierung gegen xenogene Antikörper beruhen, weiterhin darauf, daß nur geringste Mengen (0,005%) des monoklonalen Antikörpers den Tumor erreichen und schließlich mit der Frage nach der Selektivität monoklonaler Antikörper gegen wichtige Tumorantigene verbunden sind. Die Problemlösung wird z.T. in der Kombination von monoklonalen Antikörpern mit Immunsuppressiva zur Reduktion der Antikörperantwort gesucht sowie in der Konvertierung xenogener monoklonaler Antikörper zu Tolerogenen mit Hilfe von Polyethylenglykol, im Einsatz von humanen monoklonalen Antikörpern sowie in der Kombination von Interferon mit monoklonalen Antikörpern zur Steigerung der Tumoradhäsion (6).

Die unspezifische Immuntherapie mit BCG und anderen Substanzen zeigte in der Vergangenheit nicht den gewünschten positiven Erfolg. Vielversprechender erscheint die spezifische Immuntherapie des malignen Melanoms, z.B. mit allogenen Tumorlysaten. In einer Studie von *Mitchell* et al. zeigten sich bei 22 Patienten in 30% der Fälle partielle bzw. komplette Remissionen. Der Stellenwert dieser Immuntherapie für das maligne Melanom muß jedoch in künftigen Studien näher definiert werden (22).

Gibt es also neue Perspektiven der Zytokinimmuntherapie des malignen Melanoms? Es bleibt festzuhalten, daß der Einsatz von Zytokinen auf wegweisenden Erkenntnissen in der Grundlagenforschung der letzten Jahre mit vielversprechenden Therapiemöglichkeiten für die Zukunft beruht, so daß trotz der zum Teil nicht erfüllten, hochgesteckten Erwartungen in die Zytokine diese nach wie vor als zukunftsweisende Therapeutika beim malignen Melanom anzusehen sind. Zudem sind möglicherweise fundamentale Regeln der Chemotherapie, nämlich, daß eine substanzielle Wirkung auf Tumormetastasen vor dem adjuvanten Einsatz gesichert werden sollte, auf Zytokine und auf Immuntherapeutika nicht übertragbar. Es bleibt daher zu fordern, daß Zytokine und Immuntherapeutika insgesamt sorgfältig als Einzelsubstanzen oder in Kombination mit anderen Antitumormolekülen im Stadium IV geprüft werden sollen und zum anderen auch unabhängig von diesen Ergebnissen in verschiedenen Protokollen auf ihre Wirksamkeit in adjuvanten Therapiestudien untersucht werden sollen.

Literatur

1 Clemens MJ, McNurlan MA (1985) Regulation of cell proliferation and differentiation by interferon. Biochem J 226: 345–360

2 Creagan ET, Ahmann DL, Frytak S, Long HJ, Chang MN, Itri LM (1986) Phase II trials of recombinant leukocyte A interferon in disseminated malignant melanoma: Results in 96 patients. Cancer Treat Rep 70: 619–624

3 Creagan ET, Ahmann DL, Green SJ, Long HJ, Rubin J, Schutt AJ, Dziewanowksi ZE (1984) Phase II study of recombinant leukocyte A interferon (rIFN-alpha A) in disseminated malignant melanoma. Cancer 54: 2844–2849

4 Creagan ET, Loprinzi CL, Ahmann DL, Schaid DJ (1988) A phase I–II trial of the combination of recombinant leukocyte A interferon and recombinant human interferon-gamma in patients with metastatic malignant melanoma. Cancer 62: 2472–2474

5 Elsässer-Beile U, Schöpf E, Neumann HA, Drews H, Hundhammer K, Balda BR (1987) Rekombiniertes Leukozyten-A-Interferon beim metastasierenden malignen Melanom. Dt Med Wschr 112: 373–377

6 Epenetos AA, Kosma C (1989) Monoclonal antibodies for imaging and therapy. Br J Cancer 59: 152–155

7 Fleischmann WR jr (1982) Potentiation of direct anticellular activity of mouse interferons: Mutual synergism and interferon concentration dependence. Cancer Res 42: 869–875

8 Garbe C, Stadler R, Orfanos CE (1986) Prognose-orientierte Therapie bei malignem Melanom. Neuere Konzepte. Hautarzt 37: 365–372

9 Garbe C, Stadler R, Zouboulis Ch, Orfanos CE (1988) Wachstumshemmung von Melanomzellen in vitro. Hautarzt (Suppl VIII) 39: 269–270

10 Goldberg RM, Ayoob M, Silgals R, Ahlgren JD, Neefe JR (1985) Phase II trial of lymphoblastoic interferon in metastatic malignant melanoma. Cancer Treat Rep 69: 813–816

11 Goodman GE, Beaumier P, Hellstroem I, Fernyhough B, Hellstroem KE (1985) Pilot trial of murine monoclonal antibodies in patients with advanced melanoma. J Clin Oncol 3: 340–352

12 Grimm EA, Mazumder A, Zhang HZ et al (1982) The lymphokine activated killer cell phenomenon: lysis of NK-resistant fresh solid tumor cells by IL-2 activated autologous human peripheral blood lymphocytes. J Exp Med 155: 1823–1841

13 Hersey P, MacDonald M, Hall C et al (1986) Immunological effect of recombinant interferon alpha-2a in patients with disseminated melanoma. Cancer 57: 1666–1674

14 Horning SJ, Levine JF, Miller RA et al (1982) Clinical and immunological effects of recombinant leukocyte interferon in eight patients with advanced cancer. J Am Med Ass 247: 1718

15 Jost LV, Gmur J, Oelz O, Sauter C, Stahel RA (1989) Immuntherapie von Tumoren mit Interleukin-2 und Lymphokin-aktivierten Killerzellen. Schweiz Med Wschr 119: 137–143

16 Keilholz U, Welters H, Dummer R, Tilgen W, Hunstein W (1988) Ein neuer Weg in der Behandlung metastasierender Melanome: adoptive Immuntherapie mit Lymphokin-aktivierten Killerzellen und Interleukin 2. Hautarzt 39: 378–381

17 Kirkwood JM, Ernstoff M (1985) Melanoma therapeutic options with recombinant interferon. Semin Oncol (suppl 5) 12: 7–12

18 Koyama Y (1984) Pharmacokinetics and clinical trials of HuIFN-β in malignant tumors. In: Kishida T (ed) Interferons, pp 189–195

19 Legha SS (1986) Interferons in the treatment of malignant melanoma. A review of recent trials. Cancer 57: 1675–1677

20 Lichtin A, Iliopoulos D, Guerry D, Elder D, Herlyn D, Steplewski Z (1988) Therapy of melanoma with an anti-melanoma ganglioside monoclonal antibody: a possible mechanism of a complete response. Proc Am Soc Clin Oncol 7: 958 A

21 Mitchell MS, Kempf RA, Harel W, Shau H, Boswell WD, Lind S, Bradley EC (1988) Effectiveness and tolerability of low-dose cyclophosphamide and low-dose intravenous interleukin-2 disseminated melanoma. J Clin Oncol 6: 409–424

22 Mitchell MS, Kan-Mitchell J, Kempf RA, Harel W, Shau H, Lind S (1988) Active specific immunotherapy for melanoma: Phase I trial of allogeneic lysates and a novel adjuvant. Cancer Res 48: 5883–5893

23 Oldham RK, Thurman GB, Talmadge JE, Stevenson HC, Foon KA (1984) Lymphokines, monoclonal antibodies, and other biological response modifiers in the treatment of cancer. Cancer 54: 2795–2806

24 McLeod GRC, Thomson DB, Hersey P (1987) Recombinant interferon alpha 2 in advanced malignant melanoma. A phase I–II study in combination with DTIC. Int J Cancer (suppl) 1: 31–35

25 Rosenberg SA, Lotze MT, Mull LM et al (1985) Observations on the systemic administration of autologous lymphokine-activated killer cells and recombinant interleukin-2 to patients with metastatic cancer. N Engl J Med 313: 1485–1492

26 Rosenberg SA, Lotze MT, Mull LM et al (1987) A progress report on the treatment of 157 patients with advanced cancer using lymphokine-activated killer cells and interleukin-2 or high-dose interleukin-2 alone. N Engl J Med 316: 889–897

27 Rosenberg SA, Spiess P, La Freniere R (1986) A new approach to adoptive immunotherapy with tumor-infiltrating lymphocytes. Science 233: 1318–1321

28 Rosenberg SA, Packard BS, Aebersold PM, Solomon D, Topalion SL, Toy TS et al (1988) Use of tumor-infiltrating lymphocyte and interleukin-2 in the immunotherapy of patients with metastatic melanoma. N Engl J Med 319 (25): 1676–1680

29 Rosenblum MG, Lamki LM, Murray JL, Carlo DJ, Gutterman JU (1988) Interferon-induced changes in pharmacokinetics and tumor uptake of ^{111}In-labeled antimelanoma antibody 96.5 in melanoma patients. J Natl Cancer Inst 80: 160–165

30 Schiller JH, Willson JKV, Bittner G, Wolbert WH, Hawkins MJ, Borden EC (1986) Antiproliferative effects of interferons on human melanoma cells in the human tumor colony forming assay. J IFN Res 6: 615–625

31 Sondel PM, Kohler PC, Hank JA, Moore KH, Rosenthal NS, Sosman JA, Bechhofer R, Storer B (1988) Clinical and immunological effects of recombinant interleukin 2 given by repetitive weekly cycles to patients with cancer. Cancer Res 48: 2561–2567

32 Spiess P, Yang JC, Rosenberg SA (1987) In vivo antitumor activity of tumor-infiltrating lymphocytes expanded in recombinant IL-2. JNCI 79: 1067–1075

33 Stadler R, Bratzke B, Orfanos CE (1987) Therapeutischer Einsatz von alpha-Interferon bei metastasierendem malignen Melanom, disseminiertem Kaposi-Sarkom und schwerem Morbus Behcet. Hautarzt 38: 453–460

34 Stadler R, Garbe C, Bratzke B, Orfanos CE (1988) Klinische Erfahrungen bei der Therapie des malignen Melanoms mit Interferonen. In: Schmoll HJ, Schöpf E (eds) Lokale und systemische Chemotherapie mit Interferonen, Akt Immunol IV. Zuckschwerdt, München Bern Wien San Francisco, pp 62–71

35 Stadler R, Müller R, Orfanos CE (1986) Effect of recombinant alpha-a interferon on DNA-synthe-

sis and differentiation of human keratinocytes in vitro. Br J Dermatol 114: 273–277
36 Stadler R, Mayer-da-Silva A, Bratzke B, Garbe C, Orfanos CE (1989) Interferons in Dermatology. 20 (4): 650–656
37 Veronesi U, Adamus J, Aubert C et al (1982) A randomized trial of adjuvant chemotherapy and immunotherapy in cutaneous melanoma. N Engl J Med 307: 913–916
38 von Wussow P, Block B, Hartmann F, Deicher H (1988) Intralesional interferon-alpha therapy in advanced malignant melanoma. Cancer 61: 1071–1074
39 West WH, Tauer KW, Yannelli JR et al (1987) Constant infusion interleukin-2 in adoptive Immunotherapy of advanced cancer. N Engl J Med 316: 898–905

Für die Verfasser:
Prof. Dr. R. Stadler
Universitäts-Hautklinik und Poliklinik
Klinikum Steglitz
Hindenburgdamm 30
D-1000 Berlin 45

Pharmakologie von Interferonen (IFN-α, IFN-β, IFN-γ)

M. Hündgen und H. von Eick
Dr. Rentschler Arzneimittel GmbH & Co., Laupheim

Zusammenfassung

Interferone sind Proteine mit vielfältigen biologischen Wirkungen. Sie werden von den Zellen des körpereigenen Immunsystems nach vorausgegangener Aktivierung gebildet und können – exogen zugeführt – zu antiviralen, antiproliferativen und immunologischen Wirkungen führen. Die besten klinischen Ergebnisse wurden bisher bei akuten und chronischen Virusinfektionen, bei der chronischen Polyarthritis und bei hämatologischen Systemerkrankungen erzielt. Als weniger wirksam erwies sich die antiproliferative Wirkung systemisch applizierter Interferone bisher bei soliden Tumoren, bei denen es zur Erreichung von Remissionen oft intolerabel hoher Dosen bedarf. Es scheint deshalb dringend notwendig, die häufig noch lückenhaften pharmakologischen Kenntnisse über Interferone zu vervollständigen und ihre immunologischen Potenzen intensiver als bisher zu prüfen und zu berücksichtigen. Deshalb sollten im Rahmen zukünftiger klinischer Studien neben einer Optimierung der jeweiligen Dosierungsschemata der Interferone insbesondere die Möglichkeit lokaler Applikationsmodi sowie die Kombinierbarkeit mit anderen Lymphokinen und/oder Zytostatika verfolgt werden.

Summary

Interferons are proteins with manifold biological effects. They are expressed by cells of the immunological system after being stimulated. Their exogenous administration may effect antiviral, antiproliferative and immunological activities. Up to now favourable clinical results have been described while treating acute and chronic viral infections, rheumatoid arthritis and different hemoblastosis. The systemic therapy of solid tumors with interferons, requiring very often badly tolerated high dosages, proved to be less effective. Therefore, it is urgently necessary to complete the fragmentary pharmacological knowledge about interferons and their immunological activities. Clinical studies in future should not only aim to set on an optimal dosage but also on new therapy schedules conducting. Furthermore, the local administration of interferons and their combination with different lymphokines and/or cytostatics should be taken into consideration.

Bei den Interferonen handelt es sich um eine Gruppe von ca. 20 Proteinen oder Glykoproteinen, die von eukaryotischen Zellen nach entsprechender Induktion produziert werden (1, 4, 6, 12, 16, 19). Die Interferone stellen keine isolierte Substanzgruppe dar, sondern gehören zu der Familie immunologisch aktiver Biomodulatoren – den sog. Zytokinen. Neue biochemische Verfahren der Reinigung und gentechnischen Herstellung haben in den letzten Jahren die genaue Charakterisierung dieser Substanzen ermöglicht (8). Zytokine sind lösliche Proteine, die den Zellstoffwechsel anderer Zellen – insbesondere die Proliferation, das Wachstum und die Differenzierung – beeinflussen können (7). Sie erinnern bezüglich ihrer Wirkung an Hormone, entfalten ihre Aktivität vorwiegend jedoch nicht systemisch, sondern zumeist nur im Bereich ihrer Freisetzung (auto- bzw. parakin).

Alle Zytokine müssen an einen spezifischen Rezeptor auf der Oberfläche der Zielzelle binden, um intrazellulär ein Signal auszulösen, das dann eine zelluläre Antwort bewirkt. Diese intrazellulären Signale bestehen aus Kaskadensystemen verschiedener Botensubstanzen, die, über eine Modulation von Transkription und Translation, letztlich die Zellantwort bestimmen (7).

Die Zytokine werden nach ihrer neuen Nomenklatur (Tabelle I) in vier Gruppen eingeteilt:

1) *Interferone* (IFN) zeigen eine Vielzahl biologischer Wirkungen, von denen der antivirale und der antiproliferative Effekt am bekanntesten sind (10).

2) *Tumornekrose-Faktoren* (TFN) sollen in ihrer Hauptfunktion Gewebe – insbesondere Tumorgewebe – nekrotisieren können (22).

3) *Koloniestimulierende Faktoren* (CSF) fördern die Proliferation und Differenzierung der Vorläuferzellen zu bestimmten Zellinien (14, 15).

4) Alle übrigen Zytokine werden als *Interleukine* (IL) zusammengefaßt (17, 18).

Klinisch relevant sind zur Zeit von den Interleukinen das IL-2, von den koloniestimulierenden Faktoren das Erythropoetin, und von den Tumornekrose-Faktoren der TNF-α sowie alle Interferone.

Bei den Interferonen, die der Klinik zur Verfügung stehen (9), werden natürliche und rekombinante Formen unterschieden; die rekombinanten Interferone sind gentechnisch hergestellte Präparate. Die menschlichen Interferone (IFN) werden aufgrund ihrer unterschiedlichen antigenen Eigenschaften in drei Hauptgruppen eingeteilt: IFN-α, IFN-β und IFN-γ (Tabelle II). Das Interferon alpha besteht aus ca. 20 Subtypen und wird ebenso wie das Interferon beta nach Induktion durch Viren gebildet. Im Gegensatz zum IFN-α sind IFN-β und IFN-γ keine Proteine, sondern Glykoproteine. Das IFN-γ unterscheidet sich grundlegend vom Interferon alpha und beta. Es wird in T-Lymphozyten nach Stimulation durch Mitogene oder

Tabelle I. Das Zytokin-(Lymphokin-)konzept (4, 7, 12, 14, 15, 17, 18, 22).

Interferone (IFN)
Tumornekrose-Faktoren (TNF)
Koloniestimulierende Faktoren (CSF)
Interleukine (IL)

Tabelle II. Klassifikation und Charakterisierung der menschlichen Interferone.

Literatur	Hauptgruppen	Subtypen	Produzierende Zellen	Induktor	Substanz	MG (kD)
Natürliche Interferone						
1961 *Gresser*	α	20	Leukozyten	Viren	Protein	17 – 23
1957 *Isaacs*	β	–	Fibroblasten	Viren	Glykoprotein	21 – 23
1965 *Wheelock*	γ	–	T-Lymphozyten	Antigene Mitogene	Glykoprotein	20 – 25
Rekombinierte Interferone						
1980 *Nagata*	α	α_2	E. coli	Viren	Protein	19
1979 *Taniguchi*	β	–	E. coli	Viren	Protein	18
1982 *Mark*	β	β_{ser}	E. coli	Viren	Protein	18
1983 *Revel*	β	–	CHO	Viren	Glykoprotein	21 – 23
1982 *Gray*	γ	–	E. coli	Antigene Mitogene	Protein	17

Antigene gebildet und ist in der Regel nicht im Serum nachweisbar.

Interferone werden nicht von der Zielzelle aufgenommen, sondern müssen, um wirksam zu werden, an spezifische Membranrezeptoren gebunden werden. Dabei lösen sie antivirale, antiproliferative und immunologische Effekte aus (21). Die Hemmung der Virusreplikation erfolgt überwiegend durch Inhibition der Synthese viraler Proteine (11). Die antivirale Wirkung von IFN-α und IFN-β ist dosisabhängig, wobei das natürliche Interferon beta eine signifikant höhere Wirkung zeigt als alle anderen Interferone (Abbildung 1). Interferon gamma weist auch bei steigender Dosis eine nur schwache antivirale Aktivität auf (5). Inkubiert man, um den antiproliferativen Effekt zu messen, Zellen in vitro (z.B. kolorektale Karzinomzellen) mit steigenden Dosen der verschiedenen Interferone und ihren Kombinationen (Abbildung 2), so läßt sich eine wachstumshemmende Wirkung in allen Fällen erkennen. Die Stärke des antiproliferativen Effektes nimmt in folgender Reihenfolge zu: IFN-α, IFN-α + IFN-β, IFN-β, IFN-γ, IFN-α + IFN-γ und IFN-β + IFN-γ (20). Es kann infolgedessen nicht überraschen, daß zur Zeit eine Vielzahl klinischer Prüfungen mit der Kombination IFN-β + IFN-γ durchgeführt werden.

Interferone üben sowohl aktivierende als auch inhibierende immunologische Wirkungen aus (2). Dabei ist das IFN-γ (Typ-II-Interferon) immunologisch wirksamer als die als Typ-I-Interferone zusammengefaßten IFN-α und IFN-β (Tabelle III). Zu den stimulierenden Effekten der Interferone zählen besonders die Aktivierung der Makrophagen und der natürlichen Killerzellen sowie die verstärkte Expression von HLA-Antigenen und von Fc-Rezeptoren.

Inhibierende Wirkungen können die Interferone auf die Aktivität der B-Zellen und die mitogenstimulierte T-Zell-Proliferation ausüben. Neben diesen wenigen Beispielen Interferon-bedingter Immunreaktionen gibt es eine Vielzahl weiterer immunologischer Effekte, die durch die pleiotrop wirkenden Interferone ausgelöst werden. Beim klinischen Einsatz dieser Substanzen muß daher stets berücksichtigt werden, daß durch die exogene Zufuhr zumeist unphysiologisch hoher Interferondosen nicht nur eine einzelne erwünschte Wirkung, sondern eine Kaskade immunologischer Aktivitäten ausgelöst

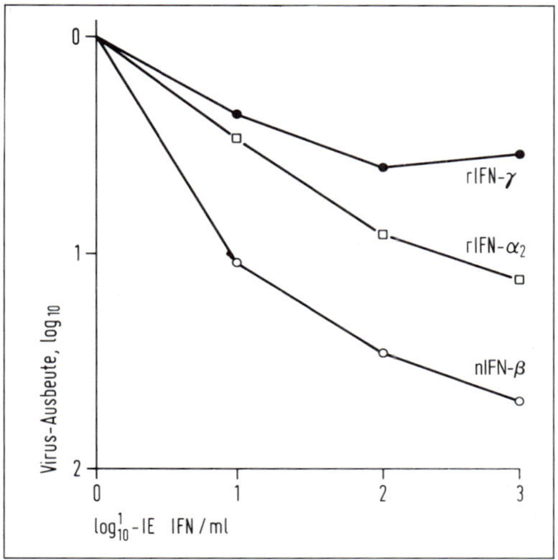

Abbildung 1. Hemmung der HSV-1-Replikation in menschlichen Makrophagen durch verschiedene Interferontypen. Die Zellen wurden mit HSV-1 infiziert und 18 h lang mit den verschiedenen Interferonen behandelt (5).

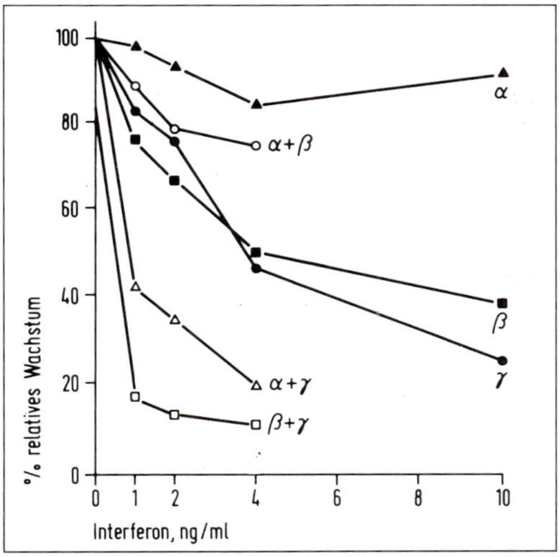

Abbildung 2. Hemmung des Wachstums menschlicher Kolonkarzinomzellen (SKCO-1-Zellen) in vitro. Die Zellen wurden mit den verschiedenen Interferonen allein oder in Kombination behandelt (20).

wird (21), deren klinische Relevanz im Vorfeld einer Therapie nur schwer einzuschätzen ist.

Eine weitere Besonderheit von Immunmodulatoren wie dem IFN-γ liegt darin, daß eine klinische Wirkungslosigkeit nicht nur bei Unterdosierung, sondern auch bei Überdosierung auftreten kann (Abbildung 3).

Tabelle III. Immunmodulierende Effekte von Interferonen.

Immunmodulierende Effekte	IFN-α/-β	IFN-γ
Aktivierung der Makrophagen	+	++
Aktivierung der Granulozyten	–	++
Aktivierung der NK-Zellen	+	++
Aktivierung zytotox. T-Zellen	–	++
Modulation der B-Zell-Aktivität	+	+
Expression von HLA-Antigenen Kl. 1	++	+
Expression von HLA-Antigenen Kl. 2	–	++
Expression von Fc-Rezeptoren	+	+
Induktion von Differenzierungsvorgängen	+	+

(–) kein Effekt; (+) schwacher Effekt; (++) starker Effekt.

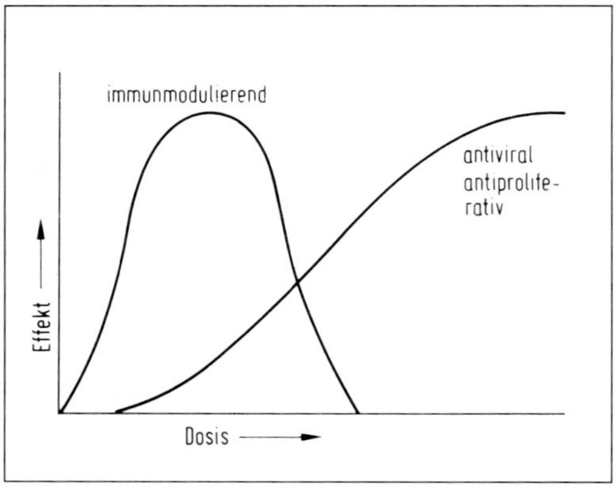

Abbildung 3. Schematische Darstellung der Dosis-Response-Abhängigkeit für die antivirale, antiproliferative und immunmodulierende Wirkung von Interferon (3).

Bei der i.m. Applikation von Interferonen (1–5 Mio IE/Injektion) treten nur bei IFN-α und IFN-γ meßbare Serumtiter auf, nicht aber bei IFN-β. Diese Gewebsaffinität des IFN-β läßt sich nutzen, um durch intratumorale Applikationen das IFN-β im Tumorgewebe anzureichern (10^3–10^4 IE IFN-β/g Gewebe), was – wie klinische Untersuchungen belegen – zu Responseraten von mehr als 60% führt. Da hierbei der IFN-β-Titer im Serum unterhalb der Nachweisgrenze liegt (Abbildung 4), überrascht es nicht, daß unter einer derartigen Therapie nur minimale Nebenwirkungen auftreten.

Inzwischen haben die Interferone zwar einen Platz in der Therapie von Virus- und Krebserkrankungen gefunden, eine sichere Wirksamkeit ist bisher jedoch nur für eine geringe Anzahl von Indikationen gegeben. Insbesondere die Kombinationen der Interferone miteinander, mit anderen Immunmodulatoren oder mit Chemotherapeutika rücken immer stärker in den Vordergrund (Tabelle IV).

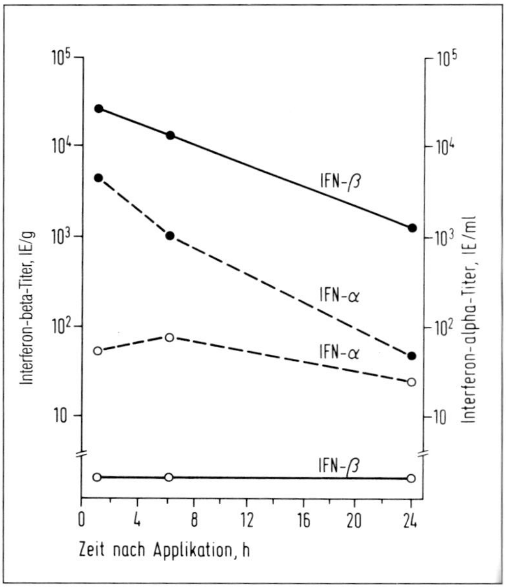

Abbildung 4. Mittlere Gewebe-(●) und Serum-(○) Interferontiter nach intratumoraler Applikation einer Einzeldosis von 6 Mio IE IFN-α und 1 Mio IE IFN-β (10, 13, 23).

Tabelle IV. Übersicht über die Therapiemöglichkeiten mit Interferonen.

Indikation	Lymphokin
I. In Deutschland zugelassen	
Haarzell-Leukämie	rIFN-α2
Kaposi-Sarkom	
Akute Viruserkrankungen (z.B. Virusenzephalitis)	nIFN-β
Nasopharynxkarzinom	
Chronische Polyarthritis	rIFN-γ
II. Wirksamkeit gesichert oder wahrscheinlich	
Basaliom	α oder β
Chronisch aktive Hepatitis B	α oder β + γ
Chronisch myeloische Leukämie	α + γ
Hirntumoren	β + ACNU + Strahlentherapie
Kaposi-Sarkom	β + Retrovir
Lokale Therapie	β
Malignes Melanom	β + γ oder IL-2
Multiple Sklerose (nur IFN-β)	β
Nierenkarzinom	α, γ, β + γ, TNF-α + γ oder IL-2
Papillomvirus-Infektionen	α, β oder γ
Psoriasis arthropathica	γ

Literatur

1 Balkwill FR (1989) Interferons. Lancet i: 1060–1063
2 Brzoska JF, Obert HJ (1987) Interferon gamma: ein janusköpfiger Mediator bei Entzündungen. Arzneim-Forsch/Drug Res 37: 1410–1416
3 Brzoska JF, Obert HJ (1989) Immunomodulating effects of interferons: conclusions for therapy. In: Gross G, Jablonska S, Pfister H, Stegner HE (eds) Genital Papillomavirus Infections: Advances in Modern Diagnosis and Therapy. Springer Berlin Heidelberg New York Tokyo (im Druck)
4 Dinarello CA, Mier JW (1987) Current concepts. Lymphokines. N Engl J Med 313: 940–945
5 Domke-Opitz I et al (1986) Effect of interferon on replication of herpes simplex virus type 1 and 2 in human macrophages. J Virol 60: 37–42
6 Dukere SL et al (1988) Lymphokines/Cytokines: biotherapeutic applications. J Immunol Immunopharmacol 8: 201–210
7 Galvani DW (1988) Cytokines: biological function and clinical use. J R Coll Phys Lond 22: 226–231
8 Harrison LC, Campbell IL (1988) Cytokines: an expanding network of immuno-inflammatory hormones. Mol Endocrinol 2: 1151–1156
9 Hündgen M (1988a) Interferone in der Therapie gynäkologischer Karzinome einschließlich des Mammakarzinoms. In: Breitbach GP, Bastert G (eds) Klinische Tumorimmunologie in der Gynäkologie, Akt Onkol 42. Zuckschwerdt, München Bern Wien San Francisco, pp 17–26
10 Hündgen M (1988b) Pharmakologie der Interferone alpha, beta und gamma. In: Schmoll HJ, Schöpf E (eds) Lokale und systemische Tumortherapie mit Interferonen, Akt Immunol 5. Zuckschwerdt, München Bern Wien San Francisco, pp 5–16
11 Jacobsen H (1986) Interferons and antiviral activity. Arzneim-Forsch/Drug Res 36: 512–516
12 Kirkpatrick CH (1989) Biological response modifiers. Interferons, interleukins, and transfer factor. Ann Allerg 62: 170–176
13 Koyama Y (1983) Pharmacokinetics and clinical trials of HuIFN-β in malignant tumors. In: Kishida T (ed) Interferons. ISIFN, Kyoto, pp 80–86
14 Metcalf D (1989a) Haemopoietic growth factor 1. Lancet i: 825–827
15 Metcalf D (1989b) Haemopoietic growth factor 2: clinical applications. Lancet i: 885–886
16 O'Garra A et al (1988) »B-cell factors« are pleiotropic. Immunol Today 9: 45–54
17 O'Garra A (1989a) Interleukins and the immune system 1. Lancet i: 943–946
18 O'Garra A (1989b) Interleukins and the immune system 2. Lancet i: 1003–1005
19 Pfeffer LM (1988) Mechanisms of interferon actions: an overview. J Immunol Immunopharmacol 8: 211–215
20 Schiller JH et al (1986) Synergistic antiproliferative effects of human recombinant α54- or β_{ser}-interferon with gamma-interferon on human cell lines of various histogenesis. Cancer Res 46: 483–488
21 Stanton GJ et al (1987) Interferon Review. Invest Radiol 22: 259–273
22 Tracey KJ et al (1989) Cachectin/tumor necrosis factor. Lancet i: 1122–1125
23 Wussow von P et al (1988) Intralesional interferon alpha therapy in advanced malignant melanoma. Cancer 61: 1071–1074

Für die Verfasser:
Prof. Dr. M. Hündgen
Dr. Rentschler Arzneimittel GmbH & Co.
Mittelstraße 18, D-7958 Laupheim 1

Therapie des malignen Melanoms mit rekombinantem Interferon alpha

R. Stadler und C. Garbe
Universitäts-Hautklinik und Poliklinik, Klinikum Steglitz der Freien Universität Berlin

Zusammenfassung

Bei mehr als 500 mit Interferon alpha behandelten MM-Patienten wurde im Durchschnitt eine objektive Remissionsrate (partielle und komplette Remissionen) von ca. 11% gefunden. Dabei liegen die Remissionsraten zwischen 0 und 27%, wobei die Ansprechraten für rekombinante Interferone deutlich höher liegen als für natürliche Interferone. Eine Verbesserung der Behandlungsergebnisse bei metastasierendem malignem Melanom wird insbesondere durch die Kombination von Interferon alpha mit Zytostatika erwartet. Der adjuvante Einsatz von Interferon alpha läßt sich nach den bis jetzt vorliegenden Daten noch nicht abschließend beurteilen.

Summary

In more than 500 MM patients treated with interferon alpha an average objective remission rate (partial and complete remissions) of about 11% was found. The remission rates were between 0 and 27%, whereas the response rates for recombinant interferons were significantly higher than for natural interferons. Improvement of the treatment results in metastatic malignant melanoma is expected by the combination of interferon alpha with cytostatics. With regard to the data currently available the adjuvant use of interferon alpha cannot yet be finally judged.

Die Herstellung größerer Mengen rekombinanter Interferone führte seit Anfang der 80er Jahre zum Einsatz der Interferone beim metastasierten malignen Melanom. In großem Umfang kamen bisher nur natürliche und rekombinierte Interferone alpha zur Anwendung. Neben dem lymphoblastoiden Interferon (IFN-alpha-N1) wurden von den rekombinanten Interferonen überwiegend rIFN-alpha-2a, -2b und zu einem geringeren Teil Interferon alpha-2c eingesetzt (Tabelle I). Es konnte in der Vergangenheit gezeigt werden, daß die Interferone, unter ihnen natürlich auch die Interferone alpha, neben der bekannten antiviralen Aktivität eine bemerkenswerte antitumorale Wirkung besitzen, die sich aus der Wachstumshemmung, der Regulierung der Expression von Onkogenen, der Modulierung der Zelldifferenzierung sowie der Immunregulation zusammensetzt. Die direkte antiproliferative Eigenschaft der Interferone alpha wurde in vitro in verschiedenen Melanomzellkulturen mehrfach belegt (6, 13, 14, 36).

Bei mehr als 500 mit verschiedenen Interferonen alpha behandelten MM-Patienten im Stadium der Metastasierung wurde im Durchschnitt eine objektive Remissionsrate (partielle und komplette Remissionen) von ca. 11% gefunden (33). Dabei variierten die Remissionsraten zwischen 0 und 27% (Tabelle II). Die natürlichen Interferone alpha erwiesen sich gegenüber den rekombinanten Interferonen nicht als wirkungsvoller in ihrem Einsatz beim metastasierten malignen Melanom. Hingegen liegt die Ansprechrate für die rekombinanten Interferone alpha-2a und alpha-2b bei 14% und erreicht hiermit Remissionsraten, die denjenigen

Tabelle I. Nomenklatur verfügbarer IFNe.

Nomenklatur		Peptidsequenz rek. IFNe-alpha		Zahl der Aminosäuren	MG
neu	alt	Pos. 23	Pos. 34		
IFN-alpha-N1	Lymphoblasten-IFN	–	–	165–166	20kD
IFN-alpha-2a	rekombinantes alpha-A-IFN	Lys	His	165	20kD
IFN-alpha-2b	rekombinantes alpha-2-IFN	Arg	His	165	20kD
IFN-alpha-2c	rekombinantes alpha-2arg-IFN	Arg	Arg	165	20kD
IFN-beta	Fibroblasten-IFN	–	–	166 (glykolisiert)	24kD
IFN-gamma	Immun-IFN	–	–	2x145 (z.T. glykolisiert)	45kD

Tabelle II. Studien zur Behandlung disseminierter MM mit IFNen.

Autoren	Interferon	Einzeldosis, Mio IE	Patienten, n	CR[a], n	PR[b], n	OR[c], %
Retsas et al. 1983	alpha-N1	2,5/m²	17	0	[illegible]	6
Ernstoff et al. 1984	alpha-N1	5–50	16	0	[illegible]	6
Brown et al. 1984	alpha-N1	1/3/9	44	0	1	2
Goldberg et al. 1985	alpha-N1	0,5–15/m²	33	2	1	9
Creagan et al. 1984a	alpha-2a	12/m²	30	1	5	20
Creagan et al. 1984b	alpha-2a	50/m²	31	3	4	23
Thomson & McLeod 1984	alpha-2a	10/m²	12	0	1	8
Jacquillat et al. 1985	alpha-2a	18–36	17	0	4	24
Hersey et al. 1986	alpha-2a	15–50/m²	18	0	2	11
Wolf et al. 1986	alpha-2a	9–36	12	1	0	8
Elsässer-Beile et al. 1987	alpha-2a	18	21	0	3	14
Legha et al. 1987	alpha-2a	3–36/m²	62	0	5	8
Ernstoff et al. 1983	alpha-2b	10–100	16	0	2	13
Hawkins et al. 1984	alpha-2b	30/m²	27	0	1	4
Robinson et al. 1984	alpha-2b	30/m²	31	0	1	3
	alpha-2b	10/m²	32	2	4	19
Coates et al. 1985	alpha-2b	20/m²	12	0	0	0
Kirkwood et al. 1985	alpha-2b	3–100/m²	23	3	2	22
Dorval et al. 1986	alpha-2b	10	22	2	4	27
Kuzmits et al. 1985	alpha-2c	5–30	8	1	0	13
Landthaler et al. 1987	alpha-2c	2,5	20	0	0	0
Stadler et al. 1987	alpha-2b	9–18/m²	9	0	2	22

[a]CR = Vollremission; [b]PR = partielle Remission; [c]OR = objektive Ansprechrate.

der Chemotherapie (z.B. Dacarbazin) nahekommen (Tabelle III). Diese Ansprechraten wurden mit mittleren Dosierungsschemata (ca. 10 Mio IE/m²) erzielt, eine weitere Dosisanhebung führte nicht zu deutlich besseren Ergebnissen. Die mittlere Zeit von Therapiebeginn bis zur Progression beträgt nach den vorliegenden Studien einen Monat und die mittlere Überlebenszeit sechs Monate. Dies entspricht im allgemeinen auch Ergebnissen, wie sie für Chemotherapiestudien mit Standardzytostatika (Dacarbazin, BCNU etc.) berichtet wurden. Demgegenüber zeigt eine kleine Gruppe von Patienten unter der Interferon-alpha-Therapie langfristig bestehende, objektive Regressionen mit Verlängerung der Überlebenszeit über Jahre.

Tabelle III. Ergebnisse der Behandlung disseminierter MM mit verschiedenen IFNen alpha.

	alpha-N1	alpha-2a	alpha-2b	alpha-2c	Alle IFNe-alpha
Patienten, n	110	203	163	28	504
CR	2	5	7	1	15
PR	4	24	14	0	42
OR, %	5	14	13	4	11

Interferon-alpha-Kombinationsstudien

Nach den vorliegenden Studien bleibt die Wirkung der Interferon-alpha-Monotherapie bei metastasiertem malignem Melanom auf einen kleinen Kreis von Respondern beschränkt. Vielversprechender erscheinen unterschiedliche Kombinationsbehandlungen unter Einschluß von Interferonen mit dem Ziel, die antitumorale Potenz der Interferone zu steigern.

Kombinationsschemata von Interferon alpha mit Cimetidin zeigten in einer ersten Studie deutlich verbesserte Ansprechraten (12), die jedoch in Folgestudien von mehreren Arbeitsgruppen nicht bestätigt werden konnten (4, 25, 27). Auch die Kombinationsbehandlung mit mehreren Interferonen erbrachte bisher keine besseren Ergebnisse. Unter der Kombination von Interferon alpha-2a und Interferon gamma wurde bei 20 Patienten nur eine Vollremission beobachtet (5). Auch der kombinierte Einsatz von Interferon alpha und Etretinat führte zu keiner gesteigerten antitumoralen Wirksamkeit (30).

Hingegen zeigten erste Versuche zur Kombination von Interferon alpha mit Zytostatika durchaus ermutigende Ergebnisse. *McLeod* et al. fanden bei 44 Patienten unter Behandlung mit Dacarbazin und Interferon alpha-2a eine Ansprechrate von 30% (28). In der Kombination Interferon alpha + Vindesin zeigte sich eine Ansprechrate von 25% bei zwölf Patienten (13). Zur Zeit wird eine Reihe von Studien mit den genannten Kombinationen an größeren Patientenkollektiven durchgeführt.

Adjuvanter Einsatz von Interferon alpha

Daneben erscheinen zumindest theoretisch die Interferone und Interferonkombinationen bei Patienten mit minimaler Tumorlast und hohem Metastasierungsrisiko von größtem Wert. Die bisher vorliegenden Studienergebnisse zur adjuvanten Applikation von Interferon beim malignen Melanom führten jedoch in frühen Phase-II-Studien zu keiner signifikanten Verbesserung der Prognose. Bei 21 Patienten mit metastasiertem malignem Melanom im klinischen Stadium IIa und IIb wurde nach operativer Entfernung aller nachweisbaren Metastasen kombiniertes Interferon alpha-2a (9 x 10^6 IE subkutan 3mal wöchentlich) über sechs Monate eingesetzt. Der Vergleich mit einer unbehandelten historischen Kontrollgruppe von 111 Patienten ergab jedoch keine Verlängerung der rezidivfreien Zeit durch die Interferontherapie (9). Hingegen scheint in einer ersten Mitteilung die adjuvante Interferontherapie bei »high risk«-Melanompatienten eine klinische Bedeutung zu haben. Von *Kokoschka* et al. wurden 53 Patienten mit malignem Melanom, Stadium I, über 24 Monate mit 3 Mio IE 1- bis 3mal wöchentlich behandelt und mit 65 Kontrollpatienten verglichen. Hierbei zeigte sich, daß über einen

Beobachtungszeitraum von 20 Monaten in der Interferongruppe 9% Rezidive gegenüber 25% in der Kontrollgruppe beobachtet wurden (21). Behandlungsergebnisse aus größeren Studien sowie aus kombinierten Behandlungen mit mehreren Interferonen bleiben jedoch abzuwarten, um den Wert der adjuvanten Interferontherapie einschätzen zu können.

Literatur

1 Coates A, Ralbings W, Bersey P, Swanson C (1985) Phase II trial of recombinant alpha-2 interferon in malignant melanoma. Proc 3rd Eur Conf Clin Oncol Cancer Nursing Stockholm, p 18

2 Creagan ET, Ahmann CL, Green SJ et al (1984a) Phase II study of »low dose« recombinant leucocyte A interferon (rIFN-alpha-A) in disseminated malignant melanoma. Am J Clin Oncol 2: 1002–1004

3 Creagan ET, Ahmann DL, Green SJ et al (1984b) Phase II study of recombinant leukocyte A interferon (rIFN-alpha-A) in disseminated malignant melanoma. Cancer 54: 2844–2849

4 Creagan ET, Ahmann DL, Green SJ et al (1985) Phase II study of recombinant leukocyte A interferon (IFN-rA) plus cimetidine in disseminated malignant melanoma. Am J Clin Oncol 3: 977–981

5 Creagan ET, Loprinzi CL, Ahmann DL, Schaid DJ (1988b) A Phase I-II trial of the combination of recombinant leukocyte A interferon and recombinant human interferon gamma in patients with metastatic malignant melanoma. Cancer 62: 2472–2474

6 Czarniecki CW, Fennie CW, Powers DB, Estell DA (1984) Synergistic antiviral and antiproliferative activities of Escherichia coli derived human alpha, beta and gamma interferons. J Virol 49: 490–496

7 Dorval T, Palangie T, Joure M et al (1986) Clinical phase II trial of recombinant DNA interferon in patients with metastatic malignant melanoma. Cancer 58: 215–218

8 Elsässer-Beile U, Drees N, Neumann HA, Schöpf E (1987) Phase II trial of recombinant leukocyte A interferon in advanced malignant melanoma. J Cancer Res Clin Oncol 113: 273–278

9 Elsässer-Beile U, Garbe C, Stadler R et al (1989) Adjuvante Therapie mit rekombiniertem Interferon alfa-2a beim metastasierten malignen Melanom. Hautarzt 40: 266–270

10 Ernstoff MS, Reiss M, Davis CA et al (1983) Intravenous recombinant alpha-2 interferon (IFNa-2) in metastatic melanoma. Proc ASCO 2: 57

11 Ernstoff MS, Davis CA, Kirkwood JM (1984) A phase II trial of intermittent human leukocyte interferon (HuLeIFN) in patients (pts) with metastatic malignant melanoma. Proc ASCO 3: 62

12 Flodgren P, Borgström S, Jonsson PE et al (1983) Metastatic malignant melanoma: regression induced by combined treatment with interferon (HuIFN-alpha[Le]) and cimetidine. Int J Cancer 32: 657–665

13 Garbe C, Zouboulis Ch, Orfanos CE (1988) Antiproliferative effects of different interferons on melanoma cells in vitro. Skin Cancer 3: 195–196

14 Garbe C, Zouboulis Ch, Orfanos CE (1988) Beeinflussung des malignen Melanoms durch verschiedene Interferone (alpha, beta, gamma). Hautarzt (Suppl VIII) 39: 269–270

15 Goldberg RM, Ayoob A, Silgals R et al (1985) Phase II trial of lymphoblastoid interferon in metastatic malignant melanoma. Cancer Treat Rep 69: 813–816

16 Green JA, Smith K, Eccles JM, Dufton PA (1989) Alpha-2a interferon and vindesine in the treatment af advanced malignant melanoma. Cancer Immunol Immunother (Suppl) 28: Abstract 332

17 Hawkins MJ, Cune CS, Speyer JL, Sorell M (1984) Recombinant alpha-2 interferon (IFNα-2) (SCH 30500) in patients with metastatic malignant melanoma (MMM). An ECOG pilot study. Proc ASCO 3: 51

18 Hersey P, Mac Donald M, Hall C et al (1986) Immunological effects of recombinant interferon alpha-2a in patients with disseminated melanoma. Cancer 57: 1666–1674

19 Jacquillat C, Maral J, Chleq C, Banzet P (1985) Treatment of metastatic malignant melanoma (MMM) with Roferon A »R« (Interferon Alpha Recombinant Roche). 3rd Eur Conf Clin Oncol, Stockholm, June 16–20, p 183

20 Kirkwood JM, Ernstoff MS, Davis CA et al (1985) Comparison of intramuscular and intravenous recombinant alpha-2 interferon in melanoma and other cancers. Ann Intern Med 103: 32–36

21 Kokoschka EM, Trautinger F, Micksche M, Kokoschka R (1989) Long-term adjuvant therapy of high risk malignant melanoma with recombinant interferon alfa-2b. J Invest Dermatol 93: 560

22 Krown SE, Burke M, Kirkwood JM et al (1984) Human leukocyte (alpha) interferon in metastatic malignant melanoma. Am Cancer Soc Phase II Trial. Cancer Treat Rep 68: 723–726

23 Kuzmits R, Kokoschka EM, Micksche M et al (1985) Phase II results with recombinant interferons: renal cell carcinoma and malignant melanoma. Oncology 42: 26–32

24 Landthaler M, Geyer C, Papendick U, Braun-Falco O (1987) Alpha-2-Interferon-Therapie des metastasierenden malignen Melanoms. Dt Med Wschr 112: 919–921

25 Legha SS (1986) Interferons in the treatment of malignant melanoma – a review of recent trials. Cancer 57: 1675–1677

25 Legha SS, Papadopoulos NEJ, Plager C et al (1987) Clinical evaluation of recombinant interferon alfa-2A (Roferon-A) in metastatic melanoma using two different schedules. J Clin Oncol 5: 1240–1246

27 Lipton A, Harvey HA, Simmonds MA et al (1984) Lack of enhanced activity of systemic interferon by cimetidine in malignant melanoma. Proc ASCO 3: 56

28 McLeod GRC, Thomson DB, Hersey P (1987) Recombinant interferon alpha-2a in advanced malignant melanoma: a phase I-II study in combination with DTIC. Int J Cancer (suppl 1): 31–35

29 Retsas S, Priestman TJ, Newton KA, Westbury G (1983) Evaluation of human lymphoblastoid interferon in advanced malignant melanoma. Cancer 51: 273–276

30 Rustin GJS, Dische S, deGaris ST, Nelstrop A (1988) Treatment of advanced malignant melanoma with interferon alpha and etretinate. Eur J Cancer Clin Oncol 24: 783–784

31 Robinson WA, Kirkwood J, Harvey H et al (1984) Effective use of recombinant human alpha-2 interferon (rIFN-alpha-2) in metastatic malignant melanoma (MMM). Proc ASCO 3: abstract C 234

32 Stadler R, Bratzke B, Orfanos CE (1987) Therapeutischer Einsatz von Interferon alpha bei metastasiertem malignem Melanom, disseminiertem Kaposi-Sarkom und schwerem Morbus Behçet. Hautarzt 38: 453–460

33 Stadler R, Garbe C, Bratzke B, Orfanos CE (1988) Klinische Erfahrungen bei der Therapie des malignen Melanoms mit Interferonen. In: Schmoll HJ, Schöpf E (eds) Lokale und systemische Chemotherapie mit Interferonen, Akt Immunol IV. Zuckschwerdt, München Bern Wien San Francisco, pp 62–71

34 Thomson DB, McLeod GR (1984) Pilot efficacy study of recombinant leukocyte A interferon (Ro 22–8181, IFN-alpha-A) in patients with metastatic melanoma. Proc ASCO 3: 47

35 Wolf Ch, Steiner A, Pehamberger H, Wolff K (1986) Interferon treatment (rIFN-alpha, rIFN-gamma and rIFN-alpha + cimetidine) in metastatic melanoma. Abstracts AIO + EORTC Int Symposium on Malignant Melanoma, Hamburg, Sept 1986, abstract V–8

36 Zouboulis Ch, Garbe C, Orfanos CE (1989) Wachstumshemmung von Melanomzellen durch Interferone in vitro. Gleiche antiproliferative Effekte von 100- bis 1000fach niedrigeren Konzentrationen nIFN-beta im Vergleich zu rIFN-alpha-2a. Hautarzt 40: 65–69

Für die Verfasser:
Prof. Dr. R. Stadler
Universitätshautklinik und Poliklinik
Klinikum Steglitz der Freien Universität
Hindenburgdamm 30
D-1000 Berlin 45

Wirkungen von Interferon beta und Interferon gamma auf das maligne Melanom

C. Garbe, R. Stadler, K. Krasagakis, K. Schröder, Ch. C. Zouboulis und S. Krüger
Universitäts-Hautklinik und Poliklinik, Klinikum Steglitz der Freien Universität Berlin

Zusammenfassung

Interferon beta (IFN-beta) und Interferon gamma (IFN-gamma) zeigten in vitro starke, dosisabhängige antiproliferative Wirkungen auf Melanomzellen. Eine 50%ige Wachstumshemmung von Melanomzellen in vitro wurde durch 20–40 IE/ml IFN-beta und durch 600–1200 E/ml IFN-gamma bewirkt, während vergleichsweise wesentlich höhere Dosen IFN-alpha zur Erreichung dieser antiproliferativen Wirkung notwendig waren. Die antiproliferative Wirkung ist zytostatisch; zytotoxische Effekte werden kaum beobachtet, und nach Entzug der Medikamente kommt es erneut zur Zellproliferation. Bei Kombination von IFN-beta und IFN-gamma resultierte in vitro eine synergistische Wirkungsverstärkung. In Kombination mit beiden Interferonen wurde für die Medikamente Vindesin, BCNU und Acitretin eine synergistische Verstärkung der antiproliferativen Wirkung gefunden, während Cisplatin in Kombination mit den Interferonen antagonistische Effekte zeigte. Die Zelldifferenzierung wurde durch IFN-beta und IFN-gamma negativ beeinflußt, die morphologische Differenzierung der Zellen wurde behindert, und es kam zu einer geringeren Melaninsynthese. Unter IFN-beta und IFN-gamma wurde eine vermehrte Expression von HLA-I-Antigenen beobachtet, die am stärksten durch IFN-beta induziert wurde. Unter IFN-gamma resultierte zusätzlich eine Neuinduktion von HLA-DR-Antigenen sowie eine verstärkte Expression des ICAM-1-Moleküls und des Antigens A.1.43. Da diese Antigene mit zunehmender Tumorprogression verstärkt exprimiert werden und daher als Progressionsmarker angesehen werden können, fragt sich, ob IFN-gamma einen biologisch aggressiveren Phänotypus von Melanomzellen induzieren kann. Erste klinische Behandlungsergebnisse sprechen für eine Antitumorwirksamkeit von IFN-beta und IFN-gamma, ohne daß die Größenordnung dieser Wirksamkeit bisher sicher abschätzbar ist. Deswegen sollten zunächst Phase-II-Studien mit den Einzelsubstanzen in verschiedenen Dosierungen durchgeführt werden.

Summary

Interferon beta (IFN-beta) and interferon gamma (IFN-gamma) revealed significant, dose-dependent antiproliferative effects on melanoma cells in vitro. A 50% growth inhibition of melanoma cells was obtained by 20–40 IU/ml for IFN-beta and by 600–1200 U/ml for IFN-gamma. However, higher dosages of IFN-alpha were needed for comparable results. The growth inhibition was caused by cytostatic but not cytotoxic effects of the interferons. The melanoma cells showed regrowth after withdrawal of the drugs. By combining IFN-beta and IFN-gamma a synergistic antiproliferative effect was found. Furthermore, combinations of the interferons and the drugs vindesine, BCNU and acitretin revealed synergistic antiproliferative effects, whereas cisplatin combined with interferons acted in an antagonistic way. Cell differentiation was neither stimulated by IFN-beta nor by IFN-gamma. The morphologic differentiation was inhibited and melanin synthesis was decreased following treatment with these substances. Both inter-

ferons tested upregulated HLA-I antigens, IFN-beta being the most potent inducer. A de novo expression of HLA-DR antigens was induced and the expression of ICAM-1 molecule and antigen A.1.43 was enhanced by IFN-gamma. These antigens were found markedly increased in progressive malignant melanoma and may be regarded as progression markers. Therefore, the question arises, as to whether IFN-gamma may induce a biologically more aggressive phenotype of malignant melanoma cells. Antitumor activity of IFN-beta and IFN-gamma was found in a few clinical trials, but the magnitude of this activity is not yet evaluated. Therefore, further phase II studies with both drugs and different dose regimens are needed in the near future.

Während für die Behandlung des malignen Melanoms mit Interferon alpha (IFN-alpha) die klinischen Daten von mehr als 500 behandelten Patienten vorliegen, sind nur wenige mit Interferon beta (IFN-beta) und Interferon gamma (IFN-gamma) behandelte Patienten mit metastasierendem malignem Melanom dokumentiert und publiziert. Aus den vorliegenden klinischen Daten ist die Wirksamkeit dieser Substanzen beim malignen Melanom nicht abschließend beurteilbar. Eine Übertragung der Behandlungsergebnisse mit IFN-alpha auf die Substanzen IFN-beta und IFN-gamma scheint ebenfalls nicht statthaft. Während von IFN-alpha ca. 20 Subtypen bekannt geworden sind, die sich meistens nur in zwei Aminosäuren unter 165 bis 166 Aminosäuren der gesamten Peptidsequenz unterscheiden, sind IFN-beta und IFN-gamma mit IFN-alpha nur teilweise oder gar nicht verwandt. Zur Zeit ist nur jeweils ein Typ des IFN-beta und IFN-gamma bekannt, eine ursprünglich als IFN-beta-2 bezeichnete Verbindung erwies sich identisch mit dem B-Zell-Differenzierungsfaktor und mit Interleukin-6. Das IFN-beta bindet an denselben Rezeptor wie die IFNe-alpha und die Homologie der Aminosäuren zwischen IFN-alpha und IFN-beta beträgt etwa 30%. Sowohl die Interferon alpha als auch Interferon beta werden von Genen auf Chromosom-9 kodiert (18).

Dagegen weist das IFN-gamma zu dem IFN-alpha und -beta keine Homologie der Aminosäuren auf und bindet an einen gesonderten spezifischen Rezeptor. Das IFN-gamma wird durch ein Gen auf Chromosom-12 kodiert.

Die Antitumorwirkung der IFNe wird im allgemeinen auf drei verschiedene Wirkungen dieser Substanzen zurückgeführt:

- auf die direkte zytostatische Wirkung,
- auf den differenzierenden Effekt dieser Substanzen auf transformierte Zellen, und
- auf eine Modulation von Antigenen der Tumorzellen sowie der Aktivität immunkompetenter Zellen des Wirts.

Bis heute ist für keines der Interferone entschieden, welche der genannten Komponenten für die Antitumorwirksamkeit den wesentlichen Einfluß hat. Möglicherweise gehen die entscheidenden Wirkungen von den direkten zytostatischen Effekten der Interferone aus, entsprechend wurden die Interferone in jüngst publizierten Übersichtsarbeiten zur Therapie des MM gemeinsam mit den Zytostatika abgehandelt (34) und wurden unter den immuntherapeutischen Konzepten nicht mehr erwähnt (33).

Aufgrund von In-vitro-Untersuchungen kann heute bestimmt werden, welche grundlegenden Wirkungen von Medikamenten auf definierte Zellpopulationen zu erwarten sind. Das Wirkungsspektrum der Interferone wurde in unserem Laboratorium für mehrere Melanomzelllinien in vitro untersucht, die Einzelheiten zu Methoden und Materialien sind publiziert (13–17, 41). Die In-vitro-Untersuchungen wurden unter der Fragestellung durchgeführt, ob die für IFN-beta und IFN-gamma ermittelten Wirkungen eine weitere klinische Erprobung dieser Substanzen beim malignen Melanom sinnvoll erscheinen lassen.

Antiproliferative Wirkungen in vitro

Die untersuchten Interferone rIFN-alpha-2a (Roferon®), nIFN-beta (Fiblaferon®) und rIFN-gamma (Polyferon®) zeigten eine dosisabhängige antiproliferative Aktivität an allen untersuchten Melanomzellinien. Die Zahl der lebenden Zellen wurde mittels eines Fluoreszenz-Assays bestimmt (17) und es wurden diejenigen Medikamentenkonzentrationen ermittelt, die eine 50%ige Wachstumshemmung (inhibitory concentration 50%; IC_{50}) der Zellen im Vergleich zu unbehandelten Kontrollen nach der Medikamentenzugabe bewirkte. Bei Zugabe von rIFN-alpha-2a waren 7000–20000 IE/ml bei zwei Zelllinien notwendig, um eine 50%ige Wachstumshemmung zu erreichen, während bei einer dritten Zellinie auch mit 50000 IE/ml noch keine derartige antiproliferative Wirkung sichtbar wurde. Bei Zugabe von nIFN-beta dagegen reichten 20–40 IE/ml aus, um eine 50%ige Wachstumshemmung zu bewirken. 600–1200 IE/ml IFN-gamma wurden benötigt, um das Wachstum der Zellen um 50% zu reduzieren (Abbildung 1). nIFN-beta erwies sich somit als die wirksamste antiproliferative Substanz gefolgt von IFN-gamma und dann von IFN-alpha. Die Bewertung der Wirksamkeit dieser drei Interferontypen in vitro auf Melanomzellen stimmt mit den Ergebnissen anderer Untersucher überein (7).

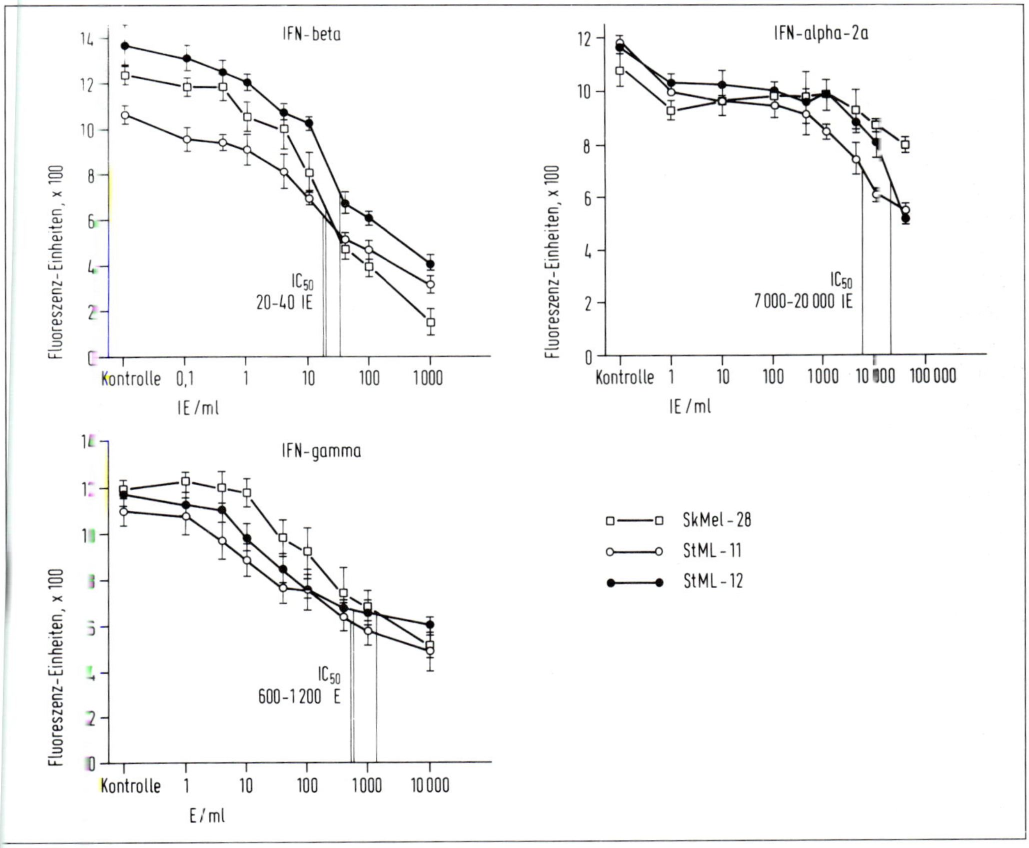

Abbildung 1. Direkte antiproliferative Wirkung der Interferone auf maligne Melanomzellen in vitro (die Fluoreszenzmessung erfaßt die Zahl der lebenden Zellen).

Eine Untersuchung des Wachstums der Melanomzellen nach Entzug der Interferone zeigte jeweils eine erneute Proliferation der Zellen. Die Interferone wirken insofern zytostatisch aber nicht zytotoxisch. Auch nach mehrfacher Anwendung hoher Dosen von IFN zeigte sich bei Absetzen der Interferone der erneute Eintritt der Zellen in ein logarithmisches Wachstum.
Die kombinierte Wirkung von Interferonen auf die Proliferation von Melanomzellen in vitro wurde unter Zugabe von jeweils 16 kombinierten Konzentrationen zweier Medikamente untersucht und die Auswertung wurde mittels einer Isobologramm-Analyse vorgenommen.
In der Isobologramm-Analyse (36) werden die Konzentrationen der zwei Medikamente auf der x- und y-Achse eines Koordinatensystems dargestellt und die 50%ige Wachstumshemmung (IC_{50}) der beiden Einzelsubstanzen wird durch eine Gerade verbunden, auf der die benötigten kombinierten Konzentrationen für eine 50%ige Wachstumshemmung bei einer additiven Wirkung der Substanzen liegen sollen. Das prinzipielle Vorgehen ist wie folgt: Eine konstante Konzentration des ersten Medikamentes wird jeweils mit variablen Konzentrationen des zweiten Medikamentes kombiniert und so wird die für eine 50%ige Wachstumshemmung benötigte Konzentration des zweiten Medikamentes in Kombination mit Medikament 1 ermittelt und in das Koordinatensystem eingetragen. Bei additiver Wirkung der zwei Medikamente sollten die ermittelten Werte in etwa auf der Verbindungslinie zwischen den IC_{50}-Werten der Einzelsubstanzen liegen, gemäß der Vorstellung, daß bei Verringerung der Konzentration des einen Medikamentes eine entsprechende Konzentration des anderen hinzugegeben werden müsse. Liegen die ermittelten kombinierten Konzentrationen für eine 50%ige Wachstumshemmung oberhalb dieser Verbindungslinie, so werden höhere Medikamentenkonzentrationen benötigt und es liegt ein antagonistischer Effekt beider Medikamente vor. Liegen die ermittelten Werte für eine 50%ige Wachstumshemmung deutlich unterhalb dieser Verbindungslinie, so sind die Wirkungen stärker, als für eine additive Wirkung erwartet, und es liegt eine synergistische Wirkung vor.

Bei kombinierter Testung von nIFN-beta und rIFN-gamma fand sich bei allen untersuchten Zellinien eine eindeutig synergistische antiproliferative Wirkung. Bei Kombination von IFN-alpha und IFN-gamma wurden ebenfalls synergistische Wirkungen ermittelt. Dagegen resultierte bei Kombination von nIFN-beta und rIFN-alpha-2a eine antagonistische bis additive Wirkung (Abbildung 2). Da IFN-alpha und IFN-beta

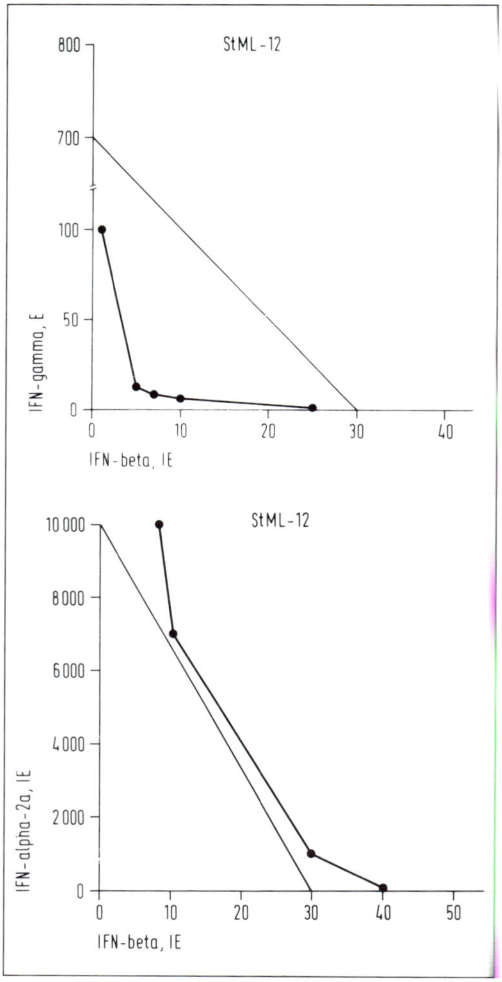

Abbildung 2. 50% Wachstumshemmung durch kombinierte Interferonbehandlungen (die Gerade verbindet die für eine 50%ige Wachstumshemmung notwendigen Konzentrationen der Einzelsubstanzen bei additivem Effekt).

an denselben Rezeptor binden, behindern sie sich offenbar gegenseitig in ihrer Wirkung, bzw. das wesentlich schwächer antiproliferativ wirksame rIFN-alpha-2a schwächt offenbar den Effekt des stärker wirksamen nIFN-beta ab. Bei Kombination von Typ-I-IFNen (IFN-alpha, IFN-beta) und Typ-II-IFNen (IFN-gamma), die an unterschiedliche Rezeptoren binden, resultiert dagegen eine synergistische Verstärkung der antiproliferativen Wirkung. Diese Wirkqualitäten auf die Proliferation maligner Melanomzellen in vitro bei kombinierter Behandlung mit IFNen können als gesichert gelten (7, 21).
Für IFN-beta und IFN-gamma wurden in unserem Laboratorium eine Reihe von Untersuchungen zur kombinierten Wirkung mit Zytostatika auf die Proliferation maligner Melanomzellen in vitro durchgeführt. Diese Versuche folgten prinzipiell dem oben dargestellten Versuchsaufbau. Dabei zeigte sich eine synergistische antiproliferative Wirkung bei Kombination von IFN-beta und von IFN-gamma mit den Zytostatika Vindesin und BCNU sowie mit dem aromatischen Retinoid Acitretin. Dagegen wurde eine antagonistische Wirkung bei Kombination von IFN-beta und von IFN-gamma mit dem Zytostatikum Cisplatin ermittelt. Diese Untersuchungsergebnisse sollten bei einer zukünftigen Planung kombinierter Behandlungen von malignen Melanomen mit Interferonen und Zytostatika berücksichtigt werden.

Wirkungen auf die Zelldifferenzierung in vitro

Die Interferone zeigten insbesondere bei Erkrankungen des leukämischen Formenkreises und den entsprechenden Zellinien zum Teil differenzierende Wirkungen in dem Sinne, daß diese Zellen unter dem Medikamenteneinfluß zu einer terminalen Differenzierung gebracht werden konnten und die Zellproliferation entsprechend abnahm; diese therapeutische Wirkung zeigte auch bereits erste klinische Erfolge (35). Bei Melanomzellen werden insbesondere zwei Parameter als Kriterien für die Zelldifferenzierung herangezogen: morphologisch weisen terminal differenzierte Melanozyten lange dendritische Zellfortsätze oder aber spindelzellige Morphen und ein perinukleäres Zytoplasma geringen Volumens auf, während Melanomzellen mehr epitheloide Formen mit einem voluminösen Zytoplasma und zum Teil nur kurzen zytoplasmatischen Ausläufern zeigen (10, 25). Zum zweiten wird die funktionelle Leistung der Melanozyten, nämlich die Melaninsynthese, als Differenzierungsmarker angesehen und durch photometrische Melaninbestimmung quantifizierbar gemacht (11, 12). Die meisten Melanomzellinien produzieren unter geeigneten Wachstumsbedingungen (mit Tyrosin angereicherte nährstoffreiche Medien) Melanin, die Melaninproduktion setzt in der Kultur allerdings erst dann richtig ein, wenn die Zellen konfluent geworden sind und die Proliferation weitestgehend zum Stillstand gekommen ist.
Untersuchungen zur morphologischen Differenzierung und zur Melaninproduktion in unserem Laboratorium zeigten, daß weder IFN-beta noch IFN-gamma differenzierende Einflüsse auf Melanomzellen in vitro besaßen. Die Auswertung der morphologischen Zelldifferenzierung wurde nach zwei Tagen Inkubation mit Medikamenten bei geringer Zelldichte durchgeführt und als differenzierte Zellen wurden spindelzellige und dendritische Zellen mit langen Zellfortsätzen (> 2mal Zytoplasmadurchmesser) gewertet (Abbildungen 3a und 3b). Der Melaningehalt wurde nach zehn Tagen Zellwachstum fotometrisch bestimmt (12). Unter IFN-beta kam es zu einer geringfügigen Abnahme der morphologischen Zelldifferenzierung und zu einer signifikanten Verminderung der Melaninsynthese. Unter IFN-gamma resultierte eine starke Abnahme des Anteils differenzierter Zellen und gleichzeitig eine deutliche Abnahme der Melaninsynthese, die wegen der hohen Standardabweichungen nicht eindeutig signifikant war (Tabelle I). Auch andere Untersucher fanden, daß IFNe als Einzelsubstanzen keine zelldifferenzierende Wirkung auf maligne Melanomzellen in vitro hatten (11).

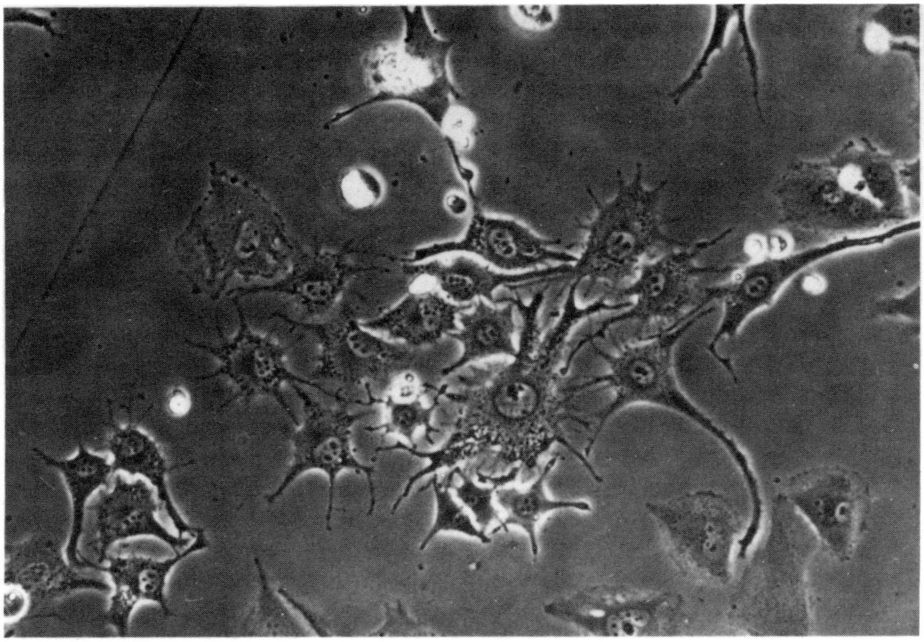

Abbildung 3a. Epitheloide Zellmorphen, z.T. mit kurzen Ausläufern, nach 48stündiger Behandlung mit 100 E/ml IFN-gamma (undifferenzierte Zellmorphe).

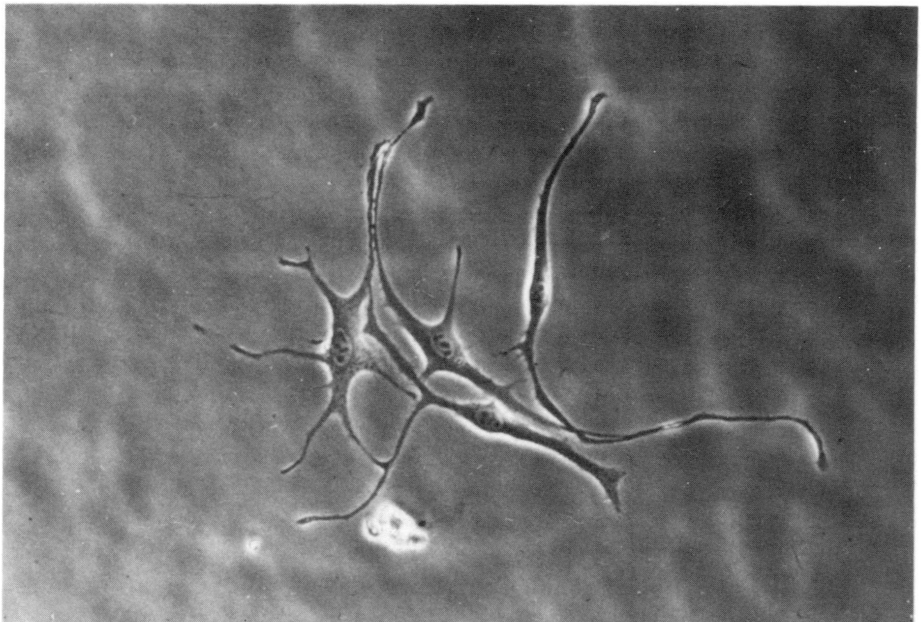

Abbildung 3b. Spindelige und dendritische Zellmorphen (diff. Zellmorphe) nach 48stündiger Behandlung mit 10^{-9} M/ml Calcitriol (Vit.D_3).

Tabelle I. Morphologische Zelldifferenzierung und Melaninsynthese von Melanomzellen in vitro unter IFN-beta und IFN-gamma.

	Anteil terminal differenzierter Zellen		Melaningehalt (μg/1 Mio Zellen)	
	StML-11	SKMel-28	StML-11	SKMel-28
Kontrolle	42	31	2,3 ± 0,57	1,76 ± 0,07
IFN-beta 100 IE/ml	24	30	1,12 ± 0,04	1,19 ± 0,45
IFN-beta 1000 IE/ml	20	30	1,54 ± 0,06	1,25 ± 0,35
IFN-gamma 100 IE/ml	14	5	1,94 ± 0,23	1,55 ± 0,54
IFN-gamma 1000 IE/ml	13	3	1,84 ± 0,06	1,45 ± 0,30

Wirkungen auf den Immunophänotyp von Melanomzellen in vitro

Untersuchungen zur Antigenexpression von Tumorzellen wurden zumeist unter drei Gesichtspunkten durchgeführt:

- Expression von Antigenen, die in die Interaktion der Tumorzellen mit dem Immunsystem des Wirts involviert sind (HLA-I- und -II-Antigene, Adhäsionsmoleküle wie z.B. ICAM-1),
- Expression von Antigenen, die bei verstärkter Zellproliferation vermehrt exprimiert werden (Ki-67-Antigen, Transferrinrezeptor) und
- Expression von Antigenen, die bei Tumorprogression vermehrt auf den Zellen exprimiert werden (bei Melanomzellen z.B. A.1.43, A.10.33, HLA-DR, ICAM-1) (4, 24, 28).

Alle untersuchten Interferone zeigten die Fähigkeit, einen Anstieg der Expression von HLA-A-, -B-, -C-Antigenen und beta-2-Mikroglobulin zu bewirken. Diese Wirkung erwies sich als dosis- und zeitabhängig. In unseren Untersuchungen zeigte sich, daß IFN-beta eine erheblich stärkere Expression von HLA-I-Antigenen bewirkte als IFN-gamma oder IFN-alpha (Abbildung 4). In verschiedenen Untersuchungen konnte bereits gezeigt werden, daß mit der zunehmenden Expression von HLA-I-Antigenen gleichzeitig eine verstärkte Empfänglichkeit von Melanomzellen für Zytolyse durch natürliche Killerzellen verbunden war (1, 26, 30).

Die von uns untersuchten Zellinien waren HLA-DR-negativ, exprimierten aber unter Zugabe von IFN-gamma HLA-DR-Antigene in starkem Maße (Abbildung 5). Diese De-novo-Expression von HLA-II-Antigenen auf Melanomzellen unter IFN-gamma wurde auch von anderen Untersuchern gefunden (5, 20) und die Expression

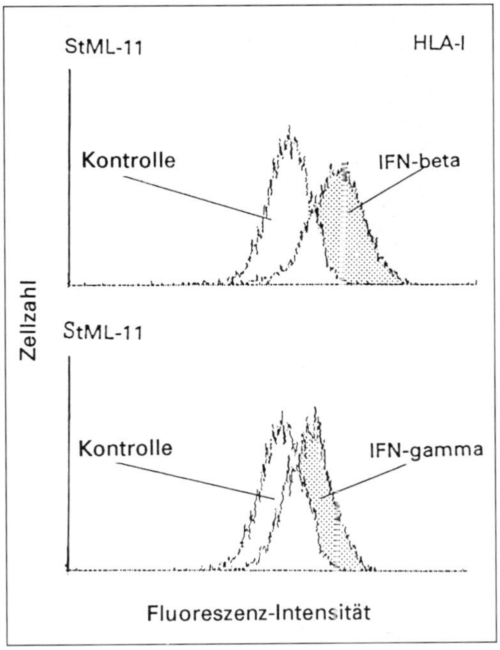

Abbildung 4. Stimulation von HLA- -Antigenen durch IFN-beta und IFN-gamma bei der Zellinie StML-11.

von HLA-DR-Antigenen scheint offenbar mit der metastatischen Potenz der Melanomzelllinien verknüpft zu sein (31). HLA-DR-Antigene wurden in situ an Gewebsschnitten stark vermehrt an metastatischen Melanomzellen gefunden (4, 24).

Das kernständige Proliferationsantigen Ki-67 (19) wurde auf den Melanomzellen nach Zugabe von IFN-beta und IFN-gamma zu einem geringeren Prozentsatz exprimiert, was gut zur antiproliferativen Wirkung dieser Substanzen paßt. Dagegen waren die Befunde für die Expression des Transferrinrezeptors uneinheitlich, und zum Teil fand sich unter der Behandlung mit den verschiedenen IFNen eine Heraufregulierung dieses Antigens.

IFN-beta zeigte im übrigen kaum weitere Einflüsse auf den Immunophänotyp von Melanomzellen, nur bei jeweils wenigen untersuchten Zellinien fand sich zum Teil eine leichte Herab-

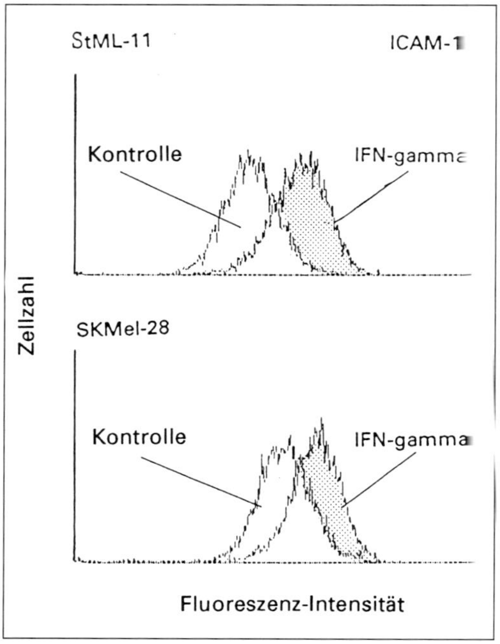

Abbildung 6. Stimulation des ICAM-1-Moleküls unter IFN-gamma.

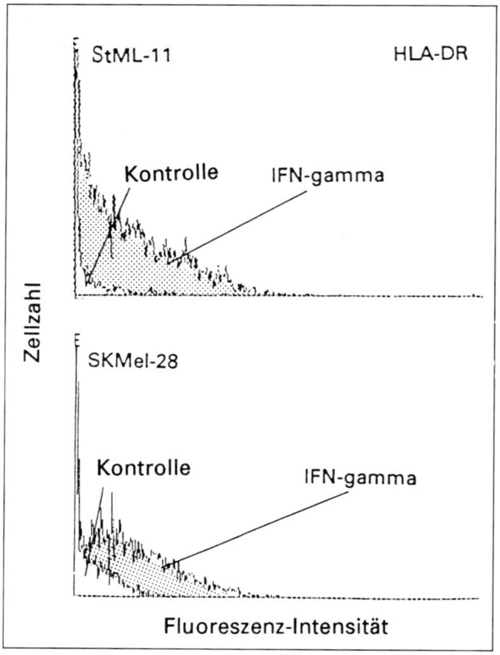

Abbildung 5. De-novo-Expression von HLA-DR-Antigenen unter IFN-gamma.

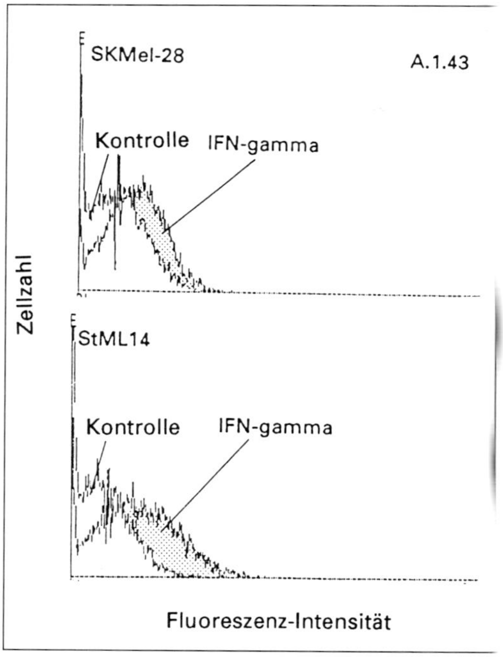

Abbildung 7. Stimulation des progressionsassoziierten Antigens A.1.43 unter IFN-gamma.

regulation des progressionsassoziierten Antigens A.10.33 und bei einer Zellinie eine Heraufregulation des ICAM-1-Antigens. IFN-gamma dagegen bewirkte eine eindeutige Zunahme des progressionsassoziierten Antigens A.1.43 und des ICAM-1-Moleküls auf allen untersuchten Zellinien (Abbildungen 6 und 7). Es stellt sich die Frage, ob unter Behandlung mit IFN-gamma zum Teil ein aggressiverer Phänotyp der Zellen induziert werden kann. In zukünftigen klinischen Untersuchungen sollte deshalb nicht nur auf die Möglichkeit einer Tumorregression geachtet, sondern auch die Möglichkeit einer verstärkten Tumorprogression in die Untersuchung aufgenommen werden.

Klinische Behandlungsergebnisse des malignen Melanoms

Über die Behandlung des metastasierten malignen Melanoms mit IFN-beta liegen bisher nur vereinzelt Untersuchungsergebnisse vor, und gezielte Phase-II-Studien fehlen bisher vollständig. Im Rahmen von Phase-I-Studien mit IFN-beta (ser) wurden fünf behandelte Patienten mit metastasierenden MM mitgeteilt, von denen keiner auf die Behandlung ansprach (22, 23). Aus zwei weiteren Untersuchungen mit IFN-beta wurden elf Patienten mit metastasierendem MM ohne das Ergebnis einer Remission beschrieben (2, 9). Mit IFN-gamma wurde eine gezielte Phase-II-Studie beim metastasierenden MM durchgeführt, in der eine objektive Ansprechrate von 11% der behandelten Patienten ermittelt wurde (6). In drei weiteren Phase-1-Studien mit IFN-gamma wurden nahezu 70 Patienten mit sehr unterschiedlichen Dosen des Medikamentes behandelt, wobei nur in vereinzelten Fällen ein Ansprechen festzustellen war (vgl. Tabelle II).

Bei kombinierter Behandlung mit 5 Mio IE nIFN-beta 3mal wöchentlich und 0,1 mg IFN-gamma 5mal wöchentlich fanden *Breitbart* et al. bei 16 behandelten Patienten kein objektives Ansprechen (3). In unserer Klinik wurde eine Studie an zehn Patienten mit sehr niedrigen Dosen durchgeführt, und zwar wurden 1 Mio IE IFN-beta subkutan oder bei Vorhandensein erreichbarer Metastasen intraläsional 1 mal wöchentlich appliziert und 0,05 mg IFN-gamma an fünf aufeinanderfolgenden Tagen jeden Monat gegeben (38). In der jetzt vorliegenden endgültigen Auswertung dieser Studie fand sich bei den zehn Patienten ein Patient mit partieller Remission an Lunge, Weichteilen und Knochen mit

Tabelle II Behandlungsergebnisse metastasierender maligner Melanome mit IFN-beta und IFN-gamma.

Autor	Interferon	Einzeldosen, Mio IE	Patienten, n	CR[a], n	PR[b], n	OR[c], %
Hawkins et al. 1985	beta (ser)	200	3	0	0	0
Grunberg et al. 1987	beta (ser)	1–30	2	0	0	0
Faulhaber et al. 1988	beta	5	4	0	0	0
Brilon et al. 1989	beta	5	7	0	0	0
Wolf et al. 1986	gamma	0,25–0,5mg/m²	6	0	0	0
v. Wussow et al. 1986	gamma	1–30	32	0	0	0
Creagan et al. 1987	gamma	0,25–0,5mg/m²	27	0	3	11
Ernstoff et al. 1987	gamma	0,003–3mg/m²	30	1	1	7
Breitbart et al. 1988	beta & gamma	5 0,1 mg	16	0	0	0
Stadler et al. 1988	beta & gamma	1 (sc) 0,05 mg	10	0	1	10

[a]CR = komplette Remission; [b]PR = partielle Remission; [c]OR = objektive Ansprechrate (%).

einer Dauer von elf Monaten, und es fanden sich drei stabilisierte Krankheitsverläufe für jeweils wenige Monate. Auch in der Studie von *Breitbart* et al. wurden zwei stabilisierte Krankheitsverläufe mitgeteilt, ohne daß eine eindeutige Remission festgestellt werden konnte.
Erste publizierte adjuvante Therapieversuche mit IFN-beta im Stadium IIb nach Entfernung aller Tumormassen (38) und mit IFN-gamma bei 25 Patienten mit dicken primären Melanomen (Tumordicke > 3 mm) und 15 Patienten mit Lymphknotenmetastasen nach Entfernung der Tumormassen (29) zeigten im Vergleich zu historischen Kontrollkollektiven keinen therapeutischen Vorteil.

Besprechung

Die dargestellten ersten Ergebnisse sind insbesondere im Hinblick auf das IFN-beta weniger hoffnungsvoll, als aufgrund der experimentellen Befunde angenommen werden könnte. Allerdings liegen noch keine gezielten Phase-II-Studien mit IFN-beta beim malignen Melanom vor, die die Voraussetzung für eine Beurteilung der Wirksamkeit darstellen. Die Antitumorwirksamkeit des IFN-beta ist bei intraläsionaler Applikation belegt, hier wurden partielle und komplette Remissionen bei > 60% der behandelten Melanommetastasen beschrieben (27, 37). Es besteht die Möglichkeit, daß das IFN-beta auf den derzeit gängigen Applikationswegen nicht oder nicht in ausreichender Konzentration an seinen Wirkort gelangt. Bei intravenöser Applikation liegen die Halbwertzeiten etwa zwischen 10 und 90 Minuten und zur Erreichung eines wirksamen Spiegels für zumindest 1 bis 2 Stunden wird eine 1 stündige Dauerinfusion empfohlen (14). Da wegen der hohen Gewebsbindung dieses Interferons bei subkutaner oder intramuskulärer Applikation des IFN-beta keine meßbaren Spiegel im peripheren Blut nachgewiesen werden konnten, stellt sich die Frage, ob bei i.v. Applikation das IFN-beta bis zu den Tumorzellen vordringt. Weitere Untersuchungen zur Pharmakokinetik des Medikamentes wären wünschenswert und evtl. sollten die Möglichkeiten der direkten intraläsionalen Applikation noch genauer untersucht werden.
Für das IFN-gamma lassen die vorliegenden publizierten Daten ebenfalls noch keine endgültige Beurteilung seiner Wirksamkeit beim malignen Melanom zu. Hier ist vor allem die Dosisfrage noch weitestgehend offen. Wie bereits anhand der experimentellen Daten dargestellt, hat IFN-gamma die stärksten Auswirkungen auf den Immunophänotyp der Zellen. Ebenso zeigt IFN-gamma die stärksten Auswirkungen auf immunkompetente Zellen, besonders auf NK-Zellen und Monozyten. Die beste Stimulation dieser Zellpopulation wird bei einer Dosis von etwa 0,1 mg/m^2 täglich beobachtet (32). Allerdings ist nach wie vor ungeklärt, ob diese immunmodulatorische Komponente von IFN-gamma für seine Antitumorwirkung wesentlich ist. In der an unserer Klinik durchgeführten Studie zur kombinierten Behandlung mit IFN-beta und IFN-gamma wurden sehr niedrige Dosen beider Substanzen verwendet, die in keinem Fall zur Herstellung und Aufrechterhaltung systemischer Spiegel ausreichten.
Trotzdem konnte zumindest in einem Falle eine eindrucksvolle Remission mit einer Stabilisierung des Krankheitsverlaufes für ein Jahr bei einem Patienten beobachtet werden, der zum Zeitpunkt des Behandlungsbeginns bereits multiple Metastasen im Skelett, in der Lunge, in den Lymphknoten und subkutan aufwies. Zum anderen fanden wir bei drei Patienten eine Stabilisierung des Krankheitsverlaufes, die über mehrere Monate zu beobachten war. Diese Beobachtungen weisen darauf hin, daß Interferone möglicherweise auch in niedrigen Dosen bereits eine morbostatische Antitumorwirkung aufweisen können, und daß Wirkungen vielleicht weniger im Sinne einer starken Verminderung der Tumormassen – wie bei zytostatischer Therapie angestrebt –, sondern eher im Sinne einer Stabilisierung des Krankheitsverlaufes zu erwarten sind.
Angesichts der In-vitro-Befunde sowie erster klinischer Daten, die auf eine Antitumorwirksamkeit von IFN-beta und IFN-gamma hinweisen, erscheint folgendes Vorgehen für eine weitere Klärung der Antitumorwirksamkeit dieser Substanzen in klinischen Versuchen sinnvoll:

- Die Durchführung von Phase-II-Studien mit den Einzelsubstanzen sollte begonnen bzw. weitergeführt werden.
- In Phase-II-Studien sollten verschiedene Dosierungsschemata einschließlich niedriger Dosierungen erprobt werden, die nicht zu meßbaren Spiegeln im peripheren Blut führen.
- Für IFN-beta sollten die Möglichkeiten der Applikationswege überdacht und evtl. in verstärktem Maße intraläsionale Verabreichungen erprobt werden.
- Als Kriterium des Therapieerfolges sollte in verstärktem Maße die Krankheitsstabilisierung (»stable disease«, »no change«) herangezogen werden.

Wenn aus derartigen Untersuchungen genügend Ergebnisse vorliegen, die den klinischen Einsatz von IFN-beta und IFN-gamma beim malignen Melanom weiterhin sinnvoll erscheinen lassen, so sollte auch für diese Substanzen ebenso wie heute bereits für IFN-alpha die Untersuchung kombinierter Behandlungsschemata unter Einschluß von Zytostatika erprobt werden.

Literatur

1 Basham TY, Bourgeade MF, Creasey AA, Merigan TC (1982) Interferon increases HLA synthesis in melanom cells: Interferon-resistant and -sensitive cell lines. Proc Natl Acad Sci USA 79: 3265–3269

2 Brilon C, Therstappen I (1989) Humanes Fibroblasten-Interferon bei metastasierendem malignen Melanom. Ärztl Kosmetol 19: 220–225

3 Breitbart EW, Kowalzick L, Weyer U (1988) Interferon-Therapie beim metastasierenden malignen Melanoma. In: Meigel W (ed) Interferone in der dermatologischen Therapie. Editiones Roche, Basel, pp 35–45

4 Bröcker EB, Suter L, Brüggen J et al (1987) Phenotypic dynamics of tumor progression in human malignant melanoma. Int J Cancer 36: 29–35

5 Carrel S, Schmidt-Kessen A, Giuffre L (1985) Recombinant interferon gamma can induce the expression of HLA-DR and DC on DR negative melanoma cells and enhance the expression of HLA ABC and tumor associated antigens. Eur J Immunol 15: 118–124

6 Creagan ET, Ahmann DL, Long HJ et al (1987) Phase II study of recombinant interferon gamma in patients with disseminated malignant melanoma. Cancer Treat Rep 71: 843–844

7 Czarniecki CW, Fennie CW, Powers DB, Estell DA (1984) Synergistic antiviral and antiproliferative activities of Escherichia coli derived human alpha, beta and gamma interferons. J Virol 49: 490–496

8 Ernstoff MS, Trautmann T, Davis A et al (1987) A randomized phase I/II study of continuous versus intermittent intravenous interferon gamma in patients with metastatic melanoma. J Clin Oncol 5: 1804–1810

9 Faulhaber G, Lechner W, Röckl H (1988) Therapie des malignen Melanoms mit Beta-Interferonen. Z Hautkr 63: 811–815

10 Fisher PB, Grant S (1985) Effects of interferon on differentiation of normal and tumor cells. Pharmac Ther 27: 143–166

11 Fisher PB, Prignoli DR, Hermo H et al (1985) Effects of combined treatment with interferon and mezerein on melanogenesis and growth in human melanoma cells. J Interferon Res 5: 11–22

12 Fischer PB, Miranda AF, Babiss LE (1986) Measurement of the effect of interferons on cellular differentiation in murine and human melanoma cells. Meth Enzymol 119: 611–618

13 Garbe C, Zouboulis Ch, Orfanos CE (1988) Antiproliferative effects of different interferons on melanoma cells in vitro. Skin Cancer 3: 195–196

14 Garbe C, Zouboulis Ch, Orfanos CE (1988) Beeinflussung des malignen Melanoms durch verschiedene Interferone (alpha, beta, gamma). Hautarzt (Suppl VIII) 39: 269–270

15 Garbe C, Schröder K, Zouboulis Ch, Orfanos CE (1989) Growth phase dependent expression of antigens by melanoma cells in vitro. Arch Dermatol Res 281: 149–150

16 Garbe C, Schröder K, Krasagakis K, Zouboulis Ch C, Krüger S, Schwarting R (1989) Presence of ICAM-1 on melanoma cells in vitro and enhancement of its expression by interferons. J Invest Dermatol 93: 550–551

17 Garbe C, Krüger S, Zouboulis Ch C et al (1989) Determination of antiproliferative drug effects on human malignant melanoma cells in vitro by rapid fluorometric microassay. Arch Dermatol Res (in Druck)

18 Gastl G, Huber C (1988) The biology of interferons actions. Blut 56: 193–199

19 Gerdes J, Lemke H, Baisch H et al (1984) Cell cycle analysis of a cell proliferation-associated human nuclear antigen defined by a monoclonal antibody Ki-67. J Immunol 133: 1710–1715

20 Giacomini P, Gambari R, Barbieri R (1986) Regulation of the antigenic phenotype of human melanoma cells by recombinant interferons. Anticancer Res 6: 877–884

21 Gomi K, Kimura H, Okabe M et al (1986) Synergistic anticellular and antiviral activities of human recombinant interferon gamma and beta. J Pharmacobio-Dyn 9: 871–878

22 Grunberg SM, Kempf RA, Venturi CL, Mitchel MS (1987) Phase I study of recombinant beta interferon given by four-hour infusion. Cancer Res 47: 1174–1178

23 Hawkins MJ, Horning S, Konrad M (1985) Phase I evaluation of a synthetic mutant of beta-interferon. Cancer Res 45: 5914–5920

24 Holzmann B, Bröcker EB, Lehman JM et al (1987) Tumor progression in human malignant melanoma: five stages defined by their antigenic phenotypes. Int J Cancer 39: 466–471

25 Houghton AN, Eisinger M, Albino AP et al (1982) Surface antigens of melanocytes and melanomas. Markers of melanocyte differentiation subsets. J Exp Med 156: 1755–1766

26 Imai K, Ng AK, Ferrone S (1981) Characterization of monoclonal antibodies to human melanoma-associated antigens. J Natl Cancer Inst 66: 489–496

27 Ishihara K, Hayasaka K, Yamamoto A, Hasegawa F (1983) Clinical responses of patients with malignant skin neoplasia to intralesional treatment with three types of interferons (alpha and beta). In: Kishida T (ed) Proc Int Symp on Interferons, Kyoto, Japan, pp 222–227

28 Johnson JP, Stade BG, Holzmann B et al (1989) De novo expression of intercellular adhesion molecule 1 in melanoma correlates with increased risk of metastasis. Proc Natl Acad Sci USA 86: 641–644

29 Landthaler M, Braun-Falco O (1987) Adjuvante Therapie von Melanompatienten mit Gamma-Interferon. Hautarzt 38: 479–480

30 Liao S-K, Kwong PC, Khosravi M, Dent PB (1982) Enhanced expression of melanoma-associated antigens and β_2-microglobulin on cultured human melanoma cells by interferon. J Natl Cancer Inst 68: 19–25

31 Maio M, Gulwani B, Tombesi S et al (1988) Differential induction by immune interferon of the gene products of the HLA-D region on the melanoma cell line MeWo and its metastatic variant MeM 50–10. J Immunol 141: 913–920

32 Maluish AE, Ouba WJ, Longo DL et al (1988) The determination of an immunologically active dose of interferon gamma in patients with melanoma. J Clin Oncol 6: 434–445

33 Mastrangelo MJ, Schultz S, Kane M, Berd D (1988) Newer immunologic approaches to the treatment of patients with melanoma. Semin Oncol 15: 589–594

34 Mc Clay EF, Mastrangelo MJ (1988) Systemic chemotherapy for metastatic melanoma. Semin Oncol 15: 569–577

35 Moritz T, Kirchner H (1986) The effects of interferons on cellular differentiation. Blut 53: 361–370

36 Redpath JL (1980) Mechanisms in combination therapy: isobologram analysis and sequencing. Int J Radiat Biol 38: 355–356

37 Rosso R, Nobile MT, Sertoli MR et al (1985) Antitumoral activity of human fibroblast interferon administered intranodularly. Oncology 42: 86–88

38 Stadler R, Garbe C, Bratzke B, Orfanos CE (1988) Klinische Erfahrungen bei der Therapie des malignen Melanoms mit Interferonen. In: Schmoll HJ, Schöpf E (eds) Lokale und systemische Tumortherapie mit Interferonen, Akt Immunol 5. Zuckschwerdt, München, pp 62–68

39 von Wussow P, Block B, Deicher H (1986) Interferon-gamma-therapy in advanced malignant melanoma. Abstracts AIO + EORTC Int Symp on Malignant Melanoma, Hamburg, Sept 1986, abstract V–10

40 Wolf Ch, Steiner A, Pehamberger H, Wolff K (1986) Interferon treatment (rIFN-alpha, rIFN-gamma and rIFN-alpha + cimetidine) in metastatic melanoma. Abstracts AIO + EORTC Int Symp on Malignant Melanoma, Hamburg, Sept 1986, abstract V–8

41 Zouboulis Ch, Garbe C, Orfanos CE (1989) Wachstumshemmung von Melanomzellen durch Interferone in vitro. Gleiche antiproliferative Effekte von 100- bis 1000fach niedrigeren Konzentrationen nIFN-beta im Vergleich zu rIFN-alpha-2a. Hautarzt 40: 65–69

Für die Verfasser:
Dr. C. Garbe
Universitäts-Hautklinik und Poliklinik
Klinikum Steglitz der Freien Universität
Hindenburgdamm 30
D-1000 Berlin 45

Therapie des metastasierten malignen Melanoms im Stadium IV

Phase-II/III-Studie mit Interferonen beta/gamma versus Dacarbazin/Vindesin

L. Kowalzick, U. Weyer und E. W. Breitbart
Universitäts-Hautklinik und Poliklinik Hamburg-Eppendorf

Zusammenfassung

Die Resultate herkömmlicher Mono- oder Polychemotherapieschemen sind bei einem malignen Melanom im Stadium IV wenig zufriedenstellend. Daher besteht die Notwendigkeit, neue therapeutische Ansätze zu verfolgen. Erste klinische Ergebnisse mit Interferonen haben die Wirksamkeit dieser Substanzen bei der Behandlung des Melanoms gezeigt. Die Interferone beta und gamma binden an unterschiedliche Rezeptoren auf Zielzellen und zeigen synergistisch hemmende Effekte auf das Wachstum von Melanom-Zellinien in Kultur. Daher führten wir eine kombinierte systemische Therapie mit Interferon beta und gamma durch. Die Ergebnisse wurden verglichen mit einer konventionellen Chemotherapie mit Dacarbazin/Vindesin.
Interferon beta wurde mittels intravenöser Tropfinfusion in der Dosierung von 5 Mio U 3mal wöchentlich gegeben. 100 µg Interferon gamma wurden subkutan 5mal wöchentlich injiziert. Diese kombinierte Therapie wurde für sechs Wochen durchgeführt. 375 mg/m² Dacarbazin wurden in einer Bolusinjektion intravenös am Tag 1 und 2 des Therapieschemas gegeben sowie 3 mg/m² Vindesin am Tag 1 und 8. Diese Behandlung wurde nach drei Wochen wiederholt. Vor und nach sechs Wochen Therapie wurde ein Tumorstaging durchgeführt. Interferon erhielten 18 Patienten, von diesen zeigten zwei eine stabile Erkrankung, 16 eine Progression. Von den neun mit Dacarbazin/Vindesin behandelten Patienten zeigten zwei komplette Remissionen, einer eine stabile Erkrankung und sechs eine Progression. Die Interferontherapie begleitenden Lymphozyten-Subpopulationsbestimmungen ergaben keine signifikanten Änderungen unter der Therapie.

Summary

The results with previous treatment regimens of malignant melanoma stage IV using mono- or polychemotherapy were not encouraging. Therefore, attempts with new therapeutic means have to be performed. Clinical studies with interferons have shown some efficiency in treatment of melanoma. Interferons beta and gamma bind to different receptors on target cells and show synergistic effects on growth of melanoma cell lines. Therefore, combined systemic interferon beta/gamma treatment was performed and results were compared with conventional treatment with dacarbazin/vindesine.
Interferon beta was given by intravenous drip infusion of 5 MegaU three times a week. 100 µg of interferon gamma was administered subcutaneously five times a week. This combined treatment was performed for six weeks.
375 mg/m² dacarbazin in bolus injections were intravenously given on day 1 and 2 of the treatment cycle and 3 mg/m² vindesine on day 1 and 8. This treatment was repeated every three weeks. Before and after six weeks of treatment tumor staging was performed. Eighteen patients were treated with interferon. Two showed a

stable disease, sixteen a progressive disease. Nine patients were treated with dacarbazin/ vindesine. Two complete remissions, one stable disease and six progressive diseases were observed. Follow-up of lymphocyte subsets revealed no significant changes in undergoing interferon therapy.

In unserer Klinik führten wir eine Phase-II/III-Studie bei Patienten mit metastasiertem malignem Melanom im Stadium IV (UICC 1987) mit Interferonen beta/gamma versus Dacarbazin/ Vindesin durch. Interferon beta ist ein Typ-I-Interferon und bindet auf Zielzellen an anderen Rezeptoren als das Typ-II-Interferon gamma. In Melanomzellkulturen wurde eine nicht nur additive, sondern synergistische antiproliferative Wirkung beider Interferone gefunden (Abbildung 1). Darüber hinaus wirkt Interferon gamma besonders stark immunstimulierend. Daher führten wir eine kombinierte Behandlung mit natürlichem Interferon beta (Fiblaferon®) und rekombinantem Interferon gamma (Polyferon®) durch. Als interne Kontrolle dienten weitere Patienten, die eine kombinierte konventionelle Chemotherapie mit Dacarbazin/Vindesin erhielten. Unter dieser Therapie wurden Remissionsraten von 25 bis 30% beschrieben, jedoch konnte insgesamt keine signifikante Verlängerung der Überlebenszeit der so behandelten Patienten nachgewiesen werden.

Material und Methoden

Aufgenommen in die Studie wurden Patienten mit einem metastasierten malignen Melanom im Stadium IV (UICC 1987), ausgeschlossen wurden u.a. Patienten mit zerebraler Metastasierung, einem Zweitmalignom, einem Karnowsky-Index < 70% sowie Patienten über 80 Jahre.

In die Studie wurden insgesamt 27 Patienten aufgenommen, 18 erhielten eine Therapie mit Interferon, neun eine Chemotherapie. Von den

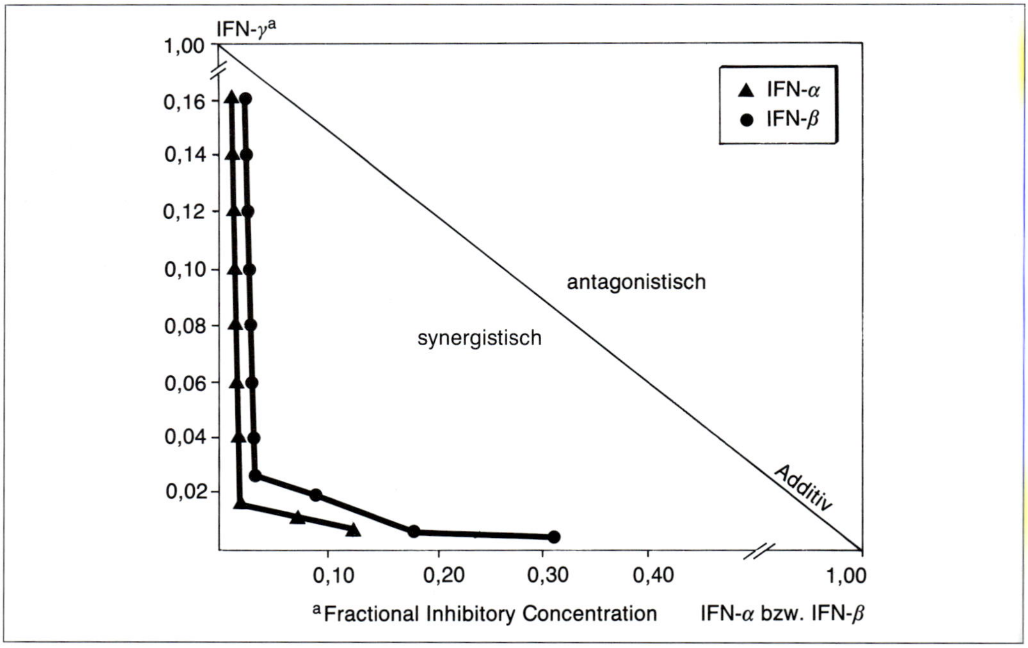

Abbildung 1. Isobologramm zur In-vitro-Wechselwirkung zwischen Interferon α und γ bzw. β und γ: 50%ige Hemmung der Proliferation von Melanomzellen in vitro (nach *Czarnieckie* et al., 1984).

Patienten die mit Interferon behandelt wurden, waren 13 weiblichen und fünf männlichen Geschlechts. In der Gruppe der Patienten mit Chemotherapie waren fünf weiblich und vier männlich. Der Median der Altersverteilung war in beiden Gruppen annähernd gleich (ca. 55 Jahre).
Therapiert wurde in der Interferongruppe über sechs Wochen mit 3mal wöchentlich 5 Mio U Interferon beta (Fiblaferon®) als Kurzinfusion intravenös und 5mal wöchentlich 100 µg (entsprechend etwa 1 Mio U) Interferon gamma (Polyferon®) subkutan. In der Chemotherapiegruppe erhielten die Patienten je 375 mg/m² Körperoberfläche Dacarbazin i.v. an den ersten beiden Tagen eines Therapiezyklus. Vindesin wurde am 8. Tag in der Dosis von 3 mg/m² Körperoberfläche i.v. gegeben. Im Abstand von drei Wochen wurde ein zweiter Therapiezyklus durchgeführt.
Jeweils vor Therapiebeginn und nach sechs Wochen Behandlung wurde die Gesamttumormasse bestimmt. Hierfür wurden neben der Inspektion und Palpation durchgeführt: Röntgenthorax, Abdomen-CT, Oberbauchsonographie und Lymphknotensonographie. Ein kraniales CT wurde nur vor Therapie durchgeführt, lediglich bei klinischem Verdacht auf zerebrale Metastasierung auch später. Die Gesamttumormasse wurde bestimmt nach der Gesamtzahl der nachweisbaren Metastasen und nach dem Durchmesser von vor Therapiebeginn bestimmten Leitmetastasen.
Behandlungsziel war die Remission des Tumors, die geschätzte Gesamttumormasse nach Therapie wurde folgenden Remissionsraten zugeteilt: Komplette Remission (CR; kein Tumor mehr nachweisbar), partielle Remission (PR; weniger als 75% des Ausgangsbefundes nachweisbar), stabiler Befund (NC; zwischen 75% und 125% des Ausgangsbefundes) und Progression (PD; mehr als 125% des Ausgangsbefundes).
Bei den mit Interferon behandelten Patienten wurden darüber hinaus vor und nach zwei Tagen bzw. sechs Wochen Therapie eine Reihe immunologischer Parameter bestimmt: T-Lymphozyten, B-Lymphozyten, CD4-positive und CD8-positive Lymphozyten sowie deren Ratio, natürliche Killerzellen, Makrophagen, Interleukin-2-Rezeptorzellen, Transferrinrezeptor- sowie HLA-DR-exprimierende Zellen.

Ergebnisse und Diskussion

Die Remissionsraten in beiden Behandlungsgruppen sind der Tabelle I zu entnehmen.
Die Nebenwirkungen der Therapie waren bei den mit Interferon behandelten Patienten geringer als bei den chemotherapierten. Zwar hatten 15/18 Fieber über 38°C, jedoch zeigten nur 2/18 eine nennenswerte Suppression des Knochenmarks, während diese und Übelkeit bzw. Erbrechen bei den Patienten unter Chemotherapie obligat waren. Bei keinem Patienten mußte die Interferondosis nebenwirkungsbedingt reduziert werden.
Bei den die Interferontherapie begleitenden immunologischen Untersuchungen zeigte sich kein eindeutiger Trend: bei je etwa einem Drittel der Patienten zeigte sich eine Zunahme, eine Abnahme und eine Konstanz der Zahl immunologisch kompetenter Zellen nach 6wöchiger Interferonbehandlung. Initial zeigte sich tendenziell eher eine Abnahme dieser Zellen. Insbesondere konnte keinerlei Korrelation zwischen der Veränderung dieser Parameter unter der Behandlung und dem späteren klinischen Schicksal des einzelnen Patienten bezüglich Tumorremission und Überlebenszeit gefunden werden (Abbildungen 2 bis 5).
Insgesamt betrachtet war die Tumorremission bei den mit Interferonen beta/gamma behandelten Patienten enttäuschend. Das Ergebnis

Tabelle I. Remissionsraten beim metastasierten malignen Melanom (Stad. IV).

Remissionsrate	Interferone beta/gamma, n = 18	Dacarbazin/ Vindesin, n = 9
CR	0	2
PR	0	0
NC	2	1
PD	16	6

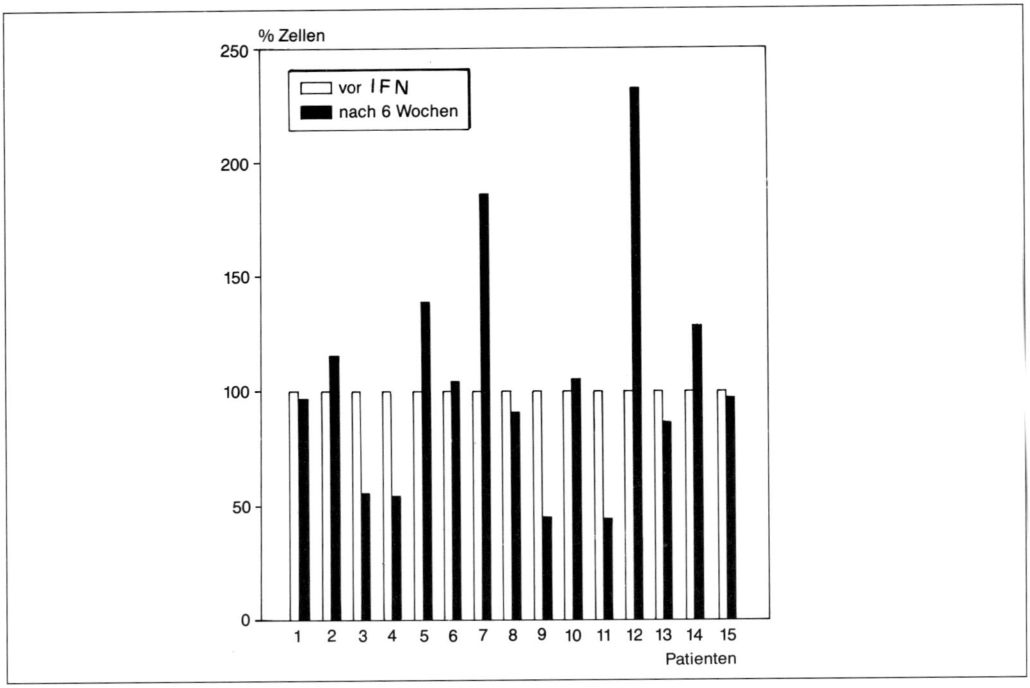

Abbildung 2. Gesamt-T-Lymphozyten.

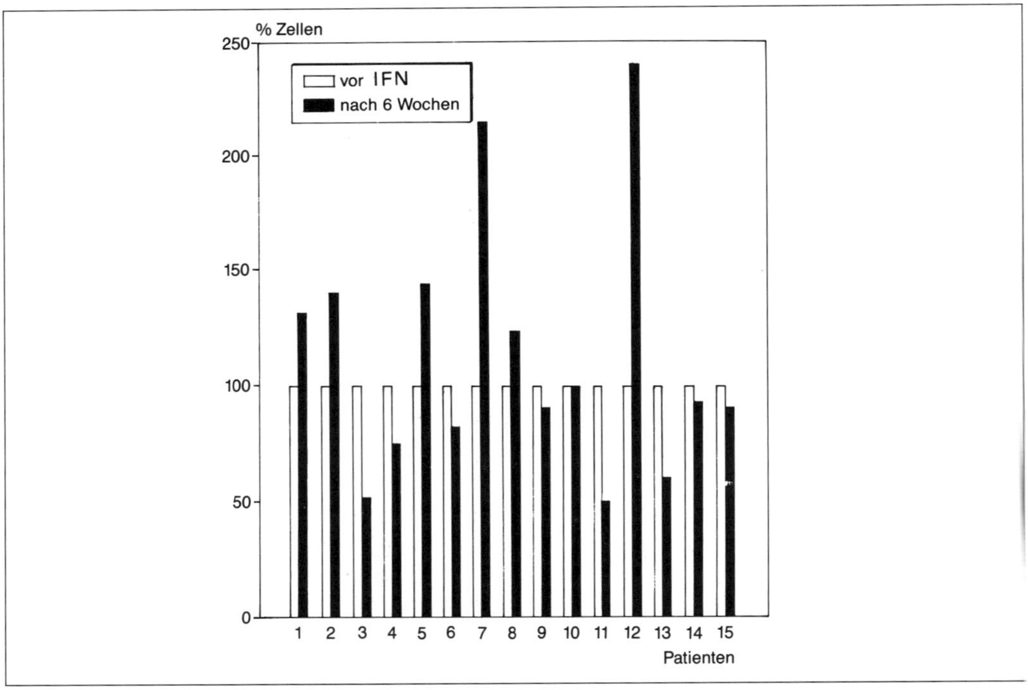

Abbildung 3. Helfer-T-Lymphozyten.

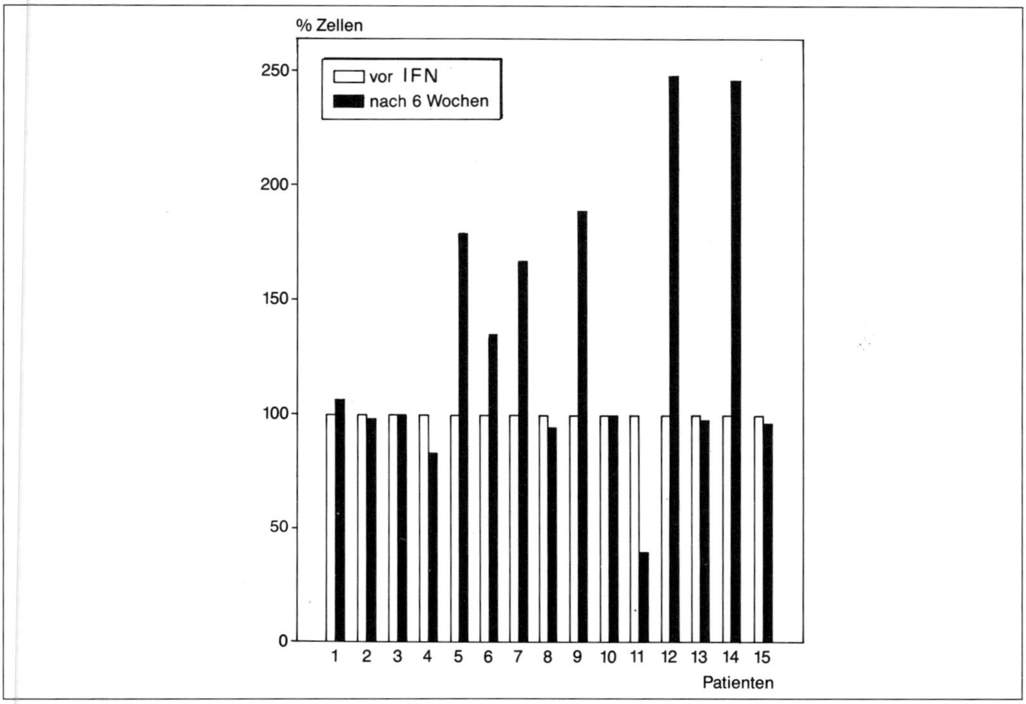

Abbildung 4. Suppressor-/zytotoxische T-Lymphozyten.

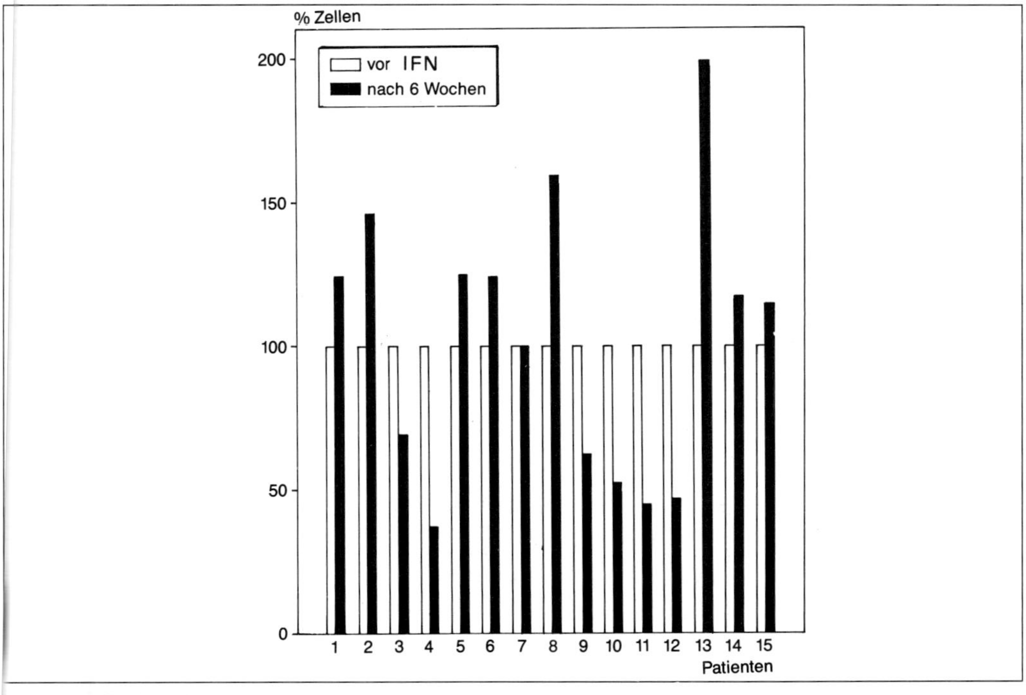

Abbildung 5. NK-Zellen.

bei den mit Dacarbazin/Vindesin behandelten Patienten war besser und lag in dem vorher beschriebenen Rahmen. Die Tumorremission ist jedoch nicht isoliert zu sehen. Entscheidend sind ebenso Überlebenszeit und Lebensqualität der Patienten. So erreichten die mittlerweile verstorbenen Patienten, die Interferon erhielten, eine mittlere Überlebenszeit von acht Monaten, beide Patienten mit kompletter Remission aus der Gruppe der Patienten mit Chemotherapie verstarben ebenfalls binnen eines Jahres an ihrem Tumorleiden. Gleichwohl ist das von uns gewählte Therapieschema mit Interferonen beta/gamma nicht zur Therapie des metastasierten malignen Melanoms im Stadium IV geeignet. Weitere Untersuchungen an Patienten mit einem günstigen Gleichgewicht Tumor/Wirt könnten ein besseres Ergebnis zeigen. Daher führen wir an unserer Klinik zur Zeit eine adjuvante Therapiestudie mit Interferonen beta und gamma bei Patienten im Stadium I durch, bei denen ein hohes Risiko für ein Tumorrezidiv besteht.

Für die Verfasser:
Prof. Dr. E. W. Breitbart
Hautklinik
Universitäts-Krankenhaus Eppendorf
Martinistraße 52
D-2000 Hamburg 20

Kombinierte Behandlung mit Interferonen beta/gamma beim malignen Melanom

W. Müller, W. Lechner, R. Dummer und J. Dues
Universitäts-Hautklinik Würzburg

Zusammenfassung

Nach potentiell kurabler Operation werden Patienten mit high-risk malignem Melanom (Tumordicke über 1,5 mm oder metastasierendes Melanom) mit einer adjuvanten Interferon-beta- und -gamma-Therapie behandelt.
In Abhängigkeit von der Tumorlokalisation wird Interferon beta über sechs Monate in einer Dosierung von zwei bzw. drei Mio IE dreimal wöchentlich i.v. oder s.c. verabreicht. Alle vier Wochen werden an drei aufeinander folgenden Tagen 50 µg Interferon gamma appliziert. Bisher erhielten 27 Patienten Interferon nach dem genannten Therapieschema, davon waren zehn Patienten im klinischen Stadium II, zwölf im Stadium III und fünf im Stadium IV. Zum Zeitpunkt des Therapieendes waren 73% ohne nachweisbares Rezidiv, drei Monate später noch 69%. Wir beobachteten bei 15 Patienten die Bildung von Antikörpern gegen Interferon beta. Dabei entwickelten 86% der s.c. behandelten Gruppe Antikörper verglichen mit 23% unter i.v. Therapie. Neben den bekannten grippeähnlichen Nebenwirkungen sahen wir Neurotoxizität bei zwei Patienten und einmal eine allergische Vaskulitis.
Eine größere Fallzahl und längere Nachbeobachtungszeiten sind für eine Beurteilung der Therapie erforderlich.

Summary

After surgery patients with high risk malignant melanoma (tumor thickness more than 1,5 mm or metastatic melanoma) were treated with an additional interferon beta and gamma therapy for six months. Depending on the primary tumor localization interferon beta was given in a dosage of 2 to 3 Mio IE three times a week sc or iv, 50 µg of interferon gamma were administered sc every four weeks for three consecutive days.
Up till now 27 patients have received interferon according to this schedule, ten patients with clinical stage II, twelve with stage III and five with stage IV. At the end of therapy 73% of the patients were disease free, three months later 69%. Antibody formation against interferon beta was observed in 15 patients: 86% of the sc treated group developed antibodies compared to 23% under iv application.
In addition to the usual side effects, neurotoxicity (n = 2) and allergic vasculitis (n = 1) were seen.
Further investigations will be needed, treating more patients with a longer follow-up period.

Wegen der schlechteren Prognose trotz großzügiger Exzision erscheint bei High-risk-Melanomen eine zusätzliche Therapie erforderlich. Da Interferone antiproliferative, antitumorale und immunmodulierende Eigenschaften besitzen, werden sie in klinischen Studien beim malignen Melanom eingesetzt (1, 2). In-vitro-Untersuchungen bei Melanomzellkulturen zeigen, daß Interferon beta eine stärkere inhibitorische Wirkung als Interferon alpha besitzt und durch Interferon gamma eine Steigerung der antiviralen und antiproliferativen Wirkung erreicht werden kann (3, 4). Daher setzen wir eine niedrig dosierte Kombinationstherapie von Interferonen beta und gamma beim malignen Melanom ein. Wir untersuchen, ob sich durch eine adjuvante Interferontherapie nach vollständiger chirurgischer Exzision des Tumors die Überlebensrate der Patienten verbessern läßt. Daneben interessiert die Ansprechrate der Kombinationstherapie beim metastasierenden malignen Melanom und eventuell auftretende unerwünschte Begleitsymptome der Behandlung.

Material und Methoden

In die Studie aufgenommen wurden zur adjuvanten Therapie Patienten mit einem malignen Melanom, Stadium II mit vertikaler Tumordicke über 1,5 mm bzw. Stadium III mit regionären Lymphknoten oder In-transit-Metastasen nach potentiell kurabler Operation, ferner metastasierende maligne Melanome des Stadiums IV unabhängig vom operativen Ergebnis.
Die Interferonbehandlung erfolgt über sechs Monate, Interferon beta wird dabei in 2- bzw. 3tägigen Abständen dreimal wöchentlich in folgender Weise appliziert:

a) bei am Stamm gelegenen Melanomen und metastasierenden Melanomen (Stadium IV) in der Dosierung 3 Mio IE als Kurzinfusion.

b) beim Extremitätenmelanom (im Stadium II und III) in der Dosierung 2 Mio IE subkutan in den Bereich der regionären Lymphknoten.
Interferon gamma wird zusätzlich alle vier Wochen an drei aufeinanderfolgenden Tagen in der Dosierung von 50 μg subkutan in die Bauchhaut appliziert.

Der Krankheitsverlauf wurde nach folgenden Kriterien beurteilt:

a) Disease free (DF), d. h. klinisch tumorfrei und kein Auftreten von neuen Metastasen.
b) Stable disease (SD), d. h. bestehender Tumor, Zu- oder Abnahme der Tumormasse $< 25\%$.
c) Progressive disease (PD), d. h. Zunahme der Tumormasse $> 25\%$ und/oder Auftreten von neuen Metastasen.

Ergebnisse

Bisher wurde die Interferonbehandlung bei 27 Patienten abgeschlossen, es wiesen 17 Patienten ein noduläres malignes Melanom, sechs ein superfiziell spreitendes malignes Melanom und vier weitere Melanomtypen auf. Dabei waren bei Beginn der Behandlung zehn Patienten dem klinischen Stadium II ($pT_3N_0M_0$) zuzuordnen, zwölf dem Stadium III ($pT_4N_0M_0$ oder $PT_x\ N_{1,2}M_0$), fünf Patienten entsprachen dem Stadium IV ($pT_xN_xM_1$). Das Alter der Patienten lag zwischen 32 und 76 Jahren, das Verhältnis Männer zu Frauen betrug 11:16. Der Krankheitsverlauf unter der Therapie und im Nachbeobachtungszeitraum bis sechs Monate ist für die Patientenkollektive mit planmäßiger Beendigung und vorzeitigem Therapieabbruch den Tabellen I und II zu entnehmen.
Im gesamten Kollektiv zeigt sich bezüglich des klinischen Stadiums ein tumorfreier Verlauf bei Therapieende von 100% im Stadium II, 58% im Stadium III und 60% im Stadium IV. Ein Einfluß der Applikationsweise von IFN-β (i. v. oder s. c.) auf den Krankheitsverlauf macht sich bislang nicht bemerkbar. Stadienunabhängig waren nach 6monatiger Therapie 73% erscheinungsfrei, drei Monate später 69%.
Bei 15 Patienten traten neutralisierende Antikörper gegen Interferon beta mit Titern bis 6630 neutralisierende Aktivität auf. *Dr. Wolf* (Firma Bioferon, Laupheim) führt im Rahmen unserer Untersuchungen die Antikörperbestimmungen mit Patientenserum durch.
Bei den meisten Patienten traten Antikörper gegen Interferon beta erstmalig im dritten bzw. vierten Behandlungsmonat auf; zunächst brachen wir bei fünf Patienten die Therapie ab. Auffallend war das gehäufte Auftreten von Antikörpern gegen Interferon beta in der Gruppe der subkutan mit lokoregionärer Therapie behandelten Patienten. In diesem Kollektiv fanden sich bei zwölf von 14 Patienten (86%) Interferon-beta-Antikörper, im Gegensatz zur systemischen intravenösen Interferon-beta-Applikation mit Antikörpernachweis bei drei von 13 Patienten (23%).

Von den bekannten Nebenwirkungen beobachteten wir häufig Fieber und Abgeschlagenheit, gelegentlich Myalgien, seltener Kopfschmerzen, Kältegefühl und Schüttelfrost.
Bei zwei Frauen traten bei systemischer Interferontherapie depressive Verstimmung, phobische Angst vor den Infusionen, rasche Erschöpfbarkeit und affektive Labilität auf. Für einen Zusammenhang mit der Interferontherapie sprachen das zeitlich kombinierte Auftreten, die fehlende psychiatrische Anamnese, fehlende endomorphe Symptomatik ohne hirnorganische Auffälligkeiten nach Ausschluß einer zerebralen Metastasierung. Daher wurde der Verdacht auf eine medikamentös induzierte Depression geäußert. Nach Abbruch der Therapie bildete sich die Symptomatik innerhalb von zehn Tagen deutlich zurück.

Eine 59jährige Patientin erhielt nach einem nodulären Melanom mit Lokalrezidiv am rechten Unterschenkel eine lokoregionäre Therapie subkutan in die rechte Leistenregion. Bei Therapiebeginn zeigte sich zunächst nach Injektion jeweils ein kleines Erythem, bei Wiedervorstellung nach vier Wochen traten nach jeweils sechs bis acht Stunden nach der subkutanen Interferon-beta-Applikation münzgroße erythematöse, randständig urtikarielle Hautreaktionen auf, die nach etwa 36 Stunden abblaßten. Histologisch fand sich eine allergische Vaskulitis mit lymphozytärem, z.T. granulozytärem perivaskulärem Infiltrat und vereinzelt Eosinophilen neben einem Ödem im oberen Korium. Die Interferonbehandlung wurde daraufhin bei dieser Patientin abgebrochen.

Tabelle I. Patientenkollektiv mit planmäßiger Beendigung der Therapie (n = 15).

Name	Klin. Stadium	Therapieende	nach 3 Mo.	nach 6 Mo.
Applikation: s. c.				
SchM	III	PD	PD	PD
SE	III	PD	DF	DF
GF	III	DF	PD	—
BU	III	DF	DF	PD (+)
DG	III	DF	DF	DF
StM	II	DF	DF	DF
WE	II	DF	—	—
BG	II	DF	—	—
n = 8		DF = 75% PD = 25%	DF = 67% PD = 33%	DF = 60% PD = 40%
Applikation: i. v.				
SchW	IV	DF	DF	DF
RF	III	PD	PD	PD (+)
SchH	III	PD	PD	PD
RF	III	DF	DF	DF
HW	III	DF	DF	—
BP	II	DF	DF	—
TB	II	DF	DF	—
n = 7		DF = 71% PD = 29%	DF = 71% PD = 29%	DF = 50% PD = 50%

Tabelle II. Patientenkollektiv mit vorzeitiger Beendigung der Therapie (n = 12).

Name	Klin. Stadium	Abbruch-ursache[a]	Ther.-dauer	Ther.-abbruch	n. 3 Mo.	n. 6 Mo.
Applikation: s. c.						
WM	III	(1)	1 Mo.	PD	PD	—
HM	III	(1)	1 Mo.	DF	—	—
JG	III	(2)	4 Mo.	DF	DF	DF
BG	II	(2)	5 Mo.	DF	DF	DF
SchD	II	(2)	4 Mo.	DF	Df	DF
DI	II	(2)	4 Mo.	DF	Df	DF
n = 6				DF = 83%	DF = 80%	DF = 100%
				PD = 17%	PD = 20%	—
Applikation: i. v.						
KE	IV	(+)	1 Mo.	PD (+)		
RKM	IV	(3)	1 Mo.	DF	PD	PD
BK	IV	(+)	5 Mo.	PD	PD (+)	
NA	IV	(2)	5 Mo.	DF	DF	DF
ME	II	(3)	5 Mo.	DF	DF	DF
WH	II	(1)	4 Mo.	DF	DF	—
n = 6				DF = 67%	DF = 60%	DF = 67%
				PD = 33%	PD = 40%	PD = 33%

[a] (1) = sonstiges; (2) = AK gegen IFN-β, (3) = neurotoxische NW, (+) = verstorben.

Diskussion

Interferone weisen in vitro und in vivo eine antitumorale Wirksamkeit auf, nach *Kirchner* (5) beruht dies auf dem antiproliferativen Effekt, der Aktivierung körpereigener Abwehrzellen, der möglichen Revertierung des malignen Phänotyps von transformierten Zellen, einem Einfluß auf die Expression der Onkogene und auf die Zelldifferenzierung.
Wir beobachteten bei subkutaner Applikation von IFN-β eine deutlich verstärkte Antikörperentwicklung, durch die der klinische Verlauf nicht beeinflußt zu werden scheint. Dies zeigten auch Untersuchungen von *Konrad* et al. (6), der bei i.m. Applikation eine häufigere Antikörperentwicklung nachwies als bei i.v. Gabe ohne Veränderung der Pharmakokinetik des IFN-β. Nach Untersuchungen von *Dummer, Müller* et al. (Veröffentlichung in Vorbereitung) scheint die Antikörperentwicklung in unserem Patientenkollektiv jedoch die Konzentration des löslichen Interleukin-2-Rezeptors im Serum signifikant zu verringern; neutralisierende Antikörper gegen Interferon beta könnten somit neben der Verminderung des antiviralen Effekts in vitro durch Hemmung der T-Zell-Aktivierung in vivo ebenso einen Einfluß auf den antitumoralen Interferoneffekt haben.
Die bei zwei Patienten beobachteten neuropsychiatrischen Manifestationen wurden bislang lediglich unter Interferon alpha und gamma beschrieben (7, 8, 9).
Die beobachtete Urtikariavaskulitis nach subkutaner Injektion von Interferon beta kann möglicherweise durch die Bildung von Immunkomple-

xen erklärt werden. 1983 beobachtete *Sangster* (10) das Auftreten einer kutanen Vaskulitis nach 4wöchiger intramuskulärer Interferon-alpha-Therapie.

In der Behandlung des malignen Melanoms mit verschiedenen Interferontypen zeigten sich bisher unterschiedliche Ergebnisse. In Untersuchungen von *Faulhaber* und *Lechner* (11) mit Interferon beta i.v. fiel auf, daß einige Patienten relativ rasch innerhalb des ersten Jahres verstarben, der andere Teil bis zum Ende des Beobachtungszeitraumes von mindestens zwei Jahren jedoch keine neuen Metastasen entwickelte. *Völckers* (12) behandelte Melanompatienten im Stadium I mit IFN-β; dabei traten nach vorläufigen Ergebnissen keine Rezidive auf im Vergleich zu einer Rezidivquote von knapp 10% eines Kontrollkollektivs.

Aufgrund der relativ kurzen Nachbeobachtungszeit erlauben unsere Untersuchungen noch keine endgültige Beurteilung bezüglich einer verbesserten Langzeitprognose. Es scheint sich ein therapeutischer Vorteil der intravenösen Interferon-beta-Applikation im Vergleich zur subkutanen Verabreichung abzuzeichnen, da sich bei derzeit ähnlicher Krankheitsentwicklung im Kollektiv der intravenös behandelten Patienten fünf im klinischen Stadium IV befanden, das Patientenkollektiv mit lokoregionärer Therapie jedoch nur die klinischen Stadien II bis III enthielt. Daneben treten die in ihrer klinischen Relevanz umstrittenen Antikörper bei intravenöser Applikation deutlich seltener auf. Bei der Mehrzahl der Patienten zeigte sich bisher ein tumorfreier Krankheitsverlauf, bisher sind vier Patienten (15%) am Melanom verstorben. Eine alleinige Interferonbehandlung für Patienten mit inoperablem metastasierendem Melanom scheint keine Verbesserung der Überlebensrate zu erzielen, da bei diesen wenigen Patienten keine Stabilisierung des Krankheitsverlaufes erreicht werden konnte.

Da bisher eine breitgesicherte wirksame Therapie beim malignen Melanom neben der Operation nicht besteht, rechtfertigen die vorliegenden Ergebnisse eine Fortsetzung der kombinierten Interferontherapie. Eine größere Fallzahl und längere Nachbeobachtungszeiten sind für eine Beurteilung der Therapie erforderlich.

Literatur

1 Salmon SE, Durie BGM, Young L (1983) Effects of cloned human leucocytes interferons in the human tumor stem cell assay. J Clin Oncol 1: 217–225

2 Vilček J, Kelker H, Junming Le, Yip YK (1985) Structure and function of human interferon gamma. In: Ford RJ, Mainzel AL (eds) Cell Growth and Differentiation. New York, pp 299–313

3 Borden EC, Hogan TF, Voelkel J (1982) The comparative antiproliferative activity in vitro of natural interferons alpha and beta for diploid and transformed human cells. Cancer Res 42: 4948–4953

4 Fleischmann WR (1982) Potentiation of the direct anticellular activity of mouse interferons: mutual synergism and interferon concentration dependance. Cancer Res 42: 869–875

5 Kirchner H (1986) Das Interferonsystem unter besonderer Berücksichtigung des Interferons gamma. Dt Med Wschr 111: 64–70

6 Konrad MW, Childs A, Merigan T, Borden E (1987) Assessment of the antigenic response in humans to a recombinant mutant interferon beta. J Clin Immunol 7: 365–375

7 Adams F, Jorge R, Jordan U (1984) Neuropsychiatric manifestations of human leukocyte interferon therapy in patients with cancer. J Am Med Assoc 252: 938–941

8 Mattson K, Niiranen A (1983) Neurotoxicity of interferon. Cancer Treat Rep 67:

9 Färkkilä M, Iivanainen M, Härkönen M, Laakso J (1988) Effect of interferon gamma on biogenic amine metabolism, electroencephalographic recordings and transient potentials. Clin Neuropharmacol 11: 63–67

10 Sangster G, Kaye, Calman, Toy (1983) Cutaneous vasculitis associated with interferons. Eur J Cancer Clin Oncol 19: 1647–1649

11 Faulhaber G, Lechner W, Röcke H (1988) Therapie des malignen Melanoms mit Interferon beta. H+G Z Hautkrh 63: 811–815

12 Völckers W (Hamm) (1988) Klinische Erfahrungen in der Nachbehandlung von Melanompatienten unter der Therapie mit Fiblaferon. Satelliten-Symposium. 19. Dt. Krebskongreß, Frankfurt

Für die Verfasser:
Dr. W. Müller
Universitäts-Hautklinik
Josef-Schneider-Straße 2
D-8700 Würzburg

Adjuvante Therapie des malignen Melanoms mit nIFN-beta im Stadium I

P. Ruppert, H. Tronnier, F.-J. Prott und J. Budde
Städt. Kliniken Dortmund, Hautklinik

Zusammenfassung

Es wird über den aktuellen Stand der Erfahrungen an der Hautklinik der Städt. Kliniken Dortmund in der adjuvanten Therapie mit nIFN-beta bei Patienten mit malignem Melanom der Haut im Stadium I berichtet. Der längste Beobachtungszeitraum beläuft sich auf nunmehr 38 bis 43 Monate bei neun von insgesamt 76 Patienten, die nach einer vollständigen Melanomexzision einer 6monatigen ambulanten Infusionstherapie mit nIFN-beta zugeführt wurden. Die Therapie verlief ohne wesentliche Komplikationen, und bislang kam es weder zu Rezidiven noch zu Todesfällen. Die Patienten eines Vergleichskollektives wurden ebenfalls zunächst chirurgisch behandelt, und einige von ihnen wurden einer nachfolgenden Chemotherapie unterzogen. Bezogen auf den Nachbeobachtungszeitraum zeigte sich im Kontrollkollektiv eine Rezidivquote von ca. 10% sowie eine Sterbequote von 7,5%. Somit ermutigen die bisherigen positiven Ergebnisse mit nIFN-beta zur Fortführung der adjuvanten Therapie bei Patienten mit malignem Melanom im Stadium I.

Summary

This report deals with the latest experience in adjuvant therapy with nIFN-β in patients with malignant melanoma of the skin, stage I.
The longest follow-up time now comprises about 38–43 months in nine of a total of 76 patients who had been treated in a six-months out-patient scheme following complete tumor excision.
This therapy did not show any complications and up to this point neither tumor recurrence nor deaths have been reported. Patients of a comparative collective have also been treated surgically and some also had chemotherapy.
Concerning the equivalent follow-up time, a tumor recurrence quota of about 10% and a death rate of about 7,5% was reported. Overall these positive results with nIFN-β encourage us to continue adjuvant therapy in patients with malignant melanoma, stage I.

Einleitung

Seit Anfang 1986 führten wir in der Hautklinik der Städt. Kliniken Dortmund eine Therapie mit natürlichem Interferon beta bei Patienten mit malignem Melanom durch.
Die bis zu jenem Zeitpunkt vorliegenden Studien deuteten zwar auf eine gewisse Wirksamkeit des Interferon beta bei diesem Tumor hin, aber die Ergebnisse konnten letztendlich nicht darüber hinwegtäuschen, daß die Anfangseuphorie bezüglich des Interferoneinsatzes abgekühlt war. Unsere Vorstellungen gingen somit dahin, das Interferon nicht erst in einem späten Stadium einzusetzen, in dem die Tumormassen bereits relativ groß sind, sondern schon frühzeitig, wenn die Anzahl der Tumorzellen noch begrenzt ist. Neben der definitiven operativen Tumorentfernung sollte eine adjuvante Interferontherapie im Stadium I, so die Konsequenz unserer Überlegungen, zu einer Prognoseverbesserung führen können.

Daß diese Überlegungen eine zunehmende Bedeutung erlangten, zeigt sich in der Tatsache, daß es in den letzten Jahren, besonders 1989, an unserer Klinik zu einer ständig zunehmenden Zahl von Patienten mit malignem Melanom kam (Abbildung 1).
Diese Entwicklung führen wir zum einen auf eine verbesserte Öffentlichkeitsarbeit zur Früherkennung von Hautkrebs, zum anderen auf eine Zunahme der Inzidenz des malignen Melanoms zurück.
Dabei ist die Zahl der Patienten mit malignem Melanom im Stadium I, bei denen wir eine Interferon-beta-Therapie einleiteten, bis zum jetzigen Zeitpunkt auf 76 angestiegen.
Über die Erfahrungen, die wir bei der Durchführung der oben angesprochenen Therapie und der Nachsorge dieser Patienten in den letzten Jahren gemacht haben, möchte ich Ihnen nunmehr berichten.

Therapieziel

Ziel der adjuvanten Interferon-beta-Therapie ist die Verbesserung der Prognose und damit die Senkung der Rezidiv- und Sterberate. Zum Vergleich steht eine historische, nicht adjuvant mit Interferon behandelte Kontrollgruppe zur Verfügung.

Patienten, Methode und Material

Bezüglich der Prognose unserer Melanompatienten unterscheiden wir vier Gruppen, wobei wir die Einteilung von *Illig* zugrunde legen (Tabelle I).
Wir sehen eine Indikation zur adjuvanten Interferon-beta-Therapie im Stadium I, wenn Melanome der Prognosegruppen II–IV (Low risk, Medium risk und High risk) vorliegen. Insge-

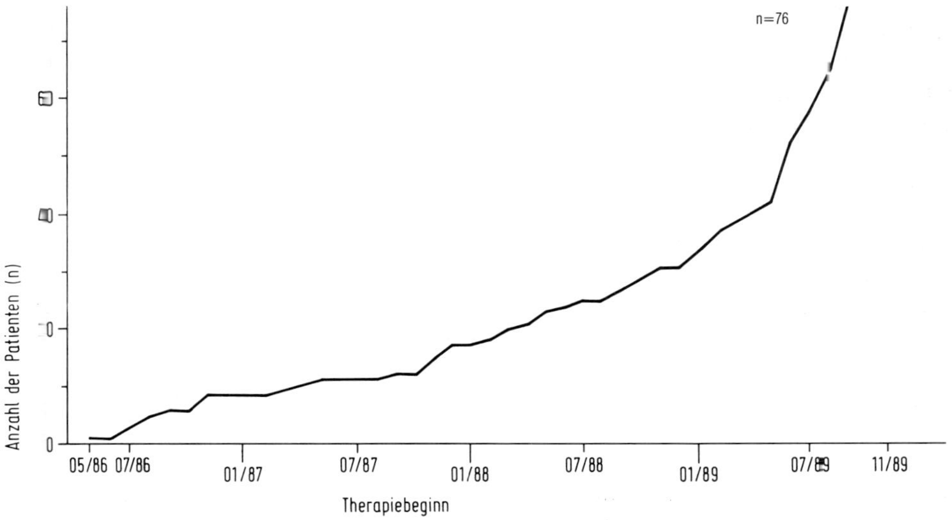

Abbildung 1. Melanompatienten im Stadium I, die seit Mai 1986 mit nIFN-β an den Städt. Kliniken Dortmund behandelt wurden (Stand: Dezember 1989).

samt werden bzw. wurden bislang an unserer Klinik 76 Patienten im klinischen Stadium I mit nIFN-beta behandelt. Davon sind fünf Patienten der Low-risk-Gruppe (Tabelle II), 37 Patienten der Medium-risk-Gruppe (Tabelle III) und 34 Patienten der Prognosegruppe High risk (Tabelle IV) zuzuordnen. Bei allen Patienten wurde eine Exzision des Primärtumors weit im Gesunden durchgeführt sowie im Einzelfall eine prophylaktische Lymphknotendissektion. Dabei handelte es sich zum Teil um Patienten, die primär ambulant beim niedergelassenen Dermatologen oder in unserer Klinik operiert worden waren und bei denen nach histologischer Diagnosestellung eine Zweitoperation zum Erreichen des notwendigen Sicherheitsabstandes bei uns durchgeführt wurde. Bei dem anderen Teil der Patienten erfolgte die Operation direkt mit einem ausreichenden Sicherheitsabstand,

Tabelle I. Definition der Prognosegruppen nach *Illig*.

No risk (10-Jahres-Überleben = 100%)
In-situ-Melanome (Clark-Level I)
Clark Level II
Breslow-Dicke bis 0,4 mm

Low risk (10-Jahres-Überleben > 80%)
Clark-Level II
Breslow-Dicke 0,5 bis 0,75 mm außer primär nodulärer Typ (NM)

Medium risk (10-Jahres-Überleben = 80 bis 50%)
Clark-Level III
Breslow-Dicke über 0,75 mm bis 1,5 mm
ohne primär nodulären Typ (NM)
ohne akrale Lokalisation (ALM)
ohne vorausgegangene Spontanblutung
ohne vorausgegangene Teilentfernung

High risk (10-Jahres-Überleben < 50%)
Clark-Level IV oder mehr
Breslow-Dicke > 1,5 mm
alle primär nodulären Melanome (NM)
alle akrolentiginösen Melanome (ALM)
alle Melanome mit Spontanblutung/Ulzeration
alle Melanome nach Teilentfernung
ab Breslow-Dicke 0,76 mm
alle Melanome unbestimmter Invasionstiefe (?)

weil der klinische Aspekt und die Anamnese entsprechend waren.

Nach Sicherung der Diagnose durch den Pathologen wird zunächst ein umfassendes Staging durchgeführt.

Bei bestehendem Stadium I und Prognosegruppe II, III oder IV nach *Illig* wird dann bei der jeweiligen Krankenkasse ein Antrag auf Kostenübernahme gestellt, wobei die Zusage in der Regel anstandslos erfolgt.

Die Ausschlußkriterien für uns für die Immuntherapie zeigt Tabelle V.

Die nachfolgende adjuvante Therapie wird mit natürlichem Interferon beta nach dem aus Tabelle VI ersichtlichen Schema durchgeführt. Dabei wird unter stationären Bedingungen die Dosis von 2 über 3 auf 5 Mio Einheiten innerhalb einer Woche gesteigert, wobei jeweils eine halbe Stunde vor Infusionsbeginn eine Tablette Ben-u-ron® verabreicht wird.

Bei guter Verträglichkeit erfolgt die Durchführung der weiteren Infusionen über ein halbes Jahr beim niedergelassenen Arzt inkl. der zwischenzeitlich notwendigen Laborkontrollen.

Abbruchkriterien für eine Therapie sind in Tabelle VII aufgelistet.

In 3monatigem Abstand bzw. zu jedem Zeitpunkt beim Eintreten von Komplikationen stellen sich die Patienten im Rahmen der Nachsorgeuntersuchungen bei uns vor.

Nebenwirkungen

Außer den in Tabelle VIII erwähnten Symptomen bei einem Teil der Patienten – besonders zu Beginn der Therapie – wurden die Interferon-beta-Infusionen ausnahmslos gut vertragen. Dabei hat sich eine routinemäßige Prämedikation mit Paracetamol als günstig erwiesen.

Ein Therapieabbruch aufgrund von Laborwertveränderungen war bisher in keinem Fall erforderlich.

Lediglich in einem Fall kam es zu einer passageren Leukozytopenie geringen Ausmaßes. Nach kurzfristiger, d.h. 3maliger Dosishalbierung normalisierte sich das Blutbild wieder, so daß wir bereits nach einer Woche die Therapie nach Schema fortsetzen konnten.

Tabelle II. Patienten der Gruppe »Low risk«.

Name	Geb. Dat.	w/m	Exzision	Typ	Level (Clark)	Dicke (Breslow)
C. M.	18.05.64	w	4.88	SSM	II	0,3 mm
H. S.	21.05.39	w	9.88	SSM	II	0,65 mm
U. B.	13.07.54	m	1.89	beginnendes Melanom ??		
M. K.	24.06.22	w	2.89	SSM	II	< 0,5 mm
E. K.	05.08.27	m	8.89	SSM	II	0,4 mm

Tabelle III. Patienten der Gruppe »Medium risk«.

Name	Geb.-Dat.	w/m	Exzision	Typ	Level (Clark)	Dicke (Breslow)
L. R.	06.05.53	m	7.86	SSM	III–IV	1,0 mm
I. B.	09.10.27	w	8.86	SSM	III	1,0 mm
C. D.	11.04.34	w	11.86	SSM	III	0,5 mm
A. B.	09.05.32	m	11.86	SSM	III–IV	1,0 mm
C. S.	11.02.39	w	11.86	SSM	III	0,8 mm
H. R.	23.03.37	m	3.87	SSM	IIII	0,8 mm
E. B.	05.08.41	w	4.87	SSM	III	0,9 mm
G. S.	19.01.51	w	11.87	SSM	III	0,64 mm
E. K.	06.07.28	m	11.87	SSM	III	0,6 mm
E. D.	21.06.39	m	2.88	SSM	III	1,2 mm
A. K.	11.09.42	w	5.88	SSM	III	1,5 mm
P. L.	31.10.57	m	6.88	SSM	III	1,5 mm
H.-J. S.	28.06.38	m	7.88	SSM	III	0,77 mm
H. M.	21.05.50	m	10.88	SSM	III	0,69 mm
W. R.	27.04.26	w	10.88	SSN	III	1,0 mm
G. S.-B.	05.04.22	w	1.89	SSM	III	0,75 mm
L. B.	06.12.33	w	3.89	SSM	III	0,5 mm
D. R.	06.07.44	w	4.89	SSM	III	0,48 mm
F. B.	22.11.31	m	5.89	SSM	III	0,4 mm
F. S.	17.11.30	m	6.89	LMM	III	0,2 mm
M. M.	03.03.23	w	6.89	SSM	III	0,3 mm
M. B.	19.07.37	w	6.89	s. NM in SSM	III	1,1 mm
D. F.	30.06.58	m	6.89	SSM	II	0,95 mm
E. S.	29.10.35	w	7.89	SSM	II	0,5 mm
M. S.	02.01.63	w	7.89	SSM	III	0,4 mm
W. H.	04.08.34	m	6.89	SSM	III	0,5 mm
W. L.	19.07.31	m	8.89	s. NM in SSM	III	0,7 mm
H. K.	29.04.19	m	8.89	s. NM in SSM	III	0,5 mm
H. B.	04.04.22	m	6.89	SSM	III	0,5 mm
U. G.	21.11.43	m	8.89	ULM	III	0,37 mm
E. F.	23.05.41	w	8.89	s. NM in SSM	III	0,4 mm
W. B.	21.07.41	w	9.89	s. NM in SSM	III	1,0 mm
H. G.	20.10.35	w	6.89	SSM	III	0,5 mm
I. K.	18.12.34	w	8.89	SSM	III	0,4 mm
E. K.	07.01.15	m	9.89	s. NM in SSM	III	1,0 mm
A. K.	13.04.38	m	7.89	SSM	III	0,4 mm
H. S.	10.05.38	m	8.89	SSM	III	0,96 mm

Ergebnisse

Bei den bisher von uns mit Interferon beta behandelten Patienten bestehen zum jetzigen Zeitpunkt keine Hinweise auf Rezidive oder Metastasen. Dabei liegt der Behandlungsbeginn unserer Patienten zwischen 43 Monaten und einem Monat zurück.

Eine Gruppe von neun Melanompatienten, deren Behandlung am längsten zurückliegt, wurde herangezogen und mit einem Kontrollkollektiv verglichen, um zu einer vorläufigen Bewertung zu gelangen.

Bei dem Kontrollkollektiv handelt es sich um Patienten, die in Zusammenarbeit mit dem Klinikum Steglitz in Berlin nach einem randomisierten Verfahren ausgewählt wurden und in Geschlecht, Tumordicke, Lokalisation und Alter (±

Tabelle IV. Patienten der Gruppe »High risk«.

Name	Geb./Dat.	w/m	Exzision	Typ	Level (Clark)	Dicke (Breslow)
S. B.	21.06.61	w	5.86	NM	III	2,0 mm
A. M.	15.05.59	w	7.86	NM	IV	1,8 mm
I. A.	02.11.61	m	8.86	NM	III–IV	1,5 mm
K. N.	25.02.41	m	9.86	NM	III	1,2 mm
U. S.	01.01.63	w	5.87	NM	III	1,7 mm
H. S.	18.01.52	w	6.87	NM	II–III	0,9 mm
M. A.	27.11.36	m	9.87	ALM	IV	0,65 mm
T. D.	05.05.25	w	11.87	SSM	III	1,6 mm
H. A.	30.01.38	w	12.87	NM	V	6,0 mm
I. K.	15.10.21	w	12.87	ALM	IV	2,0 mm
E. R.	03.09.26	w	3.88	NM	IV	1,2 mm
M. P.	08.12.62	w	3.88	SSM	III	1,9 mm
L. D.	16.12.22	w	5.88	ALM	IV	4,0 mm
M. W.	19.10.55	m	9.88	SSM	III	2,0 mm
I. S.	05.06.34	w	11.88	SSM	III	1,8 mm
I. S.	08.08.14	w	11.88	LMM	IV	2,0 mm
I. J.	09.01.36	w	1.89	NM	IV	1,2 mm
R. W.	01.10.42	w	2.89	NM	IV	4,0 mm
J. K.	23.12.42	m	2.89	NM	IV	1,0 mm
G. M.	05.05.42	m	4.89	ULM	III–IV	1,7 mm
H. G.	20.11.21	m	5.89	SSM	V	>2 mm
R. G.	28.10.40	w	6.89	SSM	?	?
H. R.	23.01.35	w	7.89	SSM	III–IV	0,66 mm
C. K.	16.11.64	w	7.89	NM	III	1,0 mm
M. J.	21.07.35	m	8.89	NM	V	?
M. Z.	20.05.52	m	8.89	NM	IV	7,0 mm
A. H.	05.05.37	m	8.89	SSM	III	?
E. P.	31.05.22	m	6.89	s. NM in SSM	IV	4,0 mm
B. U.	06.06.49	w	8.89	s. NM in SSM	IV	0,5 mm
W. K.	30.03.24	m	6.89	s. NM in SSM	IV	1,5 mm
A. M.	24.05.19	w	10.89	s. NM in SSM	V	2,0 mm
L. W.	18.02.20	w	9.89	NM	III	0,4 mm
H. W.	03.08.29	m	8.89	SSM	IV	1,0 mm
K. M.	12.06.24	m	11.89	NM	IV	3,5 mm

Tabelle V. Ausschlußkriterien.

1. Schwangerschaft
2. Karnofsky-Index < 70
3. Bekannte maligne Erkrankung des ZNS
4. Leukozytopenie < 2500/μl
5. Granulozytopenie < 1500/μl
6. Thrombozytopenie < 100000/μl
7. Niereninsuffizienz, Kreatininwert > 2,5 mg/dl
8. Angina pectoris, Herzinfarkt im gleichen Jahr
9. Bekannte Gerinnungsstörungen

Tabelle VI. Therapieschema.

1. Woche:
Tag 1: 2 x 10^6 I E Fiblaferon®
Tag 2: 3 x 10^6 I E Fiblaferon®
Tag 5: 5 x 10^6 I E Fiblaferon®
Pause über das Wochenende

2. Woche:
Tag 1: 5 x 10^6 I E Fiblaferon®
Tag 3: 5 x 10^6 I E Fiblaferon®
Tag 5: 5 x 10^6 I E Fiblaferon®
Pause über das Wochenende

3. Woche:
Tag 1: 5 x 10^6 I E Fiblaferon®
Tag 3: 5 x 10^6 I E Fiblaferon®
Tag 5: 5 x 10^6 I E Fiblaferon®
Pause über das Wochenende

4. Woche:
Tag 1: 5 x 10^6 I E Fiblaferon®
Tag 3: 5 x 10^6 I E Fiblaferon®
Tag 5: 5 x 10^6 I E Fiblaferon®

Bei entsprechender Verträglichkeit erstreckt sich die Therapie über weitere fünf Monate. In dieser Phase wird genauso 3mal wöchentlich mit einer Tagesdosis von 5 x 10^6 I E Fiblaferon® intravenös behandelt.

Tabelle VII. Abbruchkriterien

- Leukozytenzahl unter 2000/μl
- Thrombozytenzahl unter 50000/μl
- SGOT über 100 U/l
- alkalische Phosphatase über 350 U/l
- Kreatininwert über 2,5 mg/dl

Tabelle VIII. Die bei der intravenösen Behandlung mit Fiblaferon® aufgetretenen Nebenwirkungen.

- Fieber
- Kopfschmerz
- Abgeschlagenheit
- Myalgien
- Kältegefühl
- Schüttelfrost
- Appetitlosigkeit
- Rückenschmerzen

eine Dekade) mit unseren Patienten übereinstimmen. Alle Patienten dieser Kontrollgruppe wurden ebenfalls chirurgisch behandelt, eine Immuntherapie wurde aber nicht durchgeführt. Statistisch weist das historische Kontrollkollektiv nach einem Nachbeobachtungszeitraum von 38 bis 43 Monaten eine Sterberate (Abbildung 2) von ca. 7,5% und eine Rezidivquote (Abbildung 3) von ca. 10% aus.
Wie bereits oben erwähnt, haben sich bei den von uns einer adjuvanten Interferon-beta-Therapie zugeführten Patienten bis zum jetzigen Zeitpunkt keine Metastasen oder Rezidive gezeigt.

Diskussion

Die heute vorgelegten Ergebnisse zeigen weiterhin die positive Bilanz der adjuvanten Interferon-beta-Therapie bei Patienten mit malignem Melanom im Stadium I.
Zwar läßt sich zum jetzigen Zeitpunkt noch keine statistische Signifikanz nachweisen, aber eine deutlich positive Tendenz ist unübersehbar.
Ob diese Tendenz richtungsweisend ist, wird die weitere Nachbeobachtungszeit der Patienten zeigen müssen, insbesondere deshalb, weil u. E. eine Doppelblindstudie aufgrund der bisherigen guten Ergebnisse nicht angezeigt ist.
Weiteren Aufschluß erhoffen wir uns durch die Ergebnisse eines Vergleichs (Tabelle IX) von 20 unserer Patienten, deren Tumordicken >> 1,5 mm betrugen, mit Patienten des histori-

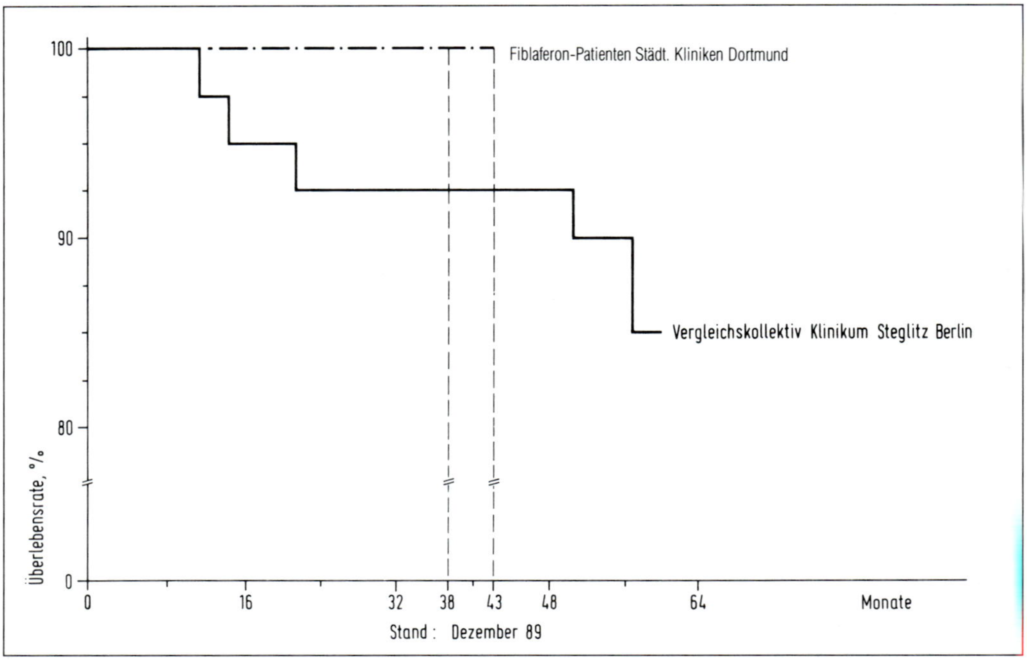

Abbildung 2. Sterberate (Stand: Dezember 1989).

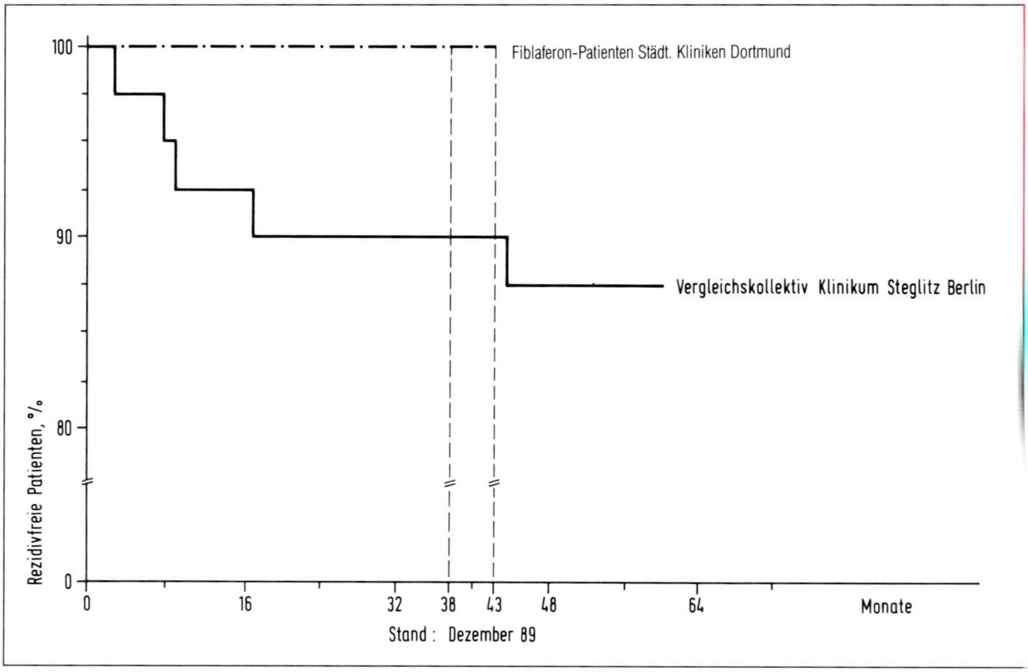

Abbildung 3. Rezidivrate (Stand: Dezember 1989).

Tabelle IX. Patienten der Gruppe »High risk« (Stand November 1989).

	Name	Geb. Dat.	w/m	Exzision	Typ	Level (Clark)	Dicke (Breslow)	Zeit der Rezidiv-freiheit (Mo)	Tod ja/nein	Zeit der ges. Nach-beobach-tung (Mo)
1.	S. B.	21.06.61	w	5.86	NM	III	2,0 mm	42	nein	42
2.	A. M.	15.05.59	w	7.86	NM	IV	1,8 mm	40	nein	40
3.	I. A.	02.11.61	m	8.86	NM	III–IV	1,5 mm	39	nein	39
4.	U. S.	01.01.63	w	5.87	NM	III	1,7 mm	30	nein	30
5.	T. D.	05.05.25	w	11.87	SSM	III	1,6 mm	24	nein	24
6.	H. A.	30.01.38	w	12.87	NM	V	6,0 mm	23	nein	23
7.	I. K.	15.10.21	w	12.87	ALM	IV	2,0 mm	23	nein	23
8.	M. P.	08.12.62	w	3.88	SSM	III	1,9 mm	20	nein	20
9.	L. D.	16.12.22	w	5.88	ALM	IV	4,0 mm	18	nein	18
10.	M. W.	19.10.55	m	9.88	SSM	III	2,0 mm	14	nein	14
11.	I. S.	05.06.34	w	11.88	SSM	III	1,8 mm	12	nein	12
12.	I. S.	08.08.14	w	11.88	LMM	IV	2,0 mm	12	nein	12
13.	R. W.	01.10.42	w	2.89	NM	IV	4,0 mm	9	nein	9
14.	G. M.	05.05.42	m	4.89	ULM	III–IV	1,7 mm	7	nein	7
15.	H. G	20.11.21	m	5.89	SSM	V	>2 mm	6	nein	6
16.	E. P.	31.05.22	m	6.89	s. NM in SSM	IV	4,0 mm	5	nein	5
17.	W. K.	30.03.24	m	6.89	s. NM in SSM	IV	1,5 mm	5	nein	5
18.	M. J	21.07.35	m	8.89	NM	V	?	3	nein	3
19.	M. Z.	20.05.52	m	8.89	NM	IV	7,0 mm	3	nein	3
20.	A. M.	24.05.19	w	10.89	s. NM in SSM	V	2,0 mm	1	nein	1
21.	K. M.	12.06.24	m	11.89	NM	IV	3,5 mm		nein	

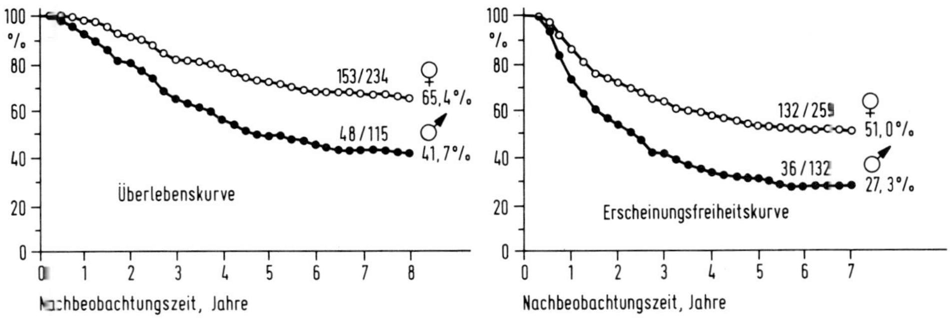

Abbildung 4. Absterbekurve und Rezidivierungs-Metastasierungs-Kurve (aus: *Korting, G. W.*: Dermatologie in Praxis und Klinik, 1981).

schen Kontrollkollektivs, die wir in Kürze erwarten. Hier sind aufgrund des deutlich erhöhten Risikos schon frühzeitiger aussagekräftige Ergebnisse zu erwarten.
Abbildung 4 – eine graphische Darstellung der Überlebensquote bzw. der Erscheinungsfreiheit bei Patienten mit malignem Melanom – verdeutlicht noch einmal das durch Spätrezidive und Spättodesfälle auftretende Problem der endgültigen Erfolgsbeurteilung.
Gegenüber anderen bösartigen Tumoren, wie z.B. dem Magen-Ca oder dem Bronchial-Ca, pegelt sich die Absterbe- und die Rezidivkurve beim malignen Melanom nicht schon nach 4 bis 5 Jahren ein, sondern verläuft erst nach ca. acht Jahren annähernd parallel zur x-Achse.

Somit ist noch eine gewisse Zeit erforderlich, um eine abschließende Beurteilung der Wirksamkeit des Interferon beta beim malignen Melanom im Stadium I vornehmen zu können. Dennoch ermutigen uns die hier aufgezeigten positiven Ergebnisse zur Fortführung der adjuvanten Immuntherapie.

Für die Verfasser:
Dr. P. Ruppert
Städt. Kliniken, Hautklinik
Beurhausstraße 40
D-4600 Dortmund 1

Adjuvante Anwendung von Interferonen bei Patienten mit malignem Melanom der Haut

M. Landthaler und O. Braun-Falco
Dermatologische Klinik und Poliklinik der Universität München

Zusammenfassung

In einer Pilotstudie wurden 25 Patienten mit Primärtumoren mit hohem Metastasierungsrisiko (Tumordicke mehr als 3 mm, prognostischer Index höher als 13) und 15 Patienten mit Lymphknotenmetastasen eines malignen Melanoms adjuvant mit Interferon γ behandelt, nachdem die Primärtumoren und die Lymphknotenmetastasen vollständig entfernt worden waren. Interferon wurde in einer Dosierung von 200 μg dreimal pro Woche subkutan gegeben, die Therapiedauer erstreckte sich über sechs Monate.
In der Nachbeobachtungszeit von bis zu drei Jahren zeigte sich weder ein positiver, noch ein negativer Effekt dieser Behandlung. Die Progressionsraten entsprachen denen in vergleichbaren historischen Kontrollgruppen.

Summary

In a pilot study, 25 patients with high risk primary malignant melanomas (tumor thickness more than 3 mm, prognostic index more than 13) and 15 patients with lymph node metastases of malignant melanoma were treated with interferon gamma in an adjuvant setting, after surgical removal of the primary tumor and the lymph node metastases.
200 μg of interferon γ were given subcutaneously three times per week for six months.
In the follow-up time of up to three years neither a positive nor a negative effect of this regimen could be observed. The progression rates were comparable to historical control groups.

Einleitung

Unter adjuvanter Therapie versteht man eine prophylaktische Therapie nach operativ erreichter klinischer Tumorfreiheit, deren Ziel es ist, eventuell vorhandene okkulte Mikrometastasen zu zerstören, um so eine Tumorprogression zu verhindern.
In einer eigenen Studie bei Patienten mit malignem Melanom im Stadium I, die kombiniert mit DTIC und BCG behandelt worden waren, ergab sich nach drei Jahren nur eine tendenzielle Verbesserung der Prognose im Vergleich zu Patienten, die nur mit BCG behandelt worden waren, bzw. die die kombinierte Immunochemotherapie vorzeitig abgebrochen hatten (1, 2). Ähnliche Resultate wurden von *Veronesi* et al. berichtet (9).
In einer Zusammenstellung vorliegender Studien kommt *Karakousis* 1986 zu dem Schluß, daß es keine systemische, adjuvante Therapie für High-risk-Melanompatienten gibt, die eine signifikante Verbesserung der Überlebenszeit und der Rezidivfrequenz im Vergleich zu ausschließlich chirurgisch behandelten Kontrollgruppen bringt (5).
Andererseits schrieben aber *Kirkwood* und *Ernstoff*, daß die adjuvante Anwendung von Interferonen möglicherweise die größte Chance bietet, positive klinische Effekte und eine Immunmodulation des Patienten zu erreichen (6).
Es lag deshalb nahe, Patienten im Stadium I mit hohem Metastasierungsrisiko mit Interferon gamma zu behandeln und die so behandelte Gruppe mit einer historischen Kontrollgruppe zu vergleichen.

Material und Methode

Die Behandlung erfolgte mit Interferon γ. Die Patienten erhielten für sechs Monate dreimal pro Woche 200 μg Interferon γ subkutan. In die Studie eingeschlossen wurden 25 Patienten mit malignen Melanomen mit hohem Metastasierungsrisiko (Tumordicke über 3 mm, bzw. prognostischer Index > 13). Es handelte sich um 15 Männer und zehn Frauen mit einem Durchschnittsalter von 51 Jahren. Bei den Männern waren die Primärtumoren häufiger am Rumpf lokalisiert, bei den Frauen an den unteren Extremitäten (Abbildung 1).

Ebenso wurden 15 Patienten nach operativer Beseitigung von Lymphknotenmetastasen in die Studie eingeschlossen.

Bei allen Patienten wurden Fernmetastasen durch Computertomographie des Thorax, des Abdomens und des ZNS ausgeschlossen.

Bei allen Patienten kam es in den ersten Tagen der Behandlung zu einem Temperaturanstieg auf 39°C.

Bei drei Patienten wurde die Behandlung wegen Nebenwirkungen abgebrochen.

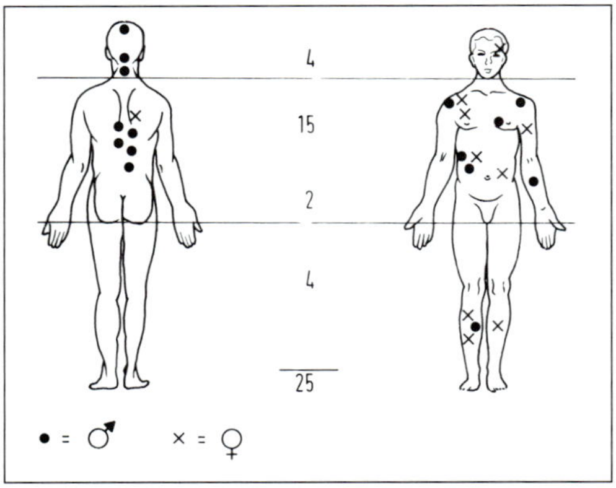

Abbildung 1. Klinische Daten von Patienten im Stadium II und III (pT_3, pT_4, N_0, M_0) (n = 25); Geschlecht: ♂ = 15, ♀ = 10; Alter (J): 28 – 62 ($\bar{m}$ 51 ± 11). Lokalisation der Primärtumoren.

Ergebnisse

Nach einer Nachbeobachtungszeit von zwölf Monaten war es bei zehn von 25 Patienten (40%) mit Primärtumoren zu einer Tumorprogression gekommen. Drei Patienten waren innerhalb der zwölf Monate tumorabhängig verstorben.

Erstes Progressionsereignis war bei sieben Patienten eine Lymphknotenmetastase, bei zwei ein Lokalrezidiv und bei einem eine Fernmetastase.

Auch acht von 15 Patienten (53%) mit Lymphknotenmetastasen erlitten innerhalb der zwölf Monate eine Tumorprogression. Dabei handelte es sich fünfmal um Fernmetastasen, zweimal um Lokalrezidive und einmal um ein Lymphknotenrezidiv.

Nach einer Nachbeobachtungszeit von bis zu drei Jahren waren von den Patienten im Stadium I 13 Patienten tumorfrei geblieben. Insgesamt zwei Patienten blieben nach Behandlung der Tumorprogression erscheinungsfrei, ein Patient war mit inoperablem Tumor noch am Leben. Neun Patienten waren tumorabhängig verstorben.

Von den Patienten mit Lymphknotenmetastasen waren sieben ohne weitere Tumorprogression geblieben, acht tumorabhängig verstorben.

Diskussion

Das Ergebnis der Studie zeigt keinen positiven Effekt der adjuvanten Therapie mit Interferon γ. Die Progressionsraten nach zwölf Monaten von 40% bei den Patienten mit Primärtumoren und von 46% bei den Patienten mit Lymphknotenmetastasen unterscheiden sich nicht signifikant von den Progressionsraten einer historischen Kontrollgruppe (2). Die Beobachtung, daß es zu keiner Änderung des Progressionsmusters gekommen ist, und daß auch nach einer Nachbeobachtungszeit von bis zu drei Jahren keine auffällige Vermehrung von Tumorprogressionen zu beobachten war, zeigt, daß ein negativer Effekt weitgehend ausgeschlossen werden kann.

Eine mögliche Erklärung für den fehlenden positiven Effekt der vorgelegten Studie ist möglcherweise eine zu hohe Dosierung des Interferon γ, da gerade die immunmodulierenden Wirkungen niedrigere Dosen und möglicherweise eine intermittierende Therapie erfordern (3, 8). Möglicherweise ist auch Interferon γ weniger für die Behandlung von Patienten mit malignen Melanomen geeignet (4).

Da im Gegensatz zu unserer Studie *Kokoschka* et al. mit Interferon α (7) und *Völkers* (10) mit Interferon β einen positiven Effekt in der adjuvanten Anwendung fanden, halten wir es weiter für berechtigt, den Einsatz von Interferonen bei Patienten mit malignem Melanom zu prüfen.

Literatur

1 Braun-Falco O, Landthaler M, Hohenleutner U, Hohenleutner S, Hölzel D, Konz B, Schmoeckel C (1985) Adjuvante Therapie maligner Melanome im Stadium I. In: Wolff HH, Schmeller W (eds) Fortschritte der operativen Dermatologie, Bd. 2, Fehlbildungen, Naevi, Melanome. Springer, Berlin Heidelberg New York Tokyo, pp 268–273

2 Braun-Falco O, Landthaler M, Hölzel D, Konz B, Schmoeckel C (1986) Therapie und Prognose maligner Melanome der Haut. Dt Med Wschr 111: 1750–1756

3 Brzoska J, Obert H-J (1987) Interferon gamma: ein janusköpfiger Mediator bei Entzündungen. Arzneim-Forsch/Drug Res 37: 1410–1416

4 Garbe C, Zouboulis C, Stadler R, Orfanos CE (1989) Beeinflussung des malignen Melanoms durch verschiedene Interferone. Hautarzt (Suppl VIII) 39: 269–270

5 Karakousis CP (1986) Die Chemotherapie des malignen Melanoms. Chirurg 57: 606–611

6 Kirkwood M, Ernstoff M (1985) Melanoma therapy options with recombinant interferons. Semin Oncol 12: 7–12

7 Kokoschka EM, Kutschera G, Feuer R (1988) Rekombinantes Interferon α und γ in der Kontrolle von Melanompatienten. Zentralbl Haut Geschlkrh 154: 623 (Abstrakt)

8 Landthaler M, Braun-Falco O (1989) Adjuvant therapy of high risk malignant melanoma patients with gamma-interferon. J Am Acad Dermatol 20: 687–688

9 Veronesi U, Adamus J, Aubert C et al (1982) A randomized trial of adjuvant chemotherapy and immunotherapy in cutaneous melanoma. N Engl J Med 307: 913–916

10 Völckers W (1988) Klinische Erfahrungen in der Nachbehandlung von Melanompatienten unter der Therapie mit Fiblaferon®. In: Schmoll H-J, Schöpf E (eds) Lokale und systemische Tumortherapie mit Interferonen, Akt Immunol 5. Zuckschwerdt, München Bern Wien San Francisco, pp 50–53

Für die Verfasser:
Prof. Dr. M. Landthaler
Dermatologische Klinik und Poliklinik
der Universität
Frauenlobstraße 9–11
D-8000 München 2

Lokale Tumortherapie mit Interferon beta

I. Wildfang und H.-J. Schmoll[a]
Abteilung Strahlentherapie und [a]Abteilung Onkologie der Medizinischen Hochschule Hannover

Zusammenfassung

Die lokale Interferon-beta-Therapie in der Dosierung von 5 Mio IE 3 x pro Woche stellt eine gute palliative Therapieform dar für »end stage« Patienten oder Patienten, bei denen eine sinnvolle alternative Therapieform nicht vorhanden ist. Die ersten Anzeichen einer Remission treten nach 1–3 Injektionen auf, die maximale Remission ist in der Regel nach vier Wochen zu erwarten. Offenbar sprechen alle Tumorarten gleich gut auf die lokale Interferontherapie an. Die lokale und systemische Toxizität ist vernachlässigbar gering, möglicherweise geringer als bei einer vergleichbar in Erwägung zu ziehenden Radiatio. In weiteren Studien müssen optimale Dosis und Therapieintervall sowie die Frage einer Erhaltungstherapie geklärt werden.

Summary

A local interferon beta therapy in a dose of 5 Mio IE 3 times per week, represents a good form of palliative therapy for »endstage« patients or patients for whom there is no reasonable form of alternative therapy available. The first signs of remission are seen after 1–3 injections, the maximum remission to be expected on the whole after 4 weeks. Evidently, local interferon therapy is equally effective against all types of tumor. The local and systemic toxicity is negligiby small, probably even less than taking into account that of radiotherapy which would be comparably indicated. In further studies, the questions of optimal dose, the intervals between therapies and a maintenance therapy must be answered.

Einleitung

Aufgrund von vielen In-vitro-Daten und episodischen klinischen Berichten erscheint die lokale Therapie mit Interferon beta für eine bestimmte Gruppe von Patienten attraktiv. Bei Tumoren, bei denen eine Wirksamkeit von Typ-I-Interferonen bei systemischer Applikation festgestellt wurde, ist eine Dosis-Wirkungs-Beziehung nachgewiesen worden, z.B. für das Nierenkarzinom. Noch höhere Dosierungen als bei systemischer Gabe sind erreichbar durch eine lokale Applikation – mit entsprechend hoher lokaler Konzentration der Substanz. Die Interferon-beta-Spiegel im Tumor sind bei lokaler Applikation über mehr als sechs Stunden konstant, wie von der Arbeitsgruppe von *Koyama* nachgewiesen wurde. Für eine intraläsionale Gabe sollte Interferon beta zudem der Vorzug gegeben werden, da die Gewebespiegelkonzentration über die Zeit gesehen (area under the curve) wegen der höheren Lipophilie von Interferon beta gegenüber Interferon alpha höher ist (1, 4).

Ein weiterer Vorteil gegenüber Interferon alpha ist ein wegen der höheren Gewebeaffinität geringerer systemischer Spiegel, der eine geringe systemische Toxizität erwarten läßt (1, 4, 6).

Offen ist die optimale Dosis für die intraläsionale Interferontherapie. Bei verschiedenen Tumoren wurden sowohl mit 1 Mio Einheiten als auch mit 6 Mio Einheiten, intraläsional gege-

ben, Rückbildungen gesehen (1, 6). Es scheint aber eine Dosis-Wirkungs-Beziehung mit besserer und schnellerer Rückbildung bei höheren Dosen, zumindest in der Initialphase, evident zu sein. Allerdings fehlen definitive Dosisfindungsstudien, z.B. in vitro bei Xenografttumoren auf der Nacktmaus oder beim Menschen.
Eine weitere offene Frage ist der Tumortyp, der am besten auf die lokale Interferontherapie anspricht. In den bisherigen Studien wurden überwiegend Melanome, Mammakarzinome, Gliome sowie Präkanzerosen im HNO-Bereich untersucht (2, 3, 7, 8, 9, 10, 11, 12).
Die nächste offene Frage ist – wenn man eine zytotoxische Wirkung der lokalen Interferon-beta-Gabe voraussetzt – die Dauer der Induktions- sowie der Erhaltungstherapie.
Von In-vitro-Untersuchungen an einer lymphoblastischen Burkitt-Lymphomzellinie ist bekannt, daß der maximale zytostatische Effekt nach 24 Stunden erreicht wird, aber nach 40 Stunden schon wieder reversibel ist (5). Mit einem Fünftel der Induktionsdosis kann die Reversibilität aufgehoben, bzw. der weitere Zellarrest erhalten werden. Es ist also denkbar, daß eine Dauererhaltungstherapie mit geringer Dosis, eventuell einem Fünftel der Induktionsdosis entsprechend, ausreicht, um den maximalen Therapieeffekt weiter aufrecht zu erhalten.

Studienziele

Das Ziel der hier vorgestellten Phase-II-Studie ist es, die Wirksamkeit einer höheren Interferon-beta-Dosis von 5 Mio Einheiten pro Injektion, an drei Tagen pro Woche während einer Induktionsphase von vier Wochen, zu untersuchen, bei verschiedenen soliden Tumoren mit unterschiedlichen Tumorlokalisationen: Lymphknotenmetastasen, Weichteilmetastasen, Hautmetastasen oder lokale Hautrezidive und Skelettmetastasen beim Mammakarzinom, nichtkleinzelliges Bronchialkarzinom, HNO-Tumor, Weichteilsarkom sowie beim Korpus- und Zervixkarzinom. Vorgesehen ist eine Patientenzahl von 30 Patienten.

Methoden

Therapieplan (Tabelle I)

Interferon beta wird für vier Wochen in der Dosis von 5 Mio Einheiten pro Tag, 3mal pro Woche (Tag 1, 3, 5) intraläsional appliziert. Nach vier Wochen wird das Tumoransprechen evaluiert. Bei kompletter und partieller Remission wird die Therapie für weitere zwei Wochen in gleicher Dosis fortgesetzt und dann auf eine Erhaltungstherapie umgestellt mit 5 Mio Einheiten 1mal pro Woche intraläsional, bis zum Nachweis der Progression. Tritt unter der Therapie – auch bei lokalem Ansprechen – eine massive systemische Progression auf, wird die Therapie vorzeitig beendet.

Technik der intraläsionalen Injektion

Die Technik der Injektion ist relativ standardisiert: Bei den optisch, palpatorisch oder sonographisch zugänglichen Läsionen wird vor Beginn der Therapie eine Sonographie zur Bestimmung der Gewebedichte und der Ausdehnung mit Dokumentation via Histiogramm durchgeführt. Wegen der zu erwartenden Schmerzen bei der Injektion, besonders im HNO-Bereich, werden der Stichkanal und der Injektionsort

Tabelle I. Therapieplan.

Interferon beta intraläsional, 5000000 IE/Tag
3 x/Woche, für 4 Wochen.
Evaluation nach 4 Wochen bei:
- CR→ weitere 2 Wochen Fortsetzen der Therapie, dann 1 x/Woche 5 Mio IE Fiblaferon® bis Progression.
- PR→ weitere 2 Wochen Fortsetzen der Therapie, dann 1 x/Woche 4 Mio IE Fiblaferon® bis Progression.
- NC→ Beendigung der Therapie.
- PD→ Beendigung der Therapie; bei massivem lokalen Progreß kann die Therapie auch frühzeitig unterbrochen werden.

Bei massiver systemischer Progression und lokaler Remission wird die Therapie beendet.

anästhesiert – je nach Tumorvolumen mit 0,5 bis 1,0 ml 2%igem Novocain. Fiblaferon® wird anschließend intraläsional unter sterilen Bedingungen injiziert; bei größeren Tumoren wird die Menge auf den Tumorbereich verteilt, in dem man von verschiedenen Seiten sternförmig auf das Zentrum hin injiziert. Das Volumen des Lösungsmittels für Interferon beta hängt von der zu behandelnden Tumorgröße ab und beträgt 0,5 bis 2, maximal 3 ml (Tabelle II).

Die Einschluß- und Ausschlußkriterien gehen aus den Tabellen III und IV hervor.

Vor der ersten Therapie werden folgende Untersuchungen durchgeführt:
Standardblutserologie,
Tumormarker je nach Tumorart,
IFN-Antikörper,
Röntgen-Thorax,
Ultraschall-Abdomen, Computertomogramm oder Ultraschall der befallenen Region,
Röntgen der zu behandelnden Skelettläsionen,
EEG,
EKG sowie
photographische Dokumentation der Tumorläsion.

Die Ausdehnung und Gewebedichte der Indikatorläsion werden mit Hilfe einer Sonographieuntersuchung dokumentiert; im Einzelfall ist auch eine Computertomographie erforderlich. Vor allem ist auch eine Schmerzanalyse bei dieser insgesamt als palliativ anzusehenden Therapie wichtig; um den Verlauf und die Veränderungen des Schmerzes zu dokumentieren, muß insbesondere der Schmerzmittelverbrauch gut dokumentiert sein.

Tabelle II. Technik der intraläsionalen Injektion.

- Darstellung der Läsion mittels Ultraschall
- Lokale Anästhesie des Injektionsweges (insbesondere HNO-Tumoren)
  (0,5 – 1,0 ml Xylocain 2%)
- IFN-beta aufgelöst in 0,5 – 2 ml NaCl 0,9%, in Abhängigkeit von Tumorvolumen
- Intraläsionale Injektion von IFN-beta in das Zentrum der Läsion
- Bei größerer Tumorausdehnung Aufteilung der IFN-Injektion auf mehrere Injektionsstellen (2–3)

Während der Therapie wird einmal pro Woche eine Blutbildkontrolle durchgeführt. Das Schmerzempfinden der Patienten wird unter Benutzung einer Schmerzskala und der Allgemeinzustand des Patienten unter Benutzung einer Befindlichkeitsskala wöchentlich beurteilt. Die Nebenwirkungen werden nach WHO-Grad dokumentiert; ebenso wird der Analgetikaverbrauch erfaßt und dokumentiert. Einmal pro Woche wird zur Erfassung von morphologischen Veränderungen im Sinne einer Nekrose oder zystischen Degeneration eine Sonographie der zu behandelnden Läsion durchgeführt. Die Therapie wird bei intolerabler Toxizität, massivem lokalem oder systemischem Progreß oder lokaler Entzündung, die eine weitere Injektion unmöglich machen, abgebrochen.

Tabelle III. Eingangskriterien.

Meßbarer, einer regelmäßigen Punktion zugänglicher Tumor in Lymphknoten, Weichteil oder Skelett mit Ausnahme von HWS- und BWS-Läsionen.
Nachgewiesene Progression der zu behandelnden Läsion.
Vorangegangene Strahlen- und/oder Chemotherapie und keine therapeutische Alternative mehr vorhanden.
Kein adäquates Ansprechen der Tumoren auf Radiatio und/oder Chemotherapie.
Normwerte für Standardparameter der Enzymdiagnostik.
Thrombozyten > 1000 000/μl,
Leukozyten > 2000/μl.
Geschätzte Lebenserwartung über 2 Monate.

Tabelle IV. Ausschlußkriterien.

Symptomatische Hirnmetastasen;
Pathologisches EEG;
Schwere internistische Begleiterkrankung;
Alter > 75;
Karnofsky-Index < 60%;
Chemotherapiebedürftigkeit oder Chemotherapie, die nicht länger als 4 Wochen zurückliegt;
Konkomittierende Bestrahlung der Indikatorläsion oder Abstand zwischen Bestrahlung der Läsion und IFN-Therapie < 4 Wochen.

Ergebnisse

Von den 30 in die Studie einbezogenen Patienten waren 28 auswertbar. In einem Fall lag eine Protokollverletzung vor wegen Unzuverlässigkeit des Patienten, die zu einer unverhältnismäßig starken Verzögerung der Therapie führte. Im zweiten nicht auswertbaren Fall trat schon bei Therapiebeginn eine schnelle systemische Progression auf.

Die Tabellen V, VI und VII geben eine Übersicht über die Patientencharakteristika, Sitz und Symptome der behandelten Metastasen und die Häufigkeit der verschiedenen Tumorarten.

Tabelle V. Patientencharakteristika.

	Patienten, n
Aufnahme in die Studie	30
– rapide systemische Progression während der Therapie-Induktion	1
– Protokollverletzung	1
Evaluierbar	28
Alter	59 (38–80) Jahre
Männer/Frauen	13/17
Vorbehandlung	
– Chemotherapie	25/30
2 Protokolle	14/25
– Radiotherapie	30/30
≤ 60 Gy (40 ± 20 Gy)	10/30
≥ 60 Gy (65 – 120 Gy)	20/30

Tabelle VI. Sitz und Symptome der behandelten Metastasen.

Schmerzhafte, entstellende Gesichts-Rezidive	12
Lokalrezidiv eines Mammakarzinoms mit Exulzeration, schmerzhaften Lymphknotenpaketen und Lymphödem	5
Schmerzhaftes Lokalrezidiv eines kolorektalen Karzinoms in der Perianalregion	5
Schmerzhafte inguinale Lymphknotenmetastasen	5
Schmerzhafte Knochenmetastase rechte Tibia	1

Tabelle VII.

Lokalisation und Art der Karzinome	Patienten, n
Kopf- und Halsbereich (»squamous cell« Karzinom)	8
Mammakarzinom	5
Malignes Melanom	4
Weichteilsarkom	3
Kolorektales Karzinom	3
Nierenzellkarzinom	2
Blasenkarzinom	1
Ösophaguskarzinom	1
Analkarzinom	1
Korpuskarzinom	1
Mycosis fungoides	1

Tabelle VIII zeigt die Ergebnisse der intraläsionalen Therapie mit natürlichem Interferon beta. Drei komplette Remissionen und zwölf partielle Remissionen ergeben eine Ansprechrate von 15/28 (53%). Bei drei Patienten lag eine Minor Response vor, so daß insgesamt in 18/28 (64%) der Fälle eine Tumorregression festzustellen war. Die mediane Beobachtungszeit betrug 28 Wochen (8–85) und die mediane Behandlungsdauer zehn Wochen (4–85).
Es zeigt sich keine Bevorzugung einer histologischen Entität. Interessant ist, daß das früheste Therapieansprechen schon nach wenigen Injektionen erkennbar ist. Das maximale Therapieansprechen ist in der Regel nach der Induk-

Tabelle VIII. IFN-beta intraläsional – Ergebnisse.

	Responserate		Behandlungsdauer, Wochen
CR	3/28	(11%)	25+, 45+, 80+
PR	12/28	(42%)	24 (7–85)
MR	3/28	(11%)	11+ (14+, 24+)
CR + PR	15/28	(53%)	
CR + PR + MR	18/28	(64%)	
NC	5/28	(18%)	
P	5/28	(18%)	

Mediane Beobachtungszeit: 28 Wochen (8–85)
Mediane Behandlungszeit: 10 Wochen (4–85)

tionstherapie von vier bzw. sechs Wochen (bei Ansprechen) zu verzeichnen; allerdings war bei einem Patienten das maximale Ansprechen erst nach 17 Wochen erreicht.
Die Abbildungen 1 und 2 zeigen das progressionsfreie Intervall bzw. das Überleben der Responder und Nonresponder sowie aller intraläsional mit Interferon beta behandelter Patienten.

Nebenwirkungen

Die Toxizität wurde nach WHO-Grad bewertet und zwar als Frühtoxizität in Woche 2 und als Spättoxizität in Woche 5 (Tabellen IXa und IXb). Die häufigsten Nebenwirkungen bestanden in Woche 2 aus Fieber Grad 2 bei fünf Patienten. In der 5. Therapiewoche ist das Fieber, wie auch bei einer systemischen Interferontherapie, kaum noch vorhanden (Grad 2 bei einem Patienten). Mögliche Zeichen einer Neurotoxizität traten mit längerer Therapiedauer bei acht Patienten auf, die sich als Schwindelbeschwerden und als starke orthostatische Dysregulation bemerkbar machten, das EEG war jeweils unauffällig. Bei Reduktion der Interferongabe im Sinne der Erhaltungstherapie auf 1mal wöchentlich verschwand die neurologische Symptomatik in jedem Fall. Diese Beschwerden sind somit reversibel, wie auch bei der systemischen Therapie nachgewiesen.

Tabelle IX a. Toxizität der intraläsionalen Interferon-beta-Therapie (Woche 2) (n = 28).

	WHO Grad			
Toxizität	1	2	3	4
Fieber	23	5	0	0
Schüttelfrost	5	6	0	0
Allergie				
– lokal	12	0	0	0
– systemisch	0	0	0	0
Neurotoxizität	0	0	0	0
Kardiale Toxizität	0	0	0	0
Hämatologische Toxizität	0	0	0	0
Übelkeit/Erbrechen	1	1	0	0

Tabelle IX b. Toxizität der intraläsionalen Interferon-beta-Therapie (Woche 5) (n = 28).

	WHO Grad			
Toxizität	1	2	3	4
Fieber	10	1	0	0
Schüttelfrost	0	0	0	0
Allergie				
– lokal	4	0	0	0
– systemisch	0	0	0	0
Neurotoxizität	6	2	0	0
Kardiale Toxizität	0	0	0	0
Hämatologische Toxizität	0	0	0	0
Übelkeit/Erbrechen	1	0	0	0

Tabelle X. Befindlichkeit unter Therapie (n = 28); Selbsteinschätzung (n = 28).

	Hohes Fieber	Fieber	Schmerzen			
			keine	geringe	große	sehr große
Woche 2	2	4	4	10	6	2
Woche 5	5	11	7	5	0	0

	Subjektives Wohlbefinden					
	sehr gut	gut	ausreichend gut	mäßig gut	schlecht	sehr schlecht
Woche 2	0	5	5	13	3	2
Woche 5	1	11	8	5	3	0

Die Patienten haben ihre subjektiven Beschwerden, wie grippeähnliche Symptomatik, Schmerzen und Befindlichkeit mit Noten bewerten müssen (Tabelle X). Es zeigte sich, daß die grippeähnlichen Symptome, die am Tag der Injektion bei der Hälfte der Patienten vorhanden waren, auch nach fünf Wochen etwa gleich blieben. Während alle Patienten noch in der 1. Woche vermehrt über Tumorschmerzen klagten, hatten die meisten Patienten in den späteren Wochen nur noch sehr wenig oder nicht mehr unter Schmerzen zu leiden, als Ausdruck des subjektiv guten Effekts der Therapie. Gleiches gilt auch für die Frage an die Patienten, ob die Therapie nützlich sei und helfe. Die Antwort ist vermutlich gekoppelt an das Ausmaß der Reduktion der Schmerzen. Der Großteil der Patienten hat das Therapieergebnis befriedigend bis gut beurteilt.
Auch das allgemeine Wohlbefinden wurde nach fünf Wochen deutlich besser beurteilt, allerdings auch von einem Teil der Patienten, die keine objektive Rückbildung zeigten oder eine Progression hatten, vermutlich aufgrund einer intensiven Begleittherapie entsprechend der engmaschigen Arztkontakte und sicher auch aufgrund der intensiven ärztlichen und menschlichen Zuwendung, die mit solch einer Studientherapie verknüpft ist.

Diskussion

85% aller Tumortherapien ist letztendlich palliativ. Im Rahmen dieser palliativen Therapieoptionen, in der Regel bestehend aus Strahlentherapie und/oder Chemotherapie, kommt es auch zu Tumoren, die aufgrund ihrer Lokalisation oder der bisher hervorgerufenen Symptomatik für die Patienten außerordentlich belastend sein können. Dazu gehören z.B. große subkutane oder kutane Tumoren, insbesondere im Hals-Nasen-Ohren-Bereich, intraorale Läsionen, die zu schweren funktionellen Einbußen führen können, perianale Läsionen, wie beim Analkarzinom, disseminierte Hautherde oder Skelettmetastasen.
Eine Reihe der Läsionen ist durch Strahlentherapie auch nicht mehr palliativ beeinflußbar, da sie strahlenresistent sind. Dies gilt insbeson-

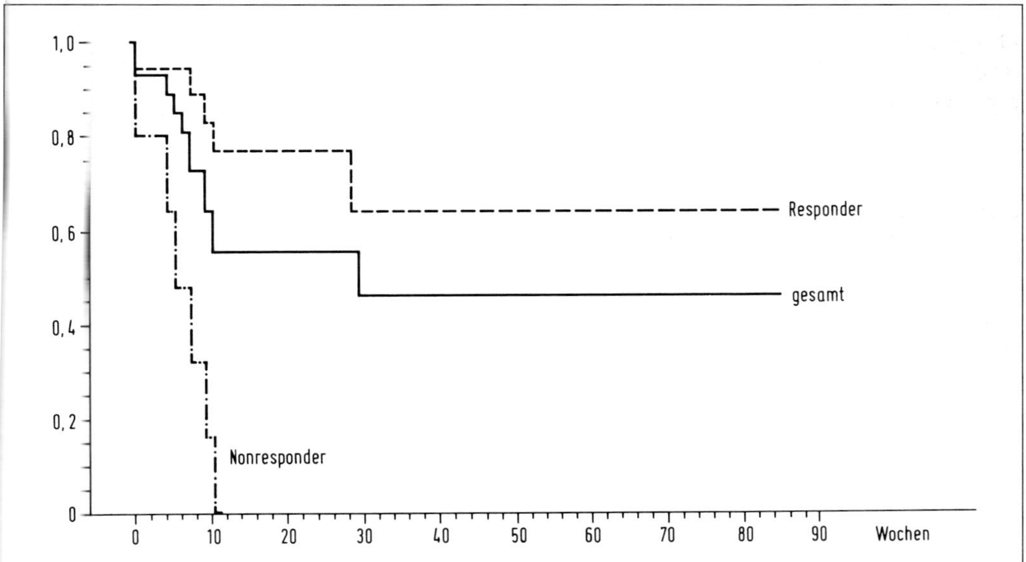

Abbildung 1. Intraläsionales IFN-beta: progressionsfreies Intervall (n = 28) (p < 0,001 Responder/Nonresponder).

dere für vorbestrahlte, aber auch durch Chemotherapie vorbehandelte Läsionen im Hals-Nasen-Ohren-Bereich, oder auch für Melanome. Die Patienten empfinden eine wenn auch nur palliativ orientierte, so doch in einer helfenden Absicht gegebene Therapieoption als sehr willkommen und sinnvoll, auch wenn die Lebenserwartung durch solche Therapiemaßnahmen nicht verlängert wird. Der Patient verspricht sich von einer solchen Maßnahme eine Verbesserung seiner Lebensqualität. Voraussetzung einer derartigen Therapieform muß sein, daß die Nebenwirkungen sehr gering sind.

Nach den einzelnen Fallberichten, kleineren orientierenden Studien und den Daten dieser Phase-I-II-Studie erfüllt die lokale Therapie mit Typ-I-Interferonen diese Voraussetzung. Die intraläsionale Applikation von Interferon scheint aufgrund ihrer Wirkung entsprechend der Remissionsrate eine höhere Wirkung zu haben, als bei systemischer Applikation (*von Wussow*).

Allerdings konnte auch von *von Wussow* gezeigt werden, daß bei intraläsionaler Therapie mit Interferon alpha-2b wirksame systemische Spiegel erreicht werden können, die zu systemischen Effekten im Sinne einer Remission führen. Nachteilig ist allerdings bei signifikanten systemischen Spiegeln die entsprechend höhere Rate an Nebenwirkungen. Diese sind aber bei einer palliativ orientierten Therapie unerwünscht bzw. möglichst gering zu halten.

Interferon beta scheint hier eine bessere Voraussetzung zu bieten aufgrund seiner höheren Lipophilie und damit längeren lokalen Gewebekonzentrationen mit entsprechend geringeren akuten und kumulativen systemischen Spiegeln. Die Daten dieser Studie zeigen eine relativ geringe systemische Toxizität, die auch nur in den ersten vier Wochen der Therapie vorhanden ist. Es fehlen noch Begleituntersuchungen zur Bestimmung der lokalen und systemischen Interferon-beta-Spiegel während dieser Therapie. Für knapp mehr als die Hälfte war die lokale Interferon-beta-Therapie objektiv und subjektiv von Gewinn. Dabei scheint es keine Bevorzugung einer Histologie zu geben, wenngleich der Eindruck entsteht, daß insbesondere Plattenepithelkarzinome des Oropharynx als auch

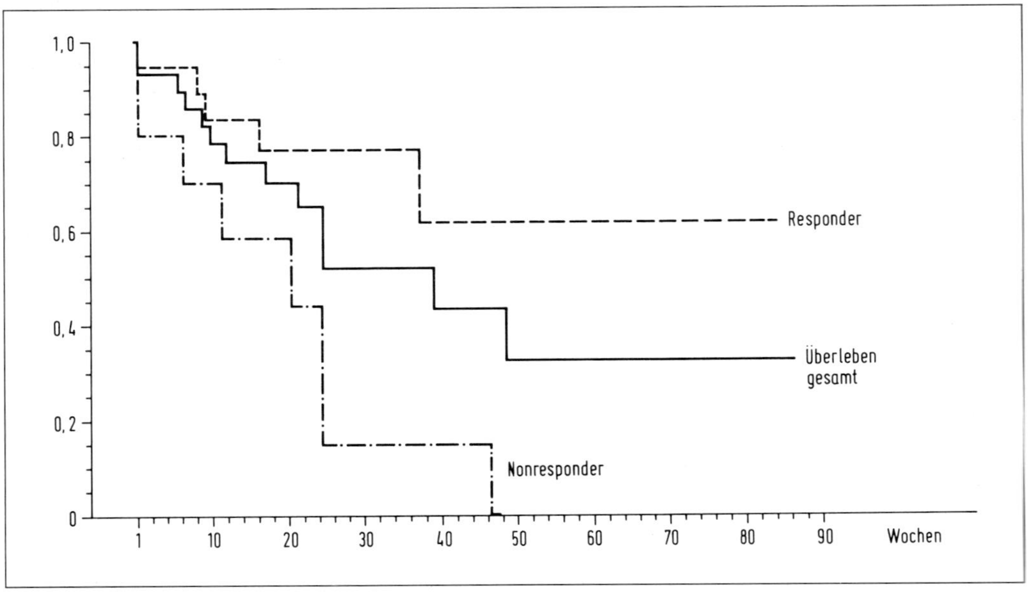

Abbildung 2. Intraläsionales IFN-beta: Überleben Responder/Nonresponder (n = 28) (p = 0,008).

Mammakarzinome besser ansprechen. Interessanterweise hat das beste Ansprechen ein undifferenziertes Weichteilsarkom gezeigt.
Offen ist weiterhin die Frage der optimalen Dosis. Die hier gewählte höhere Dosis ist möglicherweise verantwortlich für die relativ hohe Erfolgsrate; weitere Dosisstufen könnten aber noch austitriert werden. Die lokalen Nebenwirkungen sind ebenso wie die systemischen Nebenwirkungen so gering, daß diese Dosis dem Patienten gegeben werden kann, der die Eingangskriterien dieses Protokolls erfüllt, wobei eventuell Dosismodifikationen möglich wären. Die Therapiedauer scheint wichtig zu sein, da es nach Absetzen der intraläsionalen Therapie zu einem Rezidiv kommt (5). Aus diesem Grunde wird wahrscheinlich eine Erhaltungstherapie allerdings in einer niedrigen Dosis mit einwöchentlicher Applikation nötig sein. Interessant ist das Phänomen Resistenz, das auch von der systemischen Therapie her bekannt ist und offenbar auch durch die lokale Interferontherapie mit hohen Wirkspiegeln nicht geändert werden kann: Unter Therapie kommt es zur Progression, was auf eine Resistenzentwicklung oder Selektion von Interferon-resistenten Zellklonen hinweist. Möglicherweise könnte diese Resistenz durch eine noch höhere Interferondosis durchbrochen werden. Diese Frage ist aber nur unter experimentellen Gesichtspunkten relevant, da mit einer höheren Dosis auch die systemischen Nebenwirkungen steigen würden, was nicht der Sinn dieser palliativen Maßnahmen sein kann. Die intraläsionale Interferontherapie könnte möglicherweise experimentell von hohem Interesse sein: es könnten die Onkogenveränderungen (z.B. N-myc; ras-Gruppe etc.) vor und auch nach lokaler Interferontherapie untersucht werden, um den Molekularmechanismus der Interferontherapie weiter zu untersuchen.

Schlußfolgerungen

1. Intraläsional appliziertes Interferon beta ist hochwirksam bei therapierefraktären Tumoren in dieser Dosierung und diesem Therapieplan im Sinne von objektiver Tumorregression und subjektiver Verbesserung.
2. Alle Tumorhistologien sprachen gleich gut an.
3. Die ersten Anzeichen einer Remission treten oft nach drei Injektionen auf, das Maximum ist nach vier Wochen erreicht.
4. Das Auftreten von lokalen oder systemischen Nebenwirkungen ist selten und wird durch fortlaufende Therapie weiter reduziert.
5. Die optimale Dosis der Induktionstherapie und die Dosis und Dauer der Erhaltungstherapie müssen noch definiert werden.
6. IFN-beta könnte einen Vorteil gegenüber IFN-alpha aufgrund der niedrigeren Rate an Nebenwirkungen haben.
7. Intratumoral injiziertes IFN-beta ist eine nützliche Therapiemodalität für Patienten mit schmerzhaften, entstellenden und die Lebensqualität schwer einschränkenden Metastasen, wo keine weitere Therapiemodalität existiert.

Literatur

1 Billiau A (1984) The clinical application of fibroblast interferon – an overview. Med Oncol Tumor Pharmacother 1: 87–89

2 Duff TA, Borden E, Bay J et al (1986) Phase II trial of interferon-β for treatment of recurrent glioblastoma multiforme. J Neurosurg 64: 408–413

3 Greenway HT, Cornell RG et al (1986) Treatment of basal cell carcinoma with intralesional interferon. J Am Acad Dermatol 15: 437–443

4 Koyama (1984) Pharmacokinetics and clinical trials of Hu-IFN-β in malignant tumors. In: Kishida T (ed) Interferons. Proc Intern Symp Interferons. Oct 1983, Kyoto, Japan, ISIFN: 189–195

5 Krueger, LJ, Terry RW, Sussmann AJ et al (1984) Interferon – induced growth modulation, low dose maintenance of the antiproliferative response. J Interferon Res 4 (1) 29–40

6 Nagai M, Arai T (1984) Treatment of malignant tumors with interferon. In: Kishida T (ed) Interferons. Proc Intern Symp Interferons, Oct 1983, Kyoto, Japan, ISIFN: 208–216

7 Nagao S, Tohgo A, Kohno M et al (1983) Cytostatic action of human fibroblast interferon in di-

rect growth inhibition: effect on human malignant melanoma. Gann (Japan) 74 (3): 452–458
8 Pouillart P, Palangio T et al (1982) Administration of fibroblast interferon to patients with advanced breast cancer: possible effect on skin metastasis and on hormone receptors. Eur J Cancer Clin Oncol 18 (10): 929–935
9 Rambaldi A, Introna M, Colotta F (1985) Intraperitoneal administration of interferon beta in ovarian cancer patients. Cancer 56 (2): 294–301
10 Rosso R, Nobile MT, Sertoli MR (1985) Antitumoral activity of human fibroblast interferon administered intranodularly. Oncology 42 (2): 86–88
11 Sato M, Yoshida H, Yanagawa T et al (1985) Therapeutic effect of human fibroblast interferon on premalignant lesions arising in oral mucosa. Int J Oral Surg 14 (2): 184–194
12 Yoshida J, Wakabayashi T, Inoue I, Kageyama N (1985) Combination therapy with HU IFN-beta and ACNU against malignant tumors. Gan to Kagaku Ryo, 12 (1): 99–104

Für die Verfasser:
Dr. I. Wildfang
Abteilung Strahlentherapie
der Medizinischen Hochschule
Konstanty-Gutschow-Straße 8
D-3000 Hannover 61

V. Nachsorge in Klinik und Praxis

Allgemeine Nachsorge des malignen Melanoms der Haut

Chr. Sigg
Dermatologische Klinik, Universitätsspital Zürich

Zusammenfassung

Die Bestimmung des Ausmaßes metastatischer Prozesse bei symptomlosen Melanomträgern geschieht vorteilhafterweise durch einfache und nicht-invasive Methoden, um ein Fortschreiten des Krebses in regionale und nicht-regionale Lymphknoten in die umgebende Haut und das subkutane Fettgewebe zu erfassen. Die moderne Medizin hält eine breite Palette von Untersuchungsmethoden bereit, die in der Nachsorge von Melanompatienten zur Erfassung und Dokumentation einer Progredienz des Leidens eingesetzt werden können.
Da Lunge und Leber den häufigsten Sitz erscheinungsfreier Ableger darstellen, sind radiologische Untersuchungen des Lungenfilters und Sonographie der Leber in allen Fällen angezeigt. Da das therapeutische Arsenal in fortgeschrittenen Fällen bis heute wirkungsarm bleibt, sind andere und aufwendigere Untersuchungen nur dann indiziert, wenn klinische Hinweise es erfordern. Die Lymphographie ist heute allgemein zugunsten von Feinnadelpunktionen verdächtiger Lymphknoten verlassen.
Im Zentrum der Nachsorgeuntersuchungen stehen sorgfältigste und vor allem innerhalb der ersten drei Jahre regelmäßige dermatologische Kontrollen, deren Häufigkeit sich nach den Risikofaktoren richtet und die prinzipiell zeitlich unbegrenzt sind. Abgesehen vom psychologischen Wert kommt den engmaschigen langjährigen Kontrollen auch eine nicht zu unterschätzende Bedeutung in der Erfassung prognostisch (noch) günstiger Zweittumoren der Haut bei Melanompatienten zu.

Summary

In melanoma patients without clinical symptoms, easy to handle and non invasive methods are most suitable to diagnose metastatic processes. Since most of the metastases of malignant melanoma are located in liver and lung, examinations by radiography and ultrasound are indicated in every patient. Other methods, however, may only be used when clinical signs are obvious.
Careful and at least during the first three years regularly undertaken dermatological examinations are most important. Besides the psychological value of clinical control examination, additional secondary malignant melanoma and other skin cancer may be diagnosed in an early stage.

Weltweiten Anstrengungen zur Verbesserung der Frühdiagnostik ist es zu verdanken, daß das maligne Melanom heute vermehrt frühzeitig und damit in prognostisch günstigen Stadien erfaßt wird. Dennoch aber bleibt selbst bei diesen früh invasiven Formen eine von vielen verschiedenen Faktoren abhängige Ausweitung des Krankheitsgeschehens auf Lokalrezidive oder gar systemische Dissemination; also die Ausweitung in eine eigentliche Melanomkrankheit, die sich nun weitgehend extrakutan manifestiert.
Die Ausbreitung der Erkrankung bzw. ihr Verlauf folgt eigenen Gesetzmäßigkeiten, die bisher nur im Ansatz aufgedeckt wurden und die wohl erst dann aufzuschlüsseln sind, wenn »das Mela-

nom« in seinen genetischen, biologischen und morphologischen Varianten erkannt und differenziert werden kann. Lymphogene und hämatogene Metastasierungsmuster können alleine oder konsekutiv vorkommen – der Befall nur eines Organes oder aber generalisierte Aussaat sind möglich. Grundsätzlich kann jedes Organsystem in den Disseminationsprozeß miteinbezogen werden. Topographische, immunbiologische sowie immungenetische Faktoren könnten dieses bisher nicht prognostizierbare Verhalten des »Melanoms« zumindest teilweise erklären (18).

Zu viele Fragen zum Wesen, zur Genetik, zur Biologie und zum Verhalten des malignen Melanoms, die in die Überlegungen bei der Tumornachsorge einfließen müssen, sind heute noch offen, als daß es möglich wäre, eine allgemein gültige Nachsorge zum malignen Melanom schlechthin zu erarbeiten (11, 18).

Die Melanomnachsorge wird zudem weiter durch die Tatsache erschwert, daß in fortgeschrittenen Stadien der Erkrankung therapeutische Maßnahmen nur sehr begrenzte Erfolgsaussichten haben, wogegen bei früh erkannten und adäquat versorgten Melanomen eine kurative Behandlungsmöglichkeit besteht (4).

Die Zielsetzung jeder onkologischen Nachsorge muß die frühestmögliche Diagnostik der Tumorprogression sein, um möglichst kurativ eingreifen zu können. Dies gilt selbst für prognostisch so ungünstige Tumoren wie das maligne Melanom der Haut (18).

Die Tumornachsorge soll damit gewährleisten, daß

- der erzielte Behandlungserfolg bestehen bleibt;
- eine rechtzeitige Behandlung von nicht adäquat durchgeführten Ersttherapien eingeleitet werden kann;
- Rezidive bzw. Metastasen zu einem noch günstigeren Zeitpunkt erfaßt werden;
- das zukünftige Verhalten des Patienten Risikofaktoren möglichst reduziert und
- eine Integrierung ins Alltagsleben ermöglicht wird (15, 16, 17).

Jede Tumornachsorge muß sich auf ein Staging abstützen können, stellt aber selbst immer auch eine verlaufsadaptierte Staginguntersuchung dar (12). Dieses permanente Restaging bestimmt jeweils individuell den weiteren Verlauf der therapeutischen Bemühungen.
Die *Vorteile* einer langjährigen Nachsorge liegen in der verbesserten Überlebenschance des Patienten bei sofortiger therapeutischer Intervention, wenn Lokalrezidive oder Metastasen registriert werden müssen (6). Der Vorteil der langjährigen Nachsorge, über Ergebnisse der Krankheitsdynamik für zukünftige Therapiepläne zu verfügen, kann kaum hoch genug eingeschätzt werden.
Als *Nachteil* muß zweifellos die psychische Belastung des Patienten angesehen werden, der regelmäßig an seine schwere Krankheit erinnert wird. Hinzu kommt, daß bei malignen Melanomen – wie die Erfahrung gelehrt hat – sehr lange oder im Grunde genommen gar lebenslängliche Nachbeobachtungszeiten erforderlich sind.

So unterschiedlich die Melanome in ihrem biologischen Verhalten auch sind, so lassen sich dennoch bekanntlich zumindest zwei große Gruppen unterteilen, die als Low-risk- bzw. High-risk-Melanome anzusehen sind. Eine derartige Unterteilung basiert in erster Linie auf der histopathologisch definierten Tiefeninvasion nach *Clark* bzw. dem maximalen vertikalen Tumordurchmesser nach *Breslow*; jedoch sind bestimmte Melanomformen, denen ein rasches Tiefenwachstum eigen ist, sowie bestimmte Lokalisationen, wie Melanome im Kapillitium und am Ohr, hier ebenfalls aufzuführen (Tabelle I; 2, 3, 13, 19).
Die Unterteilung in High-risk- und Low-risk-Melanome verlangt nun nach unterschiedlichen Melanomnachsorgeschemen (18). Die Unsicherheit im weiteren Verlauf, die biologischen Varianten sowie die bekannten prognostischen Faktoren drücken sich – je nach Aggressivität des die Nachsorge betreibenden Zentrums – in recht unterschiedlichen diagnostischen Maßnahmen aus. Wenn man jedoch berücksichtigt, daß selbst eine aggressive Metastasendiagnostik in sehr vielen Fällen eben wenig am klini-

schen Verlauf zu ändern vermag, nähern sich die verschiedenen Nachsorgeschemen in der Praxis einander deutlich und unterscheiden sich letztlich im wesentlichen durch die Frequenzen voneinander.

Welches sind nun die sinnvollsten und wichtigsten Untersuchungen bei der Melanomnachsorge? Im Zentrum der Nachsorge des malignen Melanoms steht mit Sicherheit die klinische Kontrolluntersuchung (18). Da kaum ein anderer Tumor in seinem Verlauf derart unberechenbar ist und jederzeit, selbst nach jahrelangen krankheitsfreien Intervallen, rapide Verschlechterungen beobachtet werden können, darf sich die Untersuchung nicht auf die Haut und die peripheren Lymphknoten beschränken, sondern muß dem Systemcharakter des metastasierenden Melanoms Rechnung tragen. Dennoch ist die minutiöse Untersuchung der Haut und der hautnahen Schleimhäute weitaus am ergiebigsten.

Die Auswertung der Krankengeschichten von 280 Melanompatienten (14) ergab, daß im Laufe der Nachkontrollen bei 4,3% Basaliome und bei weiteren 4,3% andere Angiomalignome erfaßt werden konnten. Über 8% dieser 280 Melanompatienten litten gar unter Mehrfachmelanomen, von denen weitaus die meisten konsekutiv und nicht simultan und zudem innerhalb der ersten drei Jahre zu beobachten waren. Von größter Bedeutung ist hier die Erkenntnis, daß Mehrfachmelanome bei dysplastischem Nävuszellnävus-Syndrom weitaus häufiger vorkommen, so daß Patienten mit dysplastischen Nävi

Tabelle I.

High-risk-Melanome	Low-risk-Melanome
pT_2–pT_4	pT_1
Clark level III–V	*Clark* level I + II
Breslow ≥0,76 mm	*Breslow* <0,76 mm
Melanome im Kapillitium	
Melanome am Ohr	
Akrolentiginöse Melanome	
Primär noduläre Melanome	
Melanome bei DNS	

– erwartungsgemäß – zu den High-risk-Patienten zu zählen sind, um das Zweitmelanom frühzeitig zu erfassen und therapieren zu können (Tabelle I). Bemerkenswerterweise zeigten sich in diesen Untersuchungen keine Unterschiede in der Häufigkeit von Zweitmelanomen zwischen familiären und sporadischen dysplastischen Nävuszellnävus-Syndromen.

Apparative Untersuchungen haben unseres Erachtens durchaus ihren Platz in der Melanomnachsorge, doch kann wohl kaum eine generelle Maßnahmenliste angegeben werden, welche diagnostischen Modalitäten im Einzelfall einzusetzen sind. Da Lunge und Leber häufigster Sitz erscheinungsfreier Fernmetastasen darstellen (10), sind radiologische Untersuchungen des Lungenfilters und Sonographie der Leber unseres Erachtens in allen Fällen angezeigt, wogegen Thermographie, Computertomogramm, Szintigraphie, Lymphographie (9, 18) und Weichteilsonographien (5) nur bei speziellen Fragestellungen zum Einsatz kommen. Von namhaften Onkologen wurde und wird wiederholt eingewandt, daß eingehende apparative Untersuchungen zur Diagnose eines metastasierenden Prozesses, der sich in keiner Weise mehr günstig beeinflussen läßt, grundsätzlich abzulehnen sind. Diesen Standpunkt teilen wir zwar nicht vollständig, doch muß man sich diesen Umstand bei jeder Tumornachsorge stets vor Augen halten.

Ebenso haben Laboruntersuchungen in der postoperativen Verlaufsdiagnostik des malignen Melanoms, die ja vor allem der Früherfassung von Rezidiven und Metastasen dienen müssen, nur einen sehr begrenzten Wert (16). Durch die Einführung von monoklonalen Antikörpern lassen sich für die Zukunft sensitivere und spezifischere Nachweisverfahren erhoffen, die jedoch zum heutigen Zeitpunkt noch nicht vorliegen. Bei einsetzender Metastasierung ist in der Regel mit Veränderungen einzelner, meist jedoch unspezifischer Laborparameter zu rechnen, doch sind auch völlig unauffällige Laborbefunde bei ausgedehnter Metastasierung durchaus möglich (1).

Ein letztlich allgemein gültiges Nachsorgeschema für Melanompatienten zu propagieren ist kaum möglich, wenn man allen Unvorhersehbarkeiten dieses heimtückischen Tumors gerecht werden will. Die klinische Nachsorgekontrolle, insbesondere die Hautkontrolle, die zeitlebens und in kurzfristigen Abständen bei Highrisk-Melanomen (8) und bis mindestens drei Jahre (7) auch bei Low-risk-Melanomen durchzuführen ist, vermag Rezidive und In-transit-Metastasen früh erfassen, kann aber auch die Zweitmelanome frühzeitig diagnostizieren helfen (14).

Die vielen Gesichter des malignen Melanoms, seine Unberechenbarkeit und seine Aggressivität verlangen zwingend nach einem gemeinsamen Verfahren und einer einheitlichen Dokumentation der Melanomnachsorge, um bei nach wie vor fehlenden guten Behandlungsmöglichkeiten der fortgeschrittenen Stadien aus dem Verlauf Erkenntnisse für postoperative Maßnahmen zu gewinnen.
Die Tatsache, daß unter allen Nachsorgemaßnahmen die dermatologische Untersuchung weitaus am ergiebigsten ist, unterstreicht die Forderung, daß die Melanomnachsorge in die Hände des Dermatologen gehört.

Literatur

1 Björklund B (1980) On the nature and clinical use of tissue polypeptide antigen (TPA). Tumor Diag 1: 9–20
2 Breslow A (1970) Thickness, cross-sectional areas and depth of invasion in the prognosis of cutaneous melanoma. Ann Surg 172: 902–908
3 Clark WH, From L, Bernardino EA, Mihm MC (1969) The histogenesis and biologic behavior of primary human malignant melanomas of the skin. Cancer Res 29: 705–726
4 Day CL, Mihm MC, Lew RA, Kopf AW, Sober AJ, Fitzpatrick TB (1982) Cutaneous malignant melanoma: Prognostic guidelines for physicians and patients. CA 2: 113–122
5 Heimpel H, Bargon G, Hetzel WD, Lohrmann HP, Heymer B, Müller E, Potthoff PC, Schulze K, Sonntag A (1980) Indikationen und Wertigkeit diagnostischer Maßnahmen bei der Metastasensuche. In: Heimpel H, Herfarth C, Schreml W (eds) Metastasen: Pathobiologie – Diagnostik – Therapiemöglichkeiten, Akt Probl Chir Orthop 14. Huber, Bern Stuttgart Wien, pp 47–56
6 Karakousis CP, Moore R, Holyoke EK (1983) Surgery in recurrent malignant melanoma. Cancer 52: 1342–1345
7 Karajalainen S, Hakulinen T (1988) Survival and prognostic factors of patients with skin melanoma. A regression-model analysis based on nation wide cancer registory data. Cancer 62: 2274–2280
8 McCarthy WH, Shars HM, Thompson JF, Milton GW (1988) Time an frequency of recurrence of cutaneous stage I malignant melanoma with guidelines for follow up studies. Surg Gynecol Obstet 166: 497–502
9 Munz DL, Altmeyer P (1985) Erfahrungen mit der präoperativen peritumoral-interstitiellen Lymphoszintigraphie (PIL) beim malignen Melanom an 300 Patienten. In: Holzmann H, Altmeyer P, Hör G, Hahn K (eds) Dermatologie und Nuklearmedizin. Springer, Berlin Heidelberg New York Tokio, p 148–160
10 RN, Alexion G, Reese PA, Karakousis CP (1987) Early metastatic patterns and survival in malignant melanoma. J Surg Oncol 34: 248–252
11 Reintgen DS, Vollmo R, Seigler HF (1989) Juvenile malignant melanoma. Surg Gynecol Obstet 168: 249–258
12 Rubin P, Keys H (1982) The staging an classification of cancers: A unified approach. In: Carter SK, Glatstein E, Livingston RB (eds) Principles of Cancer Treatment. McGraw-Hill, New York, pp 14–25
13 Sagebiel RW (1988) Problems in microstaging of melanoma vertical growth. Monogr Pathol 30: 94–109
14 Sigg Chr, Pelloni F, Schnyder UW (1989) Gehäufte Mehrfachmelanome bei sporadischem und familiärem dysplatischem Nävuszellnävus-Syndrom. Hautarzt 40: 548–552
15 Voigt H, Crone-Münzebrock W (1981) Nachstationäre ambulante Diagnostik und Überwachung des malignen Melanoms. Therapiewoche 31: 6409–6416

16 Voigt H (1982) Das maligne Melanom der Haut: Diagnose, Verlaufsdiagnose und Nachsorge. Inform Arzt 16: 41–51

17 Voigt H (1985) Klinisch-onkologische Erfordernisse einer Melanomnachsorge. In: Wolff HH, Schmeller W (eds) Fehlbildungen – Naevi – Melanome, Fortschr Dermatol 2. Springer, Berlin Heidelberg New York Tokyo, pp 290–297

18 Voigt H, Kleeberg UR (1978) Verlaufsdiagnostik und Nachsorge. In: Voigt H, Kleeberg UR (eds) Malignes Melanom. Springer, Berlin Heidelberg New York Tokio, pp 173–201

19 Wanebo HS, Cooper PH, Young DV, Harpole DH, Kaiser DL (1988) Prognostic factors in hand and neck melanoma. Effect of lesion location. Cancer 62: 831–837

Anschrift des Verfassers:
Dr. Chr. Sigg
Dermatologische Klinik
Universitätsspital
Gloriastraße 31
CH-8091 Zürich

Nachsorge des malignen Melanoms an der Tübinger Hautklinik

B. d'Hoedt, W. Stroebel, H. Stutte und G. Rassner
Abteilung Dermatologie I, Hautklinik der Universität Tübingen

Zusammenfassung

Die wichtigsten Aufgaben und Ziele der Melanomnachsorge werden zusammengefaßt und dabei ein kooperatives Nachsorgemodell mit den niedergelassenen Fachkollegen vorgestellt.
Die Bedeutung der Lymphknotensonographie bei der Früherkennung von Lymphknotenmetastasen wird hervorgehoben: 10% der diagnostizierten Lymphknotenmetastasen entgingen der Palpation und wurden primär sonographisch entdeckt und damit frühzeitig exstirpiert.
Auf einige Probleme bei der psychosozialen Betreuung von Melanompatienten wird hingewiesen.
In einer retrospektiven Nachsorgestudie an 168 Patienten mit metastasierenden Melanomen wurde festgestellt, daß die Eigenuntersuchung des Patienten zur Entdeckung eines Großteils der präregionären und Lymphknotenmetastasen führte und daß ein hoher Prozentsatz der Fernmetastasen durch Beschwerden auf sich aufmerksam machte.
92% der Erstmetastasen und 88% der Fernmetastasen traten im Laufe der ersten fünf postoperativen Jahre auf; dies unterstreicht, daß die Nachsorge in dieser Zeit besonders engmaschig und intensiv sein muß.

Summary

The most important tasks and goals of postoperative melanoma care are summarized and a model for the cooperation with the dermatological specialist in follow-up care is presented.
The importance of lymph node sonography in the early recognition of lymph node metastases is emphasized: 10% of the lymph node metastases diagnosed remained undetected by palpation and were thus primarily determined through sonography, permitting early extirpation.
Several problems involved in the psychosocial treatment of melanoma patients are discussed.
In a retrospective post-surgical care study of 168 patients with metastasizing melanoma, self-examination of patients was often found to lead to the discovery of regional subcutaneous and lymph node metastases. A large percentage of distant metastases became evident by complaints.
92% of the primary metastases and 88% of distant metastases appeared during the first five years after excision: this emphasized the necessity for close surveillance and intensive post-surgical care.

Einleitung

Sich sorgen um Patienten nach einer Melanomoperation ist notwendig, denn es stirbt nach wie vor jeder dritte an den Folgen seines Melanoms. Unter dem Begriff »Melanomnachsorge« verstehen wir die ambulante, kontinuierliche Betreuung und regelmäßige Untersuchung von Melanompatienten mit dem Ziel der möglichst vollständigen und anhaltenden physischen, psychischen und sozialen Rehabilitation.

Melanomnachsorge umfaßt eine Reihe von Aufgaben und Zielen (8, 13) (Tabelle I): Eine der

Hauptaufgaben der Nachsorge ist es, die Tumorfreiheit festzustellen bzw. die Tumorprogression so früh wie möglich zu erkennen. Voraussetzung hierfür sind Kenntnisse des Metastasierungsmusters und Zeitpunktes sowie die Möglichkeit, das individuelle Metastasierungsrisiko abzuschätzen (4). Des weiteren gehören die psychosoziale Betreuung des Patienten sowie die Sterbebegleitung zu den Pflichten der Nachsorge. Dokumentation von Krankheitsverläufen und Datensammlung dienen der Erkennung epidemiologischer Daten, Einschätzung prognostischer Faktoren (z.B. Tumordicke, Lokalisation und Geschlecht etc.), Untersuchung von Risikofaktoren (UV-Exposition, Melanomvorläufer, genetische Faktoren), Beurteilung des Einflusses therapeutischer Strategien auf den Krankheitsverlauf etc.

Derartig umfangreiche Datenerhebungen und Auswertungen können von einzelnen Kliniken kaum erbracht werden. Aus diesem Grunde haben wir uns seit 1983 an das Zentralregister malignes Melanom der DDG in Verbindung mit dem Bundesgesundheitsamt angeschlossen und sowohl prospektiv als auch retrospektiv sämtliche Melanompatienten (bis 1976 zurück) in das Zentralregister eingebracht (3).

Kooperatives Nachsorgeprogramm

Unsere Melanomnachsorge betreut seit 1976 mehr als 1500 Patienten im Rahmen einer Spezialambulanz. Jedes Jahr kommen 150 bis 200 neue Patienten hinzu. Da das ärztliche Personal seit Jahren konstant ist, hat jeder Patient eine feste Bezugsperson. Die Nachsorge beginnt nach der Diagnosestellung während des stationären Aufenthaltes mit einem *Informationsgespräch*, in dem der Patient den Nachsorgearzt kennenlernt, über die Diagnose und Prognose seines Melanoms informiert und über den Sinn der Nachsorge aufgeklärt wird. Er wird beraten bezüglich Lichtschutzmaßnahmen, Notwendigkeit der regelmäßigen Eigenkontrolle sowie Untersuchung Verwandter ersten Grades bezüglich ihres Pigmentsystems.

Die Melanomnachsorge erstreckt sich über zehn Jahre nach der ersten operativen Versorgung bzw. nach dem letzten Rezidiv.

Da das Einzugsgebiet der Tübinger Hautklinik groß ist, ist eine engmaschige Nachsorge in Tübingen für die Patienten durch lange Anfahrten sehr beschwerlich und auch teuer. Aus diesem Grund haben wir die niedergelassenen Fachkollegen gebeten, sich an einem *kooperativen Nachsorgeprogramm* zu beteiligen.

Zur Vereinheitlichung der Nachsorge und Aufrechterhaltung einer standardisierten Nachsorgequalität erhält der Patient bei der Entlassung bzw. nach jeder Nachsorgeuntersuchung in der Klinik einen *Nachsorgebrief*, der einen Anamnese- und Untersuchungsbogen enthält, der ausgefüllt an uns zurückgeschickt wird. So werden in den ersten fünf postoperativen Jahren alternierend mit den niedergelassenen Kollegen vierteljährliche, und vom 6. bis 10. postoperativen Jahr halbjährliche Nachsorgeuntersuchungen durchgeführt (Tabelle II). Erstrebenswert ist auch die Einbeziehung des Hausarztes als primäre medizinische Bezugsperson des Patienten und seines sozialen Umfeldes.

Tabelle I. Aufgaben und Ziele der Nachsorge.

1. Feststellung der Tumorfreiheit bzw. Früherkennung der Progression
2. Psychosoziale Betreuung
3. Überwachung des Pigmentsystems
4. Überwachung einer adjuvanten Therapie
5. Sterbebegleitung
6. Dokumentation der Krankheitsverläufe
7. Datensammlung

Tabelle II. Nachsorgeintervalle.

1. bis 5. postoperatives Jahr
2mal jährlich niedergelassener Hautarzt
2mal jährlich Nachsorgeambulanz

6. bis 10. postoperatives Jahr
1mal jährlich niedergelassener Hautarzt
1mal jährlich Nachsorgeambulanz

Tabelle III. Nachsorgeprogramm.

Bei jeder Nachsorgeuntersuchung
Zwischenanamnese
Klinische Untersuchung
Kontrolle des Pigmentsystems
Labor (BSG, Enzyme)
Einmal pro Jahr
Röntgen-Thorax
Abdomensonographie
Sonographie der regionären Lymphknoten
Bei unklaren Beschwerden oder Befunden weitergehende Diagnostik

Bei jeder Nachsorgeuntersuchung (Tabelle III) wird eine *Zwischenanamnese* erhoben bezüglich des Gewichts, Medikamenteneinnahme, Änderung bzw. Neuauftreten von Pigmentherden sowie tumorbezogener und tumorunabhängiger Beschwerden. Alle Klagen werden ernst genommen, da diesen Beschwerden Metastasen zugrunde liegen können (z.B. »Kopfschmerzen«, »Schwindel« bei Hirnmetastasen, »Hexenschuß« bei Knochenmetastasen etc.) (13).

Die *klinische Untersuchung* erfolgt am entkleideten Patienten: Das OP-Gebiet, die Transitstrecke und die regionären Lymphknoten werden inspiziert und palpiert. Des weiteren werden Haut und einsehbare Schleimhäute sowie die übrigen Lymphknotenstationen untersucht. Auffällige Pigmentherde werden im Rahmen der Nachsorgeambulanz auflichtmikroskopisch betrachtet. So konnten seit 1976 bei 18 unserer Patienten bis zu sechs weitere primäre Melanome entdeckt werden.

Laborchemisch werden BSG und Leberenzyme unter besonderer Berücksichtigung der LDH bestimmt, da das Ansteigen der LDH das erste Zeichen für eine Metastasierung darstellen kann (2, 4).

Bei Patienten im klinischen Stadium I wird jährlich eine *Sonographie der regionären Lymphknoten* durchgeführt. Sie bedeutet einen erheblichen diagnostischen Gewinn für die Nachsorge: Sie ergänzt den Palpationsbefund, vermag den Metastasenverdacht zu entkräften oder erhärten und gibt Auskunft zur Beziehung der Lymphknoten zu umgebenden Strukturen (1, 12).
Mit Hilfe der Sonographie können Lymphknotenmetastasen auch in Regionen entdeckt werden, in denen die Palpabilität eingeschränkt (z.B. retroklavikulär, dorsal des M. sternocleidomastoideus etc.) bzw. durch Narbenbezüge im voroperierten Gebiet erschwert ist.

Des weiteren wird jährlich eine *Röntgenuntersuchung der Lunge* in zwei Ebenen und eine *Abdomensonographie* veranlaßt (4). Dies sind für den Patienten wenig belastende Untersuchungsmethoden, mit deren Hilfe sich immer wieder solitäre Metastasen erkennen lassen, die therapeutisch angehbar sind.

Eine weitergehende oder engmaschigere Diagnostik erfolgt nur zur Abklärung unklarer Befunde und Beschwerden bzw. bei Patienten in metastasierenden Stadien.
Zum Schluß erhält der Patient einen festen Termin für die nächste Nachsorgeuntersuchung sowie den Begleitbrief für die zwischenzeitliche Kontrolle bei dem niedergelassenen Kollegen. Nimmt er den vereinbarten Termin nicht wahr, so wird ihm ein Ersatztermin zugeschickt. Durch dieses systematische Recall-System gehen der Nachsorge nur wenige Patienten verloren.

Psychosoziale Aspekte

Die Melanomdiagnose konfrontiert den Patienten mit einer potentiell zum Tode führenden Erkrankung. Die Auseinandersetzung löst existentielle Ängste, bei manchen Patienten sogar eine reaktive Depression aus. Eine Aufgabe der Nachsorge ist es, ihn bei der psychosozialen Rehabilitation zu unterstützen.
Vor der Entlassung erhalten unsere Patienten die Möglichkeit, sich von einer Sozialpädagogin bezüglich der sozialen Rehabilitation (d.h. Festigungskuren, Schwerbehindertenausweis, berufliche Rehabilitation, Berentung) beraten zu lassen (6).

Gespräche mit dem Nachsorgearzt über die Probleme bei der Auseinandersetzung mit der Melanomkrankheit werden von den Patienten gerne akzeptiert. Alle Fragen sollten wahrheitsgemäß beantwortet werden, wobei jeweils das Positive betont und damit Hoffnung geweckt werden sollte. Schwierige Wahrheiten sollten schrittweise mit viel Fingerspitzengefühl mitgeteilt werden. Das Wecken ›falscher Hoffnungen‹ oder tröstliche Notlügen werden allzu schnell von der Realität eingeholt und zerstören irreversibel die Vertrauensbasis zwischen Arzt und Patient (3).

Sicherlich gibt es bei metastasierenden Patienten Situationen, bei denen es nicht nötig oder sogar schädlich, weil hoffnungszerstörend ist, den Patienten über sämtliche Einzelbefunde aufzuklären.
»Wir werden nicht alles sagen, was wahr ist, aber was wir sagen, wird wahr sein« (7). Entdeckt man in einem Gespräch das Bedürfnis des Patienten nach Verleugnung der Realität, so muß dies respektiert werden (9).
Zu jedem Zeitpunkt sollte man anstreben, bei Patient und seiner Familie ein Informationsgleichgewicht herzustellen, damit jederzeit eine gemeinsame Aussprache möglich ist. Dies ist natürlich nicht immer realisierbar, besonders wenn der Patient nicht alles wissen will. Man muß aber berücksichtigen, daß Familienangehörige, die mehr wissen als die Patienten, oft völlig überfordert sind, Wissen zu verschweigen oder zu überspielen, nicht mehr echt und natürlich reagieren. Der Patient wird dann rasch mißtrauisch werden und sich noch isolierter fühlen (9).

Leider werden wir Nachsorgeärzte in diesen Gesprächen oft völlig überfordert und müssen auf Kosten der Patienten aus unseren Fehlern lernen. Besonders der Umgang mit metastasierenden Patienten führt uns oft an die Grenze der eigenen Belastbarkeit, da wir mit unserer ärztlichen und mitmenschlichen Ohnmacht konfrontiert werden und in dieser Situation fehlreagieren, zum einen mit Aggression, zum anderen, indem wir uns vor dem Patienten zurückziehen und eine gefährliche Distanz aufbauen (9). Hilfreich sind in solchen Situationen Gespräche mit Kollegen, die dieselben Probleme haben: »Man muß lernen, mit dem Versagen umzugehen« (10).

Nachsorgestudie

In einer retrospektiven Nachsorgestudie haben wir 168 Patienten mit metastasierenden Melanomen unter folgenden Fragestellungen untersucht: Wer entdeckt die Metastasierung? Macht die Metastase durch Beschwerden auf sich aufmerksam? Wird sie bei einer reinen klinischen Untersuchung diagnostiziert oder benötigt man eine apparative Untersuchung? Welches ist die erste Metastase? Wann tritt die Metastase auf? Wir schlüsselten alle Metastasierungsereignisse bis zum Auftreten der ersten Fernmetastasen auf.

Patientendaten

Von den 168 Patienten waren 77 weiblichen (46%) und 91 männlichen Geschlechts (54%).
Bei 95% der Patienten war der Primärtumor in den Jahren 79 bis 89 operativ entfernt worden. Bei den restlichen 5% handelt es sich um einige gut dokumentierte Verläufe aus den Jahren 76 bis 78.
Zum Zeitpunkt der ersten Diagnose waren 83% der weiblichen Patienten im klinischen Stadium I, 14% im Stadium II, bei 3% lagen Lymphknotenmetastasen bei unbekanntem Primärtumor vor.
Bei den männlichen Patienten waren 80% im Stadium I, 17% im Stadium II, 1% im Stadium IV und 2% der Patienten hatten Lymphknotenmetastasen bei unbekanntem Primärtumor.

Ergebnisse

Es wurden 322 Metastasierungsereignisse bei 168 Patienten registriert. Es handelte sich in 11% um Lokalrezidive bzw. Satellitenmetastasen, in 16% um Transitmetastasen, in 42% um

Lymphknotenmetastasen und in 31% um Fernmetastasen.
Da die Patienten angehalten werden, einmal im Monat die Operationsnarbe und die Lymphabflußbahnen zu kontrollieren, wurde der größte Teil der präregionären Metastasen bereits von Patient oder Hausarzt entdeckt: Dagegen wurden 26% der Lokalrezidive bzw. Satellitenmetastasen sowie 37% der Transitmetastasen primär im Rahmen der Nachsorge diagnostiziert.

Bei 136 von 322 Metastasierungsereignissen handelte es sich um Lymphknotenmetastasen. Davon wurden 42% von Patient oder Hausarzt entdeckt, 48% erstmals in der Nachsorge palpiert, 10% entzogen sich der Palpation und wurden primär sonographisch diagnostiziert.
Bei 100 von 322 Metastasierungsereignissen handelte es sich um die erste Fernmetastase. Bei 41% der Fälle hatten Beschwerden zu einer außerplanmäßigen Durchuntersuchung durch den Hausarzt geführt, wobei sich die Metastase zeigte. 10% der Metastasen entdeckte der Hausarzt durch eine Routineuntersuchung, 7% konnten bei unserer klinischen Nachsorgeuntersuchung gefunden werden und 42% wurden im Rahmen der apparativen Routinediagnostik der Nachsorge erkannt.

Schlüsselt man die Fernmetastasen nach der Lokalisation auf, so ergibt sich folgendes Bild: Häufigste Lokalisation der ersten Fernmetastase war die Lunge, es folgten die Haut, das Skelettsystem, das Gehirn, die Lymphknoten und die Leber. Bei 8% wurde primär eine diffuse Metastasierung diagnostiziert (Abbildung 1).
Prüft man die Daten bzgl. der Art der ersten Metastase, so handelte es sich in 20% um präregionäre Metastasen, in 53% um Lymphknotenmetastasen und in 20% um Fernmetastasen. In einem kleinen Teil (7%) wurden gleichzeitig mehrere Metastasierungsereignisse festgestellt (Abbildung 2).
Untersucht man das Patientengut nach dem Zeitpunkt des Auftretens der ersten Metastase, so zeigt sich, daß 41% aller Erstmetastasen in den ersten zwölf Monaten, 68% im Laufe der ersten zwei, 78% in den ersten drei und 92% im Laufe der ersten fünf postoperativen Jahre auftraten (Abbildung 3).
Betrachtet man die Fernmetastasen bezüglich des Zeitpunkts ihrer Manifestation, so ergibt sich ein ähnliches Bild: Im Laufe der ersten fünf postoperativen Jahre wurden 88% der Fernmetastasen entdeckt (Abbildung 4).

Kommentar

Die Nachsorge von Melanompatienten umfaßt eine Reihe von Aufgaben und Zielen (8, 13) (s.o.). Nachsorgesicherheit, psychische Beeinträchtigung des Patienten durch engmaschige Kontrollen, die ihn jeweils an die Erkrankung und an die drohende Gefährdung seines Lebens erinnern, sowie Zeit- und Kostenaufwand müssen jeweils gegeneinander abgewogen werden.

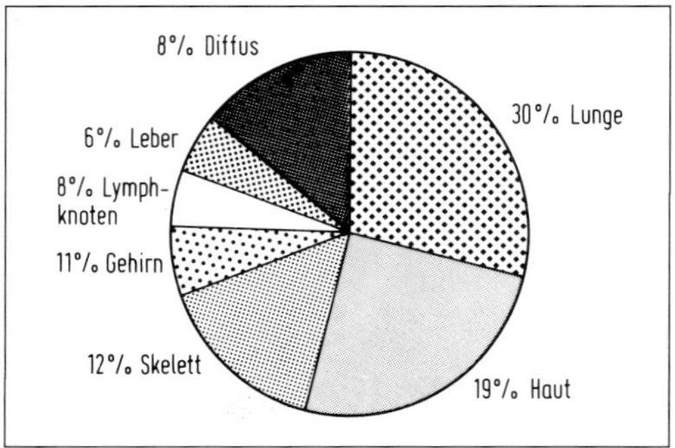

Abbildung 1. Lokalisation der ersten Fernmetastase (n = 100).

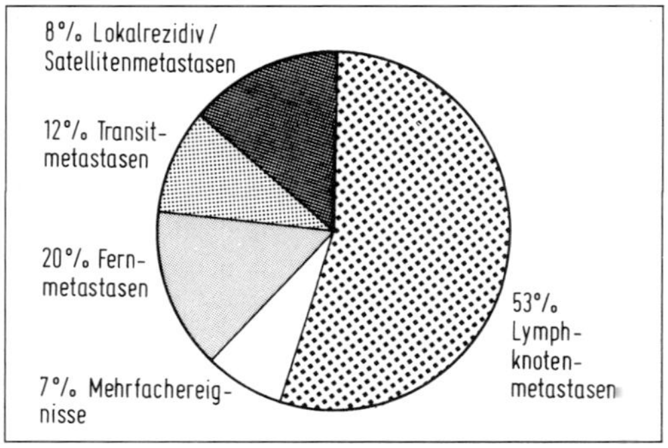

Abbildung 2. Art der ersten Metastase (n = 168).

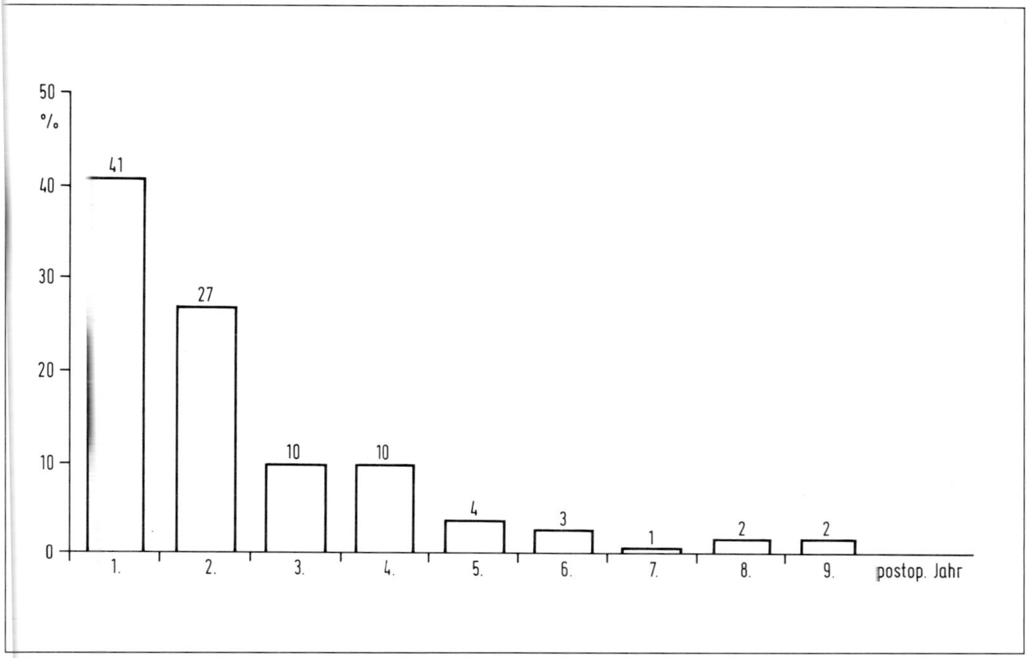

Abbildung 3. Wann tritt die erste Metastase auf (n = 168)?

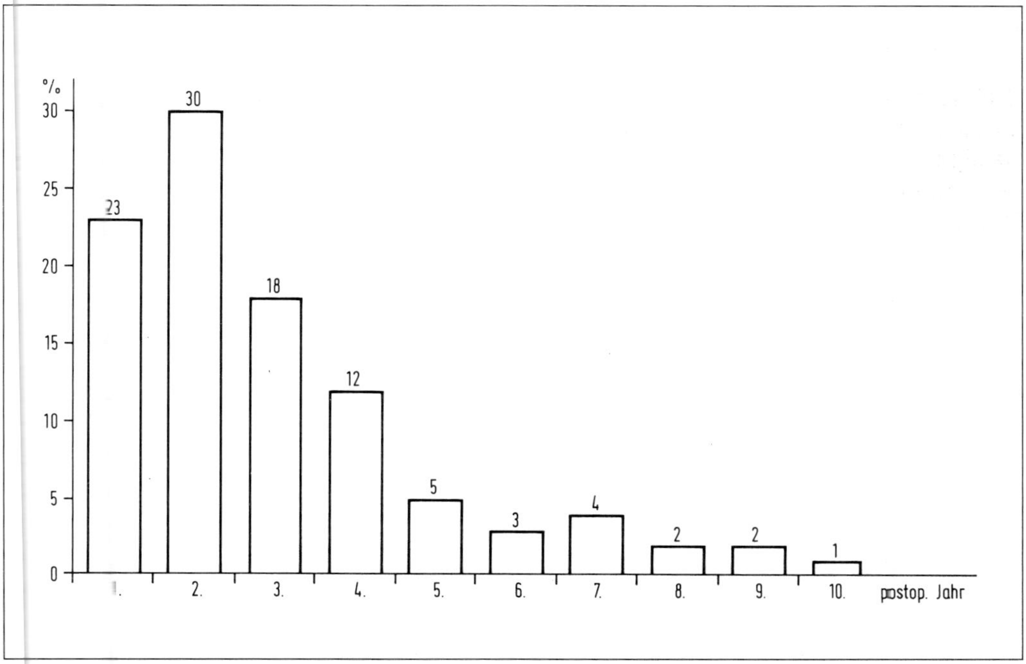

Abbildung 4. Wann tritt die erste Fernmetastase auf (n = 100)?

Bei steigenden Patientenzahlen sind kooperative Nachsorgemodelle notwendig. Die Zukunft wird erweisen, ob die Qualität der Nachsorge hierdurch verändert wird.

Die Lymphknotensonographie hat die Qualität der Nachsorge bezüglich Früherkennung der Progression spürbar verbessert und ist für uns unverzichtbar geworden. Dank der LK-Sonographie konnten 10% der diagnostizierten LK-Metastasen operativ entfernt werden, bevor sie aufgrund subjektiver Beschwerden oder durch Palpation entdeckt worden wären. Andererseits kann bei unklarem Palpationsbefund mittels Sonographie eine unnötige LK-Exstirpation verhindert werden. Es sollte daher angestrebt werden, die Lymphknotensonographie in die Routine der Nachsorge zu integrieren (1, 12).

Die Ergebnisse der retrospektiven Nachsorgestudie haben eine Reihe von Konsequenzen: Da 92% der Erstmetastasen in den ersten fünf postoperativen Jahren auftraten, muß die Nachsorge in dieser Zeit besonders engmaschig und intensiv durchgeführt werden. Über 70% der Erstmetastasen (präregionäre Metastasen, Lymphknotenmetastasen und Hautfernmetastasen) konnten primär durch eine rein klinische Untersuchung festgestellt werden (8, 11). Folglich sollten die Patienten zur Verbesserung der Früherkennung des Rezidivs zu einer regelmäßigen Eigenkontrolle (einmal pro Monat) angehalten werden. Auch sollten sie bei unklaren Befunden oder Schmerzen umgehend einen niedergelassenen Kollegen oder die Nachsorgeambulanz aufsuchen.
Da 41% der Fernmetastasen durch Beschwerden auf sich aufmerksam machten, sollten Klagen des Patienten sehr ernst genommen werden und umgehend eine außerplanmäßige Diagnostik zur Folge haben (13).

Für alle, die Melanompatienten betreuen, gehört die Früherkennung des malignen Melanoms zu einer der vordringlichsten Aufgaben. Ist es jedoch zu einem malignen Melanom gekommen, so muß das höchste Ziel sein, die Progression frühestmöglich zu erkennen, weil nur dann Hoffnung besteht, die Langzeitprognose des Patienten zu verbessern und die Mortalität zu senken. Eine intensive klinische und apparative Nachsorge in Kooperation mit den niedergelassenen Kollegen ist zur Erreichung dieses Ziels unverzichtbar.

Literatur

1 Feyerabend T, Mehringer A, Treutlein G, Schindler G, Warmuth-Metz M, Schmitt R, Lechner W (1988) Zum Stellenwert der Lymphknoten-Sonographie in Diagnostik und Nachsorge des malignen Melanoms. Ultraschall Klin Prax 3: 198–201

2 Finck SJ, Giuliano AE, Morton DL (1983) LDH and Melanoma. Cancer 51: 840–843

3 Garbe C, Bertz J, Orfanos CE, Bahmer F, Beck K, Biltz H, Bischof G, Boonen H, Breitbart EW, Bröcker B, d'Hoedt B, Eichhorn R, Ernst TM, Mauer G, Neukam D, Runne U, Schwermann M, Soyer P, Sponagel H, Stroebel W, Tilgen W, Tourbier H, Völckers W, Wagner A (1987) Das maligne Melanom im deutschsprachigen Raum in den 80er Jahren. Hautarzt 38: 639–644

4 Goerz G, Schulte-Beerbühl R, Roder K, Schoppe W-D, Münchhoff Ch, Jungblut R-M (1986) Malignes Melanom. Dt Med Wschr 111: 1230–1233

5 d'Hoedt B, Stroebel W, Rassner G (1988) Melanomnachsorge an der Universitäts-Hautklinik Tübingen. Dt Derm 36: 957–959

6 Hahn M (1984) Einbeziehung sozialer Hilfen in die ärztliche Nachsorge von Tumorpatienten. Therapiewoche 34: 6312–6317

7 Kümmerle F, Schreiber H-L, Lilie H (1983) Medizinische und juristische Aspekte der Aufklärung bei Tumorpatienten. In: Fischer J (ed) Taschenbuch der Onkologie. Urban und Schwarzenberg, pp 161–165

8 Landthaler M, Hölzel D (1987) Ambulante Melanomnachsorge. In: Braun-Falco O, Schill W-B (eds) Fortschritte der praktischen Dermatologie und Venerologie. Springer, Berlin Heidelberg New York London Paris Tokyo, pp 361–367

9 Luban-Plozza B, Drings P (1982) Der Tumorpatient mit infauster Prognose – Möglichkeiten der psychischen Betreuung für ihn und seine Familie. In: Ott G, Kuttig H, Drings P (eds) Standardisierte Krebsbehandlung, 2. Aufl, Springer, Berlin Heidelberg New York, pp 65–68

10 Nagel G (1987) Man muß lernen, mit dem Versagen umzugehen. Der Spiegel 38: 243–256
11 Peters A, Schult F, Suter L (1984) Nachsorge. In: Peters J, Kunze J, Müller RPA (eds) Onkologie der Haut. Grosse, Berlin, pp 160–167
12 Stutte H, Erbe S, Rassner G (1989) Lymphknotensonographie in der Nachsorge des malignen Melanoms. Hautarzt 40: 344–349
13 Voigt H (1985) Klinisch-onkologische Erfordernisse einer Melanomnachsorge. In: Wolff HH, Schmeller W (eds) Fehlbildungen Nävi Melanome, Fortschr Dermatol 2. Springer, Berlin Heidelberg New York Tokyo, pp 290–297

Für die Verfasser:
Dr. B. d'Hoedt
Abteilung Dermatologie I
Universitäts-Hautklinik
Liebermeisterstraße 25
D-7400 Tübingen

Adjuvante Nachbehandlung beim malignen Melanom

G. Burg, W. Lechner und W. Müller
Universitäts-Hautklinik Würzburg

Zusammenfassung

Es ist das Ziel der adjuvanten Behandlung, die körpereigenen Abwehrkräfte des Patienten gegen potentiell zirkulierende einzelne Tumorzellen nach Entfernung der gesamten oder der überwiegenden Tumormasse zu stärken.
Dies kann durch Chemotherapie, durch Stimulation der körpereigenen Abwehr (Immunotherapie) oder durch eine Kombination beider Verfahren (Immun-Chemotherapie) erfolgen.
Die adjuvante Therapie sollte bei Hochrisikopatienten mit malignem Melanom erwogen werden; diese beinhaltet die TNM-Stadien II (pT_3: Tumordicke 1,5 – 4,0 mm oder Level IV, N_0, M_0) und Stadium III (pT_4: Tumordicke über 4,0 mm oder Level V oder Satelliten, N_0, M_0; jedes PT, N_1, N_2: regionale Lymphknotenmetastasen, M_0).

Die Mitteilungen in der Literatur sowie eigene Erfahrungen haben bisher keine überzeugenden Hinweise dafür gebracht, daß irgendeine der zahlreichen mono- oder poly- oder kombinierten therapeutischen Untersuchungsreihen einen signifikanten Effekt auf die Prognose haben, insbesondere bei kritischer Beachtung des Untersuchungsansatzes (randomisiert gegen offene Prüfmodalitäten).
Neue Konzepte, die zytostatische und spezifisch immunstimulatorische Effekte (LAK-Zellen, TIL's) kombinieren, erscheinen für die Zukunft vielversprechend.

Summary

The purpose of adjuvant therapy is to support the patients own defense mechanism against potentially circulating single tumor cells following removal of all or at least most of the tumor burden.
This can be done by chemotherapy, by stimulating host defense mechanisms (immunotherapy) or by the combination of both (immunochemotherapy).
Adjuvant therapy has to be considered in medium risk and high risk melanoma groups, which include TNM-stage II (pT_3: tumor thickness 1.5–4.0 mm or level IV, N_0, M_0), and stage III (pT_4: tumor thickness > 4.0 mm or level V or satellites, N_0, M_0; each pT, N_1, N_2: regional node metastases, M_0).

The reports from the literature and our own experience do not yield convincing evidence that any of the numerous mono- or poly- or combined therapeutical trials show significant effect on prognosis, especially when analyzed critically with respect to randomized vs open test modalities.
New concepts, combining cytostatic and specific immunostimulatory effects (LAK-cells, TIL's) are most promising for future studies.

Einleitung

In Abhängigkeit von verschiedenen Kriterien des Patienten (z.B. Geschlecht) und des Melanoms (z.B. Tumordicke) ist die Prognose trotz makroskopisch vollständiger Entfernung des Tumors sehr unterschiedlich. Die adjuvante Behandlung hat die Verbesserung der Prognose (Überlebensrate, Überlebenszeit) nach operativ erreichter Tumorfreiheit zum Ziel. Dabei wird von der Vorstellung ausgegangen, daß einzelne

zirkulierende oder außerhalb des Primärtumors residente Tumorzellen als fremd erkannt und durch natürliche (NK-Zellen) oder adoptive immunologische Abwehrmechanismen zerstört werden.
Hinweise für die mögliche Bedeutung derartiger Vorgänge bei der Wirts-Tumor-Beziehung ergeben sich klinisch aus den Beobachtungen von intratumoralen Regressionsphänomenen und Spontanremissionen maligner Melanome, des Auftretens von »Spätrezidiven« nach z.T. über 10jähriger tumorfreier Latenz und der Entwicklung peritumoraler und perinävischer Depigmentierungen. Histologisch spricht das peritumorale Infiltrat aus Lymphozyten und Makrophagen in einer der DTH-Reaktion an der Haut entsprechenden Zusammensetzung für eine aktive Tumor-Wirts-Beziehung.

Grundsätzliche Möglichkeiten einer adjuvanten Therapie beim malignen Melanom

Folgende Möglichkeiten bieten sich an:

1) Chemotherapie (DTIC, BCNU,CCNU, Cis-Platin, Vinblastin, BOLD);
2) Immuntherapie, die als unspezifische Immuntherapie (BCG, Corynebacterium (C) parvum, Levamisol, Transferfaktor, Interferone »Biological Response modifier«, Lymphokine (IL-2), Thymusfaktoren, monoklonale Antikörper, Isoprinosin, Levamisol, Poly A-Poly U, DNCB, Retinoide, Vitamin-A-Säure, Azelain-Säure, Cimetidin, Kumarin u.a.) oder als aktive spezifische Therapie (Tumorhomogenate ohne oder mit Promotor-Antigen (DNCB) oder Adjuvantien) durchgeführt werden kann;
3) Immun-Chemotherapie (DTIC in Kombination mit BCG oder C. parvum).

Indikationen zur adjuvanten Therapie beim malignen Melanom

Hierzu gibt es keine allgemein verbindlichen Richtlinien. Es kann jedoch davon ausgegangen werden, daß eine adjuvante Behandlung nur bei solchen Patienten Aussicht auf erkennbaren Erfolg bietet, bei denen aufgrund ungünstiger prognostischer Faktoren ein sog. »high risk«-Melanom vorliegt.

Legt man die Tumordicke als wichtigsten prognostischen Parameter zugrunde, so beträgt die 5-Jahres-Heilungsrate bei pT_1 (< 0,75) und pT_2 (0,75–1,5) 94 bzw. 87%; bei pT_3 (1,5–4,0) und pT_4 (> 4,0) hingegen nur 76 bzw. 49% (1).

Als »high risk«-Gruppe sind in diesem Zusammenhang primäre Melanome mit $_pT_3$ und $_pT_4$ sowie metastasierende Melanome in kompletter Remission einzustufen und sollten einer adjuvanten Therapie zugeführt werden.
Über die kombinierte Interferon-beta/gamma-Therapie bei unseren Patienten mit malignem Melanom ist im Rahmen dieses Symposiums berichtet worden (2, 3).

Ergebnisse der adjuvanten Therapie beim malignen Melanom

Ausführliche kritische Untersuchungen und Zusammenstellungen aus der Literatur zu diesem Thema finden sich bei *Koh* et al. (4) sowie *Balch* und *Hersey* (5). Die Ergebnisse sind insgesamt enttäuschend. Untersuchungen zur adjuvanten *Chemotherapie* lassen in zwei nicht-randomisierten von insgesamt sechs Studien mit 17 bzw. 37 Patienten positive Tendenzen erkennen.

Bei der *unspezifischen Immuntherapie* wurden positive Ergebnisse in sechs nicht-randomisierten von insgesamt 14 Studien mit BCG und in zwei randomisierten von fünf Studien mit C. parvum sowie in einer nicht-randomisierten von zwei Transferfaktor-Studien nachgewiesen.
In acht von elf Studien, in denen insgesamt ca. 1500 Patienten eingeschlossen waren, konnte mit einer unspezifischen Immuntherapie (BCG, C. parvum, Levamisol, Transferfaktor) kein Unterschied nachgewiesen werden.
Bröcker et al. (6) fanden in der Gruppe mit hoher HLA-DR-Expression (n = 54) keine Beeinflussung der Prognose durch die adjuvante BCG-Therapie im Vergleich zur Gruppe mit

schwacher Expression von HLA-DR (n = 53).
In einer randomisierten, doppelblinden, plazebokontrollierten Studie mit Transferfaktor (TNF) als adjuvante Therapie (7) bei malignem Melanom (n = 186) in den Stadien I und II erwies sich die Plazebogruppe in den gemessenen Kriterien (Erscheinungsfreiheit, Übergang in Stadium III, Überlebenszeit) besser als die TNF-Gruppe.
Die Ergebnisse der Behandlungen mit Interferonen (IFN) erlauben noch kein endgültiges Urteil. Bisherige Untersuchungen lassen erkennen, daß humane rekombinante IFN-α und IFN-γ die zytotoxischen Eigenschaften von Tumornekrosefaktor auf menschliche Melanomzellen verstärken (8), daß lymphoblastoide IFN die natürliche Immunität beim Melanompatienten in kompletter Remission verstärken (9) und daß sich die Kombination von verschiedenen IFN hemmend auf die Proliferation von Melanomzellkulturen auswirkt (10).

Bei der *aktiven spezifischen Immuntherapie* sind positive Ergebnisse bei zwei nicht-randomisierten und einer randomisierten von insgesamt acht Studien berichtet worden.
Hierbei sind die Prognosekriterien und Stadien teilweise nicht mitgeteilt, so daß eine objektive Beurteilung problematisch erscheint.
Bei Anwendung eines detoxifizierten Salmonellen-Endotoxins als Adjuvans zu allogenen Melanomzellysaten kommt es zum Anstieg peripherer zytolytischer Zellen und von Serumantikörpern gegen Melanomzellen (11).

Randomisierte klinische Studien zur Chemotherapie und zur kombinierten Immun-Chemotherapie (5) an insgesamt ca. 2400 Patienten in den Stadien I bis III haben in 13 von 14 Studien keine Unterschiede erkennen lassen.

Schlußbetrachtung

Diese insgesamt enttäuschende Bilanz einer adjuvanten Therapie beim malignen Melanom läßt die Frage nach dem Wert dieser Behandlung aufkommen.

Wenngleich einzelne günstige Fallbeobachtungen (12, 13), gestützt durch theoretische Überlegungen immer wieder dazu ermutigen, eine adjuvante Immuntherapie oder Immun-Chemotherapie durchzuführen, so lassen die Ergebnisse korrekt durchgeführter Studien an der Effektivität zunächst zweifeln.
Möglicherweise spielt die Bildung von tumorwachstumsfördernden und tumorabwehrblockierenden (enhancing) Antikörpern oder von Interferonantikörpern (3) hierbei eine wichtige Rolle.

Dennoch scheint der eingeschlagene Weg einer Immun-Chemotherapie erfolgversprechend, sofern die Aktivierung der körpereigenen Immunreaktionen mit hochaktiven Substanzen (IFN, TNF, Interleukine) erfolgt.

Dabei ist nicht nur das Behandlungskonzept, sondern auch die Reaktionslage des Patienten von entscheidender Bedeutung. Die Beurteilung von Effektivität und Erfolgsraten macht insofern ein Umdenken erforderlich, als nicht in jedem Fall, sondern nur bei einzelnen Patienten mit einer bestimmten Idealkonstellation bezüglich Wirts-, Tumor- und Immunitätskriterien eine positive, die Prognose verbessernde Antwort zu erwarten ist.

In diesem Sinne sollte das Konzept der adjuvanten Immun-Chemotherapie weiter verfolgt und durch methodische Verbesserungen (Lymphokin-aktivierte Killer (LAK)-Zellen, tumorinfiltrierende Lymphozyten (TIL)) in seiner Spezifität und Effektivität gesteigert werden.

Literatur

1 Braun-Falco O, Landthaler M, Hölzel D, Konz B, Schmoeckel C (1986) Therapie und Prognose maligner Melanome der Haut. Dt Med Wschr 111: 1750–1756
2 Müller W, Lechner W, Dummer R, Burg G (1989) Kombinierte β- und γ-Interferonbehandlung beim malignen Melanom (Abstr). Hautarzt 40: 392

3 Dummer R, Müller W, Nestle F, Lechner W, Burg G (1989) Interferonaktivierung behindern die T-Zellaktivierung durch Interferon in vivo (Abstr). Hautarzt 40: 388
4 Koh HK, Sober AJ, Harmon DC, Lew RA, Carney RW (1985) Adjuvant therapy of cutaneous malignant melanoma: Med Ped Oncol 13: 244–260
5 Balch CM, Hersey P (1988) Heutiger Stand der adjuvanten Therapie. In: Balch CM, Milton GW (eds) Hautmelanome. Springer, Berlin Heidelberg New York London Paris Tokyo, pp 192–212
6 Brocker EB, Suter L, Czarnetzki BM, Macher E (1986) BCG immunotherapy in stage I melanoma patients. Cancer Immunol Immunother 23: 155–157
7 Miller LL, Spitler LE, Allen RE, Minor DR (1988) A randomized, double-blind, placebo-controlled trial of transfer factor as adjuvant therapy for malignant melanoma. Cancer 61: 1543–1549
8 Bregman MD, Meyskens FL (1988) Human recombinant alpha- and gamma-interferons enhance the cytotoxic properties of tumor necrosis factor on human melanoma. J Biol Resp Modif 7: 384–389
9 Neefe JR, Treat J, Ayoob M (1986) Marked augmentation of natural immunity in complete responders among melanoma patients treated with lympoblastoid interferon. Proc Am Soc Clin Oncol 5: 223
10 Zouboulis C, Garbe C, Orfanos CE (1989) Wachstumshemmung von Melanomzellen durch Interferone in vivo. Hautarzt 40: 65–69
11 Mitchell MS, Kan-Mitchell J, Kempf RA, Harel W, Shau H, Lind S (1988) Active specific immunotherapy for melanoma: phase I trial of allogeneic lysates and a novel adjuvant. Cancer Res 48: 5883–5893
12 Remy W, Stüttgen G (1976) Rückbildung dermaler Melanommetastasen nach BCG-Injektionen. Dt Med Wschr 101: 1435–1436
13 Burg G, Braun-Falco O (1977) 1-Chlor-2,4-dinitrobenzol (DNCB)-Salbe zur Sensibilisierung, Testung und Behandlung von Patienten mit malignem Melanom. Dt Med Wschr 102: 210–211

Für die Verfasser:
Prof. Dr. G. Burg
Universitätshautklinik
Josef-Schneider-Straße 2
D-8700 Würzburg

Nachsorge und Behandlung des metastasierenden malignen Melanoms

C. Garbe, W. Taud, Chr. Karg und C. E. Orfanos
Universitäts-Hautklinik und Poliklinik, Klinikum Steglitz der Freien Universität Berlin

Zusammenfassung

Die Prognose des malignen Melanoms in den Stadien der Metastasierung ist nach wie vor ungünstig, die 10-Jahres-Überlebensrate nach regionärer Lymphknotenmetastasierung beträgt ≤ 20%. Sobald Fernmetastasierung aufgetreten ist, ist die Prognose in der Regel infaust und die 1-Jahres-Überlebensrate beträgt ≤ 20%. Eine Heilung kann bei einem Teil der Patienten bei regionärer Metastasierung durch radikale operative Maßnahmen und bei Satelliten- oder Intransit-Metastasen an den Extremitäten durch hypertherme Perfusionstherapie erreicht werden.

Der Wert adjuvanter systemischer Therapien in diesem Stadium ist umstritten. Bei Fernmetastasierung sind die therapeutischen Möglichkeiten in der Regel palliativ, bei einem Teil der Patienten kann eine Lebensverlängerung erreicht werden. Auf systemische Behandlungen mit Chemotherapeutika und Interferonen sprechen etwa ein Viertel der Patienten an. Ein Versuch mit systemischer Therapie sollte in der Regel unternommen, aber bei mangelndem Ansprechen frühzeitig abgebrochen werden. Operative Möglichkeiten und Bestrahlungen sollten je nach Lokalisation der Metastasen ebenfalls erwogen werden.

Der betreuende Arzt soll die Hoffnung des Patienten auf einen therapeutischen Erfolg unterstützen, gleichzeitig aber realistische Informationen über die möglichen Erfolgschancen geben. Die letzte Entscheidung über den Einsatz der therapeutischen Möglichkeiten liegt bei dem Patienten. Der betreuende Arzt soll dem Patienten frühzeitig mitteilen, daß die Krankheit zum Tode führen kann, damit persönliche und berufliche Angelegenheiten rechtzeitig geregelt werden können. Neue Möglichkeiten zur Verbesserung der Behandlungsergebnisse des metastasierten malignen Melanoms sollen in geplanten klinischen Studien untersucht und ausgewertet werden, die nach Möglichkeit multizentrisch organisiert sein sollten.

Summary

The prognosis of metastasized malignant melanoma is limited and the 10-year survival rate for patients with regional lymph node metastasis is ≤ 20%. When distant metastases are present, the course of the disease is in general lethal and the 1-year survival rate is ≤ 20%. A number of patients will be cured from lymph node metastasis by radical excision and from satellite or in transit metastasis by hyperthermic regional perfusion of the limbs.

In the stage of regional metastasis the therapeutic benefit of adjuvant systemic treatments is still uncertain. In disseminated disease therapies have to be regarded as palliative and may prolong life expectancy. Approximately 25% of the patients will respond to systemic treatments with cytostatics and interferons. In disseminated malignant melanoma systemic treatment should be applied but in non-responders early cessation of therapy is recommended. Surgical treatment and radiation should be taken into account according to the localisation of the metastasis.

The physician should encourage the patient's hope for therapeutic success but with a realistic approach towards the chances of cure. The final therapeutic decision depends on the patient's confirmation. The physician should inform the patient about the possibility of fatal outcome, so that personal and professional affairs can be managed by the patient in time. New approaches to better treatment results in metastasizing malignant melanoma should be investigated by carefully designed clinical studies, which should preferentially be performed as multicenter studies.

Mit der Herausbildung von Melanom-Nachsorgesprechstunden an vielen dermatologischen Zentren, in denen große Patientenkollektive postoperativ regelmäßig nachuntersucht werden, nahm auch die Zahl der Patienten mit metastasierenden malignen Melanomen zu, die in diesen Sprechstunden in der Regel auf ambulanter Basis betreut wurden (3, 17). Damit hat sich gleichzeitig an vielen Kliniken ein Gegengewicht zu der zunehmenden ärztlichen Spezialbetreuung herausgebildet. Während in früheren Jahren die Patienten oftmals von einem Spezialisten zum nächsten, vom Chirurgen zum Radiologen, zu internistischen Onkologen usw. verwiesen wurden, bleibt die Betreuung heute weitestgehend in der Hand des onkologisch tätigen Dermatologen, der die Indikationsstellungen für die verschiedenen Therapiemöglichkeiten überblicken muß und je nach Krankheitssymptomatik die verschiedenen Spezialdisziplinen gezielt für eine weitere Behandlung mit heranzieht. Mit der Übernahme der Gesamtverantwortung für den Behandlungsablauf bildet sich auch zunehmend eine dermato-onkologische Subspezialisierung heraus.

Prognose des metastasierenden malignen Melanoms

Das metastasierende maligne Melanom hat insgesamt eine schlechte Prognose. Im Stadium der regionären Lymphknotenmetastasierung (Stadium IIb) ist die 10-Jahres-Überlebensrate sowohl für Männer als auch für Frauen ≤ 20% (Abbildung 1). Die meisten Rezidive sowie auch

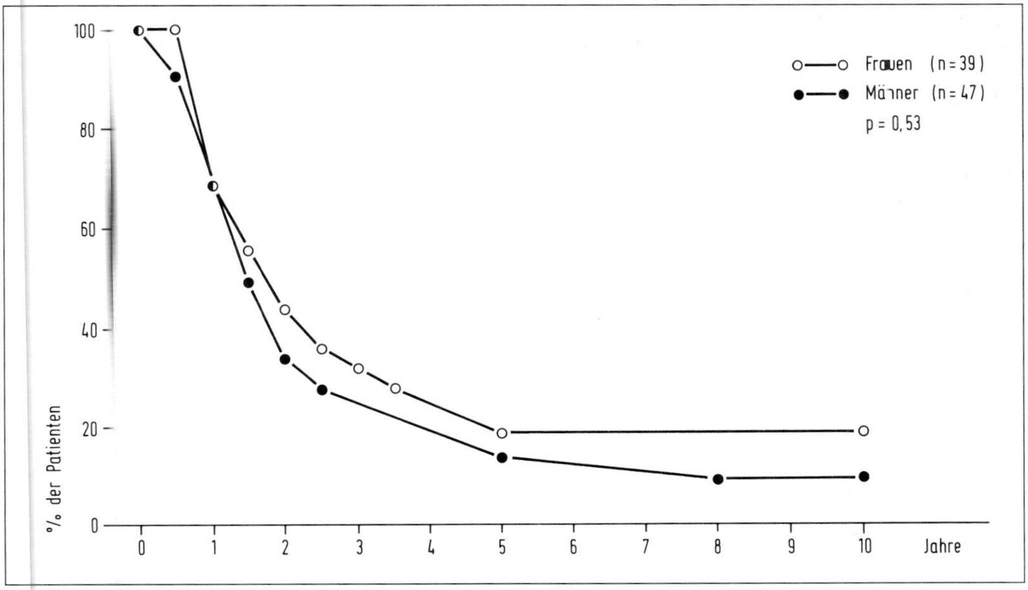

Abbildung 1. Überlebensraten von Patienten mit regionären LK-Metastasen bei malignem Melanom (Stad. IIb), Univ.-Hautklinik Berlin-Steglitz (1970–1987).

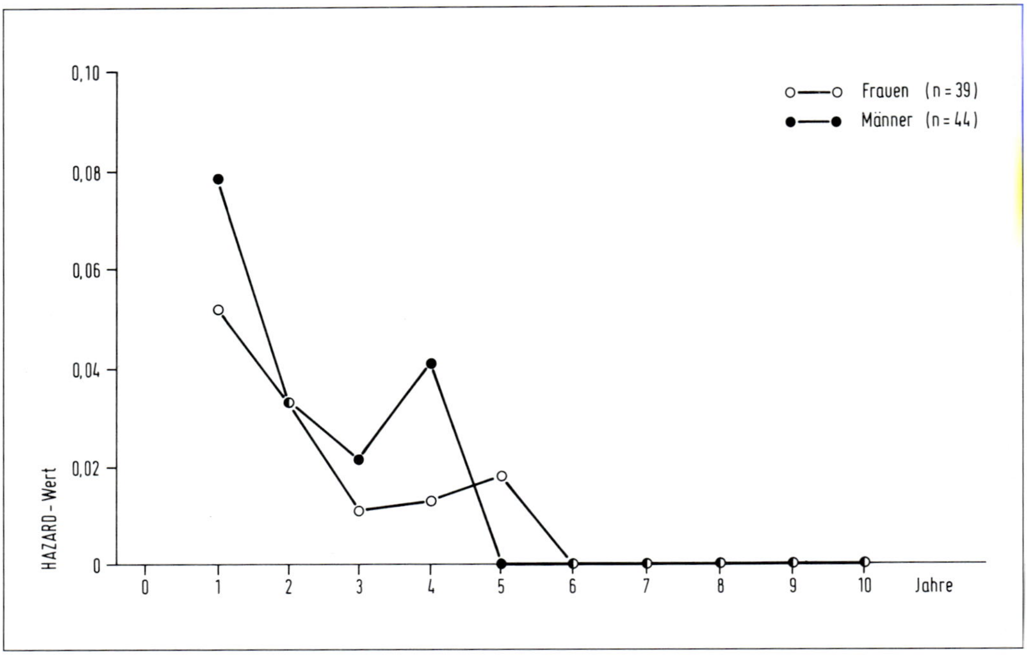

Abbildung 2. Zeitverlauf des Rezidivrisikos nach radikaler LK-Exstirpation bei MM Stad. IIb, Univ.-Hautklinik Berlin-Steglitz (1970–1987).

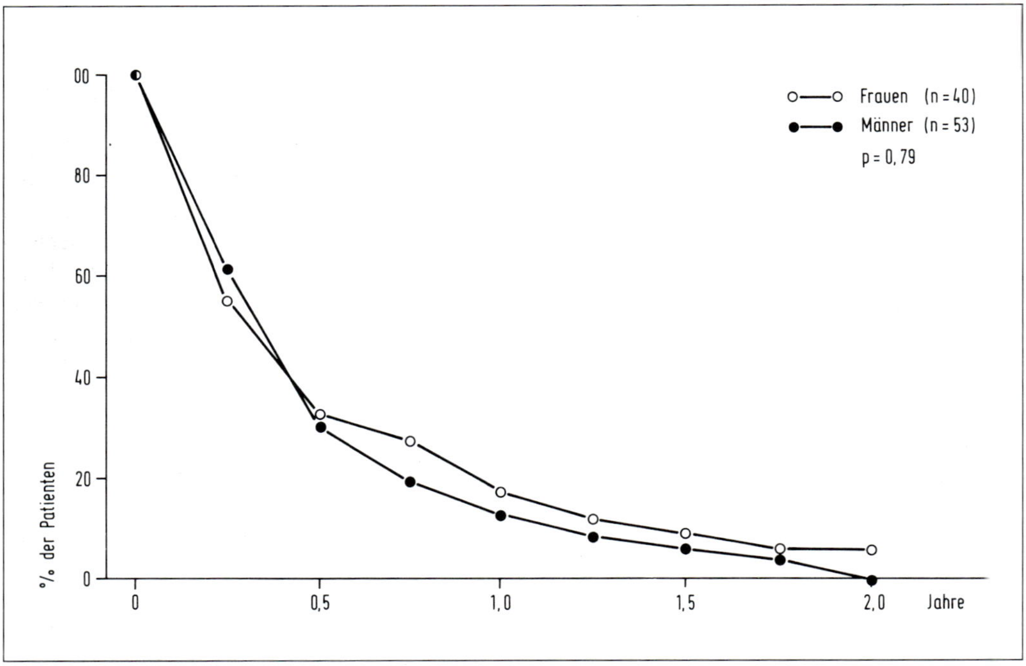

Abbildung 3. Überlebensraten von Patienten mit Fernmetastasen bei malignem Melanom (Stad. IV), Univ.-Hautklinik Berlin-Steglitz (1970–1987).

Todesfälle treten in den ersten drei bis vier Jahren nach Eintritt der Patienten in das Stadium II b auf (Abbildung 2), d.h. die durchschnittlichen Überlebenszeiten sind relativ kurz. Bei Fernmetastasierung (Stadium IV) sind bereits die 1-Jahres-Überlebensraten sowohl bei Männern als auch bei Frauen ≤ 20%, und die durchschnittliche Überlebenszeit beträgt nur wenige Monate (Abbildung 3). Die vorhandenen therapeutischen Möglichkeiten reichen bei der überwiegenden Mehrzahl der Patienten für einen kurativen Behandlungserfolg nicht aus. Dennoch muß der dermato-onkologisch tätige Arzt wissen, daß heute eine Vielzahl von Behandlungsmöglichkeiten für das metastasierende maligne Melanom existiert, die je nach Einzelfall zum Teil Voraussetzung für eine Heilung sein können, die lebensverlängernd wirken können, oder die geeignet sind, die Beschwerden der Patienten erheblich zu lindern. Leitlinie des ärztlichen Handelns sollte dabei sein, dem Patienten jeweils die bestmöglichen Behandlungskonzepte der wissenschaftlichen Medizin anzubieten. Wegen häufig fehlender kurativer Therapiemöglichkeiten wird es sich dabei zum Teil um polypragmatische Therapiekonzepte mit palliativer Zielsetzung handeln. Das bedeutet, daß bei einem Patienten oftmals nebeneinander die Möglichkeiten systemischer Therapien sowie chirurgischer und radiologischer Behandlungen zur Anwendung kommen können (7).

Lokales Rezidiv, Satelliten- und In-transit-Metastasen

Bei lokoregionärer Metastasierung ist die Prognose wesentlich von der Tumorlast zum Zeitpunkt der Behandlung abhängig. Das frühzeitige Erkennen der lokoregionären Metastasierung ist daher ein wesentliches Gebot der allgemeinen Tumornachsorge. Das Ziel der Behandlung in diesem Stadium ist die Heilung. Zu diesem Zweck ist es notwendig, lokale Rezidive oder einzelne Satelliten- und/oder In-transit-Metastasen bei geringer Tumorlast frühzeitig mit Sicherheitsabstand zu entfernen. Bei lokaler Rezidiven sollte möglichst wie bei primären MM ein Sicherheitsabstand von 3 cm eingehalten werden, bei Satelliten- und In-transit-Metastasen sollte ein Sicherheitsabstand von 1 cm eingehalten werden.

Im Falle einer multilokulären Entstehung von Satelliten- und In-transit-Metastasen an den Extremitäten ist derzeit die *hypertherme Perfusionstherapie* als die wirksamste Behandlungsmethode anzusehen (5, 13, 19). Da bei multilokulärer Entstehung der Metastasen zu erwarten ist, daß in Zukunft viele weitere Metastasen zur Manifestation kommen werden, ist die lokal begrenzte, hochdosierte Applikation von Zytostatika das wirksamste Mittel zur Eindämmung oder sogar zur Heilung der Krankheit.
Die hypertherme Extremitätenperfusion sollte allerdings möglichst in Zentren durchgeführt werden, die über eingehende Erfahrungen mit dieser Behandlungsmethode verfügen (in der Bundesrepublik wurden dafür im Dt. Ärztebl. die chirurgischen Kliniken in Erlangen, Essen, Gießen, Heidelberg, Köln und München genannt) (15). Die Komplikationsrate ist auch in diesen Zentren beträchtlich und steigt naturgemäß mit mangelnder Erfahrung. Eine Überweisung der Patienten zur Durchführung dieser Behandlung in auswärtige Kliniken erscheint für diese Indikation durchaus gerechtfertigt.
Die hypertherme Perfusionstherapie wird in der Regel mit einer *elektiven Lymphadenektomie* kombiniert und letztere sollte bei Vorliegen von Satelliten- und In-transit-Metastasen auch in dem Falle angestrebt werden, wenn eine Perfusionstherapie nicht durchgeführt werden soll. In einem hohen Prozentsatz findet sich zumindestens eine Mikrometastasierung in den Lymphknoten.

Immer wieder können Krankheitsverläufe beobachtet werden, bei denen es über lange Zeit zum vielfältigen Auftreten von Satelliten- und In-transit-Metastasen kommt, ohne daß die Krankheitsausbreitung die regionäre Lymphknotenstation überschreitet (10). In diesen Fällen ist bei der Vielzahl der entstehenden Tumoren die chirurgische Exzision meist nicht mehr durchführbar. Hier bieten sich neuere technische Verfahren an: die Vaporisation mittels des

CO_2-Lasers (1), die Koagulation mittels des Nd:YAG-Lasers und die kryochirurgische Behandlung (4). Mit einer polypragmatischen Anwendung dieser Therapieverfahren kann es über lange Zeiten gelingen, das Wachstum der Tumormassen einzudämmen. Auch die Radiatio kann erwogen werden, sollte aber in diesen Fällen eher als ultima ratio gelten. Einmal radiierte Areale können nicht mehr strahlentherapeutisch behandelt werden und weisen bei Anwendung aller aufgeführten chirurgischen Verfahren eine Tendenz zu schlechter Wundheilung auf.

Regionäre Lymphknotenmetastasen

Bei Vorliegen regionärer Lymphknotenmetastasen ist eine *radikale Lymphadenektomie* zwingend indiziert (7). Die sorgfältige Durchführung der radikalen Lymphadenektomie erweist sich langfristig daran, daß keine lokalen Lymphknotenrezidive auftreten. Leider wird dieses Ziel durchaus nicht immer erreicht und im Datenmaterial des Zentralregisters Malignes Melanom der Deutschen Dermatologischen Gesellschaft sind eine Reihe von Krankheitsverläufen dokumentiert, in denen nach »radikaler« Lymphadenektomie Lymphknotenrezidive im Operationsbereich auftraten. Im Inguinalbereich erscheint es empfehlenswert, die angrenzende iliakale Lymphknotenstation ebenfalls mit auszuräumen.

Nach operativer Revision regionär begrenzter Metastasierung (einschließlich der Satelliten- und In-transit-Metastasen) stellt sich wegen der schlechten Prognose die Frage nach Durchführung einer systemischen adjuvanten Therapie. Hierzu wurde seit den 70er Jahren eine Vielzahl von Studien durchgeführt, in denen mit chemotherapeutischen bzw. mit immuntherapeutischen Konzepten eine Beeinflussung des Krankheitsverlaufes versucht wurde.

Lejeune faßte die Ergebnisse aus 26 randomisierten Studien im Stadium II des malignen Melanoms an 1972 Patienten zusammen und zeigte, daß in keiner Studie ein signifikanter Überlebensvorteil bewiesen werden konnte (14). Während die immuntherapeutischen Behandlungen offenbar gänzlich ohne Effekt blieben, gibt es einige Hinweise darauf, daß adjuvante Chemotherapien möglicherweise doch einen therapeutischen Vorteil bewirken können.

In der groß angelegten WHO-Studie profitierte möglicherweise eine Untergruppe im Stadium II von der Behandlung (18), und nach eingreifenden chemotherapeutischen Behandlungen fanden *Czarnetzki* et al. im Vergleich zu historischen Kontrollen eine signifikant bessere Rezidivfreiheit (6 Monate BCNU, Hydroxyurea, DTIC) (6).

In einer eigenen Studie fanden wir nach 12 bis 24 Monaten DTIC-Behandlung im Stadium II signifikant bessere Überlebensraten ebenfalls im Vergleich zu einem gut dokumentierten historischen Kontrollkollektiv (9).

Die vorliegenden Daten reichen allerdings bisher nicht zur Begründung einer eindeutigen Empfehlung für eine adjuvante Chemotherapie aus. Wegen der bedrückend schlechten Prognose dieses Patientenkollektivs bleibt jedoch die Suche nach adjuvanten Therapiemöglichkeiten eine wichtige Aufgabe, und die Durchführung von Studien mit diesem Ziel wird insbesondere für dieses prognostisch ungünstige Patientenkollektiv empfohlen.

Nach regionärer Metastasierung sollten die Nachsorgeintervalle vergleichsweise in kürzeren Zeiträumen durchgeführt werden und in den ersten drei bis vier Jahren sollte zwischen den einzelnen Untersuchungen ein Zeitraum von drei Monaten nicht überschritten werden. Nach regionärer Lymphknotenmetastasierung halten wir eine Staginguntersuchung in Abständen von sechs Monaten zumindestens in den ersten drei Jahren für indiziert und schließen in diese Ausbreitungsdiagnostik routinemäßig einen Röntgenthorax, eine Computertomographie des Schädels, des Abdomens und – nach inguinalem Lymphknotenbefall – des Unterbauches sowie eine Knochenszintigraphie ein. Dieses Vorgehen halten wir deshalb für sinnvoll, da das frühzeitige Erkennen einer Fernmetastasierung die Ausgangsvoraussetzungen für eine Reihe möglicher therapeutischer – wenn auch palliativer – Maßnahmen verbessert. Die zur Verfügung stehenden Möglichkeiten werden im folgenden besprochen.

Fernmetastasierung

Bei Vorliegen von Fernmetastasen (Stadium IV) ist natürlich in erster Linie an eine systemische Therapie zu denken. In diesem Falle sind die therapeutischen Vorteile dieser Behandlung mit den in Kauf zu nehmenden Nebenwirkungen gegeneinander abzuwägen. Sicherlich sollte eine systemische Behandlung in der Regel nur Patienten angeboten werden, die in einem guten Allgemeinzustand sind. Weiterhin ist zu bedenken, daß alle Polychemotherapieschemata, mit denen eine größere Zahl von Patienten (> 200) behandelt wurde, eine Ansprechrate von nicht wesentlich mehr als 25% aufweisen und daß somit ein Ansprechen auf eine systemische Therapie nur bei jedem vierten Patienten zu erwarten ist (12).

Daher ergibt sich die Forderung, bei fehlendem Ansprechen auf die Behandlung diese möglichst bald einzustellen, um damit auch die zum Teil erheblichen unerwünschten Wirkungen chemotherapeutischer Behandlungen dem Patienten nicht länger als notwendig zuzumuten. Aus diesem Grunde sollten bei Einleitung einer systemischen Therapie Markerläsionen festgelegt und protokollarisch festgehalten werden, deren therapeutisches Ansprechen nach 8 bis 12 Wochen durch eine erneute Staginguntersuchung beurteilt werden soll. Vom Ausgang dieser Untersuchung sollte die Fortführung einer systemischen Therapie abhängig gemacht werden.

Nachdem inzwischen die systemische Chemotherapie in den letzten Jahren in vielen Zentren wegen der zum Teil erheblichen Nebenwirkungen der verwendeten Zytostatika verlassen worden ist (8), gibt es heute eine Reihe von Gründen, systemische zytostatische Behandlungen wieder vermehrt durchzuführen. Zunächst ist die Entwicklung einer Reihe von Zytostatika zu nennen, die bei ähnlicher Wirksamkeit wie die klassischen Zytostatika erheblich weniger Nebenwirkungen aufweisen (16).

Zu diesen neueren Zytostatika mit günstigerem Nebenwirkungsprofil gehören das Vindesin, das Carboplatin und das Fotemustin, die möglicherweise geeignet sind, das Vincristin, das Cisplatin und das BCNU zu substituieren. Insbesondere das Vindesin und neuerdings auch das Fotemustin scheinen beim malignen Melanom in etwa ebenso wirksam zu sein wie das Dacarbazin, haben jedoch vor allem subjektiv wesentlich geringere Nebenwirkungen. Die beim Dacarbazin ausgeprägten Nebenwirkungen von Nausea und Vomitus treten mit diesen Medikamenten kaum oder nur in sehr abgeschwächter Form auf. Die Bereitschaft zur Einleitung und Fortführung der systemischen Behandlungen seitens der Patienten wird dadurch erheblich größer.

Weiterhin wurden die Interferone in die systemische Therapie des malignen Melanoms eingeführt. Dabei zeigte sich für das bereits bei mehr als 500 Patienten mit metastasierenden MM angewandte IFN-alpha eine objektive Ansprechrate von 14% und damit eine Größenordnung des Ansprechens, die kaum schlechter als bei den wirksamsten Zytostatika als Einzelsubstanzen war. Insofern können auch diese relativ nebenwirkungsarmen Substanzen in die Behandlung des metastasierten malignen Melanoms mit einbezogen werden.

Im praktischen Vorgehen folgen wir derzeit einem abgestuften Konzept: Bei viszeralen, LK- und Hautfernmetastasen (ohne ZNS) bieten wir zunächst ein gut verträgliches systemisches Behandlungskonzept an, z.B. eine Interferonbehandlung oder eine kombinierte Behandlung mit Interferonen und einem verträglichen Zytostatikum. Nach unserer Erfahrung hat sich das zur Zeit in unserer Klinik in einer Studie in Untersuchung befindliche Schema einer kombinierten Behandlung mit Interferon alpha-2a und Vindesin als sehr gut verträglich und einfach ambulant durchführbar erwiesen. Kommt es unter dieser Behandlung zu keinem Ansprechen, so wechseln wir zu einer DTIC-Monotherapie oder einer Behandlung mit dem BHD-Schema (BCNU, Hydroxyurea, DTIC). Wenn auch unter dieser Behandlung kein Ansprechen resultiert, so sind wir mit dem Angebot weiterer Behandlungsschemata zurückhaltend. Bei starkem Therapieverlangen der Patienten bieten wir evtl. eine Behandlung nach dem DVP-Schema (DTIC, Vindesin, Platinex®) oder nach dem BELD-Schema (Bleomycin, Eldisine®, Lomustin®, DTIC) an. Die letztgenannten Schemata, die nach unserer Erfahrung in ihrer Antitumorwirkung durchaus potent sind, haben allerdings oftmals eingreifende Nebenwirkungen und werden als ultima ratio eines Behandlungsversuches betrachtet.

Über die Chemotherapie hinaus sind eine Reihe von Maßnahmen zu überlegen, die von der jeweiligen Lokalisation der Fernmetastasen abhängen. So ist daran zu denken, daß *Hautfernmetastasen* die Optik des Tumorleidens wesentlich prägen und daß viele Patienten unter dem Auftreten pigmentierter Knoten in sichtbaren Arealen stark leiden.
Wir versuchen möglichst frühzeitig, solche Metastasen chirurgisch zu entfernen. Dazu sind insbesondere zu Beginn Serienoperationen geeignet, aber auch die Möglichkeiten der Laserchirurgie und der Kryochirurgie sollten unter pragmatischen Gesichtspunkten zum Einsatz kommen. Gute Erfahrungen wurden dabei in unserer Abteilung mit der CO_2-Laser-Chirurgie gemacht, die insbesondere hinsichtlich der Wundheilung zumeist einen unkomplizierten Verlauf nimmt. Aber auch an kryochirurgische Behandlungen von Hautmetastasen sollte gedacht werden, wenn auch der postoperative Verlauf hier oftmals eine aufwendigere Pflege nötig macht (4).

Bei *Lymphknotenfernmetastasen* sollte bei isoliertem Befall berücksichtigt werden, daß diese Art der Fernmetastasierung wahrscheinlich als einzige mit einer günstigeren Prognose verbunden ist und daß sogar in Einzelfällen Heilungen beschrieben wurden. Deshalb sollte hier auch an radikale chirurgische Exzisionen gedacht werden, insbesondere bei retroperitonealen Lymphknoten. Bei nicht sanierbarem Befund kann der Krankheitsverlauf evtl. durch eine Radiatio günstig beeinflußt werden.

Lungenmetastasen sprechen häufig auf systemische zytostatische Therapien günstig an. Solange es sich um solitäre oder auf ein Areal beschränkte Lungenmetastasen handelt, kann auch an eine operative Sanierung gedacht werden. Nach operativer Sanierung werden teilweise günstigere Krankheitsverläufe beobachtet. Eine heute vermehrt angewandte Strategie besteht darin, zunächst eine systemische zytostatische Therapie einzuleiten und bei partiellem Ansprechen der Metastase oder weniger Metastasen die verbliebenen Reste operativ zu entfernen (11).

Lebermetastasen sprechen seltener auf eine systemische Chemotherapie an. Bei solitären Herden oder bei Befall einzelner Leberlappen kann an eine selektive intraarterielle Organperfusion mit Zytostatika gedacht werden (2). Die Indikationsstellung hierzu ist gemeinsam mit in dieser Technik erfahrenen Chirurgen zu treffen.

Knochenmetastasen sprechen ebenfalls seltener auf eine systemische zytostatische Therapie an. Teilweise werden Knochenmetastasen zunächst vom Patienten wegen Schmerzsensationen bemerkt, bevor der technische Nachweis der Metastasen mittels Röntgenaufnahmen oder Szintigraphie möglich ist. Die Schmerzen lassen sich zunächst durch eine Stabilisierung der befallenden Bereiche wesentlich bessern: oftmals sprechen Knochenmetastasen gut auf eine Radiatio an, insbesondere gilt das für Knochenmetastasen im Bereich des knöchernen Thorax. Im Bereich der Wirbelsäule kann es wegen Knochenmetastasen zu äußerst starken ischialgiformen Beschwerden sowie auch zu einer Querschnittssymptomatik kommen. In diesen Fällen ist auch unter palliativer Perspektive gemeinsam mit den Neurochirurgen an eine Stabilisierung mittels eines Fixateur interne zu denken. Bei Vorliegen von Knochenmetastasen muß in jedem Falle eine wirksame Schmerzbehandlung durchgeführt werden. Auch hier ist ein mehrstufiges Vorgehen zu empfehlen.
Wir beginnen die Behandlung in der Regel mit Kodein + Parazetamol (Nedolon® P) 4mal 500 mg oder mit Tilidin-HCl + Naloxon-HCl (Valoron® N) 4mal 20–40 Tropfen.
Sollte diese Medikation nicht ausreichen, so gehen wir auf Morphinsulfat (MST® 30–100 mg) über, wobei die Dosierung nach Symptomatik variiert wird. Als ultima ratio ist die Implantation einer Opiatpumpe anzusehen, die von den Neurochirurgen vorgenommen werden kann.

Bei *intrazerebralen Metastasen* kann bei operablen Herden durch die operative Entfernung eine deutliche Lebensverlängerung erreicht werden. Bei solitären oder bei wenigen intrazerebralen Metastasen sollte in jedem Falle die Frage der Operabilität von einem Neurochirurgen beurteilt werden. Bei ausgedehnter Metastasierung kann bei einem Teil der Patienten durch eine Radiatio eine teilweise Rückbildung oder Besserung der Symptomatik erreicht werden. Hierbei ist darauf zu achten, daß eine relativ hohe Fraktionierung der Radiatio vorgenommen wird, die Einzeldosen sollten in der Regel 5 Gray nicht unterschreiten (20). Offenbar ist die Wirksamkeit der Radiatio wesentlich von der Fraktionierung abhängig. Wenn es im Rahmen einer intrazerebralen Metastasierung zu einer Anfallssymptomatik kommt, so ist eine Anfallsprophylaxe unbedingt indiziert. Hierzu wird in der Regel Carbamazepin 300 mg/Tag sowie Dexametason 4–16 mg/Tag gegeben.

Ethische Überlegungen

Der betreuende Arzt ist im Falle einer Metastasierung des malignen Melanoms mit Patienten konfrontiert, die zu einem großen Teil und meist in relativ kurzen Zeiträumen versterben werden. In dieser Situation sind einige grundlegende Überlegungen für die Orientierung der ärztlichen Betreuung angezeigt. Das Wissen um die Grenzen der therapeutischen Möglichkeiten und um den letalen Ausgang der meisten Krankheitsverläufe mit metastasierendem malignen Melanom verpflichten den betreuenden Arzt, über die begrenzten Wirkungsmöglichkeiten der Therapie realistisch zu informieren. Der Patient muß in jedem Falle über die Anwendung der Behandlungen die letzte Entscheidung treffen und dazu die Möglichkeit erhalten, die Vorteile und die Belastungen der angebotenen Behandlungen richtig abschätzen zu können. Gerade angesichts der zumeist palliativen Therapieergebnisse ist eine Einbeziehung des Patienten in den therapeutischen Entscheidungsprozeß unbedingt zu fordern.

Der betreuende Arzt steht in dieser Situation vor einer schwierigen Aufgabe: Er muß die Hoffnung des Patienten auf Therapieerfolge unterstützen, ohne jedoch unrealistische Erwartungen zu wecken. Eine erfolgreiche Durchführung von Behandlungen ist oftmals entscheidend vom Willen und Durchhaltevermögen des Patienten und damit von seiner Hoffnung auf einen Therapieerfolg abhängig. Trotzdem darf der behandelnde Arzt es nicht versäumen, die Möglichkeit des Sterbens frühzeitig offen anzusprechen. Der Patient soll die Möglichkeit erhalten, familiäre und berufliche Angelegenheiten rechtzeitig zu regeln. Es empfiehlt sich, die näheren Anverwandten möglichst weitgehend in diese Aufklärung mit einzubeziehen. Die Umsetzung dieser zum Teil sich auf den ersten Blick widersprechenden Orientierungen – die besten Behandlungsmöglichkeiten anbieten, aber auf ihre Grenzen hinweisen, und die Hoffnung auf Therapieerfolge unterstützen, aber die Möglichkeit des Sterbens offen aussprechen – erfordert Einfühlungsvermögen und Erfahrung, die hier wie auf allen anderen Gebieten des ärztlichen Umgangs mit schwerkranken Patienten erst erworben werden müssen. Aus diesem Grunde sollte die Betreuung von Melanompatienten nicht im Sinne der Rotationssprechstunden mit kurzfristig wechselnden Ärzten organisiert werden, sondern die mit dieser Aufgabe betrauten Ärzte sollten dafür längerfristig zur Verfügung stehen.

Die nach wie vor unbefriedigenden Möglichkeiten der therapeutischen Beeinflussung maligner Melanome machen die Suche nach wirksameren Behandlungen dringend erforderlich. Deshalb sind die kritische Auswertung durchgeführter Behandlungen und die Konzipierung neuer Behandlungsansätze eine wichtige Aufgabe für in diesem Bereich engagierte Ärzte. Derzeit haben viele der in dieser Arbeit angesprochenen Behandlungsmöglichkeiten noch vorläufigen Charakter und ihr Wert bleibt in gezielten Studien weiter zu prüfen. Sorgfältig ausgearbeitete klinische Studien, die den zuständigen Ethikkommissionen zur Begutachtung vorgelegt werden, bieten die beste Gewähr für planmäßige Therapien und die Auswertung der Ergebnisse. Für die Durchführung klinischer Studien ist oftmals die Kooperation mehrerer Kliniken sinnvoll, um in kürzeren Zeiträumen zu abschließenden Ergebnissen zu kommen.

Literatur

1 Adler M, Garbe C (1989) Erfahrungen mit dem CO_2-Laser in der Dermatochirurgie. Akt Dermatol 15: 9–16

2 Aigner KR, Walther H, Link KH et al (1983) Die intraarterielle Zytostatika-Infusion bei Lebertumoren. Med Klin 24: 774–778

3 Braun-Falco O, Landthaler M, Hölzel D et al (1986) Therapie und Prognose maligner Melanome der Haut. Dt Med Wschr 111: 1750–1756

4 Breitbart EW (1983) Kryochirurgie: Methodik und Ergebnisse. Hautarzt 34: 612–619

5 Cumberlin R, De Moss E, Lassus M, Friedman M (1985) Isolation perfusion for malignant melanoma of the extremity: a review. J Clin Oncol 3: 1022–1031

6 Czarnetzki BM, Aragon V, Bröcker EB et al (1986) Adjuvante Polychemotherapie zusätzlich zur radikalen operativen Behandlung regionaler Lymphknotenmetastasen beim malignen Melanom. Dt Med Wschr 111: 732–736

7 Garbe C, Stadler R, Orfanos CE (1986) Prognose-orientierte Therapie des malignen Melanoms – Neuere Konzepte. Hautarzt 37: 365–372

8 Garbe C, Bertz J, Orfanos CE et al (1987) Das maligne Melanom im deutschsprachigen Raum in den 80er Jahren. Erste Ergebnisse des Zentralregisters Malignes Melanom der Deutschen Dermatologischen Gesellschaft in Verbindung mit dem Bundesgesundheitsamt Berlin. Hautarzt 38: 639–644

9 Garbe C, Günther-Eymann K, Stadler R et al (1988) Adjuvante Chemotherapie des malignen Melanoms mit DTIC. Wirkungslosigkeit im Stadium I, mögliche Verbesserung der Überlebensprognose im Stadium IIb. Hautarzt 39: 205–212

10 Garbe C, Stadler R, Orfanos CE (1989) Lokalrezidive und Metastasierung bei dünnen malignen Melanomen (≤1 mm). Überlegungen zum Sicherheitsabstand bei primärer operativer Versorgung. Hautarzt 40: 337–343

11 Karakousis CP, Moore R, Holyoke ED (1983) Surgery in recurrent malignant melanoma. Cancer 52: 1342–1345

12 Karg Ch, Garbe C, Orfanos CE (1990) Chemotherapie des malignen Melanoms – Aktueller Stand. Hautarzt 41: 56–65

13 Krementz ET, Ryan RF, Carter RD et al (1985) Hyperthermic regional perfusion for melanoma of the limbs. In: Balch CM, Milton GW (eds) Cutaneous Melanoma. Clinical Management and Treatment Results Worldwide. J. B. Lippincott & Co, Philadelphia.

14 Lejeune FJ (1987) Phase III adjuvant studies in operable malignant melanoma (review). Anti cancer Res 7: 701–706

15 Macher E, Ehring F, Schnepper E et al (1986) Empfehlungen zur standardisierten Tumortherapie: Malignes Melanom. Dt Ärztebl 83: 407–409

16 McClay EF, Mastrangelo MJ (1988) Systemic chemotherapy for metastatic melanoma. Semin Oncol 15: 569–577

17 Schramm P (1988) Melanomnachsorge – 8 Jahre Erfahrung mit dem Mainzer Modell. Z Hautkr 63: 816–821

18 Veronesi U, Adamus J, Aubert C et al (1982) A randomized trial of adjuvant chemotherapy and immunotherapy in cutaneous melanoma. N Engl J Med 307: 913–916

19 Voigt H, Kleeberg UR (1986) Regionale und systemische Chemotherapie des Melanoms. Tumor Diag Ther 7: 129–134

20 Zucali R (1989) Radiotherapy of melanoma. Abstr Sci Sess, 2nd Int Conf Melanoma, Venice 16–19 Oct. 1989, p 353

Für die Verfasser:
Priv.-Doz. Dr. C. Garbe
Universitäts-Hautklinik und Poliklinik
Klinikum Steglitz
Hindenburgdamm 30
D-1000 Berlin 45

Wertigkeit der Sonographie peripherer Lymphknoten im Vergleich zum klinischen Befund in der Nachsorge von Melanompatienten

R. Loose, J. Weiss[a], K. U. Wentz, J. Teubner und M. Georgi
Institut für Klinische Radiologie und [a]Hautklinik Klinikum Mannheim der Universität Heidelberg

Zusammenfassung

In einer prospektiven Studie von 2,5 Jahren wurden die regionalen Lymphknoten von 200 Patienten nach Operation eines malignen Melanoms im Rahmen der onkologischen Nachsorge sonographiert. In 429 Untersuchungen wurden 1033 Lymphknotenstationen der Leiste, der Axilla und des Halses beurteilt und mit dem klinischen Untersuchungsergebnis verglichen. Bei 477 untersuchten Lymphknotenstationen konnte durch Operation, Feinnadelbiopsie oder mindestens 6monatige Verlaufskontrolle eine »endgültige« Diagnose gestellt werden.
Die Ergebnisse zeigen, daß die Sonographie regionaler Lymphknoten unnötige operative Eingriffe vermeiden und befallene Lymphknoten frühzeitig nachweisen kann. Die Kriterien der sonographischen Beurteilung und Differentialdiagnose werden diskutiert.

Summary

Within a 2.5-year period the lymphatic outflow areas of 200 patients were examined by ultrasound (US) during their routine clinical follow up after excision of malignant melanomas. In 429 examinations the findings of 1033 outflow areas of neck, axilla and groin were compared with the clinical findings. In 477 cases a »final« diagnosis was verified by surgical removal of lymph nodes, fine-needle aspiration or at least a 6-month follow up.
We conclude from our results that US can demonstrate small non-palpable metastatic lymph nodes, differentiate between benign and malignant lesions and prevent unnaccessary biopsies.

Durch die immer weitere Verbreitung mittel- und hochauflösender Ultraschallscanner hat sich die Sonographie peripherer Lymphknoten zu einer etablierten Methode in der Nachsorge von Tumorpatienten entwicket (1, 2, 5, 7). In Zusammenarbeit mit der Hautklinik des Klinikums Mannheim haben wir in einer prospektiven Studie den Stellenwert der Lymphknotensonographie von Melanompatienten im Vergleich zum klinischen Befund untersucht.

Patienten und Methodik

Über einen Zeitraum von 2.5 Jahren wurden im Rahmen der Tumornachsorge 200 Patienten nach Operation eines malignen Melanoms untersucht. Hierbei wurden in 429 Untersuchungen je nach Sitz des Primärtumors 1033 regionale Lymphknotenstationen des Halses, der Axilla und der Leiste sonographiert. Etwa zu den gleichen Zeitpunkten (die Sonographie erfolgte im Institut für Klinische Radiologie) wurde die klinische Nachsorgeuntersuchung durch die Ambulanz der Hautklinik bzw. im Rahmen eines stationären Aufenthaltes durchgeführt.
Abbildung 1 zeigt die Verteilung der Primärtumorlevel nach *Clark*. Prämelanosen mit Level I

wurden nicht in die Nachuntersuchung aufgenommen. Die fünf unter »sonst.« aufgeführten Fälle beziehen sich auf Patienten, bei denen keine Klassifikation erfolgte bzw. Lymphknotenmetastasen vorhanden waren, aber der Primärtumor nicht bekannt war.

Zur Sonographie wurde ein 5 MHz Realtime-Linear-Scanner (Picker LS 3000) verwendet. Die optimale laterale Auflösung im Nah-Fokusbereich beträgt ca. 1,3 mm in 17 mm Tiefe. Um in der Beurteilung der Echostrukturen im zeitlichen Verlauf der einzelnen Untersuchungen vergleichbare Ergebnisse zu erhalten, wurden empirisch optimierte Standardparameter für die Verstärkung verwendet (6).

- Gesamtverstärkung 30 dB
- Nahverstärkung – 15 dB
- Fernverstärkung 6 dB

Der klinische Untersuchungsbefund wurde in drei Gruppen eingeteilt:

1. Ohne Befund (o. B.)
Unauffälliger Untersuchungsbefund, keine tastbaren Lymphknoten.

2. Entzündlich
Tastbare entzündlich veränderte Lymphknoten ohne Hinweis auf einen metastatischen Befall. Solche Tastbefunde finden sich oft multipel beidseitig, die Lymphknoten sind flexibel und bei stärkerer Palpation meist druckschmerzhaft.

3. Befallen
Deutlich vergrößerte stark indurierte Lymphknoten, zum Teil solitär und oft nicht druckschmerzhaft.

Der sonographische Befund wurde in vier Gruppen eingeteilt: (die Beurteilungskriterien werden später diskutiert)

1. Ohne Befund (o.B.)
Unauffälliger Sonographiebefund.

2. Entzündlich
Länglich konfigurierter Lymphknoten mit echoreichem Zentrum und echoarmem Randsaum.

3. Fraglich befallen
Unklarer Befund mit Nachweis von Lymphknoten, bei denen ein Befall nicht auszuschließen ist.

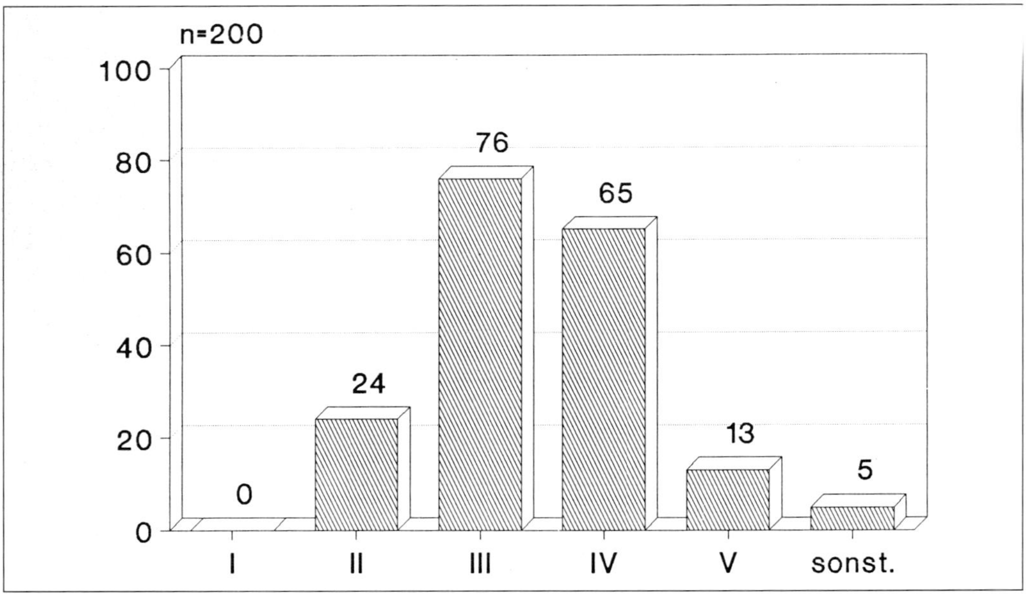

Abbildung 1. Verteilung der Primärtumorlevel nach *Clark* von 200 untersuchten Patienten.

4. *Befallen*
Rundlich konfigurierter Lymphknoten mit sehr echoarmer meist homogener Binnenstruktur.

Die sonographischen und klinischen Untersuchungsergebnisse von 477 untersuchten Lymphknotenstationen konnten mit einer »endgültigen« Diagnose verglichen werden. Die Entscheidungskriterien sind nachfolgend aufgeführt, wobei eine klinische und/oder sonographische Nachbeobachtungszeit von mindestens sechs Monaten zum Ausschluß einer Metastasierung auch von anderen Autoren als ausreichend akzeptiert wird (2, 5).

Befall
- operativ mit positiver Histologie
- Feinnadelpunktion mit positiver Zytologie
- Exitus bei klinisch eindeutigem Befall (große Lymphompakete)

Kein Befall
- operativ mit negativer Histologie
- mind. sechs Monate klinisch und/oder sonographisch unauffällig

Nicht verwertbar
- negative Feinnadelpunktion

Ergebnisse

Das typische sonographische Bild eines metastatisch befallenen Lymphknotens ist in Abbildung 2 zu sehen. Es ist gekennzeichnet durch eine glatt abgrenzbare Raumforderung mit homogener echoarmer Binnenstruktur. Die Binnenechos können zum Teil ganz fehlen, vereinzelt tritt eine dorsale Schallverstärkung auf sowie durch Streuung schmale laterale Schallschatten. Unter gezielter Kompression zeigt sich eine mehr oder weniger ausgeprägte Induration. Die umgebenden Muskel-, Bindegewebs- und Fettstrukturen werden ohne Konturunterbrechung verdrängt. Während entzündliche Lymphknoten ein großes Verhältnis von Längs- zu Querdurchmesser haben (der Quotient liegt meist über 2), weisen Metastasen eine annähernd kugelförmige Gestalt mit Quotienten wenig größer als 1 auf. Ein Grenzwert über 2 bzw. unter 1,5 soll nach Untersuchung anderer Autoren eine gute Differenzierung zwischen entzündlichen Veränderungen und Metastasen erlauben (4). Der kleine intensive Echoreflex im Zentrum dokumentiert die exakte Lage der Nadelspitze während einer Feinnadelaspiration. Auf diese Weise ist eine schnelle zytologische Abklärung möglich (3), wobei nur der Nachweis von Tumorzellen verwertet werden kann. Negative Zytologien wurden wegen des Risikos fehlender Tumorzellen im Ausstrich bei metastatischem Befall nicht verwertet.
Abbildung 3 zeigt die Sonographie der rechten Axilla eines Patienten fünf Monate nach Operation eines Melanoms am rechten Oberarm. In der zeitgleich durchgeführten Axillarevision fand sich ein befallener Lymphknoten. Postoperativ bildete sich ein Wundserom, das sich langsam resorbierte. Die klinische Untersuchung ergab aufgrund der postoperativen Narbenbildung keinen suspekten Tastbefund. Sonographisch sieht man eine ca. 3 cm große echoarme, in ihrer Begrenzung unregelmäßige Raumforde-

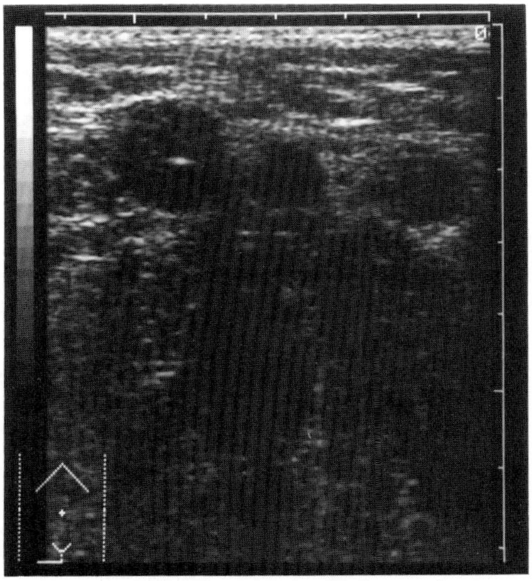

Abbildung 2. Typischer sonographischer Befund einer Melanommetastase der rechten Leiste mit homogener echoarmer Binnenstruktur während Feinnadelpunktion; der helle Echoreflex im Zentrum entspricht der Nadelspitze.

rung mit inhomogener Echostruktur. Der Befund wurde als Metastase interpretiert, in der Feinnadelpunktion fanden sich Melanomzellen. Die Lymphknotenmetastase wurde operativ entfernt, der Patient ist seit nunmehr 2,5 Jahren rezidivfrei.

Bei klinisch tastbaren Lymphknoten, die sonographisch darstellbar waren, fanden sich mit 13% am häufigsten entzündliche Veränderungen. Abbildung 4 zeigt einen solchen Befund in der rechten Leiste. Das Verhältnis von Längs- zu Querdurchmesser beträgt 4,6 und ist damit typisch für eine entzündliche Reaktion. Es findet sich ein durch Fettgewebsinvolution bedingtes echoreiches Zentrum sowie ein echoarmer Randsaum im Bereich des Randsinus.

Die Untergrenze für eine sonographische Differenzierung und eventuelle Punktion liegt nach unseren Erfahrungen bei ca. 5 mm.

Bei sonographischem Verdacht einer Metastasierung kommen differentialdiagnostisch folgende Veränderungen in Betracht:

1. Postoperativ können sehr echoarme, glatt begrenzte Raumforderungen nur teilweise von Seromen bzw. Lymphozelen differenziert werden. In einem Fall wurde eine Einblutung in einen Lymphknoten nach länger zurückliegender Feinnadelpunktion klinisch und sonographisch als Metastase fehlinterpretiert. Bei einem weiteren Patienten wurden nach Exartikulation eines Armes drei Neurinome des Medianus, des Ulnaris und des Radialis als Metastasen fehlinterpretiert.

2. Bei unscharf abgrenzbaren echoarmen Befunden kann postoperativ eine Narbenbildung nicht immer von einer diffusen Tumorinfiltration unterschieden werden. Da der klinische Untersuchungsbefund postoperativ eingeschränkt ist, sollte ca. 2 bis 3 Wochen nach der Operation die erste Sonographie erfolgen. Narbengewebe und eventuelle Serome bilden sich in aller Regel zurück und nehmen an Echogenität zu, während eine Maligne Infiltration progredient ist und an Echogenität abnimmt.

Tabelle I zeigt die Korrelation zwischen klinischem und sonographischem Befund von 53 Lymphknotenstationen mit der endgültigen Diagnose einer Metastasierung. In einem Fall wurden Lymphknotenmetastasen sonographisch nicht erkannt. Fünf Fälle mit LK-Metas-

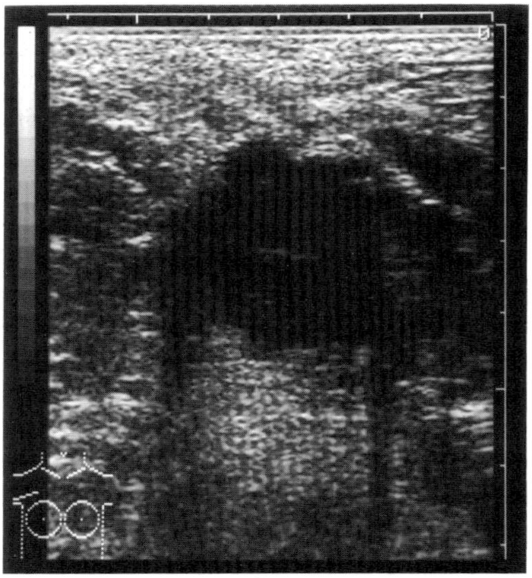

Abbildung 3. Rezidiv fünf Monate nach vorausgegangener Axillendissektion. Der Befund war durch Narbenbildung klinisch nicht nachweisbar.

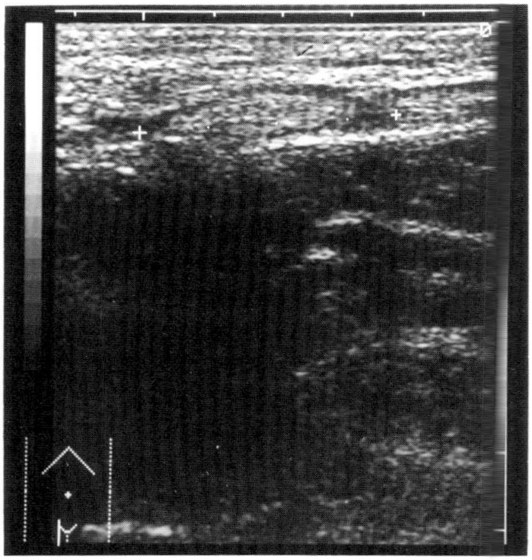

Abbildung 4. Typischer Befund eines entzündlich veränderten Lymphknotens mit großem Verhältnis von Längs- zu Querdurchmesser, zentral echoreichem Zentrum und echoarmem Randsaum.

en wurden sonographisch als »fraglich befallen« eingestuft und erforderten eine weitere Abklärung durch kurzfristige Verlaufskontrolle, Feinnadelpunktion oder Operation. 14 Fälle mit LK-Metastasen wurden klinisch nicht erkannt aber sonographisch als »befallen« (n = 10) oder »fraglich befallen« (n = 4) eingestuft. Diese 14 Patienten (24%) konnten damit durch die Sonographie einer frühzeitigen Operation zugeführt werden.

Tabelle II zeigt die Korrelation zwischen klinischem und sonographischem Befund von 419 Lymphknotenstationen ohne Metastasierung als Enddiagnose. In 14 Fällen konnte bei Patienten mit den klinischen Zeichen eines Befalls durch die Sonographie eine Metastasierung ausgeschlossen werden. In vier Fällen war die sonographische Diagnose »befallen« falsch. In 24 Fällen erforderte ein sonographisch »fraglicher Befall, eine weitere Abklärung.

Verglichen mit der Enddiagnose ergibt sich für den klinischen Befund eine relativ niedrige Sensitivität von 74%. Der Grund liegt in dem häufigen Befund entzündlich tastbarer Lymphknoten, so daß erst bei klinisch eindeutig pathologischem Befund die Diagnose einer Metastasierung gestellt wird. Entsprechend hoch ist für den klinischen Befund die Spezifität mit 96%.

Sensivität und Spezifität der Sonographie hängen von der Zuordnung der sonographisch fraglichen Befunde ab. Wertet man sie bis zur endgültigen Diagnose als »Befall«, ergibt sich eine Sensivität von 98% sowie eine Spezifität von 93%. Wertet man sie als nichtbefallen«, so ergibt sich eine Sensitivität von 90% und eine Spezifität von 99%.

Tabelle I. Klinische und sonographische Befunde von 58 untersuchten Lymphknotenstationen mit Metastasen.

		Klinik		
		ohne Befund	entzündlich	befallen
S	ohne Befund	0	1	0
o	entzündlich	0	0	0
n	fraglich	2	2	1
o	befallen	3	7	42

Tabelle II. Klinische und sonographische Befunde von 419 untersuchten Lymphknotenstationen ohne Metastasen.

		Klinik		
		ohne Befund	entzündlich	befallen
S	ohne Befund	268	48	12
o	entzündlich	35	26	2
n	fraglich	18	4	2
o	befallen	0	2	2

Schlußfolgerung

Die Sonographie der peripheren Lymphknotenstationen von Melanompatienten ist eine wertvolle Ergänzung der klinischen Nachsorgeuntersuchung. Sie kann bei klinisch unauffälligem Befund kleinere LK-Metastasen nachweisen und damit die Patienten einer frühzeitigen Operation zuführen.

Bei klinisch suspektem oder unklarem Befund können unnötige Operationen vermieden werden. Insbesondere nach erfolgten Voroperationen ist der klinische Untersuchungsbefund oft eingeschränkt, so daß die Sonographie hier wertvolle Zusatzinformationen und Entscheidungshilfen liefert.

Literatur

1 Brockmann WP, Maas R, Voigt H, Schweer S (1985) Veränderungen peripherer Lymphknoten im Ultraschall. Ultraschall 6: 164–169

2 Kraus W, Nake-Elias A, Schramm P (1986) Hochauflösende Real-Time-Sonographie in der Beurteilung regionaler lymphogener Metastasen von malignen Melanomen. Z Hautkr 61: 9–14

3 Perry MD, Seigler HF, Johnston WW (1986) Diagnosis of metastatic malignant melanoma by fine needle aspiration biopsy: A clinical and pathologic correlation of 298 cases. JNCI 77: 1013–1019

4 Solbiati L, Rizzatto G, Bellotti E, Montali G, Cioffi V, Croce F (1988) High-resolution sonography of cervical lymph nodes in head and neck cancer: Criteria for differentiation of reactive versus malignant nodes. Vortrag anläßlich: 74th Sci Ass Ann Meet Radiol Soc N Am, Chicago 1988

5 Stutte H, Erbe S, Rassner G (1989) Lymphknotensonographie in der Nachsorge des malignen Melanoms. Hautarzt 40: 344–349

6 Teubner J, van Kaick G, Junkermann H (1985) 5 MHz Realtime-Sonographie der Brustdrüse. Teil 1: Gerätetechnische Untersuchungen. Radiologe 25: 449–456

7 Weiss H, Weiss A (1985) Ultraschallatlas: Intern- stische Ultraschalldiagnostik mit schnellen E- Bild-Geräten. Edition Medizin, VCH, Weinheim pp 231–242

Für die Verfasser:
Dr. R. Loose
Institut für Klinische Radiologie
Klinikum Mannheim der Universität Heidelberg
Postfach 100023
D-6800 Mannheim 1

Die Feinnadelaspirationszytologie als diagnostische Maßnahme in der Nachsorge des malignen Melanoms

A. Schoengen, U. Zeelen, Th. Binder[a], U. Bauer und L. Weber[b]
Medizinische Klinik des Bundeswehrkrankenhauses, [a]Medizinische Universitätsklinik,
und [b]Dermatologische Universitätsklinik Ulm

Zusammenfassung

Es besteht allgemeine Übereinkunft, daß Tumorremanifestationen eines malignen Melanoms möglichst frühzeitig entfernt werden sollten. Eine Voraussetzung ist allerdings die rasche und zuverlässige Diagnose einer fraglichen Melanomremanifestation. Wir berichten über unsere Erfahrungen anhand von 170 Feinnadelaspirationszytologien, welche zur diagnostischen Klärung einer fraglichen Melanommetastasierung durchgeführt wurden. Das Verfahren der Feinnadelaspirationszytologie konnte durch die Anwendung eines von uns neu entwickelten Vakuumventils weiter optimiert werden. Die Überprüfung der Validität der zytologischen Diagnosen erfolgte entweder unter Berücksichtigung der histologischen Diagnosen der nachfolgend exzidierten Läsionen oder aufgrund einer weiteren klinischen Verlaufsbeobachtung. Bei der Auswertung der Ergebnisse konnte gezeigt werden, daß diesem Verfahren hinsichtlich der Frühdiagnostik metastischer Läsionen im Rahmen der Melanomnachsorge ein hoher Grad der Spezifität und Sensitivität zukommt.

Summary

There is general agreement that tumor recurrences in melanoma patients should be resected as early as possible. A precondition for this, however, is rapid and reliable verification of a remanifestation of the tumor. We report here on our experiences in terms of 170 fine-needle aspiration cytologies (FNAC) which were performed for diagnostic clarification of a putative melanoma metastasis. The fine-needle biopsy procedure was improved using an aspiration instrument that we fitted with a novel vacuum valve device. The validation of the cytological diagnoses was possible either by histological diagnoses of the subsequently excised lesions or on the basis of further clinical progress observation. This evaluation revealed a high degree of both specificity and sensitivity when this method was applied in the context of early diagnosis of metastatic malignant melanoma.

Anläßlich der Nachsorgeuntersuchungen von Melanompatienten ergibt sich nur allzu oft die Frage, ob eine palpatorisch suspekte Läsion insbesondere an der Haut oder aber im Bereich der Lymphabflußwege eines zuvor exzidierten Primärtumors als Anzeichen der Tumorprogression gewertet werden muß, oder ob es sich lediglich um einen unspezifischen, für den weiteren Verlauf der Erkrankung wenig relevanten Befund handelt. Andererseits besteht eine vorrangige Aufgabe der Nachsorgeuntersuchungen darin, Tumorremanifestationen frühzeitig zu erfassen und, falls möglich, in ihrem Initialstadium zu entfernen (1).

Ein Verfahren, welches sich unter diesem Aspekt in der onkologischen Diagnostik in zahlreichen Fachdisziplinen bewährt hat, ist die *Feinnadelaspirationszytologie (FNAC)*. Diese Methode ist, ausreichende Erfahrung des Untersuchers vorausgesezt, in ihrer diagnostischen Treffsicherheit bei der Abklärung unterschiedlicher solider Tumoren heute den Ergebnissen der histologischen Untersuchung vergleichbar (2–7).

In der Dermatologie wird dieses Verfahren jedoch bislang noch nicht in größerem Umfang angewendet (8–10). Wir führten im Rahmen der Melanomnachsorge etwa 170 feinnadelpunktionszytologische Untersuchungen zur Abklärung *metastasenverdächtiger Läsionen* durch. Über unsere Erfahrungen auf diesem Gebiet soll im folgenden zusammenfassend berichtet werden.

Patientenkollektiv

Die Untersuchungen erfolgten an bisher 78 Melanompatienten. Bei diesen Patienten war nach ganz überwiegend primärchirurgischer Therapie im Rahmen der Melanomnachsorge ein klinisch metastasenverdächtiger Befund erhoben worden. Die Patienten befanden sich in unterschiedlichen Stadien der Tumorerkrankung. Unberücksichtigt hinsichtlich der Indikation zur Durchführung einer Feinnadelaspirationszytologie, weil für die Fragestellung nicht von Bedeutung, blieben der Tumortyp sowie das Mikrostadium (Invasionslevel nach *Clark* und maximale vertikale Tumordicke nach *Breslow*) des Primärtumors. Voraussetzung für die Durchführung einer FNAC war allein ein palpatorisch oder in Einzelfällen auch sonographisch reproduzierbar metastasenverdächtiger Befund. Bei etwa jedem 2. Patienten wurden während des Nachbeobachtungszeitraumes mehrmals unterschiedliche Läsionen punktiert. Punktionssubstrat waren ganz überwiegend palpatorisch suspekte Befunde im Bereich des Kopfes, des Halses, des Rumpfes und der Extremitäten sowie verdächtige Lymphknotenläsionen vorwiegend, aber nicht ausschließlich der Axillar- und Inguinalregion. Bei einigen Patienten erfolgten zusätzlich sonographisch oder radiologisch gesteuerte Punktionen im Abdominal- oder Thoraxraum.

Technische Voraussetzungen

Das allgemein gebräuchlichste Punktionsinstrument ist der sog. ›Cameco‹-Spritzenhalter. Bei der Anwendung dieses Gerätes muß der weite Abstand zwischen der das Punktionsgerät führenden Hand und der Punktionsnadel als Nachteil gewertet werden, da hierduch eine exakte Handhabung des Gerätes erschwert wird.

Insofern wurde an der Universität Ulm ein modifiziertes Gerät entwickelt, welches mit einem *Vakuumventil* ausgestattet ist und dadurch eine sehr viel sicherere Führung der Punktionsnadel erlaubt (11), was auch bei radiologisch oder sonographisch gesteuerten Punktionen von entscheidendem Vorteil ist (12, 13). Dieses Gerät hat sich uns bei Berücksichtigung von über 5000 Punktionen, welche im Verlauf der Abklärung der unterschiedlichsten soliden Tumoren insbesondere auf dem hämatologischen Sektor durchgeführt wurden, bestens bewährt.

Das *Vakuumventil* ist zu einer Seite mit einer 20-ml-Spritze, zur entgegengesetzten Seite über einen Luer-Konus mit der Punktionsnadel verbunden, welche in der Regel einen Außendurchmesser von weniger als 0,7 mm aufweist (11). Die Punktion der palpatorisch fixierten suspekten Haut- oder Lymphknotenläsion erfolgt nach geeigneter Oberflächendesinfektion ohne vorausgehende Lokalanästhesie. Durch Öffnen des Vakuumventils wird der in der 20-ml-Spritze evakuierte Unterdruck in die Punktionsnadel geleitet, so daß durch fächerförmige Bewegungen der Punktionsnadel in unterschiedlichen Ebenen der Läsion Gewebepartikel ausgestanzt werden und anschließend im transparenten Nadelkonus erscheinen. Die aspirierten Zellen werden auf einem nicht beschichteten Objektträger ausgestrichen, luftgetrocknet und in der May-Grünwald-Giemsa-Technik angefärbt.

Zytomorphologische Diagnostik

Die zytomorphologische Beurteilung erfolgt aufgrund der wesentlichen Malignitätskriterien bösartiger Zellen. So weisen metastatische Melanomzellen regelmäßig Polymorphie, Kernatypien und atypische Mitosen auf. Zusätzlich ist jedoch ein breites Spektrum unterschiedli-

cher Merkmale zytologisch kennzeichnend für die Diagnose Metastase eines malignen Melanoms, so insbesondere die weitgehend *dissoziierte Tumorzellagerung*, ein weites, scharf begrenztes, basophiles und granulär erscheinendes Zytoplasma, *Mehrkernigkeit, exzentrische Kernlagerung*, eine kurzfädige, ebenfalls granulär erscheinende Chromatinstruktur sowie regelmäßig anzutreffende *zytoplasmatische Kerninklusionen*. Alle diese Charakteristika zeigen indes ebenso wie Zellform, Zellgröße, Kernform und Nukleolenzahl eine ausgeprägte Variabilität hinsichtlich ihres Ausprägungsgrades (14, 15). Diagnostisch wegweisend kann der allerdings gleicherweise in Makrophagen wie Tumorzellen nachweisbare Melaningehalt sein. In der Regel sind Melanomzellen zuverlässig von Melanophagen zu differenzieren. Auch bereitet die zytologische Abgrenzung von Melanomzellen gegenüber anderen Tumorzellen, z.B. hämatopoetischer oder epithelialer Herkunft, gewöhnlich keine Schwierigkeit.
Zytomorphologisch können unterschiedliche Zelltypen nachgewiesen werden, und zwar der als rundzellig oder *epithelförmig* bezeichnete Zelltyp, der *spindelförmige* Zelltyp und gemischtzellige Populationen, welche beide Zellvarianten enthalten (Abbildungen 1 und 2).
Am häufigsten findet sich der epithelförmige Zelltyp. Entsprechende zytologische Befunde bereiten bei der diagnostischen Zuordnung kaum Schwierigkeiten. Hingegen sind die Aspirate eines spindelförmigen oder gemischtzelligen Typs häufig weniger zellreich und durch kohäsive Zellformationen charakterisiert. Dies kann mitunter die Beurteilung erschweren (14, 15).

Die Zuverlässigkeit der feinnadelpunktionszytologischen Befunde im Rahmen der Diagnostik von Melanommetastasen

Die diagnostische Zuverlässigkeit der feinnadelaspirationszytologischen Befunde, welche im Verlauf der Melanomnachsorgeuntersuchungen erhoben wurden, konnte in einer vergleichenden Studie ermittelt werden (16). Hierbei wurden die zytologischen Diagnosen entweder anhand der histopathologischen Befunde der unmittelbar nach der Punktion exzidierten Läsionen oder aufgrund einer weiteren klinischen Verlaufsbeobachtung kontrolliert. Bei letzterer Vorgehensweise galt die eindeutige klinische Progredienz mit Vergrößerung der Läsion als Bestätigung des zytologisch positiv beurteilten Befundes. Aufgrund dieser Untersuchungen ergab sich ein hoher Grad der Übereinstimmung zwischen den zytologischen Befunden und den jeweiligen histologischen Diagnosen bzw. den Daten der weiteren klinischen Verlaufsbeobachtung.

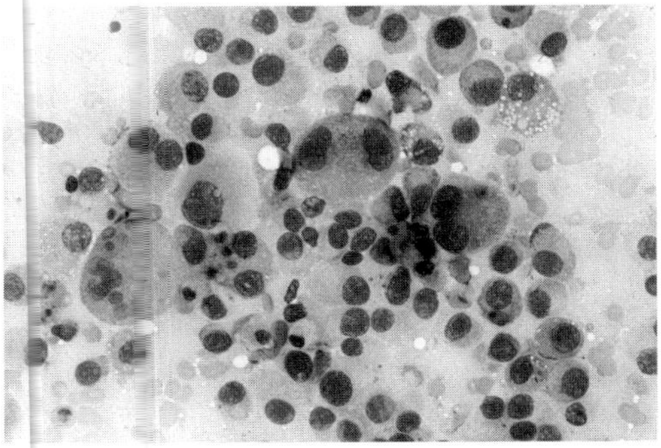

Abbildung 1. Malignes Melanom, axilläre Lymphknotenmetastase. Zytologisch epithelartiger Zelltyp, polymorph, amelanotisch. May-Grünwald-Giemsa, x 125.

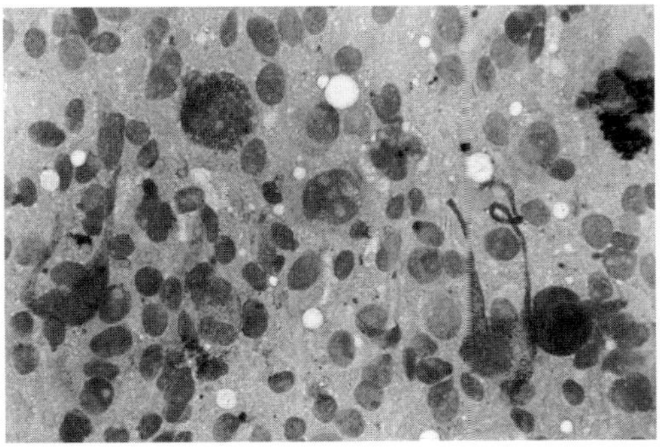

Abbildung 2. Malignes Melanom, zervikale Lymphknotenmetastase. Zytologisch gemischt spindelförmig-epithelartiger Zelltyp, melanotisch. May-Grünwald-Giemsa, x 125.

Bei der statistischen Auswertung konnte für diese im Rahmen der Melanomnachsorge angewandte Methode eine *Spezifität* von 100%, eine *Sensitivität* von 94% und ein *prädiktiver Wert* von 1 ermittelt werden (16). Die retrospektive Analyse dieser Befunde zeigte, daß falsch positive Diagnosen nicht zu verzeichnen waren und daß die geringe Anzahl der falsch negativen Befunde bzw. die Sensitivitätseinbuße in keinem Fall auf eine Fehlinterpretation, sondern vielmehr auf unzureichende technische Punktionsvoraussetzungen zurückzuführen waren. In allen diesen Fällen wurde nicht-diagnostisches Aspirationsmaterial gewonnen, so daß eine zytologische Beurteilung nicht möglich war. Anlässe für entsprechende Fehlpunktionen sind sehr kleine oder z.B.durch ein massives Weichteilödem kaschierte Läsionen, welche folglich palpatorisch nicht sicher abgegrenzt werden können. Mittlerweile kann allerdings auch aus entsprechend problematischen Läsionen einerseits durch Verwendung *kleinstkalibriger Punktionskanülen* mit einem Außendurchmesser von 0,45 mm, andererseits durch die Möglichkeit sonographisch gesteuerter Punktionen diagnostisch auswertbares Aspirationsmaterial gewonnen werden, so daß die Methode somit insgesamt und folglich auch deren Sensitivität weiter optimiert wurde.
Komplikationen, wie z.B. Infektionen, Gefäß- oder Nervenverletzungen, traten bei über 170 im Rahmen der Melanomnachsorge durchgeführten Punktionen nicht auf. Auch nach mehr-Maligen Punktionen ergaben sich in unserem Patientenkollektiv keine Hinweise für etwaige Implantationsmetastasen oder Anzeichen einer rascheren Tumorprogression. Das Risiko einer iatrogenen Tumorzellverschleppung muß nach heutiger Ansicht zumal bei Verwendung sehr kleinkalibriger Punktionsnadeln ohnehin als gering angesehen werden (17–19).

Zusammenfassend kann unseres Erachtens – ausreichende Punktionserfahrung vorausgesetzt – die Feinnadelaspirationszytologie als wenig aufwendige und für den Patienten schonende diagnostische Maßnahme empfohlen werden. Diese Methode erlaubt eine rasche und zuverlässige Abklärung klinisch unklare[r] Befunde, so daß diesem Verfahren aufgrund u[n]serer Ergebnisse wie auch der Daten andere[r] Autoren ein hoher Stellenwert in der *Frühdiagnostik metastasenverdächtiger Läsionen* eben auch im Rahmen der Nachsorgeuntersuchung von Melanompatienten zukommt.

Literatur

1 Balch CM, Milton GW, Shaw HM, Soong [illegible] (1988) Hautmelanome. Springer, Berlin Heidelberg New York
2 Melcer D, Linehan J, Smith R (1984) Practical Aspiration Cytology. Churchill Livingstone, Edinburgh
3 Frable WJ (1983) Fine needle aspiration biopsy. A review. Hum Path 14: 9–15
4 Lever JV, Trott PA, Webb AJ (1985) Fine needle aspiration cytology. J Clin Pathol 38: 1–8
5 Binder Th, Schoengen A, Bültmann B, Heimpel H (1986) Value of fine-needle aspiration cytology in the primary diagnostic evaluation of haematological and oncological patients. Blut 53: 160[illegible]
6 Hafström L, Hugander A, Jönsson PE, Lindberg LG (1980) Fine-needle-aspiration cytodiagnosis of recurrent malignant melanoma. J Surg Onc[illegible] 15: 229–234
7 Perry MD, Gore M, Seigler HF, Johnston W[illegible] (1986) Fine needle aspiration biopsy of metastatic melanoma. A morphologic analysis of 174 cases. Acta Cytol (Baltimore) 30: 385–396
8 Kleeberg UR, Voigt H, Erdmann H (1984) Die Zytodiagnostik von Melanommetastasen und ihre Bedeutung für die Wahl der Therapie. Tumor Diag Ther 5: 49–54
9 Slater DN, Reilly G (1986) Fine needle aspiration cytology in dermatology: a clinicopathological appraisal. Br J Dermatol 115: 317–327
10 Binder Th, Schoengen A, Bültmann B (19[illegible]) Feinnadelaspiration der Haut: Diagnostik von malignen Lymphomen und von kutanen Manifestationen myeloischer Hämoblastosen. Hautarzt 39: 576–580
11 Binder Th (1987) Feinnadel-Aspirationszytologie: Verbesserte Punktionstechnik mit einem neuen Aspirationsgerät. Tumor Diag Ther 8: [illegible]–39

12 Binder Th, Swobodnik W, Wechsler JG, Löschinger K, Eckert E, Schoengen A, Heimpel H, Ditschuneit H (1988) Sonographisch gesteuerte Fein- und Grobnadelpunktion im abdominalen und retroperitonealen Raum. Dt Med Wschr 113: 43–48
13 Droese M, Altmannsberger M, Kehl A, Lankisch PG, Wess R, Weber K, Osborn M (1984) Ultrasound-guided percutaneous fine-needle aspiration biopsy of abdominal and retroperitoneal masses. Acta Cytol (Baltimore) 28: 368–374
14 Woyke S, Domagala W, Czerniak B, Strokowska M (1980) Fine needle aspiration cytology of malignant melanoma. Acta Cytol (Baltimore) 24: 529–538
15 Yamada T, Itou U, Watanabe Y, Ohashi S (1972) Cytologic diagnosis of malignant melanoma. Acta Cytol (Baltimore) 16: 70–76
16 Zeelen U, Binder Th, Bauer U, Weber L, Schoengen A (1990) Der Stellenwert der Feinnadelaspirationszytologie in der Nachsorge des malignen Melanoms. Hautarzt (Im Druck)
17 Haucke S (1979) Hazards in percutaneous biopsy. In: Anacker H (ed) Percutaneous Biopsy and Therapeutic Vascular Occlusion. Thieme, Stuttgart New York
18 Grundmann E (1979) Keine Metastasenförderung durch Biopsien. Dt Ärztebl 11: 699–702
19 Bekanntmachung der Bundesärztekammer (1980) Metastasenförderung durch diagnostische Gewebsentnahme (Biopsie)? Dt Ärztebl 22: 1460–1467

Für die Verfasser:
Prof. Dr. L. Weber
Dermatologische Universitätsklinik
OE 40
D-7900 Ulm

Biometrische Aspekte der Tumornachsorge und der Beurteilung von Tumorprogressionsraten

I. Guggenmoos-Holzmann
Institut für Medizinische Statistik und Informationsverarbeitung der Freien Universität Berlin

Zusammenfassung

Beim malignen Melanom ist für die differenzierte Untersuchung von Krankheitsverläufen nach Primärtherapie eine sorgfältig geplante Dokumentation des Follow-up grundlegend. Bei einer statistischen Analyse dieser Verläufe, insbesondere bei der Beurteilung von Tumorprogressionsraten und ihrer Abhängigkeit von prognostischen Faktoren sind nur dann valide Aussagen möglich, wenn die Nachsorgeintervalle synchronisiert und standardisierte diagnostische Prozeduren verwendet werden.

Summary

In patients with malignant melanoma a well designed data collection is fundamental for investigating the progression of the disease after treatment. Statistical analysis of these follow-up data, especially an analysis of factors influencing progression rates crucially relies on synchronized follow-up intervals and standardized diagnostic procedures.

Eine effiziente Tumornachsorge in der klinischen Routine setzt neben der Wahl geeigneter diagnostischer Maßnahmen zur Früherkennung von Rezidiven und dem Einsatz adäquater Behandlungsmethoden voraus, daß das Spektrum möglicher Krankheitsverläufe hinlänglich bekannt ist. Fragestellungen zur Prognose werden in der Onkologie meist untersucht anhand der Unterschiede in der Lebenserwartung verschiedener Patientengruppen.

Die Lebenserwartung ist ein hartes Kriterium, aber sie liefert nur sehr grobe Anhaltspunkte über den eigentlichen Verlauf der Erkrankung. Eine detaillierte Beschreibung der Krankheitsverläufe nach Primärtherapie ist aber Grundlage für alle Überlegungen zu einer Verbesserung diagnostischer und therapeutischer Maßnahmen im Rahmen der Nachsorge. Bei allen Tumoren sind die Informationen über die Entwicklung von Progressionsraten im zeitlichen Verlauf und ihre Abhängigkeit von prognostischen Faktoren weitaus spärlicher als Informationen über Überlebensraten.

Nachsorgeprogramme, durch die einschlägige Informationen gewonnen werden könnten, scheitern nicht nur an der mangelnden Compliance der Patienten, sondern oft auch an der unzureichenden Planung und der mangelhaften Compliance der dokumentierenden Ärzte.

Die Art der Verläufe beim malignen Melanom ist besonders vielfältig (1): Die Erkrankung kann lokal, regional und tumorfern fortschreiten, wobei die Tumorprogression an unterschiedlichen Lokalisationen auch simultan auftritt. Die Dokumentation von Nachsorgeuntersuchungen ist dementsprechend komplex und aufwendig. Im folgenden werden einige Randbedingungen diskutiert, die zu beachten sind, wenn auf der Basis derartiger Nachsorgedaten für die verschiedenen Arten der Tumorprogression die zeitliche Entwicklung von Progressionsraten in Abhängigkeit von prognostischen Faktoren eingeschätzt werden soll.

Zeitliche Einordnung des Ereignisses »Rezidiv«

Bei der Untersuchung zur Lebenserwartung von Tumorpatienten ist anhand des Sterbedatums das interessierende Zielereignis zeitlich präzise festgelegt. Die zeitliche Einordnung der Zielereignisse »Lokalrezidiv«, »regionale Metastasierung«, »Fernmetastase«, und damit die Definition einer rezidivfreien Überlebenszeit ist dagegen mit einer mehr oder weniger großen Ungenauigkeit behaftet: Die Entdeckung eines Rezidivs erfolgt – in Abhängigkeit von der durch das Rezidiv verursachten allgemeinen Symptomatik und der Sensitivität diagnostischer Verfahren – mit unterschiedlicher Verzögerung.
Der untersuchende Arzt kann nur insoweit den Verlauf der Tumorprogression beschreiben, als er annimmt, ein Rezidiv sei frühestens nach der letzten Untersuchung mit negativem Befund zu einem klinisch erkennbaren Rezidiv geworden; damit läßt sich zwar nicht das Entstehen des Rezidivs zeitlich fixieren, wohl aber kann darauf geschlossen werden, daß das Rezidiv innerhalb eines bestimmten Zeitraums ein definiertes Stadium erreicht hat. Unter »rezidivfreiem Überleben« versteht man dann – cum grano salis – die Zeit bis zu derjenigen Untersuchung, bei der ein Rezidiv nicht erkennbar war.
Die statistische Methodik, die man für die Analyse von Zeiten der Rezidivfreiheit verwendet, ist die gleiche, wie bei der Analyse von Überlebenszeiten in klassierten Zeitintervallen: Zielereignis ist die klinische Diagnostizierbarkeit eines Rezidivs; zeitlich ist dieses Ereignis lokalisierbar zwischen dem ersten Zeitpunkt mit positivem Befund und dem vorhergehenden Zeitpunkt mit negativem Befund (Abbildung 1).

Unter welchen Voraussetzungen lassen sich auf der Basis derartiger Informationen Progressionsraten schätzen? Da man das Zielereignis »Nachweis eines Rezidivs« innerhalb eines zeitlichen Intervalls einordnet, ist die angemessene statistische Methode die sogenannte Aktuarsmethode (2). Dabei ist aber vorauszusetzen, daß die Zeitintervalle für alle Patienten die gleichen sind, d.h. daß alle Patienten die gleichen Nachsorgeintervalle einhalten. Bei der Wahl geeigneter Nachsorgeintervalle befindet man sich zunächst in einem Dilemma: Zum einen gibt man in der klinischen Routine immer schon Nachsorgeintervalle vor, die häufig je

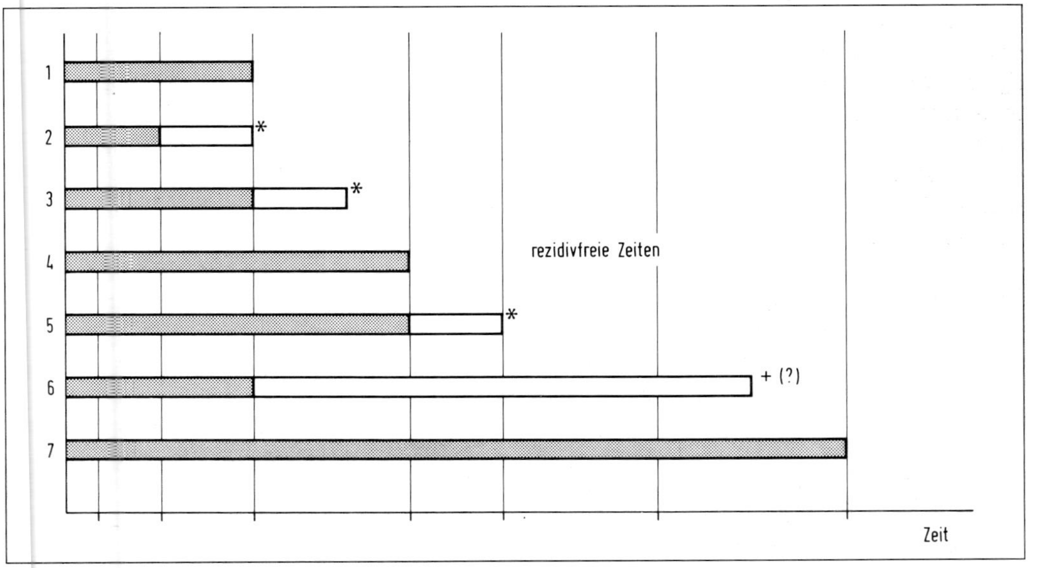

Abbildung 1. Verlaufsbeobachtungen beim malignen Melanom.

nach prognostischer Gruppe differieren; zum anderen aber wird man häufig eingestehen müssen, daß die rationale Grundlage für die Wahl derartiger Nachsorgeintervalle eigentlich unzureichend ist.

Eine Zwischenlösung besteht darin, daß man die möglicherweise unterschiedlichen Nachsorgeintervalle für verschiedene Patientengruppen zumindest synchronisiert, z. B. bei prognostisch ungünstiger Ausgangslage engmaschige Nachsorgetermine wählt, von denen bestimmte Termine bei Patienten mit guter Prognose in der Nachsorge ausgelassen werden.

Da über die Optimalität unterschiedlicher Nachsorgeintervalle zunächst keine Informationen vorliegen, sollten dann allerdings die beobachteten Stadien einer Tumorprogression besonders sorgfältig dokumentiert werden. Nur so ist abzuklären, ob bei langen Untersuchungsintervallen Rezidive vermehrt in fortgeschrittenem Stadium erkannt werden. Hinsichtlich der Einschätzung von Rezidivwahrscheinlichkeiten bleibt anzumerken, daß die Untersuchung von Unterschieden in verschiedenen prognostischen Gruppen bei unterschiedlichen Nachsorgeintervallen nur möglich ist für die gröbste Intervalleinteilung. Um so bedeutsamer ist die Vergleichbarkeit der jeweils beobachteten Stadien der Tumorprogression.

Implikationen fehlender Compliance

Das größte Problem bei der Schätzung von Rezidivraten auf der Basis einer Nachsorgedokumentation ist die Compliance der Patienten. Nimmt man z.B. einen Patienten, der zu den ersten drei Nachsorgeterminen erschienen ist und jeweils einen negativen Befund hatte, der danach jedoch nicht mehr erscheint, und von dem schließlich nur noch der Todestag in Erfahrung zu bringen ist (Abbildung 1, Verlauf 6), dann fehlt für diesen Patienten zum einen die Information über die Art des Rezidivs und zum anderen die Information über das Zeitintervall, in dem das Rezidiv aufgetreten ist.

Eine Nachsorgedokumentation, in der über 10% der Fälle derart unklar sind, ist als Datenbasis für eine verzerrungsfreie Schätzung von rezidivfreien Zeiten nicht geeignet.

Ehe man ein gut geplantes Nachsorgeprogramm der Gefahr einer mangelhaften Auswertbarkeit aussetzt, sollten vorab geeignete Strategien entwickelt werden, mit deren Hilfe eine vollständige Verlaufsbeobachtung gesichert werden kann. Zu diskutieren ist etwa die Einbindung niedergelassener Ärzte in das Nachsorgeprogramm. Die Art der Diagnostik und die Form der Dokumentation sind dann entsprechend festzulegen und durch Fortbildungsmaßnahmen in ihrer Qualität sicherzustellen: eine reduzierte Information ist besser als keine Information.

Der Einfluß der Diagnostik auf die Schätzung von Progressionsraten

Die statistische Analyse von Krankheitsverläufen – und insbesondere die Schätzung von Progressionsraten – hängt nicht nur von der Wahl der Nachsorgetermine, sondern auch von den festgelegten diagnostischen Strategien ab: Nehmen wir an, das interessierende Zielereignis sei das Auftreten von Fernmetastasen, und in Frage stehe, ob ein bestimmter Faktor (z.B. die Dicke des Primärtumors) hinsichtlich der Fernmetastasierung prognostisch trennscharf ist. Welche Auswirkungen auf die Schätzung der Metastasierungsrate hat ein unterschiedliches diagnostisches Prozedere bei Patienten, die sich in der Ausprägung des interessierenden prognostischen Faktors unterscheiden?

Unterschiede in der Diagnostik implizieren Unterschiede in der Sensitivität und Spezifität beim Erkennen von Rezidiven. Abbildung 2 zeigt (vereinfacht) die durchschnittliche Tumorprogression von Patienten, die aus unterschiedlichen prognostischen Gruppen stammen. Bei gleicher Diagnostik (Sensitivität z.B. 80%) ist die mittlere rezidivfreie Überlebenszeit – entsprechend der oben gegebenen Definition – in Gruppe A zwei Jahre, in Gruppe B vier Jahre. Nehmen wir an, für die prognostisch günstigere Gruppe B werde nun ein diagnostisches Proze-

dere benutzt, das eine Sensitivität von lediglich 70% hat (z.B. durch Wegfall eines einzelnen diagnostischen Tests). Die Abbildung zeigt, daß in dieser Situation die Unterschiede in der Prognose deutlich überschätzt werden: in der prognostisch günstigeren Gruppe werden nun Rezidive im Mittel nicht zwei Jahre, sondern erst vier Jahre später erkannt.
Dieses Beispiel demonstriert, daß die Abklärung von Faktoren mit einem potentiell bedeutsamen Einfluß auf die Tumorprogression nur dann valide möglich ist, wenn die in Frage stehenden Faktoren nicht gerade diejenigen sind, die auch zur Differenzierung des diagnostischen Prozederes im Rahmen des Nachsorgeprogramms herangezogen werden. Eine vergleichende Analyse von Krankheitsverläufen ergibt nur dann eine verallgemeinerungsfähige Einschätzung, wenn zur Definition des Ereignisses »Erkennen eines bestimmten Rezidivs« nur diejenigen Befunde herangezogen werden, die bei allen prognostischen Gruppen in gleicher Weise erhoben worden sind. Eine entsprechend differenzierte Dokumentation verschiedener diagnostischer Vorgehensweisen sollte bereits bei der Planung einer Tumornachsorge berücksichtigt werden.

Fallzahlen bei Prognosestudien

Fallzahlen für die hier angesprochene Art von Nachsorgestudien lassen sich nur ganz grob angeben. Dies liegt in erster Linie daran, daß klassische Fallzahlschätzungen nur für Zufallsstichproben – wie sie z.B. für randomisierte klinische Studien erzeugt werden – gültig sind. Studien über nachsorgerelevante prognostische Faktoren sind jedoch immer Beobachtungsstudien. Dies bedeutet, daß für den Vergleich prognostischer Gruppen eine Adjustierung der Tumorprogressionsraten hinsichtlich struktureller Ungleichheit in diesen Gruppen unabdingbar ist.
Die klassischen Fallzahlschätzungen für den Vergleich der zeitabhängigen Ereignisraten in zwei Zufallsstichproben liefern also lediglich einen groben Anhaltspunkt für minimal benötigte Fallzahlen: Tabelle I gibt beispielhaft einen Überblick über den Stichprobenumfang pro Gruppe unter der Vorgabe, daß die Gruppen vergleichbar sind und die Nachsorgetermine sehr engmaschig gewählt werden (4). Wenn in der prognostisch günstigeren der beiden Gruppen die Rezidivrate zu einem bestimmten Zeitpunkt 40% beträgt, und ein Unterschied von

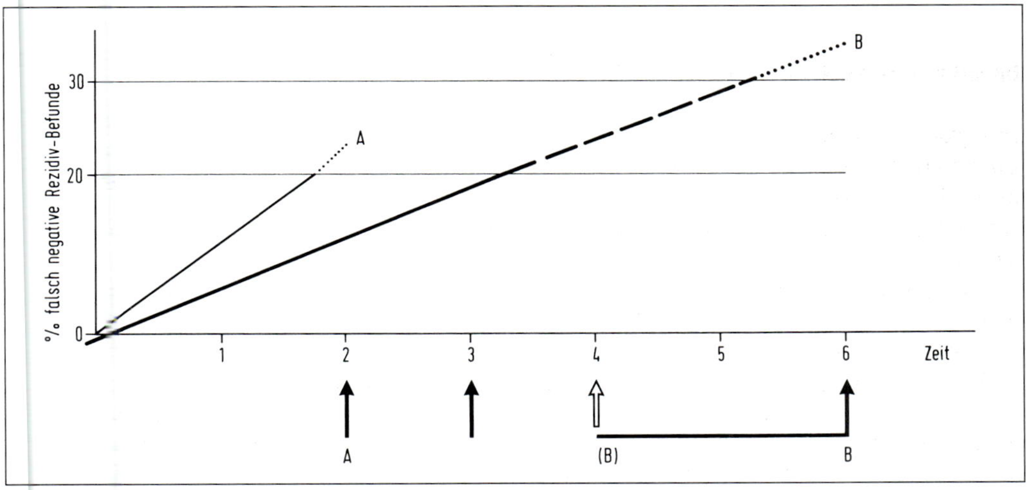

Abbildung 2. Mittlere Verläufe in prognostisch unterschiedlichen Gruppen bei unterschiedlichem diagnostischen Prozedere. Sensitivität der Diagnostik: in der prognostischen Gruppe A: 80%; in der prognostischen Gruppe B: 70%.

Tabelle I. Minimale Fallzahlen pro Gruppe für den Vergleich von Rezidivraten (unzensierte Beobachtungen, alpha=5%), in Abhängigkeit von der Macht des Tests (4).

Rezidivraten zur Zeit t		Macht des Tests 80%	90%
$S_1(t) = 40\%$	$S_2(t) = 50\%$	372	497
$S_1(t) = 40\%$	$S_2(t) = 60\%$	98	131
$S_1(t) = 40\%$	$S_2(t) = 70\%$	46	61

Anmerkung: Wenn der Anteil zensierter Beobachtungen m% beträgt, so ist die minimale Fallzahl mit 100/(100−m) zu multiplizieren. Z.B. m = 30% => 100/(100−m) = 1,42

10% mit einer Wahrscheinlichkeit von 80% statistisch gesichert werden soll, dann ist eine Fallzahl von mindestens 372 pro Gruppe vonnöten. Sind die Unterschiede in den Progressionsraten zwischen den Gruppen größer, dann verringern sich die benötigten Fallzahlen. Die angegebenen Fallzahlen gelten nur für den Fall, daß alle Verläufe vollständig beobachtet wurden. Wenn das Follow-up bei m% der Patienten unvollständig ist, dann sind die aufgeführten Fallzahlen mit 100/(100-m) zu multiplizieren. Bei einer Zensierungsrate von 30% erhöhen sich also die Fallzahlen um ungefähr 50%.
Allgemein ist anzumerken, daß der statistische Vergleich von Rezidivraten im wesentlichen anhand der tatsächlich eingetroffenen Ereignisse berechnet wird; für den Vergleich prognostisch günstiger Gruppen sind also höhere Fallzahlen und längere Beobachtungszeiträume erforderlich als für den Vergleich prognostisch ungünstiger Gruppen.
Da bei der Analyse der rezidivfreien Überlebenszeiten in einer Beobachtungsstudie immer damit zu rechnen ist, daß Gruppierungen bzgl. eines einzelnen prognostischen Faktors hinsichtlich der Verteilung anderer prognostischer Faktoren nicht homogen sind, ist für die Auswertung prinzipiell ein multifaktorieller Ansatz zu wählen. Die notwendigen Fallzahlen für derartige statistische Verfahren können in Abhängigkeit von der Fragestellung erheblich über den hier genannten Fallzahlen liegen.

Schlußfolgerung

Für die Untersuchung prognostischer Fragestellungen im Rahmen der Nachsorge eines malignen Melanoms ist eine planmäßige Dokumentation des Follow-up nach Primärtherapie unabdingbar. Die wichtigsten Voraussetzungen für die Schätzung von Tumorprogressionsraten sind

- synchronisierte Nachsorgeintervalle,
- eine einheitliche Standarddiagnostik,
- informatives Follow-up (der Überlebensstatus des Patienten genügt nicht!),
- je nach Differenziertheit der Fragestellung mittlere bis große Fallzahlen.

Literatur

1 Balch CM, Milton GW, Shaw HM, Soong S (1985) Cutaneous Melanoma. Clinical Management and Treatment. Results Worldwide. J. B. Lippincott, London
2 Armitage P, Berry G (1987) Statistical Methods in Medical Research, 2nd ed. Blackwell Sci Publ, Oxford
3 Dambrosia JM, Ellenberg JH (1980) Statistical considerations for a medical data base. Biometrics 36: 323–332
4 Machin D, Campbell MJ (1987) Statistical Tables for the Design of Clinical Trials. Blackwell Sci Publ, Oxford

Anschrift des Verfassers:
Prof. Dr. Dr. J. Guggenmoos-Holzmann
Institut für Medizinische Statistik und Informationsverarbeitung der Universität
Klinikum Steglitz
Hindenburgdamm 30
D-1000 Berlin 45

Dermatologische Nachsorge des malignen Melanoms in der Praxis

J. A. v. Preyss
Hamburg

Zusammenfassung

Zur dermatologischen Nachsorge des malignen Melanoms ist der qualifizierte Hautarzt in der Praxis in der Lage. Es praktizieren zur Zeit 1826 Dermatologen (Stand 31.12.87) in der Bundesrepublik. Damit kann eine flächendeckende Tumornachsorge durchgeführt werden. Notwendige apparative Untersuchungsverfahren sind ohne weiteres durch fachübergreifende Zusammenarbeit zu realisieren. Dazu sind Nachsorgeprogramme erforderlich, die den gesetzlich festgelegten Leistungsbeschreibungen in der sozialen Krankenversicherung (§§ 2 und 12 Sozialgesetzbuch V) Rechnung tragen.
Um eine wissenschaftliche Aufarbeitung der Untersuchungsergebnisse zu ermöglichen, sollten geeignete Dokumentationsbögen Verwendung finden.

Summary

Dermatologists are qualified for out patient care and follow-up of malignant melanoma patients. In December 1987, 1826 dermatologists were practising in the Federal Republic of Germany and they will be able to cover the post-surgical monitoring of melanoma patients. Diagnostic investigations which need special technical equipment, can be performed by cooperation with other specialities. Monitoring programs are required, which are based on the laws for social securities. The results of follow-up investigations should be scientifically evaluated and therefore, documentation with standardized documentation forms should be established.

Die offensichtlich bisher nicht sicher zu erklärende Steigerung der Melanomfälle in vielen Industriestaaten führt zu einem lawinenartigen Anschwellen von Patientenkollektiven in der Nachsorge der Therapieeinrichtungen. So wird die Inzidenz der Erkrankungen für Mitteleuropa, also in der Bundesrepublik, mit 11 bis 14 auf 100 000 Einwohner angegeben, in Australien bis zu 40 auf 100 000.
Es ist deshalb schon jetzt absehbar, daß die vorhandenen personellen und materiellen Resourcen der Kliniken nicht ausreichen werden, um diesen Nachsorgeberg zu bewältigen. Dazu kommen zusätzlich Infrastrukturprobleme wie lange und zeitaufwendige Wege, die eine geregelte, flächendeckende Nachsorge problematisch machen.
Auf der anderen Seite muß davon ausgegangen werden, daß eine frühzeitige Erkennung etwa einer Metastasierung und deren meist operative Therapie dazu beiträgt, die Überlebenschancen oder besser die Überlebenszeit zu verbessern.

Die Tumornachsorge gehört grundsätzlich zu den Aufgaben der sozialen Krankenversicherung. Die damit verbundenen Kosten werden von den Krankenkassen ohne Abstriche übernommen, wenn sie im vorgeschriebenen Rahmen der gesetzlichen Bestimmungen anfallen und durchgeführt werden.
In den §§ 1 und 2 des 5. Buches der gesetzlichen Krankenversicherung ist festgelegt, daß den Erkrankten alle notwendigen Leistungen unter Beachtung der Wirtschaftlichkeit zur Verfügung stehen.

Nach § 12 des gleichen Gesetzes müssen die Leistungen ausreichend, zweckmäßig und wirtschaftlich sein, d. h. sie dürfen das Maß des Notwendigen nicht überschreiten.

Es ist unbestritten, daß die Nachsorge von Tumorkranken ein wesentlicher Teil des Therapieplans ist, weil durch frühzeitige Erkennung und Beseitigung von Metastasen eine lebensverlängernde Therapie erst möglich wird.

Neben den Kliniken und ihren Ambulanzen stehen für die Tumornachsorge beim malignen Melanom die in ihren Praxen tätigen Dermatologen zur Verfügung. Wenn man die oben zitierten Inzidenzraten hochrechnet, dürften in den nächsten fünf Jahren zwischen 4000 und 5000 neue Melanomnachsorgefälle zur Betreuung anstehen. Eine Zahl, die die Kapazitäten mancher Kliniken möglicherweise überfordert, insbesondere wenn man berücksichtigt, daß das gesamte Gebiet der Dermatologie von den Kliniken darüber hinaus abgedeckt werden muß.

Geht man davon aus, daß zur Zeit 1826 Dermatologen – die Zahl zeigt steigende Tendenz – in der Bundesrepublik kassenärztlich tätig sind, kommen auf jeden Dermatologen etwa 2,3 Melanomfälle. Selbst wenn man davon ausgeht, daß nicht alle Dermatologen bereit und/oder hinreichend versiert sind, diese Nachsorge zu betreiben, ist ohne weiteres zu erkennen, daß in den Praxen in ausreichendem Umfang Reserven für Nachsorgeprogramme vorhanden sind, die es sinnvoll zu nutzen gilt. Hierbei ist besonders zu bedenken, daß von vielen Kliniken und Tumorzentren Nachsorgezeiten von bis zu 18 Jahren gefordert werden.

Man sollte bei der Institutionalisierung der Nachsorge des Melanoms in den Praxen aber primär davon ausgehen, nur solche Programme inhaltlich und in zeitlicher Abfolge zu fordern, die nach den bisherigen, schon langjährigen Erfahrungen brauchbare und begründet realistische Ergebnisse bringen, mit der Absicht, zunächst vorrangig dem erkrankten Patienten zu dienen. Solche Programme ständen somit auch im Einklang mit den gesetzlichen Vorschriften zur Leistungserbringung in der sozialen Krankenversicherung.

Tabelle I. Nachsorgeprogramm in der aktuellen, überarbeiteten Form (nach *H. Voigt* und *U. R. Kleeberg*).

Postoperative Verlaufsdiagnostik, Kontrolluntersuchungen

Niedriges Risiko	Hohes Risiko
pT_1, *Clark* I und II *Breslow* <0,85 mm	pT_2, *Clark III–IV* *Breslow* ≥1,70 mm
Klinische Nachuntersuchung alle 6 Monate	 alle 3–4 Monate

Obligat:	Zwischenanamnese, Gewichtsverhalten, subjektives Befinden, klinischer Status mit Lokalbefund (Narbe, Lymphknotenstatus, subkutane Transitwege). Karnofsky-Index, Labor: BSG, Blutbild, Urinstatus, SGPT, γ-GT, aP, LDH.
Alternierend:	Röntgen-Thorax p.a. und seitlich, abdominelle Sonographie. Weitere Untersuchungen je nach klinischer Fragestellung und bei infauster Prognose.
Dauer: 8 Jahre	Dauer: 12 Jahre

Tabelle II. Nachsorgeprogramm nach *Breitbart*.

»low risk«-Melanome

Extremitäten ≤1,5 mm *Breslow*
Rumpf ≤0,75 mm *Breslow*
Klinische Untersuchung alle drei Monate, davon 2mal jährlich in der Klinik. Dauer: 2 Jahre.
2mal jährlich klinische Untersuchung, davon 1mal in der Klinik. Dauer: 3 Jahre.
Bis zu 10 Jahren einmal jährlich klinische Untersuchung:
Labor – Röntgen-Thorax – Sonografie – Abdomen

»intermediäre« und »high risk«-Melanome

Im 1. und 2. Jahr jeweils sechs Untersuchungen in 2monatigem Abstand, davon drei in der Klinik.
Im 3. Jahr vier Untersuchungen, davon zwei in der Klinik.
Bis zu 10 Jahren 2mal jährlich, davon einmal in der Klinik.
Untersuchungsprogramm:
Labor – Röntgen-Thorax – Sonografie – Abdomen
Im 2. Jahr einmal CT.

Der wesentliche Teil jeder Nachsorge, die Zwischenanamnese und eingehende Untersuchung, ist sicher beim Dermatologen am besten aufgehoben. Soweit technisch-apparative oder besondere Laboruntersuchungen erforderlich sind, können diese in der ambulanten Medizin durch interdisziplinäre Kooperation genauso gut erbracht werden, wie in jedem Klinikum.
Das Sammeln und Auswerten von Befunden läßt sich sicher weitgehend schematisieren, wobei eine besondere Honorierung der aufwendigen Dokumentation ein zusätzliches Stimulans wäre und deshalb angestrebt werden sollte.

Wie und in welcher Form die Kliniken oder Tumorzentren an dem Datenmaterial partizipieren, z. B. um es – was wünschenswert ist – wissenschaftlich aufzuarbeiten, ist durch Vereinbarung oder Absprache festzulegen.

Darüber hinaus wird den interessierten Kliniken überlassen bleiben, über die vorliegenden Nachsorgedaten hinaus wissenschaftliche Untersuchungsprogramme durchzuführen. Dies wird aber aus anderen Fonds, nicht aus der sozialen Krankenversicherung gespeist werden müssen.
Zur Frage der inhaltlichen und zeitlichen Abfolge sowie Dokumentation der Nachuntersuchungen beim malignen Melanom sollte möglichst eine einhellige Auffassung durch die Deutsche Dermatologische Gesellschaft entwickelt werden. Diese ließe sich dann als ausreichend wissenschaftlich begründet, notwendig und deshalb wirtschaftlich bei den Kassenärztlichen Vereinigungen ohne ernsthafte Schwierigkeiten durchsetzen.

Beispiele für Melanomnachsorgeprogramme zeigen die Tabellen I und II.
Beide Programme, aber auch andere, hier nicht aufgeführte, ähneln sich in weiten Bereichen. Es wird Aufgabe der Ausschußarbeit sein, das Programm so zu gestalten, daß es den oben zitierten gesetzlichen Bedingungen und – was noch wesentlicher ist – den Bedürfnissen der tumorkranken Patienten Rechnung trägt.

Literatur

1 Breitbart EW, Roser M (1989) Früherkennung und Prävention des malignen Melanoms der Haut. Hamburger Ärztebl 4: 135–139

2 Voigt H, Kleeberg UR (1983) Herausforderung Melanom. Hamburger Ärztebl 2: ergänzt durch persönliche Mitteilung

Anschrift des Verfassers:
Dr. J. A. v. Preyss
Amalienstraße 8
D-2000 Hamburg 90

Addendum

Diagnostik, Therapie und Nachsorge von Patienten mit malignem Melanom der Haut

Richtlinien der Universitäts-Hautklinik und Poliklinik im Klinikum Steglitz der Freien Universität Berlin zum praktischen Vorgehen (Stand: Februar 1990)

C. Garbe und C. E. Orfanos
Universitäts-Hautklinik und Poliklinik, Klinikum Steglitz der Freien Universität Berlin

1. Diagnosestellung und ärztliche Betreuung

Die Verdachtsdiagnose malignes Melanom wird aufgrund klinischer Kriterien, insbesondere der ABCD-Regel (Asymmetrie, Begrenzung unregelmäßig, Coloration in der Läsion variierend, Durchmesser > 5 mm), gestellt. Weitere technische Untersuchungen, wie z.B. die Auflichtmikroskopie, können zur Erhärtung des Verdachtes beitragen.
Jeder Patient mit der Verdachtsdiagnose malignes Melanom muß in der täglichen poliklinischen Ärztekonferenz vorgestellt werden. Hier wird in Anwesenheit des Klinikleiters bzw. seines Stellvertreters sowie der Oberärzte eine Entscheidung getroffen, ob der Verdacht auf ein malignes Melanom ausreichend begründet ist. In diesem Falle wird der Patient anschließend zur Einleitung der Behandlung stationär aufgenommen.
Die Aufklärung des Patienten über den vorliegenden Verdacht auf MM und über die Notwendigkeit einer großzügigen operativen Entfernung des Tumors unter stationären Bedingungen wird durch den zuständigen Poliklinikarzt vorgenommen. Der Poliklinikarzt informiert außerdem sofort in einem schriftlichen Kurzbericht den einweisenden Arzt über die Verdachtsdiagnose und die Einleitung der stationären Behandlung. Die endgültige Aufklärung des Patienten über das postoperative Ergebnis wird durch den Stationsarzt vorgenommen.

Folgende Untersuchungen sind bei der stationären Erstaufnahme durchzuführen:

(a) *Photo:* Farbdia plus Papierabzug 9x13 cm, einmal als Nahaufnahme mit Maßstab und einmal als Übersichtsbild zur Tumorlokalisation unter Einbeziehung des betreffenden Körperteils. Die Dias werden in der monatlichen Photodemonstration gezeigt und in die Kliniksammlung aufgenommen. Die Papierabzüge werden an die Tumorsprechstunde weitergeleitet und dort zur poliklinischen Akte genommen.

(b) *Laboruntersuchungen:* Blutbild, Differentialblutbild, BSG, LDH, GOT, GPT, gamma-GT, AP, Kreatinin, Natrium, Kalium, Gesamteiweiß im Serum und Elektrophorese sowie präoperativ Thrombozyten, Quick, PTT, Blutgruppe.

(c) *Ausbreitungsdiagnostik:*
Bei Primärtumoren ohne klinische Hinweise auf Metastasierung sind routinemäßig Röntgen-Thorax, Oberbauchsonographie, Knochenszintigramm, CT-Schädel und Lymphknotensonographie durchzuführen.
Bei regionärer Metastasierung sind zusätzlich die notwendigen Untersuchungen zur Erfassung bzw. zum Ausschluß des Befalls postregionärer LK-Gruppen durchzuführen, z.B. CT-Abdomen oder CT-Thorax.
Bei Verdacht auf Fernmetastasierung können je nach der vorliegenden klinischen

Symptomatik gezielte Untersuchungen zum Nachweis einer Metastasierung in inneren Organen durchgeführt werden, die sich nach der vermuteten Organlokalisation richten.

2. Stadieneinteilung und prognostische Kriterien für primäre Melanome

Die Stadieneinteilung des malignen Melanoms der Haut orientiert sich an der biologischen Tumorausbreitung und charakterisiert dementsprechend verschiedene Stufen der Tumorausbreitung (Tabelle I).

Die hier verwendete klinische Stadieneinteilung wurde in Anlehnung an die TNM-Klassifikation von 1979 entworfen. Die neuere TNM-Klassifikation von 1987 verwendet eine andere Stadieneinteilung, die nach prognostischen Gesichtspunkten entwickelt wurde. Die neuere TNM-Klassifikation bleibt jedoch unbefriedigend, da sie weder eine eindeutige Information über die Tumorausbreitung enthält, noch alle zur Verfügung stehenden Informationen zur Einschätzung der Prognose adäquat erfaßt. Aus diesem Grunde wird diese Einteilung von uns nicht verwendet.

Die klinische Stadieneinteilung wird deshalb durch eine prognostische Klassifikation primärer maligner Melanome ergänzt, in die neben der Tumordicke auch die histologische Klassifikation, das Geschlecht und die Lokalisation der Tumoren eingehen (Tabelle II). Entscheidend ist dabei, daß die Prognose von Männern und Frauen mit gleichen histologischen Parametern stark differiert und nicht wie in der TNM-Klassifi-

Tabelle I. Klinische Stadieneinteilung des malignen Melanoms in Anlehnung an die TNM-Klassifikation 1979.

Stadium I	Primärtumor allein
Stadium II	Primärtumor + Metastasen im regionären Abflußgebiet
Stadium IIa	Satelliten- und/oder In-transit-Metastasen
Stadium IIb	regionäre Lymphknotenmetastasen
Stadium III	Primärtumor + (regionäre Metastasen) + Metastasen im juxtaregionären[a] Lymphknotengebiet
Stadium IV	Primärtumor + (regionäre Metastasen) + Fernmetastasen
Stadium IVa	kutane Fernmetastasen
Stadium IVb	viszerale und/oder Lymphknoten-Fernmetastasen

[a] Metastasierung in ein zweites regionäres Lymphknotengebiet; kann bei Primärtumoren am Stamm, aber in der Regel nicht an den Extremitäten auftreten.

Tabelle II. Prognostische Klassifikation primärer maligner Melanome.

Risiko	Männer	Frauen	5-Jahres ÜR.[a]	10-Jahres-ÜR.
Niedrig	$\leq$ 1 mm	$\leq$ 2 mm	$>$ 90%	$>$ 85%
Mittel	1,01–2 mm außer NM	2,01–4 mm außer TANS[b]	80–90%	70–85%
Hoch	1,01–2 mm + NM, $>$ 2 mm	2,01–4 mm + TANS, $>$ 4 mm	$<$ 70%	$<$ 60%

[a] ÜR = Überlebensrate;
[b] TANS = upper Trunc, upper Arm, Neck and Scalp Lokalisationen mit höherem Risiko.

kation von 1987 nach den gleichen Kriterien behandelt werden kann. Die Lokalisation wird in solche mit hohem und niedrigem Sterberisiko eingeteilt: Ein hohes Risiko weisen der obere Stamm (Rücken + Brust), die Oberarme, der Hals und der behaarte Kopf auf. Diese Lokalisationen werden in Anlehnung an das BANS-Konzept mit der Bezeichnung TANS versehen (upper Trunk, upper Arm, Neck and Scalp).

3. Behandlung primärer MM (Tabelle III)

Im allgemeinen wird bei ausreichendem Verdacht auf malignes Melanom der Tumor primär mit einem Sicherheitsabstand von 3 cm nach allen Seiten vom Tumorrand aus gemessen in Vollnarkose operiert. Wenn differentialdiagnostisch ein ausreichender Verdacht für andere Diagnosen besteht (Verruca seborrhoica, pigmentiertes Basaliom, thrombosiertes Hämangiom etc.), so wird zunächst mit kleinem Sicherheitsabstand operiert und intraoperativ ein histologischer Schnellschnitt durchgeführt. Bei weiterer Erhärtung des MM-Verdachtes wird unmittelbar die weite Exzision mit 3 cm Sicherheitsabstand angeschlossen.
Eine elektive Lymphknotendissektion (ELKD) gehört heute noch nicht zum gesicherten Vorgehen in der Therapie primärer maligner Melanome. Allerdings gibt es Hinweise darauf, daß gerade Patienten mit einem höheren Metastasierungsrisiko von dieser Maßnahme profitieren können und möglicherweise eine höhere Überlebenserwartung besitzen. Auf alle Fälle verhindert die sorgfältig durchgeführte ELKD ein mögliches regionäres Lymphknotenrezidiv und führt von daher zu verlängerten rezidivfreien Zeiten. Demgegenüber stehen die bei ELKD zu erwartenden Nebenwirkungen, insbesondere die Herausbildung eines postoperativen Lymphödems an der betreffenden Extremität. Wenn der Lymphabfluß eindeutig feststeht (Extremitätenmelanome oder MM am Stamm < 20 cm von der regionären Abflußstation), soll den Patienten mit höherem Risiko (im Einzelfall auch bei mittlerem Risiko) eine ELKD empfohlen werden, die Entscheidung soll ihm nach Darstellung der Vor- und Nachteile aber überlassen bleiben.
Eine adjuvante systemische Therapie gehört heute ebenfalls nicht zum gesicherten Vorgehen bei primären MM. Wegen des beträchtlichen Metastasierungsrisikos und der relativ hohen Letalität von primären MM in dieser Risikostufe sollten jedoch adjuvante chemotherapeutische oder immuntherapeutische Behandlungen im Rahmen von kontrollierten Studien durchgeführt werden (z.B. Interferone, BHD-Schema, neuere Zytokine).

Tabelle III. Behandlung primärer maligner Melanome.

Risiko	Operation	ELKD[a]	Adjuvante Therapie
Niedrig	3 cm SA[b]	–	–
Mittel	3 cm SA	(empfohlen)	–
Hoch	3 cm SA	empfohlen	in kontrollierten Studien

[a] ELKD = Elektive Lymphknotendissektion;
[b] SA = Sicherheitsabstand.

4. Behandlung metastasierender MM (Tabelle IV)

Im Stadium IIa sollen Satelliten- und In-transit-Metastasen mit etwa 1 cm Sicherheitsabstand exzidiert werden, so weit nur wenige Metastasen bestehen. In diesem Stadium beseht die Indikation für eine hypertherme Perfusionstherapie mit Zytostatika, wenn die Metastasierung an Extremitäten auftritt. Eine radikale Lymphknotendissektion soll in diesem Stadium auch dann durchgeführt werden, wenn klinisch noch kein sicherer Befall der Lymphknoten erkennbar ist. Bei Zunahme von Satelliten- oder In-transit-Metastasen, die operativ nicht mehr bewältigbar sind, kann eine Radiatio durchgeführt werden oder aber die Herde können mit anderen chirurgischen Verfahren (Kryochirurgie, Lasertherapie) behandelt werden. Adjuvante systemische Therapien nach Entfernung aller erkennbaren Metastasen sollen wie im Stadium I in kontrollierten Studien durchgeführt werden.

Tabelle IV. Behandlung metastasierender maligner Melanome.

Stadium	Operation	Radiatio	Systemische Therapie
II a	kleine Exzis. mit 1 cm SA und RLKD[a]	evtl. bei inoperablem Bfd.	adjuvant in kontrollierten Studien, evtl. hypertherme Perfusionstherapie
II b + III	RLKD	evtl. bei inoperablem Bfd.	adjuvant in kontrollierten Studien
IV	Hautmetastasen, einzelne Lungen-, (Leber-) und Hirnmetastasen	Knochenmetastasen, multiple Hirnmetastasen	eskalierendes Schema insb. bei Weichteil- und Lungenmetastasen

[a] RLKD = Radikale Lymphknotendissektion

Im Stadium IIb und III ist in erster Linie die radikale Lymphknotendissektion indiziert. Eine Radiatio sollte nur bei inoperablem Befund durchgeführt werden. Für die adjuvante Therapie gilt ebenso wie im Stadium I und IIa, daß ihre Durchführung kontrollierten Studien vorbehalten bleiben soll.

Im Stadium IV sollen Hautmetastasen zunächst operativ entfernt werden, so lange sie mit diesem Vorgehen beherrschbar bleiben. Solitäre oder wenige Lungen- und Hirnmetastasen können ebenfalls operativ entfernt werden, bei einzelnen Lebermetastasen kann an die operative Entfernung gedacht werden oder die Durchführung einer Perfusionstherapie erwogen werden.

Eine systemische Therapie sollte dem Patienten in jedem Falle bei entsprechendem Allgemeinzustand und bei Alter $<$ 75 Jahre angeboten werden (Tabelle V). Hier verfolgen wir ein eskalierendes Schema, in dem zunächst weniger belastende Therapieschemata unter Verwendung von Interferon alpha eventuell in Kombination mit einem Zytostatikum zur Anwendung kommen. Diese Schemata können zum Teil sehr gut ambulant durchgeführt werden (z.B. IFN-alpha oder IFN-alpha + Vindesin). Wenn die Metastasen auf diese Behandlung nicht ansprechen, kann das bei MM meistverwendete Polychemotherapieschema, nämlich das BHD-Schema Anwendung finden. Therapieschemata mit starken Nebenwirkungen (DVP-Schema, BELD-Schema) sollen als ultima ratio zum Beispiel zur Bekämpfung tumorbedingter Symptome (Schmerzen, Ödem, Inkontinenz etc.) angewendet werden oder aber bei entsprechendem Therapiewunsch des Patienten.

Eine Radiatio sollte in jedem Fall bei Knochenmetastasen durchgeführt werden, darüber hinaus ist eine Radiatio bei multiplen Hirnmetastasen zu erwägen. Bei Radiierung des MM haben sich höher fraktionierte Einzeldosen von 4 bis 5 Gray bewährt.

5. Hinweise zur Durchführung von Chemotherapien und zur antiemetischen Prophylaxe

BHD-Schema

Hydroxyurea (Litalir®): 1500 mg/m^2 Körperoberfläche werden p.o. am Tag 1 bis 5 jedes Zyklus gegeben, zwei Stunden später wird DTIC 150 mg/m^2 Körperoberfläche täglich i.v. langsam als Bolus injiziert. Das gelöste DTIC ist wegen der Entstehung toxischer Substanzen unter UV-Einwirkung immer absolut lichtgeschützt zu behandeln. 150 mg/m^2 Körperoberfläche BCNU werden jeweils am Tag 1 des ersten, dritten und fünften Zyklus als einstündige Infusion im Anschluß an das DTIC verabreicht.

DVP-Schema

200 mg/m² Körperoberfläche DTIC werden wie oben beschrieben am Tag 1 bis 5 als Bolus langsam injiziert. Am Tag 2 im Anschluß und zusätzlich am Tag 14 werden 3 mg/m² Körperoberfläche Vindesin streng i.v. gegeben. Bei paravasaler Applikation entstehen Nekrosen und es muß sofort mit isotoner NaCl-Lösung plus Heparin verdünnt werden. Am Tag 2 des Schemas wird im Anschluß Cisplatin 100 mg/m² Körperoberfläche als Kurzinfusion über eine Stunde infundiert. Vor Gabe von Cisplatin muß eine Prähydratation mit 0,5 bis 1 l Infusionslösung/m² Körperoberfläche i.v. (NaCl 0,9% mit Glukose 5% im Verhältnis 1:1) über zwei bis drei Stunden vorgenommen werden. 30 Minuten vor der Cisplatin-Verabreichung werden zur Einleitung einer forcierten Diurese 40 mg Lasix i.v. gegeben. Nach der Cisplatin-Gabe ist eine Posthydratation über zwölf Stunden mit 2 l Infusionslösung (s.o.) erforderlich.

Tabelle V. Eskalierendes Schema der systemischen Therapie im Stadium IV.

Voraussetzung	Karnofsky-Index > 70% Alter< 75 Jahre positive Einstellung des Patienten
Stufe I	IFN-alpha 9–18 Mio IE s.c. 3 x wöchentlich oder IFN-alpha 9–18 Mio IE s.c. 3 x wöchentlich + Vindesin 3 mg/m² i.v. alle 14 Tage oder IFN-alpha 9–18 Mio IE s.c. 3 x wöchentlich + DTIC 150–250 mg/m² i.v. 5 Tage alle 4 Wochen
Stufe II	BHD BCNU 150 mg/m² i.v. Tag 1 (nur jeden 2. Zyklus) Hydroxyurea 1500 mg/m² p.o. Tag 1–5 DTIC 150 mg/m² i.v. Tag 1–5 alle 4 Wochen
Stufe III (als ultima ratio, zur Beschwerdelinderung oder auf Wunsch des Patienten)	DVP DTIC 200 mg/m² i.v. Tag 1–5 Vindesin 3 mg/m² i.v. Tag 2 + 14 Platinex® 100 mg/m² i.v. Tag 2 alle 4 Wochen oder BELD Bleomycin 15 mg s.c. Tag 1 + 4 Eldesine® 3 mg/m² i.v. Tag 1 + 5 Lomustin® 80 mg/m² p.o. Tag 1 DTIC 200 mg/m² i.v. Tag 1–5 alle 4 Wochen

BELD-Schema

(Bleomycin, Eldesine®, Lomustin®, DTIC): Die Dosierung der Medikamente ist der Tabelle V zu entnehmen, das CCNU wird am Tag 1 vor Einleitung der DTIC-Behandlung oral genommen. Die obengenannten Hinweise für den Umgang mit DTIC und Vindesin sind zu beachten.

Budd-Chiari-Syndrom bei DTIC-Behandlung

In seltenen Fällen kann sich bei DTIC-Gabe eine akute Störung des Blutabflusses im postsinusoidalen Bereich der Lebervenen entwickeln, die in der Regel zum Exitus letalis führt. Dieses Syndrom tritt plötzlich 12 bis 24 Stunden nach einer DTIC-Injektion fast ausschließlich während des zweiten Zyklus auf. Es kündigt sich häufig bereits nach der ersten Injektionsserie an und folgende Symptomatik ist hinweisend:

(a) Erhöhung der Leberwerte: GOT, GPT, gamma-GT > 50, AP > 180;
(b) Eosinophilie im peripheren Blut > 8%, und
(c) Grippeähnliche Symptomatik mit Fieber um 38° C und Krankheitsgefühl.

Bei Auftreten von mindestens zwei der aufgeführten Kriterien soll eine DTIC-Behandlung nach Rücksprache mit dem zuständigen Oberarzt unterbrochen werden.

Antiemetische Prophylaxe

Die aufgeführten Schemata sind insbesondere durch den Einsatz von DTIC und in stärkerem Maße von Cisplatin mit Nausea und Vomitus verbunden. Eine sichere antiemetische Prophylaxe ist nicht möglich, bei jedem Patienten müssen je nach Stärke der Beschwerden verschiedene Möglichkeiten erwogen und eingesetzt werden. Ausreichende Nahrungsaufnahme vor Applikation der Zytostatika wird empfohlen, die Verträglichkeit scheint dabei etwas besser zu sein. Vor Applikation von DTIC oder Cisplatin können z.B. zwei Ampullen Paspertin® i.v. und dann jeweils in ein- bis zweistündlichen Abständen zusätzlich ein Supp. Vomex A® verabreicht werden. Auch Neuroleptika (z.B. Neurocil®, Psyquil®) können versucht werden. Die Gabe von Neuroleptika ist vor allem bei Gabe von Cisplatin zu erwägen.

Laboruntersuchungen

Vor jedem Therapiezyklus sowie im Intervall sind BB, Diff., Thrombos, GOT, GPT, AP und gamma-GT sowie Kreatinin zu untersuchen. Zwischen zwei Zyklen in vierwöchigem Abstand sind Blutentnahmen am 12. und 19. Tag durchzuführen, die Wiedereinweisung zum folgenden Zyklus setzt insbesondere akzeptable Blutwerte (Leukos in der Regel > 3000) voraus.

6. Vorstellung in der Tumorsprechstunde und Nachsorge

Jeder MM-Patient muß bereits während des stationären Aufenthaltes in der Tumorsprechstunde vorgestellt werden. Zuvor muß er durch den Stationsarzt über den malignen Charakter seiner Krankheit und die damit verbundenen Konsequenzen bzw. therapeutischen Möglichkeiten ausreichend aufgeklärt werden. Sinn der Vorstellung ist im wesentlichen die Formulierung eines detaillierten Vorschlages zum weiteren Procedere nach der Operation sowie die Einleitung seiner ambulanten Nachbetreuung. Bei der Vorstellung des Patienten in der Tumorsprechstunde müssen die folgenden Unterlagen mitgebracht werden:

(a) Ausgefüllter Ersterhebungsbogen des Zentralregisters malignes Melanom;
(b) Krankenakte mit histologischem Befund und den Ergebnissen der Ausbreitungsdiagnostik;
(c) Photo (Papierbild des Tumors).

Während der Vorstellung des Patienten in der Tumorsprechstunde wird bereits der Termin für die erste Nachsorgeuntersuchung vereinbart. Die Nachsorgeuntersuchungen werden in den ersten fünf Jahren vierteljährlich (im Stadium II bis III in den ersten drei Jahren alle zwei Monate) und im 6. bis 10. Jahr halbjährlich durchgeführt (Tabelle VI).

Tabelle VI. Nachsorgeintervalle und Ausbreitungsdiagnostik.

Stadium	Inspektion und Palpation	Ausbreitungsdiagnostik
I	1.–5. Jahr: 3monatlich 5.–10. Jahr: 6monatlich	jährlich: BE[a], Rö-Thorax, Oberbauchsonographie, LK-Sonographie
II–III	1.–3. Jahr: 2monatlich 4.–5. Jahr: 3monatlich 6.–10. Jahr: 6monatlich	1.–5. Jahr: 6monatliche Untersuchungen BE, Rö-Thorax, CT-Abdomen, LK-Sonographie, CT-Schädel, Knochenszintigraphie 6.–10. Jahr: jährliche Untersuchungen
VI	monatlich	nach Befall und Therapie

[a] BE = Blutentnahme

Tabelle VII. Blutuntersuchungen in der Nachsorge des malignen Melanoms.

Blutbild, Differentialblutbild, Thrombozyten und BSG
LDH, GOT, GPT, Gamma-GT, AP
Kreatinin, Na, Ka
Gesamteiweiß im Serum und Elektrophorese

Einmal jährlich (im Stadium II bis III in den ersten fünf Jahren 6monatlich) wird eine Ausbreitungsdiagnostik vorgenommen, die routinemäßig eine ausführliche Blutuntersuchung, Röntgen-Thorax, Oberbauchsonographie und Lymphknotensonographie umfaßt. Die Blutuntersuchung (Tabelle VII) ist orientierend und soll frühzeitig mögliche Organveränderungen bei Metastasierung erkennen helfen. Spezifische Tumormarker für das maligne Melanom stehen nicht zur Verfügung. Im Stadium II bis III werden insbesondere die postregionären Lymphknoten durch entsprechende CT-Untersuchungen eingehender miterfaßt und es wird häufiger ein CT-Schädel durchgeführt, um die Ausbildung von Hirnmetastasen – soweit möglich – noch in der Phase der Operabilität zu erkennen.

Im Stadium IV muß eine engmaschige Betreuung der Patienten vorgenommen werden, die insbesondere auch durch die Art der Therapie mitbestimmt wird. So erfordert die Chemotherapie regelmäßige zwischenzeitliche Blutuntersuchungen (vgl. Abschn. 5) und zum Teil werden die Vorstellungstermine mit ambulant durchzuführenden Behandlungen zusammengelegt (z.B. ambulante Therapieschemata mit Vindesin: i.v. Gabe alle 14 Tage). Bei Patienten im Stadium IV soll das Gespräch mit den Angehörigen gesucht werden, um diese über den Verlauf der Erkrankung und den wahrscheinlich letalen Ausgang ebenfalls rechtzeitig zu informieren.

Für die Verfasser:
Priv.-Doz. Dr. C. Garbe
Hautklinik und Poliklinik
Klinikum Steglitz der Freien Universität Berlin
Hindenburgdamm 30
D-1000 Berlin 45

Sachwortregister

V

W

X, Z

Autorenregister